中国近代人物文集丛书

严 修 集

（上）

陈　鑫　杨传庆　整理

中 华 书 局

图书在版编目(CIP)数据

严修集/陈鑫,杨传庆整理. —北京:中华书局,2019.9
(中国近代人物文集丛书)
ISBN 978-7-101-14101-6

Ⅰ.严… Ⅱ.①陈…②杨… Ⅲ.严修(1860~1929)-文集
Ⅳ.Z426

中国版本图书馆 CIP 数据核字(2019)第 191019 号

书　　名	严修集(全二册)
整 理 者	陈　鑫　杨传庆
丛 书 名	中国近代人物文集丛书
责任编辑	杜艳茹
出版发行	中华书局
	(北京市丰台区太平桥西里 38 号　100073)
	http://www.zhbc.com.cn
	E-mail:zhbc@zhbc.com.cn
印　　刷	北京瑞古冠中印刷厂
版　　次	2019 年 9 月北京第 1 版
	2019 年 9 月北京第 1 次印刷
规　　格	开本/850×1168 毫米　1/32
	印张 33½　插页 4　字数 735 千字
印　　数	1-1500 册
国际书号	ISBN 978-7-101-14101-6
定　　价	158.00 元

目 录

上 册

文　集

目　录

诗　集

下　册

联　语

诗　钟

歌　谣

公牍文书

呈启函电

科举文献

自定年谱

附录一：朱卷履历

附录二：贵州碑记

附录三：传记资料

附录四：著作序跋

前　言

严修(1860—1929),号范孙,字梦扶,别号偍扁生,天津人,曾任晚清翰林编修、贵州学政、直隶学务处总办、学部侍郎。一生擘画学务,推动科举改革与废除,参与晚清教育变革的顶层设计;亲手创建了包括南开系列学校在内的大批新式学校,被尊为南开校父;晚年专心化育桑梓、传播文明,对家乡天津的公共文化建设、文脉传承做出了重要贡献。严修是中国传统士人中较早主动钻研西学者,是三千年未有之大变局中守正开新的典型代表。

一、严修生平

严氏祖籍浙江慈溪,严修七世祖一支北上,遂落籍天津。严修出生于盐业世家,自幼读书治学,在研习举业的同时,自青年起就开始接触西方科学,形成中西兼取、通贯古今、勤于修身、注重理性、讲求实用的治学品格。1883年中进士,选为翰林院庶吉士,1886年散馆授编修。

1894年,严修任贵州学政,受甲午战败刺激,在任期间着力改变脱离实际的科举学风,提倡经世致用之学,创办贵州官书局,改革学古书院,倡立黔学会。1897年,上奏朝廷请开经济科,建议在八股取士的常科之外,另开专科选拔有用之才,发科举改革、戊戌新政之先声,获得康有为、梁启超等维新人士的赞誉,却也因此得罪守旧势力。1898 年,任满回京,被其座师——保守派代表、翰林院掌院徐桐逐出师门,被迫请长假。返津后,以家塾为试验场,延聘张伯苓等为塾师,继续探索教育改革,由此孕育了南开系列学校的萌芽。

义和团运动和八国联军侵华后,严修于战争废墟中,立志教育救国、广开民智,寻找治疗"中国之大病"的良方。1902 年自费赴日本考察,后推动官、绅、商各界兴办新式学校,在天津掀起办学高潮,一时"学堂林立,成效昭然,洵为通商各属之冠,中外士庶靡不称赞"。

1904 年,严修受直隶总督袁世凯之邀,主持直隶兴学事务,上任前再赴日本考察学制。赴任学校司(很快改名学务处)后,严修积极落实新学制,考察督促各府厅州县兴学办学;开创劝学所制度;选派士绅出洋游历;创办《教育杂志》;组织编写劝学读物、国民读本及中小学教科书;开设教育研究所;大力兴办各类学校。严修主持的直隶教育改革成为晚清办学兴教的典范。与此同时,1904 年严修委托张伯苓在严氏家馆基础上,创办私立中学堂(后改名敬业中学堂,又改南开学校)。

1905 年,严修、卢靖向袁世凯建言科举与学校难以并行,不排除旧制度的干扰,无法使人们安心入学校学习新知识。袁氏遂与张之洞等联名上奏,请停科举,获朝廷允准。历时 1300 年的科举制度至此终结。1905 年末,清廷于新政中创立学部。严修受命署理右侍郎,主持制定了近代中国第一个由国家颁布的教育宗旨,提出尚公、尚武、尚实的原则。很快转为左侍郎,主持学部日常工作,推动建章立制,推出一系列重要举措,包括制定学部及各省学务官制、建立提学使制度、推广直隶的劝学所制度,构建起从中央到地方的教育行政体系;选调教育人才到学部任职;颁布考验游学毕业生章程;议定女子师范、女子小学章程,初步承认女性受教育权利等。

1908 年,光绪皇帝、慈禧太后先后去世。宣统皇帝继位,其父载沣为摄政王,执政后夺袁世凯之权,命其开缺养病。严修为国惜才,上疏陈说重臣去位关系国家大局,建议留任袁世凯,用其外交才能。因此获罪于摄政王,借故责罚,以示警告。严修对皇权政治失去信心,于 1910 年初再请长假回乡,不久正式辞职。武昌起义爆发,清廷无力镇压革命,袁世凯再度出山,后袁氏成为民国大总统。清末民初,袁氏多次以高官厚禄相邀,严修均坚辞不就。1912 至 1914 年,严修先后赴日本及欧洲各国,既为避免卷入政局,同时注意考察市政、教育、文化。1915 年,袁世凯欲复辟帝制,严修入都当面直谏,力争国本,"为大局弭乱源,为故人尽忠言"。袁氏虚与委蛇,不听其劝。严修争之不得,"遂绝迹于北海"。袁世凯死后,各方势力纷纷邀请严修任职,严修一概婉言谢绝,专心在家乡从事文教、公益事业。

1918 年,严修赴美考察。1919 年,同张伯苓等创建南开大学,其后又兴办南开女中、南开小学,构建起自成体系的南开系列学校。1920 年,南开学生周恩来因领导爱国学生运动遭政府抓捕,后被迫退学。严修特设"范孙奖学金"送其至欧洲留学,在得知周恩来加入共产党后,仍表示"士各有志",继续予以资助。

严修着意于移风易俗、改良社会、造就国民,在锐意兴学的同时,推动天津公共文化事业建设和市民文化改造,积极开创博物馆、公共图书馆,支持图书出版、戏剧改良等,将社会教育与学校教育相配合。在文化活动中,严修坚持创新与守正并举。晚年时逢新文化运动,新道德与旧道德、新文化与旧文化大有不两立之势,严修经过反思,认为"新学与旧学,交攻如对垒。我思不必然,实事但求是",主张新学旧学各有其用,均有"菁英",也都有"末流",对待新旧要有"实事求是"的态度。1921年,严修创立城南诗社,成为天津近代文人结社的最重要代表。1927年,成立崇化学会,礼聘学者,招收学生,讲授中国传统学术,为存续文脉尽了最后一份力量。1929年,严修逝世。

严修曾勉励学生"勿志为达官贵人,而志为爱国志士",并指出自己办学的宗旨不外于此。他以身作则,其精神风骨获得当时新旧各派人物的称誉,被称为"经师兼为人师""教育界之道德家""真国士""一代完人"。蔡元培、胡适、傅斯年等均对严修给予高度评价。周恩来深受严修影响,赞颂其人格风范"清而有味"。

二、本书内容

研究严修的生平、思想,梳理其一生的思考与实践,对理解中国近代史、教育史、社会文化史、知识分子史都有着重要价值。要开展相关研究,首先需要从解析严修本人的著述开始。然而遗憾的是,严修生前并未编订文集,去世后亲友虽有过初步整理,但也未形成真正的著作集。为此,我们决定编辑整理这部《严修集》,弥补缺憾。经过五年多的搜集梳理,终于辑为是编,可以说这是严修著作第一次集中出版面世。

这部《严修集》虽然只有两册,篇幅不算甚巨,但文体异常丰富。实际上,严修一生写下了大量珍贵的文稿,包括诗文、对联、奏折、批牍、日记、书信、读书札记等,同时他还主持起草了大量公牍文书,制定了不少重要制度章程,参与发起了一系列启事公告等。这些文稿既包括重要的著述、文件,也包括不少诗文唱和,具有很高的思想价值、文学价值和史料价值。此前这些文献只有少部分经过整理，绝大多数或散见当时各类报刊、图书之中，或保存于档案文献之中，或尚以手稿形式保存。

此次结集，我们将严修著作分为十个部分，分别为奏折、文集、诗集、联语、诗钟、歌谣、公牍文书、呈启函电、科举文献、自定年谱。另有附录，包括朱卷履历、贵州碑记、传记资料、著作序跋。下面一一简要介绍。

（一）奏折

严修奏折包括两部分，分别为贵州学政奏折和学部奏折。

贵州学政奏折共 6 件，上奏时间为 1894—1897 年，内容是向朝廷报告职务交接、考务情况等，述及对贵州学风的考察和整顿学风的思路。其中最重要的是《奏为时政维新请破格迅设专科敬陈管见事》，即请开经济科的奏折。这些奏折既可见于朱批档案，也可见于天津图书馆藏严修本人保存的稿本。

学部奏折共收录 20 件，上奏时间为 1906—1910 年，既有严修以学部侍郎个人名义上奏的，也有学部诸堂官联名上奏的。个人奏折内容最重要的是《奏为陈重臣去位关系国家大局宜谋补救之法以定人心事》，即谏言摄政王留任袁世凯的奏折。学部堂官联名奏折则均是关系晚清教育改革的重要文献。按当时制度，有关本部公事的重要奏折都是尚书、侍郎联衔署名。严修在部四年，这样的奏折很多。特别是学部成立之初的一年多时间，尚书荣庆兼任协办大学士、军机大臣，不常在部内办公，学部很长时间只有严修一位侍郎主持工作。荣庆对西学、新学又并不熟悉，诸事多倚重严修。所以这一时期的重要奏折，多为严修主持拟稿。不过如将严修在任期间的全部学部奏折都收入《严修集》中，似乎也未必妥当。

因此在编集过程中,我们经反复考虑,决定根据严修日记、自定年谱及相关史料,选择一部分起草过程相对明晰、内容具有代表性的奏折,收入本集,并将相关信息写为题注,待日后研究更加深入,再继续选录补充。目前选录的奏折内容包括奏请宣示教育宗旨,创设学部及各省学务官制,选调教育人才,遴选提学使,议定考验游学毕业生章程,议定女子师范学堂、女子小学堂章程等。这部分奏折分别录自朱批档案、《学部官报》《学部奏咨辑要》《政治官报》及严修手稿。

(二)文集

严修曾在日记中写道:"好著书者必不通。"也许是出于这种顾虑,所以他敏于行而讷于言,从未想以著作名世,一生所写文章不过百余篇,且生前未作整理。唯将贵州学政任上著述编为《黔轺杂著》,但也不曾出版,稿本现藏于天津图书馆。严修生前只有少量文章发表于报刊,记述祖父、父亲事迹的《严氏两世事略》印有单行本。

严修逝世后,好友林墨青主持的《天津广智馆星期报》面向社会征集遗文,编为《严先生遗著》。《遗著》所收以诗文为主,大约是按收集到的时间先后进行罗列,并未做进一步整理。不过这已为本次编集文集提供了最初基础。《遗著》之外,尚有不少文章散见各处。所幸严修有日记和草稿存世。严修写信、作诗文联语等一般都在固定的册子上拟稿,这样的草稿册共保存有60余本,现藏于天津图书馆。每册封面题写有某年信草字样,因此本书征引时均简称为信草。根据日记和信草按图索骥,可以掌握严修写作的基本情况。

本集收录文章90余篇,每篇具体写作日期都尽力根据题署和日记、草稿进行了标注。《严先生遗著》中所收文章本次全部录入,如一篇文章有不同版本，一般都进行了对校。凡严修为他人著作所写序跋，如能找到原书，都根据正式印行的版本录入。凡所见他人著作中引录的严修著述、包括他人代笔严修署名的著作，均收入本书并加以说明。有的文章目前只见于严修保留的草稿，其中内容较为重要的，虽非定稿，有的甚至并非完篇，我们也尽量根据草稿录入，以供读者参考。

文集中近半数为严修所写序跋，这些文章不仅评点他人著作，且常常直陈严修本人思想。此外有 10 余篇记述故人往事的传记文章，如《记李文忠师》《陈表叔竹轩公传略》《张君明山事略》《林澄女士事略》《亡侄事略》《宋君伯方小传》等，对于了解严修生平、近代天津人事颇有助益，且感情细腻，具相当文学价值。《谕贵州学子》《学部整顿事宜三则》《天津敬业中学学生毕业训词》《容止格言》《家训》《预拟丧礼》等则反映了严修的教育理念、文化理念。

（三）诗集

严修是天津近代诗坛的代表人物，城南诗社创办者。他自幼学习作诗，八岁通律，九岁作对，直至去世前以《自挽诗》总结生平，可以说终身与诗相伴。不过与他对作文的态度相似，严修也并未着意于诗名，诗作常常不事雕琢。他曾谦虚地说，自己的诗"聊学盲人打鼓词"，又说自己是"打油钉铰派"。新文化运动期间，严修曾笑问诗友王守恂：现在人崇尚新体诗，有位专做新诗的人说我的诗和新体诗很相近，这是为什么？王守恂表示，原因很简单，您的诗"情真、理真、事真，不牵强，不假借，不模糊，不涂饰，如道家常，质地光明，精神爽朗"，诗作达到这个境界，还有什么新旧古今的区别呢？严修在欧美日本游历期间创作了许多诗篇，融合中西新旧，颇具特色。作家曹聚仁认为，严修"摄取新意境，遣使新词语，运用新语法，不受旧律的拘牵与旧意境的束缚。其《入美杂诗》，所用现代术语及外国人名地名之多，并不在后来著名的胡适《送梅觐庄往哈佛大学诗》之下"。可见严修的诗歌在新旧文人中都获得一定的好评。

诗言志。严修的诗作反映着他的心灵史。比如，他曾以"晏安况味真无赖，剽窃工夫浪得名""苟且事业污人易，袍笏文章问世难"表达对征逐科举、宦途的厌恶。以"知耻方能成大器，有才便不畏虚声""男儿胆气须磨炼，要向风波险处行"表达自己勇敢探索的决心。以"有约环瀛纵游后""两度瀛山采药归""丈夫有志事四方，读书万卷行万里"等表达考察世界、寻找救国良药的志向。以"庠序莘莘人艳说，吾心功罪未分明"表达对办学事业的反思。即使是与友人的唱和中，他也以"河清人寿嗟何及，但祝神狮睡早醒""晚年事事不关心，犹念神州怕陆沉"，写下忧国之思。在赠外国友人诗中，以"生存物竞有时定，至竟终须合大群"，写下世界大同的愿景。

现存严修诗作主要见于《严范孙先生古近体诗存稿》。编辑者陈中岳（字诵洛）为严修晚年诗友、私淑弟子。严修去世后，陈氏致力搜集编纂其诗作，得800余首，以年为序，编为《诗存稿》。本次诗集主体仍以此为基础。但因该书编于作者身后，在当时的条件下不免存在部分时序误置、文字错讹、作品缺漏的现象。对此，我们根据严修日记和草稿对时序进行了修正，尽可能考索出每首诗写作的时间，重新进行排序。暂时未考得日期者，则依《诗存稿》中年份置于当年之末。同时，根据《严先生遗著》、日记、诗作草稿及其他资料进行校勘和辑佚，共补充诗作40余首，对不同版本文字有异者出校记说明。

（四）联语

严修一生创作了大量联语，现在能见到严修最早的作品是他

1874年十五岁时写给母亲的挽联。对联创作伴随严修一生，从中可看到他的社交网络和对人对事的态度，有些作品具有很强的艺术性。严修生前曾整理所作近100副对联，辑为一册，题为《自撰联语》。不过其时距他去世尚远，收集也并不完整。本次整理以此为底本，根据《蟫香馆别记》等略作补充。此外，严修草稿中还保存大量联语底稿，尚待进一步发掘整理。

（五）诗钟

城南诗社雅集除了作诗唱和外，有时还行诗钟之戏。诗钟是一种文人游戏，即规定题目、格式，要求在很短时间内做出两句联语。现存严修的诗钟作品较为集中地保存于《蟫香馆诗钟》。该书由编集者杨传勋，于1933年将所藏严修作品影印而成。当年城南诗社于河北省立图书馆活动，杨氏为图书馆工作人员，常任记录之役，因珍爱严修手迹，"虽片纸只字，未尝弃掷"。严修去世后，杨氏出其所藏百余联，影印成册，以资传诵。

诗钟格式有嵌字、分咏、合咏等。比如《"亭·药"六唱》是指要将"亭""药"两字分别嵌入上下联的第六字。"碎锦格"嵌字题是将一句诗或一个词散嵌于上下联中。如《"旗亭画壁"碎锦》，严修便作："亭前柳共春旗转；画里龙防破壁飞。""五杂组"则是将"一二三四五"嵌入。如严修所作："五君四杰无双誉；一祖三宗不二门。"分咏题要求上下联分别描写一件指定事物，如《诗·钟分咏》即上联咏诗、下联咏钟，《折扇·荷叶》即上联咏折扇、下联咏荷叶。合咏要求上下联共咏一物。

《蟫香馆诗钟》原未对内容进行排序，本次整理将同一题目的诗钟作品集中在一起，将题目不详的作品统一列于最后，以便通过目录进行检索。在《蟫香馆诗钟》之外，严修尚有不少诗钟作品的草稿存世。与对联相同,这些作品尚待进一步整理。

（六）歌谣

歌谣是严修创作的一种特殊文体,严修喜爱孩子,这些歌谣主要是写给小孩子的。其中《教女歌》《放足歌》在当时社会上流传较广,《教女歌》曾有单行本出版,从中可以看到严修家庭教育和女子教育的思想。本集共收录10首歌谣,这些歌谣得以保存主要依靠严修后人的记录和口述。口传的《教女歌》比公开印行的版本多一段内容,与之相伴尚有一首《教子歌》。《放足歌》2首及《为孙辈所作歌谣》6首也均录自严氏后人回忆文章和口述。

（七）公牍文书

这一部分收录的是严修在贵州学政任上和直隶学务处任上所行公文和批牍。

贵州学政的公文与批牍保存于严修自己整理的《黔轺杂著》稿本。公文主要内容包括严修在贵州发布的观风告示、观风题、劝学告示、请设官书局咨文、官书局章程、学古书院肄业条约等,集中反映了严修这一时期的教育思想。学政任内不仅要巡考全省各府,兴办学务,同时还要处理学额、学籍、学田相关事务及与举贡生监相关的案件。贵州学政批牍即反映了处理这些事项的情况,是有关清代学政职权的重要史料。

直隶学务处公文与批牍主要录自《北洋官报》与《教育杂志》。公文包括发总督袁世凯的呈文、发各属的札文等,内容涉及设置学务处内部办事机构、创设劝学所制度、推行官话字母、拟编《教育杂志》、设立各类学堂、选送游历游学绅董等直隶学务处重要举措。严修任学务处总办期间,恰是新旧教育行政体系过渡阶段,学务处与学政双轨并行,学务处负责与兴办新式学校相关事务,学政负责与旧科举相关事务。学务处批牍即反映了这一时期新学务需要处置各类问题,如办学、捐款、投考、入学、出洋游学以及牵涉学董、学校、学生的案件。

学部侍郎是严修教育行政生涯的另一重要任职,也应有相应的公牍文书。其中上行的奏折已收录于前篇。其他由严修批示或主持拟定的公文,由于相关档案暂不开放,此次未编入集中,未来再进一步整理。目前仅自《蟫香馆别记》中辑出《学部整顿事宜三则》一篇,收入本书文集部分。

(八)呈启函电

本部分为呈禀、启示、告白、公开信及部分函电。与公文不同,这部分文献并非出于职务身份,而是以个人名义发表。严修作为近代学界代表人物和士绅领袖,牵头发起或参与发起了众多公共事业,相关文献包括《呈请立案捐办天津民立小学堂公禀》《呈请立案捐设半日蒙学堂公禀》《国语研究会征求会员书》《劝募内国公债演剧布告》《崇化学会捐启》《救灾同志会启事》等。清末民初各方势力纷纷邀请严修出山,严修均予以婉拒,相关函电也收录于这一部分,如辞任度支大臣函电、辞任南北议和代表函电、复教育部总长蔡鹤卿(蔡元培)、致段执政(段祺瑞)电等。此外,本部分还收录了严修的公开信如《忠告日本撤兵》《为力请保留学产事致褚玉璞电》《关于划分天津市区范围的意见》,以及告白如《告南开学生》等。呈启函电资料较为分散,目前从报刊、草稿、馆藏等处共收集到30篇。

(九)科举文献

科举文献收录了三部分内容。前两部分为严修本人乡试与会试朱卷中的考卷,第三部分是严修在贵州学政任上所出的院试试题。严修参加的乡试会试,考的是传统的四书五经、八股文及试帖诗。他主持的院试则在八股试帖之外、特别强调了经古题、策论甚至算学。

严修长期以来对八股之学深感厌恶,"明知救时才俊必不出于八股试帖之中",但学政职任所在,又不得不组织考试。严修心心念念的是如何转变学风,因此,在时文、试帖之外,他尽可能在部分考试中用策论引导学子通古今之变。比如提问"历代舟师之制""自唐至明兵制得失""汉代边防"等,显然是让学子反思甲午战败,乃至晚近积弱之势。他引导学子研究历史上的变法改革,评论战国时的商鞅、赵武灵王,分析西汉贾谊《陈政事疏》是否可行。

通过题目,严修还引导学生对西学、洋务不必心存偏见。他让考生"论泰西各国强弱""论西学之用与用之之法""论洋务""论化学之用",作出自己的思考。他告诫考生,算术在上古属于"六艺"之一,是士的基本素养,今人不可耻习算学。严修多次将算学题作为选考内容,鼓励学子加以钻研。

科举考试能否选出有用之才,是严修一直在思考的问题,这也反映到考题之中。严修在贵州主持的第一场考试,便以"'科举之士不患妨功'论"为题。这说明他试图找到词章之学与事功之学的平衡点。后来他又以宋儒对科举的讨论为题,问:宋神宗时,王安石和苏轼曾就改革科举进行过一次辩论,谁的意见更有道理。又问:朱熹的"贡举私议"和司马光的"十科举士法"内容分别是什么,能否加以申论。他还曾考查学生对学校、书院制度的了解程度,如问"明代学校之制""书院之名昉于何时? 历代规制若何",引导学子反思教育制度存在的问题。

（十）自定年谱

严修六十岁时作《自定年谱》，虽然简略，却是夫子自道，勾勒了生平主要线索，也可见谱主本人的取择，是严修著作的重要一种，也是重要的研究资料，值得深入揣摩体会。

严修六十岁以后的生平简谱，即《严范孙先生年谱补》，在其去世后由私淑弟子高凌雯补作。《严范孙先生自定年谱》与《年谱补》曾于1943年刻印。本集将《年谱补》附于《自定年谱》后一并收录。

在正文之外，本集还收录了附录四种。

附录一为严修朱卷履历。朱卷的考卷部分已收录于本书"科举文献"中。履历也是朱卷的重要组成，是反映严修家族情况、师承情况最集中的一手史料。此部分录自严修会试朱卷。

附录二为贵州碑记。收录了严修即将离开贵州时，贵州学子孙熙昌所撰《去思碑》碑文及学古书院山长雷廷珍撰写的《誓学碑缘起》。誓学碑即去思碑。雷廷珍认为各地去思碑颇多，不足以表达严修的恩泽，希望诸生以此石自砺、立石表誓，"则严公虽去，知诸生学成有日，或足藉舒注念诸生之雅意"，因此将去思碑改为誓学碑。两篇文章记录了严修在贵州的教育事业和贵州学子的感念之情。原碑踪迹尚未觅得，这两篇碑记转录自严仁曾增编、王季礼辑注、张平宇参校的《严修年谱》及刘泳唐选辑《蟫香馆使黔日记选辑》。

附录三为传记资料。是严修生前和去世后不久人们撰写的传记、行状、墓志等，共收录7篇。其中《严先生事略》《蟫香馆别记》《诰授光禄大夫学部左侍郎严公行状》《天津严范孙先生别传》作者陈宝泉、陈中岳、高凌雯、王斗瞻都是严修故旧、弟子，《清故光禄大夫学部左侍郎严公墓碑》作者卢靖为严氏姻亲，都对严修的生平十分熟悉,《严先生事略》的初稿还曾经严修过目。《教育家严修小传》录自沃丘仲子(本名费行简)著《现代名人小传》,邢兰田《严修传》则录自国民政府国史馆编辑《国史馆馆刊》,两篇作者与严修并不相识,传记内容也存在一定讹误,但反映了当时不同界别人物对严修的认识。

附录四为著作序跋。严修去世后,亲友收集整理了部分著作、手迹,包括初步搜集严修诗文的《严先生遗著》、编辑严修诗作的《严范孙先生古近体诗存稿》,影印严修手迹的《景印蟫香馆手札》《严范孙先生遗墨》《严范孙先生手札》(分别为赵元礼、陈中岳、陈宝泉藏严修书信),严修注释张之洞诗集的手稿《严范孙先生注广雅堂诗手稿》,影印的部分诗钟、日记《蟫香馆诗钟》《蟫香馆使黔日记》,以及《严范孙先生自定年谱》(附年谱补)。这些书籍都有序跋,介绍出版情况、回忆与严修之间的点滴往事,对了解严修著述很有帮助,因此我们将这些序跋作为附录收入《严修集》中。

在严修著述中,日记和书信是非常重要的内容,其相关整理工作目前也在同步进行。不过因为日记、书信体量庞大,且全部整理完成仍需一定时日,本集暂不收录。相信将来应有机会陆续面世,以飨读者。

以上是对《严修集》主要内容、编辑情况的介绍。限于水平,整理中难免存在疏漏,尚俟方家指正。

三、编辑凡例

一、本书作为"中国近代人物文集丛书"的一种,原则上遵循丛书统一体例。

二、本次整理尽可能标出所收文献写作时间,作为题注。注释中,年份统一用公元纪年;1912 年以前日期一般用农历,以汉字表示;1912 年以后严修本人在诗文题署中已改用公历,注释即统一使用公历,以阿拉伯数字表示。

三、底稿中避清帝、孔子之讳,有改字、缺笔情况,遵从丛书体例,一般改回原字、补足缺笔。个别牵涉文意处,则保留原貌。

四、底稿中为示尊敬,书写时有抬头、换行、空格者,均不予保留。

五、底稿中的作者自注或用双排单排小字,或加括号。本次整理统一用小五号字表示。

六、底稿中有讹、脱、衍、倒者,尽量予以改正。衍字、错字用( )表示,改正、补入之字置于〔 〕内,如"〔梁〕(侯)保三先生八十寿诗"。比较明显的笔误、印刷错误则径行改正,不作说明。辨识不清者用□表示。原文缺字或留空处用□表示并加以说明。

奏折

奏报到任接印日期事①

　　贵州学政臣严修跪奏,为恭报微臣到任接印日期,仰祈圣鉴事。

　　窃臣蒙恩简任贵州学政,当即具折叩谢天恩。九月初二日跪聆圣训后,遵即束装就道,于本年十一月二十六日行抵贵州省城。二十九日,准前任贵州学臣叶在琦委贵阳府学教授余焘,将学政关防并书籍文卷赍送前来。臣恭设香案,望阙叩头谢恩,祗领任事讫。

　　伏念贵州虽处边隅,近数十年渐多朴学,果作兴之有术,自风气之益开。梼昧如臣,惧难胜任,惟有恪遵宸训,勉竭愚忱,严去取以核真才,慎关防以袪诸弊。揆圣贤立教之意,有行尤重于有文,体朝廷养士之心,所习必课诸所用,冀无渝夫初志,庶稍答夫圣恩。

　　所有微臣到任接印日期,除照例恭疏题报外,理合敬谨缮折具奏,伏乞皇上圣鉴。谨奏。光绪二十年十一月二十九日。

奏报岁试贵州上游完竣并考试情形事②

　　贵州学政臣严修跪奏,为恭报贵州上游岁试事竣,仰祈圣鉴事。

　　窃臣荷蒙恩命视学黔中,于上年十一月二十九日到任,当经奏报在案。旋于今年二月初四日出省按试,先安顺府,次兴义府附考

---

　　①　据中国第一历史档案馆档号 03－5320－037 整理。
　　②　据中国第一历史档案馆档号 03－7200－080 整理。

普安厅,次大定府,次遵义府附考仁怀厅,闰五月十八日回省按试贵阳,业经告竣。查各属文风,以贵阳、大定为优,遵义、安顺次之,兴义又次之。武则普安厅最为出色,大定、遵义技勇较胜,余亦能取进如额。臣惟考试之弊莫大于枪替,因于童场严诫廪保认真稽察,安顺、大定两棚各获枪替一名,发交提调官按例惩办,其余各棚皆安静无事。

贵州承平既久,文教渐开,有志之士颇知向学,惟地处边瘠,士多患贫嗜利,偷安在所不免。臣于莅任之初即颁发告示,勖以敦品励学,讲求实用。各学举报优行生员,量予提升等第,以示鼓励。其尤劣者,亦即由学申详,批准褫革。臣才识庸陋,于作兴培养之方,未得要领,惟有勤加劝导,不惮烦言,气质未化者先诱之以读书,根柢较深者即勉之以致用。但冀士子信从,或有薄效可期,以仰副圣主作人之至意。

臣本拟七月间出省按试,据平越直隶州知州裴良昆禀称,该州地方得雨太迟,粮价昂贵,各属士子以艰于旅费,公恳转禀缓至秋成后再行按临。臣以所禀系属实情,当经批准,拟俟八、九月间即驰赴下游,岁科并试。

所有上游岁试情形,理合恭折具陈,伏乞皇上圣鉴。谨奏。光绪二十一年六月二十二日。

奏报贵州岁科两试一律完竣事^①

贵州学政臣严修跪奏,为恭报贵州岁科两试一律完竣,仰祈圣

① 据中国第一历史档案馆档号 04－01－38－0175－001 整理。

鉴事。

　　窃臣于二十一年六月二十二日业将岁试上游五棚情形奏明在案，嗣于八月二十八日出省，按试下游八棚。首平越，次镇远，次石阡，次思南，次铜仁调考松桃厅，次思州，次黎平，次都匀。均照旧章，岁科并试，兼及选拔。于去年七月初三日回省，接办贵阳科考毕。旋据遵义府知府王联璧禀称，该府修理考棚，尚未毕工。因驻省两月，于十月初六日出省科试遵义、大定、兴义、安顺四棚。本年正月二十二日由安顺回省。臣查下游文风以思南为最，次则黎平所属之古州，都匀所属之独山亦冠其郡。武风以松桃为最，而思南、铜仁次之，其余虽递有高下，亦均能取进如额。惟各属地多插花，籍贯最宜溷淆，枪替在所不免。臣按临所至，严谕廪保细心辨认，并示诸童互相纠查，如能指攻确实，格外奖赏，作奸之徒闻风敛戢。是以历试各棚，均安谧无事。

　　臣惟防弊固考政所宜先，而育才尤今日之急务。贵州士子大半心思静细、气质沈潜，于格致之学极为相近。所惜僻居边峤，风气未开。因循者或坐废居诸，拘墟者又专攻帖括，以云远到，犹病未能。臣惟有督同各学教官，随时激励，破其固陋之见，启其振奋之机，冀储有用之才，以仰副圣主作人之意。

　　除录遗及会考优拔俟届期举办外，所有臣岁科两试一律完竣情形，理合恭折具陈，伏乞皇上圣鉴。谨奏。光绪二十三年二月初一日。

　　朱批："知道了。"

奏为时政维新请破格迅设专科敬陈管见事①

　　贵州学政臣严修跪奏,为时政维新需才日亟,请破常格迅设专科,以表会归而收实用,恭折仰祈圣鉴事。

　　窃近日内外臣工屡以变通书院添设学堂为请,均已上邀俞允,次第施行。钦仰圣明,天纲行健,本育才兴学之意,为穷变通久之谋,此诚更化之始基,自强之要义也。而臣窃反复推详,犹以为道有未尽,何也? 书院学堂,所以教之者至矣,然以二十余行省之大,四百兆人民之众,其在书院学堂内者,未必所教皆属异才,其在书院学堂外者,未必散居遂无英俊,既多方以成就后学,尤必使有志之士翕然奋兴,此非迅设专科,布告海内,恐终无以整齐鼓舞而妙裁成也。

　　前岁军事甫定,皇上诏中外举人才矣。两年以来,保荐几人,录用几人,臣固无从悬揣,但既无期限,又无责成,设稍存观望之心,即难免遗贤之虑。而且擢用者未及遍晓,则风气仍多未开也,去取者未一章程,则才俊不免沦散也。

　　为今之计,非有旷世非常之特举,不能奔走乎群材,非有家喻户晓之新章,不能作兴乎士气。伏查康熙、乾隆年间,两举鸿词,一举经学,得人之盛,旷代所希,恩遇之隆,亦从来未有。彼时晏安无事,犹能破常格以搜才,岂今日求治方殷,不能设新科以劝士? 臣愚以为宜仿词科之例而变通之,而益推广之,谨就管见所及,敬陈数端,以备圣明采择。

---

① 据中国第一历史档案馆档号 03 - 7210 - 003 整理。

一、新科宜设专名也。词科之目，稽古为荣，而目前所需，则尤以通今为切要。或周知天下郡国利病；或熟谙中外交涉事件；或算学译学，擅绝专门；或格致制造，能创新法；或堪游历之选；或工测绘之长，统立经济之专名，以别旧时之科举。标准一立，趋向自专，庶高材绝艺，悉入彀中，得一人即获一人之用。

一、去取无限额数也。现今要政，在在需人，若果与试多才，虽十拔其五，亦不为过，即或中程者少，亦请十拔其一，以树风声。前者特达，则后者兴起。至于考试年限，或以一二年为期，参酌春秋闱之例，昭示大信，永定章程，庶天下争自濯磨，而人材将不可胜用矣。

一、考试仍凭保送也。不立科目，人终以非正途为嫌，然使但凭考试，不由荐举，恐滥竽幸进，复蹈前此科举之弊。词科之例，所为法良意美也，应请饬下京官四品以上、外官三品以上，与夫各省学臣，各举所知，无限人数、无限疆域，凡所保送，悉填注姓名籍贯、已仕未仕，并其人何所专长，按照道里远近，酌定限期，咨送总理衙门，请旨定期考试。本爵人与共之义，兼考言询事之详，如是则人无幸心，而真才可以立见。

一、保送宜严责成也。天下之大，何时无才，若非膜视时艰，自必留心搜访。凡应保送之大员，或以无才可荐为词，即非蔽贤，亦属尸位，应请严旨惩处，以儆泄沓。如所保者拔十得五，或人数虽少，而实系出类拔萃者，则荐贤上赏，古有明征，应请恩旨优予奖叙，以厉其余。庶内外诸臣，皆知留意人才，不敢因循诿谢。

一、录用无拘资格也。词科之例，不以已仕未仕而拘，故布衣而授检讨，知县而擢编修，道员而迁翰林院侍读，其后典试衡文，概与进士出身者同例，有非常之才，即有不次之擢，理固宜也。今请参考成案，而略为变通，凡京官自五品以下、外官自四品以下，与夫举贡生监布衣,均准保送与试,试取优等。已仕者授翰林院侍读至编修,未仕者授检讨、庶吉士;次之授部属同通,或充出使参赞随员,或充总署章京,或发往海疆省分差遣;又次之给以五六品顶戴,令赴各省充当教习,或充各学堂领班学生,数年后学如有成,仍归下届考试;其最下者黜之。凡录用由于此科,皆比于正途出身,不得畸轻畸重,如是则人无歧虑,而才自蔚然而兴矣。

一、赴试宜筹公费也。寒士或艰于资斧,边省或惮于跋涉,体恤不至,难免向隅。应请酌分道里,参仿举人入京会试之例,量给公车之费,如在遥远省分,可否仰恳天恩,俯准给予火牌,驰驿北上,出自逾格鸿慈。

以上数端,微臣一得之愚,不敢自谓详备,如蒙俞允,请饬下部臣,逐加核议,取旨施行,似于大局不无裨益。

抑臣更有请者。本年安徽抚臣邓华熙筹议添设学堂折内,请四年后,取若干名作为生员,部议以为有妨学额。然则如臣此议,岂不更妨科举?而臣以为此虑之过也。以为无益,则不如其已;以为有益,岂其处今时势犹患才多?方今庠序如林,甲科相望,士如是其众也,然而中外大臣犹朝夕议储材者,岂非已知其不足恃,将欲更张,尚无善法乎?今不以为旧日之士习无补时用,转虑夫新学之位置有妨旧额,似于目前求才之本意,未能符合。

且臣请比类而证之。往者粤逆之乱,绿营额兵遍天下也,以为不可用,则从事于招募湘淮江楚之间,其自名一军者至不可胜纪。彼时固无暇裁改绿营,亦不闻阻止招募,谓其有妨兵额者。势处其穷,不得不变,而出此也。今人材雕乏,患伏无形,而科举既未能骤变,学额、中额又未能遽裁,暂为并行不悖之谋,徐思整齐画一之法,以为权宜则有之矣,臣愚诚不见其犹有妨也。伏冀皇上奋独断之明,早定宸谟,以宏大业,天下幸甚!

微臣愚昧之见,是否有当,伏乞皇上圣鉴训示。谨奏。光绪二十三年九月。

奏为回籍修墓请假事①

再,臣于光绪十二年蒙恩授职编修,十九年请假修墓一次,旋即回京供职,迄今又历五年。臣祖父坟墓迫近河干,岁遇秋霖,辄有坍损,每念及此,寝馈难安。现臣视学期满,新任学臣傅增淯指日到黔,合无仰恳天恩,赏假一月,准俟交卸之后回籍修墓,一俟假满,即行回京恭覆恩命,不敢稍事稽延。谨附片陈恳,伏祈圣鉴训示。谨奏。

朱批:"着赏假一个月。"

奏报交卸起程日期事②

贵州学政臣严修跪奏,为恭报微臣交卸及起程日期,恭折仰祈圣鉴事。

窃臣前于九月二十四日附片吁恳天恩,于交卸后赏假一月,回籍修墓。现在尚未奉旨。新任学政臣傅增淯已于十二月初二日抵黔。臣于初十日札委贵阳府学教授余焘赍送关防文卷交与祗领,

---

① 据中国第一历史档案馆档号03-5352-089整理。按,此为前折附片。
② 据中国第一历史档案馆档号03-5356-021整理。

臣即于十三日起程,途中等候批折,钦遵办理。

所有微臣交卸及起程日期,除恭疏题报外,谨缮折具陈,伏乞皇上圣鉴。谨奏。光绪二十三年十二月初十日。

朱批:"知道了。"

奏为学部初立拟定教育宗旨
请明降谕旨宣示天下事[①]

协办大学士、学部尚书臣荣庆等奏,为学部初立,请将教育宗旨明降谕旨,宣示天下,以一风气而定人心,恭折仰祈圣鉴事。

窃惟学部为通国兴学之总枢,臣等恭膺简命,夙夜悚惕。臣荣庆前在学务大臣任内,与孙家鼐、张百熙等会同张之洞拟议章程,奏经钦定设部,以后事体尤多,必提挈纲领而后条目可以扩张,扶植根本而后枝叶因之发育。若逐肤末而遗大体,务虚饰而弃精神,此臣等受事以来所兢兢焉引为深虑者也。

考之东西各国之学制,其大别有二,曰专门,曰普通,而普通尤为各国所注重。普通云者,不在造就少数之人才,而在造就多数之国民。其民间有自立学校者,则以库帑补助之;父兄不令子弟入学者,则以法令强迫之;贫窭不能成学者,则贷公款以扶持之。故其

---

　　① 据中国第一历史档案馆档号 03－7216－053 整理。奏折于光绪三十二年(1906)三月初一日递上,严修在本年二月日记中记有与下属陈宝泉、刘潜连续多日商讨文稿并亲自修改的情况。现存严修手稿中有该折的部分草稿。

国中无论富贵贫贱、男女老幼，皆能知书，通大义。究其所以，亦曰明定宗旨，极力推行而已。今中国振兴学务，固宜注重普通之学，令全国之民无人不学，尤以明定宗旨宣示天下为握要之图。兹谨分别条目，敬为我太后、皇上缕析陈之。

夫教育之系于国家密且大矣。若欲审度宗旨以定趋向，自必深察国势民风强弱贫富之故，而后能涤除陋习，造就全国之民。窃谓中国政教之所固有，而亟宜发明以距异说者有二：曰忠君，曰尊孔。中国民质之所最缺，而亟宜箴砭以图振起者有三：曰尚公，曰尚武，曰尚实。

近世目论之士袭泰西政教之皮毛者，甚欲举吾国固有彝伦而弃之，此非以图强，适以召乱耳。东西各国政体虽有不同，然未有不崇敬国主，以为政治之本者。近世崛起之国，德与日本称最矣。德之教育重在保帝国之统一。日本之教育所切实表章者，万世一系之皇统而已。我朝深仁厚泽，渐被历数百年，苟非狂悖不逞之徒，断无自外覆载之事。比年以来，宵旰忧勤，孜孜求治，稍有知识者，皆晓然于主忧臣辱之义。惟是文告所及，不过都会之地，冠带之伦；彼山野椎鲁之民，其于国家之休戚，或瞢然而不知，或漠然不以为意者，非民之无良也，无以喻之则不晓，无以激之则不动，无以训迪之则知识不进，而忠义之气虽发而不能中节，是则司教育者之责也。日本之图强也，凡其国家安危所系之事，皆融会其意于小学读本中，先入为主，少成若性，故人人有急公义、洗国耻之志，视君心之休戚为全国之荣辱，视全国之荣辱即己身之祸福，所谓君民一体者也。我国素称礼仪之邦，忠孝根于性生，感发尤易为力。欲谋普及教育，宜取开国以来列祖列宗缔造之艰难，创垂之宏远，以及近年之事变，圣主之忧劳，外患之所由乘，内政之所当亟，捐除忌讳,择要编辑,列入教科;务使全国学生每饭不忘忠义,仰先烈而思天地高厚之恩,睹时局而深风雨飘摇之惧,则一切犯名干义之邪说,皆无自而萌,臣等所谓忠君者此也。

自泰西学说流播中国,学者往往误认为西人主进化而不主保守,至事事欲舍其旧而新是图。不知所谓进化者,乃扩其所未知未能,而补其所未完未备。不主保守者,乃制度文为之代有变更,而非大经大法之概可放弃。狂谬之徒误会宗旨,乃敢轻视圣教,夷弃伦纪,真所谓大惑矣。各国教育,必于本国言语、文字、历史、风俗、宗教而尊重之、保全之,故其学堂皆有礼敬国教之实。孔子之道大而能博,不但为中国万世不祧之宗,亦五洲生民共仰之圣。日本之尊王倒幕,论者以为汉学之功,其所谓汉学者,即中国圣贤之学也。近年以来,其国民之知识技能已足并驾欧美,然犹必取吾国圣贤之名言至论,日进学生而训导之,以之砥砺志节,激发忠义。况孔子生于中国,历代尊崇,较之日本之敬奉,尤为亲切。无论大小学堂,宜以经学为必修之课目,作赞扬孔子之歌,以化末俗浇漓之习;春秋释菜及孔子诞日,必在学堂致祭作乐,以表欢欣鼓舞之忱。其经义之贯彻中外、洞达天人,经注经说之足资羽翼者,必条分缕析,编为教科,颁之学堂,以为圭臬。但学生各有程度,则学课自有浅深,高等以上之学堂,自可力造精微;中小学堂以下则取其浅近平实,切于日用,而尤以身体力行、不尚空谈为要旨。务使学生于成童以前,即已熏陶于正学,涉世以后,不致渐渍于奇邪。国教愈崇,斯民心愈固,臣等所谓尊孔者此也。

虽然,忠君、尊孔二义,固尽人皆当知而行之矣。惟中国当列强雄视之时,必造就何等之国民,方足为图存之具,此不可不审者也。中国之大病,曰私,曰弱,曰虚,必因其病之所在而拔其根株,作其新机,则非尚公、尚武、尚实不可也。

　　所谓尚公者何也? 列强竞起,人第见其船坚炮利,财富兵雄,以为悉由英雄豪杰主持之,故国以强盛。而不知英雄豪杰,间世一出,不可常恃也,所恃以立国者,乃全国之民之心力如潮如海如雷霆而不可遏,相亲相恤相扶助而不可解耳;其所以能致此者,皆在上者教育为之也。其学堂所诱迪皆尚信义,重亲睦,如修身、伦理、历史、地理等科,无不启合校生徒之感情,以养其协同一致之性质。故爱国合义之理,早植基于蒙养之初,是即孔子之教弟子孝弟谨信而进之以泛爱亲仁也。惟我国学风日变,古意寖失,修身齐家之事尚多阙焉不讲。至于聚民而成国,聚人而成众,所以尽忠义亲爱之实者,则更不暇过问。群情隔阂,各为其私。通国之中,不但此省人与彼省人意存畛域,即一州一县,乃至一乡一里一家一族之中,亦各分畛域。今欲举支离涣散者而凝结之,尽自私自利者而涤除之,则必于各种教科之中,于公德之旨、团体之效,条分缕晰,辑为成书,总以尚公为一定不移之标准,务使人人皆能视人犹己、爱国如家,盖道德教育莫切于此矣。

　　所谓尚武者何也? 东西各国,全国皆兵,自元首之子以至庶人,皆有当兵之义务,与我中国天子元子齿于太学之义亦相符合。各国谓兵为民之血税,而天子乃与庶人同之,真可谓上下同心矣。观其师团以练兵,海陆军校以练将,无论在校在营在操场,时时如临大敌,号令一出,虽崎岖险阻、冰雪寒霜不敢息也,虽饥冻飘溺、颠坠以死不敢避也。然而老幼男女遍国之人无不以充兵为乐、战死为荣,每征兵令下,得中选者,骨肉亲戚乡里欢舞送迎、悬彩志庆,则又何也? 岂皆逼于生事而乐于战斗耶? 慑于国法而不敢违耶? 实由全国学校隐喻军律,童稚之时已养成刚健耐苦之质地,由是风气鼓荡而不能自已耳。今朝廷锐意武备，以练兵为第一要务，然欲薄海之民咸知捐一生以赴万死，则尤恐不能深恃者，何也？饷糈之心厚而忠义之气薄，性命之虑重而国家之念轻也。欲救其弊，必以教育为挽回风气之具。凡中小学堂各种教科书，必寓军国民主义，俾儿童熟见而习闻之。国文、历史、地理等科，宜详述海陆战争之事迹，绘画炮台、兵舰、旗帜之图形，叙列戍穷边、使绝域之勋业。于音乐一科，则恭辑国朝之武功战事演为诗歌，其后先死绥诸臣尤宜鼓吹抃扬，以励其百折不回、视死如归之志。体操一科，幼稚者以游戏体操发育其身体，稍长者以兵式体操严整其纪律，而尤时时勗以守秩序，养威重，以造成完全之人格。语云："行步而有强国之容。"《记》云："礼者所以固人肌肤之会，筋骸之束。"非虚语也。臣等尝询查日本小学校矣，休息之时，任意嬉戏，所以养其活泼之性也；口号一呼，行列立定，出入教室，肃若军容，所以养其守法之性也。又尝询查日本师范学校矣，师范为规制最肃、约束最严之地，而掷球角力习为常课，运动竞走特设大会，其国家且宣法令以鼓励之，其命意可知矣。中国如采取此义极力行之，日月渐染，习与性成。我三代以前人尽知兵之义，庶几可复乎？

所谓尚实者何也？夫学所以可贵者，惟其能见诸实用也。历代理学名臣，如宋之胡瑗、明之王守仁，国朝之汤斌、曾国藩等，皆能本诸躬行实践发为事功，足为后生则效。至若高谈性命、崇尚虚无，实于国计民生曾无毫末裨益。等而下之，章句之儒，泥于记诵考据之末，习非所用，更无实际之可言。尝有泛览群籍而不能成寻常书牍之文，精研数理而不能通日用簿记之法，予人口实，亦安此学为也。查泰西三百年前，其学术亦偏重理论。自英人倍根首倡实验学派，凡论断一事一物，必有实据以为征信。此风既兴，欧洲政治、教育、理学诸大家，遂争以穷幽索隐之思，发平易切近之理，此泰西科学所以横绝五洲，而制造实业之相因以发达者，遂日进而不已。今欲推行普通教育，凡中小学堂所用之教科书，宜取浅近之理与切实可行之事以训谕生徒。修身、国文、算术等科皆举其易知易从者，勖之以实行，课之以实用。其他格致、画图、手工皆当视为重要科目，以期发达实科学派。教员于讲授之际，凡有事实之可指者，必示以实物标本，使学生知闻并进，且时导学生于近地游行，以为实地研究之助，与汉儒之"实事求是"、宋儒之"即物穷理"隐相符合。方今环球各国，实利竞争，尤以求实业为要政，必人人有可农可工可商之才，斯下益民生，上裨国计，此尤富强之要图，而教育中最有实益者也。

抑臣等更有请者。学术者本于人心，关乎风俗者也。上古学术之隆，人心以正，风俗以纯。后世人心渐漓，风俗日薄，而其弊转受于学校。科举之制，其始意非不甚善，自士人以为弋功名希利禄之捷径，而圣经贤传遂无与于修齐治平。科举乃为斯世病。今朝廷停罢科举，广设学堂，倘不于设施伊始，辨明义利，以清本源，将在官者持自私自利之见以兴学，为士者挟自私自利之心以应选，不特圣贤经旨、礼教大防日即沦夷，即东西各国教育之真精神，学堂之真效果，亦无由得，而科举之弊仍纳于学堂之中。伏望朝廷雷霆涣汗，振聩发聋，原本圣贤之经旨，申明礼教之大防，用以激励人心，挽回风俗，而学术之端实基于此。

臣等备员学部，职司风化，谨当振刷精神，整躬率属，严辨义利，崇励廉耻。自臣部各官及京外学堂教员、管理员，均当以身作则，行必践言，使学生有所取法。更于小学堂修身课本中时取此意，反覆申明，以为国民教育之始基。就学之初不得以邀奖励、求速化为志,学成以后自不以博荣宠、谋封殖为心,民德日新,国维自固,此尤臣等所日夜冀望者也。惟有仰恳天恩,将臣等所陈俯赐采择,钦定教育宗旨,颁布天下,悬之京外各学堂,如日月经天,江河纬地,凡属臣民,莫不钦奉。臣等尤当恪恭敬慎,黾勉同心,虚衷以纳群言,实力以求进境,凡今日条奏之所已及者,实力行之,条奏之所未及者,随时议之,并令编书各员守定宗旨,迅即编纂中小学堂教科书,进呈之后一律颁发。至各省所编教科书,亦必认定宗旨呈由臣部核定,然后许其通行,庶几一道同风而邦基永固矣。臣等无任屏息待命之至。

所有拟定教育宗旨,请旨先行,切实宣示缘由,是否有当,谨缮折具陈,伏乞太后、皇上圣鉴。光绪三十二年三月初一日,尚书臣荣庆,左侍郎臣张仁黼,署理右侍郎、候补三品京堂臣严修。

上谕:"学部奏请将教育宗旨宣示天下一折。自古庠序学校,皆以明伦德,行道艺,无非造士;政教之隆,未有不原于学术者,即东西各国之教育,亦以无人不学为归,实中外不易之理。朝廷锐意兴学,特设专部以董理之,自应明示宗旨,俾定趋向,期于一道同风。兹据该部所陈忠君、尊孔,与尚公、尚武、尚实五端,尚为扼要。总之君民一体,爱国即以保家;正学昌明,翼教乃以扶世。人人有合群之心力,而公德以昭;人人有振武之精神,而自强可恃。务讲求农工商各科实业,物无弃材,地无遗利,期有益于国计民生;庶几风俗淳厚,人才众多,何患不日臻上理。着该部即照所奏各节通饬遵行。所有京师及各省学堂师长生徒,尤宜正本清源,辨明义利,不视为功名禄利之路,而以为修齐治平之规,于国家劝学育才之意方为无负,该尚书、侍郎等惟当整躬率属,行必践言,切实提倡,认真查核,懔时局之艰难,思全国之关系。朕心倦倦,实有厚望焉!
余着照所议办理。钦此。"

奏为沥陈下情恳请收回由臣补授学部
右侍郎兼署学部左侍郎成命事①

　　奏为沥陈下情,吁恳天恩收回成命,恭折仰祈圣鉴事。

　　本月二十三日,内阁奉上谕:"严修着补授学部右侍郎并兼署
学部左侍郎,钦此。"同日,又奉有张仁黼调署工部侍郎之命。跪读
之下,惶悚莫名。

　　臣自奉恩命试署学部右侍郎,到任以来毫无建树,自念勉竭驽
力,仰答鸿慈,若阅岁时不着成效,便思伏阙陈请退避贤路。乃荷
天恩稠叠,便即真除,并将左侍郎一缺以臣兼署。在朝廷破格用人
原可不拘成例,而微臣滥膺非分,实属内疚于心,倘竟冒昧膺命,深
恐贻误将来。伏念微臣以一编修,骤署卿贰,不次升擢,天下已惊
为非常之举,若不幸进,愈失天下才俊之望,关系尤非浅显。

　　再,臣部官缺仿照外、商两部,设尚书一缺、侍郎两缺,在朝廷
因时制宜,原期一人得一人之用,倘以一人补署两缺,又值设部伊
始,事务殷繁,即才百倍于臣,犹虞不给,如臣愚昧,何以能胜?既
非立官本意,又于部务大有窒碍。查臣部本任左侍郎张仁黼,居心
正大,才识冠时,当时简任斯缺,圣明具有深意。臣与共事数月,愈
服其性情坦直,学问深纯,遇事既能虚心,持论尤极守正,互相辅

_____

　　①　据中国第一历史档案馆档号03－5744－020整理。

助，获益良多。尚书臣荣庆尤倚赖之，现值厘定部章，微有头绪，倘少一取决之人，则时日愈将延搁，或另易生手，恐未悉此中原委，意见不免参差。此微臣再四思维，难安缄默者也。惟有叩乞天恩，俯鉴愚诚，准予开去微臣学部右侍郎实缺及左侍郎署任，仍以臣试署原缺，以策后效，并祈将左侍郎臣张仁黼仍留本任，俾得始终其事，庶于学界前途不无裨益。如蒙俞允，臣部幸甚，天下幸甚，臣不胜迫切待命之至。

所有微臣沥陈下情，恳请收回成命缘由，谨缮折具陈，伏乞皇太后、皇上圣鉴。谨奏。光绪三十二年三月二十四日。

上谕："严修奏恳请收回成命一折，现在举行新政，朝廷破格用人，皆当力任艰巨，不得意存退让，徒博虚名。该侍郎所请各节，应毋庸议，并着传旨申饬，嗣后大小臣工共当仰体时艰，尽心职任，用副朝廷实事求是之至意，钦此。"

奏为会同政务处议请裁撤学政设直省提学使司事①

奏为遵议裁撤学政，请设直省提学使司，俾重事权，以宏教育，恭折覆陈，仰祈圣鉴事。

窃准军机处钞交直隶总督袁世凯奏陈学务未尽事宜一折，奉硃批："政务处、学部议奏。"又云南学政吴鲁奏请裁撤学政一折，奉

---

① 录自《学部官报》第1期。据陈宝泉《严先生事略》："提学司之制亦公所手定者。"

硃批："学部议奏，钦此。"臣等伏查国初沿前明旧制，各省设提学道，雍正年间改为提督学政，仰见列圣建置具有深意，要在因时制宜，初不拘乎成例。现在停止科举，专办学堂，一切教育行政及扩张兴学之经费、督饬办学之考成，与地方行政在在皆有关系。学政位分较尊，事权不属于督抚；为敌体，诸事既不便于禀承于地方；为客官，一切更不灵于呼应。即有深明教育之员补苴一二，为益已鲜。且各省地方寥阔，将来官立、公立、私立之学堂日新月盛，势不能如岁科各试分棚调考之例，而循例按临更有日不暇给之虑，劳费供张无裨实事。学政旧制自宜设法变通。

上年奉旨设立学部以来，臣荣庆等即已筹议及此，而督臣袁世凯及学臣吴鲁先后陈奏，皆以裁撤学政为请。袁世凯所陈已极详切，吴鲁现任学政，身居局中，所言尤为洞中利弊。是学政之应行裁撤，内外臣工意见佥同。但袁世凯原奏主规复提学道之制，近来地方有司办理新政，恒视上司督催权力之所及以为进退，藩臬两司统辖全省道员，则范围已隘、权限稍轻，若学政改设提学道，恐体制大异于从前，督饬或难于见效。至吴鲁原奏主责成督抚办理，封疆大吏一切吏事、兵事、财政皆其统筹兼顾，势不能专心教育。

臣等公同商酌，拟请裁撤学政，各省改设提学使司。提学使一员，秩正三品，视按察使，统辖全省地方学务，归督抚节制。于省会地方置学务公所，分设总务、普通、专门、实业、会计、图书六课，每课设课长、副长、课员，分曹隶事，仿汉代辟召之例，选官绅之有学行者，由提学司详请督抚札派。另设学务议绅四人，由提学司延访本省学望较崇之绅士充选，并设议长一人，由学部慎选奏派。其提学司养廉一仍学政之旧，仍量加公费以资津贴，僚佐薪费皆以公款支给。所有从前之棚规供应一概禁绝，其旧有学政衙门之胥吏尤当一律裁革。以上各节名实既副，权限自明，于袁世凯折内所谓定统系四端、吴鲁折内所谓广筹经费四事，斟酌而损益之，实力而推行之，但使任用得人，职务咸理，庶几地方学务日有起色，而教育之发达不难矣。

一俟提学司设立之后，其各省学务处即行裁撤。所有学务处绅士及办事委员，其佐理学务实有成绩者，应留充学务公所议绅及课长各员之选，均由提学司届时斟酌，分别办理。

如蒙俞允，即由学部筹拟详细官制及办事权限章程，续行具奏请旨。其提学司员缺，应由学部博求深明教育、素有阅历者开单请简。其各省学政既经裁撤，自应饬令回京供职。其提学使未经到任以前，各该省学校事宜暂由督抚督饬学务处人员认真经理。

所有遵议裁撤学政请设提学使司缘由，谨会同恭折具陈，伏乞皇太后、皇上圣鉴训示。再，此折系由学部主稿，会同政务处办理，合并陈明。谨奏。光绪三十二年四月初二日。

　　奉旨："依议。钦此。"

奏为酌拟学部官制并归并国子监事宜等事①

协办大学士臣荣庆等跪奏，为酌拟学部官制并归并国子监事宜、改定额缺，恭折仰祈圣鉴事。

窃臣部奉旨设立，为全国学务总汇之区，国民程度之浅深、教育推行之迟速，董率督催责任綦重，顾设官分职必豫筹夫久远可行之规，以徐收夫名实相副之效。臣等公同商酌，仰体朝廷设官敷教之精心，参仿外、商、警部分曹隶事之办法，拟设左右丞各一员，左右参议各一员，参事官四员，分设五司十二科，郎中、员外郎、主事

① 　录自第一历史档案馆档号03－7215－076，又见《学部官报》第1、2期。严修参与本折及下折可见1906年三月二十七日日记："看官制等章程。"四月十四日日记："内外官制折单、劝学所附宣讲章程等稿，俱发缮。"四月十六日日记："与荣相阅本部官制稿，发缮。"四月十八日："商酌各省学务官制折稿。"四月十九日："明日拟递折件：学部官制一折(附学部官制清单一件，附改定国子监官制清单一件)。"又，关于国子监之存废，学部进行了激烈讨论。严修原主废国子监，但经过讨论，最后学部保留了国子监的"典守奉祀"功能。罗振玉《集蓼编》记录了讨论过程，与此折关系密切，姑录于此："予(指罗振玉)莅部日，初次上堂，相公出公文三通令阅。其一为请废国子监，以南学为京师第一师范学校。予议曰：'历代皆有国学，今各学未立，先废太学，于理似未可。'时两侍郎，一为固始张公(仁黼)，一为天津严公(修)。严答称现在以养成师范为急。南学向莅国子监，新教育行，国子监无用，不如早废止。予曰：'师范虽急，京师之大，似不至无他处可为校地，何必南学。即用南学，似亦不必遽废国子监。其是否当废，他日似尚需讨论。'张公闻之哑然。予曰：'相国以君为明新教育，特奏调来部，乃初到，即说此旧话。某已顽固不合时宜，意在部不能淹三数月，君乃不欲三日留耶？'予闻之，讶严之思想新异，张之牢骚玩世，均出诸意外。而于予之初到部，即纵论不知忌避，则自忘其愚语也。相国徐曰：'此事容再商，且议他事可也。'至明日，予至太学观石鼓，见监中有列圣临雍讲坐。私意部臣欲废太学，此坐将安处之？午后返署，以是为询，张公闻之遽曰：'是竟未虑及！本部新立，若言官知之，以此见劾，岂非授人话柄乎？此奏万不可缮发。'相国亦悚然，因撤销此奏。予始知严意在废除，相国及张则视为无足轻重，虽非同意，尚可曲从也。"

各缺视事之繁简为缺之多寡，期于各专责成，无有旷误。此外视学官暂无定员，咨议官不设额缺，其一切翻译图书、调查学制，以及督理京师学务，与夫本部会议研究教育之事，皆分设局所派员兼理，徐规美备。

至国子监，业经遵旨归并。查该衙门旧日职掌系专司国学及典守奉祀之事，现学务事宜已经归并办理，其文庙、辟雍殿两处典礼崇隆，观听所倾，自应特设专官，以昭慎重。拟设国子丞一人，总司一切礼仪事务。分设典守奉祀等官，各司其事。仍隶臣部办理，俾垂久远。

所有臣等酌拟本部官制及归并国子监事宜、改设额缺章程，谨分缮清单，恭呈御览，伏候钦定。再，臣部设立伊始，酌定职司，以资分守，至各员升补章程及嗣后如有应行增减变通之处，容随时酌量情形奏明办理。所有臣部酌拟官制各缘由，谨缮折具陈，伏乞皇太后、皇上圣鉴。谨奏。光绪三十二年四月二十日，尚书臣荣庆、左侍郎臣张仁黼调署工部、右侍郎兼署左侍郎臣严修。

奉旨："依议。钦此。"

谨将酌拟学部官制职守，缮具清单，恭呈御览。

计开

一、拟设左右丞各一员，秩正三品，佐尚书、侍郎整理全部事宜，并分判各司事务，稽核五品以下各职员功过。

一、拟设左右参议各一员，秩正四品，佐尚书、侍郎核订法令章程，审议各司重要事宜。设参事官四员，秩正五品，视郎中，佐左右参议核审事务。

一、拟设五司,曰总务司,曰专门司,曰普通司,曰实业司,曰会计司。每司分设数科,其各司科职掌、员数分别于下。

总务司:郎中一员,总理司务。

机要科:员外郎一员,主事二员,办理科务。掌理机密文书,撰拟紧要章奏,及关涉全部事体之文件函电。各司专件仍归各该司办理。稽核京外办理学务职官功过,及其任用升黜更调。并检定教员,掌理庸聘外国人,及高等教育会议、学堂卫生等事务。可暂聘精通学校卫生之医士为顾问。

案牍科:员外郎一员,主事一员,办理科务。掌收储各种公文、函电、案卷、册籍,编类编号。又编纂统计报告,兼掌管各省学务报告等事。

审定科:员外郎一员,主事一员,办理科务。掌审查教科图书。凡编译局之已经编辑者,详加审核颁行。并收管本部应用参考图书,编录各种学艺报章等事。除常置员司外,可酌派本部他司人员,或各学堂教员之熟悉科学者助理之。

专门司:郎中一员,总理司务。

专门教务科:员外郎一员,主事一员,办理科务。掌核办大学堂、高等学堂及凡属文学、政法、美术、技艺、音乐各种专门学堂一切事务。并稽核私立专门学堂教课设备是否合度,及应否允准与官立学堂享有一律权利,或颁公款补助等事。

专门庶务科:员外郎一员,主事一员,办理科务。掌保护、奖励各种学术技艺,考察各种专门学会,考察耆德宿学研精专门者应否锡予学位,及学堂与地方行政、财政之关系。又凡关于图书馆、博物馆、天文台、气象台等事,均归办理。并掌海外游学生功课程度及派遣奖励等事。

普通司:郎中一员,总理司务。

师范教育科:员外郎一员,主事二员,办理科务。掌优级师范、初级
师范学堂、盲哑学堂、女子师范学堂教科规程、设备规则及关
于管理员、教员、学生并学堂与地方行政财政有关系之一切事
务。又凡通俗教育、家庭教育及教育博物馆等事务,均隶之。

中等教育科:员外郎一员,主事一员,办理科务。掌中学堂、女子中
学堂教课规程、设备规则及关于管理员、教员、学生并学堂与
地方行政财政有关系之一切事务。又凡与中学堂相类之学堂
一切事务,均隶之。

小学教育科:员外郎一员,主事二员,办理科务。掌小学堂之设立、
维持,教课规程,设备规则及关于管理员、教员、学生并地方劝
学所、教育会、学堂与地方行政财政有关系之一切事务。又凡
蒙养院及与小学堂相类之学堂一切事务,均隶之。

实业司:郎中一员,总理司务。

实业教务科:员外郎一员,主事一员,办理科务。掌农业学堂、工业
学堂、商业学堂、实业教员讲习所、实业补习普通学堂、艺徒学
堂及各种实业学堂之设立、维持,教课规程设备规则及关于管
理员、教员学生等一切事务。

实业庶务科:员外郎一员,主事一员,办理科务。掌调查各省实业
情形及实业教育与地方行政财政之关系,并筹画实业教育补
助费等事。

会计司:郎中一员,总理司务。

度支科:员外郎一员,主事一员,办理科务。掌本部经费之收支报
销,及本部岁出、岁入之预算、决算,及教育恩给事。管理本部
所有财产、器物,核算各省教育费用。

建筑科:员外郎一员,主事一员,办理科务。掌本部直辖各学堂、图书馆、博物馆之建造营缮,并考核全国学堂、图书馆等之经营建造是否合度。可暂聘精通建筑之技师为顾问。

司务厅:司务二员。掌开用印信、收发文件、值日值宿递折、传钞折件,并管辖本部各项人役,及不属于各科杂项事件,皆隶之。兼派本部司员督理其事。

以上各司科事务均就目前情形择要分配,以便各专责成,事分易理。嗣后如有增减改置之处,当随时奏明办理。

一、拟每司及司务厅设一二三等书记官,秩七八九品。按司之繁简酌设,不定缺额。学部不用书吏,酌设书记生若干员,考选士人充补。

一、现在奏调各员,除随时酌量请补员缺外,其余均作为候补,额外司员在相当品级上行走。

一、拟设视学官,暂无定员,约十二人以内。秩正五品。视郎中,专任巡视京外学务,其巡视地方及详细规则,当另定专章奏明办理。

一、拟设谘议官,无定员,不作为实缺,不限定常川。在部仿商部顾问官之例,分为四等。一等视丞,二等视参议,均由学部奏派。三等视郎中、员外,四等视主事,均由学部委派。凡学部有重要筹议之件,随时谘询。该员于教育有所建议,均得随时分别函呈,以备采择。

一、拟设编译图书局。即以学务处原设之编书局改办。其局长由学部奏派,其局员均由局长酌量聘用,勿庸别设实官。并于局中附设研究所,专研究编纂各种课本。

一、拟设京师督学局。置师范教育、中等教育、小学教育三科,每科设科长一人。其局长由学部奏派,其科长可酌派部中司员兼任,其科员则以聘用充之。

一、拟设学制调查局。专研究各国学制,以资考镜,预备随时改良章程。其局长由学部奏派,其局员由视学官内派充。别设译官数人,以任翻译。以上各局长由原官兼充,体制视左右丞、左右参议。

一、拟设高等教育会议所。属本部尚书、侍郎监督。其议员,选派本部所属职官、直辖各学堂监督、各省中等以上学堂监督,及京外官绅之学识宏通、于教育事业素有阅历者充任。定期每年会议一次,又遇有重要事件时亦可临时招集会议。诸议员均奏请派充,其议长则就议员中公选。其应议事项、议员资格及会议规则,当另定章程。又所中设庶务员二人,掌理所务,即由本部酌派司员兼理。

一、拟设教育研究所。延聘精通教育之员定期讲演,以教育原理及教育行政为主。本部人员均应按时听讲,应设庶务员一人、编辑员一人,即由本部酌派司员兼理。

谨拟归并国子监事宜改定额缺章程,缮具清单,恭呈御览。

一、拟设国子丞一员,秩正四品,总司文庙、辟雍殿一切礼仪事务。其体制视参议。由臣部奏请简任。

一、拟设典簿四人,秩正七品,分掌关于祀典及临雍社学案牍,兼经管庙户、殿户。

一、拟设典籍四人,秩正八品,分掌庙内祭器、乐器、碑刻,殿内御用宝器及一切品物。

一、拟设文庙七品奉祀官二人,八品奉祀官二人,九品奉祀官二人。掌预备祭器一切事宜。

一、拟设文庙正通赞官二人,秩从七品。副通赞官二人,秩从八品。掌行礼引赞事宜。

一、拟设二等书记官三人,秩正八品。三等书记官三人,秩正九品。

一、典簿以下各官皆不分满汉,一体任用。

一、典簿以下各官其升转皆比照旧设之官,如系满蒙人员,照汉员例,一律准其截取。七品视监丞,八品视学正,九品视旧典籍。拟请奏定后,由臣部就现任监丞等官酌量对品,奏请改补,俸照现定品级,并酌加津贴,以职掌之繁简为差。

一、旧设实缺官,自监丞至九品笔帖式五十二缺,除酌量对品留补外,其余裁缺各员及候补人员,情愿留部当差者,均作为额外行走人员;裁缺者,照裁缺之例;候补者,各按班次,分别到署日期,以新设典簿等官候补。其情愿改官,及未经到署之候选人员,应由臣部咨送吏部,照上年兵马司指挥裁缺人员例,由吏部另定章程奏明办理。

一、典簿以下各官缺出,嗣后均由臣部酌量奏补,如此次额外人员用竣之后,应就各省办理学务人员,及本部司务书记官、书记生调补升用。

奏为遵议各省学务并劝学所章程事①

协办大学士臣荣庆等跪奏,为遵议各省学务详细官制、办事权限并劝学所章程,恭折仰祈圣鉴事。

---

① 录自第一历史档案馆档号 03－7217－016、03－7217－015,又见《学部官报》第2期。

本月初二日，内阁奉上谕："政务处、学部会奏遵议裁撤学政请设提学使司一折，现在停止科举，专办学堂，所有学政事宜自应设法变通。着即照所请'各省改设提学使司一员，统辖全省学务，归督抚节制，一切详细官制及办事权限章程，着学部妥议具奏'等因。钦此。"仰见圣明注意学务，慎重官常，莫名钦服。

窃维兴学之道，期于普及，而各省幅员辽阔，风气不齐，全赖办事官绅通力合作，广施诱掖劝导之方，徐收划一整齐之效。惟是地方官应办之学务，统系不定则推诿恒多，权限不明则侵轶可虑。臣等谨就各省现在办学情形，参以东西各国地方兴学制度，凡提学使司以下人员，厘定职司，提挈纲领，晰科目以专责成，合官绅而筹任使，尤重在教育行政与地方行政之机关各有考成，不相扞格，期于实力奉行，徐图推广。至现在风气初开，办理学务之员于教育学、教授管理诸法及教育行政、视学制度皆须随时研究，以谋补充识力。其各厅州县凡有劝学之所，皆当遵照章程，妥筹办理，城乡市镇一律推行。尤宜定期宣讲教育宗旨，俾资遵守，庶几经正民兴，邪恶不作。此则臣部任督催统率之责，而日焉兢兢者也。其各省学务详细官制、办事权限，并劝学所章程，谨分缮清单，恭呈御览。

所有臣部遵议各省官制权限缘由，谨缮折具陈，伏乞皇太后、皇上圣鉴。谨奏。光绪三十二年四月二十日，尚书臣荣庆、左侍郎臣张仁黼调署工部、右侍郎兼署左侍郎臣严修。

奉旨："依议。钦此。"

谨拟各省学务详细官制及办事权限章程，缮具清单，恭呈御览。

计开

一、每省设提学使司。提学使一员,秩正三品,在布政使之次,按察使之前。总理全省学务,考核所属职员功课。其旧有之学务处,俟提学使到任后,即行裁撤,以专责成。江宁、江苏向有布政使二员,应于江宁省城设提学使一员,江苏省城设提学使一员,照布政使管辖地方例管理学务。其吉林、黑龙江、新疆三省,均添设提学使各一员。

一、各省提学使司提学使员缺,拟由学部以京外所属学务职员开单奏请简放。

一、此次提学使初设,需员甚多,拟由翰林院人员品端学粹、通达事理及曾经出洋、确有心得,并京外究心学务、素有阅历之员,不拘资格一体擢用。其现任各省学政暨学务处总办,果系素谙学务、办事认真者,并由学部奏请改任提学使,或补或署,以资熟手而广任用。

一、提学使自到任之日起,每三年作为俸满。俸满之前,各督抚将其平日所办事项详细咨部,本部证以三年内派出视学官所切实考察者,该司办理学务有无振兴实效,详细胪列奏闻。或留任,或升擢,或调他省,或调回本部,请旨遵行。

一、提学使由四五品京堂及实缺道员简任者,升转与臬司同。其由他项人员补授者,应俟三年俸满,列入升转。由他项人员署理者,俟实授后,扣足俸满年限,列入升转。

一、提学使照各直省藩臬两司例,为督抚之属官,归其节制考核。一面由学部随时考查,不得力者即行奏请撤换。

一、地方学务凡系按照定章、复经督抚筹定举办者,提学使当督饬地方官切实举办,力除向来因循敷衍之积习。其有延宕玩视并办不以实者,提学使可具其事状,详请督抚分别记过撤参,毋稍徇隐。其有办事实心、卓著成效者,亦可具其事状,详请督抚从优奏奖。每届年终,分别所属府厅州县兴学考成,出具考语,申详督抚办理。

一、提学使于通省学务应用之款,应会同藩司筹画,详请督抚办理。

一、提学使所办事务,除随时禀报督抚,由督抚咨报学部外,每学期及年终,将本省学堂办理一切情形,详报于学部,以备考核。如有重要事件,仍可随时径达学部。

一、提学使如遇有紧要事件,应行出省考察,须先期电达学部,经学部允准后,方可出省考察。但仍当轻骑简从,勿受地方供应。

一、提学使衙门可仍用旧有之学政衙门,所有旧日吏役人等概行屏除,其有学政向不与督抚同城者,均应改归一律。至各省业经裁撤之学务处,即改为学务公所。提学使督率所属职员,按照定章限定钟点,每日入所办公,不得旷误。所有学政衙门案卷、学务处公牍,均移送提学使衙门,毋得遗漏,以便稽考。

一、学务公所设议长一人,议绅四人,佐提学使参画学务,并备督抚谘询。议绅由提学使延聘,议长由督抚咨明学部奏派。须择端正绅士通学务者。

一、学务公所分为六课,曰总务课,曰专门课,曰普通课,曰实业课,曰图书课,曰会计课。其各课所掌事务分列于下。

总务课:掌办理机密文书事件,收发一切公文、函电、案卷、册籍,编纂统计报告及各种学务报告,并编印教育官报,检定教员,考核所属职官、教员功过,及其任用升黜更调,核定关于本省学务全体之规则章程,并掌理佣聘外国人,考查公所人役一切杂项事务。又各学堂卫生事务,亦归管理。

专门课:掌理本省高等学堂及各种专门学堂教课规程、设备规则,及关于管理员、教员、学生等一切事务,并保护、奖励各种学术技艺,及海外游学生事务。

普通课:掌理本省优级初级师范学堂、中小学堂、女子师范学堂、女子中学堂、小学堂教课规程、设备规则,及关于管理员、教员、学生等一切事务。又凡通俗教育、家庭教育、教育博物馆,及与中小学堂相类之学堂一切事务,均归办理。

实业课:掌理本省农业学堂、工业学堂、商业学堂、实业教员讲习所、实业补习普通学堂、艺徒学堂及各种实业学堂之设立、维持、教课规程、设备规则,及关于管理员、教员、学生等一切事务,并考察本省实业情形,筹画扩张实业教育费用。

图书课:掌理编译教科书、参考书,审查本省各学堂教科图籍,翻译本署往来公文、书牍、集录讲义,经理印刷,并管图书馆、博物馆等事务。

会计课:掌本所经费之收支报销核算,省会及各府厅州县教育费用是否合度,并稽核各学堂,凡各学堂建造营缮之事,亦归考核经理。

一、各课设课长一人,副长一人。其课员视事之繁简,由提学使酌量详派,限定人数,少则一员,多不得过三员。

一、各课课长、副长、课员,以曾在中学堂以上毕业或曾习师范并曾充学堂管理员、教员积有劳绩者充任。此时创办应予变通,暂就本省官绅办理学务积有阅历、学望素孚者,由提学使详请督抚札派。

一、提学使下设省视学六人,承提学使之命令,巡视各府厅州县学务。各省省视学由提学使详请督抚札派曾习师范或出洋游学并曾充当学堂管理员、教员积有劳绩者充任。其巡视区域及规则另详专章,由学部奏明办理。

一、课长、副长、省视学如无官者,均给予职衔。课长五品,副长及省视学均六品,其有资深劳著者,准以京外相当之学务官员调用。

一、课长、副长、省视学及各课员,每年由督抚汇奏汇咨一次,以上各员应领薪水均比照旧有学务处人员薪水开支。

一、各省提学使养廉均比照学政原有之养廉支给。其署任人员若署无人之缺,养廉全支均加给公费,其数目由督抚奏定。所有学政旧有之规费供给等项名目,一概禁绝。

一、课员以下可设司事、书记。其人数视事之繁简为定,皆开支工薪,不作缺底。公役尤宜限定人数。

一、各厅州县均设劝学所,遵照此次奏定章程,按定区域劝办小学,以期逐渐推广普及教育。此为当今切要之图,提学使务严督地方官限期速办,实力推行,并于劝学所内定期约集学会绅衿,宣讲教育宗旨,以资遵守。

一、各厅州县劝学所设县视学一人,兼充学务总董,选本籍绅衿年三十以外,品行端方,曾经出洋游历或曾习师范者,由提学使札派充任。即常驻各厅州县城,由地方官监督办理学务,并以时巡察各乡村市镇学堂,指导劝诱,力求进步。给以正七品虚衔。其办理实有成效者,准其擢充课长、副长,以示鼓励。

一、各省设教育官练习所,由督抚监督。由提学使选聘本国或外国精通教育之员讲演教育学、教授管理诸法及教育行政、视学制度等,以谋补充识力。每日限定钟点,自提学使以下所有学务职员,至少每星期须上堂听讲三次。

谨拟劝学所章程,缮具清单,恭呈御览。

一、总纲。各厅州县应于各本城择地特设公所一处,为全境学务之总汇,即名曰某处劝学所。每星期研究教育,即附属其中。凡本所一切事宜由地方官监督之。

一、分定学区。各属应就所辖境内画分学区,以本治城关附近为中区,以次推至所属村坊市镇,约三四千家以上,即画为一区,少则两三村,多则十余村,均无不可。在本治东即名东几区,在本治西即名西几区,推之南北皆然,由第一区至数十区,可因所辖地之广袤酌定。

一、选举职员。劝学所以本地方官为监督,设总董一员,综核各区之事务。每区设劝学员一人,任一学区内劝学之责。总董由县视学兼充,劝学员由总董选择本区土著之绅衿品行端正、夙能留心学务者,禀请地方官札派。其薪水公费多寡,各就本地情形酌定。

一、统合办法。劝学员于本管区内调查筹款兴学事项,商承总董拟定办法,劝令行村董事,切实举办。此项学堂经费皆责成村董就地筹款,官不经手,劝学员但随时稽查报告于劝学所。每年两学期之末,由劝学所造具表册,汇报本地方官。一面榜示各区,以昭核实。若提学司派遣省视学查验时,应由劝学所总董将各区学堂情形详述,以便省视学酌赴各区调查。

一、讲习教育。各区劝学员应先于本城劝学所会齐,开一教育讲习科,研究学校管理法、教育学、《奏定小学章程》、管理通则等类。限两个月毕业,再赴本区任事。以后每月赴本城劝学所会集一次。须预定日期,如每月第一星期为东乡各区劝学员会集之期,第二星期即西乡各区,第三星期即南乡各区,第四星期即北乡各区,以此类推。呈交劝学日记,由总董汇核,有商订改良各事,即于是日研究,条记携归本区实行。凡会集之期,地方官及总董必须亲到。

一、推广学务。劝学员既系本区居住之人,自于本地情形熟悉。平时宜联合各家及本村学董,查有学龄儿童,已届入学年岁之子弟。随时册记,挨户劝导,并任介绍送入学堂之责,使学务日见推广。每岁两学期,以劝募学生多寡定劝学员成绩之优劣,其办法有五。

(一)劝学。婉言劝导,不可强迫。一次劝之不听,无妨至再至三。说明学堂为培养学童之道德,并不得误认新奇,自生疑阻。宣讲停科举、兴学堂之谕旨,使知舍此则无进身之阶。说入学于谋生治家大有裨益。说入学之儿童可以强健身体。遇贫寒之家,可劝其子弟入半日学堂。遇私塾塾师课程较善者,劝其改为私立小学并代为禀报。遇绅商之家,劝其捐助兴学裨益地方。对所劝之家,劝其复向亲友处辗转相劝,并于开学时引导各乡父老参观。以上为劝学员之责。

(二)兴学。计算学龄儿童之数,须立若干初等小学。计各村人家远近,学堂须立于适中之地。查明某地不在祀典之庙宇乡社,可租赁为学堂之用。定明某地学童须入某学堂。筹画某地学堂屋宇多寡,可容若干人,为定分班之数。颁行课程。延聘教员,选用司事。稽查功课及款项。设立半日学堂。每学期制学堂一览表。以上为本村学堂董事之责,惟须与劝学员会议。

(三)筹款。考查迎神赛会演戏之存款。绅富出资建学,为禀请地方官奖励。酌量各地情形,令学生交纳学费。以上为劝学所总董之责,惟须据劝学员之报告联合村董办理。

(四)开风气。访有急公好义、品行端方之绅耆,倩其襄助学务。择本区适中之地,组织小学师范讲习所,或冬夏期讲习所。组织宣讲所、阅报所。有好学之士,可介绍于本府初级师范学堂,或本城传习所,使肄业科学。以上由劝学员随时报知本城劝学所总董办理。

(五)去阻力。各地劣绅、地棍之阻挠学务者,各地愚民之造谣生事者,顽陋塾师禁阻学生入学堂者,娼寮烟馆等所之附近学堂有妨管理者,以上由劝学员查出,通知本城劝学所禀明地方官分别办理。

一、实行宣讲。各属地方一律设立宣讲所,遵照从前宣讲《圣谕广训》章程,延聘专员,随时宣讲。其村镇地方亦应按集市日期,派员宣讲一切章程规则,统归劝学所总董经理,而受地方官及巡警之监督。

(一)宣讲应首重《圣谕广训》,凡遇宣讲圣谕之时,应肃立起敬,不得懈怠。

(一)忠君、尊孔、尚公、尚武、尚实五条谕旨,为教育宗旨所在,宣讲时应反覆推阐,按条讲说。其学部颁行宣讲各书,及国民教育、修身、历史、地理、格致等浅近事理,以迄白话新闻,概在应行宣讲之列。惟不得涉及政治演说,一切偏激之谈。

(一)宣讲员由劝学所总董延访,呈请地方官札派,以师范毕业生与及师范生有同等之学力、确系品行端方者为合格,如一时难得其人,各地方小学堂教员亦可分任宣讲之责。其不合以上资格者,概不派充。

(一)宣讲时,无论何人均准听讲,即衣冠蓝缕者,亦不宜拒绝,惟暂不准妇女听讲,以防弊端。

(一)宣讲时限日期得由劝学所总董随时酌定。

（一）宣讲员每期宣讲事项，应备簿存记目录，以备地方官及劝学所总董随时稽查。

（一）宣讲附在劝学所，或借用儒学明伦堂，及城乡地方公地，或赁用庙宇，或在通衢。

（一）凡宣讲时，巡警官得派明白事理之巡警员旁听，遇有妨碍治安之演说，可使之立时停讲。

一、详绘图表。劝学员应商同本区各村董事，就所辖地方，遵照学部颁行格式，绘成总分各图，注明某地有学堂几处，每学堂若干斋室，随时报明本城劝学所存。查其学生班次、人数课程及出入款项，分别造具表册，分期报明本城劝学所。劝学所汇齐，另造表册，交由地方官申报提学衙门，每半年一次。

一、定权限。各属劝学所总董与劝学员及各村学堂董事，均为推广学务而设，不准于学务以外干涉他事。如有包揽词讼、倚势凌人者，经地方官查实，轻则立时斥退，重则禀明提学司究办。

一、明功过。劝学所各员如办理合法、著有成效，应随时记功。其有特别劳勚者，记大功。年终按记功之多寡，由地方官禀明提学司，予以奖励。其固陋怠惰，或办理不善者，随时禀撤另举。

奏为遴员保荐提学使司人员事①

协办大学士臣荣庆等跪奏,为遴保直省提学使司人员请旨简
放,以重职守,恭折仰祈圣鉴事。

窃本月初二日,臣部会同政务处具奏,遵议裁撤学政请设提学
使司员缺折内声明"提学使司人员即由学部开单请简",奉旨允准
在案,自应钦遵办理。伏查提学使司员缺统辖全省学务,关系重
要,非资望素著、深通学务之人殆难胜任。臣等遵奉谕旨,悉心延
访,谨就京外服官人员,择其心术纯正、通达时务,并各省学务处总
办经理学务历有成效,或为臣等所稔知,或为时论所推许,胪列上
陈,谨备圣明采择。诚知海内人才甚众,深通学务者当复不止此
数,而限于见闻所及,尤不敢仅采虚声、滥竽充选,至单内各员其有

---

① 录自第一历史档案馆档号 03 - 7217 - 018,又见《学部官报》第 2 期。据日记,
1906 年四月十七日:"拟奏简提学司折稿。""拟学使单。先将众所保荐者列为一表,又
按人注相宜之省分,又依品级列一清单。至暮乃毕。李(即李家驹)先余至,将散时茂萱
(即乔树楠)至,又谈片刻,酌易一两人。单凡开五十九人。"学部关于拣择提学使人选的
讨论,亦见于罗振玉《集蓼编》:"部章改以前,学政为实官,各省设提学使一人,位次在藩
台之后,臬台之前。一日堂上集议,相国询众,以提学使应用何资格请简? 严侍郎首建
议,谓必须明教育者,盖意在曾任学校职员,及曾任教习者。故已调天津小学校长及小
学教员数人到部行走。予议提学使与藩、臬同等,名位甚尊,似宜选资望相当者。相国
然之,因询何资望乃可,众未有以对。予曰:'无已,亦但有仍如从前学政,于翰林选之
耳。'严意不谓然。予曰:'堂官谓以明教育为断,不知以何者为准? 殆不外学校职员
及教员耳。今各省但立师范及中小学校,其管理员及教员不外地方举贡生员。此等
人,亦未必即副深明教育之望。一旦拔之不次,骤至监司,恐官方且不知能必其果举职
否。'相国曰:'然! 亦但有于翰林取之。若谓翰林不明教育,俟奉简命后,派往国外视察
数月可耳。'"就最终结果看,提学使并非均出身翰林,可见严修发挥了关键作用。

官资尚浅者,倘蒙圣恩,量加录用,应否先行试署,以观实效,敬候圣裁,非臣等所敢擅拟。嗣后提学使司人员三年任满,由臣部考验成绩,分别奏闻。其办理学务毫无成效者,亦由臣部随时考查,奏请撤换,不敢以遴保在先,稍涉回护。

再,查《奏定学务纲要》内载"各省学堂官绅必先出洋考察"等语,提学使司为学堂官绅表率,尤宜亲自出洋,详加考校,藉可补充识力,于地方学务实有裨益。拟俟命下之日,除前经出洋及办理学务资劳久著者可即行赴任外,其余各员应先派赴日本考察学校制度及教育行政事宜,以三个月为期,归国后再行赴任。

至各直省现改设提学使司额缺,其顺天府属各州县学务,除京城内外悉隶京师督学局办理外,所有各属学务,均归直隶提学使司统辖,以归划一。其江宁、江苏地方为督抚驻札省会,向均设有学务处,应照布政司管辖地方例,各设提学使司一员。吉林、黑龙江、新疆三省所有考试事宜,向隶东三省学政及甘肃学政办理,现在推广兴学,开通风气,应各设提学使司一员,以重职守。其改设提学使司额缺及遴保堪胜提学使司人员,谨分缮清单,恭呈御览。

所有臣等遴员请简缘由,谨缮折具陈,伏乞皇太后、皇上圣鉴。谨奏。光绪三十二年四月二十日,尚书臣荣庆、左侍郎臣张仁黼调署工部、右侍郎兼署左侍郎臣严修。

上谕:"学部奏请简放提学使司提学使一折。奉天提学使着张鹤龄补授,吉林提学使着吴鲁署理,黑龙江提学使着张建勋补授,直隶提学使着卢靖署理,江宁提学使着陈伯陶署理,江苏提学使着周树模署理,安徽提学使着沈曾植署理,山东提学使着连甲补授,山西提学使着宗室锡嘏补授,河南提学使着孔祥霖署理,陕西提学使着刘廷琛署理,甘肃提学使着陈曾佑署理,新疆提学使着杜彤署理,福建提学使着姚文倬补授,浙江提学使着支恒荣补授,江西提学使着汪诒书署理,湖北提学使着黄绍箕补授,湖南提学使着吴庆坻署理,四川提学使着方旭署理,广东提学使着于式枚补授,广西提学使着李翰芬署理,云南提学使着叶尔恺署理,贵州提学使着陈荣昌署理。所有编检御史署理者,均着开缺以道员用,余着照所议办理。钦此。"

奏为会同划定学礼两部办事界限事①

协办大学士臣荣庆等跪奏,为划定学、礼两部办事界限,以专责成,恭折仰祈圣鉴事。

恭照光绪三十一年八月奉上谕:"前已有旨停止科举及岁科考试饬令,各省学政专司考校学堂事务,嗣后各该学政事宜着即归学务大臣考核,毋庸再隶礼部,以昭划一。钦此。"臣等伏查从前之恩、拔、岁、优贡及廪、增、附生,均由学政考取,册报礼部,其贡士、举人、副贡亲供卷册,亦隶礼部。所有各省贡士举贡生监改籍、更名、出继、归宗以及承荫、就职、斥革、开复各项事宜,向归礼部承办。此次钦奉上谕,学政专司考校学堂事务,毋庸再隶礼部,恭绎谕旨之意,似专指学堂而言。其从前之考试等事,应隶何部,未奉明文。现在停止科举,推广学堂,学部新设,筹画一切章程,头绪纷繁,又经政务处及袁世凯等奏准,宽筹举贡生员出路,将来保送举

---

① 录自第一历史档案馆档号 03－7217－023,又见《学部官报》第 2 期。1906 年四月二十一日日记:"阅折。明日拟递会奏学礼两部划分办事界限一折。"

贡及各省优拔贡等项考试，事体亦极烦重。各省因章程未定，文电交驰，纷纷请示，率皆分咨学、礼两部。若不划定界限，窃虑承办各员无所适从，公事转多贻误。且册档文卷均在礼部，往返咨查既延时日，若全移交学部，新旧纷歧尤多不便。臣等公同会商，拟请将从前之贡士、举人恩、拔、副、岁、优贡，并廪、增附生例贡，监生考试，引见，解卷，行文以及改籍、更名、就职、报捐一应事宜，统由礼部仍照例章分别核办。至由学堂出身之进士、举人优、拔、副、岁贡，廪、增、附生暨出洋游学毕业生，并国子监归并学部后在学部领照之监生，考试、引见、解卷、行文以及改籍、更名、就职、报捐一应事宜，统由学部查照新章分别核办。如此划定界限，庶承办者有所遵循，而事情亦不致歧误矣。恭俟命下，即由臣等行知京外各衙门一体遵照。

所有臣等划定办事界限缘由，是否有当，伏乞皇太后、皇上圣鉴。再，此折系学部主稿，会同礼部办理，合并声明。谨奏。光绪三十二年四月二十二日，学部尚书臣荣庆、学部左侍郎臣张仁黼调署工部、学部右侍郎兼署左侍郎臣严修、礼部尚书臣宗室溥良、礼部尚书臣戴鸿慈差、署理礼部尚书臣陆宝忠、礼部左侍郎臣萨廉、礼部左侍郎臣李绂藻、礼部右侍郎臣宗室绵文、礼部右侍郎臣胡燏棻。

奉旨："依议。钦此。"

奏为续拟提学使办事权限章程事①

　　奏为续拟提学使办事权限章程，恭折具陈，仰祈圣鉴事。

　　窃查《各省学务官制办事权限》并《劝学所章程》前经臣部于本年四月十二日奏准通行在案，现在提学使将次到任，所有选用僚佐、旌别属官，以及管理驻防学务聘用外国教员各事宜，为前次章程所未备者，现经臣等公同商酌，定为十一条，缮具清单，恭呈御览。俟奉旨后，即由臣部通行各省一律遵办，所有《续拟提学使办事权限章程》缘由，谨缮折具陈，伏乞皇太后、皇上圣鉴训示。谨奏。光绪三十二年六月初六日。

　　奉旨："依议。钦此。"

　　谨将《续拟提学使办事权限章程》恭呈御览。

　　一、课长以下各员由提学使给札委派，一面申详督抚。惟此项人员非通悉学务之员不克胜任，除就本省官绅选用外，准由提学使详请督抚分别调用京外人员相助为理，查《奏定章程》，办理学堂必须充当总理或监督，总分教习者免扣资俸。此项课长、副长人员职司全省学务，尤为重要，应请一并不扣资俸，不停升转铨选，以广任用。

　　一、合省学务人员每越一学期由提学使详报学部一次，以凭察核。

　　一、提学使于通省学务用款，除会同藩司筹画外，其盐运司、盐

---

　　①　录自《学部官报》1906 年第 3 期。

粮关道以及税厘、银元、铜元各项局所,但有经理财政之责者,均应合力通筹,详请督抚核定。

一、课长、副长、省视学、劝学所总董等,如无官者照章给与五品、六品、七品职衔,惟经提学使派充之后,须视任事久暂,略加区别。必勤慎无误满三年者,由提学使详请督抚咨明学部给予执照,并咨吏部注册。如有异常得力之员,因事故未满三年,而于学务实有裨益者,准由提学使声叙事实,详请督抚咨明,一律给照注册。

一、自课长以及劝学所总董一年一次札委,均于年前下札。平日如有敷衍因循者,应由提学使随时撤换,不得容隐,并详请督抚转咨学部立案。

一、各课人员如一时不能尽得其人,准以他课人员兼充,任缺勿滥,以昭慎重。

一、议长、议绅应给予薪资常川,驻省赞画学务。其才品学识亦由提学使密陈督抚,转咨学部察核。

一、自高等学堂以至小学堂监督、校长、教员等,皆由提学使分别聘用委派,并受提学使节制。其平日办事功过,由提学使随时详请督抚以凭举劾。

一、各省驻防学堂概归提学使管辖,以期推广而昭一律。惟旗营有设陆军学堂者,不在此例。

一、劝学所总董事务繁重,由地方官酌量情形给予薪水,禀报提学使核办。

一、佣聘外国教员其合同格式由学部酌定,交由提学使颁发,各学堂照办。外国教员归提学使及本学堂监督节制。所有延聘、辞退等事,每越一学期,详报督抚转咨学部立案。

奏藩学臬三司会详片

再,兴学为地方要政,久已列入考成,实与钱谷刑名并重,查各省地方官员补署举劾等事,向由藩司会同臬司具详。现既添设学司,拟改为藩、学、臬三司会同具详。庶地方人员各顾考成,于兴学育才不无裨益。臣等为慎重学务起见,是否有当,谨附片具陈,伏乞圣鉴训示。谨奏。

奉旨:"依议。钦此。"

奏为酌拟教育会章程事[①]

奏为酌拟教育会章程,恭折具陈,仰祈圣鉴事。

窃维教育之道普及为先,中国疆域广远,人民繁庶,仅恃地方官吏董率督催,以谋教育普及,戛戛乎其难之也。势必上下相维,官绅相通,藉绅之力以辅官之不足,地方学务乃能发达。现在学堂教育方见萌芽,深明教育理法之人殆不数觏,是非互相切磨、互相研究不足尽劝导之责,备顾问之选。自科举停止以来,各省地方绅

---

① 录自《学部官报》第3期。据严修1906年四月十八日日记:"《教育会章程》拟交集议处复核,因有与州县学权限相似之处……改叔韫(罗振玉)所拟《教育会章程》字句数处。画稿。看集议处条议。"闰四月初四日:"覆阅叔韫所拟《教育会章程》。"二十一日:"静生(范源廉)交所拟《教育会章程》。"五月初四日:"改定《教育会章程》。"五月初八日:"饭后与小庄(陈宝泉)重校《教育会章程》。"初九日:"签改《教育会章程》。"

士热心教育,开会研究者不乏其人,章程不一,窒碍实多,有完善周密毫无流弊者,亦有权限义务尚欠分明者。臣部职司所寄,亟须明定章程,整齐而画一之,权限既明,义务自尽,似于振兴教育不无裨益。臣等公同商酌,谨拟教育章程十五条,缮具清单,恭呈御览,俟奉旨后即由臣部通行各省一体遵照办理。其已经开办者,应令改照臣部章程以归画一。所有酌拟《教育会章程》缘由,谨缮折具陈,伏乞皇太后、皇上圣鉴。谨奏。光绪三十二年六月初八日。

奉旨:"依议。钦此。"

谨将教育会章程恭呈御览。

第一节　宗旨

第一条　教育会设立之宗旨,期于补助教育行政,图教育之普及,应与学务公所及劝学所联络一气。

第二节　设立及名称

第二条　教育会之设立,在省会则议绅、省视学、各学堂监督、堂长及学界素有声誉者,均有发起总会之责;在府州县,则学务总董、县视学、劝学员、各学堂监督、堂长及学界素有声誉者,均有发起分会之责。

第三条　各地方绅民发起教育会者,应化除私见,集合同志,遵守本章程之宗旨,斟酌该地情形,拟定详细会规,禀经该省提学司批准后,并陈明地方官立案,方为成立。

第四条　教育会为全省所公立而设在学务公所所在之地者,称某省教育总会;为府厅州县所公设而设在本处地方者,府有专辖之境地,如贵阳、安顺之类,得于州县教育会之外另立府教育会,其无专辖之境地者,不必复设。称某府厅州县教育会。

凡一处地方只许设教育会一所,但如省会之地既设总会,复设同城某府或某县之会者,不在此例。

第五条　总会许用铃记须呈明提学司,并由提学司详报督抚,咨学部存案;府县教育会许用图章须报明地方官,详提学司存案。

第三节　总会与各会之关系

第六条　各省教育总会为统筹全省教育而设,各地方教育会为筹一地方教育而设,其范围之广狭虽异,而宗旨则无不同。各地方教育会自应互相维系,凡分会之于总会不为隶属,惟须联络统合,以图扩充整理,至如何联络统合之处,应由总会与各分会商定详细办法,呈请提学司核准。

第四节　会员

第七条　会员之名目

一、会长一员;

二、副会长一员;

三、会员;无定员。

四、书记与会计;无定员。

五、名誉会员。无定员。

第八条　会员之资格

一、会长、副会长须品学兼优、声誉素著,或于本地教育有功者,由会中公举禀请提学司审察,确能胜任方可允准。选充各以三年为一期,期满复被推举,经提学司审察成绩优者,准其接充。如期未满而自请告退者听,但须将事由报明提学司。

二、书记与会计即由会长、副会长于会员中择人委派,视事之繁简酌定人数。

三、会员须品行端正、有志教育者,呈具入会愿书,由确实之介绍人加保证书,请会长审察允许,若会员属本会发起人,则无庸另具愿书及保证书。会员因有事故自行请退,应将事由报明会长而后出会。

四、名誉会员以品学素优,或以财力赞助该会,而誉望素无亏损者充之。

五、外籍旅居该地之绅民,依本条第三项办法得为会员。

六、现为学堂之学生者不得为会员。

七、凡学堂曾经黜退之学生,及游学外国因事开除之学生,均不得为会员,尤不得自与发起之列。

第九条 会员之职务

一、会长有采决众议综理会务之权。

一、副会长襄助会长办理会务,会长不能到会之时则为之代。

一、书记司理会计、经管帐目,须常川在会分执各事。

一、会员应听会长及副会长之指挥,同心协力图本会之发达。

一、名誉会员虽不能常川到会,亦应随时留心教育,共助该会之发达。

第十条 会员应岁出六元以上之会金。

第五节 会务

第十一条 会中应举之事务列左:

一、立教育研究会以求增进学识。

选聘讲师,定期讲演,教育史、教育原理、教授法、管理法、教育制度及他种学科。会员一律听讲。

二、立师范传习所。

选聘讲师至短以一年为期,传授师范学科,以地方举贡生员之年在三十五以上、四十五以下,不能入各学堂肄业者充传习生。卒业时,应禀请提学司派员检定,就其所学出题考试。合格者,即予以凭照,得任小学堂副教员。

设立时先须将教员姓名及课程表呈请提学司查核。若所聘教员及一切课程不合,须饬令更定,方准设立。

三、研究会传习所讲毕之后,应否接续办理,届时由会长体察地方情形酌定。

四、调查境内官立、私立各种学堂后开事项。

(一)管理教授之实况。

(一)教科用之图书、器具,其种类、程度是否完备合式。

(一)校地及卫生之合否。

(一)学生之行检如何。

地方各学堂管理教授一切课程,如有不合之处,于私立学堂应直接规劝,助其改正,于官立学堂则条陈于本管官吏或本省提学司,听候酌办。

五、作境内教育统计报告,当详记后开事项。

(一)地方户口与学龄儿童之数。此条应所会商办理。

(一)官私立小学若干所及建立年月。

(一)各种学堂若干所及建立年月。

(一)各种学堂管理员、教员之籍里姓名。

(一)各学堂学生人数。

(一)各学堂学科及教授时间。

(一)各学堂经费数目及所自出。

每年于四月、十月编成表册,呈报提学司以备稽查。

六、参考他处兴学之法,详察本地风土所宜得,随时条陈于提学司,并时应提学司及地方官之谘询,但止宜听候采择,不得有要求之事。

七、择地开宣讲所宣讲《圣谕广训》,并明定教育宗旨之上谕及原奏,以正人心而厚风俗。他如破迷信,重卫生,改正猥鄙之戏曲、歌谣等事,均应随时注意,设法劝戒,并可采用影灯、油画之法以资观感。

八、筹设图书馆、教育品陈列馆及教育品制造所,并搜集教育标本,刊行有关教育之书报等以益学界。

第六节　簿册文件

第十二条　会中应备后开各项之簿册文件:

一、会籍。列记会员之姓名、籍贯、年龄、职业及现在住所、到会年月。

二、入会愿书及保证书。

三、记录。凡会员全体或一人关于会务有所设施建议皆详纪之,又会中日行事件须有日记。

四、讲稿。凡讲义、宣讲等类皆须存稿,并录呈提学司。

五、函牍。凡内外往来私函、公牍均应依次检存。

六、帐簿。详记各项收支帐目,并现存财产目录,每年呈报提学司及地方官,每四个月将帐目登报并榜示一次。

第七节　解放及奖励

第十三条　各学会应由提学司稽查,若有犯后开各条者即令解散:

一、徒袭用教育会之名,并不设研究所以求学问。

二、干涉教育范围以外之事。如关于政治之演说等。

三、勒索捐款,取图私利。

四、会员时起争端不能融和。

五、挟私聚众阻碍行政机关。

第十四条　各学会每届三年,由提学司考核一次,成绩优良者,得详请督抚酌给奖励。其会员中品学修明、任事笃实者,则选任本省学务议绅,并择其相宜之事,酌予委任。

第八节　附则

第十五条　此项章程凡以后各省及各地方设立教育会时一切遵行,其章程未颁行以前,所立之教育会亦当一律遵用,不得歧异。

奏为变通进士馆办法派遣学员出洋游学事①

奏为科举已废,酌拟变通进士馆办法,派遣学员出洋游学,恭折具陈,仰祈圣鉴事。

窃惟进士馆之设,原为初登仕版人员补求实学,以资报国之具。开办以来,癸卯、甲辰两科进士业已先后到馆,分班授课,嗣于光绪三十年七月经学务大臣奏请分别内外两班,翰林、中书为内班,分部各员愿在本衙门当差者为外班;又新进士有在学堂充当教员及总理学务事宜三年期满,实有劳绩者,准与本馆学员一律办理各等语,均经奉旨允准在案。其时各衙门整顿部务,各省举办学堂,在在需才,此项人员多被留用,其有未经奏咨立案者,或因别项事故未能如期到馆,以致内外两班迄未到齐。现在馆中肄业学员,计癸卯进士内班八十余员,应于本年年终毕业;甲辰进士内班不过

---

①　录自《学部官报》第3期。据严修1906年六月十七日日记:"与肖珗(林棨)商调仕学馆毕业学员,并选派出洋事、进士馆办法。"

三十余员,应于明年年终毕业。学员日少一日,而学科不能议减,教习薪资与馆中一切经费亦即无从节省。若使科举未停,自当接续办理,俾后来新进士皆有求学之地。惟自上年钦奉明诏停罢制科,此馆之设势难持久。若不及早变通,不惟款项虚糜,办法亦多窒碍。查日本东京法政大学所设速成科第二班现已毕业,于年内开设补修科,使此项毕业学生进求完全之学。又准出使大臣杨枢电开"该法政大学本年开办速成科第五班,业有成议"等因,臣等再四筹商,莫若乘此时机,分别遣派新进士前赴日本游学,除癸卯进士毕业期近,仍留本馆肄习,俟毕业后再行遣派出洋游历外,所有甲辰进士现在馆肄业之内班,均送入法政大学补修科,其外班之分部各员有志游学者分别选择送入法政大学速成科。至因有事故未经到馆之翰林、中书,拟由臣部电咨各省,催取各员赶紧来京,与外班各员一体送入速成科肄业。查日本法政大学补修科系一年毕业,速成科一年半毕业。此次内外两班及未经到馆人员分别遣送,其入学程度大致相当。将来入补修科各员以在馆日期并算,适足三年,其入速成科各员虽未满三年,而所习学科较多,视本馆章程较为完备,应准其于毕业回京时一律考验,按照定章分别奖励。似此变通办理,于储才致用不无裨益。如蒙俞允,拟由臣部于进士馆经费项下拨给学费,定期派遣出洋。其进士馆原有堂舍应即筹办别项学堂,容俟拟定办法,另行具奏。

所有酌拟变通进士馆办法派遣学员出洋游学缘由,理合恭折具陈,伏乞皇太后、皇上圣鉴。谨奏。光绪三十二年七月初七日。

奉旨:"依议。钦此。"

奏为续调人员差遣事①

奏为学务日繁,恳恩俯准续调人员以资助理,恭折具陈,仰祈圣鉴事。

窃自上年臣部创设以来,迭次奏请调员到部差遣,均经奉旨允准在案。现在部务日繁,兼所设编译图书、京师督学、学制调查等三局需员尤众。又值圣明励精图治,殷殷以教育普及为更新百度之基。臣部为全国学务总汇之区,经纬万端,待人而理,臣等学识疏庸,深虞竭蹶,自非博访通才,不足以资赞助。除已调各员详加考核、奏请分别录用外,复就平日询求所及,于究心学务、物望素孚人员,及出洋毕业学生悉心考证,谨择其品学尤著者八员,缮具清单,恭呈御览。仰恳天恩准其以原官调归臣部差遣,仍由臣等随时考察,如实属可用之才,再行分别奏明留部补用。如蒙俞允,俟命下之日由臣部分咨京外各衙门遵照办理。

所有臣部续调人员差遣缘由,谨缮折具陈,伏乞皇太后、皇上圣鉴训示。谨奏。光绪三十二年八月十二日。

奉旨:"依议。钦此。"

谨将奏调人员缮具清单,恭呈御览。

---

① 录自《学部官报》第 4 期。严修拟本折及下片情形可见 1906 年五月十八日日记:"私拟咨议、视学等官,并本部员司缺,终日未定稿。"六月初八日:"酌拟咨议官名单,拟调人员名单。"七月初九日:"录咨议官及本部员缺单。"

候选道江瀚,庶吉士黄瑞麒,外务部翻译官、候选知府元章,吏部主事恩华,刑部主事陈曾寿,日本东京工科大学毕业生陈槐,日本东京工科大学毕业生何燏时,江西补用知县刘锺琳。

奏请派本部一二等咨议官片

再,查臣部奏定官制折内开"拟设咨议官,无定员,不作为实缺,不限定常川在部,仿商部顾问官之例,分为四等,一等视丞,二等视参议,均由学部奏派"等语。臣部事属创始,前无所因,举凡学制之规画、学务之调查与地方兴学之情形,必待周咨博访,始能纤悉无遗。臣等虚心延求,公同考证,查有太常寺卿刘若曾等三十三员,学问渊通,士林翕服,堪充臣部咨议官,谨分别一等二等缮具清单,请旨派充。嗣后臣部遇有应行筹议事宜,随时咨询该员等,于关系教育之事,亦得随时建议,冀收集思广益之效。除三四等咨议官由臣部另行遴员委派外,理合附片具奏,伏乞圣鉴训示。谨奏。

奉旨:"依议。钦此。"

谨将奏派一等咨议官衔名开单,恭呈御览。

太常寺卿刘若曾,前内阁学士兼礼部侍郎衔陈宝琛,三品卿衔翰林院修撰张謇,候补四品京堂郑孝胥,四品卿衔汤寿潜,新疆布政使王树枏,湖北按察使梁鼎芬,直隶候补道严复。

谨将奏派二等咨议官衔名开单,恭呈御览。

　　翰林院侍讲丁仁长,河南道监察御史赵启霖,翰林院编修王同愈,翰林院编修缪荃孙,翰林院编修胡峻,翰林院庶吉士谭延闿,内阁中书汪康年,分部员外郎陶葆廉,候选郎中蒋黼,吏部主事陈三立,户部主事谷如墉,刑部主事孙诒让,光禄寺署正罗振玉,河南候补道韩国钧,黑龙江候补道宋小濂,湖北候补道钱恂,候选道熊希龄,直隶天津府知府罗正钧,陕西凤翔府知府尹昌龄,湖南候补知府叶景葵,候选知府伍光建,浙江淳安县知县屠寄,前安徽祁门县知县夏曾佑,直隶候补知县张一麐,湖北试用知县胡玉缙。

奏为请补本部参事员外主事司务及一二等书记官各缺事①

　　奏为请补臣部各司厅等员缺开单带领引见,恭折仰祈圣鉴事。

　　窃臣部设立以来,学务殷繁,前经奏请酌定官制,以重职守,又于闰四月二十日请补臣〔部〕左右丞、左右参议,并先后遴员请充京师督学局局长,均经钦奉谕旨允准在案。现在振兴教育,推行部章,百端待理,择才为难,前将已调京外人员及国子监裁缺留部当差人员,各就所长,分曹治事,数月以来,渐有条理,自应先行择尤请补各司厅额设各缺及书记官等缺,以资分理;其外借补人员拟照商、警成案,仍留原官原衔,及补缺后,愿以原官回省候补,或赴部候选,均照商、警部成案办理。计请补参事二员、员外郎五员、主事四员、司务二员、一等书记官四员、二等书记官一员,该员等或原系

―――――――――――

　　① 　录自《学部官报》第4、5期。

京曹,或由外任及候补人员奏调到部行走,均属通达学务、任事勤能,以之请补各缺,均堪胜任。共十八员,三排,谨将履历缮写绿头牌带领引见,恭候钦定。此外,未补各缺容俟逐细考核,再行陆续请升请补。

所有拟补臣部各司厅等员缺缘由,理合恭折具陈。再,书记官引见系比照各部笔帖式奏补之例,合并声明。伏乞皇太后、皇上圣鉴。谨奏。光绪三十二年八月十二日。

谨将拟补臣部司员衔名缮具清单,恭呈御览。

拟补臣部参事二员:

陈毅,年三十五岁,湖北人。由附生经前署湖广总督奏保,蒙赏给国子监典籍衔。复经湖广总督、前湖南学政奏保,蒙赏换太常寺博士衔。光绪三十一年十二月奏调到部。

林棨,年二十六岁,福建人。由游学毕业生考试,蒙赏给举人出身,以知县分省补用,签分陕西,经前学务大臣奏留充进士馆兼仕学馆教习。光绪三十一年十二月奏调到部。

奉旨:"均着准其补授。钦此。"

拟补臣部总务司机要科员外郎一员:

戴展诚,年三十八岁,湖南人。由庶吉士散馆选授广西天河县知县,经前京师大学堂总监督奏充大学堂教务提调。光绪三十一年十二月奏调到部。

奉旨:"准其补授。钦此。"

拟补臣部总务司案牍科员外郎一员：

曾培，年五十五岁，四川人，由进士主事签分兵部，截取山东试用知县，保归候补班补用。光绪三十一年十二月奏调到部。

奉旨："着准其补授。钦此。"

拟补臣部普通司师范教育科员外郎一员：

张缉光，年三十三岁，湖南人。由优贡举人报捐内阁中书，加捐员外郎，签分刑部，经前学务大臣派充京师译学馆教务提调。光绪三十一年十二月奏调到部。

奉旨："着准其补授。钦此。"

拟补臣部普通司小学教育科员外郎一员：

王季烈，年三十九岁，江苏人。由进士主事签分刑部，经前学务大臣奏充八旗高等学堂教习。光绪三十一年十二月奏调到部。

奉旨："着准其补授。钦此。"

拟补臣部会计司度支科员外郎一员：

庆隆，年三十七岁，镶蓝旗汉军人。由进士主事签分吏部，奏保补主事后，以员外郎用，加四品衔，光绪三十一年六月补授吏部文选司主事。三十一年十二月奏调到部。

奉旨："着准其补授。钦此。"

拟补臣部总务司机要科主事一员：

吴懋昭，年三十五岁，顺天人。由举人历保以知府分省补用。光绪三十一年十二月奏调到部。拟补总务司机要科主事，请仍留知府在任候选。

奉旨："着准其补授。钦此。"

拟补臣部普通司师范教育科主事一员：

范源廉，年三十一岁，湖南人。由游学生调充京师大学堂助教，再赴日本肄业法政大学。光绪三十一年十二月奏调到部。

奉旨："准其补授。钦此。"

拟补臣部普通司小学教育科主事二员：

崇岱，年二十九岁，正黄旗蒙古人。由候选笔帖式赴日本留学毕业，派充八旗高等小学堂提调。光绪十一年十一月奏调到部。

顾栋臣，年三十六岁，江苏人。由附生报捐主事，签分兵部行走。光绪三十一年十二月奏调到部。

奉旨："均着准其补授。钦此。"

拟补臣部司务厅司务二员：

柯兴昌，年二十八岁，镶蓝旗汉军人。由官学生派赴日本留学，毕业派充宗室觉罗八旗高等学堂监学官。光绪三十一年十二月奏调到部。

李廷瑛,年四十岁,顺天人。由举人国子监助教俸满截取,今拟补司务厅司务,并请仍留截取原班。

奉旨:"均着准其补授。钦此。"

拟补臣部一等书记官四员:

张煜,年五十七岁,直隶人。由举人大挑二等候选教谕,保知县不论单双月尽先选用并加五品衔。今拟补一等书记官,请留原衔在任,以知县候选。

荣辉,年五十一岁,镶黄旗蒙古人。由举人大挑选补国子监典簿。

崇贵,年四十八岁,镶白旗汉军人。由附生报捐笔帖式,补授国子监笔帖式,保理事同知衔。

高凌雯,年四十四岁,直隶人。由举人报捐国子监博士。

奉旨:"均着准其补授。钦此。"

拟补臣部二等书记官一员:

赵允元,年三十一岁,安徽人。由优廪贡生报捐候选训导。

奉旨:"着准其补授。钦此。"

奏本部各司人员留部补用片

再,查臣部奏定官制折内开"现在奏调各员,除随时酌量请补外,其余均作为候补额外司员,在相当品级上行走"等语。查臣部事繁责重,必须人当其职,始足收指臂之效。故于各司厅额设各缺,慎重择才,一时未敢全行请补。惟查调部当差各员中,其人品学术实于臣部相宜者,应即先行奏明留部补用,庶该员等心志专一,于部务方有裨益。兹查有户部郎中马瀠年、分省补用知府双泰,均堪以郎中候补。户部学习主事彭绍宗,刑部学习主事杨熊祥,内阁候补中书李景濂,工部候补司务彭祖龄,裁缺国子监助教祝椿年、晏孝儒,学正李春泽,典簿宗树楠,学正学录汪馨,候补笔帖式启励,候选通判杨宗稷,留学日本毕业生举人陈清震,留学日本毕业生陈宝泉、刘宝和,均堪以主事候补。该员等或早经奏调到部,或由国子监裁缺人员调部行走,均属勤奋从公。此次留部之后,仍俟详加考核,再择其尤为出色者,随时酌量请补。

臣等为慎重员缺、破格求才起见,如蒙俞允,由臣部咨行各该衙门钦遵办理。理合附片具陈,伏乞圣鉴训示。谨奏。

奉旨:"依议。钦此。"

会奏详拟考验游学毕业生章程
并请酌给奖励事①

奏为详拟考验游学毕业生章程,并请酌给奖励,恭折具陈,仰

---

① 录自《学部官报》第6期。据《范孙自订年谱》:"考试毕业回国之留学生,各科皆授进士、举人,唯医授医士,部争之,乃从同。"即指本折所附《考验游学毕业生章程》最后一条。

祈圣鉴事。

　　窃臣部于本年四月奏准考验游学毕业生，自本年始，每年八月举行一次，业由臣部通行各省，并经奏请钦派大臣会同考试在案。现据各省咨送应考学生陆续到京，亟应议定考验章程以凭办理。查上年考验游学毕业生办法，因其时科举未停，学部未设，援照乡会试覆试之例，奏请在保和殿考试，本系一时权宜之计。现在科举既已停罢，又值朝廷综核名实，振兴百度之时，自应妥议章程，悉心考验。臣等详考外国制度，大都学成试验与入官试验分为两事，而条理实相贯通，故当其就学，初未尝有得官之心，及其入官，亦未闻有不学之士。教育之所由精进，政治之所由修明，胥基于此。臣部此次考验游学毕业生，即各国学成试验之意，拟酌照奏定分科大学毕业及高等学堂毕业章程，由臣等会同钦派大臣，按照所习学科分门考试，务求详密。试毕酌拟等第，带领引见，恭候钦定，分别给予进士、举人等出身。俾人人皆知其隆重，仍将某科字样加于进士等名目之上，以为表识而资奖劝。京外衙门可就所分之科分别调用，加以试验，奏请录用实官，庶几循名责实，各尽所长，用副朝廷因才器使之至意。

　　所有臣部详拟《考验游学毕业生章程》，并酌拟奖励各缘由，谨会同臣联芳、臣唐绍仪、臣塔克什讷恭折具陈，并缮具清单，恭呈御览，伏乞皇太后、皇上圣鉴训示。谨奏。光绪三十二年八月十五日。

　　奉旨："依议。钦此。"

　　谨拟《考验游学毕业生章程》五条恭呈御览。

　　一、考试分两场。第一场就各毕业生文凭所注学科择要命题考验,第二场试中国文、外国文。

一、第一场每学科各命三题,作二题为完卷。第二场试中国文一题、外国文一题,作一题为完卷。

一、考卷由襄校分阅,评记分数,再由学部大臣会同钦派大臣详细覆校,分别最优等、优等、中等。

一、毕业生考列最优等者给予进士出身,考列优等及中等者,给予举人出身,均由学部开单带领引见请旨。

一、毕业生准给出身者并加某学科字样。习文科者准称文科进士、文科举人;习法科者准称法科进士、法科举人;医科、理科、工科、商科、农科仿此。

奏为详议女子师范学堂及
女子小学堂章程事①

奏为详议女子师范学堂及女子小学堂章程,恭折具陈,仰祈圣鉴事。

窃维中国女学本于经训,故《周南》《召南》首言文王后妃之德,

----

① 录自《学部奏咨辑要》卷三。严修自上任学部之始,便积极推动制定女学章程,不过遇到较大阻力。如日记1905年十二月二十八日:"以子光(徐谦)所交《女学章程》示华老(荣庆)。华老以正言规余。"此后,严修与同仁反复推敲。如1906年四月十八日:"女学章程拟俟士可(陈毅)到京酌拟。"四月二十四日:"叔韫(罗振玉)所拟《女学章程》集议处签注数条,余携回寓。"闰四月初四日:"覆阅叔韫所拟《女子小学章程》。"闰四月初七日:"臧佑宸送来《女学章程》。"七月初十日:"覆阅士可所拟《女子师范学堂章程》。"八月十六日:"覆阅《女子小学》《女子师范章程》。"直至1907年正月二十四日正式上奏,得到批准。严修晚年将"女师范章程奏准"作为一件大事,记入《自定年谱》。

一时诸侯夫人、大夫妻莫不恪秉后妃之教，风化所被，普及民间，《江汉》诸篇言之尤备。孔子曰："人而不为《周南》《召南》，其犹正墙面而立也与。"盖言王化始于正家，倘使女教不立、妇德不修，则是有妻而不能相夫，有母而不能训子，家庭之教不讲，蒙养之本不端，教育所关，实非浅鲜。此先圣先王化民成俗所由，必以学为先务也。方今朝廷锐意兴学，兼采日本欧美规则，京外臣工条奏请办女学堂者不止一人一次，而主张缓办者亦复有人。臣等每念中外礼俗各异，利弊务宜兼权，自钦派学务大臣以至设学部以来，历经往复筹商，亦复审慎迟回，未敢轻于一试。故前年《奏定学堂章程》将女学归入"家庭教育法"，以为先时之筹备。上年明定官制，将女学列入执掌，以待后日之推行。惟近日臣等详征古籍，博访通人，益知开办女学在时政固为必要之图，在古制亦实有吻合之据。且近来京外官商士民创立女学堂所在多有，臣等职任攸关，若不预定章程，则实事求是者既苦于无所率循，而徒骛虚名者或不免转滋流弊。臣等用是，夙夜思维，悉心商酌，谨拟《女子师范学堂章程》三十九条、《女子小学堂章程》二十六条，凡东西各国成法有合乎中国礼俗、裨于教育实际者则仿之，其于礼俗实不相宜者则罢之，不能遽行者则姑缓之。现在京外各地方如一时女教习难得，不能开办者，务须遵照前章实行家庭教育之法，以资补助。其已开办各女学堂务须遵照此次奏定章程以示准绳。倘有不守定章、渐滋流弊者，管理学务人员及地方官均当实力纠正，总以启发知识、保存礼教两不相妨为宗旨，以期仰副圣朝端本正俗之至意。如蒙俞允，即由臣部督饬京师督学局并通行各省将军督抚一体遵照办理。谨奏。光绪三十三年正月二十四日。

奉旨:"依议。钦此。"

谨将酌拟《女子师范学堂章程》缮具清单,恭呈御览。

立学总义第一

第一节　女子师范学堂以养成女子小学堂教习并讲习保育幼儿方法,期于裨补家计、有益家庭教育为宗旨。

第二节　女子师范学堂须限定每州县必设一所,惟此时初办,可暂于省城及府城由官筹设一所,余俟随时酌量地方情形逐渐添设。

第三节　女子师范学堂由官设立者,其经费当就各地筹款备用,女子师范生无庸缴纳学费。

第四节　女子师范学堂亦许民间设立,惟须由地方官查明确系公正绅董经理者方许设立,并须先将详细办法禀经提学使批准,与章程符合方许开办。

第五节　开办之后,倘有劣绅地棍造谣污蔑、藉端生事者,地方官有保护之责。如该学堂办理有未合者,地方官应随时纠正。

学科程度章第二

第一节　女子师范学堂之学科为修身、教育、国文、历史、地理、算学、格致、图画、家事、裁缝、手艺、音乐、体操。其音乐一科,生徒中察有实在学习困难者,可不课之。

第二节　修业年限为四年,教授日数每年四十五星期,教授时刻每星期三十四点钟。

第三节　女子师范学堂教育总要如左。

(一)中国女德历代崇重,凡为女为妇为母之道,征诸经典史册、先儒著述,历历可据。今教女子师范生首宜注重于此,务时勉以贞静、顺良、慈淑、端俭诸美德,总期不背中国向来之礼教与懿美之风俗,其一切放纵自由之僻说,如不谨男女之辨及自行择配,或为政治上之集会、演说等事。务须严切屏除,以维风化。中国男子间有视女子太卑贱,或待之失平允者,此亦一弊风,但须于男子教育中注意矫正改良之,至于女子之对父母夫婿总以服从为主。

（二）家国关系至为密切,故家政修明,国风自然昌盛,而修明家政首在女子普受教育、知守礼法。又女子教育为国民教育之根基,故凡学堂教育必有最良善之家庭教育以为补助,始臻完美。而欲家庭教育之良善,端赖贤母。欲求贤母,须有完全之女学。凡为女子师范教习者,务于此旨体认真切,教导不息。

（三）无论男女均须各有职业,家计始裕。凡各种科学之有关日用生计及女子技艺者,务注意讲授练习,力祛坐食交谪之弊。

（四）女子必身体强健,斯勉学持家、能耐劳瘁,凡司女子教育者须常使留意卫生,勉习体操,以强固其精力。至女子缠足尤为残害肢体,有乖体育之道,务劝令逐渐解除,一洗积习。

（五）教授女师范生须副女子小学堂教科、蒙养院保育科之旨趣,使适合将来充当教习、保姆之用。

（六）教授各学科当体认各学科之性质、要旨,于今日世界情形之适宜者用意教导。

（七）讲堂教授固贵解本题之事理,尤贵使学生于受业之际领会教授之次序、法则。

（八）言语明了正确为教习者最宜加意。凡当教授之际,宜时使学生演述所学,以练习言语。

（九）学习之法不可但凭教授,尤当勖勉学生,使其深造常识、研精技艺。

（十）各种科学务以官定之教科书为讲授之本。

第四节　女子师范学堂各学科要旨程度如左。

（一）修身其要旨在涵养女子之德性，期于实践躬行。其教课程度，首宜征引嘉言懿行，就生徒日用常习之故，示以道德之要领。次教以言容动作诸礼仪，次教以修己治家及对于伦类国家当尽之责任，次授以教授修身之次序、法则。凡教修身之课本务根据经训并荟萃《列女传》、汉刘向撰。《女诫》、汉曹大家撰。《女训》、汉蔡邕撰。《女孝经》、唐侯莫陈邈妻郑氏撰。《家范》、宋司马光撰。《内训》、明仁孝文皇后撰。《闺范》、明吕坤撰。《温氏母训》、明温璜录其母陆氏训语。《女教经传通纂》、任启运撰。《教女遗规》、陈宏谋撰。《女学》、蓝鼎元撰。《妇学》章学诚撰。等书及外国女子修身书之不悖中国风教者，撷其精要，融会编成。且须分别浅深次序，附图解说，令其易于明晓。

（二）教育其要旨在使理会女子小学堂教育、蒙养院保育及家庭教育之旨趣、法则，并修养为教育者之精神。其教课程度，先教以教育原理，使知心理学之大要及男性女性之别，并使明解德育、智育、体育之理。次教以家庭教育之法，次教以蒙养院保育之法，次教以小学堂一切教授管理训练之法，并使知家庭教育与学堂教育之关系及家庭教育与国家之关系，次使于附属女小学堂及蒙养院实地练习教授生徒及保育幼儿之法则。

（三）国文其要旨在使能解普通之言语及文字，更能以文字自达其意，期于涵养趣味，有裨身心。其教课程度，先讲读近时平易之文，再进讲读经史子集中雅驯之文，又时使作简易而有实用之文，兼授文法之大要及习字，并授以教授国文之次序、法则。

（四）历史其要旨在使知历史上重要之事迹，省悟群治之变迁、文化之由来及强弱兴亡之故、正邪忠佞之分。其教课程度,授中国古代至本朝之大事,及外国历史之大要,并授以教授历史之次序、法则。

（五）地理其要旨在使知地球形状、运动并地球表面及人类生存之情状,且使理会本国及外国之国势。其教课程度,授地理总论、中国地理及与中国有重要关系之外国地理,兼授地文学大意,并授以教授地理志次序、法则。

（六）算学其要旨在使习熟计算,适于日用生计,且练习其心思,使进于细密精确。其教课程度,授算术兼授珠算,次授代数初步及平面几何初步,并授以教授算学之次序、法则。

（七）格致其要旨在使知各种物质天然之形状、交互之关系及物质对于人生之关系,俾适于日用生计,有益于技艺职业。其教课程度,授以普通动植物之知识及生理卫生之大要,次授以普通物理、化学,并授以教授格致之次序、法则。

（八）图画其要旨在使精密观察物体,能肖其形象、神情,兼养成其尚美之心性。其教课程度,授写生画,随加授临本画,且使时以己意画之,更进授几何画之初步,并授以教授图画之次序、法则。

（九）家事其要旨在使能得整理家事之要领,兼养成其尚勤勉、务节俭、重秩序、喜周密、爱清洁之德性。其教课程度,授衣食居处、看病育儿、家计簿记及关于整理家政之一切事项,并授以教授家事之次序、法则。

（十）裁缝其要旨在使习得关于裁缝之知识技能,兼使之节约利用。其教课程度,授普通衣类之裁法、缝法及修缮之法,并授以教授裁缝之次序、法则。

（十一）手艺其要旨在使学习适切于女子之手艺,并使其手指习于巧致、性情习于勤勉,得补助家庭生计。其教课程度,可就编织、组丝、囊盒、刺绣、造花等项酌择其一项或数项授之。此外,各种图样凡有适切于女子之技艺者,均可酌量授之,并授以教授手艺之次序、法则。

(十二)音乐其要旨在使感发其心志、涵养其德性。凡选用或编制歌词,必择其有裨风教者。其教课程度,授单音歌、复音歌及乐器之用法,并授以教授音乐之次序、法则。

(十三)体操其要旨在使身体各部均齐发育,动作机敏、举止严肃,使知尚协同、守规律之有益。其教课程度,授普通体操及游戏,并授以教授体操之次序、法则。

第五节　各学科四年间每星期教授时刻如左表。

学科	第一年 每星期钟点	第二年 每星期钟点	第三年 每星期钟点	第四年 每星期钟点
修身	二	二	二	二
教育	三	三	三	十五
国文	四	四	四	
历史	二	二	二	
地理	二	二	二	
算学	四	四	三	二
格致	二	二	二	二
图画	二	二	二	
家事	二	二	二	
裁缝	四	四	四	三
手艺	四	四	四	三
音乐	一	一	二	二
体操	二	二	二	二
合计	三四	三四	三四	三四

第六节　女子师范学堂可酌设预备科,使欲入师范科而学力未足之女生补习各种科学。其科目可斟酌女子高等小学堂第三、四年程度定之。

考录入学章第三

第一节　学生入学以毕业女子高等小学堂第四年级、年十五以上者为合格。其毕业女子高等小学堂第二年级、年十三岁以上者亦可入学,惟当令其先入预备科补习一年,再升入女子师范科。至现时创办,可暂以与毕业高等小学堂学力相等者充之。

第二节　选女子师范生入学之定格须取身家清白、品行端淑、身体健全,且有切实公正绅民及家族为之保证,方收入学。

编制设备章第四

第一节　每一班之学生以四十人为限,每学堂不得过二百人。

第二节　学堂建设之地,其位置及规模必须与学堂相称,且须择其临近人家之风俗于道德卫生均无妨碍者。

第三节　学堂内当按学科之门类设诸堂室如左。

(一)通用讲堂

(二)格致、图画等专用讲堂

(三)家事、裁缝、手艺等各实习室

(四)图画室、器具室

(五)礼堂

(六)管理员室及其余必需诸室

第四节　学堂内另设体操场,分为屋内、屋外二式。

第五节　学堂内应分设学生自习室、寝室,以便于管理稽察为准。监学室、会食堂、盥所、浴所、养病所、厕所、应接所均宜全备。惟均须注意适合于女子之应用。

第六节　学堂应备几案、椅凳、黑板必需取深合法度者。

第七节　凡教授格致、历史、地理、算学、图画、家事、裁缝、手艺、音乐、体操等所用图画、器具、标本、模型等均宜全备，且须合于教授女子师范生学科之程度者。

第八节　图画当备可供教科用者，兼须备可供参考用者。

第九节　女子师范学堂当设附属女子小学堂及蒙养院一所，以便师范生实地练习。

监督教习管理章第五

第一节　女子师范学堂应置各科教习管理员如左。

监督，教习，副教习，监学，附属小学堂堂长、蒙养院院长。

第二节　监督统辖各员主持全学内部事务。

第三节　教习掌教育学生，副教习助教习之职务。

第四节　监学以教习或副教习兼充，掌学生斋舍事务。

第五节　女子小学堂堂长、蒙养院院长以教习兼充，管理附属女子小学堂、蒙养院事务。

第六节　以上各员均以品端学优、于教育确有经验之妇人充之。

第七节　学堂教习许聘用外国女教习充之，惟须选聘在女子高等师范毕业、品学优良者，且须明定应与中国女教习研究教法，其研究时限由该学堂自行酌定。

第八节　学堂仆役亦须用端正守礼之妇女，若其平日于名节有损者，不许充当。

第九节　以上各员外可置总理一人、书记一人、庶务员一人。总理管理学堂一切规画措置及学堂外一切交涉事务。书记掌公文书件。庶务员掌收支一切。庶务均归总理统辖。

第十节　总理、书记、庶务员均以笃行端品、究心学务、年在五十以上之男子充之。且须于学堂旁近别建公务室，办理一切事务，不得与学堂混合。

第十一节　凡外客来观览学堂、考察教育者，无论中外人，非由公正官绅介绍，且经总理、监督认可者，不得入堂观览。

第十二节　教育管理员及学生之亲族有因事来堂者，须先经总理、监督察验属实，始准在外面客厅接见。若非亲族，一概不准在学堂接见。虽外国女教习亦应守此规则。

第十三节　学堂既有寝室，女师范生皆须住堂，不得任意外出。其星期及因事请假者，必须家人来接方令其行。

第十四节　学堂教员及学生当一律布素。用天青或蓝色长布褂最宜。不御纨绮，不近脂粉，尤不宜规模西装，徒存形式，贻讥大雅。女子小学堂亦当一律遵守。

教职义务章第六

第一节　女子师范学堂毕业生自领毕业文照之日起，三年以内有充当女子小学堂教习或蒙养院保姆之义务。

第二节　女子师范学堂毕业生如有不得已事故，实不能尽教职义务者，由地方官查明禀奉提学使允准，量缴学费，可豁除其教职义务。

第三节　女子师范学堂毕业生如有不肯尽教职之义务，或因事撤销教习凭照者，当勒缴在学时所给学费，其数多少临时酌定。

奉朱批："览，钦此。"

谨将酌拟《女子小学堂章程》缮具清单，恭呈御览。

立学总义章第一

第一节　女子小学堂以养成女子之德操与必须之知识技能并留意使身体发育为宗旨。

第二节　女子小学堂与男子小学分别设立，不得混合。

第三节　女子小学堂分为女子初等小学堂、女子高等小学堂两等，并设者名为女子两等小学堂。

第四节　女子初等小学堂使七岁至十岁者入之，女子高等小学堂使十一岁至十四岁者入之。

第五节　凡设立女子小学堂须先将办法情形禀经地方官核准，方许开办。该地方官并应随时将办法情形禀申本省提学使，以备查核。

第六节　开办之后，倘有劣绅地棍造谣污蔑、藉端生事者，地方官有保护之责。如该学堂办理有未合者，地方官应随时纠正。

学科程度章第二

第一节　女子初等小学堂之教科凡五科，曰修身、国文、算术、女红、体操，外音乐、图画二科为随意科，得斟酌加入。

第二节　女子高等小学堂之教科凡九科，曰修身、国文、算术、中国历史、地理、格致、图画、女红、体操，外音乐一科为随意科，得斟酌加入。

第三节　女子初等、高等小学堂修业年限均为四年。每星期授业钟点，在女子初等小学堂至少以二十四点钟为率，多不得过二十八点钟；在女子高等小学堂至少以二十八点钟为率，多不得过三十点钟。但依地方情形，有只教半日者，则年限、钟点可酌量变通。

第四节　女子初等、高等小学堂教育总要如左。

（一）中国女德历代崇重，今教育女儿者首当注重于此，总期不悖中国懿美之礼教,不染末俗放纵之僻习。

（二）无论何种学科,苟有与道德教育、国民教育相关之事理,各教习均当留意指授之。

（三）教授知识技能须选适于日用生计者,使之反覆练习,应用自如。

（四）童年身体期于发达健全,凡教授各种学科,须合女子心身发达之程度,勿得逾量增课,致有耗伤。

（五）女子缠足最为残害肢体,有乖体育之道。各学堂务一律禁除,力矫弊习。

（六）女子性质及将来之生计多与男子殊异,凡教女子者务注意辨别,施以适当之教育。

（七）凡教授学科,期无误其旨趣及法则,尤务使各学科互相联络,以谋补益。

第五节　女子初等、高等小学堂各教科要旨程度如左。

（一）修身其要旨在涵养女子德性,使知高其品位、固其志操。其教课程度,在女子初等小学堂,初则授以孝弟、慈爱、端敬、贞淑、信实、勤俭诸美德,并就平常切近事项,指导其实践躬行,渐进则授以对于伦类及国家之责任;在女子高等小学堂则扩充前项之旨趣,而益加陶冶之功,使之志行更为坚实。授修身者,务援引古今名人及良媛淑女嘉言懿行以示劝戒,常使服膺勿忘。

（二）国文其要旨在使知普通言语日用必须之文字,能行文自达其意,且启发其智慧。其教课程度,在女子初等小学堂,初则正其发音,使知字之读法、书法、缀法,渐进则及于日用必须之文字及浅易之普通文,又使知练习言语;在女子高等小学堂,其程度稍进,则宜从其程度,授以日用必须之文字及普通文之读法、书法、缀法,又使之练习言语。读法、书法、缀法可区别时刻教授,但须注意使相联络。读本之文章须平易纯正,且足为国文之模范,又足令儿童之性情愉快者。其材料可取关于修身、历史、地理、理科、家事及凡生计所必须之事项,富于趣味者。缀文章之法则使记述其读法及他种教科目所授事项与生徒平日见闻之事,及处世所必须之道,且须行文平易、旨趣明了。书法须用楷书、行书二种。授国文之际,务当使明了其意义,且使就已学之文字随意书写通常之人名、地名、物名等,使知文字应用之法。又使默书单语、短句、短文或使改作,期于习熟字句之用法。授各种教科目之际,亦须注意练习言语,其书写文字时须使正其字形、整其行数。

(三)算术其要旨在使习熟计算,适于日用生计,且练习其心思,使进于细密精确。其教课程度,在女子初等小学堂,初则授以十位以下之数法、书法及加减乘除,渐进及于百以下之数,更进授通常之加减乘除,渐次授本国货币度量衡及时历计算之大要;在女子高等小学堂,初则扩充女子初等小学堂所授之算术,使学习之,渐进授分数及步合算,更进授比例及日用簿记之大要。算术当用笔算并珠算。授算术者务使生徒理会精确习熟,运算应用自如,尤宜使生徒确实说明运算之法则及其理由,且使习熟暗算。算术命题当斟酌他种教科中所授之事项及地方情形,选其适切日用者。

(四)中国历史其要旨在使知中国历代重要事实,兼养成国民之志操。其教课程度,则授历代帝王之盛业、忠良贤哲之事迹及国民文化之由来,并本国与外国之关系。授中国历史者务授以图画、地图、标本,使生徒易想像当时之实状,尤须使与修身所教授事项相互联络。

(五)地理其要旨在使知地球表面及人类生存之情状,并本国国势之大要,兼养成其爱国心。其教课程度,先授以本国地势、气候、区画、都府、产物、交通等,并地球形状、运动等,更进使知各大洲地势、气候、区画、交通之概略,并使知各与本国有重要关系诸外国之都会、交通、产物等,且可援本国政治、财用、生计之大势比较于外国所处之地位。授地理者务本诸实地之观察,并示以地球仪、地图、标本、写真等类,使得确实之知识,尤须与历史及格致所教授事项互相联络。

(六)格致其要旨在使知天然物质及自然之大略,并使理会其相互之关系,及对于人生之关系。其教课程度,初授以植物、动物、矿物及自然形象,就儿童所得目击者指示之,且使知重要植物、动物之名称、形状、效用及发育之大要,更进授物理、化学上之通常形象,及其重要之元质与化合物,并授简易器械之构造作用及生理卫生之大要。凡教授格致,务切于农事、水产、工业、家事等项。如授动植物,务就人工制成之重要品说明其制法效用。授格致者务本诸实地之观察或示以标本、模型、图画等类,或施简易之试验,总期理会明了。

(七)图画其要旨在使观察通常形体,能确实画出,兼养成其尚美之心性。其教课程度,在女子初等小学堂,始画单形,渐及于简单形体或令其以直线、曲线想像诸形而画之;在女子高等小学堂,先准前项教授,渐进则从其程度,使就实物临本模画,或时以己意画之,并可授以简易几何画。授图画者务就他教科中所授之物体及生徒日常目击之物体而画之,兼养成其好清洁、尚密致之品性。

(八)女红其要旨在使习熟通常衣类之缝法、裁法,并学习凡女子所能为之各种手艺,以期裨补家计,兼养成其节约利用、好勤勉之常度。其教课程度,在女子初等小学堂,初则授以简易之缝纫,以练习其手指,使习熟运针之法,渐进授以简易衣类之缝法、通常衣类之缮法;在女子高等小学堂,则进授通常衣类之缝法、裁法、缮法,兼授编织、组丝、囊盒、刺绣、造花等各项手艺。但此等手艺亦可依地方情形酌择一项或数项授之。凡女红所用之材料,须取日常所用者。教授之际,宜示以用具之使用法及各种物类之图样、材料之品类性质,并教以各种物类之保存法、洗濯法、染彩法等项。

(九)体操其要旨在使身体各部发育均齐,四肢动作机敏,咸知守规律、尚协同之公义。其教课程度,在女子初等小学堂,初则授以适宜之游戏,时或与音乐结合授之,渐进授普通体操;在女子高等小学堂,则授普通体操或游戏。凡教授游戏虽当使之活泼愉快,但须注意使之不蹈放纵之行为,又依体操所习成之姿势,务常使之保持勿失。

(十)音乐其要旨在使学习平易雅正之乐歌。凡选用或编制歌词,必择其切于伦常日用,用裨风教者,俾足感发其性情、涵养其德性。其教课程度,在女子初等小学堂宜不用表谱,授以平易之单音乐歌;在女子高等小学堂先准前项教授,渐进则用表谱授以单音乐歌。

第六节 女子初等小学堂各学科四年间每星期教授时刻如左表。

第一年		
学科	程度	每星期钟点
修身	道德要旨	二
国文	发音,字及浅易普通文之读法、书法、缀法	十二
算术	二十以下数之数法、书法及加减乘除	六
体操	游戏	四
音乐	平易单音乐歌	
合计		二四

第二年		
学科	**程度**	**每星期钟点**
修身	道德要旨	二
国文	字及日用必须之文字及浅易普通文之读法、书法、缀法	十二
算术	百以下数之数法、书法及加减乘除	六
体操	游戏普通体操	四
图画	单形	
音乐	平易单音乐歌	
合计		二四
第三年		
学科	**程度**	**每星期钟点**
修身	道德要旨	二
国文	日用必须之文字及浅易普通文之读法、书法、缀法	十四
算术	通常之加减乘除	六
女红	简易之缝纫及通常衣类之缝法	二
体操	游戏普通体操	四
图画	简易形体	
音乐	平易单音乐歌	
合计		二八
第四年		
学科	**程度**	**每星期钟点**
修身	道德要旨	二
国文	日用必须之文字及浅易普通文之读法、书法、缀法	十四
算术	通常之加减乘除及小数之称法、书法并简易加减乘除、珠算加减	六
女红	通常衣类之缝法、缮法	二
体操	游戏普通体操	四

第四年		
学科	程度	每星期钟点
图画	简易形体	
音乐	平易单音乐歌	
合计		二八

第七节　女子高等小学堂各学科四年间每星期教授时刻如左表。

第一年		
学科	程度	每星期钟点
修身	道德要旨	二
国文	日用必须之文字及普通文之读法、书法、缀法	九
算术	整数,小数,诸等数,珠算加减	四
历史	中国历史大要	二
地理	中国地理大要	二
格致	植物、动物、矿物及自然之形象	二
图画	简单形体	一
女红	通常衣类之缝法、裁法、缮法并酌授各项手艺	五
体操	普通体操游戏	三
音乐	单音歌	
合计		三十
第二年		
学科	程度	每星期钟点
修身	道德要旨	二
国文	日用必须之文字及普通文之读法、书法、缀法	九
算术	分数,步合算,比例,珠算,加减乘除	四
历史	续前学年	二
地理	续前学年	二

第二年		
学科	程度	每星期钟点
格致	植物、动物、矿物及自然之形象	二
图画	简单形体	一
女红	通常衣类之缝法、裁法、缮法并酌授各项手艺	五
体操	普通体操游戏	三
音乐	单音歌	
合计		三十
第三年		
学科	程度	每星期钟点
修身	道德要旨	二
国文	日用必须之文字及普通文之读法、书法、缀法	九
算术	分数，步合算，比例，珠算，加减乘除	四
历史	补习中国历史	一
地理	外国地理大要	二
格致	通常物理、化学上之形象、元质及化合物，简易器械之构造作用，人身生理卫生之大要	二
图画	诸般形体	一
女红	通常衣类之缝法、裁法、缮法并酌授各项手艺	六
体操	普通体操游戏	三
音乐	单音歌	
合计		三十
第四年		
学科	程度	每星期钟点
修身	道德要旨	二
国文	日用必须之文字及普通文之读法、书法、缀法	九
算术	比例，日用簿记，珠算，加减乘除	四
历史	续前学年	一
地理	补习中国地理及外国地理	二

第四年		每星期钟点
学科	程度	
格致	通常物理、化学上之形象、元质及化合物,简易器械之构造、作用,植物、动物、矿物相互之关系及对于人生之关系,人身生理卫生之大要	二
图画	诸般形体简易几何画	一
女红	通常衣类之缝法、裁法、缮法并酌授各项手艺	六
体操	普通体操游戏	三
音乐	单音歌	
合计		三十

第八节　女子初等小学堂之图画、音乐二随意科如加课其一,可就他教科之每星期教授钟点中酌减一点或二点钟充之;如加课其二,可酌减三点或四点钟充之。女子高等小学堂之音乐随意科如加课时,可就他教科之每星期教授钟点中酌减二点钟充之。

第九节　女子小学堂可于本科外设置补习科,使已毕业女子初高等小学堂及有与之同等以上之学力者入学,以补足其学力。

第十节　女子小学堂所用教科书须经学部所检定有著作权者。如同一教科之图书受检定有数种者,可呈明提学司采用之。

编制设备章第三

第一节　女子小学堂每一学级至多以六十人为限,初等或高等小学堂每堂学级各以六学级为限,两等小学堂以十二学级为限。

第二节　凡女子小学堂建设之地及各种堂室体操场用具均须适应学堂之规模。建设之地须选于道德卫生上均无妨害且便利儿童通学之所。各种堂室亦须便于教授管理,适于卫生,且须以质朴坚牢为主,不可涉于华靡。

第三节　女子小学堂本无庸设置寄宿舍,但在女子高等小学堂暂时可听其设置。

第四节　依地方情形可酌设教习住宅。

　　　　教习管理员章第四

第一节　女子小学堂设堂长一员,统理全学教育事宜。其学生在四级以内者,以正教习兼充;逾四级者自当另置。

第二节　每学堂设立正教习、副教习若干人,均照男子小学堂章程以学级多寡配置之。

第三节　女红、图书、音乐、体操等科可置专科教习。

第四节　女子初等、高等堂长教习均须以女子年岁较长、素有学识、在学堂有经验者充之。

第五节　女子小学堂可置经理一人,管理学堂一切规画措置及公文书件收支等项,并学堂外一切交涉事务。若在六学级以上之学堂,尚可酌添书记、庶务员。

第六节　经理、书记、庶务员均以笃行端品、留心学务、年在五十以上之男子充之,且须于学堂旁近别建公务室,办理事务,不得与学堂混合。

朱批:"览,钦此。"

奏为重臣去位关系国家大局
宜谋补救之法以定人心事①

学部左侍郎臣严修跪奏,为重臣去位关系国家大局,宜谋补救

---

① 据中国第一历史档案馆档号 04－01－13－0421－033 整理。

之法,以定人心而杜外患,恭折仰祈圣鉴事。

臣恭读本月十一日谕旨,以军机大臣袁世凯步履维艰,难胜职任,许其回籍养疴,以示体恤。命下之日,举朝悚动,咸谓非意料所及。道路传述,或言此举出自监国摄政王独断,或言由台谏弹劾而致,然悬揣之词均未敢信。臣私以为皇上冲龄践阼,监国摄政王代决万岁,固宜有以肃观听而儆玩泄,此朝廷黜陟之微权,岂臣下所得轻议?然而全局安危之所系,有不可不熟权轻重者。臣请为皇上陈之。

袁世凯平日功过多寡若何,历年政绩若何,姑不具论,但论外交一事,自李鸿章而后,能为吾国增重者,实惟袁世凯一人。外人评论近日人杰,吾国惟袁世凯一人得与其列,即吾国人之诋诃袁世凯者,独于其外交之才,咸相推服。恭读本月十一日谕旨,亦有"其才可用"之语。是袁世凯才具过人,不唯中外所交推,且深为圣明所嘉许。处此群雄角逐之世,又值危急存亡之顷,外人汲汲,协以谋我,厝火积薪,祸在旦夕,仅得一恢闳奇伟之才,犹恐不足以揩持而抵御,而又举此恢闳奇伟之才摈而投诸闲散,损国威而快敌志,臣窃以为失计甚矣!微闻各国驻华公使,前日已因此事有特开会议之举,其内容若何,臣固不敢轻据传闻之词妄以危言耸听。但揆诸事势,诚有可为心悸者,此不可逆断其必然,而不速为之计也。臣始以为成命甫下,断难收回,遂事不谏,义应缄默。又思之宜可谋补救之法,惟有仰恳明降谕旨,赏给袁世凯假期若干日,限令假满迅速来京,酌予任用。既显符体恤之恩旨,亦愈黜陟之微权,庶几大局可以少安,不至遽有意外之变。此孟子"犹可及止"之说也。

臣与袁世凯诚有私交,感其礼遇,但全局安危所系,断不敢有党同之私,亦不敢因避小嫌举"心所谓危"者不以入告,谨披沥上陈,伏乞皇上圣鉴训示。谨奏。光绪三十四年十二月十六日。

奏为游学毕业考试事竣事①

奏为考试事竣,恭覆恩命事。

本届游学毕业考试,臣等奉命派充监临官,钦遵于八月二十七日入场,督率在事各员,敬谨将事先期由学部将京外各衙门咨到应考之游学毕业生三百八十三名严行甄录,照章以五十分为及格,计录取应考者二百八十五名,于八月二十九日暨本月初一、初三等日在新建考院分场考试。

臣等遵即查照奏章,轮流住宿外场,严密关防,认真经理,以防弊端。该生等尚能恪守场规,秩然有序。惟第三场查出怀挟者一名,当即掣卷扶出。计三场共收试卷二千八百四十六本,分起送入内场,由主试官臣联芳等将各生试卷校阅完竣,会同臣等核算分数,并将该生等所得文凭预由臣等详加比较,酌定等第。其甄录一场,分数在九十分以上者量予提升一级,按照成案以文凭分数与试卷分数两项平均计算,作为考试平均分数,满八十分以上者为最优等,满七十分以上者为优等,满六十分以上者为中等。计考列最优等十三名,优等五十二名,中等一百九十名,分别榜示。此外,尚有不足六十分者二十九名,不在录取之列。谨将分数、等第缮具清单,恭呈御览。

除考取各生另由学部照章咨送内阁,奏请派员验看,恭候钦

----

① 录自《政治官报》1909 年农历九月初九日,原题为《监临官严修等奏考试事竣折》。按,因学部尚书荣庆正参与办理慈禧、光绪丧礼,本次考试以学部左侍郎严修、右侍郎宝熙为监临官。

定,给予出身外,所有臣等考试游学毕业监临事竣缘由,谨恭折具陈,伏乞皇上圣鉴,谨奏。宣统元年九月初八日。

奉旨:"知道了。钦此。"

奏为恳赏假两月回籍修墓事^①

学部左侍郎臣严修跪奏,为恳恩赏假两月回籍修墓事。

窃臣家祖茔两处,一在浙江原籍,一在天津。在浙者自戊戌四月展谒之后,距今十有余年,久阙祭扫。在津者自乙巳入都供职五年以来亦久未修葺,且津茔迫近河干,在运河官堤之外,每值春秋盛涨辄有漫溢之患。臣在籍时添筑土堰一道,稍资障御,然非时加修补则亏陷蚀漏,在在堪虞。南望松楸,不胜忧念。拟恳天恩赏假两月,俾赴两茔展视,并将津茔及时修治。壹俟假满,即当回京供职。如蒙俞允,所有学部左侍郎缺并恳派员署理,以重职守。

所有微臣请假修墓缘由,谨缮折具陈,伏乞皇上圣鉴。谨奏。宣统元年十二月□^②日。

---

① 录自信草。据日记,该折于十二月十九日呈递,二十日奉旨:"准假两月。"转年三月初二日,严修又上折奏请因病开缺。三月初四日奉上谕:"严修着准其开缺。钦此。"该奏稿现未查到,录此备考。

② 原文留空。

文　集

经史标目韵语①

　　十三经者,《易》《书》与《诗》,《周礼》《仪礼》,《礼记》继之,《春秋》三传,首称《左氏》,《公羊》《穀梁》,其名可指,《论语》《孝经》,《尔雅》《孟子》,此为定本,正经备矣。

　　王弼《易》注,惟上下经,《系辞》以下,韩康伯成。《尚书》孔传,安国所编。毛亨《诗传》,郑康成笺。三礼古注,皆郑玄纂,《周礼》《仪礼》,疏出公彦。《易》《书》《诗》《礼》,《春秋左传》,皆有《正义》,孔颖达撰。汉有何休,乃注《公羊》,至唐徐彦,疏语綦详。《穀梁集解》,作于范君,为之疏者,唐杨士勋。注《论语》者,惟魏何晏。《孝经》注本,明皇御纂。《尔雅》郭注,多引古书。以上三种,皆邢昺疏。赵岐注《孟》,疏者孙奭。右为正注,其名可识。

　　经书既明,当读正史,正史标目,二十有四。《史记》肇作,汉司马迁,褚君少孙,补其十篇。《汉书》底本,创自班彪,子固继成,续于女昭。作《后汉书》,蔚宗范氏。晋初陈寿,作《三国志》。《晋书》敕撰,因乎《晋史》,房、乔、褚、许,重加撰次,李、于、孔、颜,分定体例,王、陆二《传》,贞观御制。《宋书》百卷,沈休文撰。《南齐书》成,萧氏子显。《梁书》纪传,姚、魏同纂。至于《陈书》,独出姚简。魏收《魏书》,号曰秽史。作《北齐书》,百药氏李。《北周》撰

　　① 见《严先生遗著》。原附林墨青按:"是编为严氏家塾用本,乃范孙先生四十余年前所著也。比因经学将废,其势岌岌,恐数十年后并正经名目,亦渐无人知之矣。亟登此编,俾后进有志通经者,知所问津焉。往岁闻河北启盛陈宅,曾经刊板为华璧老书,未知此板尚存否? 兆翰谨识。"按,林按应写于《严先生遗著》编纂之时,上溯40年,是文之作应在1890年前后。

次,令狐德芬。领修《隋书》,魏徵、长孙。南北二史,皆李延寿。《唐书》两行,别为新旧。《新唐》敕撰,欧、宋二臣;《旧》出石晋,刘昫诸人。《旧五代史》,题薛居正。《新五代史》,欧阳修定。《宋》《辽》《金》史,并出脱脱,国朝改译,曰托克托。欧阳名元,揭名傒斯,皆为元人,实共成之。《元史》定本,修于明初,宋濂、王祎,共辑其书。国朝龙兴,爰修《明史》,张廷玉等,经纪其事。十七史者,《史记》居先,下至五代,其数不愆。明刻监本,二十一数,《宋》《辽》《金》《元》,合为一部,刘、薛两书,当时不录。我朝乾隆,始行收入,合以《明史》,廿四合刊,宏简别行,毋相乱焉。

诰授奉政大夫直夫老伯大人七十寿序[①]

　　光绪十有七年七月朔日,我父执魏公七十寿辰,修官京师,去公寄居之三河百有余里,将谋所以祝公者。通州李鸿钧适以候试馆修所,乃督修为文,而鸿钧书之屏。盖鸿钧之尊甫朗庭世伯及先君子与公订昆弟交者垂四十年,公之懿行,修所得于先人之称述,逮吾身所亲见,乃时时与鸿钧共述之。既不可谓不足以知公,又义不容以不文辞。谨即其荦荦大者约举数端,以质乡里。

　　修以光绪乙酉读书三河之城南,公时六十有四,太夫人八十余矣。岁时从公登堂候起居,见公所以事太夫人者,色养温愉,敬以将爱,出入揖游之节,温清定省之宜,圣经贤传所以训弟子者,公行之至老而不衰。及其居忧也,称情称服,跬步必一于礼,尤与往籍

所训,亭林、望溪诸先哲所汲汲讲求者一一符合。《礼》曰孝子事亲有三道,若公者可以无憾矣。

当咸丰、同治间,公尝急先君难,而朗庭世伯亦以其时劳身焦思为先君谋。先君生平所与共事无虑数十人,然而年相若,交又最笃者,惟二公为称首。二公之相恤也,亦如其恤先君。岁己卯,朗庭世伯以疾卒,鸿钧裁十龄,公则大恸,以书抵先君,为其身后谋者无微不至。又召鸿钧至其家,延师授之读,饮食教诲如子其子。未逾年,先君弃养,公星夜南下,存吾兄弟于衰绖之中,勖以勉为善人,无堕先业。

三河盐岸自属吾家,公实经始之,更吾祖、吾父皆倚公为腹心。吾兄任事,公益尽力,巨细必亲,并他人之劳怨皆以身任。十余年来,吾兄弟弗坠其家声,即修忝薄宦,晏然无复室家之忧者,悉公之力。而鸿钧亦以戊子岁补博士弟子,斐然树立,为名诸生。鸿钧每与修言,未尝不感激而涕零也。然公之处他友,亦往往类此。李丈捷三、张丈问青、李丈湘亭皆公总角交,笃老而不倦。盖公之仁慈惠和,其天性使然,其由顺亲而信友者,非幸致也。

公籍天津,年十二从其王考欣圃先生寄居三河。既弱冠,就盐馆,笔出纳,前后五十余年。馆谷所入岁百数十金,或数十百金,公持家俭素,然而无隔岁之蓄,宗族亲戚自绎功以外,恃公以赡者相环也。公月给廪饩,又时时应其求,己有不足,反称贷而益之。或请为子孙计,公辄笑诺,然慷慨喜施,出于至诚,弗能夺也。

公居三邑久,其士大夫皆重公,邑有大事,必就公决可否。往年大水,近畿州县举荒政,邑侯延公主赈事。公日驰骑往返十余里,自冬徂夏,经画不遗余力。公之恪恭将事,大率类此。

公幼而矜严,言笑不苟,坐立行止皆有常仪,无疾言无遽色,雍容肃穆,数十年如一日。此尤公之大过人者。武王之铭曰:"恭则寿。"《记》曰:"君子庄敬日强。"吾乃今知斯言之信也。公年七十,作细书如少年时,上马据鞍则控弛如意,所谓寿且强者非耶?由此推之,公之寿又岂有量耶?

公子裕礼读书知孝养,其天性之厚亦甚肖公,又能文,工楷书。天之报公,不惟有以永其年,抑将有以逸其心;不惟有以厚其身,抑将有以昌其后。尤其必然者也,裕礼将以公庆辰舞彩称觞,以悦公志。鸿钧契之,故与鸿钧、裕礼交相勖勉,以慰公望。又推公致福之由,其日新而未有艾者,以为公祝,公其欣然而进一觞乎!光绪十七年辛卯吉月谷旦,世愚侄同邑严修顿首拜撰。

武子香日记序①

太表叔武子香夫子日记一册。光绪己卯九月,先君以乳岩患发,病卧不能理事。凡振济乡甲,恤嫠、馍厂、育婴堂、备济社诸事,悉托子香夫子代为经理。公乃排日写记,将俟先君病起之日,藉资考核。讵先君竟以庚辰四月捐馆舍,遂不及见。而公亦于戊子、己丑之间分袂他就,展册思旧,心为黯然。存此以诏后嗣,俾知先人生平好义之实,地方官绅之倚重而付托者,班班在是,亦家乘之一助也。光绪十有八年壬辰闰月,修谨识。

---

① 录自天津图书馆藏手稿本。据题署,作于1892年农历闰六月。

《陈将军归骨记》序[①]

光绪癸未，归善邓公上书讼故总兵陈国瑞功。诏悉还所夺官，命史臣立传。已而，日照尹公率其乡人复有建祠之请，又报可。一时志节之士闻风感奋，以谓彼陈将军者诚无愧色，至若二公之风义，遭遇圣世有不僭赏、从善如流之美，岂非所谓相得益彰、论说无疑者与？其年将军之配诣阙言："臣夫卒无后，请以大宗子兼后之。"下所司议行。其明年，将军之丧自黑龙江戍所走三千里而归扬州之寄寓。当是时，而尹公以诬劾去官。公尝与将军有一日之雅，邓公之疏，公实发其端。公又与于立后之议。将军之丧之归也，公又经纪之，既家居辄缕记其事，而命序于修。

始，修五六岁时，则已闻将军名。庚午之岁，将军道吾津，适有民教交讧戕杀洋人之案。西洋罗淑亚必欲以将军抵罪，曾文正公谓其事外罗织，斥勿许。由是津人益感激称道将军，或颇侈言之，以谓举今之世，忠臣义士无以过乎陈将军国瑞者也！

军兴二十年，闻名将百辈，其尤赫赫者，不隶于湘，则隶于淮。湘淮之名震天下，独将军从僧忠亲王，提众一旅，转战于燕齐皖豫之郊，风飚电迅，拉朽摧枯，其威名乃往往出湘淮军上。将军亦熹自负，以气陵诸将帅无所诎。然诸将率以积功封爵荫子，超阶进秩，拥疆寄而制专阃者相望也。将军竟以过谴，再起而再废，卒死于戍，身没无嗣，人之幸与不幸，其命也欤哉！

北方士民闻将军之没，搤腕陨涕，讴哭相闻，不能已已。此吾尹公所以喟然而作也。昔汉陈汤之狱，谷永讼之、耿育讼之，仅乃得解。朱勃之讼马援也，反以被放。今二公之义宜无让于古人，圣朝之录功覆过又远过汉室万万。由是言之，谓将军之不幸者，抑又非也。

修以癸未会试出尹公门，而邓公寔监内帘。尹公赏修及罗田周锡恩之文，以视邓公，辄又赞之于主司。故二人者因尹公之命，以所事公者事邓公，修既往来于二公之门，适会其时，旬日之间，两疏同上，并奉温诏。邓公疏稿，即周君之草创也。修具闻其始末甚悉，谨受命而序之。光绪十八年七月，门下士天津严修谨序。

《敦睦恒言》序①

昔苏文忠谓："教民和亲，其道必始于睦族"。秦文恭作《五礼通考》，因其说而申之，以为今世士大夫虽谱系不备，就其所知，或始迁、或始贵、或有道德而能文章，不论世数远近，皆当奉为大宗，凡祠祭、丧葬、教养之事皆主。大宗有故则小宗为之襄赞，小宗有故则大宗为之经纪，以尊族敬宗之大义，动其孝弟惇睦之天良，庶争讼少息，而游手不肖之徒亦有所统束而不敢肆。此诚敦本善俗之要也。自学校废弛，教化不在于上，风俗偷薄，讼狱繁滋，骨肉相贼，悍然无忌，三代而下，如是者非一世矣。宋元以来，名臣巨儒讲崇礼教，始汲汲焉以惇叙宗族为务。自洛闽诸贤，外若蓝田吕

---

① 录自《严先生遗著》。据题署，作于1892年农历八月。

氏、金溪陆氏、司马文正、真文忠、吴文肃诸公，其所论著，一篇之中于此尤加详焉。兹数贤者，方其得位，施教规模宏远，不可一世，及案其设施之迹，纲纪犁然，壹与所以教其家者同条而共贯。《传》曰："居家理治可移于官。"《易》曰："一正家而天下定。"岂不然哉，岂不然哉？

日照尹夫子负经世之志，特以刚介不谐于时，居翰林二十年，浸大用矣，竟以诬劾去官，既不施于世，则益举所学以训其家，以型其乡人。仿杨氏法而订族谱，于是作序例以明之；仿范氏法而增祭田，于是作碑记以永之。又准《通礼》之制，参以时宜，作《祭品》《祭仪》，盖《书仪》《家礼》之指也。又采儒先之训断，以己意作《尹氏宗规》，亦《世范》《家劝》之遗也。凡此都为一编，曰《敦睦恒言》。既梓行，命修序其后。《书》不云乎："孝乎惟孝，友于兄弟，施于有政。"孟子不云乎："其君用之则安富尊荣，其子弟从之则孝悌忠信。"使吾夫子而复用于世，设施之迹必有以规拟前贤。不然，则苏文忠、秦文恭之所云其效亦章章也。夫子必居一于此矣！光绪十八年八月，门下士天津严修谨序。

重刻《先正读书诀》序①

去年秋，吾友永清朱孝廉槐之以是书见诒，读而好之。既奉使命，携以自随。抵黔后，付工写刊，覆校一过，则原书讹舛甚多。乃视所引书目，借诸坊肆而校改之。书不能具，故未能尽改也。比晤

---

① 　录自北京大学藏《先正读书诀》（贵州官书局1896年刻本），又见《严先生遗著》。据题署及日记，作于1895年农历八月十二日。

赵次珊前辈,知渠有精本,顾在行箧,附装北发矣,许异日由皖见寄。余试下游各郡,将以是书诒多士,不可以待,辄先付印而志其缘起如此。光绪二十一年八月,津门严修识于贵阳使署。

劝谕应试士子四条[①]

一、劝勿钞袭旧作。

石印小本便于卷怀,搜检虽严,巧匿甚易。临文剽窃,自以为得计矣,不知此自误也,大不可也。近时石印大小题及律赋、试帖之类,凡士子所有,本院皆有之。命题时先检其目,发题后又遍检其文,幕友传钞,黏悬壁上。稍一依傍,勒帛随之,不可者一也。每棚试卷多者千余,少亦数百,我能怀挟,彼亦能之,我欲抄袭,彼亦欲之。阅卷者纵检察未周,同考者已展转相告,此覆彼发,两败俱伤,不可者二也。即或别有秘本,本院不及防,他人亦不及见。然全题未必恰合也,数艺未必皆具也。恰合矣,皆具矣,文非一手不能一色也,一涉可疑,虽佳必黜,不可者三也。本院阅卷向不苛求,惟于录旧一事,则毫不假借,盖有失占出韵、污卷违式而取录者矣,未有雷同四句以上而不被黜者也。夫文笔之高下,大略不甚悬殊,果能自出心裁,便有几分可望,奈何出此最下之策,作万无一得之想乎?三年攻苦,决得失于一朝,全幅经营,定升沉于数语。坊行缩板,流毒无穷,凡我士子,当避之如救渴之酖,勿恃以为馈贫之粮也。

---

① 录自严修《黔轺杂著》(誊录本)。据日记,作于 1895 年农历八月初。

一、劝勿填假草稿。

每见士子未见题目，先填草稿，或杂钞陈文，或默写课作，积习已久，似亦情有可原，而不知亦自误也。本院衡文遇纰缪之卷，则随手抹弃，不暇吹求，如遇稍通顺者，则必核草稿之真伪。真草不符，因而割爱者，不知凡几矣。试问来应试者，自以为纰缪乎，抑自以为通顺乎？将谓绝望乎，抑犹有几希之想乎？因一时之省便而累及佳文，因一念之苟同而误及进取，尔等思之，惜乎否也？

一、劝早交卷。

近年乡、会试场犹严继烛之禁，岂有学政按临却准继烛之理？本院考上游时，曾有一场掣至五十余卷，功令所在不得不然。我士子当思曳白之耻，勿谓能事不受促迫也。

一、劝勿信撞骗。

撞骗之徒，挟此为长技，恃此为生活。苟无可信，人孰信之？惟聪明更事者不难立烛其奸，惟介谨自持者不至为其所动，一涉妄想必堕术中。掉包之类，诚可恨矣。更有所谓撞木钟者，事前谐价，事后取偿。设榜发无名，彼则曰偶未得间耳。不幸多言而中，则操券以责，如索逋欠。即令悔悟，事已无可如何。且有始终不悟者，不曰文字之入彀，而曰钱力之通神。青衿得于困苦而谬承不洁之名，白镪积自锱铢而甘饱作奸之橐，岂非天下之至愚者乎？本院心迹如何，历久自知，无烦表暴。在士子自贻伊戚，亦似与本院无干。惟痛恨此等骗徒诱人之财，败人之名，而陷我士子于不义也。愿我士子之猛省也。

附举平仄易误字：上游试卷失占者太多，查《輶轩语》中所举，颇足正黔音之讹，爰备录之，其所未及者，缀补于后。

抒仄，无平。　茗仄，无平。　绍仄，无平。　捻仄，《正字通》有平、上二音，今平韵不收。　据仄，古即作"居"，故《集韵》有平音，今罕用。嗣仄，无平。　酩酊俱仄，无平。　跳平，无仄。　裨平，无仄。　丕平，无仄。　聆平，无仄。　赏仄，赏罚。　偿平，偿还。　顷仄，顷刻。　倾平，倾覆。　讯仄，音汛。　询平，咨询。　具仄，具备。　俱平，耦俱。

应平，当也；仄，答也。　教平，虚，谁教；仄，实，政教。　令平，虚，能令公喜；仄，实，发号施令。　骑平，虚，骑马、骑虎；仄，实，车骑、万骑。　量平，虚，揣量；仄，实，器量。　占平，占卜；仄，侵占。　攘平，攘夺、攘除；仄，扰攘。　漫漫漫连用，有平仄两音，漫道、水漫则读仄。　衹平，衹应与"神祇"字音异而形同。　祇平，祇敬。通作祇。

补：揆仄，无平。　戚仄，无平。　勿仄，无平。　析仄，无平。　舌仄，无平。　削仄，无平。　屋仄，无平。　涧仄，无平。　德仄，无平。得仄，无平。　鹗仄，无平。　识仄，无平。　颐平，无仄。　洵平，无仄。　彝平，无仄。　谟平，无仄。　持平，无仄。　稍仄。　梢平。孺仄。　儒平。　疏平，疏密；仄，记也，凡奏疏、笺疏、注疏皆仄。　磨平，虚；仄，实。　操平，操持；仄，志操、琴操。　行平，往也，适也；仄，行迹，如德行、品行之类，言行之行；虚者平，实者仄。　不仄，不然也；平，未定之辞。

贵州武乡试录后序[①]

　　光绪二十有三年，贵州奉诏举行丁酉科乡试，文闱既竣事，次及武闱。臣严修谨录武生、武监生凡六百八十二人，咨送抚臣王毓

---

①　录自严修《黔轺杂著》（誊录本），又见《严先生遗著》。

藻校试,取中如额,恭缮试录进呈御览。臣例得缀言简末。

臣闻明臣张溥有言:"古之取士以人,今之取士以天。"痛哉其言也! 丘濬亦言:"论文科者,谓科目不足以得人,豪杰之士由是而出耳。武举亦然。"合两说观之,科法之敝,盖非一日之故矣。而武科尤甚。何也? 文学经济之选,虽非科目所能尽,然其阶是进身,光建伟业,以几古人所谓"三不朽"者,千百而犹一二遇也。武之有科,余千年矣,自明以前,荦荦最著者,无如唐臣郭子仪,其在国朝则有殷化行、梁化凤、杨遇春之徒,然而仅也。道、咸以来军兴,数十年间平粤、平捻,以至滇黔关陇之役,其折冲御侮号为知兵之将,树丰功而戡大乱者,往往不由于此途,而一切科目出身,乃不敢与行伍军功论资而校伐,人固轻之,己亦怍焉。呜呼! 偏重之势,一至此欤!

故两江督臣沈葆桢始有停止武闱之请,而近日言者,屡有论奏,率谓更张为宜。朝廷非不知其谋之臧而言之中也,顾以为"利不百,不变法"。易矢石而枪炮,虽命中犹粗材耳,况泰西之新制月异而岁不同乎? 易武经而策论,虽博辩犹空谈耳,况枕中之秘本,手钞而非心得乎? 与其一二小变,适蹈朱子《贡举议》中之所戒,不若少须而徐议之,别求所谓威勇材略可任将帅,与夫挟出众之智,擅专门之艺者,破格超擢以风天下而树之的。夫果使闻风感奋,破其蹈常习故之见,以求济于今日之实用,则虽贩夫、牧竖、卖浆、屠狗之中苟有奇士,犹将干城而心腹之,而况俨然被章服之荣者乎? 而况居山水之隩,秉贞朴之气,犹有刘清、杨芳之余风者乎? 然则膺是选者,其勿自多其挽强引重之技,益务扩而充之,以副国家设科取士之本意,抑安知此三十三人中,不有豪杰之士应运而起也? 提督贵州学政、翰林院编修臣严修谨序。

谕贵州学子[①]

义理之学，孔孟程朱。
词章之学，班马韩苏。
经济之学，中西并受。
中其十一，而西十九。

先兄侧室金氏殉节事略[②]

吾兄既殁之十有四日，其侧室金氏仰药以殉。

金年十八来归，事吾兄十有二年，未尝有一言动之失。始至，家人以其微也，多轻之。久之，婢媪稍稍感化而亲族交相称誉。修尝与吾兄从容燕语。兄谓吾："自有若人，吾增累矣。"修曰："若人而如此，宁非福耶？"兄亦笑而颔之。吾兄自四十后多病，金视汤药、调食饮，常能曲体其意，其侍女君疾也亦然。人谓虽子女无以过也。

今年六月，修归自三河，而吾兄适病。金日夜服侍，目不交睫。修恐其惫闲一夕，则遣子辈入代，金仍危坐室外以待。历十昼夜，迄无少倦。是月二十八日，吾兄以中气骤陷，势濒殆。金氏泣涕诣

---

①　录自王斗瞻《严范孙先生别传》（《大公报》1946年9月5日）。据云，为严修在贵州时（1894年至1898年1月7日）所作，具体时间不详，姑置于此。

②　录自《严先生遗著》。据辛酉（1921年）附识，本文作于1898年农历七月后。

·96·

庙祷神,愿以身代吾兄死。仓皇危迫,怀药以往。仆媪侦知之,阴令庙祝诡称神兆无恙,乃护以归。归而吾兄气垂绝矣。及殁,家人察其志,日夜守护。吾嫂尤忧之甚。至七月十二日夕,语家人曰:"累日劳顿,曷俱蚤休?"家人诺之,不虞其遽有它也。中夜忽起,亟呼曰:"少待我!"举家惊觉,始知有变,环相劝救,投以药物,坚却不服,未明而卒,年甫三十耳。

初,吾兄之殁,金趣匠,凡吾兄平日爱好之物,悉以纸帛肖之,而焚诸柩前。修方哀其愚,及卒之前日,出所藏金,一一偿其直,不足则使家人语修曰:"为我足之。"盖其死志已决,而从容暇豫如此。因命子辈以礼敛,而为之服。吾嫂氏哭之尤深,恸不忍闻也。修行能不植,猝遭家变,以吾兄之明懿,得金氏之贤淑,不有所述,曷以示后?伏望知言君子哀而锡之以文,俾刊家牒,以志不朽。死生衔感,永永无极。谨启。

辛酉附识:

先兄讳振,字香孙,附贡生,刑部郎中,殁于光绪二十四年六月。金孺人之殉则七月也。余撰《事略》,倩赵幼梅丈书,付诸石印。分请戚友展转传送,先后蒙知言君子宠以诗文,均敬粘存,尚待刊布。近时诗家辈出,亟思继续征求,而前印《事略》千册早已散尽,爰取原本重付石印,并将先兄名号、官阶及逝世年月补叙册后。伏冀大雅宏达不容珠玉,仰借名笔,用阐幽潜,感无既极。辛酉旧端午,严修又识。

严氏家塾誓词[1]

光绪二十七年三月初一日,严范孙、林墨青集张馆、陈馆、赵馆学生十一人:严崇智改名智崇、严益智改名智怡、严锡智改名智惺、王宝璐、韩振华、林潚、严勇智改名智庸、林涵、陶履恭、严忠智改名智钟、张彭春,于严氏之宅北书房而誓,曰:

尔十一人者,或为累世之交,或为婚姻之谊,辈行不必齐,而年齿则相若。尔父若兄道谊相劘、肝胆相许、志同道合而患难相扶持,尔诸生所亲见也。尔十一人者自今日始,相待如一家,善相劝、过相规,无戏谑、无诟争、无相訾笑、无背毁、无面谩。同力壹志,从事于学问。以绳检相勖,远非僻之友,警浮伪之行。无作无益害有益,无偷惰、无轻躁。兄弟婚姻互为师友,敦品修业以储大用,是余等所厚期也。陶履恭,孤儿也,当厚自策励而去其童心。尔十人之待履恭也,悯之、爱之、砥砺之,使无坠其家学,是则今日此举为不虚矣。

誓既毕,十一人环相向,一跪三叩,礼毕退。

敝帚千金序[2]

文言不可以喻俗,俗不遍喻则教育不能普及,教育不普及则民

---

① 录自《严先生遗著》,原题《誓词》。

② 录自《严先生遗著》。此处题署为1902年春,然据日记,应作于1904年(甲辰)农历三月四日。

族日趋于拙劣，处群雄竞足之势，将不可以幸存。近顷以来，吾国志士主张是义者日众，文章巨子往往内闷其忧。都门英君敛之以俗言撰成官话，索序于予。官话者，京语也。吾见是书之不胫而走也。壬寅春，天津严修谨识。

《日本地方行政法精义》序①

吾国游学诸生取彼邦学术，笔之于书，以饷我内地学子者，大别有三类：

一曰翻译。直译尚已，然学理未深，则于直译之事恒艰涩不易读；其易读者，文义固适矣，而按之于学理，每有强人就我之嫌。此翻译之难也。

一曰记录。得诸译人之转述者，固不能无讹，即所谓直接听讲者，除本科生外，若选科，若专修科，最高之程度十亦仅得七八。其稍奥之理，非就原书，复加参考，则亦不能下笔。此记录之难也。

一曰自著。凡专门学家，苟能自刊一书，皆必有其独到之处，抱守之主义、立论之根原。彼与此不同，学术愈进，聚讼愈纷，著者必尽取诸家之书读之，或就诸家中主张某家，或皆不主张而自树一义，于学理、于事实必加以岁月之研究，确切有得，乃能为之。此则视上二者为难而又难者矣。

唐君企林以所为《日本地方行政法精义》见示，余虽不敢于上所举三类中遽定其属于何类，然词旨清新，理趣明显，虑读者之不

---

① 　录自唐肯译《日本地方行政法精义》（阳湖汪公馆1909年印）。又见《严先生遗著》。

易领悟也，则又反复引申其文词，以达其艰深之义，可谓苦心经营之作矣。近年来，地方自治一科见诸述作，而列售于书肆者不下二十余种，惟谷马合译、美浓部氏之作可称完善，其它莫能及。然谷马之书且有一二晦涩不能尽适人意，则兹事之难可知矣。今唐君之书炳然有章，是固吾国译事之有进步者也，诚可欣已。严修记。

学部整顿事宜三则①

（一）守时限也。日本人尝言，欲知学堂管理之善不善，先观其时限之准不准。由此例推，知非细故。本部员司或来或否、或早或迟，颇有自由之习。研究之日，如期而至者较多，余日则参差不齐、漫无节制。大率巳、午之间，门庭寂然，午前后则謹呼并作矣。司务厅为本部门户，总务司为各司领袖，此两处事尤重要，而来迟者最众。诚恐相习成风，日久愈难整顿。宜于新章发布之初，责成丞参严定功过。

（二）戒喧笑也。办公非会客之所，亦非闲谈之地。即有论议，不妨平心静气。若杂坐喧呶，哄堂笑谑，非惟体制不肃，亦恐扰及他人。每司俱设叫钟，则指使仆役，自无庸声威并作。

（三）崇俭朴也。本部曾通饬各学堂裁节冗费。欲践其言，当自本部始。近日部用稍侈矣，凉棚不已，继之以冰桶，冰桶不已，继之以风扇。晏安之途愈辟，则勤奋之机愈阻。即为卫生计，亦但取适用，不须美观。他如桌椅箱橱，乃至笔墨纸等类，皆宜核实预算，

---

① 录自陈诵洛《蟫香馆别记》。当为任职学部（1905年至1909年）早期所作，具体时间待考。

日计不足,积少成多。

《梅花馆诗》序①

今岁九月吾友言仲远以其太夫人所为《梅花馆诗》见示。太夫人为我应千丈德配,应千丈历知畿辅诸剧县,刚明仁恕,所去民怀。喆嗣謇博及吾友仲远皆砥砺名节,邃于学而优于政,文则文,武则武,声施烂然。余交仲远既十年,凡太夫人所以相夫训子,明效茟茟尤著者,余固耳受之已久,若乃得读太夫人之文,因愈以知太夫人之德、之才、之学,则自今岁始也。

吾国女学之不讲久矣,然大江南北名媛闺秀斐然有所述作者,犹不乏其人。其从宦吾津,刻集以行世者,亦往往而有。余幼时读左蹉尹夫人《吟草》及吾父执张子谦丈之配《千里楼诗》,未尝不心焉敬异,怪吾北方巾帼中无此才也。太夫人盖亦蚕岁而来吾津,从官数任,又经数州郡之地。顾吾津及此数州郡之人,闻风而慕效者,阒其无闻。比岁纷建女学校,乃至求一教文字之女师而不可得。彼持拘墟之说者,犹曰:"读书知文非妇女子所急,妇女子者求为慈母贤妻已耳。"夫求为慈母贤妻者,为其能相夫训子也。不读书知文而能相夫训子者,诚有之矣。余抑不知,以与读书知文者较,其程度之高下、规模之广狭、效之可必不可必,相去何如也? 读太夫人之诗可以兴已。光绪丁未嘉平之月,愚侄严修谨序。

---

① 录自信草。据日记及信草,作于 1907 年农历十二月二十九日。

天津敬业中学学生毕业训词①

前，张伯苓先生来京师，言天津敬业中学第一班学生举行毕业式，鄙人以官守在，不获与会，然想像其时，主宾咸集，揖让进退，殆仿佛身亲其事焉。伯苓先生谆谆以择言相嘱，鄙人辞不获已，聊举本堂历史以为诸君告。

本堂起源由伯苓先生教授鄙人家塾始，当时从学者仅鄙人子侄及亲友少年数人而已。逮兴学诏下，同人慨然以变家塾设学堂为志。经伯苓先生苦心经营及王君益孙热心赞助，始改为敬业中学堂。然当时仅就寒舍略加修葺，勉强开学，诸多未备。嗣王君与鄙人恐规模狭隘，不足以提振学风，各竭绵薄，力图扩充，复藉袁宫保、徐制军诸公之提倡赞助，始成斯校。今日学额渐增，诸生适于斯时学成毕业，岂惟本堂师弟之光荣，揆诸同人设学之初志，亦可谓无负者矣。

事无难易，有志竟成，故立志者，入德之门也。诸生毕业后或进专门，或学实业，或改营生计，人各有志，奚能相强？虽然，此特立志之一端，至其本源，则在归本于道德。诸生志于道德，则无论专门、实业以至改营生计，无害为君子；否则，虽在通儒院毕业，特小人儒耳，何足取乎？

诸生素讲习人伦道德一科，即知即行，无俟过虑，而鄙人所尤注意者则在国民道德。今者内政、外交，事变日亟，国势不振，身家

---

① 本文为陈宝泉代撰，收入陈氏《退思斋诗文集》，原题注曰"代严先生拟"。按，敬业中学即后来之南开中学，1908 年 7 月首届学生毕业。

讵能独存？年长之英雄虽有匡时之志而无其才，未来之英雄无论有无其人而时已不待。今日所赖以转移国势者，舍有志之少年，其又奚属？诸生今日中国少年之一部分也，勉之勉之！勿志为达官贵人，而志为爱国志士。鄙人所期望诸生者在此，本堂设立之宗旨亦不外此矣。

农林学堂开学致辞[①]

直隶西北面山，东南襟海，平原千里，白河、滦河二大水贯注其间，土壤膏腴，自古以农业著称天下。所惜者，耕植之法墨守旧辙，有农无学，地未尽辟，利未尽兴，丰岁且不免饥寒，偶遇凶荒，流离载道。拥千里膏腴之土，日日忧贫，此诚我畿辅人士之耻也！近者朝廷诏设农林学堂，畿辅绅耆亦设农工学会，以讲求实业。官绅一心，学风大启。今日本堂开学之始，鄙人幸得躬与盛会，窃为诸君庆，尤为全省农业庆也。所欲为诸君言者，农桑为衣食之源，吾乡父老，胼手胝足，讵不知自为衣食之谋，官长关心民瘼，亦岂忍不为吾民谋生计！然而厚生利用之志未能尽偿者，患在治此业者虽多，而习此学者殊少也。然则为地方辟利源，为父老谋温饱，为长官慰如伤之虑，微诸君之期而谁期欤？勉矣！夫士不患无效用之途，而患无致用之具。学而有成，直隶五十万方里皆诸君之实验场也。全省士绅所组织之农工学会，即诸君之引喤也。且诸君犹记庚子

---

① 本文为陈宝泉代撰，收入陈氏《退思斋诗文集》，原题注曰"代严先生拟"。据日记，1909 年四月十九日，"黄村顺天中等农学堂开学，凌大京兆约顺直绅士往行开学礼。……学堂系庚子后意国驻兵之所。"

之事乎？本堂校地实为意大利国驻兵之所，当兵燹之余，奔走呼号，岂复知十年之后，吾辈于此地讲耕稼之方，考树艺之术？创巨痛深之后，无忘前日之呻吟。尤愿诸君以此为纪念，体国家生聚教训之意，益坚其向学之志焉。非独吾乡之福，抑亦全国之幸，诸君其勉之！

《严氏寿芝山庄公牍章程汇录》跋[①]

吾严氏故居鄞县大畈乡，有明中叶自五观府君始迁慈溪东乡，历世绵远，族姓浸盛。十二传而至赠内阁学士、叔父小舫公，始以计然之学财雄东南岸，江海通市舶之地必有其商业以酌剂之，若主齐盟而四方资以为援也者。顾独嗜学，善八法，蓄碑版书画之属甚夥。性尤豁达，喜施予，肫然而仁，退然而有若不足。尝慕范文正公遗法，置义田以赡族人，推亲亲之谊及于邻里，兴学施医犹其余也。事未竟而殁。弟子均缵承先志，益割田宅、哀缗钱，赓续以成之。有司上其事于大府，疏入，赐匾额以旌其门。庄名寿芝者，阁学公昔年改葬祖父母，得灵芝之瑞，而因以命之也。

子均乃搜辑前后文牍，勒为是编，垂诸久远，而邮书示余。余先世自慈溪侨隶津籍，南北隔绝者数世，自阁学公与先君子相见于津沽，始叙兄弟之谊。余得侍公杖履，于子均过从尤密。溯自通籍后，一谒祠宇，二十年来出入朝右，久为旅人，敦宗收族之谊不遑暇及。今观子均踵武继娓，式廓前绪，弥滋内疚。嗟乎！宗法久废，

---

① 录自天津社会科学院图书馆藏《严氏寿芝山庄公牍章程汇录》（上海商务印书馆 1909 年铅印本）。据题署，作于 1909 年农历九月。

凉德竟闻,是足以风末俗而诏示来兹矣,惟子孙其永守之。宣统纪元九月,严修跋。

《吸烟与经济卫生实业之关系及戒烟之法》序①

吾国近十年间,风俗习染之骤,有至可惊、至可惧者三。一麻雀牌,一彩票,一纸烟。顾麻雀牌之为戏,所谓恶道,所谓下流,儒者犹羞之。彩票之为术,所谓罔民,所谓大惑,明者犹避之。惟此纸烟,无贵贱、无贫富、无文野、无智愚贤不肖,靡然而同风,恬然而不为怪。守旧者言窒欲而恕此为无伤,维新者讲卫生而忽此为例外,乃至穷乡僻壤、风气鄙僿之处,百货所不易到,而此物则遍张广告,到处行销。其传染之易,流毒之广,较鸦片烟初入中国时,殆什倍百倍不止。何其祸之尤烈也!

尔来中外志士有创为万国卫生会者,既极论纸烟之害,大声疾呼,强聒不舍。吾友李君石曾复著是编,由纸烟推之于一切诸烟,发明吸烟与经济、与卫生、与实业之关系,并附戒烟法,以告世之有心人。其言尤深切详实,持之有故。余诵其说,为之悚然愀然,不能自已。爰先翻印万本,以谂同志。伏愿爱国忧世之士广为传布,递相劝诫。先自己身戒断,而后以戒他人。长官戒断,以及其僚属。父老戒断,以及其子弟。将领戒断,以及其兵士。师长戒断,以及其生徒。居停主人戒断,以及其宾友,以及其佣仆。亲以及其亲,友以及其友,家以及其乡,乡以及其国,国以及于全世界。庶几

---

① 录自《严先生遗著》。据题署,作于 1910 年农历七月下旬。有草稿存。

是编所谓自治之戒烟,终有收效之一日,岂非大快事与?

余年未冠,便嗜烟草,四十以后,乃始戒除。吸烟之甘,与戒烟之苦,皆亲尝之。所谓戒烟之苦,不过数日间小不适耳。忍此数日之小不适,而为吾身去无形之害,为吾家、吾乡、吾国、吾并世之人造无量之福,仁人君子诚何惮而不为耶? 比年,旅沪士商有刊布简章,相约严禁麻雀牌者,而吾邑议事会员绅上书当道,痛陈彩票之殃民亦屡见报纸。今石曾复继万国卫生会之后,著为是编,意者余所谓可惊可惧之三事,将次第消归于无有乎! 是则日夜祷祀求之者也。宣统二年七月下旬,严修谨识。

《白话珠算讲义》序①

吾闻西人鲁旃克兰士氏之言曰:“教育之种类,体育、智育二外,实际教育为尤要。”实际教育者,锻炼其意志,使之适合于实行者也。吾友宋则久盖得之矣。则久为商业也,矫然异于人人,其才、其识、其治事之力,同时之号为士人者,人人自以为弗如且弗如远甚。则久既究心于世变,知商战之世,非学不足以制胜。己既殚心于学,复于所掌之敦庆隆绸缎庄,内设夜课以教其学徒。其科目有所谓普通类者,有所谓门市类者。洒扫、应对、进退、修身、商品、学珠算、买卖章程、买卖文件、程序簿记、学买卖法、商业作文、习字,皆所谓普通类也。折叠、统卷、包裹、陈列、装潢、量较、权称、裁剪、计料、应对、招待、报账、合价、外国语,皆所谓门市

① 录自《严先生遗著》。据题署,作于 1910 年农历九月。

类也。创始于庚子乱定之后，所成就甚众，其后变而通之，扩而充之，与纪君管涔、石君文轩创设商务半夜学堂，以教津人士之子弟，而成效荦荦益著。以仆所见，能注重于实际教育而又毅然能行其志者，盖无过于则久者矣。

则久于新学无所不研究，而于教珠算之法研究尤深且久，间出其绪余，笔而存之，名曰《白话珠算讲义》，同志诸君劝其印行，以裨学者，仆亦与焉。盖强之再三而后可，而属仆序其缘起如此。宣统二年九月，天津严修序。

题徐尚之先世墨迹册[①]

徐子尚之以装册索余题识。册列其先世家书十余通、诗一章，又彼时朋僚手札三数纸，或论时事，或道家常，或言己志。作者旨趣各殊，其为先正之德音与太平之世运则一也。百余年来，岸谷沧桑，时势百变，抚今思昔，感慨系之矣。就中有孙文靖遗雨芃先生书，时先生方官御史，今尚之适为肃政史，是即昔之御史也。余亦尝步文靖后尘，为黔督学。余于尚之，视文靖之于雨芃先生，情谊略同。顾余訾窳无以进尚之，所亟亟为尚之祝颂者，世家声而绳祖武也。甲寅新历十月，严修敬题。

---

① 录自信草，作于 1914 年 10 月 22 日。

伊泽修二著《支那语正音发微》序①

　　始吾友王君照撰《官话字母》,取吾国京师语音为标准,京音所无者悉置不取。余尝亲肄习之,而信其周于用也。顾书出未久,而国人之粹于文者群起尼之,以为字母行则汉字废矣。其说率隔膜不足辨,然合群口之力,足以制王君之书使不得行,斯则无可如何之事也。伊泽修二先生,日本之教育家也,独取王君之书,加以纠正,尽十年之日力而成一书,名之曰《韵镜》。先生之在日本主保存汉字最力者也,而勤勤以治是书乃如此,彼谓字母行则汉字废者,其将有失言之悔乎? 然则先生是书之成谓为王君纠正可,谓为王君辩护亦可也。中华民国四年乙卯二月,严修识。

容止格言②

　　面必净,发必理,衣必整,钮必结。
　　头容正,肩容平,胸容宽,背容直。
　　气象:勿傲,勿暴,勿怠。
　　颜色:宜和,宜静,宜庄。

---

　　①　录自伊泽修二著《支那语正音发微》,李无未主编《日本汉语教科书汇刊(江户明治编)》第 24 册(中华书局,2015 年)。据日记、信草,作于 1915 年 2 月 6 日。严修手稿中书名作《支那国语韵镜音字解说书》,与正式出版名不同。
　　②　原书于南开学校"容止格言"镜上。南开学校最早的章程(1915 年夏)即收录此文,始作于何时尚待详考,姑置于此。

南开学校沿革志略^①

　　光绪二十四年,岁次戊戌,邑绅严修范孙先生礼聘张伯苓先生以英文、科学教其子侄及戚友子弟。越二十七年辛丑,邑绅王奎章先生亦礼聘张先生教其子侄及戚友子弟,两家各占半日,别之曰严馆、王馆,馆各十余人。是为本校发生萌芽之时期。

　　二十九年夏五月,张伯苓先生乘暑假之暇赴日本参观学校。三十年夏四月,复偕严范孙先生重游东瀛,调查学务。八月归国,即决定创设中学一处。

　　九月初八日,学堂成立,定名曰私立中学堂。房舍用严范孙先生住宅之偏院。校具及改建费由严先生捐助,理化各种仪器及书桌书橱等物由故绅王奎章先生之喆嗣益孙先生捐助。严王两先生并各担任常年经费,每月银百两。第一次招考取录学生七十三名,分作三班,附设师范一班,师范生六名。

　　年终改称私立敬业中学堂。

　　三十一年正月,学生增至七十七名,师范生增入四名。

　　夏,直隶总督袁宫保来校参观,慨捐本校建筑费银五千两。

　　暑假后,学生增至九十名。

　　秋,添设备班,计学生二十余名。

　　是年因经费不足,严王两先生每月各增助银百两。

---

　　①　录自《南开学校章程》(1915 年夏)。据日记,严修曾亲"改南开学校沿革志略及章程"。自 1915 年 8 月 13 日至 17 日,"《沿革志略》凡校四次,章程则仅阅一过而已。"据此,将《沿革志略》收入本集。

十一月,本校师范生合组军乐会,购置乐器,严王两先生各捐银五百两,延驻津英国乐队队长黑们司先生为教习,其常费由会员及严约敏、王春江两君捐助。

是月,学生创办自治励学会。

年终大考,与考学生九十名。

本校复更名私立第一中学堂。

三十二年春,学生增至九十五名。

本校裁撤备班,该班学生分送本邑各高等小学堂肄业。

邑绅郑菊如先生以南开水闸旁空地十余亩捐助本校。惟该地在大广公司界限之内,该公司执不肯让。经张伯苓先生向该公司经理交涉,始于电车公司后得地十亩有奇。

暑假前,师范班学生毕业。由本校筹资送往日本留学者四人,余四人留充本校教员。

七月初一日,本校在南开电车公司后开工建筑。由王益孙先生捐银一万两,严范孙先生捐银五千两,邑绅徐菊人先生捐银一千两,前署直隶藩司毛石君先生捐银五百元,又经提学使卢木斋先生由浙绅严子均先生捐助直隶学务款项下拨助银一万两,总计银二万六千两又五百圆。爰以二万三千两起建东楼、北楼及围墙、平房,并置办一切家具。

军乐会停办。

年终大考,与考学生六十六名。

三十三年正月初一日,本校迁入南开新校。

开学后,学生增至一百六十名,分甲乙丙丁戊五班。

四月起建礼堂,费六千余两,除袁宫保捐助五千两外,由前建筑余款拨用一千余两。

暑假开学后,军乐会第二次成立。

九月二十二日,本校开落成会,并补本校九月初八日第三周年纪念会。

年终大考,与考学生一百三十名。

三十四年,开学后学生增至一百九十名。

本年经费除严王两先生每月当捐二百两外,又增入徐菊人先生每月二百两。三月建礼堂以南之学生寝室,费三千余两,除由前建筑余款拨用二千两外,并由常年经费匀拨一千余两。

暑假前第一次毕业学生三十三名。

六月初六日举行毕业式,提学使卢先生亲授文凭。

保送满三年之修业学生十六名,入保定高等学堂肄业。

本校之资送日本留学生四人由本年六月起改归官费,本校停寄学款。七月,张先生赴欧美调查渔业,监督一席由约敏君、王先生令弟春江君公约严约冲君担任。

九月初八日为本校第四周年纪念日。上午开会,下午举行第一次学生运动会。

十月,本校与天津府中学堂、青年会普通学堂开联合运动会。

年终大考,与考者一百六十名。

宣统元年正月,张先生归国,仍充本校监督。

开学后,学生一百七十名。

暑假后,学生增至一百八十余名。

九月初八日为本校第五周年纪念日。上午开会,下午由学生演作新剧,以志庆贺。剧名《用非所学》。

十月,本校与天津府中学堂、青年会普通学堂开联合运动会。

冬,本校师生合组冬季通俗演说会,假各宣讲所轮流宣讲,并有本校军乐助兴。

年终大考,与考学生一百八十名。

二年春开学后,学生增至二百三十名。

正月,提学使卢先生由公款拨助本校经费每月银百两。

五月,本校联合天津各学校举行音乐会。

秋,张先生率学生三人赴上海与南洋全国运动会,得奖者一人。

九月初八日为本校第六周年纪念日。上午开会,下午由学生演作新剧。剧名《箴膏起废》。

九月,本校与天津府中学堂、青年会普通学堂开联合运动会。

本校师生仍组合冬季通俗演说会,赴各宣讲所宣讲,并有军乐助兴。

严君约冲捐资为本校购地五十亩,坐落河东富兴庄,每年得租四十余元。

年终大考,与考学生一百九十余名。

三年正月,天津发现百斯笃之证,本校开学日期推缓一月。

严范孙先生捐款停止。

徐菊人先生每月捐款改为一百两。

二月,提学使傅沅叔先生饬将天津客籍学堂、长芦中学堂归并本校,并将客籍学堂经费狮子林官地租。每年两千八百余元、长芦中学堂经费每年银八千两一律归本校支用。

本校特为商灶子弟设优待额五十名,免纳学费。

本校改称公立南开中学堂。

本学期学生增至二百九十名,分作八班,计英文七班、法文一班。

直隶总督陈筱石先生特捐银二千两。

北楼宿舍改为讲室，并于楼前增建木廊，费一千元，由常年经费余款拨支。

寄宿学生暂归礼堂设榻。

五月，徐菊人先生捐款停止。

本校与天津府中学堂、青年会普通学堂联合举行运动会。

购校旁华兴公司隙地三十亩，以备扩充之用，价一万三千余两，先付五千两，由天津府中学堂余款息借，余俟陆续归偿。

建大饭厅一处，权作宿舍，落成后将前寄礼堂之学生分别移入。同时并建房舍十余间，为学生盥漱沐浴之所，共费银七千余两。除由陈制军捐款二千两补充外，余由常年费中陆续弥补。

前购之隙地较本校地址低洼，雇工垫土费银二千余元，由常年费用中陆续弥补。

九月初八日为本校第七周年纪念日。上午开会，晚由学生演作新剧。剧名《影》。

武昌起事，风鹤频惊，学生纷纷请假，因宣布暂行停课。

十月，王益孙先生捐款停止。

本校捐款即停，而应领公款又因国事不能照领，乃停支薪俸，仅会计员支发半薪，夫役数人照给工食而已。此项用款亦无所出，暂由严范孙先生处挪借。

十一月，国事稍定，学生多来校自习者，乃聚集学生百余人，归并班次，由教员数人接续讲授。学生学费减半。所收学费截至年终，除开销杂项外，余则分送员司暂作车费。

民国元年正月十三日，遵照新历改为三月一日。

三月二日，天津兵变。本校推缓至四月始行开学。

学务公所补助公款照旧发给。

四月,本校学生创办基督教青年会。

本校师生于暑假期内在校前隙地组织露天学校,以惠贫儿。

本校改名为南开学校,监督改称校长。

十月十六日,即旧历九月初八日,举行本校第八周年纪念会。上午开会,晚由师生合演新剧。剧名《华娥传》。

本校与天津学校九处联合举行运动大会。本校获胜得银杯、锦标并奖牌多数。

本校学生创办三育竞进会。

年终考试,与考学生二百六十余名。

第三次毕业学生二十八名。

年假前举行毕业式,由教育司蔡志赓先生亲授文凭。

二年一月,本校增设高等班,分文理二科,并增设中学补习班。

三月,本校选送学生一人赴斐利宾与赛远东运动大会。

开学后,学生增至三百七十余名。

由本年起学务公所补助之款按月支领,每月折合一千六十余元。

本校延卢木斋、严范孙、王少泉三先生为校董。

教育部新令,凡高等学校一律并入大学。本校高等班用款筹措本至不易,兹奉新令,即将该班暂行裁撤。该班学生分送北京大学预科及保定优级师范学校。

就厨房旧址改筑北楼,上下房舍计二十余间,暂为学生寄宿之用,并建新厨房、调养室等处,共费银八千余元。

本校举办运动会,附设小学运动各门,专约各小学校学生到会比赛。优胜者本校备赠奖品。

　　五月,本校与天津学校十处举行联合运动大会,因获得银杯、锦标各奖品并多数奖牌。

　　是月十五日,教员严约敏先生病故,本校学生假礼堂开会追悼。

　　由本年起,学生学费每年按三学期交纳。

　　暑假开学后,学生增至四百五十名。

　　十月十七日为本校第九周年纪念日。上午开会,晚由师生合演新剧。剧名《新少年》。

　　本校成立之日在阳历为十月十七日,由本年起即以是日为周年纪念日。

　　校南操场起建围墙三面,费一千数百元。

　　本年两次建筑,亏款甚巨,经民政长刘仲鲁先生由公款拨助银万元,始得抵补。

　　第四次毕业学生十九名。

　　年假前举行毕业式,教育司蔡先生亲授证书。

　　三年开学后,学生增至五百余名。

　　起垫富兴庄土地出租为租户建房之用。

　　四月,在校内南操场举办运动会,仍附设小学运动各门。

　　在富兴庄增购田地四十余亩,价一千九十余元,此款由历年所入地租陆续弥补。

　　租本校附近瓦房两所,设校外学生寄宿舍。

　　规定学生寄宿费每年二十四元,分两期交纳。

　　五月,本校与天津、唐山各校举行联合运动大会,获优胜,得锦标及奖牌多数。

　　本校学生创办《南开星期报》。

本校学生组织敬业乐群会,将三育竞进会并入。

直隶工业专门学校与北洋法政两校附设之中学班俱并入本校,由巡按使朱经田先生拨发临时补助款银八千八百余元,经常费银每月一千一百八十余元。

暑假内建筑南斋宿舍、校役室、厕所等处共五十余间,费银五千余元,扩充礼堂费银一千八百余元,添建礼堂四面房间费银二千余元,购置器具一千五百余元,统计一万四百余元。除支用巡按使拨助之八千八百余元外,余数由经常费项下陆续弥补。教员严约敏君维持学校出力独多,病故后由严君亲属捐资,于礼堂侧筑思敏室一处以志不朽。十月开工建筑西斋宿舍,并盥漱、沐浴等室共六十间,费银一万六千余元,由巡按使朱先生拨助捐一万五千元,不足之数由本校经常费项下弥补。

礼堂之侧为故教员严约敏君筑思敏室,费银二千数百元,均由约敏君亲友捐助。

暑假开学后,学生增至七百余名。

十月十七日为本校第十周年纪念日。上午开会,晚由师生合演新剧。剧名《恩怨缘》。入览者购券。所收券资除本日用款外,余皆补充本校国文、英文、体育三会之经费。

本校幼年学生组织童子会。

本校因筹办内国公债,复演前剧二次,以所收券资购债票一千元。

南操场东面建筑平房五间,招租饭铺、鲜果铺各一处。所得租金另款存储,俟有在校年久、素著勤劳之司事、校役等病废退休者,分别酬恤。

十月开工建造西斋宿舍,并盥漱、沐浴等室,共六十间,费银一万六千余元,由巡按使朱先生拨助一万五千元,不足之数由本校经常费项下弥补。

第五次毕业学生,第一组二十四名,第二组十九名。

巡按使朱先生核准将商灶子弟优待额停止。

年终举行毕业式,由校董严先生亲授证书。

年终大考,与考学生六百九十名。

四年,本校增设英语门科一班学生十七名。

开学后,学生增至八百余名。

创设贫儿义塾,其开办费由本校员司学生随意捐助,经常费由学生随意分任。

校内操场东南隅添建平房八间,作贫儿义塾、本校青年会会所及售品公司之用。

五月,本校与天津各校举行联合运动大会。本校获胜前得银杯归为永有,并得锦标一面、奖牌多数,又个人所得银杯一座。

天津举行华北运动大会,我校与赛,名列第三,得奖牌多数。

本校与工业专门学校、水产学校、天津中学、新学书院举行联合辩论大会。本校获胜,得锦标一面、银杯一座。

上海举行远东运动大会,校长率运动员前往与赛。一英里竞走、半英里竞走均列第一,跳高列第二,又与他校合赛接力竞走,列第三。计得奖牌三面、证书四纸。

本校师生发起救国储金会,由学生组织成立。

第六次毕业学生三十名。

暑假前举行毕业式,由校董严先生亲授证书。

暑假前,与考学生七百余名。

真素楼记①

　　邑人张雨田设真素楼于金华桥北大胡同。雨田躬自治庖，与佣保杂作。其子鸿林伺应座客，有兼数人之能。问之，则玉皇庙小学修业生也。气宇安雅，无几微市井气习。余甚赏异之矣，继而知鸿林有弟鸿翰、鸿宾、鸿藻，妹鸿瑛，俱入学校。弟鸿翰入官立中学，鸿宾、鸿藻皆入药王庙小学。妹鸿瑛入女子师范学校附属女小学，今年初等毕业，明年升高等。雨田岁入仅足自给，而每岁供子女入学之费恒在百元以上，不肯入贫民、半日、露天等校省费，且毕业之后循序升学，不肯半途中辍以求速成。此其开通果决，求诸缙绅之家犹不多觏，殆孟子所谓"豪杰之士"欤！雨田尤富于爱国思想，闻人谈提倡国货、救国储金等事，则义形于色，辄思倾囊以应之。呜呼！可不谓贤乎！今之士大夫对之有愧色矣！雨田尝乞余题额，因识数语以旌之。

《直隶图书馆书目》序②

　　光绪乙巳，余管直隶学务，而建德周君缉之为工业总理。周君一日谓余曰："吾欲仿他国成法，设陈列馆，以劝工为主而附以教育品。君意何如?"余曰："宜哉！果斯馆成立，愿以余二十年来蓄集

之图书悉输入之。"周君称善,度地于天津城东,即玉皇阁而改筑焉。不数月而馆成,则挈余书以实其西偏之庐。凡经史子集各若干卷,丛书类者又若干卷。虽数不为多,而余家旧藏已十其八九矣。其明年,周君建新馆于河北之公园,规模益闳,品目益夥。而沔阳卢君木斋为直隶学司,因学务公所之余地建馆一区,以惠士人。于是余书之在陈列馆者尽徙归之。卢君又增置中外书籍,加于前数倍。直隶之有图书馆自此始也。又三年,卢君迁官辽左,而江安傅君沅叔继其任。傅君尤嗜古学,益大搜海内藏书家善本,精椠秘抄往往而有,于是规制斐然成大观矣。越岁庚戌,余自京师解职归,居多暇日,时来馆翻检旧籍。较之往在家塾,检一书或发局启椟而出之,或攀援攘臂而索之……①

本生先祖父宇香公事略②

　　吾本生祖父讳家瑞,字宇香,生于嘉庆十年八月初三日,殁于同治壬申年十一月十一日,寿六十有八年。

　　祖父自少佐人治盐,以义声闻于安平、祁州、博野、肃宁等县,晚而自置盐产,行盐于顺天之三河县。

　　祖父性慷爽,有任侠之风,急人之所难,奋不顾身,虽处贫困,赒恤亲族无吝色。吾父执张丈问青尝言,某年冬夜来谒吾祖父。祖父语之曰:"若有所需耶?"张丈嗫嚅不肯语。祖父则起,入内良久,裹而入,缊而出,手持十缗钱券以授张丈。盖裘已付质库矣。

---

　　①　草稿止于此。

　　②　录自严修撰《严氏两世事略》(1925 年石印本),又见《严先生遗著》。据题署及信草,作于 1916 年 2 月。

张丈惊骇,至于泣下。

祖父喜怒略不矫饰,所敬爱者好之不啻自口,所嫉者或抵掌愤詈,惟不喜人作尖酸语。吾少时恒犯之,祖父则大不悦。同治壬申,祖父病剧,吾恒随吾母侍。一日,祖父召吾使前,指谓吾母曰:"大孙吾无忧,此儿天性薄,可虑也。"又曰:"马行栈道收缰晚,船到江心补漏迟。"吾母曰:"儿谨记祖父言。"距今四十五年,言犹在耳,虽时自儆,惕然失检处,终不能免也。

乙卯冬,孙男修谨述。

先父仁波公事略[①]

吾家自吾七世祖应翘公由浙江慈溪迁天津,传至汝汉公,生吾祖父兄弟二人。吾祖父讳道尊,字师范。吾本生祖父讳家瑞,字宇香。师范公娶吾祖母王太夫人,未逾月而公卒。及宇香公生吾父,遂以为兄后,然吾父终鲜兄弟,故又兼祧宇香公。

吾父少年治举业,从查果庵先生游,再应童试不售,而吾本生祖父年且老,家事啬,吾父遂弃儒,佐吾本生祖治盐产。

吾家之有盐产始于咸丰壬子,行盐之地则京东之三河县,古洵河也。吾父时年二十三,既弃儒,遂往来津、洵,岁恒数次,与宾友共劳苦。每届村镇集场之期,怀干粮荤橐盐以往,露立终日以为常。

吾父好宋五子书,其尤惬意者则手自钞记,或自缉纸册,或即

---

① 录自严修撰《严氏两世事略》(1925 年石印本),又见《严先生遗著》。据题署及信草,作于 1916 年 2 月。

用坊肆通行账簿，自首至尾，密行细书，纸尽则叠书于眉端，至无隙地乃已。如是者四十余册，倩他人细书又十余册。

吾父晨起必朗诵经书或宋五子书两小时，声彻庭外。尤好诵《孟子》"陈代"章，余未读《孟子》时已耳熟此章之词。

吾父讲学之友四十以前则陈公梅樵、萧公、宋公杏南雨亭，四十以后则武公子香、李公筱楼、张公冰王、王公朴臣、廖公蓉台。王公初以孝廉在直隶候补，与吾父讲学过从甚密。丙子捷南宫，仍分原省，遂知天津县事，倡行乡约保甲，吾父以全力赞助之。王公在任两年，宦囊如洗，殁后几无以敛。经纪其丧者惟吾父一人。

吾父之奉檄为长芦总商也，于同治庚午、辛未之间。前此之任，都转者累次罗致，坚辞不就。迨祝公爽泉莅任，以道义敦迫，始勉就职，同时杨丈春浓亦屡次乞退不允，当时之难进易退如此。数十年后乃有行赂以求此缺者，使人有今昔之感。

吾父为总商凡十年，遇事侃侃守正，无少偏倚，争者平，求者遂，人无间言，所事长官如祝公垲、林公述训、马公绳武、如公山皆推诚倚重。如公尤相视莫逆。吾父殁之日，亲临吊祭，入门即恸哭失声，闻者感叹。

吾父遇事不避劳怨。地方长官知其然也，每有兴举辄先就商，旋即属之。常年设者，如育婴堂、恤嫠社、施馍社、牛痘局、施材社、惜字社、备济社、灯牌公所、书院值年之类；临时者如冬季粥厂，如四乡放赈，几于无役不从，同时虽有共事之人，往往让先于吾父。吾父亦不辞也。

光绪元、二年间，晋、豫大饥，波及畿甸，津南饥民纷来就赈。司道筹款设粥厂数处，其一在城西之芥园，委员王丈富申、张丈子楣董其事，而吾父佐之。吾父既受事，未明即往，既暝乃归，巨细必亲，毫忽不肯假借。尤严火警，尝因分棚防火事与王丈争甚厉，卒从吾父之议。王丈初不谓然，未几而城南厉坛寺粥厂灾，杀一二千人，而芥园一厂自成立以至遣散，曾无寸刻之危险。王丈始大叹服，与吾父缔兄弟交焉。

吾父之主牛痘局也，亦自光绪元、二年始也。局在城内鼓楼之东南，春开冬闭，自晨至午，岁以为常。当开局时，吾父未明即往，督亲施种。司种者多心手灵敏、年方壮盛之人，中厅设长案两行，施种者依次序立，求种之家抱小儿入，亦依次序立，以待施种。每小儿一名，左右臂各种三颗。每人种若干名，姓名云何，一一籍记之。越三日，复抱小儿来局，谓之还浆。还浆之日则验明某人所种之某儿出痘几颗，以痘出之颗数定分数之多寡，月终列榜以考成绩之优劣。是以人人加意练习，互相争胜，愈练愈精，几于百不失一。常有一榜之中，全分占大半数者。一时之盛，后来不能及也。

同治五年，吾父年三十七。捻匪犯畿辅，其别将某率轻师出不意，一日夜抵天津。四月初七日质明至城西，去外郭仅里许，城人大恐。吾父偕城绅率民兵登陴防守。吾家制麦饼饷士，饼大如钲，庭列长案，摊布之仆役担运竟夕不辍，士气至奋。吾父终夜不归，吾本生祖父坐以待旦，吾母焚香中庭，率子女长跪祷神。已而，寇见有备，辄引去。事平叙功，吾父独不请奖。

庚午教案，祸起于仁慈堂。吾父时为育婴堂堂董，去仁慈堂仅里许。是晨变作，戈矛载途，全城大恐，居民家家谋自卫。吾父立离吾家，往育婴堂。家人请少待探消息，弗许也。全堂乳妇方震恐，欲逃散，闻堂董至，帖然如初。

吾父之承办本邑赈务也，分延亲友往四乡查户口，或经数夕乃返。亦命余兄弟随往，使知贫民苦况。余十六七岁时，历吾邑西北各村几遍,宁辍数十日之塾课,吾父不以为嫌也。

己卯冬,吾父卧病而官长仍以赈务相委托。吾父延亲友分任查放,乡镇毕,次及城。一日,某君查户口以其地为吾家之邻也,优给之,归告吾父,甚有德色。吾父怫然曰:"是奚可哉? 以公款市私惠,吾不为也。"亟令改减其数,而以己资补足之。

吾父遇地方善举捐资之数恒丰,于他人有笑其不量力者,吾父不顾也。承办赈事连续四五年,亲友之闲居求事者,皆招之来助赈务,供其餐宿,厚其廪饩,数十人以为常,全用己资,不支公帑,岁费恒在津钱万缗以上。

吾父为书院值年,每值课日,终日守视,有犯规者,照章执行,不假借,虽至戚亦然。尝以交卷逾限不收,忤至戚某公。越日,某公以一纸填为官府告示之式,署吾父之衔,于上作种种严厉语气,又具黑禀一,扣署己名于前,叙切切求恩等语,故以相戏也,吾父亦一笑置之。

吾父持三年之丧凡三次。三十三岁丁本生内艰,三十七岁丁内艰,四十三岁丁本生外艰。皆准古礼,不终丧不复寝。甲戌九月吾母殁,吾父时年四十五,丁本生外艰,未大祥也。丧除遂不复娶,亦不置姿媵。

己卯九月,吾父猝病,延中外医诊治,凡更数十人迄不效。父初病时,有直隶某君诊脉,诧曰:"尺何其充也?"父微笑曰:"独居八九年矣。"医诘其故,惊叹久之。

吾父律身以敬为主,坐不倚,寝不尸,虽盛暑不去长衫,祭之日终日敛容。

吾父中年以后日有日记,记其身过、口过、心过。尝以事呵叱仆人,修窃异之。越日见日记册中果有自讼之语。

吾父中年行静坐法。余未娶时终年侍父寝。父未曙即起，端坐约两三刻之久，然后着履。

吾父病中时集联语曰：信理斯信数，畏天非畏人。又曰：自古英雄多傻气，从来败子岂愚人。请梅丈韵生书而悬诸病室。

《事余小草》，吾父三十以前作也。中年以后不复作诗，然亦偶为之。娄丈允孚丧偶，而职会文书院事，昼夜不离，性命以之。书院之地，文庙地也。同人劝其续娶，各赠以诗。吾父中联有云："岂为娶妻难作佛，漫云住庙即为僧。"同人推为压卷。

吾父精外科术。旧仆曹升传其术，遂命代己施治，而供其药费。每日晨起，求医者踵接于门，邑人多知曹能，而不知其有所受也。余十二三岁时，吾母患背疮，吾父亲疗治之，自始起以至收功，未尝更他手也。

吾父教子严而不苛。修自幼在父面前，容不敢少肆，语声不敢纵也。自八九岁以至十余岁，每日必侍父食，坐中恒有父所敬礼者一人与父相向坐。终食之间，或讲经义，或讲性理，或谈故事。余兄弟两人骈坐于侧，敛容敬听。坐之势少偏，食之声稍巨，父必诫之。然从不施鞭扑，即嗔责亦不常有也。综计，余生平受父嗔责者三次。一七八岁时，跳踉于庭，父适自外至，颦蹙不怡，他顾而唾之。一十岁时读书不勤，师言于父，父召使长跪，将扑之，兄为乞恩乃免。一十二三岁时，作时文，偶倩人捉刀，父知之，训饬至知悔乃已。

吾十八岁娶妇，当时早婚之害未发明也。父恒以吾疾为忧，故余恒别居。己卯，大儿娠，将两月，吾父以《达生篇》一册指某叶某行以示曰："汝当知此，受而读之。"盖言妊娠不异室之害也。即日移居于外。儿生，秉气果清。

吾大儿生于己卯八月十五日，吾方乡试在京。八月十七日得吾父寄吾兄书，报得孙之喜，词意间若不胜欢慰者。三朝设筵，邀老年至友会食，然戒庖人勿特杀。越日，语吾姑母曰："吾事毕矣。"闻者以为不祥。果未逾月而病，病七阅月遂以不起。

乙卯冬，次男修谨述。

《姜节母传》书后①

青县姜节母殁五十年，而宁河高熙亭先生为之传。逾年，节母之曾孙名慧字更生者来征余文。余惟高先生所述节母之嘉言懿行，则既挈要矣。待前室子如己出也，以忠孝节义训子孙及亲族也；矢节抚孤，以十指自赡养，饔飧不给，仍供三子读书也。凡此荦荦数大端，他人有其一已足以昭管彤而光绰楔，而节母兼之。夫非有矫乎人情之举，与绝特可惊之迹也，而读者起敬焉。

昔曾文正尝谓《后汉书》所载如桓孟之流皆门内庸行，以为范氏有见于正家之大原，若晋魏诸史，但以奇特相胜，识不逮范氏远甚。而归震川先生则云，少好《史》《汉》，未尝遇可以发吾意者，独所记张氏女差强人意。其传陶节妇也，则数数夸示于众，以为奇节奇文，其所去取，乃若与曾氏相反。余谓曾氏之论论其行也，归氏之论论其文也。文则奇为贵，行则庸为难。吾国近十余年，好奇之风渐染于巾帼，举古昔圣贤所谓妇人"四德"唾弃不道，即所谓家政、女红、俯仰、事畜之事亦皆鄙夷不屑，以为诡异恣肆，日与分利

---

① 录自《严先生遗著》。据题署及信草，作于1916年3月14—19日。

不生利之男子攘臂而争权力,害始(中)于门内,而祸贻于国家,弊中于风俗,而患滋于政治。如曰奇而已矣,斯岂不足以诧流俗而新耳目,抑岂震川先生之所取耶? 故吾甚愿举高先生所纪节母言行为吾国之为母者劝,且甚愿举曾氏所取范书纪庸行之恉为吾国之为女子者正告焉。丙辰新历三月,天津严修。

尹母太夫人像赞①

　　博野尹母李太夫人美行宏烈,照耀今古。其事实详见方灵皋先生所撰《太夫人碑铭》及李次青先生所撰《尹侍郎事略》。家有其书,无烦赘述。余友王君芸生与尹氏同里,又与有通家之契。请于尹氏,奉母遗像,来津装治,拟以泰西石印法,依样传写,分贻女界,俾资矜式,而属余为像赞。余不文,然不敢辞。赞曰:

　　古人有言,是母是子。子之克肖,自母教始。今人有言,家庭教育。母而贤明,世受其福。伊古贤母,史不绝书。孟使子圣,程使子儒。孟以义方,为子养正。未闻母训,施于有政。程以令范,俾子成名。未闻母惠,被之部氓。卓哉尹母,兼长学识。德蕴身心,功茂家国。有子元孚,当代大贤。敭历中代,声施烂然。道德事功,彪炳青史。孰规画之,曰惟母氏。母一女子,先天下忧。视国如家,与同戚休。昔读年谱,肃然敬慕。今瞻遗像,奕奕毫素。王君奉持,征文于余。余实不文,执笔踟蹰。爰歌母功,愿世则傚。爰表母德,为世正告。今世津津,竞言女权。功无可纪,权何有焉?

---

　　①　本文成稿未见,录自信草,作于1916年5月11—17日。

何以有功,惟其有德。师此母仪,庶几不忒。

陈表叔竹轩公传略①

公讳恩藻,字竹轩,于从兄弟行序第三,于本房则居长。今有声京师名哲甫、字哲甫者其仲也。余之本生祖母,公之姑也。公与吾父为中表兄弟,而公实少于余一岁。年相若,故情尤亲,相处日久,相知亦最稔也。

公幼沉毅,读书多通,以牵于家计,不能竟学,年十八弃儒而商。时吾父席先业,行盐于顺天之三河县,县城有总汇之所,名曰总店。公则往习会计焉,勤干精审,遇事能断。总司以下多吾祖旧交,年长于公且二三倍,事有疑难,往往决于公。久之,愈倚公如左右手。然公恂恂谦抑,未尝自暴其能,故人益重之。吾父执张丈问青曰:“吾阅人多矣,未见有才识器量如竹轩者。驭下严明而不苛刻,莫敢欺,莫忍欺,实亦莫能欺也。”

光绪乙酉,余居三河一年,与公益亲密。赌酒、论文、谈棋、校射、登山、泛舟、郊眺、园游,每有期会,公辄不拒,神情暇豫,徜徉自如,然于职事,从无一日之废阁。公治事时,余往往旁瞩之。公坐不移尺寸,视不及左右,簿书列前,仆从立侧,楮墨驰骤,盘珠戛然,五官并用,神凝志壹。如是历若干时,既而掩卷囊笔,抚案起立,握指节格格作响,公事毕而笑语作矣。其好整以暇多类此。于书嗜汉学,手钞累册,尤喜阅曾文正公所著书,能举其词。论者以为公

---

①　录自《严先生遗著》,曾发表于《官话注音字母报》1918 年第 40 期。题署为 1916 年农历六月。又据信草,作于阳历 8 月 7 日(农历七月初九)。

之存心、公之作事、公之待人俱与文正相似，而不遇其时，宜其有余慕也。公自恨弃儒早，故竭全力助哲甫公读书以至于成名，兄弟间以道义文字相切磋，无几微之不浃洽。哲甫公坦易而勤恳，公则宏毅而缜密，友于之笃，酬答之勤，虽坡颖无以过也。

癸巳、甲午之间，余家生计少替矣，吾兄以家事属之余。时老辈相继沦谢，在公前者仅魏丈直夫一人，且老病，坐镇而已，事无巨细，胥寄于公。未几，余奉命使黔，魏丈亦谢世，公任益专，吾兄亦未尝过问。公殚精竭虑，补苴振厉，三年业复其初，而人不见措施之迹，而公之心力则已瘁矣。

戊戌三月，余任满假归，公已卧病，谓余曰："君归甚善，三年承乏，幸无殒越，然力竭矣，速谋替人。"余笑慰之，曰："叔但养病耳，奚急急于是。及余假满，将入都偕医候公。"公悁悁若有不尽之意。次日余遂行。未十日而公之凶问至矣，余急还抚棺一恸。哲甫公以公亲笔遗书一纸授余。书曰："藻供奔走之役二十年，不意中道沮丧。所遗恨者，未为开一新利，膝下乏子嗣耳。请从此别！范孙请视。恩藻绝笔。"凡四行，四十三字，行列齐整，字画分明，惟末数字，手战墨重耳。盖至死而神明，强固如此！公尝语人曰："人孰不死？死当得其时。处可以有为之地，为必不可少之人，兴革未半，一旦物化，徒党惊悼，太息奔告，如失所依。庶几其可乎？"公可谓能践斯语矣！

后公殁十八年，哲甫公属余为传略。余生平所尤敬爱者，公之外若陈君奉周、宋君伯方、陶君仲铭、王君寅皆，殁皆十年以外，墓木拱矣。其言行容止，时往来于余心。欲一一记之以文，而文又不能如吾意，作而辍者数矣。今以哲甫公之敦促，勉成此篇，余亦次第为之，以毕吾愿。明知于诸贤言行容止，曾无万一之肖，庶几略存梗概,以俟修志乘者采撷焉。丙辰六月,表侄严修谨撰。

《七巧书谱》跋①

七巧板不详所自始,近人著《辞源》称之曰"智慧板",信文房之雅玩也。但旧书本图式大都不外山水、人物、庐井、舟车以及各种日用器具,从未有制为字形,配为俪语累数十百言,愈出而愈奇者。有之,自吾族祖父笠舫公始。公之为此图也,字则兼取行草,姿势变化,俯仰向背,各极其妙。文则义寓劝征,联辞偶意,与昔人所辑格言联璧旨趣相近。虽与坊行旧本同为游戏之作,而是书深远矣。书成于咸丰丁巳,刻于光绪壬辰。子均族弟,公之孙也,今年又印行之,距书成之岁甲子恰一周云。丁巳夏日族孙修谨跋。

《宦游偶记》序②

余弱冠时,因某纸坊榜书心识劭吾姓名。越十余年,奉使黔中而劭吾方牧开州,见余所为劝士文告,以为宜可与言,惠然过访,一见欢洽,是为订交之始。劭吾长余四年,余生平遵父遗命,未尝结异姓兄弟,遇所敬爱而齿稍长者,直兄事之,然综计不过三五人,劭

---

① 转录自谢振声编著《严信厚及其家族》(宁波出版社,2013年)。又据信草,作于1917年7月18日。

② 录自陈惟彦《宦游偶记》(1918年铅印本),又见《严先生遗著》。据信草,作于1917年11月30日。

吾其一也。

勋吾之治开州也，民怀吏畏，政绩粲著，尤能据公法、约章折服外人。间为余述经过事实，多可惊喜，足使听者忘倦。余尝怂恿勋吾一一笔之于书，勋吾以为有待也，至今年而是书始脱稿，介弟西甫持来余。题曰"宦游偶记"，其记开州事皆余曩日所饫闻，他为余未及知者又若干事，事之可惊喜如治开时。

西甫谓余宜有序。余亦自谓余宜有序，且宜序是书者莫先于余。余使黔时所识士夫数十百人，最心折者惟勋吾与王君采臣。丙申、丁酉间，三人者数相过从，纵论时事，欷歔太息，有积薪厝火之惧，旁观讥笑，见谓无病而呻。勋吾则曰："病深矣！奈何言无病？"由今思之，然乎？否耶？余固深喜是书之传世，如吾曩日所期，而又深叹勋吾有医国之术，而不使竟其用，卒使我国有不可救药之一日，而勋吾是书遂等诸前朝之轶事，可悲也已！丁巳冬日，严修谨序。

陈君奉周事略[1]

君讳璋，字奉周，先福建厦门人也。父某经商来津，遂家焉。生子二人，君居长也。君有宿慧，从师习帖括，非所好也，然为之能工。父不喜举业，学使按临，师强君应试，父不知，迨捷报至门，不能隐，逡巡禀白，父阳嗔而阴喜也。然君因不喜科举，终身不应省试，暇则读有用书。时《申报》及《万国公报》初印行，世以洋报目

---

① 本文成稿未见，录自信草，作于 1918 年 1 月。

之，相戒不敢读。君则私购阅之，遂通科学之钥，于医学、于算学尤耽嗜之。余之习算，君教之。君又常为余论医，余虽弗解，然喜其语妙，非中医所及知也。君之论政，距今三四十年以前，及今追忆之，君若皆前知者。君行尤笃，无嗜好，与人游处，喜愠不形，然遇志同者则倾吐无所遗。余尝……①

《新式旗语》叙②

距今二十年前，余见友人以西文字母作旗语，因称叹西人心思之巧，然私以为西文能之，华文则不能，华文而制为字母则能之，华文之全体则必不能也。今岁旧历新正，王君蕴山宴客于注音字母传习所，因试其旗语，以示坐客。所试者华文而非西文，且华文之全体而非字母也。一人执旗立阶上，隔数十步，植墨板于墙下，一人执旗立其前，主人请客命题，或字或句，皆书纸上，暗示阶上人。阶上人则左右上下其旗，以诏墙下人。墙下人亦左右上下其旗，如相应答。答已，则粉书其字或句于板，悉与题合，无一爽者。最后，某君书一“戀”字。余心危之，而答竟不误。余不觉抚掌称快，与前年在津观周君厚堃试华文印字机同一惊喜过望也。然犹鳃鳃过虑，以为此但宜于读书识字之人，不可谓之通俗。

越日未久，蕴山又以所编《新式旗语》见示。其中有传形传音

---

① 草稿止于此。

② 录自《官话注音字母报》1918 年第 47 期。原注："本社所印之《旗语》，原请严范孙先生赐叙，嗣因旗语传习需用甚急，即忙付印，今范老大作寄至，先特附印于本报，尚祈阅报诸君注意。本社谨启。"据题署，作于 1918 年 4 月 10 日。有草稿存。

两法。传形者用本于军人者也。余又不觉抚掌称快，与昔年初见王君肖航制官话字母同一惊喜过望也。华人心思之巧何遽不西人若？顾举世方挟虚骄之气，相竞以空言，虽有精心创造之才，与裨益文化之事，谁复置意或且尼之矣。不然者，如周君、如曾君、如肖航、如蕴山，假在西国，其受社会之欢迎与国家之待遇当何如也？戊午清明后五日，严修谨叙。

《延秋室诗稿》序①

家弟渔三手写所为古近体诗付之石印，邮寄示余属为序。往余见渔三《秋柳》四律，始知渔三能诗，诗且绝工。前乎此，余固未及知渔三，亦未尝多作也。《秋柳》之作，盖在辛亥以后，感触日多，为诗始勤。其于诗也，或赋物以写怀，或咏事以见志，或禀经以厉俗，或思古而恫今。轻则为药石之针砭，重则为斧钺之诛伐，盖《诗》而兼《春秋》之教者。渔三之为人也，律身至严，接物至和，于论人论事则是非皎然，不少假借，意所不慊，则倾鬲出之。其人如是，其诗亦然。后之览者，由其诗知其人，即知其所处之世为何如世矣。族兄修谨序。

---

① 录自《严先生遗著》，原有题注"己未仲春"。据信草，作于 1919 年 3 月 11 日，即农历仲春二月初十日。

《江上题襟集》序①

延秋室主人既写己诗付印,更选取十六人之诗写为一卷,名曰"江上题襟集"。此十六人者,皆主人尝与唱酬之人,而修居其一。彼十五人皆江浙名宿,诗且入古人之室,以修厕入,毋乃不类。主人殆因兄弟之谊而偏徇耶? 而修则窃喜得附斯集以传也。主人属为序,乃不辞而序之。己未仲春之月,天津严修。

《明道集》序②

仲君子凤在天津青年会任编纂之役历有年所,诚恳勤谨,君子人也。顷以所著文字若干首示余,且属为序。其谕耶教至详尽矣,顾余未窥其深,不敢为一辞之赞。惟篇末论今之尊孔者虚文是崇,于修道为教之意,恐无裨补,则诚足箴末流之失。凡吾孔教中人所当闻过而喜者也。己未新历九月,天津严修。

---

① 录自《严先生遗著》。据信草,作于 1919 年 3 月 11 日,即农历二月初十日。

② 录自仲伟仪编《明道集》,天津基督教青年会 1921 年印。又见《严先生遗著》。据题署及日记,作于 1919 年 9 月 10 日。

林澄女士事略^①

　　吾友林墨青之次女公子林澄女士之凶问至吾家,吾家男女长幼皆蹙额相告,唏嘘嗟叹之声累日不绝,而吾妹淑琳尤惜之甚。方女士之病也,吾妹忧其不起,日必数次探问。每见余夫妇,必谈女士之病状,且必称述女士之性情品格及其处家待人,人不可及之行谊。既闻其殁,则言之愈勤,亦愈详。盖女士尝肄业于吾家私立保姆讲习科,而吾妹为监学。吾妹于同学诸生性情品格及其行谊皆知之甚深,有时评论臧否,略不假借。独于女士无闲言,愈重之,愈惜之,乃愈思之。女士夙为吾嫂所爱重,女士则母事吾嫂,与吾侄女智圆、吾女智闲皆亲若同怀。

　　余故久知女士之贤,然未若吾妹知之之审也。吾妹之言曰:"林澄可谓难能矣。其入讲习科也,年才十五六,而素养已优于人。人又天资聪颖,所受课皆从容中程。故恒有余力,以辅助他人。演算不熟者,为之析其疑。钞书未完者,为之竟其业。同学诸生翕然推服,而彼略无自功之色,坦然易而诚恳,正直而谦下。在校三年,与人无纤芥之嫌。及其为人妇也,则壹隐其科学文字之长,谨守夫家规范。夫家自重闱以下,亦无一人不爱之、重之、称赞之。及其为人母也,则悉以所学保育之法训练其子女。子女皆彬彬知礼,有母氏风。夫家世崇俭德,彼则俭而济之以勤。昼则操作,夜则篝镫执缝纫之役。子女襦袴多以敝者改为,然皆整洁无尘浣之迹。以

_____

　　① 录自《严先生遗著》。据日记,作于 1919 年 11 月 6—8 日,即农历九月十四至十六日。

是益得堂上欢心，而积劳已久，病亦伏于此时矣。"盖吾妹之所言如此。

今人每叹吾国女子受教育者少，引为憾事。然而女校兴，家政废，文艺进，礼教衰，憾弥甚矣。必如林澄女士者，庶几可谓无憾乎！女士之就医于母家也，病已剧矣。一日，余偕医士关君往视疾，女士应对安雅，礼数不愆，且问讯吾家长幼，纤悉周备，意惓惓也。闻其将殁之前夕，自知不起，中夜请于父母，愿即返夫家，得正而毙。既见翁姑，则自陈就医母家，事非得已。又自陈病已弥留，舍堂上以去，良不忍恝。已，乃遍别家人。又丁宁语娣姒，谓己不得终养，愿代尽未尽之责。处分井井，未午而殁。翁姑哭之，深恸不忍闻。其母家之庶祖母恸至绝而复苏。其感人之深乃若此。呜呼！此岂尽由教育而然耶？抑曾受教育者能尽若此耶？然非曾受教育又何以能若此耶？盖所受之教育乃在家庭，而非学校也。

余作此稿不称意，方欲改削，适见王君槐亭代拟之稿，遂弃余稿不用。然余所叙各节有王君所未及者，仍两存之，以备互证，不计文之工拙也。修附识。己未九月。

王寅皆中翰尺牍序①

余交寅皆始于光绪戊戌，至甲辰而寅皆化去，相处不过六七年。然踪迹至密，壬寅、癸卯间几于无日不过从。凡吾津开发文化之举，殆无一不由寅皆发其端，亦无一不由寅皆要其成。高朗精

① 录自《王寅皆中翰尺牍》(1921年石印本)，又见《严先生遗著》。庚申冬至，即1920年12月22日。又据日记、信草，作于12月16日。

锐,罕有伦匹。最后筹设天津师范学校,亲往日本考察学制、延聘师儒,至精至审。归国以后,方欲进行,而一病不起,年才三十有五。

吾津通敏识时之俊,余所尤心折者,陈君奉周、陶君仲明,并寅皆而三。而寅皆尤长于文辞,有手写稿本二册,一曰《思冈斋文集》,一曰《劫后文存》。余尝从喆嗣颖夫借观,意将付印,会有欧洲之行,经年始归,归则两册竟遗失,不可复得,至今耿耿,引为大戚。今年别求寅皆遗墨于诸戚友家,仅得书札数十通,合之余父子所藏,乞赵丈幼梅择其精要,又属华甥芷龄为之,诠次凡得六十余纸,亟付石印,以存吾友之真迹。万一鬼神呵护,使已失之两册失而复得,终当寿诸枣梨,以毕吾愿。是则一息尚存,祷祀求之者也。庚申冬至,严修谨识。

《子女唯心法》序①

余深疾吾国纳妾之习,私以为从一之义,男女所同。吕新吾先生曰:"严于女子之守贞,而宽于男子之纵欲,此圣人之偏也。"莲池大师云:"孟子所谓'不孝有三,无后为大',为不娶者言之耳。娶而无后奚罪焉?"斯二说也,皆发前人所未发,余平日恒诵之。罗君译此书由医发未发之理,医非余所解,不应置可否也。然观蔡君序此书曰:"可使吾国重男轻女之人有以自处,而免于娶妾□继之陋

---

① 本文成稿未见,录自信草,作于 1921 年 1 月 27 日。《子女唯心法》一名《男女性原论》,为罗光道据英国医士德森之书所编译,介绍生育男女的原理。蔡元培、严修、屈桂庭等均为作序介绍。

俗。"吴君录此书曰："我国男子行检不修，倡妓之毒为祸甚酷。此书可以振颓风而拯溺俗。"果如所云，斯真有功世道之作，功不在禹下矣！罗君以书索题，辄举所见还就正焉。严修谨识。

退思庐医书四种合刻序①

余于医学未尝问津，而所持之见凡数变。年二十时，侍先大夫疾，历时七阅月，更南北医数十人，言人人殊，无所适从，则深以不知医为恨，谓医之为理瞶也。先大夫既不起，前此诸医互相归咎，咎卒无所归。归之命运，则又叹医之为道至危，其为祸也至酷。于是笃信古人不药得中医之言，及近人曲园俞氏非医之论，如是者有年。中年馆京师，亡友陈君奉周、陶君仲铭先后馆吾家，教子弟读。二君皆深于医而兼通西学，所论皆深妙切理，使人解颐。其医人也，应手辄效，则又以为习医者必沟通中西，然后可谓之能事也。

族弟痴孙茂才，临证二十余年，既以经验所得笔之于书，又兼采东西国名论，以资旁证，比录所著书目及自为序言，邮寄示余，且属余序其端。昔我慈湖柯韵伯著《来苏集注伤寒论》饷遗来学，厥功甚巨。按诸进化之理，一切学术后出愈精。今痴孙沟通中西，益深益博，必有发前人所未发，其饷遗于人，不尤多欤？余虽为门外汉，固亦乐观其成也。辛酉初春，严修谨识。

---

① 录自《严先生遗著》，曾发表于《绍兴医药学报》第 11 卷第 6 期（1921 年）。据题署、日记及信草，作于 1921 年 2 月 26 日。

张君明山事略①

张君明山名长林,天津人。天津故有某氏以塑像为世业,君晚出,神明其法,声名突出其上。余应试时同舍南人审余为津籍,则以泥人张见询,盖驰誉远矣。

始余因陈君奉周识君,面赤色,声如洪钟,精神活泼,好作谐语。其执艺也,优游自得,若不经意。一日,余从奉周过其工作之室,君方匊一丸泥。谈笑间略抟捖为颅形,持问奉周曰:"君识为谁?"奉周立应曰:"大仓。"则大笑。大仓者,袁姓,道咸间剧场名丑也。余怜三胜名尤重,有某氏塑余怜像,甚自矜诩。君见之,乃同时塑两像,一肖某氏所塑,其一则神似余怜也。富人某邀君至家,使肖己像,其人倨甚,以气凌君。君不屈。富人怫然,退而入,置君于座不顾,而君已于顷刻间摹塑其形,面目悉具,径持以归。或以告富人,复强邀之,而倨者恭矣。

天津殡仪之侈甲于各省,其在大户则繁缛尤甚。西洋采风者倩君塑其全式,舆者、骑者、旗者、盖者、钲者、鼓者、丝者、竹者、髡者、髻者、冠带者、缞绖者、导者、泣者、步而送者、立而观者,多至数十百人。君则各异其状,使不相复,或顾或侏、或丰或癯、或皙或朱、或昂或伛、或步或趋、或侈或拘、或悲或愉、或欠或吁、或捷或迟,像随心造,触手成趣,时或忆及友人某某之形态,则摹取以承乏。工竣列肆,人见某友充乐人,某友执劳役,皆笑不可仰,即友人

---

① 录自天津博物馆藏《张君明山事略》及画像,又见《严先生遗著》。据日记、信草,始作于1921年1月16日,至29日尚未完稿。

某某自见之,亦赏其狡狯,不以为忤也。

奉周言,君初入塾时,即喜为黏土之戏,其和土也,柔韧而栗密,全由心悟,并无师承,遂为独得之秘。君又能画巨幅山水,工而且速。邑有李四先生者,能折叠碎锦以象诸物,俗谓之"包镶李",艺绝工而性濡缓。某岁,某官署使制连景寿屏,方广逾丈,议价约期,丁宁至再。期届而工未半,催者火急,李乃大窘,谋之于君。君谛视之,曰:"易耳。"凡其阙处,悉以笔墨补之,峰峦楼观顷刻立就,相得益彰,遂为名作。其心手灵敏,多此类也。

君寿八十。庚子,奉周之丧,君与执绋,犹就余立谈,须发皓然,而精神活泼犹昔。其后不通问者数年,而君殁矣。君之子兆荣字玉亭,续荣字华棠,能世其业,而兆荣技尤精,仍为南北塑像者之冠云。

往见沪报民国十年二月一日,上海《小时报》。纪惠山泥人一则,谓"惠山所售泥人至光宣间实远逊苏州,近有一种来自北方者,工巧过于南人"云云。其下举"津人张姓",殆即指明山也,而误称为百本张,且所记晚年目盲坠地、折伤肢体亦无其事,唯云"工巧过于南人",此言出自南人,则信非北人之阿好矣!严修附识。

《张文襄骈文笺注》序[①]

光绪丙申,余按试都匀,荔波教官郭竹居中广录其所为《张芗涛骈文笺注》两册芗涛,文襄别字也。见示。余则藏之行箧,任满携以

---

① 本文成稿未见,录自信草,作于1921年5月11—18日。

北还。越岁甲辰，余尽所藏书捐入直图书馆，此两册者亦随以去，久且忘之矣。去年病中，偶读《广雅堂诗集》，拟注出典，朝夕搜考，不胜其劳。回忆及竹居此书，似足详备赡，复从馆中借出。更录副本，商诸中华书局，以聚珍板印行之。文襄骈文近日已有刻本，是书文止四篇，原非全豹，且注中疏舛割裂之处，就余所知已难枚举。然其字梳句剔，使读者减翻检之烦，其功固不可没。余即不能逐一校勘，故于原注不敢有所订正。且书名亦仍其旧，各从主人，古之训也。

或问曰："子不尝赞成白话文乎？骈文去白话益远矣，是奚为者？"则应之曰：白话文荒年也，骈体文丰年也，谷固不可无，玉亦不嫌有。楷书行而八体之书未尝亡，韩文出而八代之文依然在也。且中国之人众矣，程度与好尚至不齐矣，各投其所嗜，各应其所需，奚不可者？孔子曰，博弈犹贤。兹不又贤于博弈乎？此余平日所持之见也。

竹居贵筑举人，其尊人问楚曾为兴义教官，文襄尝从问学。及文襄督粤，召竹居往充水陆学堂汉文教习。先是，竹居尝从其乙亥座师毕东屏先生于苏州郡斋习西学，通算术。既之粤，所诣益进。其示余者又有所著《代数细草》三册。余因其无副本，仅抄记其目，原书竟还之矣。辛酉夏，严修识。

上海时报馆纪念册序文[1]

余阅报纸，凡遇持偏激之论，挟党伐之私，或迹近深文，或意存

---

[1] 录自《严先生遗著》，原有题注"辛酉夏"。据日记、信草，作于1921年5月31日。

挑拨,或琐屑无谓,或剿袭雷同,或侮辱圣贤,或提倡风月,有一于此则吾不欲观。然《上海时报》确无以上诸弊,语尽平实,言尤雅驯,故余阅斯报久而不厌。其销路之日广,足见心理之多同也。近顷,馆主人以营业发展,自建新屋,拟于落成日刊行纪念册,属余为序文。余于新闻学一无所知,上举诸弊,但就消极者言之耳,至于必如何而始为完善,则吾不敢妄谈也。今馆主人既不肯斤斤自画,则必博求专门人才与之讨论切究,补前此所未备,应今世所急需,期与欧美最有名之日报程度相敌,而销数相将埒。岂惟报界之泰斗,斯实国民之南针也。

祭尹澄甫先生文[①]

　　维中华民国十年七月二十六日庚寅,如怀弟严修谨以蔬酌致祭于澄甫大哥大人之灵曰:

　　呜呼兄耶! 别才三日而竟长辞耶! 病才半日而竟不起耶! 相爱五十年而竟一瞑不吾视耶! 自谓寿当七十五而竟六十九而止耶! 前兄殁之三日,兄过我谈,告我曰:"长孙女殇矣!"因述病榻缠绵之苦,不忍见家人守护之疲不可堪,以谓:"人孰不死,而死有苦甘,若尹家之仲媳与严家之冢男皆死于脑冲血,了无痛苦,如梦渐酣,其死也得法,其命也不凡。"呜呼兄耶! 竟实行此言耶! 谓彼等之死为可法,而己身之生不必贪耶?

　　昔在黔中,日日谈燕,庄语谐谈,搜索殆遍,往往奇特,多可喷

<hr />

　　①　录自《严先生遗著》。据日记,完稿于 1921 年 7 月 21 日,26 日为尹氏开吊前一日。本文有草稿存。

饭。一日，言己志，摅己见。我则曰："最可爱者钱，有钱可以役制列强，而屈兵于不战。"兄则曰："最可恶者死，加盖于棺，天地昏暗，横闭其中，吾最不愿。"呜呼兄耶！竟不记此语耶？谓后此之死不能逃，而须臾之生不必恋耶？

有生有死，自古如斯，死者寂灭，生者涕洟，平心思之，何为也哉？惟念吾两人之投分五十年于兹，偶焉暂别，彼此犹思，矧兹一诀，遂无见期，乌能不恸？乌能不悲？呜呼痛哉！呜呼悲哉！

吾止吾痛，吾止吾悲，兄去未久，兄倘有知，吾说旧事，兄其听之。

光绪初载，我治举业，父督我严，望我殷切，结社会文，号曰"登云"，为我求友，直谅多闻。时兄方以名孝廉声驰一郡，笔扫千军，授经绛帐，桃李盈门，乃惠然而肯顾，翩然而纾尊，心如水之止，而气如春之温，使我意消心折，愿三沐而三熏，是吾两人订交之始也。虽无循俗之盟约，而确为异姓之弟昆。

癸未之春，踪迹益密，同试书院，聚必竟日。春闱候晓，同处一室，终朝对案，习书弄笔。兄乃不遇，荆璞见逸。我送兄行，惘然有失。

越岁丙戌，春榜再开，我驰笺札，迟兄金台。兄报书曰："海棠风信，至则沽上，故人来矣，如珠好语。"秾郁铿锵，至今诵之，齿颊犹芳。

越岁戊子，兄往浙中。翌年北还，复战春风。万口一词，谓兄必捷。孰知文章，仍憎命达。我为兄谋，暂留长安，蓄锐再举，遂馆于韩。教授余闲，兼治三礼，时而过我，讨论经史。兄每过我，欲去不能，虽非投辖，亦常下扃。兄语吾友陶君仲铭："吾有两言，为范孙赠。教子残苛，留客凶横。"呜呼！兄犹忆及此言耶！仲铭已矣，谁为证耶？某岁我家事棼难理，兄为我虑，如患在己。兄语吾友峻峰高子："吾观范孙，怒则气浮，既不禁怒，焉能禁忧？"呜呼！兄犹忆及此言耶！谁能爱我如此之厚，而虑我如此之周耶？

留京六载，寅辰及午，鹗荐者三，气卒不吐。甲午孟秋，兄遭母丧，尽哀尽礼，凄惨神伤。而我八月忽奉朝命，往视黔学，惕惕惊恐。爰就丧次，乞兄相助，毅然见许。略不审顾，三年柳雪，备历险艰。祁寒盛暑，复水重山，晨夕校阅，废寝忘餐，去取升降，心力为殚，玉尺裁量，不失累黍。我时率易，兄辄不许。终吾之任，薄有虚声，兄实苦心，成竖子名。兄纵不自以为功，其能掩是非之公耶？

戊戌文战，所望又空，我亦命蹇，丧我长公。兄代我哀，又忧我病，婉词慰藉，直言救正。己亥南下，专心作宰，塘沽一别，转瞬十载，鱼雁往还，靡事不论，每有疑义，虚衷下问。迨移辽沈，访我京师，聚首浃旬，不忍暂离。有时抗辩，面频语直，旋付一笑，涣然两释。

兄缘公罪，解任东平，我方告休，诣兄陪京，兄则大喜，馆我食我，五日而别，依依道左。

津沽再见，国体已更，遂伏乡里，同伍编氓，弦歌书画，兄以娱老。梅刘尹穆，我乡四皓，我亦老矣，兄视若孩，提撕调护，实予于怀。我丧一侄，又丧一子，兄为我危，伴我起止。我撄废疾，不能自振，兄为我忧，煦煦问讯。

我之性情，较兄为薄，我之体气，较兄为弱，我计身后，匪兄莫托，如何不待，先我而行！谈笑俄顷，遂隔幽明。来年仲春，兄七十寿，众谋称觞，以诗文侑。兄曰："勿然，我不须此。赵文孟书，得此足矣。"生甫闻耗，惊骇欲颠，定生闻耗，泣涕涟涟，兄倘有知，能不恻然。

今距兄殁,已逾一旬。儒家之言,正直为神。我今絮语,质而不文。神能听卑,庶几上闻。兄之诸郎,聪明诚笃,克家有余,而且惇睦。心事全了,兄其瞑目。彼等于我,敬如伯叔,与我诸子,亲如手足。我于彼等,不敢自外,当劝者劝,当戒者戒,共其休戚,同其利害,一息尚存,责无旁贷。呜呼哀哉!尚飨!

焦书卿先生八十寿言①

吾乡近数十年文人墨客,乃至词章书画、金石篆刻名家,无论为土著、为寓公,莫不知有文美斋南纸局,即莫不知有焦三先生字书卿者。先生今年年八十矣,其习商于文美斋也,始于咸丰八年戊午,尚在吾生前二年。先生时年十七也。文美斋故为江西游氏产,同治之季以折阅故,产将归人,有通其意于邑绅陆氏者,陆氏曰:"必焦君任主办,事乃可商。"先生曰:"不可。吾与游氏共休戚,无游氏,吾不为也。"陆氏多先生之义,议亦寻寝。先生奔走称贷于族人,得本金津钱六千缗,因与游氏合资,而先生为总司。凡为总司者,年取赢率若干为酬,此商肆通例也,先生则一无所取,但支津钱十五缗之月廪而已。不数年而业大昌,本金尽偿。焦先生之名隆隆起矣。

先生律己严,无嗜好。其接人也,庄重而安和。余十余龄时从吾父往市纸笔,先生与吾父酬对,颀然鹤立,蔼如春温。余始私识先生姓字,其容止至今灼然在吾目。苟余工写真术者,立能追摹于

---

① 录自《严先生遗著》。据日记、信草,始作于 1921 年 9 月 5 日,定稿于 10 月 15 日,即农历九月十五日。

纸上也。

先生之治商业也，以诚恳之意，运精密之思，左右执事，习与俱化，无惰慢之气、乖戾之容。货品入肆，必一一检择，或破损，或垢渍，虽小必汰除之，故能取信于人人。余官翰林时，偶需所谓竹连纸者，函属家人购诸文美斋，附友寄京。友嗒曰："京师如许大，乃无此物耶！"不知余固欲省剔择之烦也。官署之司文牍者，有所需必于文美斋是取。历任长官及幕僚，亦无不知焦先生姓字者。

光绪中叶，增售书籍，辅以印刷，积资本且数十万矣。庚子之岁，一毁于火，再蹶于拳匪之祸，然维持勿坠而流衍，且及于他郡、他省。岁壬寅，庞蘧庵先生官大顺广道，创设官书局于大名。岁甲辰，周玉山先生巡抚山东，又创设官书局于济南，皆假先生以巨金，属总其事。经营数年，所假帑金先后清缴，而士林翕然称便。其文美斋之有济南分局，自此始。已又设分局于张家口。余以乙卯游济南，丙辰游张家口，皆亲入其室，其气象之整肃，执事人之和雅，壹与津局等，盖先生积数十年之心力，历几番之艰苦而成绩表表如是。

而先生亦老矣。国变以后，先生时与遗老之寄津者相过从，于肆事不甚闻问。而游氏兄弟一循先生之成规，守而勿失。其待先生也，承先德之志，敬礼有加，识者知文美斋之基业方兴未有艾也。

余尝致疑于今之治商业者，或摹仿外洋，以全力注重所谓广告，而器之良窳、人之贤否，反不措意，抑或诋诬同业，发传单、登报纸，务消对抗之力而后大快于心。前者骛外而轻内，其失也伪；后者毁人以申己，其失也忮。今日竞言商业道德，道德固如是耶？及一考询焦先生之所为，始信所谓道德者在此不彼，而吾圣贤以义为利之说终可恃也。余故缕述凤所见闻先生之行，实为先生贺成功，为文美斋庆得人，且愿凡言道德、讲人格者奉先生以为太上不朽之标准，则是先生益不朽也，则余所以为先生寿也。辛酉旧历九月，严修谨撰。

跋张陶古藏于晦若侍郎所存友人函册①

张君陶古获手札若干通，粘为数十册，皆贺县于公晦若所蓄平日收受友人函牍也。公为南海陈东塾先生弟子，与梁文忠鼎芬、文学士廷式同门而齐名。公中庚辰进士。庚辰一榜人才最盛，若梁文忠、王文敏、李越缦、沈乙盦皆通儒硕学，而公则与之并驾。公通籍后入李文忠幕，司章奏。公尝告余，桐城吴先生所辑《李肃毅奏议》二十卷，其最后一卷有半皆公手笔也。公既交游遍天下，故平日尝与通问者多海内名宿。其司章奏也，有时文忠得他人书，亦恒属公代答，其原书往往遂为公有。今一举而属之张君，宜君之宝贵之也。同时萧君寄观亦得若干通，宝贵之亦与君等。盖不唯重其书，实重作此书之人，抑不唯重作此书之人，兼重所与通书之人也。

公之殁在乙卯，距今不过六七年，而平日所保存一旦分属之他人。余亦积存友人手札累数十册，观于公之已事，固不禁矍然以

---

① 录自《严先生遗著》。原文后附赵元礼题识："门下士张陶古藏弄于晦若先生所存友人函牍多通，装为数十册，丐吾友严范孙侍郎跋其后，序述婉至，长言不足又嗟叹之，深人无浅语也。陶古藏之数年，苦无识者，展转归诸陈君一甫。一甫与侍郎为莫逆交，拟再乞侍郎题识，用志翰墨之缘。已诺之，而未落墨，侍郎以老病逝世，一甫时时引为憾事。予尝谓缘之一字，神秘不可测，其来也，推之不去，其尽也，一瞬不留，世事万端，胥作如是观。翰墨缘其小焉者也，一甫又何憾耶？明窗净几，一甫出全册，相视如游宝山。乘兴题此，回忆与侍郎挑灯谈艺时，不禁与一甫同深感悼也。共和十九年岁莫，幼梅赵元礼。"又据日记、信草，作于1922年1月14日，18日写定送出。

惊。顾余无公之重名，则未知异日他人得之者，亦宝贵之如张君、萧君之今日否也？新壬戌一月，旧辛酉十二月，严修敬识。

题张锦波先生画兰竹直幅①

友人姚品侯藏有高阳李文正师道光壬寅年日记稿本，今年十月余从借观，钞记数则。其一则云："三月二十日，与张锦波先生、李七爷朗山母舅同至老虎洞羊肉楼早饭。"眉注云："锦波天津人，年七十余，人极高雅，以书画擅名，兰竹尤佳。"余案：道光壬寅距今正八十年，先生时已七十余，然则先生之生当在乾隆四十年以前矣。余家旧藏此幅，初不知宝贵，读文正师评语，始知非凡品也。

先生犹子字若村，亦以画名，且能诗，尝与周玉山师喆嗣立之唱和。立之数为余称其人也。辛酉岁暮，严修。

族叔筱舫公事迹传信录序②

族叔父阁学公起家于同治季年，迨光绪间则功业粲然，名震海内外。公所手创荦荦数大事，南北商民利赖至今。族弟渔三依公左右，区画赞助余二十年，公殁后，经纪公之家事又将二十年于兹。盖生平受公知者，惟渔三为最深，而能知公之生平者，亦惟渔三为最审也。渔三辑公一生事实有文字可据者都为一编，名曰"事迹传

① 录自《严先生遗著》。据日记、信草，作于1922年1月24日。
② 录自《严先生遗著》。据日记、信草，作于1922年2月24日。

信录",非徒欲酬公之知,欲使后人知公之所以不朽者于是乎在,且愿后人知手创之不易,相与维持赓续于无穷也。渔三属余为序,因识数语于原书之后,质之渔三以为何如？壬戌春日,严修。

安徽石埭县乡贤祠诸先生事略跋[①]

曩吾邑王君仁安以白话体编辑本县崇祀乡祠诸先生事略,三百余年只十一人,甚哉！独行可传之难也！今安徽石埭桂君亦编乡贤事略见寄,人较吾邑为多,而纯粹之谊、卓绝之行,实有非常人所能及者。今世学子务为推倒一切之说,于其乡贤之嘉言懿行茫乎不识,未知乡,焉知国？近代之乡贤且不知,遑论古圣与先贤哉？二君辑述之苦心,不徒为表章先贤计,亦以返后学域外之观,示以"归而求之"之微恉也。壬戌立夏后三日,天津严修。

题李亭午先生手书便面[②]

李君尚勋以其曾祖王父亭午先生手书便面见示,且属题识。书法遒丽,在率更、承旨之间,非时贤所能企及。尚勋言先生享寿不满四十,此书作于道光丁亥年,甫三十有二,而所诣已如此,使其有率更或承旨之寿,又当何如耶？尚勋又言,先生不但工书,而且善画,画既失散,无一存者,书则合族所藏亦仅此一扇而止。呜呼！

---

① 录自《严先生遗著》。据题署,作于 1922 年 5 月 9 日。
② 录自《严先生遗著》。壬戌夏至为 1922 年 6 月 22 日。据草稿,作于 6 月 24 日。

彼既失者诚可惜矣，此仅存者尤可宝矣！壬戌夏至，严修敬识。

《文安县志》序①

县长陈君治文安既三年，水旱之后继以师旅，他人处此鲜不竭蹶，君则措置裕如。居民安堵，不恧其业。尤有余力，从事兴举。县旧有志，修于国初，二百余年未尝赓续，君属士绅分任，刻期告成，将付梓人，征言于余。志之义例具详本书，无俟词费。余因是举窃叹吾直之为县长者，力疲于荒政，气摄于军符，上有催科火急之长官，下有党论纷呶之庶士，苟求无过于责己，尽求如陈县长之处纷能理、遇变不惊，而又勤勤职思，为邑人谋经久之务者，盖不可多得也。壬戌冬至日，天津严修谨识。

《绝妙集》跋②

我父执杨公春农博涉群书，藏弆之富甲一郡，凡四库所著录，任举一书，类能言其指趣。天性淡定，为诸生不应举，为部郎不到官。饶于资，无玩好，日居斗室，与二三知己讲艺道古以为常。生平不轻为诗文而酷好谜语，见闻所及，佳者必录，己所撰拟亦入其

───────────

　　① 录自民国十一年《文安县志》（1922年铅印本）。据日记、信草，始作于1922年11月12日，至12月21日写定。12月22日即"壬戌冬至"，"文安县陈、邵二君"来，应即将此稿交付。

　　② 录自《严先生遗著》。据日记、信草，作于1923年2月6—7日。

中。积数十年，未或厌倦。林子墨青，公记室也，公得佳谜必告墨青，与共欣赏。尝语墨青："吾能集成十万，于意乃慊。"其后虽未适足，十已得八九矣。

公殁后数年，墨青谓余曰："吾与子俱受公知，公一生心血所寄，不可使竟泯没。盍商诸公子少农，排比而梓行之？"余虽敬诺，然卒卒未暇以为也。去年冬，少农始以全稿畀予，且以选政见属，大小凡数十册，读之累日不能竟，可谓巨制，但彼此互见者极多，且有类次虽异，而内容实同者。盖选非一时，钞非一手，未知孰为定本也。余既不敢意为增损，就中择钞写最工之一册，题曰"绝妙集"者，景印行之，由一斑可窥全豹。读者当知谜虽小道，然非博涉群书如公者，亦不能有左右逢源之乐，勿徒叹赏其工巧而已。册中通体精楷，其瘦硬遒峭者，皆吾侯丈晓吟所手书。丈馆公家最久，讲艺道古，与公尤亲，书名震一时。此所印行者，亦全豹之一斑也。壬戌冬日，严修。

题言仲远所藏杭芷舸画蓉江
女史陈慕青《风雪吁天图》①

往余序仲远之太夫人《梅花馆诗》，曾言幼读左礤尹夫人《吟草》，心焉敬异。然第知夫人之能诗，未知其能画，且未知左、言两家固至戚，礤氏夫人即应千丈之外王母也。顷，仲远以《风雪吁天图》属题，盖毗陵杭君芷舸就夫人原作八图之一而摹绩者，应千丈

---

① 录自《严先生遗著》。据日记、信草，作于 1923 年 2 月 8 日。

暨仲远均有题识。展阅一过,益叹两家文学之盛。仲远之著作斐然或亦渊源于此也。壬戌岁暮,严修谨题。

题言仲远所藏林文直公绍年手札①

余与文直书札往还始于光绪乙巳,公抚黔,余总直隶学务。公为黔省派游学事,以余之曾视黔学也,猥蒙见商。今余箧中尚存一札,当公生时不甚觉其可宝,今则什袭藏之矣。仲远其亦此意也夫? 壬戌岁莫,严修。

常熟言夫人像赞②

夫人丁氏名毓瑛,字韫如,常熟言君仲远德配也。通书翰,工诗词,时与仲远唱和,有《喁于集》行世。治家勤俭有法,仲远中年以后家道浡兴,内助之力为多。平时喜阅报章,凡有关于公益者,皆剪存之。林子墨卿主持天津社会教育,其所设施若崇俭会、广智馆之类,夫人皆深赞许。夫人没,仲远因出其遗赀三百圆,助广智馆经费,体夫人志也。墨卿既供夫人遗像于馆中,属余记其本末,愿津人士之游斯馆者,毋忘夫人功德焉。岁次癸亥夏,严修谨识。

---

① 录自《严先生遗著》。据日记、信草,作于 1923 年 2 月 8 日。
② 录自《严先生遗著》。据题署,作于 1923 年。

渔三族弟像赞^①

其体弱，其志强，其貌柔，其气刚，其智圆，其行方。处己于淡泊，而待人以热肠。蓄道德，能文章，览题襟之遗墨，感风雨于对床。呜呼！已矣！春草池塘。

张母周太夫人哀荣录序^②

吾友臧君佑宸幼奉母命，出嗣姑家。去年，其本生母张母周太夫人病殁于津里。佑宸方客南京治学事，星夜奔归，已不及见，则大恸，几不胜丧。丧葬毕，乃哀集戚友挽言及己所为祭文印行之，而属余为弁言。往余撰侯保三君之太夫人家传，尝推论母教之关系，嗣撰《顾述之君春晖小识书后》，复申其义，且谓余生平所敬爱之人多禀母德，侯、顾两君即其证耶！乃今又得一证于佑宸。

余交佑宸余二十年，其居心也仁，其趋事也勇，坐而言，起而行，余固信其赋于天者厚，顾未尝登堂拜母也。去年，读佑宸所为祭母氏文及李君实忱所述张母慈惠明决诸美德，又无一不与佑宸之性行相似，吾之前说殆终不妄欤！侯君、顾君在无锡教育界中最号坚苦，其在吾津惟佑宸能与之埒。此三君者，其一言一行影响于

①　录自《严先生遗著》。据日记、信草，作于1923年6月8日。
②　录自《严先生遗著》。癸亥大暑为1923年7月24日。又据日记，作于7月21日。有草稿存。

学界甚大,而皆得力于母教,谈教育者乌可不信母教关系之重耶!
癸亥大暑日,严修谨识。

天津徐仰裴先生墨迹跋[①]

徐君镜波以其叔曾祖仰裴先生手书真迹见示,疏朗遒丽,体在
赵、董、张三文敏之间,乾嘉老辈中精诣也。镜波将付景印,为后生
模楷,而属余识数语。癸亥伏日,同里后学严修。

天津国货售品所十周纪念册序[②]

《尚书·酒诰》云:"惟土物爱,厥心臧。"此即今日提倡国货之
说也。吾友宋则久自二十年前即以此义劝导国人,而成效大著则
自总理国货售品所始。售品所之转属于则久,今十年矣。规模日
益闳,条理日益密,享名日益盛,而获利日益丰,观感所及,人人一
变其宝远物之心理,不期而合于《尚书》之明训。伟哉绩乎!

余尤心折者,则久以己身所得之余利,每岁捐建一小学,名之
曰宋氏私立小学,某年之捐款即作为某校之基金,年复一年,今成
立者已五处矣。有经始费,有常年费,故学校之本固;有褒奖金,有
退养金,故教员之心安。意美法良无逾于此。数十年后,宋氏小学

---

① 录自《严先生遗著》。据信草,作于 1923 年 7 月 21 日。

② 录自《严先生遗著》,曾发表于《社会教育星期报》1923 年 11 月 18 日。癸亥中
秋,即 1923 年 9 月 25 日。据日记、信草,作于 9 月 24 日。

之数将超过于全津官立、公立及其它私立之数,岂非绩之尤伟者乎？二十年来,余亦尝汲汲于兴学,捐输之款平均计之每岁亦数千金,然而所建之学只有此数,且有中废者也。其幸存者能否持久仍未可料,以皆无基金也。观于则久之成绩,能不爽然耶？虽然,则久所以能致此者,以有经济之学也,无其学乌能蕲其效？无锡、南通皆以实业助教育之发展,吾津有则久,视彼两名区未遑多让矣！癸亥中秋,严修谨识。

祭侄约敏文①

惟中华民国十二年新历十二月吉日,叔父修谨昭告于亡侄智惺之灵曰：

叔侄一别,转瞬十年。汝子仁曾居然成立,中学毕业,游美三年,学力颇有可观,行谊亦无可议。事母教弟,内行纯良。取友亲仁,屏除玩好。凡此之类,俱有父风。其待我也,尤为真挚。汝生平以叔父之言为科律,仁曾亦以叔祖父之言为准绳。论吾之身教言教,未必一一可从,然今日率教之少年,必为他日克家之令器。征之于汝,不其然耶？

今为仁曾择配于吾津李氏,为尚勖之从侄女,即汝五弟妇之姨甥。其祖父与吾同受业于筠庵先生之门,又世交也。男女两家,冰人各一,一为汝生平最信仰之林大叔,一为汝生平最亲爱之尹大哥。新历九月二十九日,业经纳采,兹择于十二月十五日,即旧历

---

① 录自《严先生遗著》。据题署,作于1923年12月。有草稿存。

十一月初八日迎娶如礼。吾适因病在京羁留,未能亲自料理。然婚礼繁简,大都禀承吾意,预定于两月以前者也。颇闻李氏女深谙礼教,兼善词章,雅近文明,却无习染。佳儿佳妇,此其庶几。惜哉吾侄,不得亲见。

而今而后,吾当训勉仁曾,益加策励,保爱身体,练习运动。人有议其浮(当)者,〔当〕令学汝之沉毅。人有议其奢者,当令学汝之节俭。其已肖汝者保守之,其未肖汝者勉为之。余无他求,惟愿吾侄孙仁曾居心行事无一不肖其父,是为吾侄象贤之儿,即吾严氏亢宗之子也。汝果有知,尚其默相。尚飨!

周悫慎公天津祠堂碑[①]

有清逊国之十年辛酉,故两广总督周悫慎公薨于天津。于时,畿辅荐绅之士咸相顾而叹曰:公鸿功骏烈,炳耀铿鍧,与世无极。今公虽殁,而道化行于国中,风声振于徼外。其颂懿美、称神明,巷祭而野祝者,环津上皆是也。崇祀先哲,国有彝典,剞贤者宦履肇始之地,与夫生平流寓之乡,而庙不创立,于典奚称焉。

乃共上其议于直隶省长,请为公立庙天津。书上,省长为达诸部,辄报可。越二年,始鸠工度材于津上之挂甲寺。为制后殿旁庑重门夹室,总二十四楹,中以祀公。都墙之外,石坊、照壁各一,廪库庖湢各得其所。庭庑端洁,街道直修,阑楯翼遮,城平密巩。旁

---

① 录自《秋浦周尚书(玉山)全集》(《近代中国史料丛刊》影印,1922年刻本),原题《天津祠堂碑》。又据缪志明《周公祠原始资料叙录》(《天津市河东区文史资料》第3辑),碑文原题:门下士天津严修谨撰,愚侄天津李士鉁书丹。

设寝庙,祀公正配吴夫人及公支下之在北者。祠之东北隅,别筑荐福庵,祀西方诸佛,招僧主之,以奉公祠事。其西为馆舍,值事者之所居。北为藏书楼,公之手泽书籍及遗墨碑版悉保存于是。西南隅则周氏之广慈善堂附焉。祠地凡三十亩有奇,祠外隙地建市廛,收其僦值,以为修葺之资。祠经始于癸亥之春,落成于甲子之夏。

其年四月,将有事于公庙,罇俎维旅,法斋苾芬,而丽牲之石未有文者,众以属修。修维公当咸、同间,从李文忠公肇建淮军,遂夷粤平捻,逮文忠移督直隶,引公自辅。公兴文教、修武备,酾河引渠,通商惠工。津上百族错居,中外民大和会,公怀柔绥抚,疆场因以无事。迄光绪庚子之难,畿甸沦铺,公相文忠回八国方张之师,捍亿万兆生灵之患。文忠薨后,公卒力返津榆侵地,其有德于津人者尤甚渥。士民怀思追慕,蕲公庙食于吾土,以永永无斁,斯诚其宜也。

修自少师事公,比岁公就养津上,修适里居,执业请益,靡涉旬间隔者。今庙貌岿然,此虽疏逖之士,瞻礼祠宇者,犹以兴无穷之思,而况生平昕夕严事其人者乎!昔鲁有閟宫,而蜀相诸葛忠武立庙沔上,至今咸歌咏不足,使人想见盛德之美。修虽不敏,敢缘古义,再拜而击以迎送神之诗。

诗曰:公昔仗策兮北游,志康斯民兮功济九州。藏衣冠兮旧丘,魂气则无所之兮。倦吾邑兮盍少休,驾凤鸾兮骖云虬。入新庙兮毋夷犹,斝有醴兮俎有羞,式燕享兮春与秋。神(霮霼)〔隆隆〕①兮来至,风泠泠兮堂户,声赫赫兮镗鼓,肃肃两旗兮上下,龙在天兮鸿在渚,乃祐神人兮锡纯嘏,奠河海兮永终古。

---

① “霮”为“靁”异体字,常用“靁靁”形容雷声,同“隆隆”。“霼”似误。

钱氏家乘序①

　　苏明允《族谱后录》曰："百世之后,凡吾高祖之子孙,得其家之谱而观之,则为小宗。得吾高祖之子孙之谱而合之,而以吾谱考焉,则至于无穷而不可乱。"然则家乘之辑,关系不綦重欤?

　　钱氏一族始于上古,盛于五季,而繁衍于今。兹自武肃开国,揭橥保境安民之旨,而吴越十四州之地,不被兵甲者垂及百年。积厚流光,子孙贵显,与宋代相终始。视汉之窦融,南北朝之萧梁,殆为过之。洎入元代,以故宋外戚,抗节不仕,足愧赵孟頫诸人。明初,大儒名臣并时辈出,有若钱司寇唐公者,冒死争孟子配享,奏请天下咸祀孔子,不限于曲阜一隅。先后得请,师道立,士习端,而国基亦因之而固,即谓有明二百七十余年之国祚延于其一言,可也。至大宗伯用壬公,议定郊祀释奠藉田诸典礼,厥功尤伟,近以开当代休明之治,远以备后世取法之资,史册称之,洵非溢美。降及末叶,婷节义行,焜耀简册。靖侯公以布衣殉国,尤为叔世所难能。宜乎德泽绵延,氏族鼎盛,历清涉民国而未有艾也。

　　惟是王有两宗,裴有三眷,钱氏自孝懔公卜居临安以来,由临安迁台州为一时期,由台州迁溧阳为一时期,由溧阳迁广德为又一时期。支派纷如,非有家乘,曷以别大宗、小宗之系统欤?士青、仁仲有鉴于此,慨然有编辑家乘之举,搜艺文之记载,征父老之传闻,

---

　　① 录自钱文选《士青全集》(商务印书馆1939年)。据1924年6月17日致钱文选(士青)信草,本序及《钱林富传》均为钱氏代拟。此时严修正在病中,6月16日收到钱氏来函并两文后,并无改动,且同意署名。

矜练岁年,鸿编告就,其精心毅力,均有足多者。余惟谱乘之作,所以纪亲等别宗派而已。世衰道微,敬宗收族之礼废,往往一族之中,亲谊未尽,而已庆吊不通,相视如路人。宗法之隳,大之即国家种族之忧也。然则欲强国保种,必自亲睦九族始。苏明允谓"观吾谱则油然生孝弟之念",而况乎钱氏之积德累功,保世滋大,有足以感发人心者在也。爰缀数语,以志景仰,并系以诗曰:

瓜衍椒蕃,一本是出。亲尽则疏,渺若秦越。何以稽之,谱牒琳琅。悠悠世祚,数典勿忘。上自少典,中递武肃。奠定吴越,化家为国。德泽所流,门祚以启。衣冠宦达,与宋终始。元明而后,派别分歧。广德北山,是为本支。卜世十数,黄巾乱作。一线终延,天祚明德。献族九人,重耳尚在。尊祖敬宗,家风不坠。韦谱是因,昭穆以序。我弁诸端,昭兹来许。甲子长夏,天津严修谨序。

钱林富传[①]

公姓钱氏,讳林富。其先本武肃王之裔,宋末有名昌祖者,始由台州官广德,迁居溧阳,逮有明中叶,复由溧阳迁广德,遂为广德人。

公基宇宏远,雅性内融,人接之如临春风。所居占山水之胜,公徜徉其间,茂树幽石、寂寥莽苍之墟无不游。高情逸韵,士大夫之过其地者,多造庐而请谒焉。

性好施与,润枯振乏,见义必为,凡有裨于乡党戚里者,赴之若嗜欲之切于身。虽家业由是半耗,勿恤也。

---

① 录自钱文选《士青全集》(商务印书馆 1939 年)。原题名《林富公传》。

又好客，自通材宿儒、老亲流辈、新进小生，无不交接，迹于门者一待之以诚。

初为乱军所掳，久之始归里。娶同邑戴氏，生子文选，甫离襁褓，而公即捐馆舍。公在日与弟林仑友爱甚。林仑无子，文选始生即许以兼祧。其笃于天显如此。文选举于乡，历官中外，现任两浙盐务稽核所所长。孙四人。

赞曰：公之行谊，乡之人至于今称道勿衰。较汉之独行，则行己纯；比周之逸民，则济物广。谋所位置，其在楚国先贤、襄阳耆旧间乎！甲子长夏天津严修拜撰。

徐水县乡贤祠诸先生事略跋①

安肃县之改为徐水县也，自民国始也。其地泉甘土肥，风俗敦朴，古所谓乡先生没而可祭于社者也，代有其人。吾友太仓吴君倜伊宰斯土，有惠政，尝谓化民成俗，莫如追述其乡士夫嘉言懿行，观感较易，即荀子"法后王"之意也。因举徐人所崇祀诸乡贤，辑其事实，以通俗文编为一书，都十八人，皆所谓德业著于一时，而楷模垂于百世者也。篇末并附县志所载孝行、忠义如荣小儿等诸人事迹，以见穷而在下者亦足与于三不朽之列，不必皆贵人也。善哉！教民兴行之用心也。使为宰者尽若吴君，道德一、风俗同其庶乎！甲子七月，天津严修。

----

① 录自《严先生遗著》。据题署，作于1924年。

《集成曲谱·振集》序[①]

礼乐刑政为治道所由出,三代以下《乐经》先亡,汉时高帝喜楚声,武帝更以新声,曲不复求古乐,而京房、刘歆之辈亦惟详求钟律,未考遗声,则三代之乐汉初已不能复,遑论后世。然而人心感物,音所由生。惟喉与耳,今不异古,以故古乐虽亡,今乐继作,若汉魏之乐府、唐之诗、宋之词、元之曲,皆为一代之乐。其词句本之文人所吟咏,其音节屡经聪耳之审求,堪以扬风扢雅,继往开来,固不异于三代之乐也。又何必是古非今,谓三代以后乐遂亡欤?今之昆曲,本名水磨腔,创始于明之中叶,距今将五百年。其歌词或沿元曲之旧,或为近代文人所撰,在今日音乐中洵是阳春白雪之俦,非下里巴人之比。然近百年来楚歌秦声渐播梨园,几夺昆曲之席,则非特曲高和寡使然,亦由士大夫中审音知乐者鲜无人提倡雅乐所致也。王君君九、刘君凤叔近编《集成曲谱》一书,自元明以至近代之佳曲,搜采无遗,订正曲文,厘定宫谱,俾习昆曲者得所依据,不为伶工传抄之本所误,洵足以振衰起废,使昆曲复盛于今日也。

抑余更有言者。治世之音安以乐,乱世之音怨以怒,亡国之音哀以思。昆曲音节于今乐中最为和平,故为盛行之地在江浙安乐之邦,盛行之时为康乾承平之日。今者中原多故,而聆乐者乃渐厌激越之新声,复尚和平之昆曲,或者人心厌乱,天道循环,已于音乐

---

① 录自王季烈、刘富梁编《集成曲谱·振集》(商务印书馆 1925 年)。据题署,作于 1924 年。

中示其朕兆欤？昔元季扰攘，高则诚隐居栎社以著《琵琶》，未几明祖奠定区夏，独赏其书。今王、刘二君于避世之际，乃订斯谱，比之则诚之居栎社，其庶几乎！后之治天下者，审乐知政，当亦不废是书矣。是为序。甲子冬月，天津严修。

日照尹琅若先生楷书六朝唐赋跋^①

　　吾师日照尹先生操行之严，气节之峻，风义之笃，人无间言。文章盖其余事，书法又余事之余也。然即以书法论，师每作字，竟体端楷，虽与及门书札，无一率笔。余藏吾师手谕十数通，可证也。道咸同光之间，殿廷考试专重楷法，无庸为讳，但楷法亦有定评。吾师自甲戌留馆后师以癸亥馆选，家居十年，然后入都，应散馆试。四考试差，典试者再，分校会试者再，此又有目共赏之说也。叔翰世兄以吾师平日楷书六朝唐赋一册见示，展卷肃然，如侍几砚，亟付石印，以饷后学少年学子，既便讽览，且助临摹，即不临摹，而能略有观感，少变其笔端荒率之习，去泰去甚，为益已多。其诸有合于程子即此，是学之意也夫！甲子冬日，门下士严修谨跋。

---

①　录自《严先生遗著》。据题署，作于 1924 年。

亡侄事略①

侄名智惺，字约敏，吾兄之子也。初名锡智，后以族谱智字皆居上，乃易今名。幼而开朗，有矩度。吾兄虽止此一子，而督责特严，不稍假以词色。侄在其父前，惴惴惟恐获谴，故尝避而亲余。侄生三周岁，而余挈妻子居京师，间岁或间数岁一归，侄每计日以俟，闻车声至巷口辄奔迎于门，欢跃欣忭，若不可支。自塾归，则追随余之左右。余长子智崇为吾兄所钟爱，智崇在京，兄每思之，则遣急足召还，来则侍左右，不暂离。余或以塾课难久旷，函招还京，兄辄不怿，谓："家中亦有塾可人，何不体人意？"兄尝谓余曰："汝子类我，我子类汝，吾两人易子而子之可也。"虽一时乘兴之戏言，竟与实行无异。

侄读书有颖思，幼为旧式课程所拘，不得发展。癸巳冬，余假归。侄十一岁，吾兄命余授以算法。侄初未之习也，余略为说加减乘分之理，四者各试以两位之题，顷刻遍答，无一舛误。余惊且喜。兄亦颜霁，知其非常儿也。余使黔三年，侄方习作书札，时有禀问。

戊戌春，余北还，侄年十六矣，而吾兄以六月病殁。丧葬毕，余谓侄曰："曩吾待汝壹于爱怜，汝父既殁，余兼负约束之责，不能一味煦煦矣。"侄听受惟谨。自此以后，终侄之身，十六年之久，未尝受吾一瞋。盖余实未见其过，非有意优容之也。吾兄患病之前

---

① 录自《严先生遗著》。据日记、信草，本文始作于1924年1月，定稿于1925年1月。按，以下《亡侄事略》《族祖东泉公暨族叔辅臣公言行述》《宋君伯方小传》及《妹淑瑜小传》草稿相接，均在1925年阳历1月至农历乙丑正月间。

两月,余已乞假去馆职。既遭丧,遂召妻子之在京者悉还。命侄与吾诸子各从其本师入塾,寻而侄之塾师授经书者物故,其授英文师亦就海军职务以去。于是子侄合并为一塾,半日习国文,半日习英文,观摩切磋,侄之学业乃大进。

庚子,侄服除,明年娶妇,又明年举子,而入塾向学如故。

甲辰,余与其师张君伯苓即吾家设私立中学。侄以师范生兼算学助教。又二年,中学移城南之南开,侄为算学正教员,遂与南开中学相终始矣。当余入都就职学部时,吾子四人皆在日本,留津者惟侄一人,侄以校课之暇兼理家事。是年,吾家新设女小学及蒙养园,事无巨细皆侄主持。已而天河师范学校、女子公学先后缺算学教员,皆强侄庖代。纷冗繁赜,无寸刻暇,犹每日作禀报余,不肯专擅。始乙巳冬,讫丁未夏,凡一年有余。比智崇归自日本,侄之肩始得少息。

初,吾诸子先后出洋,而吾嫂以独子故不听远游,侄尝郁郁久之。余为请于吾嫂,俾由近及远,练习旅行,吾嫂许之。乙巳,侄侍其姑,并偕诸女弟,由航路赴沪、赴杭,观丝织之厂。戊申,偕智崇游日本。庚戌,从余南行,由豫而鄂、而浔、而沪、而甬,诣慈溪祖籍展墓,又以其暇游苏、游杭、游江左。侄之志气始益发舒,所至恒得益友。

侄之处友也,诚恳和易,礼数彬彬,人乐近之,尤为长老所称许。其任事于南开中学也,处同人如骨肉,善相劝,过相规,无纤芥之嫌。辛亥国变,人心恼惧,且校费奇绌,几解散者数矣,侄与诸同志合力搘拄,得维持于不坠,而校风反胜于其初。壬癸之交,民气蓬勃,地方团体层出不穷,群才奋兴,争欲延侄相助为理。侄亦以年既三十,颇欲自试以事,有所树立,顾以不忍离校,姑蓄此志以待,而不料竟赍志以殁也。

癸丑四月,侄以终岁勤苦,乘春假之暇晋京游览,藉资休息。春假仅七日耳,假满即归。归而授课如故,未匝月病作矣。初谓偶然感冒,不足介意,延医诊视,三日不效,势反加剧。余始知惧,医乃沓来。日本医、中国医、中国学西医之医,或以为肠胃炎,或以为盲肠炎,或针或药,纷然杂投,卒以不起。自病至死,不满十日。呜呼!伤已!侄既笃于友谊,又数为人奔走排难,劳怨不辞,故其死也,皆哭之恸,南开学生伤悼尤甚。敛之日,吊者百数十人,殡之日,送者六七百人。南开学校不没其功,师友集议募数千金,建思敏室于礼堂之背。此议一发,不崇朝而数集。呜呼!侄何以得此于师友耶!

侄生于光绪癸未八月二十四日,殁于民国二年新历五月十五日,年三十有一。娶同里刘氏。子二人,长仁曾、次仁统。仁曾毕业于南开中学,游学北美三年,壬戌还国,授室南开,校长笃念旧谊,俾充秘书。仁统亦肄业斯校,今在初级三年班,十八岁矣。

自侄殁后,余欲记其事略屡矣,顾旋作而旋辍,比因病久,自虑奄忽,不敢更待,爰撮举厓略,以质世之知吾侄者。余观往籍所载某某善事父母,某某善处兄弟,其肫肫至行所谓止于至善者,指不胜屈。惟兄子事叔父则称述者罕。余以为若吾侄者,当居其一。有知吾侄者,或不以为私言也。侄有一短,过信余言。与人辩论辄喜举证曰"吾叔父云云",颇似古人所讥与人言而举其父以实之者,沿误遂非,诚不可以为训。然而意向之一致,见解之大同,父不必得之于子,叔乃能得之于侄。有侄如此,而弃我去,能不恸心?是以每忆其人,辄惘然如有所失也。乙丑春日,六十六岁老人病中作。

族祖东泉公暨族叔辅臣公言行述①

东泉公讳绍闻，商于津市，以信义著，与吾祖父往来投契，遂联宗焉。公长吾祖父一岁，兄弟之称遂定。七十退闲，乃馆吾家。稽门户，督仆役，理庶务，劳怨不辞。余未授室时，依公共寝者三年有余，时蒙教督。公虽老，精神犹健，寝必后人，起必先人，幼时所读经书，时时冲口而出，记力强也。

公尝告余津市风尚之变迁，太息言曰："今店铺掌柜有着青缎马褂者矣。当吾少时，宁有是耶？吾少时全市店铺无奢靡之习，掌柜以下皆衣布，学徒着鞋必制自其家。有购而着者，则掌柜训斥之矣。"呜呼！公之言此在光绪元、二年间，去今不及五十年，试以彼时之习尚与今日较，奢俭何如？而公已慨叹若此，庸讵知数十年后，又有今日耶？然则今后数十年，又当如何耶？但即老人之一言而知俗尚变迁之速，实可惊也！

公生于嘉庆九年甲子，殁于光绪四年戊寅，寿七十有五。子一人，讳克诚，字辅臣。

辅臣叔长余十九岁，少习某业，余不及知。逮余能记事时，叔则为恩诚米铺之副掌柜。恩诚米铺在城东天后宫南，为吾邻刘氏产。刘与吾家为世好，困于债，将倒闭，其族有富人莫肯援手。吾父闻之愤然起，济以资本，代为经纪，积岁入之余，以清其债。延吾舅父王公鹤山董其事，而叔与胡丈明山左右之，积若干年，渐复其

初。适吾父弃养,吾兄遵遗命返业于故主。

兄以叔之习米业也,别设米铺于城内之户部街,额曰"恒昌",请叔主持。恒昌虽区区一小商店,而名誉甚著。且尝有文士往来,如陆君纯甫、陈君蔗浦、赵君幼梅,时时聚谈于此。叔则周旋宾接,人人尽欢。叔待人至诚,而任事尤勇,人有委托,不待其词毕,立起赴之,往往客未离坐,叔已毕事而返报。如是者其常也。

恒昌立十余年,以逋负者之多且巨,遂致折阅。吾兄殁后,余结束之,而请叔来馆吾家,如东泉公故事。叔则勤职务,任劳怨,壹如东泉公。时以夙得亲友之信赖,故尝分日力之半为人奔走。

庚子拳祸,联军陷城,亲友避居吾家者三十余姓,男女老幼三百数十人,日需米五斗、麦粉一石。时市门尽闭,采购甚难,兼家无现金,赊借尤难。且洋兵分踞城关,日捉途人充力役者,行者惴惴。叔则躬往商贷于曩日交易之行店,日率健仆徒步而往,负戴而归,出入荆棘,坦然不惧。如是者两月有余。同居者悉感其惠,而服其勇。又此两月间,吾家子女死者三人,亲友老幼死者十有三人,棺衾赊取亦惟叔是赖。叔不辞劳,亦不言劳。有颂德者,报以一笑而已。

叔体气夙健,行必以步,虽远未尝乘车,颜色光泽,声如洪钟。直宿吾家,岁仅归休一次,避生日也。余私以为禀质如是其强,而摄生如是其慎,享寿当过于东泉公。孰知不然。癸卯十月以微疾告归,越日往视,势遽危笃。又越一宿,凶问至矣。年仅六十有三。

子一人,名铠,字幼臣,继叔馆吾家。又将二十年,以心疾殁于民国十年十月,年才五十。幼臣之子名智永,今肄业南开中学,年尚未冠,他日成立如何未可知。衡以报施之常理,意其能亢宗也。

叔性质直,讷于语言,与人交无城府,其勇于趋事,为吾生平所仅见。《论语》云"子路无宿诺",又曰"子路有闻,未之能行,惟恐有闻"。吾尝即辅臣叔之生平而得仲夫子之仿佛焉。呜呼!如余之退缩畏葸,长虑却顾,自叔视之,岂尚有丈夫气耶?追想遗徽,不觉汗涔涔下也!乙丑春,严修述。

宋君伯方小传[①]

　　君讳坤,字伯方,吾长姑之子也。父讳沛田,字杏南,故君又字少南。长于余五岁。幼而敏锐多智,不受羁勒,好以术窘人,年相若者恒遭其戏弄,多远避之。余则报以啼泣。君见余啼则笑而释手,不竟其术。余十岁前畏之甚,闻声辄逃。稍长渐相亲爱,愈长愈亲,久之,竟相依为命。

　　君读书一目十行,为文辞落落入古,惟不喜时尚之八股文,尝曰:"八股文能如袁简斋、周蓼山乃可,否则无宁不作耳。"年二十,入县学,为诸生,君不以为轻重也。文社会课十不一应,书院月课亦恒不终卷。然偶完一艺,语必奇警。尝作某题,文为莱阳王芷庭师所激赏。评语有云:"君是何人?何相见之晚也?"其致倾倒若此。

　　性喜蓄书,能别择。同光之交,津市售故书者,惟栖古斋为最著。栖古斋在城内鼓楼之东,主人冯氏字昆圃,以孝友信义名乡里,邑先达邵公竹虚为之作传,称为"冯橐驼"者是也,精鉴古籍,有宋陈思之风。与君相善,知君之好古而多通也,得善本,必留以待

君，且廉其价。君所蓄遂日多，且皆精椠。

君又强记，尝试读都京赋之长篇者，仅三遍，背诵不遗一字。手较《困学纪闻》《袁文笺正》二书，于翁注、石笺多所订补，丹黄遍焉。尤好训诂小学，善作小篆，然求书者辄不应，不求或反强为之书。偶见某君持素扇，笑谓之曰："吾为君作篆。"其人以为戏己也，弗许。强而后可。甫作一字，掷笔还之曰："始若我求君，今君当求我。"其人揖谢再三，乃书至竟。

君有疾，不自讳。一日谓余曰："吾欲取《汉高帝纪》语刻一小印，曰'好酒及色'。"自道其实，盖信然也。始君非无志于进取，某年乡试对策累八九千言，以卷纸不足于用，自起至讫皆双行书之。同人惊叹，以为主司必加特赏。榜发，乃以违式被黜。君由是气沮，遂绝意于科举，日与所好之两事为缘。其饮酒也，喜与强者角，或出大言，必务胜之。尝以秫酒、糯酒搀和入两巨碗，激人对饮，其人洪醉，而君怡然。其涉风月场也，独往独来，不受人诱导，亦不诱导人。有强欲追随者，必为所困，甚且恶作剧以惩创之矣。

与人共事，以诚来亦以诚往，黠者遭之必无幸，或以才傲人，或以学骄人，君皆深鄙之。谨愿者或受侮于人，君必加以援助。抑强扶弱，柔不茹，刚不吐，天性然也。尤嫉世俗所谓炎凉态者。其友刘君，初富于资，门客甚盛，已而中落，望望然去矣。惟君益与亲密，至终不衰。曹星阶者，星槎太史之弟也，长于君一岁，为人酝藉而倜傥。君一见倾慕，遂与订交。星阶居京师，君应秋试，特主其家，出入与偕，以为生平第一快事。星阶寻殁，君大戚一日，饮醉呼"二哥"，号恸不止。君固不易醉，醉自此始，且每醉必号恸，必呼"二哥"。其笃于友谊，始终如一，亦天性然也。

君有肆应才，家世业醝，业渐凋敝。君处纷秩然，处困恬然。

杏南公五十以后不忧家事,赖有贤子也。

君长身鹤立,神采四射,响笑时声如串珠。虽喜诙谐,而不伤忠厚,惟自恃年力富强,于保身之道不甚措意。余尝受长姑之命,委婉劝之,君笑不答。言渐切直,君乃曰:"子勿然。子之言理至浅近,我岂不知?人各有难言之隐,不能一一奉告耳。"余由是不敢复言。

君配解氏,生女三。戊子正月,其长女死于疫,第三女继之,解氏又继之。君亦病矣,犹强自振厉,审酌医药,不忍以劳二亲。已而病剧,卧床不能起,手书贻友人陈君奉周曰:"君来顾我。"竟不能支矣。越日遂卒,年仅三十有四。余自京师星夜归,已不及见。见杏南公及吾长姑,忍泪相对,木然不能作一语。呜呼!惨矣!

无子,以从兄子为嗣。杏南公及吾长姑以恸子故,未逾二年相继卒。君之嗣子未成年亦卒。君之次女后嫁张氏,不数年亦卒。所蓄书万卷,仅《困学纪闻》之经君手校者在余处,余悉归其从兄家。从兄三人,从弟二人,先后殁,又连遭丧乱,书之存佚今不可知。余亦志冷心灰,不欲过问矣。

呜呼!天意果不可知耶?通敏如君,刚正如君,豪爽如君,而末路如此,其命也夫?其命也夫?君殁后三十六年,表弟严修力疾谨撰。

题户部执照①

去岁冬,吾弟台孙以家藏借券俾余保存。署券者孟氏际云,受券者我高祖父蕙友公也。今年春,余检旧笥,复得此纸,盖同治八年己巳,吾父为我曾叔祖父母请封典,而户部所发执照也。我曾叔祖父绩学早世,余不及见,我曾叔祖母张太夫人享年八十有五,殁于同治十二年癸酉,时余十四矣。临终之前,以文具一匣赐余为纪念。迨余入泮,而曾叔祖母竟于两日前逝世,不及亲见矣!己巳至今五十七年,癸酉至今亦五十三年矣。往事如烟,不堪回首。此虽戋戋一纸,而先人之手泽存,且先朝之旧典在也。余与台孙实共高祖,余之曾叔祖父母即台孙曾祖父母也。亟以此纸归台孙,俾保存之。乙丑立夏前五日,严修谨识。

题陈劭吾先生遗像②

明德之后,卓尔先觉。汉代循良,宋儒道学。文则吏部,书则鲁公。至其阅识,文正文忠。旌麾所莅,吏摄民服。国侨有辞,气降异族。我使于黔,始识元方。容我兄事,示以周行。事无巨细,就公咨讨。我疏特科,公为具草。公时太息,厝火积薪。曾不一

---

① 录自《严先生遗著》。据题署、日记、信草,始作于1925年初,定稿于1925年5月1日。

② 录自《严先生遗著》。据信草,作于1925年10月3—6日。

瞬,沧海扬尘。晚岁沧江,志行芳洁。如何不吊,丧我明哲。我衰且病,素车莫前。南天一望,泣涕涟涟。公德渊懿,我辞凡鄙。为志与传,以俟君子。劭吾二哥大人遗像,如弟严修拜题。

跋毛实君先生与贾君玉手札①

贾君君玉以其师实君毛公所与手札粘册征题,因冯君问田持以示余,且索跋语。手札凡十二通,中有一通为贾君同门潘君所追录,又有一二通似他人代书,余皆毛公亲笔也。诸所称说皆儒者第一义,警悚切直,发人深省。书法亦一笔不苟,端庄温润,如其为人。宜贾君之宝贵护惜,什袭藏之也。

余于光绪壬寅始识君于上海制造局,便荷奖勖,不作常语。甲辰、乙巳间,公官吾直,监督工业学校,余适总理直隶学务,过从商略,益以古谊见督,有过未常不面诤也。其后踪迹虽疏,而书问不绝。去岁春间,犹获一札。未及数月,凶问至矣。

公作书非至冗迫不倩人代。有时代书稿必自属,丁宁郑重,恒数百言,严正中有缠绵之致,义气、仁气盖兼之也。公之讲学以洛、闽为宗,莅官行政则步趋曾、胡。晚年息影吴中,见道愈精,律身愈严。所答贾君手札,皆在国变以后。公之宗旨,略可窥见,非唯智名勇功都不屑,即古所谓"四部"、今所谓"百科",一切糟粕视之,以为无关于心性。所谓第一义者,非耶?《语》曰:"中人以上,可以语上也。"然则贾君之所诣亦概可知已。乙丑孟冬,天津严修谨跋。

---

① 录自《严先生遗著》。据信草,作于1925年11月17—19日。

跋谢履庄同年手书家书①

履庄同年既殇之二年，哲嗣仲奇以其手写家书属余跋尾，展阅未竟，肃然神悚，怃然心折，往复庄诵，遂不忍释。善乎！孟子之言曰："百世之下，闻者莫不兴起也，而况于亲炙之者乎？"

余之亲炙履庄自辛酉年始，结社唱酬，再历寒暑。比君怛化，余方就医京师，经月始闻凶耗，为之惨塞气结者累日。盖履庄志节之峻，行谊之纯，学问之渊雅，同社数十人罔不敬爱。于其卒也，皆有歼我吉士之恸。况余于君同年同馆，又曾为部民者乎？虽然，余闻履庄之殇也，在友坐上谈笑而逝，如姚伯审之曾无痛恼。人生末日，何修得此，以视余之久婴痼疾，岁岁刀圭，甘苦相去何如耶？而况巉然大节，虽死犹生耶！而况善继善述，又有贤子耶！吾亦窃取番禺凌方伯之言曰："仲奇兄弟勉乎哉！"乙丑冬，严修敬题。

松寿轩诗稿七百首序②

曹君恕伯从事教育二十余年，所成就生徒以千百计，设施之迹昭昭在人耳目矣，以不得竟其志，退而家居，娱情翰墨，诗文书画，无美不臻。著作等身，先后刊布，近复以所著诗稿七百首类次付印，而征序于余。余亦昔厕学界，今赋闲居，与友人结社酬唱，然语

---

① 录自《严先生遗著》。据信草，作于1925年11月28日。
② 录自《严先生遗著》。据信草，作于1925年11月29日。

不能工,稿随散弃,视君之余事作诗,犹能专精而深造,岂可同日语耶? 余为此序,不觉爽然而自失矣! 乙丑仲冬,严修。

《金华经籍志》叙文[①]

　　吾国近十余年学说一变,文体随之。老师宿儒惧斯文之坠也,汲汲以存古为务,搜访旧椠,表章秘笈,丹铅校录,梨枣雕镂,或传其书,或志其目,将使愿刻者可以按籍而甄采,愿读者可以阅肆而取求,取径不同,为用则一。余所知比年以来沔阳卢氏有《湖北先正遗书》之印行,永康胡君亦有《续金华丛书》之刊布,吾津徐氏于《先哲传》外附以《畿辅书征》。《丛书》也,较之《湖北遗书》用力尤勤,彼景印,此校刊也。胡君之撰《经籍志》也,较之《畿辅书征》需时尤久,彼分任采访,此独立纂辑也。且胡君方为实业领袖,经营擘画,日昃不遑,犹能以日力之余,成此巨秩,兼人才力尤可惊也。

　　胡君与余廿年至友,又有姻连,前既以《续丛书》全部贶余,兹复属余为《经籍志》作序。疏陋如余,何能为役? 且本书序例已详,奚烦赘述,顾承促迫,谊不容辞。姑述吾钦仰之诚与欣幸之私以告读者,愿勿等闲视之也。丙寅立夏前四日,天津严修。

---

① 　录自《严先生遗著》。据题署及信草,作于1926年5月2日。

《武氏族谱》序①

吾高祖母家金氏,其谱系、其子姓、其居宅茔兆至今无一可考。余尝极力访求,而未有得也,盖后嗣陵替久矣。吾曾祖母武氏则族大人众,寖昌寖炽,行辈之尊卑,服属之远近,班班可考,其不可考者盖寡矣。日者筱三表叔以所辑《武氏族谱》命余为序。余受而读之,自一世至十世,讳某字某,某公之子,某公之兄弟,生某年,卒某年,配某氏,子几人,女几人,统绪相承,条条秩秩,申之以说明,加之以备考。其生存者,自八世至十二世,别为一卷,曰一览表,于所不知,概从阙如,可谓详且慎矣。二世以下,别为三门,曰老大门、老二门、老三门。老三门缺有间矣,大门、二门则绳绳缉缉,至于今不衰。

吾曾祖母之考,讳锡杰,字越千,于谱居第六世,属于大门者也。以家牒言,大门为详,以仕履言,二门为显。至与吾家情谊之亲、踪迹之密,则两门无殊异也。据吾所知,属于二门者,七世亦简公,馆吾家主出纳,至于没世。亦简公令嗣子香公与吾父以道学相切劘,佐吾父尽力于一切义举。吾父殁后,又助吾兄治家有年。八世锡三公,亦以其时居吾家三河盐馆,忠实勤恳,为吾兄所敬礼。属于大门者,八世茂林公笔育婴堂庶务最久,董堂事者即吾父也。九世华亭公、砚卿公皆佐吾家蹉务终其身。十世,意如、星环、慰庭诸表弟又赓续之。盖宾主之关系如此。余七岁时从子香公受书数

月，吾终身师事之。属于二门之少莲表弟，尝从余习举业，而子香公令嗣筱香公又尝教吾诸孙。盖师弟之渊源又如此。所谓情谊亲而踪迹密，不信然欤？

筱三表叔即锡三公令嗣也，少而失怙，能力于学，斐然有章。光宣而后，为小学教师垂二十年，尤善篆隶，工铁笔，盖从事新教育而不忘旧文学者也。乃今复有斯谱之作，追远之厚，不逊于古人，睦族之诚，可法于后世，求诸今日，尤不数数觏也。吾为此序，既敬筱三公之知本，复羡武氏之多贤，而一念金、武两家菀枯兴替之悬殊，不禁为吾高祖母家三叹息也！丙寅秋寒露节，表侄严修谨序。

原附武筱三先生致林墨青函，及严修致武筱三原函。录此以备参考。

墨公先生大人钧鉴：

前读尊报，知公征集范老著作，谨就所藏择要抄上，敬求赐选，以广流传。倘蒙玉允，不仅登善所感激，即武氏合族亦感大德靡既矣。专此奉恳，敬请大安。诸希垂鉴不一。后学武登善顿首，八月十二日。

外二纸

范老原函（第一）

表叔大人赐鉴：

昨奉手谕并附件，均敬收悉。吾叔纂修族谱，敦本善俗，曷胜钦服。命作序文，自不敢辞。侄拟借金谱稿本一看，因序文有须序入者，可否允借，仍候裁示。此请秋安。侄修谨上。九月十二日。

范老原函(第二)

表叔大人赐览:

　　蒙示族谱稿本,敬读一过,钦佩无似。遵命题签,并撰序言,敬呈教正。稿本生卒格内有缺纪元年数者,有缺甲子者,有缺享寿年数者,佺就所知写于别纸,校误数条,一并列入,统候裁定。原本恭缴,祈即查入,命书宣纸,少迟当写呈也。专此,祇请大安。佺修谨上,十月十日。

跋门孝先先生藏太平天国玺印文[1]

　　孝先仁兄以所藏太平天国玺两方印文属题,以不知所以置词,未报命者数年于兹矣。比见《北京晨报》载某氏《游历史博物馆纪要》所纪玺之尺寸及字数、行列与此正同。其开端曰:"太平玉玺两方,系曾国荃破南京所得,同治三年送北京,存置方略馆,民国成立存于教育部,去年又送至该馆庋藏"云云。玺之来历得此始知概略。爰照录之,以代题跋,故实如是,固不嫌于剿说也。丙寅小雪节后一日,严修。

刘云孙宰无极日记序[2]

　　刘君云孙治无极四阅月,颂声洋溢乎四境,邑人相谓以为近五

---

①　录自《严先生遗著》。据题署,作于 1926 年 10 月 24 日。

②　录自《严先生遗著》。据题署及日记,作于 1927 年 4 月 10 日。

十年来所未有。军事方亟，无极一小县，常赋之外征敛至十余万之多，君以得民心之故，一经劝导，则输将络绎，不逾期而报解如额，帅府褒奖至有膺懋赏之语。已而，竟受代以去。来津谒上官，上官亦为鸣不平，而君夷然也。

始君之奉檄之任也，余为之惴惴，几尼其行。余以为君一书生，所好者诗书，所讲者道义，事上必无奔走谐媚之才，治民必无武健苛核之治。而军书纷至，租税重叠，急之则激变，缓之则干咎，徒谓催科政拙自注下考，则鞶带三褫意中事耳。乃事固有出意料之外者。当君莅任伊始，措施一二事，民已悦服，久之相信益深，以为县长爱我。故能令出惟行，劳而无怨。其治己也，悃愊而无华；其为政也，先劳而无倦。盖犹是纯粹一书生，所好者诗书，所讲者道义，而其效已如此。彼夫奔走谐媚以为才，武健苛核以为治，其贤否相去何如耶？

君顷过余，以在官时日记示余，辄缀数语以质吾党之知云孙者，且以志吾前此所见之陋也。丁卯清明节后四日，同社弟严修。

记李文忠公师①

同治甲戌，穆宗大丧，阖城文武哭祭于龙亭。余随众观礼，主祭者李文忠公，长身黑须，高于他人一头地，是为余识公面之始。

辛巳，丰润张箦斋师来主问津书院，就所取前列诸生，选十人往谒文忠，余与焉。公一一问姓名，各问数语而出，是为余班见

---

① 本文成稿未见，录自信草，作于1927年6月。

之始。

己卯秋试前,公试决科于辅仁书院,取余第一。先君为长芦总商,受知遇于如冠九师。师尝言诸傅相,傅相因知先君名。至是冠九师因言此严某之子也。是为余受知,然未敢请谒也。

壬午秋捷,覆试后旋津,谒公于节署,公方以夺情权直督,御素服延见于煤气灯下,温语问讯,并教余练写殿试策及调墨之法,是为余独对之始。

癸未,余假旋舟谒公,时有曾敬诒同坐,未得畅谈。

戊戌,使旋覆命,谒公于贤良寺。谈甚久,纵论黔中诸大吏之为人,皆有评语。是为谒见之最末一次也。

家　　训①

一、全家均习早起。

一、妇女宜少应酬。

一、夜不出门。

一、消遣之事宜分损益。

一、少年人宜注重礼节。

一、少年人宜振刷精神。

一、勿妄用钱。

一、周恤亲友。

---

① 录自陈诵洛辑《蟫香馆别记》(1933 年铅印本)。据日记、信草,作于 1927 年 8 月 2 日。

贾生金藻被害始末记[①]

　　民国十三年七月,吾友贾君树堂之孙金藻为日本凶人谋杀于京师,主谋者前田岩吉,共同者华人秦富贵也。案既破获,贾君讼诸中日法庭。逾年,京师审判厅判处秦某死刑。又逾年,日本当事亦置前田于法。今年五月,贾君过余,示余中日公牍全案,属余记其始末。

　　贾氏本吾津故家,树堂业商有义声于南北,治家教子孙俱有榘度,门庭肃然。金藻其长孙也。毕业于天津私立第一小学,寻入北京五昌银号为学徒,以勤慎稳练为铺掌韩君勋臣所器重。五昌银号地近前门之水关,习与日人交易,时或买卖日币以为常。前田岩吉者,南水关松尾嘉旅馆之主人也。某日以电话告韩,谓有日币三千五百元,欲易华币二千八百余元。价既谐,韩检纸币如数,命金藻往旅馆交换。旅馆距银号不过数百步耳,乃阅四小时,而金藻不返。韩疑之,电话探问,则曰未见金藻其人,亦无欲售日币之事。韩乃大骇,以为金藻携款逃矣,立报警署求缉捕。时贾君适在京,闻而叹曰:"吾孙率吾教,决不为恶,其有不测之祸乎?"越三日无朕兆,而奉天南满车站发见一无主之柳箱,箱贮尸。验视衣带有金藻之印章一、名纸二,所着屦京制也。于是知为北京人,即日电报北

---

　　①　录自《严先生遗著》。原附林墨青识:"据贾君树堂言,金藻被害在民国十三年夏历七月七日,年二十岁,松尾旅馆在北京前门外东河沿南水关对过。凶犯前田岩吉于大正十五年十一月间在长崎处决执行,秦富贵于民国十五年九月间在京师监狱内绞死执行。五昌银号在崇文门内大街。林兆翰附识。"据题署及日记、信草,始作于1927年6月,写定于9月30日。

京警署。警署侦缉获两犯,一讯吐实。盖前田岩吉预与秦谋,伺金藻入门,乘其不备,合力缢杀之。前田蚀其二千八百余元之华币,而以二百元陷秦,命秦市柳箱,纳尸送前门车站,乘众混乱,遂达奉天以为掩盖无迹矣。而不料发觉之速也。

事闻于韩君,惶遽无措,自惭无以对贾君。贾君曰:"君无然,吾孙之冤,吾自申理耳。"论者以为法权不我属,日官祖庇日人,意中事也。果也! 日官鞫狱时,话贾君曰:"死者不可复生,多与尔金资以养老,不亦可乎?"贾君不答。再问,则曰:"吾方有所思。"问:"何思?"曰:"吾思杀人而可以不死,死罪而可以金赎,吾将豫积金钱为杀日本人之用,可乎? 不可乎?"法官语塞,狱由是定。遂以民国十五年十一月处决前田岩吉于长崎市云。民国十六年九月,严修记。

汉石楼题额[①]

子游残碑见于赵希璜氏《安阳县志》,惟只有下截。赵氏之言曰:"窃度断石尚有埋没土中者,冀其精灵,间世复出。"在赵氏不过姑蓄虚愿耳。果也,是石之上截距今十年前后发现于安阳,而展转入于竹林王君之手。君精鉴别,得此以为瑰宝,颜其居曰"汉石楼"。属余题额,并识数语。余闻是石出土后,旧石已佚。他日者,倘亦精灵复出,如赵氏所云,且亦入君之手,与是石合并,岂不尤为快事耶! 谨拭目而俟之。丁卯冬至前五日,严修题识。

---

① 录自《严范孙遗著》。据题署及日记、信草,作于 1927 年 12 月 16—17 日。

陆纯甫诗序①

　　余弱冠时应书院月课，心所奇者两人，一为吴荫棠丈（作霖），其一则陆君纯甫也。两君皆沉默寡言，见题入坐，伸纸便书，纳卷不待日晡，榜发必最前列，终年如是，无少异也。吴丈之文典丽宏博，吴丈之字丰腴方整。纯甫则高华醇雅，字如其文，冰洁玉光，无几微烟火气，望而知为东南之美也。吴丈中年即世，余未及亲炙。纯甫与余年略相等，又同受业海昌陈襄夔夫子之门，故踪迹较密。余官京曹而君掌滦州书院，寄家于滦，间一相遇于津门，谈燕相洽也。甲辰、乙巳间，余总直隶学务，延君主笔札诸科，治事同室异案，君与余恰相对。君每属稿，援笔立就，文不加点，一如其试书院时。就而视之，行列疏朗，爽豁心目，不觉其为囊草也。丙午以后，君从卢木斋学使入奉天学幕。学使与君同年友也，相得欢甚，汲引有日矣。不幸国变，学使去位，君亦返其寄庐，又越数年，郁郁死矣。

　　君尝为余话前事，欷歔言曰："设吾一日有舟车之资，及吾之身得暂南归，与吾义父一见，死无恨矣！"已而果遂其愿，君之喜可知也。周翁八十余，犹健在，而君竟前卒。吊君于浙江乡祠，赫然见周翁挽君之联语，为之凄怆于邑，不知涕之何从也。

　　君之遗著多散失，存者惟古近体诗一卷，哲嗣斗南将付刊印，而乞言于余。因述君生平事实余所及知者，列诸简端，以当序言。

---

　　① 　录自《严先生遗著》。据日记、信草，作于1928年2月24—25日。

余不敢谓知君之深,然自信无一妄语也。戊辰二月,严修。

与孙菊仙摄影题语①

　　戊辰二月十五日,余偕林君墨青、戴君韫辉诣前供奉孙叟菊仙之寓斋。墨青属韫辉为余三人合撮一影。叟初不许,强而后可。既而曰:"综计吾一生,惟应日本友人辻君之请,撮影一次,然犹偏坐。今鉴林君之诚,又破吾例矣。"

　　越数日,墨青持影片来属余识其略。中坐者孙叟年八十八,其右墨青年六十六,左即余年六十九。是日为壁上观者孙君子文也。闰二月九日,严修识。

清授朝议大夫布政司理问慈溪费君墓表②

　　君讳相卿字缦云,浙之慈溪人。考讳辅寿③字岳南,姒氏严,我族父赠阁学小舫公之女兄也。费与严世为婚姻,当明之世,吾家由鄞迁慈,第一世祖考即娶于费。费氏所居曰费家市,严氏所居曰严留车,河相望也。

---

　　①　录自《严先生遗著》。据题署,作于1928年3月30日。
　　②　录自胡海帆、汤燕编《北京大学图书馆藏徐国卫捐赠石刻拓本选编》(上海人民出版社2007年),题署"严修拜撰,王禹襄书"。又见《严先生遗著》,曾发表于《社会教育星期报》第683期(1928年)。据题署及日记、草稿,定稿于9月12日。
　　③　辅寿,《严先生遗著》留空。

君为岳南公冢嗣,岳南公继娶于宋①,生冕卿。初岳南公以己无兄弟,见人有兄弟者辄慕之,故以"怡如"名其轩。君承此志,爱弟綦笃,督冕卿读书成名,而己则从事于商。君于商学至精审,甬之聚源金铺因君整饬而昌盛。中年受舅氏小舫公之命,创物华银楼于津市,声誉隆起,时光绪中叶也。余以是时始识君,而小舫公之冢嗣子均亦读书于津寓。君长于余十二岁,子均幼于余亦十二岁。子均兄事君,亦弟畜余,三人踪迹至亲也。盖吾家自康熙间由慈迁津,与祖籍隔绝几二百年。光绪初小舫公来官长芦而吾父为总商,出谱互证,辈行恰同,由是南北族姓复通往来。在南与小舫公服尤近者,在北即与吾家情谊尤亲。君即尤亲之一人也。越岁戊戌,子均导余回祖籍展墓,而君适里居,余于是又得一乡导,往还游燕无虚日。又越数年,而君殁矣。

君传小舫公法,善画芦雁,又工诗,尝与小舫公唱和,顾遗墨多散失不可见,然在君则为余事矣。

君②殁于光绪二十八年五月十三日,春秋五十有五。元配陈,先十九年卒,继配冯,后二年卒,皆封恭人。陈生女三,适姚、适胡、适颜。冯生子一,曰星奎字瑞田。

瑞田将以今年仲冬之月奉君及两恭人合窆于鄞之东乡、六都之鄙、洞礜山之麓。穴基坐乾兼亥,墓向坐乾兼戌③。预书君之事略,属余为表墓之文。余文何足以传君,顾以吾两姓、吾两人关系之深,不容以不文辞,姑撮举其要,俾两家子姓有考焉。太岁在著

---

① 墓表拓本作"宋",《严先生遗著》作"孔"。
② 《严先生遗著》"君"字后有"生于道光二十八年三月初三日",不见于石刻。
③ 本句不见于《严先生遗著》。

雍执徐涂月之吉①。

马氏宗谱序②

郑君伯华持《崇伦堂马氏宗谱》见示并代征题，一诺两年余矣。余与马氏颇有雅故，乾伯大令曾居比邻，又同受学于张子笏夫子。冶亭贰尹精外科，庚子前尝为余子妇医疾，应手辄愈。冶亭之喆嗣幼亭能世其学，又尝为余女孙医病，亦有奇效。伯华之征题即受幼亭委托也。

昔闻友人言，回教自西域入中土者，以哈马刘张四族为大，而马为尤显。远且勿论，咸同以来，立功疆圉，秉节钺，建专阃者，已指不胜屈。其在吾乡，乾伯之尊人即其表表者也。此谱特支谱耳，而远溯有宋，近讫前清，千余年间明德徽音，累叶辉映，积德之厚，贻谋之远，岂他族所能比拟耶？然则异日之光大，宁复可誉耶？故不辞而为之序。岁在屠维大荒落陬月，严修敬题。

---

① 《严先生遗著》作"戊辰夏历仲秋之月，严修拜撰"。按，"著雍执徐"即指戊辰，"涂月"为农历十二月。仲秋，即农历八月，为严修撰文之时，十二月应为碑文书写之时。又，墓表结尾有小字"鄞项崇圣镌"。

② 录自《严先生遗著》。据题署，屠维大荒落为己巳年，陬月为正月，阳历为1929年2月10日至3月10日间。

避　寿　词①

　　寿言之体,有文无实。言苦者药,言甘者疾。使人谀我,人我两失。便活百年,不作生日。

豫拟丧礼②

　　(一)人死登报纸告丧,不必致讣。

　　(二)孝子不必作哀启,如作哀启,但述病状。

　　(三)不嗦经,不树幡竿,不糊冥器,不焚纸钱。

　　(四)乐但用鼓。

　　(五)首七日辰刻发引,即日安葬。

　　(六)发引前一日开吊。

　　(七)开吊款客不设酒、不茹荤。

　　(八)通知亲友不受一切仪物,如以诗文联语相唁者,可书于素纸。

　　按:严修逝世后,《大公报》1929年3月15日亦录其所拟丧礼,大意相同而文字稍异。录此备考。

－－－－－－－－－

　　①　录自《严先生遗著》附《严先生哀词》。原有题注:"二月二十五日,即旧历历正月十六日"。据《蟫香馆别记》云,己巳正月间,城南诗社同社友人以严修年七十,方征诗为寿,乃作《避寿词》。

　　②　录自陈诵洛辑《蟫香馆别记》(1933年铅印本)。据云,严修鉴于近世丧礼多悖古制,因亲拟八则以诏子侄。

（一）不得用哀启；（二）不得用僧道讽经；（三）木主由孝子自题，不得请人；（四）门外不得树幡竿；（五）发引开吊，不得过三七；（六）去津俗灵影亭等陋习。

其自题预拟丧礼曰："总之求俭求速而已。《记》曰：'之死而致生之，不知而不可为也。'所预告于后人者，惟此义尔。"

呓语似承蜩馆主人①

客告鲰生曰："赵子耆古而知道者也。牵于事，不竟其学，舍其业，而人之求是徇。子盍谏诸？"鲰生曰："吾何谏哉！事而理，才也。求而无不给，仁也。吾方愧不能，而奚以谏为？"客若惭，则又曰："士各有志，何必同，且恶知其异日不幡然改也。"客色定，逡巡然后去。

又有告者曰："赵子，子之所敬畏也。它日吾见子有过，谏者三四至，子则曰訑訑之声音颜色拒人千里之外。赵子一言而子未尝不改容谢也。子之敬畏之也者，岂不曰才其才，可以济天下之变，仁其仁，可以溥万物之利，如是云云乎？今赵子疲精殚智于毫素之间，笔不及橐，墨不及沈，奉缣执札而来者，若操剂而责。遄幸而暇也，则又角逐于坛坫，徜徉乎风月，一若世无所用吾，吾亦无所用于世。子以为赵子之仁与才也，如是焉而已乎？"

语未毕，鲰生恍然失容，作而曰："善乎！吾之别赵子也期月矣！期三百有六旬有六日，不可谓不久矣！人之上寿不过百年，此

其大较也。童稚之无知,衰老之无能为,十而去六七焉。其可资以有用者,或三十年,或二十年耳。此期月者,盖三十、二十而去其一者也。由今之日还,忆别赵子时之情事,渺乎若浮云之逝于太空,倏乎若迅鸟接于一瞥而不可复见也。吾之生有不得见者三十六年矣,如以吾之自待者望赵子,则赵子固已能吾所不能,而其年去吾尚远也,如不以吾之自待者望赵子,则与其幡然于后,何若决然于其初? 所谓一年者,如此其易,曾是三十、二十者,而可常恃乎哉? 吾诚不足惜,若赵子者耆古而知道者也,是恶可以不谏!"

诗　　集

冬至日之三河留别陈奉周先生①

世事艰难少不更,悔从纨绔度生平。晏安况味真无赖,剽窃工夫浪得名。知耻方能成大器,有才便不畏虚声。男儿胆气须磨炼,要向风波险处行。

冬至次日河西务道上乘骡车北行②

北风欺人走砂石,白昼催作黄昏暝。布帘破碎苦颠簸,更与大块扇威灵。替取氄衣幕辕曲,暗若漆室盲行冥。倚装蜷伏续短梦,睡如被酒醒如醒。夕阳怒挟风伯走,顷刻去过十里亭。奴子开颜仆夫喜,尽去障碍开层扃。放眼何止九万里,远山近水相珑玲。禾根未剪野还绿,枫叶照人天欲青。人马交踏尘四起,映日散作黄金星。炊烟如水起天半,长隄横界琉璃屏。畿南百里此巨镇,车迹年来凡九经。避寒破屋亦温室,久客荒村犹户庭。解衣引枕且安卧,世间何事拘吾形。

---

① 《严先生遗著》诗题作"甲申冬至日之三河留别陈奉周先生"。据日记,作于1884年农历十二月十七日。
② 《严先生遗著》诗题作"之三河道经河西务"。据日记,作于1884年农历十二月十八日。

无　题①

官场辞岁例相沿，除夕黄昏晚饭前。自上灯起至更初，来往络绎。个个差人缨帽戴，手持愚弟大红全。

乡间赶集尽忙年，三河月有十二集，二、七日为大集，五、十日为小集，至除夕日日大集。负担担囊满道边。觌面逢人开口问，今天割肉几多钱？平日有肉行，不得乱售，自十二月二十二日起为乱市，卖肉者相望于道。

大石桥头塑石僧，赤身赤脚骨崚嶒。手拈法宝如含笑，衣钵由来此上乘。

家家元旦贺新年，男女登门拜榻前。惟有官场多挡驾，有心拜会等明天。官场初一多不见客，是日往拜为客套。

南关街上点红灯，一片光明不夜城。地保敛钱先备办，烧锅盐店首书名。

桅竿公立县城东，上有灯笼一点红。朔望高悬光焰朗，堪舆家说主文风。

年　集

溢郭阗城萃百廛，早谋储蓄待新年。较量物价逢人问，割肉今

---

①　以下至《咏黄粱事》，录自严修 1884 年农历十二月十八日至二十一日日记，未收入《严范孙先生古近体诗存稿》。原作多涂乙，部分无诗题，应为未定稿。

朝几许钱?

石 和 尚①

翁仲何年度作僧?解衣磅礴态崚嶒。手拈法宝胡卢笑,衣钵由来此上乘。

请 回 门

嫁女之六日,婿偕妇至翁家。别扫一舍,设榻止宿,夫妇同室,次日始送之归,乡俗然也。

一双佳偶话东床,何必温柔定婿乡。拜谢愚公传妙法,巫山移近泰山旁。

朝暾未上晓妆完,款款登堂问母安。阿嫂帘前攀笑语,眼光先自上眉端。

无 题

残冰如雪雾如山,怒马犹龙跨玉鞍。冲断牛车争路过,村娃笑倚短墙看。

---

① 此诗当是前"大石桥头塑石僧"的修改稿,今并录之。

百里岚光一望收,恼人枯树障吟眸。从今能悟看山法,远喜平原近喜楼。

咏黄粱事

邯郸枕上月三更,颠倒中宵梦不成。享尽荣华无后患,古今奇福是卢生。

好梦由来有夙缘,羡君富贵且神仙。剧防俗骨难消受,不敢邯郸枕上眠。

千古茫茫迹属陈,本无幻境况言真。黄粱煮熟僧休笑,君亦卢生梦里人。

除夕旅居洵阳感旧①

二十年②前此地生,余家自戊午避寇来此,庚申余生,壬戌回籍,至今二十三年重来。吾亲犹着彩衣行。而今霜露增悲感,零落惟存我弟兄。

爆竹声中一岁过,重来祖父旧行窝。怀乡有梦吟唐棣,养志无缘恸蓼莪。廿载光阴今昔感,一门老稚死亡多。河山经久犹更变,数到人生寿几何?

---

① 据日记,作于1884年农历十二月三十日。
② 《甲寅乙卯信草》录作"廿四年"。

游　盘　山①

　　君不见与渔父重入桃花源，洞门深锁花无言。又不见刘郎再
到天台路，山鸟声声唤归去。我今清福诚何修，一春两入名山游。
名山如书读不厌，一松一石皆风流。佳客翩翩共游骋，第一诗人张
三影。李邕书法赵暇诗，元龙才调犹奇警。轻车款款指前程，杨柳
依依相送迎。万花深处笠子影，时有村童叱犊声。村童三五笑相
劳，昨日花开今客到。耳语似言曾识余，前驱欢向山中报。山僧肃
客迎下阶，匆匆倒着青芒鞋。病骨支离语言少，故人相见忘形骸。
尝梅布席荐甘旨，佐我新醅具干柿。楼窗乍启峰飞来，放眼直穷九
万里。酒酣联步登层台，菜陇新苗映绿苔。深院无风塔铃语，红杏
背人花乱开。划然长啸动山谷，题诗濡墨猱升木。梅仙庵下清泉
鸣，栗鼠钻崖戏相逐。岭头一鸟飞不还，乘兴更寻山外山。羊肠仄
径颇迂曲，有客丰体愁跻攀。西山有虎白日吼，张公大喝虎却走。
逡巡审顾不敢前，此老胸填酒一斗。快哉此举真足豪，洗盏更酌拼
酕醄。晨钟一击豁然寤，今朝有约还登高。半坐山轿半徒步，我倚
藜杖行且住。洞门中辟本天成，石缝蟠根树交树。墓门封树沙砾
圆，天然吉壤神牛眠。巨石状如马肿背，少见多怪何责焉。红墙隐
隐出层麓，童子升山然爆竹。万松佳处游更游，重睹云山真面目。
云山面目犹昔时，春风妆点生新奇。清溪一曲碧于黛，万绿中藏花
几枝。看花未倦看山眼，踏遍天梯与石栈。阇黎不解乞新诗，贻我

---

　　① 据日记，1885 年农历三月二十四日完稿。

松花拓碑版。层岩霭霭风吹衣，万木无声烟四霏。应是催诗酿新雨，共君今夕不须归。登高赋诗语常险，硬语横空吐光焰，狂吟未罢雨沾襦，纷纷走避山之阿。山阿佝偻仰天笑，天为吾曹助诗料。好携佳句来问天，使我临风①怀谢朓。舁夫挥汗心不平，公等喜雨侬喜晴。挂月峰头尚五里，请君更向前山行。我闻此语特首肯，扪葛攀藤来绝顶。行到寺门偏迟迟，赵君敦敏联新诗。秃师年少瘦且短，阮籍眼白嵇康懒。绝似《高僧传》里人，功德年来岂圆满。笑渠世故未能无，山肴供客治庖厨。渠说此间禁荤辣，冬葱夏卵殊清腴。座客微醺露肝胆，直上层峦快一览。绿苔滑滑径崎岖，后者颠蹶前者扶。苍烟四起山如削，不辨江城与山郭。罡②风栗烈生暮寒，重检征衣入兰若。僧将三宝来中堂，锦囊一束黄金箱。授我帨巾请沃盥，整襟作色弥矜庄。佛牙塔心舍利子，娓娓清谈说缘起。但闻啧啧嗟讶声，我亦随声赞不已。手摩目赏复讨论，雨声淅淅天黄昏。欲行不得居不可，良久熟商始贴妥。俗骨不值③上界居，还向下方还故庐。出门更觉步履健，共争短杖辞肩舆。须臾行过十八盘，上天下地云漫漫。九州六合浑一气，今日之游真大观。贪看胜境屡回首，行行不觉瞠乎后。琴童伴余缓缓行，每逢佳处示以手。东甘涧水山之阴，残冰未释风森森。童子呼余顾且指，昔年有鬼祟人死。我闻盘山旧主人，北平隐者田子春。此君不应死为厉，是何魍魉殊不仁。举头大呼呼且歌，行云倒退水回波。卫公剑气常不磨，神光炯炯驱幺魔。晚钟声里一天暮，桥影当门鸣瀑布。入门余兴犹未衰，便订明朝骋游处。少林千像及上方，旧时名刹多荒

---

① 风，《严先生遗著》作"花"。

② 罡，《严先生遗著》作"刚"。

③ 值，《严先生遗著》作"直"。

凉。莲花池下得春早,千红万紫争芬芳。短衣信步步山下,一片新晴盈绿野。轮囷松盖午阴清,科头箕踞谈山名。筇枝持作剑器舞,纵若飞鸿①擒若虎。远山一抹斜阳红,画家设色无其工。诸君兴高采愈烈,分题步韵皆奇绝。今夕何夕须尽欢,诘朝便与田盘别。未别先定期,后游约几时?清风明月终古在,且②付山僧暂主持③。

此诗为光绪乙酉④春三月所作,时公尚未留馆也。同游者凡五人,诗中"张三影"谓南皮张筱云先生永健,"李邕"谓通州李君锡三鸿钧,"赵嘏"谓天津赵君幼梅元礼,"元龙"谓天津陈竹轩先生恩藻⑤。时筱云先生设帐三河,幼梅、锡三从受业焉。林兆翰附识。

题孙丽生世丈行乐图⑥

清风与明月,几千万亿年。偶焉兴所托,终古常新鲜。游子艳春华,达人爱秋景。天生是热肠,岂为秋风冷?

①　鸿,《严先生遗著》作"然"。
②　且,《严先生遗著》作"权"。
③　《严先生遗著》诗后有按语:"按,半坐山轿之轿字平声音桥。"
④　乙酉,《严先生遗著》作"甲午",误。据日记可知,此诗确作于乙酉。"甲午"应是林兆翰误记,收入《诗存稿》时为编者改正。
⑤　《严先生遗著》无"元龙"句。
⑥　《严先生遗著》诗题后有小字"乙酉"。据日记,1885年农历三月二十七日"孙丽翁寄来小照属题"。

呈幼梅丈①

春风懊恼采菱歌，岁月迁流感慨多。泃水东流花落去，意园风景近如何？

周末于今岁二千，《春秋》《通鉴》事钩连。温公《通鉴》起周威烈王，上接《春秋》，与《通鉴辑览》不同。好当红袖添香夜，为续《东莱博议》篇。

因夏垫劫案道经其地感而赋此②

风高月黑星斗昏，松林谡谡沙无垠。短衣铦刃拦道喝，掌如箕大捉车辕。阮囊羞涩丐余润，仆夫噤口毋傥言。主人怀宝意大恐，胆府震碎惊飞魂。下车不遑更回首，如鬼殴伥绝足奔。前逸未远后追近，马蹶急响生脚跟。乃公索财不索命，何敢号召声前村，先发制人后人制，长铩着肤鲜血喷。穿元洞鬲气濒绝，将绝犹复探怀扪。一声大啸寇去也，白骨僵横金尚存。宰官廉悍吏事熟，讳劫为仇谒九阍。黄金见在盗何有，更何余暇哀王孙？呜呼！黄金不在身不死，纵死犹及申沉冤。

---

① 据《蟫香馆手札》及日记推断，当作于 1886 年农历八月。

② 《严先生遗著》诗题作"因夏垫劫案道经其地感成俚句"。按：《诗存稿》置此诗于甲申，恐误。该年严修由天津至三河，并不经过夏垫。查日记，严修于 1887 年农历十月自京赴三河，往返两过夏垫，疑诗即作于此时。

伯兄四十初度制短歌侑爵且征和者①

秋燕年年返旧乡,秋鸿一岁一南翔。我今两度黄花节,始与吾兄荐寿觞。

弱岁从兄学诵经,夜窗风雨一灯青。眼前略识之无字,半是姜肱枕上听。余幼时与兄共塾,每师出则兄为理课,夜则即枕上教之,初作诗文,师辄奖契,其实皆兄宿诚也。

一从霜露感斯征,辛苦先成叔子名。不强陈平视生产,恐防停阁读书程。先君见背,兄独劳心家政,而纵余使向学,非大事不轻相闻也。

看花送弟入长安,始御西曹柱后冠。不是鲁丕能对策,仲康当日尚辞官。癸未余举会试,兄即以是年观政秋曹。

扰扰京尘此倦游,一帆秋色送归舟。十年不踏燕台月,故国云山足唱酬。兄到官未三月即以假旋,闭门吟啸,今且十稔,四历秋闱,皆泊然不应。

莲社经年间一开,卢前王后骋诗裁。未知春草池塘上,可有阿连入梦来?兄精于诗律,时与杨君襄平唱和。

平生丝竹最耽怀,愧我吹篪律未谐。输与萧山毛大可,采衣乐录手编排。

王珣椽笔擅风流,徐铉书名妙绝俦。十万卷楼新拓本,权如五凤助添修。兄工书,尤喜作擘窠大字,尝题十万卷楼,以拓本见寄。

蓬莱阙下士肩摩,炊桂量珠岁几何。不②是长安居不易,释之久宦累兄多。

---

① 《严先生遗著》诗题作"壬辰十月伯兄四十初度制短歌侑爵且征和者"。
② 不,《严先生遗著》作"大"。

爱侄真如掌上珠,逢人侈口说家驹。却疑兄有誉儿癖,阿虎生来类大苏。余长子崇智最为兄钟爱,每自京寓归,则必命朝夕侍侧,将别则相持泣,或至不食。尝语余曰:"崇儿愿谨类我,锡儿辩给类弟,吾两人当交易之。"昔东坡以龙尾砚寄犹子远诗:"吾衰此无用,寄与小东坡。"自注:"远为人类予。"古今事绝相类如此。阿虎,远小字也①。

昔日斑衣伯与侬,黄山谷诗:"斑衣奉亲伯与侬。"椿庭拜舞祝乔松。而今重举称觥会,忙到吾家阮仲容。同治己巳,先君四十生日,召歌者玉二福以口技娱宾,时余十岁,略能记忆,今大侄锡智亦恰十岁也。

孟孙丰下相非常,况是先天禀气强。昔有医为兄候脉,谓两尺之下长于常人半部,决为寿征。种玉餐芝笑多事,生来福寿总无疆。

冬日由三河还京途中作②

十年宦味话长安,蜩鸯羞言惜羽翰。未了俗缘惟剩酒,天然懒性不宜官。苟且事业污人易,袍笏文章问世难。有约环瀛纵游后,万花深处一渔竿。

---

① 信草录本章,并题注云:"辛卯(整理者按:误,应为壬辰)十月,伯兄四十初度,以截句十章为寿。其中一章为赵幼梅所许,可存之。"即本章。

② 据《诗存稿》,作于1893年。《严先生遗著》录此诗两稿,第二稿诗题作"逆旅枕上不寐有感而作",落款"佩韦弦斋主人未定草"。

岁杪燕郊道中柬幼梅兼呈伯嘿[1]

芒芒赤县州,邈邈禅通纪。吾身稊在仓,浮生迅弹指。世旷地辽绝,身殁名亦已。谁念万劫中,藐焉夫己氏。就幸生同时,乃并居同里。交臂闾巷间,相失在尺咫。识面非偶然,何况是知己。吾生寡交游,所识一乡士。嘿数金石交,荦荦数君子。陈君奉周[2]。吾师事,林君墨青。吾弟视。粹儒陶仲明。尹澂甫。徐,菊人。山高叹仰止。中岁识赵君,幼梅。订交古沟水。十年共劚琢,久要不渝始。嗟余滞京国,多君乐桑梓。昨者余暂还,相见各失喜。饫我中馈庖,醉我城东市。匊肝出相示,箴膏废疾起。朅来沟水旁,乃遇孤山李[3]。锡三。尊前话旧游,往事白云里。别离何足惜,亘古已如此。努力爱前修,百年一瞥耳。

赠朝鲜徐相国四绝句之一[4]

东海今夸赵武灵,佉卢邪昧异声形。眑然千载同文国,犹爱中

① 据《诗存稿》,作于1893年。《严先生遗著》诗题作"柬旧鹿角社主人并呈嘿公"。

② 《严先生遗著》无人名小字注,下同,不一一注出。

③ 《严先生遗著》注云:"孤山李见承蜩馆诗。"

④ 《严先生遗著》诗题作"赠朝鲜徐相国",注云:"原四首未存稿,今仅第三首。癸巳"。又,信草录此诗,题注云:"癸巳、甲午间友人代朝鲜徐相国索诗,以四绝应之。王仁安谓第三首差可,今追录之。其三首余亦忘之。"

华孔壁经。

代刘性庵寿徐菊仁之太夫人刘太宜人^①

文昌夜舍东井东,蓬莱山对琉璃宫。角元光彩百万丈,一夕下烛蒇园中。蒇园洪大去百年,二徐佼佼追前踪。前岁板舆淮官舍,慈云焘屋芝兰丛。易简堂前牓玉署,宝冠霞帔邀荣封。千冰百蘖三十载,懿哉贤母先吾宗。吾居况与贤母邻,机声宵和朝鸣春。长君风雅倾后辈,昔年执笔相追从。次公于我数月长,伯符公瑾年齐同。比邻……^②

题《洪北江旧庐图》^③

……只恐三年瓜代返,无颜重过北江庐。

———————

① 录自信草,题注癸巳,即1893年。未见于《诗存稿》。

② 信草注云:"以下遗失。"

③ 此诗只存后两句,录自信草,题注云:"甲午九月将使黔,徐菊人同年以北江旧庐图命题,题一绝归之。此事忘之久矣,己酉言仲远总戎追诵其下两句,以为可存。其上两句不能追记。当索原图检补之。"据此,作于1894年农历九月。

良乡道中①

　　远天尽处湿云垂，未老青松常晚曦，莫为苦吟轻合眼，西山山色正佳时。

驿　马　歌②

　　秋风卷地秋草枯，老骥日暮悲长途，颓然一蹶蹶不起，仰颈一鸣声咽呜。九方相马通马语，但闻未语先长吁。天家豢养有常饩，几见有人长牧刍。瘦首支柴敲欲折，百疮万痛生肌肤。况复鞭棰仍未已，伤哉吾力今卒瘏。不见天间㑽神骏，八驾并鸾鸣郊衢。屹然仗下禄三品，齿及蹴刍犹有诛。不见达官盛京路，锦鞍玉勒驰五都。相门乃仅不食粟，至今交誉贤大夫。吾何无罪就死地，虽死未免充庖厨。侧闻主师下辽海，千乘万骑收东隅。愿涉边城啮边草，一饱便足供驰驱。纵令白肉葬流矢，死革犹裹忠臣(驱)〔躯〕。

---

　　①　录自《严修年谱》，未见于《诗存稿》。据日记，使黔之任于1894年农历九月十六日启程，十七日行至良乡。

　　②　录自《严修年谱》。

宜城道中①

行舆朝发已平明，濡缓恒迟十里程。惭见鄢城东道主，寒天月下尚郊迎。

次丽阳驿②

杏黄蔽膝墨缠头，两日殷勤汔未休。三十里迎三十送，稳扶舆马渡行舟。

宿荆门书院有引③

随行诸公至樊城始舍车而易肩舆，车行困顿固不待言，肩舆之逼仄而蜷局更有甚于车者，大轿则怡然自安，无二者之患。诸公去家万里，为将伯之助，殊有古人急难之义，乃人常劳而我常逸，人常苦而我常甘，人常恼我而我不能恼人也。口占四绝以志吾愧。

柳雪三年万里征，千金一诺竟从行。藁砧自是奇男子，只怪斯人太不情。

---

① 据日记，作于 1894 年农历十月十六日。
② 据日记，作于 1894 年农历十月十七日。
③ 据日记，作于 1894 年农历十月十九日。

十月霜天踏早寒,梦中惊起促征鞍。主人饥渴求贤意,日昳才闻具一餐。

不断当头棒喝声,心摇几欲碎悬旌。冯骧只识无车苦,却是无车苦尚轻。

不道无车苦更多,敝庐残竹小行窝。便教幸避风兼雨,却奈篷篠不仰何。

游桃源洞①

一路湖山入望来,奚囊镇日订诗材。只今行过桃源洞,失笑从前眼未开。

桃源洞有感陶渊明文因赋此篇②

桃源桃花杳然去,万篠千篁翠交路。桃花作意待春风,岂知竹里春常驻。酒酣窃笑陶渊明,捃摭凡葩失嘉树。眼前便有此中人,何必渔郎问津处。意者落落千载前,此君未与先生遇。淇水籊竿久塞防,渭川千亩余空慕。古今陵谷犹变迁,地志山经且沿误。"荆楚岁时"代不同,"南方草木"今非故。惜哉千秋绝代文,遂使桃花名独步。

---

① 据日记,作于 1894 年农历十一月初四日。
② 据日记,作于 1894 年农历十一月初四日。

湖南道中①

　　楚天定是白云根,漠漠山村复水村。听雨黄昏到侵晓,又从侵晓到黄昏。

楚　　山②

　　平居好谈山,苦说山居好。山行今未半,看山眼已饱。楚山岂不佳,劳人惜草草。人自劳兮山自闲,山灵不语笑解颜。登山不登绝顶处,如入宝山徒手还。

黔轺寄怀四君子③

　　我观古人诗,常与性情肖。我观古诗人,力能振风教。王子志淡定,幼无世俗好。读书破万卷,余事工吟啸。并世多俊流,惟君

---

　　① 《严先生遗著》诗题作"甲午湖南道中"。据日记,作于1894年农历十一月十三日。

　　② 《严先生遗著》此诗为《甲午湖南道中》题下第二首,无单独题目。据日记,作于1894年农历十一月十三日。

　　③ 《严先生遗著》诗题作"秋夕获伯嘿书因怀吾乡四君子赋此寄之"。据日记、信草,作于1895年农历八月十七、十八日。

集①众妙。得天良独优，中和亦允蹈。津沽豪华地，俗靡气轻慓。衣马斗肥轻，笙歌乱群闹。浇风起闉阓，渐乃及庠校。诗亡礼始衰，动与祸机召。士有忧世心，所施必有效。薰德俗能良，何必待廊②庙。宣德抒下情，油然化忠孝。王仁安③

先子寡兄弟，交游乃特盛。刘叔实最初，总角交已订。同心四十载，古谊要久敬。吾家遭不造，霜露失温清。叔亦年始衰，浩然返空净。昔我侍叔坐，负剑闻提命。阿涛汝弟行，耆古有殊兴。赖汝共切磋，砥砺言与行。贤哉吾子澄④，血气少已定。读书无凡慕，抗志蹑先正。义在不反顾，纯孝出天性。箴膏吾无间，过乃待君诤。往岁别京华，殷勤语持赠。手写千百言，占事若龟镜。嗟予万里行，职思苦未称。顾名惭其官，不学奚言政。毁言不到耳，乃辄曰予圣。愿君念故交，切切时申儆。刘子澄

才难岂不然，生才造物吝。谁知旷世奇，乃在乡里近。赵君好身手，当幼志已奋。弱冠还故居，烂然动声闻。振衣蹑坛坫，旗鼓斗雄阵。八法揖籀斯，平视魏与晋。时人多君能，吾说顾有进。君身良玉絜，举步式古训。君心止水清，处梦气逾镇。大下方汹汹，九边竞观衅。至尊独殷忧，谁与挽劫运。使君乘一障，恢恢若游刃。士由一命上，忧时乃其分。致身良有术，岂不在学问。区区文藻间，安足限豪俊。赵幼梅

昔我识林君，曰在庚辰春。一见但倾慕，含意俱未申。鞠凶自天降，雪风摧灵椿。我冠君始昏，同为无父人。其年腊向尽，相见

---

① 集，《严先生遗著》作"掩"。

② 廊，《严先生遗著》作"朝"。

③ 《严先生遗著》人名列于诗前。

④ 澄，《严先生遗著》作"诚"。刘子澄，亦作刘子诚

语酸辛。修名惧不立,承家在守身。踪迹渐亲密,有时辨断断。君谓我多言,气亢理未纯。我笑君苦思,相稽类反唇。惟君受尽言,面数未或嗔。蹉跎十五年,往事迹已陈。我德不少进,歧路只逡巡。君志特精锐,时亦患因循。为人戒多暇,此语闻诸荀。少壮能几时,寸阴古所珍。怀安实败名,辱名斯辱亲。谓予言不信,还忆岁庚辰。当日呱呱儿,问年今负薪。林伯嘿

癸巳九月偕菊人古微两同年游盘山三日明年甲午中日战起余视黔学又明年和约成菊人寄见怀诗其后半云世事不可说幽林何处寻同游徐吾顶风雨记题襟感慨系之矣余因追赋盘山成四绝句寄答①

幽蓟长河水,千年感不胜。如闻戚元敬,誓死报江陵。谓刘渊亭军门于张南皮也。

卢龙蕞尔邑,田子意何悭。多少沧桑事,而今属等闲。盘山又称田盘,由田畴得名。

舞剑台前望,虬髯事已虚。海东天缥缈,何地有扶余。中盘万松寺有舞剑台,相传李靖舞剑处。

一疏寥寥甚,盘山又号徐吾山。名山竟属徐。焉知续家乘,又有

---

① 《严先生遗著》诗题"菊人"作"菊仁"。又,《诗存稿》以此四绝为乙未所作。但该诗草稿见于严修《使黔日记六》(丙申四月至九月)册末,似为1896年所作。

荐贤书。中日战起，菊人疏请张南皮入赞军务①。

题沈季坪先生遗像②

忆我十一龄，方冬理夜课。乍闻父命召，趋儿诣客座。惟公与黄叔，铁青丈。是夕高轩过。觍然呈一艺，公赞黄亦和。且言毋自多，既切还复磋。悠悠三十载，光阴蚁旋磨。先君既无禄，二公亦不作。展公遗像看，凄凉歌楚些。

---

① 《严先生遗著》注云："中日战起，菊仁疏请张文襄入赞军务，由掌院代奏，其应如响。"又《严修年谱》引此诗注，文字亦有出入，录此备考："甲午东事起，菊人疏请内召南皮制军入决大计，翌日，遂有来京陛见之旨，旋为忌者所阻，留之南洋。"又，《使黔日记六》所记诗草与定稿颇有不同，共八首，亦可参照一读。

云罩峰前立，苍茫四顾中。太行山一脉，直接古辽东。

蕞尔卢龙塞，田畴意尚悭。即今东海上，只见白云还。

欲闻虬髯事，凌风上剑台。扶余天缥缈，风引入蓬莱。

幽蓟长河水，滔滔感不胜。似闻戚元敬，太息讼江陵。

说尽沧桑事，山僧漠不闻。袈裟衣不改，终古有松云。

爱日情何恨，攀岩竞采芝。邻翁笑多事，不药俨中医。

……（原文留空）种柿，霜叶满空林。便摘千林尽，难尽一片心。

一疏寥寥甚，名山已属徐。焉知千载下，慷慨万言书。

② 《严先生遗著》诗后有"丁酉春三月侄严修敬题"。

遗欧阳朝相①

我来撷秀黔南城,一岁两获欧阳生。西欧恂恂信长者,东欧志节尤苦贞。

泊 岳 州②

岳阳城下水弯环,金口新堤指顾间。八百洞庭糊眼过,闲看落日下君山。

四十自述③

我年二十失双亲,又作孤儿二十春。八载京华縻廪禄,一官天末厌风尘。心伤岛国沧桑古,肠断鸰原墓草新。除却向平婚嫁事,世间无所用斯人。

---

① 录自万大章《欧阳芗衡以学业自树立》(《丹寨县文史资料》第2辑)。此为严修赠欧阳芗衡长诗中四句。万氏为欧阳芗衡弟子,据云,"八寨欧阳芗衡(朝相)先生,我师也……学使严修莅郡试,列先生超超等……以我府高才生调省肄业。端节,学使赠扇奖先生长诗",并引此四句。查严修日记,1897年农历五月二十五日"作遗欧阳生朝相诗一首,书之扇"。当即此诗,惟日期略有不同。

② 据日记,作于1898年农历二月初四日。

③ 作于1899年。

代某君寿李豫章先生①

　　圣皇方庆寿无疆,洛社高年恰杖乡。颂罢华封三祝语,来赓天保九如章。齐眉夫妇星双座,绕膝儿孙笏一床。他日史官纪人瑞,百龄六七世同堂。

　　先世清芬溯典型,天贻大福焕门庭。郏侯生有神仙骨,柱史家传道德经。周甲欣逢上章岁,长庚兼应老人星。同时两见耆英会,却怪延平后考亭。同时朱节安先生亦因六十称祝。

赠日本写真师岩熊金吾②

　　袖中东海足妍奇,更向沧瀛问土宜。《三辅黄图》《帝京略》,只愁不似昔年时。

　　我马玄黄我仆痡,头童无复梦江湖。画师他日留余沛,为我传摹③笠隐图。

---

①　录自丙寅丁巳信草,题注"庚子七月"可知作于1900年。不见于《诗存稿》。
②　据《诗存稿》,本诗至《赋似金子弥平》作于1901年。
③　摹,《严先生遗著》作"模"。

送日本大桥富藏归国

闻道蓬山万里遥,骊驹未唱已魂消。他年若遂乘槎愿,先向都窟访大桥。

赠日本荻野君

故乡儿女话灯前,约略归途路几千。十万铙歌声不绝,春风一夕满梁川①。

和日本金子弥平原韵②

秦风歌未阕,驷铁到无衣。就日嗟何及,冲天宁不飞。关张偏命薄,终贾况人微。欲问张琴事,知音世恐稀。

---

① 川,《严先生遗著》作"州",误。

② 《严先生遗著》诗题作"和日本金子弥平诗"。丙寅信草录金子弥平原作:"龙车西幸久,海内尚戎衣。大节推文相,精忠重岳飞。折冲非术拙,燮理岂功微。鞠尽持危局,公诚千古稀。"

赋似金子弥平①

群儿试孤注,大错铸穷九州铁。相公理残局,有口人关肘人掣。泱泱唇齿邦,为我左右提与挈。泯泯虮虱臣,涕满裳衣不能雪。

福士德太郎以李提督添顺所书
诗幅乞题因次其韵②

海上风吹一叶舟,酒酣长啸按吴钩。壮怀易尽吾衰矣,尚欲乘槎向斗牛③。

福士又索诗口占一绝句应之④

海风拂拂海云高,赤日中天射碧涛。与子当风迎日坐,大东奇气属吾曹。

---

① 《严先生遗著》此诗无诗题。
② 据日记,作于1902年农历七月初七日。
③ 严修壬寅七月初七日日记中有此诗,注第三句云:"理上君谓余似五十许人,故第三句云然。"按:理上君,即日轮立神丸之机关长理上道太郎。
④ 据日记,作于1902年农历七月初九日。

东渡过威海卫怀李文忠师①

风号威海岸边树,泉咽刘公山下石。终古天青海水碧,不②见老臣心血赤。

戏作示福士③

百万星球地居一,四分且让水三分。椶黄黑白总同种,南北东西何足云。儒墨卮言原破碎,佛耶界说更呶纷。生存④物竞有时定,至竟终须合大群。

漫 成

南有壹岐北对马,洋洋立海贯当中。未知徐福回舟口,行到何山道遇风。

---

① 《严先生遗著》诗题作"壬寅七月东渡过威海卫怀李文忠师"。据日记,作于1902 年农历七月初九日。

② 不,《严先生遗著》作"大",误。

③ 据日记,以下四首均作于 1902 年农历七月十一日。

④ 生存,严修《壬寅东游日记》作"争存"。又日记注云:"昨日福士笔谈,愤西人之虐黄种,戏作此示之。虽是戏言,将来必出于此,特今日非所宜言耳。"

门司道中①

万顷烟波满轮月，两行灯火四围山。他年编订东游集，第一佳题泊马关。

初十日黄海舟中②

朝试测远镜，万里清如洗。借令地非圆，吾家指顾耳。
生小狎风涛，家风吁已远。三千童男女，知历几重险。

福士索诗留别③

与君海上初相识，不道君情海样深。航路风涛频劳问，旅人甘苦剧关心。时倾佳酿供予醉，强索诗肠为子吟。临别黯然欲何语，访君他日到青森。

---

① 《甲寅乙卯信草》录此诗，题作"泊马关"。
② 录自日记，不见于《诗存稿》，作于1902年农历七月十一日。
③ 据日记，作于1902年农历七月十二日。

寄谢福士①

神户停轮际,匆匆过别船。临行未交语,只恐两凄然。

寄河内一郎②

中年哀感不胜秋,欲借瀛涛暂解愁。才过马关神户港,已将此恨付东流。

约敏侄二十初度余客海外
不得劳以酒代之以诗③

无恙扶桑海上帆,神山毕竟地非凡。归装满载长生药,好佐熊丸寿阿咸。

---

① 据日记,作于 1902 年农历七月十七日。

② 据日记,作于 1902 年农历七月二十三日。此前七月二十一日,收到河内一郎信及诗,慰问严修丧子。

③ 《严先生遗著》诗题后注"壬寅八月"。据日记,作于 1902 年农历八月十七日。

赠伊泽修二①

门前生意郁森森,不负东皇茂育心。最是人生真快事,手栽桃李尽成阴。

无　　题②

莫过引接寺,莫登春帆楼。恨来天地莫能载,藐尔东海焉容收。

初冬由日本归国滞留沪上适伊藤君
督余为诗口占应之③

北风拂拂满征衣,黄浦江头客未归。辜负故园好风景,尖团上市菊花肥。

---

① 据日记,作于 1902 年农历九月十三日。

② 录自日记,作于 1902 年农历九月二十五日。不见于《诗存稿》。日记云:"晨游马关街,由山下街往,由海岸街归。过引接寺不入,春帆楼亦然。引接寺前立碑署'清国请和大使李鸿章旅馆'。"

③ 据日记,滞留沪上在 1902 年农历九月二十九日至十月十九日,应即作于此时。

元　旦①

学问未幼稚，精神已老衰。终年但忧国，隔岁忽思儿。泛泛中流楫，茫茫残局棋。痴心终不死，想望太平时。

和赵幼梅丈同游胜芳之作原韵②

未雨喜雨雨喜晴，行行且止止还行。纷厖万汇动植矿，缴绕一生知意情。自有天才供世用，谁将人寿俟河清。白苹红蓼知何处，且听遥村叱犊声。

---

① 《严先生遗著》诗题作“癸卯元旦”。

② 录自《严先生遗著》，不见于《诗存稿》。据日记，作于1905年农历七月二十日。日记云：“七钟至河干，登长龙炮船，偕凌太守、袁公子约藤井、平贺、小幡、幼梅、玉孙、鹿泉游胜芳，未至而返棹。归局已九时矣。”又，《严先生遗著》录有赵元礼（幼梅）原作及凌福初（润苔）、刘宝和（芸生）和作。赵诗《七月二十日凌润苔观察严范孙京卿招同袁云台公子胡玉孙孝廉昆仲日本藤井平贺两学士及小幡氏游胜芳镇率成两律呈同游诸君政和》，其一：“雨洗新秋天宇晴，轻舠载酒试游行。携来东海知名士，共慰西郊望岁情。入世竞争怜万幻，临流心迹喜双清。乘风破浪寻常事，爱听洪涛击楫声。”其二：“九夏褦襶三秋晴，偕中外友乘舟行。颠倒酒肴妙思想，交换语言新感情。早田晚稼验年稔，红蓼白苹生香清。酒酣放歌有仙意，卧听秋蝉摇曳声。”凌福彭和作：“苦雨连宵乍放晴，欢然相约泛舟行。把酒微吟知觅句，刺船不去亦移情。九边云物秋光早，一水菰蒲暑气清。赢得夕阳归棹好，似闻湖外洞箫声。”刘宝和《次韵和赵幼梅广文陪凌润苔太守严范孙太史日本藤井学士游胜芳之作》：“已喜为霖又喜晴，遥知公等放舟行。定多菰叶迎秋意，可有荷花爱晚晴？浮海襟怀天漭瀁，幼梅有东游之意，济川心事水澄清。河山如旧犹堪识，记否平原画角声。庚子之役乡人多至胜芳避兵。”

题王少泉《春觉斋话别图》①

　　九瀛轩轩张怒涛,沸渭赤县惊神鼇。汉武强弓射不住,天师宝录黄沙淘。皇启天阍揽睿镜,马衔象罔穷幽夐。青莲一叶回人间,神禹九州诞文命。于时庠序兴如林,人师寥落陔华吟。王君昂昂千里足,十年海外参连琴。希元先生尹京兆,戈戈束帛走霞表。戴凭坐席五十重,长养周桢郁矫矫。项城少保扶天轮,大起黉舍津海滨。悬榻久迟陈仲举,执贽争归杜子春。朱蓝发色韦弦重,九衢风雨离怀恫。春觉斋头一尊酒,停杯不饮神已送。八闽林子文章帅,酒酣兴来挥采笔。淋漓点缀话别图,苔怆薪恋拂拂出。古槐绕屋绿成市,想见关西杨伯起。大车成任琴瑟绞,为君一歌田晦晦。吾乡水陆南北枢,卫足岂但君与予? 愿奋千霆万霹雳,鞭笞黄鲤吞天吴。

---

① 据《诗存稿》,作于丙午(1906 年)。

六月下浣①随实夫相国沈盦侍郎觞损庵左丞于畿辅先哲祠以是月值损翁六十初度也祠多蓄乡先达墨迹有励文恭雍正六年所为诗册其第一章第一句云花甲初周岁戊申相国骤检得之喜其巧合因相约同席主客六人各寿损翁一诗借用励诗首句以下即次其韵其三人者仲鲁大理润沅太史叔海参事也

花甲初周岁戊申，嵩呼余庆到耆臣。六月二十八日，皇上万寿圣节，因在时享斋戒期内，每岁预于二十六日受贺，损翁生日即在次日。永怀恒补仲山衮，初志终虚渭水纶。玉局文章多谠议，少陵忠爱是前身。恰欣寰宇跻仁寿，彝宪千秋敕墨新。是月二十四日奉谕旨颁行各省谘议局及议员选举各章程。

送王槐庭之鄂中就高学使幕②

我昔视学周黔中，地愈近蜀文弥工。信知巴蜀古文薮，卿云华藻今犹同。是邦与我多雅故，王君宇量尤渊冲。文词尔雅志壮阔，

---

① 《严先生遗著》作"戊申六月"。据日记，作于1908年农历六月二十一日。
② 《严先生遗著》诗题作"送槐亭之鄂中就高学使幕"，又注"戊申七月"。据日记，饯行在1908年农历七月十二日。

击楫远涉东瀛东。大收文明入囊橐,归来聘币交推崇。南游吴越北肃慎,欧化国粹亲调融。鄂中文化甲天下,抱冰相国提宗风。我友高子实臂助,十年况瘁人歌功。尔来持节主风教,名笔迫欲招王充。上焉笺奏下文告,光赞圣治开民聪。地无弃利急兴业,人有常识先端蒙。唯心唯物两勿袒,内外新故胥沟通。我为使君得人贺,坐今茂绩声加隆。不见巴蜀好文雅,至今比户思文翁。

五十述怀①

世变沧桑又几经,十年风景话新亭。鼎湖影断朝霞阙,两宫大丧尚未奉安。剑阁声残雨夜铃。距辛丑回銮未满十年。大地江山几破碎,中兴将相遍凋零。河清人寿嗟何及,但祝神狮睡早醒。

最堪思慕最堪伤,师最恩深友最良。李文忠师、徐东海师、张丰润师、贵坞樵师、陈君奉周、陶君仲铭、王君寅皆均殁于近十年。筑室至今惭木赐,四师之丧,余适家居,均未会葬。铭碑何日托中郎。余欲撰亡友诸人事略,乞当代君子铭诔,以不达于辞,至今未果。秋阳江汉风千古,华屋山丘泪几行。逝者全归复何恨,剩余百感对茫茫。

两度瀛山采药归,渔竿初志竟乖违。余癸巳旧句云:"有约环瀛纵游后,万花深处一渔竿",乃今自倍其言。不惭高位腾官谤,可有微长适事机。推毂徒贻知己累,滥竽敢恃赏音稀。百年分半匆匆去,差向人前忏昨非。

恶风卷海浪横流,秦越相携共一舟。何屑升沉谈宠辱,莫缘同

---

① 作于1909年。

异定恩仇。随波每怵趋庭训，先君有句云"落红无力恨随波"，盖喻言也。补漏弥怀忝祖忧。先本生王考殁时，余年十三，病中召余榻前，训之曰："若兄诚笃，吾无忧，若佻薄，可忧也。古句云'马行栈道收缰晚，船到江心补漏迟'，小子慎之。"今三十八年矣，言犹在耳，每一追诵，汗未尝不发背沾衣也。五夜扪心呼负负，君亲恩重几时酬。

和王槐亭韵寿墨青[①]

先生自解长生术，曼倩风流语擅场。今日寿君无长物，江声山色与湖光。

圣主冲龄景运开，尧封齐祝德巍巍。小臣乃与天同寿，恰傍南山进一杯。

同墨青游天平山墨青独造绝顶作此调之[②]

蹇步登山兴未慵，危阶仄径奋相从。却惭一事输年少，不敢追攀最上峰。

[①] 据日记，作于 1910 年农历正月十四日。

[②] 《严先生遗著》诗题"墨青"作"墨卿"。据日记，当作于 1910 年农历二月初八日。

登普陀山①

诸天幡盖趋欢喜,绝顶松云访寂寥。我自爱山人爱佛,买珠买椟两讥嘲。

怡儿三十生日诗以赐之②

忆我行年二十三,客窗寒夜骋雄谈。朝来未醒连床梦,伯氏敲窗报产男。壬午腊月十六日,邀姻丈王用霖、内兄李润生来家,为余蟫香馆所藏书标题签记。入夜留润生宿,抵足而寝。天未明,余兄隔窗呼告,余又生一男,即怡儿也。

羊酒三朝客送迎,纷纷吉语祝长生。伯兄望我春闱捷,浓墨题签命乳名。是年秋,余举于乡,怡儿生,兄因命之曰"连中"。

六龄从我住神京,塾课精严有定程。《尔雅》《蒙求》《弟子职》,至今忆汝读书声。

我自黔州奉使旋,笑看典谒已成年。江南名族联婚媾,儿解承欢妇更贤。怡儿元配江阴曹氏,故军机大臣恭勤公孙女。

学语从来忌众咻,东邦老宿共居游。怡儿受日语于大野、岩村两君,朝夕从游,获益最多。讲堂济济多名士,大野、岩村两君授日语于乔氏

---

① 据日记,作于1910年农历二月十四日。

② 《严先生遗著》诗题作"宣统辛亥腊月怡儿三十生日诗以赐之"。按,严智怡三十岁生日为辛亥农历十二月十七日,即公元1912年2月4日。

东寄学社,王寅皆中翰、魏梯云丞参、刘聪彝舍人、陈小庄郎中、高泽畲方伯皆从受学。伊侣方言尔特优。

负笈瀛洲近十稘,专家学与考工宜。同游先后登台省,独避官僚就技师。

庭前连岁长孙枝,孤露无端陟屺悲。却喜师门新觌室,又教佳妇俪佳儿。今年十一月,怡儿续娶仁和夏氏,为先师子松夫子孙女。

翁媪堂前笑口开,声声腊鼓唤春回。丁宁分付孙男女,齐为爷娘进寿杯。怡儿有子四人,女一人。

偕内子游日本留别王仁安赵幼梅言仲远①

闲云终日过,身世两悠悠。只道浮家乐,焉知去国愁。十年三入海,万里又孤舟。欲识沧桑事,君当问白鸥。

叶山独居②

众处恒畏喧,独居又苦寂。喧寂两俱避,此境何从觅? 但令中

---

① 以下至《以诗呈仁安幼梅仲远附此解嘲》均作于 1912 年赴日前后。其中首尾二首作于国内,中间十一首作于日本。此行启程时间为 1912 年 7 月 25 日,至 9 月 17 日返抵天津。

② 此诗至《口占》诗又见严修《东游诗》,均作于 1902 年,《东游诗》原为严修好友言仲远所藏,严修逝世后,言仲远将其录寄林墨青(兆翰),作为严修遗著一种附于《欧游讴》后由天津广智馆 1931 年集印刊行。林兆翰识云:"此严范老东游诗,言仲远先生录寄者也,虑其散佚,附印于《欧游讴》之后,而作诗年月实在欧游以前,片羽吉光,弥可珍惜,谨注数语,用诒读者。林兆翰谨识。"

有主,安往意不适。吾友阮南翁,怡然常自得。阮南为仁安别号①。

叶山习字笔甚应手覆视之字乃不工

笔墨纵精良,仅能尽我技。我技苟未至,彼长亦止此。笔攫杨少师,墨攘赵承旨。付之三岁儿,涂鸦乱满纸。

游玉川赠卢婿南生并示同游日友

玉川在东京市外,甚饶风景,有所谓游园地者,中有高阜,广不数亩,而玉川全景在目,卢婿谓其地可筑小室作别墅,余曰然哉,因戏赋此。

凭高一览足烟霞,小筑幽栖愿匪奢。莫谓人瞋宾夺主,玉川在昔属卢家。

宿箱根玉泉楼

方丈金镶宝镜空,帘纹铺地玉玲珑。华清池水凝脂滑,未必雕嵌及此工。

---

① 《严先生遗著》注有"敦源按"三字。言仲远名敦源,仲远为其字。可知小注为言仲远所加。

大桥秋水以扇索书书赠一诗

与君聚首十年前,往事追维各莞然。羊祜风流映裘带,张芝书法走云烟。传杯击剑志万古,大眠高谈声四筵。之子豪情今未减,嗟予揽镜已华颠。

黄海遇风①

一夜风涛万种声,满船②嚣叫复喧争。吾曹未习操舟术,屏息蒙头听死生。

行如醉后舞氍毹,卧似忙中转辘轳。无计跳身船以外,至终惟有忍须臾。

更须勇进莫回头,已到中流不得休。海上风波行处有,缘何畏险却乘舟?

船客携一犬随处便溺且时出入一等客之
食堂船员略不诃禁盖客为欧人妇也

势胜不妨骄,财丰益足豪。即令论国狗,亦要取凭高。

---

① 《严先生遗著》诗题作"黄海遇风三首"。
② 船,《严先生遗著》作"盘",似误。

晓起风定喜赋

计程今夕可宁家,定有人迎八月槎。一往悲观都扫却,隔窗凭枕看朝霞。

口　占

海上航行廿四回,乘风破浪亦雄哉。只惭尚囿东隅见,未向瀛寰眼遍开。

以诗呈仁安幼梅仲远附此解嘲①

去国五十日,得诗十一首。仅当毛诗三百之奇零,何暇复论好与丑? 先生且毋嗤,大师亦勿疑,吾生五十有三载,作诗此是最多时。

---

① 《严先生遗著》诗题作"以诗呈阮南藏斋忏因附此解嘲"。题后按语云:"敦源按:藏斋为赵君元礼,忏因为余之别号。"此诗附于《东游诗》后。

欧游小引[①]

　　昔年伤阿庸,始泛东瀛舟。今年哭阿惺,由亚复适欧。高君旷生。凤爱我,与我家督谋。相约伴我行,夏往归以秋。卞家叔滋如。若侄,俶成。行饬学亦优。叔吾以弟视,侄吾亲相攸。并愿从予行,不辞道阻修。资装既已具,涂轨既已诹。袁公闻我行,赆我殷且稠。却之未有辞,受之中惭羞。公尝强我出,秋杜歌道周。我敬为公言,知遇嗟难酬。国务天下公,屡庸赞莫由。惟公家庭间,甚愿借箸筹。公方事公仆,未暇谋箕裘。诸郎森玉立,与我情意投。四诚斋。五规庵。六巽庵。与七,两峰。自居弟子俦。天资并优赡,所期寡悔尤。良玉不雕琢,终与碔砆侔。富贵易骄淫,况乃时俗谝。所求务固获,志盈意气浮。动作辄需人,体惰筋骨柔。日闻谀佞言,将视直谅仇。诚知徐师毓生。贤,一傅防众咻。何不遣游学,文明恣吸收。昔曾建此议,公意方踟蹰。今兹理前说,不期从如流。爰命四至六,同适欧罗洲。徐师率以行,保傅无他求。此行为观光,再往当久留。同行凡九人,数符箕子畴。王君筱江。钱津埠,大会城南楼。四郎行复止,小极适未瘳。七郎固请从,得请喜展眸。七月四日夜,齐发津桥头。送者徐翼周。袁仲仁。严,子均。相随数十邮。直到长春驿,乃始归去休。自此日西征,不觉来轸遒。人以

---

① 此诗至《伦敦杂作》曾编为《欧游讴》,有民国铅印单行本,亦见于《严先生遗著》及《诗存稿》。以下诗篇均按《欧游讴》原顺序移录。《欧游小引》,《严先生遗著》题作"欧游讴初编小引",诗中无小字人名注。欧游之行自天津启程时间为1913年7月4日。返抵天津时间为1914年6月20日。《欧游讴》所收诗篇主要为1913年所作。

游遣兴,我以游写忧。忧去喜乃来,济济成胜游。胜游当有记,图画或吟讴。画尤我未习,难免枯肠搜。先序事本末,作我钓诗钩。

自　题

五十为诗已最迟,况将六十始言诗。此生此事知无分,聊学盲人打鼓词。

西比利亚纪程①

夜发天津城,三更甫交子。翌日出榆关,逾时不逾巳。昼从沟帮过,暮及沈阳止。杨君味青。亲郊迎,相将入城市。招饮松鹤轩,肴烝多且旨。夜半复登车,爰循南满轨。三日辰正时,长春发轫始。又得良伴侣,章臣荣。熊正琬。两佳士。遂入东清道,路归俄经纪。未正至哈埠,换车迁行李。四日晨兴时,车过海拉尔。是日日正午,始到满洲里。中俄将分界,于我为北鄙。关权互讥征,为政不在己。若非五色旗,不知国谁氏。此后汉地名,不见来眼底。华人亦罕见,偶见辄失喜。夜过赤塔地,睡酣未及起。五日复行行,纯粹俄疆理。山水渐明秀,林木渐茂美。夕经贝加湖,一色天连水。广可逾洞庭,长亦过彭蠡。伊尔库斯克,即在湖之涘。津人贾新疆,往往道出此。汽车又更易,至此五迁徙。七日过泰加,规模

① 《严先生遗著》此诗中无小字人名注。

宏且侈。或云托莫斯,未知果孰是。第八日初晡,路经疴慕史。其地颇繁盛,泰加差可拟。九日日昃时,茹腊宾斯抵。爰度乌拉岭,欧亚分界址。朝登乌岭头,暮践乌岭趾。车轨此分支,吾辈趋圣彼。十日过白摩,夜昏难辨视。午过维德加,市廛如栉比。市中售玩具,索价高倍蓗。自此趋俄京,路线直如矢。行行十一日,流光迅如驶。午入俄帝都,行旌喜暂弭。匆匆十昼夜,征尘遍衫履。逆旅地轩豁,明窗复净几。作此纪日程,不觉遂满纸。莫漫作诗看,恐冷诗人齿。

南满道中

东风作意助花开,柯叶鲜新若翦裁。不问园亭谁是主,纷纷蜂蝶过墙来。

满 洲 里

连朝层叠度关津,此是穷边异国邻。余子罕逢三楚户,众咻真遇一齐人。掖县刘姓佣于此五六年矣。但闻往复交征厉,未必商量互惠均。犹有差强人意事,墙头五色国旗新。

西比利亚途中杂作

半山结屋两三椽,炊饭烧枝飏白烟。大似黔南村舍景,回头十五六年前。

松杉夹路碧森森,时见枯株贴地阴。旦旦斧斤不胜用,好将薪木代乌金。

采樵归去态舒徐,白马轻牵薄笨车。有叟执鞭行蹇蹇,深乌毡笠浅红裙。

离家四日夜,行近贝加湖。初喜窥涯涘,旋惊敞画图。遥青山对映,一碧水平铺。时见鸥来往,凌波淡欲无。

车行日千里,终朝无个事。脑昏禁觅诗,手战欺作字。树云变换少,览久神亦悴。只觉夏日长,食罢还复睡。

枕边终夜作涛声,四体颠狂耳震惊。若是海航风浪稳,舟行毕竟胜车行。

未寅先昧爽,过亥始昏黄。幸是清凉界,无嫌夏日长。

物产经营岁有加,直将金玉换泥沙。绿云密布千山树,紫雪平铺遍野花。香草纵难譬兰茝,森森真可抵桑麻。朔方一样荒寒地,才出吾疆气象差。

昨岁家书贻子侄,余客日本时,间日一寄家书。开端平列写怡愢。而今独有怡名在,一度缄封一涕零。

平时闲展地图看,欧亚区分秒忽间。今日亲经乌拉岭,万重树里万重山。

竟日无断时,极目无尽处。阙处偶见山,是山还是树?乌拉岭树。

尽多美阴郁松杉,亦自湖光映蔚蓝。却怪西来经十日,未逢沙鸟与风帆。同行人有言十日间未见一船,鸟亦绝少,止贝加湖上见白鸥数点耳。

一般乌拉岭头云,欧亚凭人强划分。披①草界成方罫格,野花布作散金纹。午塘水浅牛寻浴,暮栅门开马入群。长日却无炎热苦,不须开阁引南薰。

二万里间无旷土,此邦真有不凡才。急轮驰过千林响,倦马归来万栅开。牧政可知裨国计,田功随处见心裁。何年吾圉荒寒地,一样经营辟草莱。改前作并存之。

入夏天方暖,经秋地已封。人家多板屋,何以度寒冬?

红罗衫子紫罗裳,把臂双双妾与郎。盼美不嫌睛浅碧,髻高愈显发深黄。瘦如束藕拘腰部,圆似悬匏矗乳房。背后但看裙曳地,恰疑吾国旧时装。

拟寄内三首

问余意兴近何如,信口成诗当作书。昼坐饱看乌岭树,朝餐恣啖贝湖鱼。乡音渐远词能寡,日晷虽长睡有余。肢体安舒筋骨健,客游端的胜家居。

十日西行三万里,羲和送日日加迟。当君晓起慵妆际,是我宵眠觅枕时。子午虽非相对待,晨昏已觉太差池。最怜明月无人共,

---

① 披,《严先生遗著》作"坡"。

月到君边我未知。

君家日夕我方中，十日君饶半日功。向使早年开此例，当君颁白我犹童。西来十日暗中减去六小时。

波罗的海弄舟

海波起伏海风危，一叶轻舠弱不支。费尽篙师无限力，急流虽退已嫌迟。

德京纪闻

见说婚姻尚自由，多应情志久相投。缘何分外仳离易，难得相偕到白头？

比京某公园 以吾①庚子偿款构成

中立何烦事力征，灵台灵沼亦经营。怪他特地花蕃茂，禹域脂膏灌溉成。

---

① 吾，《严先生遗著》作"吾国"。

巴黎拿坡仑墓

香花簇簇拥金棺，百岁将周骨已寒。帝业金汤及身尽，霸才欧亚比肩难。时平府库犹藏甲，世远臣民尚免冠。入谒者①必脱帽。叱咤喑呜今已矣，徒留遗像与人看。

巴黎观剧 陶孟和云此剧本诸小说，有华文译本，名《外交秘事》

泰西学说日翻新，骨肉宜如陌路人。听罢舞台歌一阕，始知一样重天伦。

巴黎摅华博物院观中国古画古瓷

二赵仇唐俱未见，遑言道子李将军。中华画法虽差逊，何至名家仅傅雯？

近来画诀求形似，每诋南宗未逼真。我见西人泼墨法，亦兼斧劈乱柴皴。

花样虽输彼国新，天然温润总宜人。不须上溯康雍世，但是官

---

① 入谒者，《严先生遗著》作"入者"。

窑便足珍。

别　法　京

巴黎十日夜，耳目炫纷华。不与尘缘接，焉知道力差。人防金掷牝，我怅玉留瑕。战胜天人界，何争孔佛耶？

瑞士杂作

藐姑自昔有仙人，西子西湖善写真。海国谁知山更媚，天风吹下玉无尘。冰心不改千秋雪，笑态仍含四季春。十日巴黎烟火气，至今耳目一翻新。次韵袁规庵《美人峰》。

一双琼玉不胜寒，八角玲珑四面看。妙绝徐君诗一语，美人能到白头难。和规庵《美人峰》，用毓生《口占》，一语足成之。

雪海冰天里，当筵寿一杯。多年持酒戒，一为美人开。Eximeer[①]高万余尺，午食于此。

黯淡荒凉撒斡宫，当年罗马旧藩封。露台未足倾中产，陶穴多应媲古公。谁向瑶台璇室日，犹追茅屋土阶风。即论吾国千年近，文质相衡已不同。

一角名楼傍水湾，上安卧榻下传餐。尽开户牖延秋爽，食亦看

---

① Eximeer 应为 Eismeer，为美人峰（今一般译作少女峰）山内隧道铁路车站之一。《瑞士杂作》中几处德文地名大都有误。一方面可能是严修误记，另一方面也可能因为严修手稿为草书花体，《欧游讴》等出版时，整理者辨认不清，导致失误。

山寝亦看。Interloken 旅馆①。

凉侵枕上梦初回，贪看溪山户洞开。岚气全同云气合，涛声又挟雨声来。有人张盖穿樵径，助我摊笺集画材。最好绿天深密处，岩腰隐隐见楼台。同上。

一转回栏过，噌吰异响来。打头飞急雨，震耳哄奔雷。水射虹成影，天惊石破开。如将诗写照，须有杜韩才。Trumel boch 巨瀑②。

翦草全教作绿茵，刊山不复见荆榛。去留各具因材意，育物犹然况育人。

地无旷土群萌逐，民有余财庶政修。衣食尽人能养欲，湖山随处可忘忧。百年不睹兵戈事，万国争携笠屐游。熙皞欢虞王者世，此风何日遍全球。

归舟恰趁晚来风，雨后风光更不同。近水园亭花妩媚，缘隄楼观树葱茏。湿云山半蓬蓬白，返照峰尖灼灼红。路转几番回首望，暮天一色碧溟濛。Thuner see 湖中乘汽船晚归。

五旬未遽是衰残，何至蹒跚跬步艰。我有邪神足大指，下山更比上山难。Tellskspells 观威太遗迹③。

盲者不忘视，跛者不忘履。繄予目力幼已差，视远不能及尺咫。尔来右足生筋瘤，偶触患处痛彻髓。既盲且跛已可怜，矧余美德不止此。生平未习鞮寄语，出疆不能通意恉。闻问俱穷聋且暗，有口不口耳不耳。世间废疾一身兼，况复老衰筋力弛。冒险妄作欧西游，且慕瑞西好山水。所幸彼都舟车利，高者如卑远者迩。昨

---

① Interloken 应为 Interlaken 之误。

② Trumel boch 应为 Trümmel bach。

③ 《诗存稿》原作"观太"，有漏字，此据《严先生遗著》改。"观威太遗"，《严先生遗著》《欧游讴》作"威廉太遗迹"。威廉太即 Wilhelm Tell。Tellskspells 应为 Tellskapelle。

日登山偶步行,山头又遇石齿齿。摛埴如履荆棘行,人行十步我才跬。同游待我石阶下,我方彳亍行复止。既升复降尤困顿,汗出如浆喘不已。自怜自笑还自叹,老不如人吁可耻。忆我二十五六时,步上田盘十余里。乘兴更能凌绝顶,不让张小云。陈竹轩。与赵幼梅。李。伯举。回首恍如昨日事,胡乃衰残忽尔尔。现身说与少年人,立志便从少年始。丈夫有志事四方,读书万卷行万里。岂能局促伏乡间,埋首牖下待老死。游人资格有三要,文学语言与身体。语言最要英法德,文学最要史地理。更要操身筋骨健,志气坚刚无畏葸。足周天下岂不豪,交遍贤豪犹可喜。时乎时乎不再来,羲和送日急如驶。好游须及少年时,莫学老夫悔晚矣。同上。

和劳伯善秘书见赠时君父子同余游瑞士
伯善祖曾宰桃源,父己丑翰林,伯善又尝作令广西

桃源亲听神君颂,芸馆曾陪内翰游。且喜陈群重结契,更难苏过亦同舟。故乡风鹤无消息,异域湖山且唱酬。独秀峰前君忆否,至今尚有口碑留。

去瑞士之和兰道中

瑞西十日足盘桓,游兴方浓又度关。一自来因河上过,更无昨日好湖山。

全凭山险障强邻,楼堞森森壁垒新。何似瑞西山上好,遍修旅

舍款游人。

夫妻子女叹无车,僵立窗前四刻余。今日竟教连得间,何能百密一无疏? 德国汽车中书所见。

朝发瑞西境,昼入德意志。夕过卢森堡,暮宿白耳义。只此一日间,越国凡有四。虽缘壤地小,亦赖舟车利。元公既指南,长房又缩地。遂令好游人,可至无不至。

过 媚 兹①

四十年前竞鼓鼙,相臣俾氏将毛奇。拿翁②一蹶维廉起,太息城盟割媚兹。

媚兹原被法并兼,第一拿翁虎踞年。大似鲁侯用曹刿,齐人归我汶阳田。

输将争奉大农钱,亿兆偿金刻日完。自有此邦前例在,后来竞议国民捐。

游比境大山洞

天阙补女娲,太华擘巨灵。神山戴六鳌,丹嶂开五丁。此语岂不侈,奈非身所经。兹来汗漫游,遂得探洞冥。洞深六七里,幽窅实珑玲。邃如屋渠渠,穹如车亭亭。有阶可升降,曲折如户庭。不

---

① 《严先生遗著》《欧游讴》诗题作"过媚兹三首"。
② 翁,《严先生遗著》作"坡"。

须持炬往，电火如繁星。有时上漏光，虚若窥窗棂。其中多石乳，变幻不一形。或如虾须帘，或如云母屏。或如华表柱，或如悬胆瓶。或如缀旒㡿，或如垂铎铃。或如虎负嵎，或如鱼跃溟。或如蝠展翅，或如鸟刷翎。或如菜花白，或如花萼青。叩之笙镛响，望之晶玉莹。扪之冰雪寒，拭之珠露零。又有王者冠，似出法殿廷。又有圣者像，明德有余馨。其他不胜纪，灿若陈模型。路转过小桥，下有水蓄渟。桥尽见茶市，游人此暂停。又经数十转，忽发光荧荧。有人炬升颠，散火如飞萤。乍闻雅乐作，其音清泠泠。山穷水不尽，乘流扬轻舲。高歌发水上，妙如仙乐聆。一转见天光，豁然门启扃。当门然巨炮，震谷鸣春霆。兹游最奇特，心目豁且醒。舍舟复就陆，归来日已暝。灯前记此诗，聊当石阙铭。

和兰杂作

大庆百年才一日，吾侪此日恰来游。山郊在昔看归马，海曲无人肯带牛。到老不闻争地战，有生不识戴天仇。神州比岁方多事，笳鼓残声总未休。百年和平大会。

白叟黄童舞且歌，洗兵谁与挽天河。鲰生艳羡和平福，亦逐都人看大傩。观傩。

里巷欢呼杂管弦，衢歌一样戴尧天。如何喧寂悬殊甚，却被人疑是禁烟。西国罢工罢市之风最盛，和兰大会日某巷因傩人不肯经过其地，相约是夜概不悬灯，吾国使节即在其地。

池心方整外周圆，赫赫丰碑势岿然。此地命名殊简质，一千八百十三年。纪功碑。

伦敦杂作

难将民数限京垓,伦敦人数或云七百万,或云九百万。万国琛航渡海来。英律,入境之人但携金五磅即许登岸。土曜日中朝市散,水晶宫里夜园开。阿非不耻牵车役,水晶宫有人力车,黑人牵之。犹太空饶服贾才。犹太富商极多,英法德皆有之,其著者王侯皆纳交焉。水晶宫有饭店一处,亦犹太人所设,极大,公司之一支店也。霸业已归条顿族,侧闻英德尚相猜。水晶宫。

十三四纪已矜奇,更远无非木乃伊。何似中邦真法物,二三千载古尊彝。博物院。

自到英京后,忧伤益去怀。骋游追健步,饱食罢长斋。地静交游寡,村居气候佳。眼前都称意,只欠与卿偕。卜居北乡,拟寄内子。

泰西传食谱,胡乃拙烹调。味淡思盐豉,肪多缺饵糕。生鱼难适口,冷炙况登庖。若与论茶量,尤输我辈豪。余喜西餐而同嗜者少,戏为此诗。

何曾举箸不胜愁,张翰秋风思不休。大好中华俱乐部,探花楼与远东楼[1]。

客伦敦半年无日不雾戏成一绝

织就烟云淡墨图,蔚蓝天气古来无。太阳普照英旗帜,英人尝

---

① 《严先生遗著》诗后注"《欧游讴》终"。

自矜诩太阳无时不照英国旗。偏是都城独向隅。

忆　智　庸[①]

嘉庆十年生吾祖，道光十年生吾父。咸丰十年实生予，光绪十年乃生汝。后先相去八十年，家更四代帝五传。生年俱在第十载，似若前定非偶然。祖阅四朝迄同治，父迄光绪朝亦四。惟汝生年最不永，生卒未出光绪世。祖生乙丑终壬申，父生庚寅终庚辰。汝生甲申终壬寅，我生庚申今尚存。帝政告终共和始，纪元断自宣统止。此后但应书甲子，知我当以何年死。

无　　题[②]

七十二沽云水身，五年不踏京洛尘。生成物竞天演世，焉置无怀浑沌民。关尹亢仓空尔尔，卢梭笛卡亦陈陈。愚知花样重翻日，又有新人笑旧人。

---

① 据信草，作于 1914 年 3 月 20—21 日。
② 录自《严修年谱》，未见于《诗存稿》。

游伦敦格林威渠天文台①

燕京沪渎英和岛,四度亲登气象台。凄绝朝阳门上望,十年前已委蒿莱。

偕张君季才卞君滋如袁生规庵巽庵两峰卞婿肇新大儿智崇游诗人莎士比故居②

我生未习乐,好听乐者讴。我生未③解诗,好与④诗人游。今人未遍识,更⑤思寻古俦。国风未全采,更思⑥入海求。昔闻莎士比,诗名冠全欧。将诗谱弦管,婉妙宜歌喉。畏庐译事⑦工,纸贵及神州。传钞复⑧传诵,手胝口沫流。贱子客英伦⑨,既阅葛与裘。当春云雾开,和风宕⑩夷犹。爱访诗人居,览古兼寻幽。童冠六七人,

---

① 据信草,作于 1914 年 5 月 20—25 日。

② 《严先生遗著》有此诗两稿,第一稿诗题作"游莎士比亚故居诗",第二稿诗题与上同。据信草,作于 1914 年 5 月 20—25 日。

③ 未,《严先生遗著》第一稿作"不"。

④ 与,《严先生遗著》第一稿作"从"。

⑤ 更,《严先生遗著》第一稿作"辄"。

⑥ 思,《严先生遗著》第一稿作"拟"。

⑦ 译事,《严先生遗著》第一稿作"迻译"。

⑧ 复,《严先生遗著》第一稿作"且"。

⑨ 英伦,《严先生遗著》第一稿作"伦敦"。

⑩ 宕,《严先生遗著》第一稿作"容"。

同①车来西畴。仆夫掌故熟,问事乃不休。某为先生宅,屋小裁如舟。当日呱呱啼,贺客纷卷鞲。某为先生塾,门墙丹赭髹。当日琅琅诵,师儒旰睐优。某为先生墅,疏扉依小楼。孟光此举案,是居君子逑。某为先生墓,绿荫②春方稠。卜兆依神祠,于焉③祈神庥。横塘可半亩,乳鸭随④风泅。老树可连抱,好鸟鸣啁啾。对此意疏旷,天地何悠悠。上溯初生年⑤,三百五十秋。是邦人为莎氏举行三百五十年纪念。——名迹在,爱护伊⑥何周。西涯撰乐府,约略时代侔。至今求故里,欲从竟未由⑦。近者且漂没⑧,远者谁遗留。五柳栗里宅,浣花古溪头。兰亭与梓泽,化为墟与丘。况复鼎革频,干⑨戈争寻仇。荆棘卧铜驼,黍离难写忧。徒令伤心人,执简⑩怀前修。

倍克街⑪

　　小说元知语不根,街名倍克至今存。痴心便欲逢人问:福尔摩斯第几门?

<hr>

① 同,《严先生遗著》第一稿作"驱"。

② 荫,《严先生遗著》第一稿作"意"。

③ 于焉,《严先生遗著》第一稿作"或曰"。

④ 随,《严先生遗著》第一稿作"迎"。

⑤ 《严先生遗著》第一稿作"上距氏生年"。

⑥ 伊,《严先生遗著》第一稿作"繄"。

⑦ 竟未由,《严先生遗著》第一稿作"叹莫由"。

⑧ 漂没,《严先生遗著》第一稿作"泯没"。

⑨ 干,《严先生遗著》第一稿作"称"。

⑩ 简,《严先生遗著》第一稿作"卷"。

⑪ 录自信草,不见于《诗存稿》。据信草,作于1914年5月20—25日。

无　题①

　　□草绿年年,(育)〔宁〕馨去渺然。家乡三万里,骨肉九重泉。
红发□何老,青年不淑贤。□身一差莫,痴想再生缘。

义大利国邦浿古城二千年前之
妓院在焉览毕戏作②

　　平③生不入④平康里,人笑拘墟太⑤索然。今日逢场初⑥破⑦戒,
美人去已二千年。

---

　　①　录自日记,作于1914年5月31日。按,现存欧游日记为抄本,有缺字、误字。
据严修己未《六十自述》诗,此诗为"甲寅在英伦悼亡侄"。
　　②　《严先生遗著》有此诗两稿,第一稿诗题与上同,第二稿诗题作"游意大利邦俾
古妓院遗址"。据日记,作于1914年6月3日。
　　③　平,《严先生遗著》第二稿作"一"。
　　④　入,《严先生遗著》两稿均作"履"。
　　⑤　太,《严先生遗著》作"兴"。
　　⑥　初,《严先生遗著》第二稿作"才"。
　　⑦　原作"被",似误,据《严先生遗著》改。

郑墨林姻丈八旬双寿①

　　乾隆一代数乡贤,电白循声万口传。公曾祖蓬山先生以乾隆庚辰进士知电白县。世衍嘉祥多上寿,公父寿八十有二。今逢偕老两高年。筵开八秩添萱寿,是年闰月。彩献三秋赏菊天。我忝重姻预宾末,称觞愿颂九如篇。

　　上溯悬弧设帨期,道光十五六年时。观棋屡易河山局,铭鼎无妨伛偻辞。园绮风规中外仰,郝钟礼法古今宜。好将全盛先朝事,说与吾侪后进知。

题林迪臣先生《孤山补梅图》②

　　先生名启,由甲戌翰林转御史,出守杭州。此图为林畏庐同年所绘,前有郑苏龛同年题额,后有樊稼轩、杨雪渔、郭春榆、沈爱苍、郑叔瑾、冒鹤亭、赵尧生诸君题跋,乙巳之岁由先生族人某君属余题识,今十年矣。偶从书厨检出,题二十八字,浼王雁丞太史归诸先生之哲嗣。

　　一诺题诗经十载,三年前始见西湖。我从展拜先生墓,更愿微名附此图。

---

① 据信草,作于1914年9月12日。
② 据信草,作于1914年10月22日。

费冕卿五十寿①

两家戚畹拟朱陈，费市严车旧结邻。君家居慈溪东乡费家市，余祖居去市仅三里，名曰严留车，费严两姓世为婚姻，余家迁慈溪之始祖妣即费氏也。二十年来识君面，一番相见一番亲。

大睨高谈四座惊，桓宽卜式论纵横。通商本是齐民术，自有儒家学始精。

南海潮音纪胜游，庚戌余往镇海为陈氏题主，君陪余为普陀之游。朝同兰若夕同舟。仗君一夕慈航渡，得到灵山最上头。

吞花卧酒气雄奇，余事能为绝妙辞。海内吟坛齐俯首，诵君开口折腰诗。君有句云"腰为种花甘屡折，口非饮酒不轻开"。

菊未开残又放梅，甬江十月气佳哉。阿连归去跻堂祝，谓子均族弟，子均与冕卿为中表兄弟。愿替鲰生进寿杯。

徐菊人同年六十寿②

旧北江庐人就菊，甲午九月，公四十生日，时余使黔将行，展祝于北江旧庐，是日有陈君赠菊百盆为公寿。古莲池上客传觞。甲辰九月，公五十生日，公方以侍郎阅兵保阳，而修总理直隶学务，杨文敬为方伯，赵献夫长高等学堂教务，三人宴公于莲池。廿年往事如弹指，又见耆英政事堂。

---

① 《严先生遗著》诗题作"费冕卿五十"。据信草，作于1914年11月17日。
② 据信草，作于1914年10月26日。

次韵和刘子贞秋日感怀^①

　　黔疆建置纪殊勋，播境原从蜀境分。近代经师尊郑莫，郑子尹，遵义人；莫子偲，独山人^②。古来作者首卿云。如公诗笔雄无敌，愧我轺轩陋未闻。一纸书如十年读，胜披典索与丘坟。

　　华胄相承宿望清，文章中垒政元城。东瀛使节驰嘉誉，南峤甘棠有颂声。报国孤忱余感愤，宜民美利力经营。巢居柱史原同调，宁为中林累盛明。

为顾浩佳题所藏翁文恭师书画遗墨^③

　　南园书入平原室，只有松禅与抗衡。余事两公俱善画，画名终不掩书名。

　　祖帐东门饯帝师，廿年世事不胜悲。披图猛忆春风坐，玉署从容问字时。

---

　　① 据信草，作于 1914 年 12 月 10 日。
　　② 《严先生遗著》小字注作："郑，遵义人，莫为遵义学友。"
　　③ 据信草中钞稿，题为"甲辰题江苏顾君藏翁常熟画山水卷子"。似作于甲辰，即1914 年。《诗存稿》置于丙辰，误。

新历一月四日修生世恰两万日^①

五十五年两万日,蹉跎不进奈余何。此生莫信无功过,但坐无功过已多。

四十年前弟子员,后生虚誉动前贤。谁知老大徒伤叹,文行曾无一可传。

东抵扶桑西不列,南穷邛僰北鲜卑。可怜足迹半天下,不见今吾胜昔时。

送侄女同赴安庆^②

父母不存兄亦故,可怜汝命不逢辰。天公有意矜孤露,嫁得郎君是可人。

年来季父鬓成丝,垂老方知惜别离。能更几回亲送汝,趁余筋骨未衰时。

---

① 《严先生遗著》诗题作"民国四年一月四日乙未修生世恰两万日"。曾发表于《学生月刊》,题为"生世满两万日赋此自讼",并注云:"乙卯一月五日。"据此及信草,始作于1915年1月4日,定稿于5日。

② 据日记,安庆之行于1915年3月15日自天津出发,取道津浦铁路,16日至南京,17日乘船赴安庆。21日自安庆乘船,22日抵南京,24日乘火车返津。自《送侄女同赴安庆》至《金陵杂咏》大约陆续作于此时,3月25日日记有"记途间所作杂诗"的记录。本组诗曾发表于《学生月报》。

津浦道中杂咏

昔年戎马纵横地，刁斗残声动客怀。壁垒全荒关半毁，千年不见李临淮。

咫尺山城气郁葱，醉翁高躅渺难逢。旧时林壑知无恙，可是西南第几峰？

二月春风燕子飞，旧时百姓亦全非。能知千载兴亡事，惟有青山与落晖。

过采石矶

轻舟溯江上，终朝在山侧。蜿蜒百里余，平衍且索漠。忽见采石矶，始觉山生色。众山皆戴土，此独巉巉石。众山半焦黄，此乃森森碧。谁实施斧凿，而且加点墨。人夸地险要，我爱景奇特。独惜未登临，酒楼寻太白。

安庆杂诗

东门十里菱湖嘴，野眺初乘手挽车。错认南风吹大麦，黄云千亩是苔花。

玉兰已老欲辞枝，娟秀犹含绝世姿。对此惜予来已暮，最宜看到半开时。

人杰真教地有灵，忠宣墓与大观亭。登临不尽苍茫感，终古江峰如此青。

棠荫亭前万物春，园林花药景常新。称心最是听舆诵，诵我生平至契人。棠荫亭在皖江公园，皖人为朱经田建也。

发安庆夜泊迓船

数到城楼鼓四更，枕边辗转待天明。不嫌四面嘈嘈语，却畏连珠咳唾声。吾国人讲卫生当自禁吐痰始。

金陵杂咏

走马花街死不休，牧猪蒲泽更风流。从来不识愁何解，却要逢人说莫愁。

歌管繁声掩暮筲，筵前灯火照名花。此间何事能存古，惟有秦淮旧酒家。

风景平平未足奇，循名易被古人欺。并将桃叶青溪渡，不敌留园水一池。

骨健心虚态不群，天教国粹擅清芬。我曾行遍欧南北，一日何尝遇此君。梅花苑、竹林、杏林各擅其妙。

二月杏花成惯语，只应此语属江南。吾乡便入春三月，犹恐开无此地酣。

雨花台上草芊绵,村学儿童弄纸鸢。立久不知意何向,下山且试永宁泉。永宁泉又名第二泉,在雨花台下,茶肆在焉。

物贵离乡产贵稀,生公说法是耶非。桃源往事重回首,又载花冈石子归。桃源石、雨花石俱有名。

春　阴[①]

春阴暧碟春寒重,有约寻芳且展期。嫩叶初含朝气润,柔条又受晚风欺。根虽渐固犹嫌浅,花但能开不厌迟。四月深山应送暖,安排柑酒听黄鹂。

游　百　泉[②]

苏门共城西,出郭十里强。下有百道泉,蓄为池一方。山当池北岸,豁如开天阊。初经振衣亭,爱循夫子墙。遂跻啸台顶,天风吹琅琅。抗怀千载上,百感生苍茫[③]。古人虽不作,功德安可忘。近山多祠宇,岁时隆烝尝。左阁榜吕祖,右庙题关王。名相元耶律,贞媛周共姜。尧夫道统尊,夏峰学说长。伟哉兹数贤,山水相辉光。谒祠复展墓,一樽酹北邙。彭生薇蕨甘,陶斋花萼芳。二百七十载,前沦后亦亡。对此忽心瘗,于邑神为伤。高阁远清晖,岿

---

①　据信草,作于 1915 年 4 月 16 日。
②　游苏门山、百泉在 1925 年 4 月 19 日。又据信草,本诗作于 4 月 30 日。
③　苍茫,《严先生遗著》作"茫茫"。

然池中央。登楼且茗话,领略甘泉香。

南游津浦道中①

　　绿树重重集暮鸦,青山黯黯日将斜。故宫已自悲禾黍,大陆何堪剖豆瓜。天下匹夫都有责,域中今日竟谁家。远交未始非长策,谁谓贤侯料事差?

西湖杂诗②

　　处士郡侯兼少尉,千年鼎足荐馨香。谁知蔓衍滋他族,只把西泠当北邙。

　　湖山佳处冢累累,试举芳名世罕知。何似冯青苏小小,一千年下系怀思③。

　　岳王祠宇崭然新,片石嶙峋入写真。军学日精容日盛,孤忠独恨少斯人。

　　主人酌酒苦相邀,为展行程五里遥。无意却逢佳妙处,西泠桥接跨虹桥。

---

　　① 据日记,1915 年 5、6 月间南游。5 月 13 日自津由津浦铁路南下,14 日至上海,18 日由沪赴杭,23 日返沪。26 日乘船赴南通,31 日返沪。6 月 1 日由沪宁铁路至无锡,6 月 3 日至南京,4 日至济南,7 日由济南至天津。自《南游津浦道中》至《游大明湖》即此次出游所作。其中部分曾发表于《学生月报》。

　　② 《严先生遗著》诗题后注"乙卯五月"。

　　③ 本章录自信草,原为"西湖杂诗"之二,不见于《诗存稿》。

别墅西泠榜印书，池亭错落树扶疏。饭余莫惮登楼望，左右能看里外湖。

韬光重访昔游踪，丹艧重重改旧容。失喜鲰生题字在，乍看直拟碧纱笼。

松杉夹路间修篁，樟树含风十里香。舍却烟云论竹树，理安十倍胜韬光。

越岭缘江路转宽，寻幽重入五云端。若论深秀清幽处，又觉云栖胜理安。

登北高峰寄墨青①

苏棐山前曾试马，甲寅游义大利，骑马登火山绝顶。美人峰顶②亦驰车。癸丑游瑞士，登美人峰，火车直到山顶。向来未肯空依傍，徒步登颠此最初。

天平昔日苦追踪，造诣输君最上重。差喜此番添勇气，随人亦上北高峰。

莼　菜③

清腴鲜滑且甘芳，入口轻松有汁浆。如此色香如此味，季鹰安

---

① 《严先生遗著》诗题作“登北高峰二首寄墨青”，注“乙卯五月”。

② 顶，《严先生遗著》作“头”。

③ 录自信草，不见于《诗存稿》。

得不思乡。

夜发南通①

昏暮缘陧摸索行,江心渔火两三明。乍欣岭外月初上,照见前村万景清。

发 南 京②

宵深檐溜滴滴声声,朝发江头恰放晴。果是天公能作美,雨行时止止时行。

渡江北行③

芙蓉湖上气澄鲜……山楼来试惠山泉。

---

① 录自信草,不见于《诗存稿》。
② 录自信草,不见于《诗存稿》。
③ 录自信草。本诗只存首尾两句,且不见于《诗存稿》。

寄　畅　园①

　　文恭名埒顾姚王,寄畅楼寻著作堂。五礼遗书人脍炙,可怜亭沼已全荒。

登济南千佛山②

　　重华遗像美风姿,左右英皇配飨宜。鲁史森严讥并后,《尚书》厘降至今疑。

游大明湖③

　　厚生利用义堂堂,位置其如地弗良。一样恼人杀风景,明湖萑苇圣湖桑。

---

①　录自信草,不见于《诗存稿》。
②　《严先生遗著》诗题后注"乙卯六月"。有草稿存。
③　《严先生遗著》诗题后注"乙卯六月"。有草稿存。

莲峰山消夏赠同游张子安①

一从霜雪鬓边生，羞向青年队里行。今见此翁犹矍铄，顿教吾志复峥嵘。游山腰脚输君健，涉世心情较我平。风景满前供啸咏，客中无意订诗盟。

先生博洽通今古，家学相承历几传。膝下佳儿皆矫矫，门前快婿更翩翩。有孙定及见成立，君年六十，望孙甚切。似舅今方当壮年。君之舅氏寿至八十有九。养寿愿君持酒戒，但诗不酒亦能仙。

伏日陪武清张子安先生游北戴河浴于海滨先生检得一黄石甚宝爱之属予题志率成二十八字②

袖携东海压归装，山与仁人共寿康。千载沧桑无限事，又教黄石遇张良。

---

① 《严先生遗著》诗题后注"连峰山消夏赠同游张君子安"。据日记，作于1915年7月22日。

② 《严先生遗著》诗题后注"乙卯伏日陪武清张子安先生游北戴河浴于海滨先生检得一黄石甚宝爱之属予题志率成二十八字"。据日记，作于1915年7月22日。

荡舟涤耻湖赋赠侯君保三^①

湖在旧种植园，今为水产学校，生徒练习行舟泅水之所，涤耻云者，侯君所赠名也^②。

亭台掩映水弯环，小景聊供半日闲。莫向南中轻比拟，芙蓉湖与惠泉山^③。

题葛毓珊同年三十岁遗像^④

遗山三十犹平世，及见天兴甲午年。野史亭中余恨在，先生福分胜前贤。

同榜同年年长倍，癸未中式，先生年四十七，余年二十四^⑤。论年合是丈人行。丈人遗像犹年少，昔少年人鬓久苍。

---

①　据日记，游湖在 1915 年 8 月 12 日。

②　《严先生遗著》诗序后尚有"'波澄'一首隐是日同游五人姓名，是日余亦赋一绝以赠侯君，附书于后，严修识"。"波澄"一首指侯保三所作第二诗，见下注。

③　《严先生遗著》此诗后"附录侯诗"，诗序云："乙卯八月十二日，随严先生修、孙君凤藻、邓君澄波、王君仙华荡舟涤耻湖，同摄一影，赋四绝以留纪念。无锡侯鸿鉴识。"其一："浅水芦塘夕照西，飘然一叶荡清溪。偶看风景迟双桨，画里湖山镜里齐。"其二："波澄藻绿景难描，风动修篁拂柳条。笑傲王侯涤尘耻，停桡试傍小红桥。"其三："隔岸楼台都摄映，同舟谈笑任潆洄。天然一幅辋川画，少个渔翁垂钓来。"其四："莫问烟波海上愁，几多名利者边收。只因尘世多贪饵，暂罢敲针作钓钩。"按，天津博物馆藏有当日摄影，照片上方印侯诗、严诗手迹。

④　据日记、信草，作于 1915 年 9 月 1 日。

⑤　《严先生遗著》小字注无"年"。

题黄峙青同年所藏清高宗御书
静中有真意立幅①

宸翰千年阁本刊,汉唐遗墨拾<u>丛</u>残。分明昭代天章焕,忍与前朝一例看。

遗山泪洒明昌笔,永叔心伤飞白书。后视今犹今视昔,余年未卜定何如。

题李响泉《榆关图》②

渊明归去有田园,务观家风付子孙。底事入山深几许,人间随地有桃源。

李敬轩太夫人八十寿③

世人苦求官,云为禄养计。求官官自来,显扬愿乃遂。显扬究

---

① 《严先生遗著》诗题"立幅"作"竖幅"。据日记、信草,作于1915年9月14日。又据日记云,高宗(即乾隆皇帝)御笔应为"静中有真得"五字,与此题略异。严修记:"似是对联之一联也。主人先自题二绝,题者有陈伯严、仇徕之、吴缄斋(吴系五律两首),皆七绝二首。余亦效为之也。"

② 据信草,作于1915年9月17日。"榆关"应为"榆园"之误。

③ 据信草,作于1915年10月14日。

何解，吾斯有疑义。《孝经》书具在，与世所言异。立身且行道，扬
名及后世。以此显父母，是谓孝之至。全书数千言，未见一"官"
字。常人养口体，贤者务养志。卓哉李母贤，贤明明大谊。当子通
籍时，丁宁垂训示。谓汝今入官，慎为清白吏。世风久不古，所骛
惟荣利。作官与作人，往往非一致。官高人格卑，何以称亲意。清
正王冢宰，骨鲠鲍司隶。吾乡有先正，一一当师事。郎君秉德纯，
一如母德懿。再拜受母训，此训终身识。所生信无忝，那复薪高
位。尔来国步改，官亦敝屣弃。偕隐菽水甘，名教多乐地。太岁在
单阏，月惟秋之季。寿母寿八旬，庭阶莱彩戏。僚友称觞祝，颂如
鲁宫閟。我忝乡后生，昔曾识哲嗣。哲嗣征余文，敦迫至三四。余
文夙不工，何足纪嘉瑞。谨述母训词，用以广锡类。

仲冬与李锡三重聚三河八日别后赋寄[①]

吾父昔燕居，为余话既往。父曰吾语汝，吾生交最广。盟约满
箧笥，数累百以上。其中金石交，十不过三两。第一急难友，是汝
李三丈。李丈馆临洵，比我五年长。汝当称伯父，敬爱如父党。小
子识斯语，自幼积钦仰。既长来洵阳，哲人渺音响。克家喜有人，
报施理不爽。甲申始识君，爱君才倜傥。乙酉同馆舍，白云室轩
敞。暮连说诗床，昼共读书幌。棋酒恣流连，文词助研赏。较射张
地网，骋辔踏郊坱。盘谷云拥身，灵山泉掬掌。食量互夸耀，歌声
遍摹仿。赵幼梅。魏莘耕。相嘲谑，张小云。陈竹轩。与标榜。如此

---

　　① 《严先生遗著》诗题作"乙卯十一月与李锡三重聚三河八日别后赋寄"。据信
草，作于 1915 年 11 月 26 日。

一年余,德业颇修养。厥后馆京邸,儿曹侍几杖。风生四座春,诱掖兼劝奖。郭京大难作,畿甸纷扰攘。自此渐乖隔,离合无定向。聚首方欢愉,分襟旋怅惘。尔来六年别,时时劳梦想。岂期来故居,欢聚如畴曩。谈笑永朝夕,唱酬兼燕飨。风景了不殊,风清月华朗。可怜旧亲知,纷纷即泉壤。吾辈虽老大,犹未脱尘网。天职各有在,厚福不虚享。嗜欲贵节啬,德行要勉强。荣利须恬退,节义当慨慷。铢寸理必积,尺寻道无枉。吁嗟吾过多,愿闻子言谠。夙夜念所生,惟君贤可象。

同幼梅丈重游三河公子士希随行[①]

昔日朱颜两年少,无端相对鬓成丝。郎君今日论年纪,已过鲰生客此时。

呈幼梅丈

论交君是丈人行,论齿君输八岁强。四世通家共休戚,两朝时局阅兴亡。衰年渐觉闲情减,暇日犹思旧学商。最要关心各珍重,秋容老圃菊花黄。

---

① 据日记,此次三河之行在1915年11月12至21日,又12月14日日记云:"寄幼梅片,写诗三首。"本诗及《呈幼梅丈》似即作于此间。

和蒋伯伟大令见寄之作步原韵^①

吟苦真如入定僧，登高我羡大夫能。已闻舆诵符东里，更喜诗名过宛陵。亭拥嘉禾春煦育，山环平棘雪崚嶒。使君清简常无事，鸾凤从知胜隼鹰。

叹息吾宁粥饭僧，放翁句。相逢莫试客何能。虽无野史酬金室，却少遗书贡茂陵。霜叶那禁风栗烈，岩花不掩石崚嶒。舐糠舐米纷纷是，借问谁为逐雀鹰？

君是前身宝应僧，遗山博学又多能。袖携吴郡新诗卷，家在江南古秣陵。桃叶渡头春烂漫，雨花台上石崚嶒。发为雄直文章气，那怪先生善赋鹰？

吾慕人间行脚僧，探奇选胜老犹能。曾摩铜鼓登焦麓，也趁渔歌入武陵。笑我囊中诗破碎，输君笔下格崚嶒。不须更斗文坛阵，自分终成铩羽鹰。

东野清词可斗僧，放翁律体最精能。上追大历兼长庆，旁采公安与竟陵。熔冶一炉材美富，翱翔千仞气崚嶒。更难书与诗双绝，柳骨颜筋健似鹰。

处默宁为面壁僧，莲花妙舌我安能？卜居未暇求詹尹，纵酒何心学信陵。晚景桑榆惊荏苒，寒山松柏失崚嶒。最怜鸡鹜纷争食，偷眼浑忘海上鹰。

---

①　据日记、信草，前二首作于 1915 年 12 月 1 日；三、四两首为再和，作于 13 日；五、六两首为三和，作于 21 日。

为陈明侯将军题吴梅村山水直幅①

尺幅烟云淡墨挖，却从枯燥见舒和。四王吴恽虽名重，毕竟先生士气多。

画为诗与书名掩，常熟吾师可并论。一样甲申辛亥事，松禅福分胜梅村。

题《纪缘集》②

吴君子通与吾弟仲尤共事有年，岁乙卯介仲尤以诗见投，余即依韵奉和，时吾两人未识面也。辛酉以后，结社唱酬，踪迹寝密，但前作不复省记。顷子通制纪缘册征同社各题数行，而属余即写第一次和韵之诗，且录原稿见示，曰此吾两人结缘之始也。爰题志简末而志其原委如此。中元甲子岁小满日，严修书于蝉香馆，时久旱得雨新霁，庭树如膏沐也。

东塾能传学，南皮剧爱才。遂令后起秀，见此不凡材。族望吴荷屋，诗名徐玉台。阿连真有幸，几席日追陪。

---

① 《严先生遗著》诗题作"为陈明侯少将题吴梅村山水直幅"，注"乙卯十二月"。据信草，作于1915年12月16至20日间。

② 《严先生遗著》诗题无"题"字。《诗存稿》置此诗于甲子，然据题注，当为甲子重写乙卯之诗。写作日期不详，姑置于此，备考。

三河汪大令君硕寄示近作次韵奉和[①]

使君偶现宰官身,黍雨能回万象春。已播循声入舆颂,不妨余事作诗人。听泉小驻灵山麓,踏雪亲巡错水滨。我与使君缘不浅,为君絮絮话前因。

晚岁抽簪得乞身,甬江好访故园春。移居远在国初日,占籍久为沽上人。旧宅空留慈水曲,君家亦徙太湖滨。乡亲二百年前事,忽复相逢是夙因。

吾祖吾亲逮我身,洵阳曾阅几年春。生予忆在咸丰岁,溯始原为京兆人。惠政今逢龚渤海,儒风何减蔡洨滨。受廛此地经三世,愿作编氓事有因。

次韵和弢斋相国见怀[②]

逢人莫漫说行藏,举世如今似醉乡。小草幸无天下志,幽兰惜此雨余香。摊书偶喜晨窗静,谢客恒贪午枕凉。笑我年来疏懒甚,观潮犹拟向钱塘。

---

①　《严先生遗著》诗题作"三河汪县长寄示近作次韵奉和"。据信草,作于1916年3月15日。

②　据信草,作于1916年7月28日。《诗存稿》置于乙卯,误。

游明陵杂诗①

　　天寿诸峰接太行，一身吉壤盛铺张。长陵若与长城比，未免文皇愧始皇。长陵

　　祖训煌煌侈靡惩，盛朝家法谨相承。焉知一百余年后，更有金楹起后陵。读高宗御制明陵诗碑。

　　思陵宫殿昼沉沉，塞径蓬蒿一尺深。读遍《昌平山水记》，亭林此地最伤心。思陵

　　雄关万里捍天骄，仅抵英京建一桥。不是祖龙曾好事，更无名迹属中朝。南口逆旅遇一美洲人，自云幼时闻其父言世间名胜有二，英之伦敦桥与华之万里长城也。

张 家 口②

　　众峰合抱曲如环，环缺中衔大境关。欲向张垣览全景，不③辞先上赐儿山。云泉山一名赐儿山。

---

① 《严先生遗著》诗题作"北游杂诗"。据信草，作于 1916 年 8 月。
② 《严先生遗著》此诗为《游明陵杂诗》最后一首，无单独题目。
③ 不，《严先生遗著》作"莫"。

和言仲远韵①

　　君文虚谷字虚舟,诗境烟霞万古楼。莫问军谟兼政略,但论笔下已千秋。

　　海浪掀天打漏舟,火山迸地撼危楼。经春已分无生理,不道偷生又一秋。

　　击楫纷乘祖逖舟,筹边竟上赞皇楼。莫嫌凡手支危局,今日何从觅奕秋。

　　博望频乘海上舟,仲宣屡上异乡楼。归来还觉吾庐好,一簇黄花共晚秋。

挽周效璘②

　　国粹当今日,将成希世珍。况居新学界,又是北方人。议论能砭俗,文章不疗贫。夜窗检遗稿,一读一沾巾③。

题李星冶先生画像镜①

　　平生三五知心友,都是先生弟子行。常共诸贤陪燕飨,似曾昔日列门墙。菁莪亲见弦歌盛,蒌菲何曾日月伤。乐府民声流恺悌,玺书天语赞循良。壮年宦迹燕兼赵,晚岁勋名豫与扬。大隐何心恋朝市,去思最永是吾乡。归田不就陶潜菊,卜宅仍依召伯棠。载路箪壶欣话旧,成章狂简复升堂。铸金漫拟蠡辞越,画像还同轼在杭。难得华宗传绝艺,能从道貌写谦光。镜随霁月双圆满,坐有春风万吉祥。愿挈部氓低首拜,祝公福禄寿无疆②。

张年伯母吴太夫人八十寿诗③

　　吴中我有同年生,仲仁张氏人中英。季曰云搏亦豪俊,兄弟海内俱心倾。燕公中令大手笔,释之廷尉天下平。家学直拟眉山苏,母教尤似河南程。母昔事姑以孝闻,视听能及无形声。万石家风涤厕牏,崔门妇职亲割烹。律己一生不妄语,与人恂恂惟推诚。施予则丰自奉俭,种福惜福非求名。慈悲度世佛氏旨,纵人负我仍原情。义方教子尤郑重,毋许阿附希宠荣。郎君蹇蹇秉懿训,遂为当

─────────────

　　① 《严先生遗著》诗题后注"七言排律十二韵"。据信草,作于1916年11月18日。
　　② 《严先生遗著》诗后题"丙辰冬月奉题星冶先生玉照,后学严修"。
　　③ 《严先生遗著》诗题"寿诗"作"寿言"。据信草,作于1916年10月24日,题为"张仲仁同年太夫人寿诗"。

代名公卿。尔来奉母驻沽上，母年大耋犹聪明。丙辰十月丁酉朔，筵开八秩称觥觯。郎君征诗侑觞斝，一时能者皆歌赓。我虽不能强学步，如以筝琶溷韶頀。即今寰宇难未已，蜗角蛮触犹纷争。我祝贤母寿期颐，更祝八方早澄清。君不见古人编诗有深意，《南陔》《白华》兼《由庚》。

题方伯根所藏沈文忠为伯根令祖勉甫先生亲书诗册[①]

一卷亲题墨未干，瞻罗望汨起长叹。文忠奉使，殁于水。辛壬酉戌年相接，直作先生绝笔看。文忠薨于壬戌，此卷题妥则辛酉也。

纪年五十六年前，执卷凝思一泫[②]然。此是我生未周岁，毅皇御极中兴年。

和幼梅见赠原韵[③]

容容匪我求多福，落落防人笑寡俦。钟鼎山林两无与，琴书花鸟若相酬。豪情宁许空千古，浪迹还思遍五洲。三疾矜狂吾幸免，只余愚疾最难瘳。

茫茫尘劫浩无边，学说新奇甚昔年。子贵不甘为父后，士骄奚

止叱王前。众生都为姬姜悴,万事无如博奕贤。莫漫问天胡此醉,我今语比醉尤颠。

雨后山行①

几点西湖雨,朝来万景清。楼台添壮丽,林壑倍分明。山远能寻脉,峰多颇识名。时闻喁唶鸟,共此快新晴。

湖滨茶楼②

饱领莼鲈味,来评博士茶。窗中延远岫,天际散余霞。危塔丛林外,归舟浅水涯。吴音听未惯,四座语声哗。

登 钓 台③

吾家支祖宗八公,当明之世家慈东。五传至我迁津祖,时在昭代康熙中。天津是时号曰卫,卫城西有文昌宫。宫之迤西来卜宅,更传七叶逮我躬。浙东燕南久隔绝,曾无一纸通邮筒。慈溪县有

---

① 据日记,游西湖雨后登紫阳山事在 1917 年 4 月 23 日。
② 据日记,下山后登楼外楼饮茶,亦在 1917 年 4 月 23 日。
③ 《严先生遗著》诗题后注"丁巳闰二月南游杂诗之一"。据日记,登严子陵钓台事在 1917 年 4 月 26 日。此次南行始于 4 月 16 日,即丁巳闰二月二十五日。

马鞍山,我识此语方幼冲。马鞍究是何状态,每涉冥想心憧憧。光绪初载丁戊间,吾父半百吾成童。浙有族父筱舫阁学。官畿辅,小长芦馆主人翁。二老相逢证谱牒,南北自此初沟通。留车河畔起祠宇,二老斥金完巨工。迨余使黔还渡海,遂诣桑梓修敬恭。冠带谒祠且展墓,马鞍山下马鬣封。童时耳详今目见,此时此乐真融融。或言追远当上溯,祖无远近尊则同。严滩旧有垂钓处,至今名并崇台崇。希文昔撰祠堂记,异姓犹慕先生风。矧予小子好搜访,焉可数典忘祖功。今年览胜来西湖,恰有富阳章子从。伴我舟行溯江上,由钱之富而之桐。富春桐君两奇绝,环山一色皆青葱。诘朝买舟趋严濑,桐庐以上轮船不能达,易帆船。江流曲曲山重重。钓台临江高百丈,石壁峻削仍玲珑。褰衣直造台绝顶,茫茫四顾皆危峰。静如太古罕人迹,江名曰富山则穷。用卢木斋语。当年若非处穷山,难免矰缴随飞鸿。嗟余及身逢丧乱,未能避地逃虚空。今日登高怀祖德,但有慨慕难希踪。此意难为外人道,可与言者惟吾宗。吾宗孰最可与言,慈湖渔隐字辟庸。辟庸,家渔三弟别号,先约同游,以事未果。

登富春山①

　　乱峰围绕水平铺,坡老诗中有画图。今日富春江上望,天然又是一西湖。

---

① 　据日记,登富春山事在 1917 年 4 月 27 日。

津浦道中①

钱江两度迟归舟,又傍西湖十日留。天若与龄兼与健,一年一度向杭州。

西泠山色与湖光,不伴游人返故乡。满目风沙连大漠,无情草木对骄阳。还家坐惜残春尽,三月二十九日到家。忧国何堪比岁荒。莫羡南中风景好,南中根本是农桑。

和蒋伯伟病后春感诗步原韵②

小别才经岁,怜君太瘦生。形容独憔悴,神志更清明。吏岂廉为累,诗缘苦得名。孤芳自欣赏,何处赋嘤鸣?

我有长生诀,君当一辗然。不须崇药圣,且复效茶颠。书缓司农带,琴温单父弦。神恬能却老,况是正中年。

闻有杭州约,知君意发舒。自饶经世略,奚假荐贤书。政从催科厌,才宁佐治疏。得闲容访戴,为我具时蔬。

君等才如海,伤哉际此时。有官宜大隐,不治得中医。残局拚孤注,新巢竞一枝。眼前多卜肆,谁与决安危?

---

① 据日记,此次南行于 1917 年 5 月 19 日返津,即农历三月二十九日。
② 据信草,作于 1917 年 8 月 8—9 日。《诗存稿》置于乙卯,误。

结婚满四十年纪念诗①

泰西新语入神州，美满姻缘要自由。縶我惟凭父母命，也成嘉耦不成仇。

授室吾裁弱冠前，早婚有害体安全。即今往事难追论，且说经过此卅年。

老人恒恐抱孙迟，亦为儿婚太早疑。敬体严亲忧疾意，一年强半独居时。

抱孙犹及祖生前，秋色平分正月圆。无害无灾无圻副，归功敢忘《达生篇》？大儿智崇在妊方两月，吾父以《达生篇》授予，且指某卷某行以相示，盖言别居之益也。读之憬然，即日移居外舍，儿生果极顺利，且内子终身无产难之苦。

阿姑谓有宜男相，内子初归余，余长姑赞曰："此儿福相，贮子满怀也。"曾是男宜女不宜。一十一番占吉梦，四为虺蜴七熊罴。

条冰赢得冷头衔，岁岁京华共苦甘。不为骓征怨离别，三年燕北与黔南。

仕非干进隐非高，五十悬车亦自豪。偕老有人助家政，不将箕颖强儿曹。

昔日同浮海上舟，亲偕儿女渡瀛洲。归装各有长生药，容易相偕到白头。

新吾持论最公平，世上宁惟女慕贞。《呻吟语》卷五："夫礼也，严

---

①　据日记、信草，作于 1917 年 8 月 23—24 日。曾发表于《妇女杂志》1918 年第 4 卷第 1 期。

于女子之守贞,而疏于男子之纵欲,亦圣人之偏也。"解识琴瑟专壹好,肯教参昂赋宵征。

人言罪过是风流,我觉风流士可羞。慈父义方良友训,终身耻作狭邪游。先父一生无声色之好,人所共知也。亡友陈奉周尝谓余曰:"从一之义,男女所同,有悖此义,则人贱之。"余谨志斯语。

易道刚柔异性情,夫犹卜急妇和平。和平却是家庭福,门内从无诟谇声。

裙布风姿亦孔嘉,有生不喜御铅华。晚年尽售金珠去,要使流通利国家。余尝谓内子,妇女首饰最无用,内子信之。沪杭甬铁路之募股也,逢人便劝。内子以为义举,尽售所蓄金饰,得千元人之,一生私财仅此而已。

我曾止酒戒撂蒱,不及闺人嗜好无。一事尤能树家范,更无人吸淡巴菰。余三十戒赌,四十戒烟,五十戒酒,而内子则从无此好。余近年偶以白兰地酒治腹①疾,内子犹不谓然。

百行吾曾几行修,妇兼四德亦苛求。聊依善善从长例,为彼高深助壤流。

明知碌碌②节无奇,却信容容福是宜。普为众生亲说法,糟糠莫使叹仳离。

吾夫妇结婚满四十年,而大儿智崇满三十八岁,崇儿生于光绪己卯八月十五日,在阳历则九月三十日也。吾国既改阳历,吾家长幼生日即准阳历计算,而崇儿之生日遂不在旧历之秋节矣,至今年丁巳而复与秋节合,盖十九年七闰,而气朔分齐,吾国之历法亦如是。崇儿生满三十八年,是为十九年者再,宜其然也。十九年而适合一次,固人人之所同,然一两日之差亦时有之。今则

---

① 腹,《妇女杂志》发表时作"肠"。
② 碌碌,《妇女杂志》发表时作"录录"。

阳历九月三十日,恰是阴历八月十五日,则合而又合者也。吾夫妇结婚于丁丑九月十八日,在阳历为十月二十四日,当今年阴历之重九。中秋去重九才二十余日耳,且同是佳节,故即用崇儿之生日为吾夫妇结婚满四十年之纪念日。是日又星期日也,儿辈孙辈在官者给假,在校者休课,藉此谋家人一日之团聚,有何不可?秋节日也,星期日也,生日也,纪念日也,无宁谓之团聚日也。

泰西风俗结婚满二十五年谓之银婚,满五十年谓之金婚,至期则有祝贺之举,吾国无此俗也。近者婚姻自由之说盛行,而中道离异者时有所闻,此其中大有疑问也。吾夫妇婚四十年矣,银则已过,金则未至,能至不能至,未可知也。而回忆此金先银后之时期,不无可喜可纪之事实,夫金与银何必拘?自今伊始,每阅十年则为一次之纪念,如世俗之满十年而庆寿者,然又何不可?世有以此为趣事而导扬鼓吹者乎?或者伉俪之风由此日笃。士无二三之德,而人人有百年偕老之愿,是则愚夫妇所祷祀祈之者也①。

题刘如周将军邮寄阳明像拓本②

利欲驱人陷溺深,谩言唯物抑唯心。当年抵死争朱陆,却任中原遂陆沉。

姚江学派入东瀛,半部居然致太平。偏是神州先进国,渐无人识本心明。

轺车问俗廿年前,每过龙场一爽然。吾党今多济时彦,可能功德比前贤?

---

① 《严先生遗著》后署"严修"。
② 《严先生遗著》诗题"将军"作"督军"。据日记、信草,作于1917年10月9日。

章馥亭举第二男请余命名命之曰乃辙

其长子名乃歧,歧伯也①

正是香飘桂子辰,商瞿又报产麒麟。惜余未践观潮约,汤饼筵前少一人。今春与馥亭同游湖上,曾有此约,并②约过震泽,过其庐也。

贱名非敢拟欧阳,今日偏思与较量。明允已深文字契,更招轼辙入门墙。

今春作南游诗误记月点波心为苏句馥亭以书致诘且有苏用白句之疑作此检举③

老夫头脑太冬烘,误遣苏公代白公。玉局文章妙天下,何尝一语肯雷同?

同是诗家第一流,湖边俎豆共千秋。只缘类似生歧误,竟使张冠戴李头。

---

① 据日记、信草,作于 1917 年 10 月 22—23 日。
② 并,《严先生遗著》作"且"。
③ 据日记、信草,作于 1917 年 10 月 22—23 日。

题《孟氏祖庭图》①

　　七篇诵法遍胶庠,世系龙门惜未详。幸有一图②工刻画,得瞻三代旧冠裳。君亲师友俱千古,礼乐兵农又一堂。只合编年继宣圣,大醇奚止胜荀扬?

幼梅五十生日诗③

　　昔我识君君未婚,而今绕膝罗儿孙。昔我识君君就傅,而今桃李盈君门。惊君孟晋日千里,羲和失色穷追奔。文采风流震坛坫,方驾玉局兼梅村。遍交贤豪与长者,客常满座酒满尊。朝为曹丘夕季布,此曰知己彼感恩。说士肉甘且隽永,口颊拂拂春风温。超然应物物无滞,天生慧力由凤根。才学器识与年进,其间亦有福命存。况复神完气尤健,兴来直拟云梦吞。行年五十犹少壮,使我欲信西儒言。人生能活二百岁,期颐大耋安足论。

---

① 据信草,作于 1917 年 11 月 14 日。
② 图,《严先生遗著》作“编”。
③ 据日记、信草,作于 1917 年 12 月 20—21 日,写定于 1918 年 1 月 3 日。

题王可鲁《畏曙图》①

王子视我《畏曙图》，云所畏者曙星孤。吾谓王子君何畏，君身自有长生符。君之文章能绳祖，文人多寿吾岂脁？君之政事能仁民，仁者必寿吾岂诬？矧君神明至朗澈，皦若朝旭升海隅。北堂日永延春晖，芝兰玉树生庭除。一家欢喜万事足，焉用惴惴多忧虞？吾说虽如此，君图不可无。君子之心常敬畏，事亲守身理无殊。不亏不辱《戴记》语，如临如履孔子徒。藉用白茅又何咎，此意足资世楷模。②

题京师宝华楼三十年纪念册③

天官九职各专长，观器咸知辨窳良。但使工商能并进，雕文刻镂究何伤？

人言规矩用高曾，墨守拘墟未可凭。海国文明齐孟晋，要驱意匠与争能。

---

① 《严先生遗著》诗题"王可鲁"作"王君可鲁"。据信草，作于 1918 年 1 月 8 日。
② 《严先生遗著》此诗后署"可鲁道兄属题，即希粲正。丁巳嘉平月，范孙弟严修呈稿"。
③ 据信草，作于 1918 年 3 月 24 日。

· 276 ·

出榆关寄幼梅兼呈送行诸友①

好游未肯负余生，又涉重洋万里程。有约南辕旋北向，初与静生约由沪登轮，会苏省因防疫停车，余遂改道。欲探西极却东行。途长幸结同心侣，谓静生、子文。志怆浑忘惜别情。最是难酬亲旧意，深宵仆仆送兼迎。

谢幼梅馈糖②

先生亲选糖霜谱，馈我双罂意孔嘉。岂谓酸咸殊嗜好，欲教辛苦忘舟车。与人结纳倾肝胆，使我芬芳驻齿牙。此例他人难仿效，饴山自昔属君家。

京奉道中遇兵车辄停以迟到故
不及趁安奉车遂宿沈阳③

兵车绎绎辟人行，迟我东游半日程。恰好锻诗方未就，偷闲意匠且经营。

---

① 据日记，作于 1918 年 4 月 6 日。
② 据日记，作于 1918 年 4 月 6 日。
③ 据日记，宿沈阳事在 1918 年 4 月 6 日。

东行杂诗[1]

地宝天然古隩区，万山环抱本溪湖。谁言信美非吾土，纸上今仍旧版图。

鸭绿江边春水愁，凤凰城外暮云羞。回头三十年前事，亲见藩臣拜冕旒。

景福宫前万象新，谁从辇路识前尘。曾无禾黍兼荆棘，只觉春光懊恼人。

昔容卧榻他人睡，今日他人不我容。十五万钱千亩苑，或云是放或云封。

同时牛李竞机牙，杖策争浮海上槎。却笑鲰生无个事，闲寻上野看樱花。

几年不踏扶桑路，举目从知富庶加。山径遍敷含雨树，水村时露隔墙花。弦歌比户声相续，丹雘新居气自华。遮莫东皇意偏厚，常留春色在邻家。

早樱开遍两都京，才放荒川五色英。记取看花好时节，晚宜谷雨早清明。

樱花烂漫闹春风，树树争妍炫眼红。不及厢根山下望，两三点缀绿丛中。

---

① 据日记，1918 年 4 月 7 日自沈阳出发，经朝鲜到日本，4 月 20 日由东京赴美。《东行杂诗》即作于此间。

太　平　洋①

沧海中横一粟微,风涛狎见已忘危。朝朝黑水寒云外,时有成群沙鸟飞。

四月闰二十四日②

轻舟东复东,日行千里远。白日迎面来,交臂去缓缓。十日一日腩,缩令春日短。乍疑日未晡,忽报已向晚。初谓夜未央,旭轮朝已转。昼觉食事频,宵惜睡量减。纵无年命妨,颇嫌日历舛。置此一日闰,倍偿利不浅。

入美杂诗③

夜寒陡觉侵肌骨,白战漫天晓未休。行过落机才半日,绿莎送暖入平畴。

---

① 据日记,自1918年4月20日由东京登船,至29日抵温哥华,应为此间所作。

② 所谓“闰二十四日”,因东渡太平洋,过日期变更线,24日后复为24日,故曰“闰”。本日日记云:“是日经行之处,与英之格林尼须人足相对,英文 Antipode。向日而行,每日腩四十八九分,故于是日特加出一日。”

③ 据日记,1918年5月5日由加拿大入美国境,8日过落基山,10日游圣保罗,13日观米西甘湖,诗应作于此间。

已近清和月，春寒转峭深。四山明积雪，万木蕴层阴。野径驯
松鼠，桥阑息水禽。车摇不成睡，倚枕且高吟。过落机山。

暂遣车尘息，来游圣保罗。敏尼大都会，米昔古长河。粒我贻
牟富，是处产麦。惊人产铁多。或言是处产铁居世界百之七十五。余心
别有属，到处听弦歌。

名都圣路易，于我意云何。炱重天沉闷，砖残地辘轳。气蒸烟
酒烈，迹着唾洟多。独有宜人处，轻舟米昔河。六月同子文游中部。

昨游米昔比，今过米西甘。水漾日金碧，天浮云蔚蓝。溪山评
浙右，烟树话江南。遥忆富阳客，扁舟兴正酣。过米西甘湖忆章馥亭。

同子文重游那亚格拉观巨瀑[1]

绮逦[2]译音[3]。万顷湖，抑何清且涟。东下数百里，大波起轩
然。本从平地来，忽若升山颠。倒倾磬折下，峭壁横其前。壁立数
十面，面面铺寒泉。曲如九折屏，厚[4]如千重棉。皱[5]如百褶裙，
急[6]如万弩弦。去地未及半，化为云与烟。烟腾散白雨，扑面凉珠
圆。忆我前度游，风和云物妍。踏雪走山趾，听[7]水缘溪边。舟人

---

① 《严先生遗著》诗题作"同孙子文重至水牛城观巨瀑"。据日记，水牛城观瀑事
在 1918 年 7 月 1 日。
② 绮逦，《严先生遗著》作"绮丽"。
③ 译音，《严先生遗著》作"名"。
④ 厚，《严先生遗著》作"或"。
⑤ 皱，《严先生遗著》作"或"。
⑥ 急，《严先生遗著》作"或"。
⑦ 听，《严先生遗著》作"玩"。

载游客,破浪趋中坚。满船蓑与笠,浪花乱入船。雌霓现水上,影随人①转旋。豁然心目开,万虑从弃捐。所惜②不久留,未窥风景全。今来值雨后,气象更③万千。激湍发深涧,奔霆鸣巨渊。山趾不可踏,溪边不可缘。昔日维舟处,人去船亦迁。俯视抗回风,吹帽欲上天。穿林觅新境,我友捷足先。笑我跛能履,努力差随肩。行行过长桥,涛声震前川。有瀑名马蹄④,不知起何年。循名数前典,忽忆庄叟篇。望洋何足惊,观濠何足传? 吾侪侈眼福,直欲骄前贤。

崇儿四十生日方居东京作此寄之⑤

　　我父四十时,我时方幼读。喜惧两不知,登堂效称祝。我兄四十时,我时方食禄。征诗祝难老,不辞砖引玉。紧我四十时,兄丧未除服。作诗曾自述,章短不盈幅。堂堂日月去,流光弹指速。吾儿亦四十,我年且望六。五十余年事,历历如在目。沧桑浩劫频,幸未身名辱。儿近客扶桑,我来新大陆。相去虽万里,如今地已缩。书来问起居,丁宁且反复。谓偿昼间劳,全恃夜眠熟。我试述近况,不惮词烦复。及儿初度辰,为报平安竹。自我来此邦,经春阅三伏。甄奇拓闻见,揽胜恣瞻瞩。米昔昔比河,那亚格拉瀑。布

---

①　人,《严先生遗著》作“船”。
②　所惜,《严先生遗著》作“犹恨”。
③　更,《严先生遗著》作“增”。
④　《诗存稿》作“马号”,误。此据《严先生遗著》改。按,马蹄瀑布为那亚格拉(今通译尼亚加拉)瀑布一部分。
⑤　据日记、信草,作于1918年8月19—20日。

鲁克桥梁,乌尔斯建筑。葛兰德氏陇,华盛顿氏屋。美富图书馆,精深标准局。其他适意事,数之难更仆。匪惟游兴酣,抑且睡量足。匪惟魂梦甘,抑且厌口腹。此邦一饮啄,悉含新教育。学僮肄课程,布帛兼菽粟。在彼讲卫生,在我助食欲。同游善炊事,乡味饱粱肉。鸡猪杂鱼蔬,饼饵佐饘粥。而我兼西餐,嗜同羊枣独。旅居何所苦,如此食与宿。身康子逢吉,儿傥闻所欲。现身毕吾说,且复念家督。儿居京师久,精力疲征逐。瀛洲气鲜洁,一洗尘十斛。山川辉且媚,明瑟水与木。玩月不忍池,看花日比谷。叶山寻旧居,芦汤试新浴。于此求长生,操券胜符篆。矧儿天性厚,和易且诚笃。我父我兄贤,庶几儿式谷。愿儿保令名,愿儿受多福。誉儿纵见嘲,尔我两无恧。

前诗写毕戏题二十八字补空

我年二十失双亲,此我《四十自述》诗首句。儿事双亲到四旬。儿与双亲三处往,东京纽约与天津。

寿徐菊人[①]

昔我初识公,公年三十二。今年复寿公,公年六十四。无端增一倍,老至岂不易?再经如许时,百岁亦已至。古人固有言,三十

----

① 据信草,作于 1918 年 8 月 15—20 日。

为一世。惟此一世间，不啻千万禩。未知百岁前，更有何等事？

和槐亭寄诗原韵三首①

老来欲洒虚生耻，坐惜年华似水流。论齿已濒周甲岁，及身犹办十年游。落机山外雪盈轨，米昔河中风引舟。孰使瀛环分各半，半东球与半西球。

几番回首望中华，万里舟连万里车。稍悟文章经世事，悔从故纸觅生涯。

左右均能望故乡，美之东部与中国人足相对。东瞻西顾思茫茫。如今万里犹庭户，别意何须算短长。槐亭句曰"迢遥后会知何日"，以此解之。

和陈君先颀寄诗原韵 陈曾受业于槐亭②

王褒门下陈惊坐，炼句能成绕指柔。自是蜀中盛文采，扬云亭子杜陵舟。

客中只见旁行字，诗到真如逢故人。有约丁沽会相见，夏时十月小阳春。

---

① 据日记、信草，作于 1918 年 9 月 4—5 日。
② 据日记、信草，作于 1918 年 9 月 5 日。

铁 血 吟 游美作①

黄金歊涌似潮来，公债今为第四回。若假华文来纪数，已超正涧况京垓。

当门赤帜列星镌，中着金星更灼然。略似吾邦别差等，将金书圣玉书贤。局所商店皆有从军之人，门前或门内悬赤旗以星识人数，有阵亡者则金其星。

来去帆樯未肯休，任他潜艇惯沉舟。邦人胆气原无敌，亦恃平居善泳泅。

计日郎君事远征，纷纷迫吉缔鸳盟。杜陵错赋《新婚别》，得偶军人毕世荣。

无议无非识者讥，耻甘雌伏让雄飞。试看裙屐翩翩队，时着军官警吏衣。

耻教口腹恣贪饕，忘却军人汗血劳。斟酌食单某某日，肉羹麦饭不能庖。

买蜀黍时兼麦粉，米随麦粉又相兼。官家法比牛毛细，难得人民奉令严。

尝胆何知勾践事，但将辛苦念沙场。今年八月新功令，月限人惟两磅糖。

车泽人疲习尚奢，稍教节俭救纷华。近来心昂房虚日，不见闲游自动车。星期日不得乘摩托车，某日余赴门柔博士约于小庄，博士曰惜今

日为日曜日,不得同车一游览也。

鬻市商家所有权,但防浩侈靡金钱。暂将奇货居高阁,一两弓鞋十六圆。某日参观某鞋店,主人以最贵之坤履示客,曰今日功令不许售卖也。

飞机闻戒每虚惊,未许连开不夜城。昨夕漫游逢土曜,满街加倍放光明。

阿娘掌上三珠秀,分手难禁望眼穿。那管家书乱人意,朝朝鱼雁向军前。麻司克汀机器厂巴雷君三子皆从军,其夫人思念之甚,每日必作一书。

慈母中宵梦不成,两军连日正争城。朝来忙取新闻看,先看沙场死姓名。静生居华盛顿,其主妇有子从军,每晨送新闻者至,妇则急检死者姓名。

琴瑟和谐是正声,双双携手不胜情。近来少壮从军去,惟见翁偕媪并行。从军年岁初限至二十一岁,又推广至十八岁。

壮士从军誓不回,就中亦有不材材。颇闻入境欧西客,为避征兵渡海来。

丁壮纷纷去荷戈,女工近日更加多。未知参政争权者,尽遣从军意若何?

拳杖交加众怒狂,裂冠捽发剥裙裳。何来侦谍妄男子,幻作盈盈仕女装。李炳麟在纽约城见之。

牛昂鸡鸦蚓狒纫,干戈疫疠每相因。可怜甲帐从军士,病死多于战死人。死于疫者一万一千人。

榛 苓 谣 亦游美作①

杰阁嵯峨互九霄，元龙百尺讵称豪。倘非制限难逾越，早过巴黎铁塔高。

公园第一是中央，水石回环十里长。一百十街园起点，直通五十九街旁。

地上地中纷轨辙，更开复道驶高车。试从百十街前看，去地虚悬五丈余。

为争一刻值千金，隧道飞轮最称心。五百万人日来去，不嫌昼似夜沉沉。

物价争高工价加，日殊月异岁尤差。不辞折阅惟三事，幻影新闻与电车。

一日三餐三入市，不因中馈误谋生。怪他习惯不家食，学校偏知重割烹。

剧目编排入教材，剧场即在讲堂开。最奇单级乡间校，别为生徒设舞台。

任公昔日编游记，大陆班班有赞辞。此地最宜公久住，一年都是饮冰时。

华餐滋味美通行，二百余家纽约城。我仅百分经四五，中西上海最多情。

嗜甜每患虫伤齿，多食冰丸亦不宜。我觉药房餐馆外，最多广

---

① 据信草，作于1918年9、10月间。

告是牙医。

大羽高檐顶上功，入时花样各争雄。试来第五经涂看，冠式曾无偶一同。

高履峨冠絺?裙，出门但见女如云。不来士族观家政，安识阃中力作勤。

阛阓百货纵纷陈，未解方言愁煞人。哑旅行人最称便，十钱均与五钱均。

受鞫亲提未晬儿，回巾掩面不胜悲。儿憨未识娘心戚，犹望公庭作笑嬉。

子悍多缘母太慈，公家约束胜鞭笞。法官一副春风面，直是优良学校师。以上两绝均儿童裁判所。

室广衡纵八尺余，狭床重叠似舟车。任称绝顶文明国，毕竟囹圄不可居。拘留所

得得繁声对面来，童男童女试冰鞋。吾乡纵欲邯郸学，无此宽平白石阶。

百五十年新大陆，至今女界始维新。我来此土百余日，巾帼初逢断发人。

大名鼎鼎贾波林，饩禀年酬百万金。借问滑稽诸幻影，何关风俗与人心？

纽约居民土间流，流中多数意匈犹。我曾犹意街前过，私谓唐人胜一筹。

国小宁惟三不害，民强立见百惟新。相逢不语先颜汗，愧此同洲接壤人。暹罗学士

笑向华人操日语，华人且莫遽相嗔。一般楚楚新冠服，谁识君为弱国人？

习闻四海皆兄弟，何况同为祖国人。同国同乡同里巷，不知堂斗是何因？

舍命无非望报酬，酬金来自赌抽头。欲教堂口无凶斗，先把番摊局没收。

弃短方能取彼长，买珠买椟费评量。可怜负笈重洋外，角胜先寻跳舞场。

闲言送日竟何裨，往往宵深意不疲。我惮夜居缘起早，恒多对客欠伸时。

面如縣漆唇涂朱，亦随绳矩能步趋。久居庄岳能齐语，蓬倚麻生不待扶。

自题小照

共赞先生志未衰，老妻相见独迟疑。与君暂别未周岁，两鬓星星从几时。

在美答赠美国某大学校长诗[①]

中华历史四千年，揖让高风莫或先。若论共和新政体，美洲百四十年前。强国根基在地方，美邦市政最精良。芝城纽埠难寻绪，绝好师资是此乡。

---

① 录自《留美学生季报》第 6 卷第 2 期（1919 年 6 月），未见于《诗存稿》。应作于1918 年，姑置于此。

六十自述①

　　岁逢己酉月逢春，遏密期中度五旬。德宗奉移日即余五十初度日。转盼又经十年历，冥心遂作两朝人。翻新疏仡循蜚纪，垂尽无怀浑沌民。百感余生由自取，不应享寿过吾亲。先君享寿五十一，辛亥之年余则五十二矣。

　　昔叹宁馨去渺然，下五字甲寅在英伦悼亡侄句。今伤家督及黄泉。丁多难免期功戚，命短翻憎子侄贤。季札何因轻去国，卜商有恨敢尤天。独怜无父诸儿女，未到加笄赞冠年。

　　心死明知事可哀，聊凭天地寄形骸。诗兼游记题随择，酒代医方戒惯开。履适便矜腰脚健，镜清未显鬓毛摧。不知留此残年在，更阅人间几劫灰。

　　比岁从人汗漫游，客中闲度几春秋。此十年中，庚游汴、汉、浔、沪、杭、苏，登焦山，又出榆关至奉天。壬游日本，癸、甲游欧洲，乙游苏门、皖、宁、无锡、南通、济南，再到西湖。丙出居庸，游明陵、张垣，又登岱，谒孔林，观浙潮，三到西湖。丁游桐庐、富春、禹陵、兰亭，四到西湖。再游苏州，泛太湖。戊游合众国及檀香山，往返经日本。茫无畔岸身家国，富有河山亚美欧。与我相亲仍禹域，教人最忆是杭州。下五字用白句。眼前又数番风信，准备西湖十日留。

---

　　① 据日记、信草，作于1919年2月27日。

第五次至洹上养寿园寄墨青[①]

泉石依然养寿园，十年往事向谁论。五人赏画天宁寺，今日惟君与我存。庚戌偕墨青，率子智崇、侄智惺来邺，徐君毓生导游天宁寺，观吴道子画。

历数前游益怆神，年年代谢有新陈。昔时[②]四度同来客，强半今为泉下人。初次同来者墨青、智崇、智惺，二次同来者毓生，三次伯苓、旷生、智崇，四次智崇，今存者惟墨青、伯苓及余耳。

洹上感赋[③]

燕南残雪尚缤纷，洹上青青麦陇云。花信疑迟缘岁闰，风光蓄暖待春分。故园柳色依依认，隔院鸠声续续闻。忽忆当年旧宾主，仰天无语立斜曛。庚戌来时，款宴者容庵主人，陪宴者谢仲琴、王小汀、徐毓生，客则予与墨青及智崇、智惺也，宾主八人惟小汀、墨青及余尚存[④]。

---

① 《严先生遗著》诗题"墨青"作"墨卿"，诗中亦如是。据日记、信草，作于1919年3月19日。

② 时，《严先生遗著》作"年"。

③ 《严先生遗著》诗题作"意有未尽再赋一律"。据日记、信草，作于1919年3月19日。

④ 陪宴，《严先生遗著》作"伴助"，"墨青"作"墨卿"。

送葬遇风霾①

万丈黄沙黄蔽日,痴人奇想忽开天。大收吊客衣襟土,归去能肥斥卤田。

题李薇庄先生双簏②

劫运将临八表昏,风波宦海更奚论。明珠薏苡将军狱,白石荆薪郡守园。涕泪天涯思骨肉,诗书门荫及儿孙。贤郎珍重双遗簏,岂但关心手泽存?

刘仲鲁六十寿诗③

识君忆在海王村,藉甚声华刘蔗园。学绍濂亭称入室,文如广雅例抡元。早闻四裔游程遍,宁止三湘治谱存。滂喜瓶庵君举主,盛名端不愧师门。

年日吾符郑太夷,余与苏龛同生庚申三月十二日。海藏楼有见诒诗。得君同甲尤增重,后我兼旬未算迟。履道坊前歌忘节,耆英堂

---

① 据日记、信草,作于 1919 年 3 月 19 日。
② 据日记、信草,作于 1919 年 4 月 9—11 日。
③ 据日记、信草,作于 1919 年 4 月 11—24 日。

上酒盈卮。只怜俯仰今身世，不是香山涑水时。

无　　题①

笋舆行过复缘亭，千亩修篁一色青。忽觉翛然人意远，绿阴深处水泠泠。

溪山面面饶佳趣，画手难成八面图。今日窥全真面目，南高峰顶瞰西湖。

雨后登攀跬步难，喝于直送上云端。吾侪一寄平生快，知否舆人力已殚？

香市初过庙貌寒，了无风景是游观。归装载去知何物，十个铜钱豆腐干。下天竺

王谢今非旧日堂，香泥点点积空梁。不知危幕时长短，犹自营巢日夜忙。感所见

寿史康侯六十兼呈刘仲鲁②

同乡同甲兼同寅，史三刘二吾最亲。倾盖如故白首新，匆匆今为六十人。刘君有兄垂八旬，太白终岁乐天伦。史君有母期颐臻，老莱孺慕纯天真。言不称老典可遵，二君自视犹青春。吞花卧酒

---

①　此五首诗录自严修 1919 年 5 月 13 日日记，不见于《诗存稿》。本日，严修在杭州游三天竺等处。

②　据信草，作于 1919 年 6 月 27 日。

·292·

不厌频,龙马海鹤酬精神。刘君歌筵初告竣,我曾献诗惭效颦。史君六月逢佳辰,史为主人刘严宾。升堂祝嘏酒数巡,我有祝语请具陈。我观东海北海滨,纷纷遗逸来卜邻。庞眉皓首须如银,身则老健心酸辛。或伤往事泪盈巾,或念将来噸且呻。腾海蛟螭不可驯,鹬蚌不斗渔人嗔。神州怨气郁莫伸,天下何时能归仁。吾辈何为同劫尘,欲诉真宰叩大钧。不愿三人同为金刚不坏身,但愿一日得为太平之世之幸民。

读赵楚江八十自寿诗依韵奉和①

武昌太守泽如春,美政丰功迈等伦。昔向郎君问诗礼,戊戌二月,使还过武昌,易江轮,与公子幼江同乘江裕船,倾谈竟日。今从姻娅附交亲。公与郑献廷君同寅至契,近岁过从尤密,献廷谦公常约余陪,献廷余亲家,且僚婿也。天酬此老无疆寿,人仰前朝不二臣。还忆识荆忠愍宅,公方述职谒枫宸。己酉公入觐,余适在京,乡人饯公于松筠庵。

金山寺退院严修和尚与余同名且同庚今年夏历九月十二日六十初度寄此奉祝兼祝青权和尚并呈鹤亭叕夫少朴珍午经田苏堪仲鲁献廷康侯诸公①

庚申到己未,甲子忽一周。汶汶念吾生,何异菌与蝣。顾我虽无似,同甲多俊流。南有周张朱,北有史聂刘。翁君长一月,世德承箕裘。同年且同日,诗人海藏楼。今年我初度,有约来杭州。因循既愆期,先作金山游。冒君主东道,谊重情殷稠。迟我江天寺,禅房花木幽。介我见禅师,退院老比丘。袈裟映牟尼,貌伟神清遒。冒君指谓我,与尔名字侔。同名事恒有,古典难竟搜。难得僧与俗,命名如相谋。而且生年同,只异春与秋。前生殆有约,会合非无由。却怪相知晚,倾盖已白头。俯仰身世间,对师中含羞。贱子窃禄久,五十始乞休。兴亡岂无责,山川徒写忧。师乃蚤闻道,于世无忮求。禅院已方外,犹不肯久留。青山自去来,云水两悠悠。时乘只轮车,或驾一叶舟。南入竹林寺,北泛瓜步洲。不知有人相,何论恩与仇。不知有我相,何论悔与尤。从来佛海深,便入圣域优。重阳越两朝,又添海屋筹。仙潭菊酿熟,称祝皆希韝。况有青权师,年庚同吾俦。愿招同甲会,大会兹山陬。冒君合作宾,

---

① 严修以此诗遍征题咏,后编为《同甲吟草》一卷,由郑孝胥题签刊印。《同甲吟草》此诗题作"金山寺退院梅村和尚名严修与余既同名又同庚今年夏历九月六十初度寄此奉祝兼祝青权和尚并呈鹤亭叕夫苏堪少朴珍午经田献廷仲鲁康侯诸公"。据日记、信草,作于1919年8月19日。

· 294 ·

介绍功当酬。上列八九贤,大都气谊投。我为诸贤寿,大白同一浮。我为大师寿,大师笑展眸。梵经我未习,古籍稽鲁邹。先歌九如雅,后陈五福畴。寿师实自寿,严修寿严修。

周杏农为三河郝孝子征文敬撰一诗①

昔我初降庚申春,吾家方滞沟水滨。吾生三岁家还津,津人目我三河人。室是远而情则亲,颇识是邦贤与仁。卓卓名区沙岭村,郝氏世为通德门。临清吏目筱浦君,自幼事母以孝闻。宗族乡党无间言,万石涤牖安足论。君身虽没名久存,有孙绳武扬清芬。吾宗表墓寿贞珉,吾友周子为征文。我曾与君同榆枌,侧闻嘉懿慕且忻。嗟乎末俗轻彝伦,温清定省言厌陈。愿举先生式国民,庶几再使民风醇。

次韵答陈哲甫表叔正月初四日有感诗②

雪霁窗寒日影疏,梦回日上一竿余。索居已久罕闻过,静坐无聊还读书。举世功名塞翁马,吾侪文字校人鱼。邱宗卿谓场屋文字如校人之鱼,与濠上之观异矣。见《困学纪闻》。何时重听谈名理,扫径欢

---

①　《严先生遗著》诗题作"己未十月周君杏农为三河郝孝子征文敬撰一诗"。据日记、信草,作于 1919 年 10 月 16 日。

②　《严先生遗著》诗题作"次韵答陈表叔正月初四日有感诗"。据日记、信草,作于1920 年 2 月 29 日。

迎长者车。

次前韵并答仁安问疾诗①

执友从嗔久阔疏,等闲闲过岁之余。莫疑戒杀因祈福,去年读莲池大师《竹窗随笔》论杀生之惨,遂又蔬食。欲为笺诗好读书。指未全伸惭屈蠖,去年颠车,伤右中指,至今曲如半钩。腹犹有疾畏河鱼。余善病,病多在腹。眼看九九寒消尽,且试吾家议事车。余所乘车,马老而跛,行绝迟,每与伯苓共载,途虽不长,而言谈得以从容尽意,伯苓戏呼为"议事车"。

咏　　车②

昔人安步当乘车,今我车行比步徐。宜载闲游无事客,可能看字密行书。御夸东野危机伏,韦佩西门躁性除。人笑驽骀赞骐骥,焉知福祸定何如?

_____

① 《严先生遗著》诗题作"次前韵并答仁安问疾诗仁安亦用鱼韵但次序不同耳"。据日记、信草,作于1920年3月1日。

② 据日记、信草,作于1920年3月9日。《诗存稿》置于己未,误。

春　　阴①

爆竹声中旧岁更,层云晻霭压春城。已从元日过人日,杜诗"元日到人日,未有不阴时"。不见天心肯放晴。

和陈哲甫表叔寄示上元诗原韵②

休向长人强问天,野人忧国盼丰年。但期膏雨三春足,那管珠星五纬联。去秋都人侈言五星联珠,以为瑞征。予粟果如求水火,买灯何用惜金钱。报载今年津市灯彩特盛。论诗莫但尊诗史,惹起群愚谤谪仙。

九九寒消春满天,故书堆里过新年。笺诗乍喜珠船获,余病中注广《雅诗》,列书满案,终日搜检。觅句难逢石鼎联。老去琴书能续命,悦来风月不论钱。昔时有酒今无酒,学佛将毋胜学仙。

仁安因余与彤皆近读《竹窗随笔》作诗 相规赋此奉答兼呈彤公③

宣圣虚怀问老聃,考亭禅理亦深谙。百家书纵难全信,小策何

①　据日记、信草,作于 1920 年 3 月 9 日。
②　据日记、信草,作于 1920 年 3 月 12 日。
③　《严先生遗著》诗题作"仁安以余读梵书(《竹窗随笔》)作诗相规赋此奉答"。据日记、信草,作于 1920 年 3 月 14 日。

妨取二三。

韩子道高能辟佛,欧公文粹不言禅。我今觊作王戎掾,名教将毋同自然。

再答仁安①

《楞严》不入祁公耳,到眼方惊是异书。我信阮南闻道早,十年前已悟真如。

君从约后还求约,我正歧中又遇歧。至竟归源到邹鲁,无常师却有常师。

送侄孙仁曾游学美国②

吾侄温良态,今如在目前。可怜伊不禄,且喜汝能贤。辛苦十年读,平安万里船。栋家兼干国,重任一身肩。

---

① 据日记、信草,作于 1920 年 3 月 16 日。
② 据日记、信草,作于 1920 年 7 月 30 日。

北戴河别墅枕上①

百计不成寐,衣裳自倒颠。水声风彻夜,檐影月中天。陡②忆穷荒外,俄思太古前。平生经过事,腹稿又编年。

海滨病困因憎其地作诗诋之记华璧臣诗有类此者也③

聒耳涛声日夜闻,眼前处处见荒坟。翻腾鹰鹗争求食,散漫牛羊不合群。土旷尽容闲草木,天遥时有恶风云。向来此地称名胜,只可人云吾亦云。

病　　中④

病里迎春又送春,才欣小愈复⑤缠身。羹汤恒遣丹砂侑,几案无如枕簟亲。切己职思都废阁,逾期然诺尽因循。犹将天地粢粮耗,的的人间一羡民。

---

① 据信草,作于 1920 年 7 月 30 日。
② 陡,《严先生遗著》作"斗"。
③ 据信草,作于 1920 年 7 月 30 日。
④ 据信草,作于 1920 年 8 月 1 日。
⑤ 复,《严先生遗著》作"又"。

人言六十一龄翁,复与新婴堕地同。种种都如前日死,人人到此老还童。方期壮志基蓬矢,谁遣痴儿乳药笼。预向归愚摹晬语,说诗哑哑苦难工。

答 友 人[①]

商也离群久索居,浩然多病故人疏。箧中说士三千牍,几见归鸿有报书。

隔年一病到今秋,竟体囚拘失自由。倘有灵丹能起废,不辞日日作曹丘。

仁安示落叶诗说理莹澈使人心平因广其义[②]

忧郁深时转自安,循环忧乐本无端。请看杜老诗全部,忽而悲伤忽达观。

剥复贞元理故常,圣人施教却无方。不然暑往寒还往,何事兢兢戒履霜?

---

① 据日记、信草,作于 1920 年 8 月 19 日。据信草,诗题一作"答友人求荐事诗"。日记云:"答邓元翙信,附以诗,又附致叶玉虎函,为元翙谋事也。"
② 据日记、信草,作于 1920 年 10 月 22 日。

孙叟菊仙八十寿[①]

少年仗剑去从戎,晚岁赓歌帝眷隆。烂熟五朝闻见录,光宣而上道咸同。

六十吾今衰已甚,八旬君尚健如斯。秋风吹向柔蒲柳,始显苍松翠柏姿。

次韵酬王槐亭[②]

老来始恨不能诗,作我师资舍子谁。向往早从倾盖日,余识槐亭将二十年。蹉跎遂届杖乡时。廿年如梦真惊速,一息犹存讵悔迟。君有金丹来换骨,只愁吾骨俗难医。

衮衮诸公台省遍,问渠何好且何能。漂摇几度兴风雨,丛脞无人罪股肱。田获十禽工益贱,家饶千驷德何称。良医莫厌为良相,普为神州植善灯。

① 据日记、信草,作于 1920 年 10 月 23 日。
② 据日记、信草,作于 1920 年 10 月 24 日。

槐亭书来讯病状觑举对证药品且诫
少会客少看书少谈话作诗谢之①

右偏痛苦不离身,左半时时患不仁。未有溘然殂落死,便教长此殿屎呻。医良宜有回生术,药妙偏逢未达人。谢客抛书兼守嘿,愿将三语谨书绅。

题顾端文宪成万历丙子闱墨遗迹②

名元三百卅年前,遗墨重看一肃然。古谊忠肝文信国,科名岂不以人传?

国亡士气未销沉,思古何堪又抚今。一样时丁阳九厄,遂无领袖似东林。

李嗣香前辈七十寿③

昔年芸馆陪先进,今日枌乡敬达尊。丙子巍科锡山顾,泾阳顾端文中万历丙子江南乡试第一,公中光绪丙子顺天乡试第六,相距恰三百年,

---

① 据信草,作于 1920 年 11 月 7—8 日。
② 据日记,作于 1920 年 11 月 19 日。
③ 据信草,作于 1920 年 11 月 21—22 日。《诗存稿》置于己未,误。

后先辉映,学行志节洵堪媲美。甲申遗老夏峰孙。夏峰生万历甲申,年六十一而遭国变,公生咸丰辛亥,亦六十一而遭国变;夏峰阐明道统,公亦精研理学;夏峰寿逾九旬,康熙初犹健在,公今七十,须发未白,寿尤未可量也。图书公择山房记,公无书不读,蓄书亦至富。花药端明独乐园。公家有荣园,距城十里,公读书其中,日辄一往。羲易精微仓雅训,阐扬旁及释家言。公纂述甚勤,不轻示人,余所知有《易注》待刊,已刊者《字训》及《金刚经解义》而已。

　　神仙骨格佛心肠,作善原非望降祥。自奉节衣兼缩食,活人义粟与仁浆。公家累世崇俭好施,里人尊为“李善人家”。曾偕髦士勤农学,顺直农学会,公所倡立也。早为编萌备岁荒。同光之交,公兄弟承先志,与先父及李丈筱楼倡办备济社,先父及李丈殁后,公兄弟独任其劳。光绪初元,直、晋、豫三省奇荒,公兄弟办赈最力。嗣后顺直每举义赈,非公兄弟莫属,如是者垂五十年。水毁木饥忧未已,丁巳水灾,今年旱灾,公心力尤瘁,公因直隶无沟洫之利,议集巨金,令各县大举凿井为备荒计。祝公天赐寿无疆。

就医海军医校校长以办公室见假壁悬粤吴君书屏节《养生论》语有上获千余岁云云戏成二十八字[①]

　　晋到明清世几何,嵇生空冀享年多。便教真获千余岁,驹隙于今已早过。

---

① 据信草,作于1920年12月28日后。

罪　言①

承考长杨喻最奇,实斋妙语解人颐。巧缘善则称亲义,刻画贤郎德政碑。

兔葵燕麦送斜阳,庆历谁教变靖康? 却怪他年述祖德,家家韩范富欧阳。

仁安示新作风霾诗作此答之②

善也无如最上层,只愁天不可阶升。何如共待迷津筏,普度群生彼岸登。

题姚斛泉丈遗像③

我父公至④交,亲爱如手足。我从幼小时,事公如伯叔。忆我父见背,公来据地哭。执手慰孤儿,凄咽语声促。此时情与境,终身在心目。忽忽卅余年,公墓有拱木。展公遗像看,往事予怀触。

---

① 《严先生遗著》诗题作"罪言二首"。据信草,作于 1920 年 12 月 28 日后。
② 据信草,作于 1920 年 12 月 28 日后。
③ 据日记、信草,作于 1921 年 4 月 29 日,30 日题写。《诗存稿》置于庚申,误。
④ 至,《严先生遗著》作"石",信草亦作"石"。

公有克家子，守身若执玉。济时功已伟，念旧情尤笃。相期互切磋，黾勉绍先躅。

春暮邀吴子通王仁安赵幼梅李琴湘赵生甫陈范友诸君子及家弟台孙过舍小聚翌日子通写寄四律征和仁安立以四律酬之余则搜索枯肠仅成两律聊避金谷之罚云尔[①]

花开又过一年春，病起浑如再世人。未办筇枝探远景，先治樽酒款嘉宾。于今国籍无南北，等是神交孰故新。可爱多才吴季子，谈锋笔兴两无伦。

已向词场夺隘回，存社诗课，吴君屡冠一军。又驱笔阵蹋瑕来。多君能作中军气，苦我同衔战士枚。谁与雄师先对垒，人惊老将又登台。仁安既得吴诗，以书抵余云："仆在二十年前尚可与之驰驱，十年前已无能为役，况在今日？来而不往非礼也，或一和之亦未可知。"陈汤李牧赵充国，莫待援桴伐鼓催。

---

① 《严先生遗著》诗题作"辛酉春暮邀吴君子通王君仁安赵君幼梅李君琴湘赵君生甫陈君范友及家弟台孙过舍小聚翌日吴君写寄四律征和仁安立以四律酬之余则搜索枯肠仅成两首聊避金谷之罚云尔"。据日记、信草，作于1921年5月5日。

旧四月朔日仁安幼梅琴湘生甫就敝斋
觞吴君子通余陪末坐子通谢以两律于是
四主人者皆有和作余亦敬次其韵藉酬雅意①

平时客至便颜开，况是移樽就教来。难得群仙主坛坫，不辞贱子作舆台。玄黄剥复贞元际，南北嵚崎磊落才。颂鲁歌虞他日事，锦囊莫忘贮诗材。

苦恨春风狂似虎，昨宵一雨快新晴。顿更病后疏慵态，来和樽前笑语声。窥客儿童皆失喜，向人树石亦含情。从今日日开三径，准备诗人续旧盟。

旧浴佛日台孙家弟假公园觞客宾主十人
极觞咏之乐余亦与焉越日赵丈幼梅赋一律
吴君子通和之余亦效颦敬次其韵②

二叟今之老学庵，张丈聚五年七十，冯君俊甫六十六，皆儒林耆宿也。当歌对酒兴犹酣。二叟皆豪饮，冯君尤善歌。旁看默默含愉色，聚老哲嗣阁臣随侍来津，是日在坐，不苟言笑。别有断断骋剧谈。林君墨卿与幼梅丈皆语妙天下，是日舌战不已，谑而不虐。今古名齐两王孟，仁安、定生

---

① 据日记、信草，作于1921年5月14日。曾发表于《铁路协会会报》1921年第108期。

② 据日记、信草，作于1921年5月28日。

皆吾乡人杰,可与辋川、鹿门比美。主宾美让一东南。坐中南人惟吴君一人,君学行兼优,蔼然儒者,尤为众所爱敬。阿连得簉朋簪盍,不负平时说士甘。台孙论人有臧无否,是日坐客尤其平日所推服者也。

叠前韵分呈诸君子①

张聚五先生

终日陶庐与邵庵,兴来杯酒有余酣。耳详退谷《春明录》,手订贞明《潞水谈》。辙迹已曾周蓟北,诗囊焉肯阙江南。余劝聚丈南游。西湖东海归来日,夙愿能酬梦亦甘。

吴子通先生

不须佳处觅茆庵,吾爱吾庐趣已酣。门外高轩时过访,天涯知己足清谈。多年文运推江左,今日诗豪出岭南。吴汉隐然一敌国,隶君麾下总心甘。

王仁安先生

先师于子字筠庵,卧酒吞花师诗集中语。意态酣。可惜门墙无继起,大都衣钵是空谈。当年酬唱惟庸叟,杨香吟师晚年自号。今日风骚属阮南。仁安别号。齐鲁望君主坛坫,亦于师诗语。下风百拜我犹甘。

---

① 《严先生遗著》诗题作"叠前韵分呈诸大吟坛求赐斧正"。据日记,6月2日"作叠前韵诗六首"。

赵幼梅先生

田盘昔日访梅庵，盘山有梅仙庵。长啸归来兴益酣。课罢赌棋兼校射，酒深大睨且高谈。凉风忽漫来天末，枯树无端怆汉南。欲问修文李长吉，夜台寂寞可能甘？谓亡友锡三。

赵生甫先生①

今有蒙斋古晦庵，九经三史共沉酣。能文拚异《卿云曲》，守默羞攀奭衍谈。淡泊心深向常侍，优柔理顺杜征南。如今添得窗前伴，好与高柔共苦甘。

孟定生先生

心存故国似陶庵，斫地哀歌酒半酣。已分山河非旧有，便除风月不多谈。品齐周陆陶元亮，书掩钟王虞世南。第一知心惟马远，谓景韩。年年薇蕨味同甘。

叠前韵简冯俊甫先生②

识君我昔寄僧庵，丙戌春，余居京师松筠庵，与君初识。未熟黄粱梦正酣。三十五年如过客，六旬以外复攀谈。阳春难和贾中舍，月旦

---

① 《严先生遗著》此诗有两稿，其一题作"赠姻弟赵生甫"。
② 《严先生遗著》诗题作"简冯俊甫先生"。诗前总题为"续成叠韵八首再呈诸大吟坛教正"，即指自此至"子通诗来屡以战喻戏呈一诗仍叠前韵"，共八首。据日记，1921年6月3日"续作叠韵诗"，6月4日"夜不成寐，共成叠韵诗八首"，可知以下八首作于6月3、4日。

欣陪许汝南。松柏岁寒君不愧,蔗因倒啖味逾甘。

　共君再说旧松庵,日日相从笑语醋。我有齐年曹星槎。与赵,
星楼。君偕同谱李润生。兼谈。季侯。三贤久已归邙北,曹赵李。一
士今犹困浙南。季侯。死却安舒生懊恼,未知谁苦与谁甘。

叠前韵简李琴湘先生^①

　诗敌藏斋与㓐庵,先生晚出笔尤醋。胸罗霞客周游记,君曾周
历欧美,近作《公园》诗及之。腕有梁溪学算谈。君深畴人之学,近作《直
河》诗犹以勾股为证。已信采风遍河朔,君主直隶学务最久。尚迟撷秀
到湘南。简湖南教育厅长,未就。新词万遍人争诵,章式之先生评君《新
茗》及《久旱得雨》诗云:"卓然大家,愿书万本,诵万遍。"口沫流时分外甘。

叠前韵简林墨青先生^②

　津庠半是旧祠庵,开创经营兴味醋。津邑设学,君实创始,最初十
六处皆君一手规画,商借祠宇,用力尤多。当日被嘲新学派,而今复笑老
生谈。只因国粹当存古,未肯方针变指南。君现主持社会教育及女子
小学,皆取稳健主义。一事累君惟顾曲,津津终日口流甘。

---

①　《严先生遗著》诗题作"简李琴湘先生"。
②　《严先生遗著》诗题作"简林墨青先生"。

叠前韵简家台孙①

山僧自爱讽经庵,君拥书城趣倍酣。日对先贤捐俗虑,时邀佳客助清谈。万花旖旎春前后,几树扶疏舍北南。愿借窗前暂高卧,池塘有梦睡应甘。

友人多以余拟南通张季直先生毋乃不伦拈此示之仍叠前韵②

我羡南通张啬庵,孔颜乐趣老犹酣。爱兄不愧端明马,退翁长啬翁两岁,兄弟怡怡③。教子还同太史谈。哲嗣孝若归自美洲,热心公益,绰有父风。一国文明聚江北,半生事业在濠南。君所居曰濠南别业。无盐不耻来唐突,只恐西施意未④甘。

感时叠前韵⑤

求阙斋欤退省庵,长江上下战尤酣。英雄过去时无几,王道于

---

① 《严先生遗著》诗题作"简家台孙"。
② 《严先生遗著》诗题作"友人多以余拟南通张四先生毋乃不伦拈此示之"。
③ 《严先生遗著》小注后尚有"共勤公益"。
④ 未,《严先生遗著》作"不"。
⑤ 《严先生遗著》诗题作"感时"。

今士不谈。梦可为君复为仆，朕当归北抑归南。放翁绝笔吾能解，见九州同死亦甘。

子通诗来屡以战喻戏呈一诗仍叠前韵①

洛下方营知止庵，淮西忽报战云酣。直教米向矛头浙，未许兵从纸上谈。杜老已闻收蓟北，曹公又欲下江南。老夫耄矣诚无用，但作降王总不甘。

社集用俊甫侣伊两先生唱和原韵②

日日东园载酒过，域中今日事如何？凶年吉梦全无验，浊世清名岂足多？赤县河山伤破碎，黄金岁月任蹉跎。冯欢不为无鱼叹，偶遇周郎一放歌。

来香山值苦旱居民祈雨钲鼓之声不绝③

不堪盛暑对骄阳，更觉壶中夏日长。四面热风吹不断，松阴亦

---

① 《严先生遗著》诗题作"吴先生诗来屡以战喻戏呈一诗"。

② 《严先生遗著》诗题作"公园第六集用俊甫侣伊两先生唱和元韵呈诸先生教正"。据日记，作于1921年7月11日。

③ 以下两首据日记、信草，作于1921年7月16日。日记云："作小诗二，写寄吴子通。"

减几分凉。

访张仲仁同年于双清别墅墅有泉绝清故名仲仁曰泉离此不久便浊矣感而有诗

一泓才听响潺潺,旋共泥沙走百川。莫漫自矜清彻底,出山仍此在山泉。

赠谢履庄先生[①]

同谱情亲四十年,曾陪芸馆步花砖。乡贤东注难专美,钱南园先生与君同乡。宦迹榕门足比肩。君曾观察天津,与陈文恭同。蓦地忽惊天柱折,桂冠犹及国门前。陈筱石制军《辛亥冬日》诗有云"赐履忝为群牧长,挂冠犹及国门前",余喜诵之,兹窃取一语。渊明虽未归田去,一样新诗万口传。

---

① 《严先生遗著》此诗题上有总题云"五、六月间用叠韵诗分赠同社诸公,未遍也,兹续成六首,不限前韵,仍求诸大吟坛教正。辛酉立秋后三日。"所云六首包括此首及下五首。立秋后三日即 1921 年 8 月 11 日。又,严修 8 月 9 日日记:"作诗赠同社,履庄、绳武、侣伊各一,纬斋二。"11 日日记:"作赠卢子修诗。"即此六首。

赠戴绳武先生

　　安道幽贞崇礼教，叔伦精核富诗才。群居不喜游谈骋，静对惟看笑口开。肯为簿书废吟啸，时因觞咏得追陪。回头十二年前事，今雨无殊旧雨来。己酉岁杪，余始识君于唐山。

赠吴侣伊先生

　　早闻予季誉钟期，亦有旁人说项斯。忽喜天缘能见假，得亲风采已嫌迟。王裴简要清通格，庾鲍清新俊逸辞。我信君身抱仙骨，似余俗骨可能医。

赠王纬斋先生

　　维扬自古盛人文，恰配天然月二分。昔日鲰生曾访古，今番社友得逢君。同心倾盖真如旧，大雅扶轮自不群。最羡生花一支笔，诗成上口有余芬。

　　感君怜我病支离，每与同游共护持。谈笑不辞终日对，盘桓常到夕阳时。春风坐久神弥畅，潭水情深受者知。我欲奉君作师表，先师肝胆后文词。

赠卢子修先生

接物谦和律己严,惜君憔悴爱君廉。琴书逸趣销文牍,诗酒豪情累米盐。久向词场称老宿,犹将记室作郎潜。海天果有澄清日,晚境终回啖蔗甜。

子通社兄每集必有诗神勇为一军冠余避三舍久矣近日李枚臣杨襄如两先生入社军垒益多余思侥幸一试勉成长句乞诸先生赐和为子通先生助威且向李杨两先生挑战也①

吴君健者字子通,家学南海笃清翁。尊公老宿乡祭酒,灵光今日名尤崇。君是名门名父子,劲气内敛真体充。少年足迹周两粤,旋来沽上为寓公。景皇季年庶政举,海内一统文轨同。爰有路局号津浦,簿书填委如蚕丛。君以清才入记室,能兼枚速与马工。犹有余闲事酬唱,为我介者吾弟侗。台孙名侗。晤言乃在三载前,我友招饮东城东。李君锡三。一见欢如旧相识,服君朗抱兼虚衷。属余羸病方②谢客,久无笺札通鳞鸿。今岁暮春病少间,久静思奋如蛰虫。折简邀君具鸡黍,惠然入座来清风。翌日雄师压文阵,遂启战

---

① 《严先生遗著》诗题“社兄”作“社长”,题后注云“辛酉旧七夕”,即1921年8月10日。又据日记,作于9日。

② 方,《严先生遗著》作“久”。

纛纷兴戎。二王仁安、纬斋。二赵幼梅、生甫。李琴湘。陈范有。孟,定生。皤皤二叟张聚五。与冯。俊甫。谢庄履庄。戴逡绳武。张孟阳,玉裁。魏之吴质侣伊。唐卢仝。子修。一时豪杰应运起,风起云涌咸争雄。我初作气强应敌,再衰三竭技已穷。闭垒鼠伏不敢出,枹鼓虽急难发声。君则每战必身先,铁骑驰骤声摩空。手写捷书告诸路,如因克敌铭神弓。今番谍者警报至,援师四集将环攻。盈川杨襄如。与义山李,枚臣。士气锐盛军储丰。君能知己且知彼,要使有初尤有终。敛君诗材入史库,出君兵略由诗筒。我将磨取贵乡端溪石,为君大书深刻来纪功。

杨襄如先生赐和拙作持以见访赋此报谢[①]

卿云轼辙名千古,乔茂萱。李琴尧。曾笃斋。潘季茹。我故人。未见蜀都常意揣,得交杨子倍情亲。道心静穆身宜健,君年逾五十而神采如四十许人。诗律精严格乃纯。君诗一字不苟,属对尤工。白首始为倾盖日,同时如旧亦如新。

赠张玉裁先生[②]

古时君子均文质,今世通才贯旧新。君毕业于保定高师理科,又毕

---

① 《严先生遗著》诗题后注"辛酉立秋后三日"。据此及日记可知,作于1921年8月11日。

② 据日记、信草,作于1921年8月12日。

业于京师大学文科。名字偶同梁与段，君名同书，字玉裁。歌行足继郑兼陈。君受诗学于陈君石遗，而郑海藏为石遗同乡密友。东方国粹知无恙，北学中坚大有人。怪底野民徐著作，殷殷醲酒款嘉宾。君馆徐君友梅家，教其二子数年，宾主师生相得欢甚。

赠陈范友世兄[①]

欧化未兴邪说作，惟君家法独森严。柳珪世德承公绰，君大父序宾先生为曾文正、李文忠所礼重，殁后附祀文忠祠。苏虎天才类子瞻。君伯父劢吾先生循吏且通儒。庭训师箴双美合，君之父一甫先生志行清峻，绳尺不逾，君之师赵生甫先生文行兼优，沆瀣一气。新知旧学一身兼。君肄业北洋大学，而于国学所造益深。忘年得与陈群友，便拜元方亦不嫌。

赋呈章式之先生[②]

荆棘铜驼枉涕零，文章作手等晨星。谁知莽莽京尘里，犹有遗山野史亭。

避世无妨隐城市，雠书曾不废辞章。前明遗逸清文苑，三百年间两顾黄。亭林、梨洲、涧薲、莬圃。

---

① 据日记、信草，作于 1921 年 8 月 12 日。
② 据日记、信草，作于 1921 年 8 月 13 日。

送吴侣伊之任徐水^①

今之徐水古徐郡,作县今原与郡同。儒吏曾推宋曾肇,吾友曾君禹堂宰徐水久,甚有政声。治平尤数汉吴公。好将春泽苏民困,难得秋成遇岁丰。政简刑清吾敢信,余闲倘肯寄诗筒。

方云耕先生七十寿诗^②

一编唱和翠微亭,饱挹先生翰墨馨。山静原同仁者寿,天高遥现老人星。烟霞到处宜栖隐,觞咏随时养性灵。为访松云尝采药,引年却不藉参苓。

长郎岁岁恋庭闱,今岁称觞得告归。八月秋光入乡树,九华山色上莱衣。要将文字供颜霁,满载诗歌颂古稀。迈过自能寿坡老,却教人唱鹤南飞。

---

① 《严先生遗著》诗题作"送吴侣伊之任徐水",后注"辛酉初秋"。据日记、信草,作于8月27日。

② 《严先生遗著》诗题作"祝方云耕先生七十寿诗"。据日记、信草,作于8月28—29日。

次幼梅同墨青海门观剧蓦忆锡三原韵[①]

诀汝于今恰一年,更谁同我病相怜?可堪迟暮风残烛,又是中秋月上弦。小别竟成千古恨,大招知在几重天。洒然弃此愁城去,徒使生人泪涌泉。

题赵幼梅藏苏文忠公画像[②]

藏斋文字宗髯苏,故应珍视髯苏图。高弟姚君有真本,为师借手重描摹。五梁进贤大礼冠,曲领大袖衣纯朱。象笏上方且上锐,的的服制符东都。虽则半身非全体,想见带革韄皮乌。年貌约略五十许,时则元祐非元符。是时公言方见用,时平心泰神丰腴。先生遗像多石刻,倅色揣称人人殊。兹图未知定何据,但觉瞻对心怡愉。悬之藏斋四壁静,心香一瓣精诚乎。我闻在昔商丘宋,亦奉坡公为楷模。图公坐像己则立,不啻自署苏门徒。藏斋今之西陂傅,况有姚君德不孤。呜呼!东坡画像何地无,非其人者不相须,质之藏斋其然乎?

---

① 据日记,作于1921年9月9日。日记云:"午作《和幼梅见示忆亡友李锡三诗元韵》。去年旧历八月八日,锡三偕幼梅见访,延入病室,具馔相款,是为余与锡三最末一次之相见。今幼梅诗来,恰是此月此日,异矣!因次其韵而哀挽之。"《诗存稿》本诗置于庚申,误。

② 据日记、信草,作于1921年9月15日。

幻术技师韩秉谦以册子遍征时流题字①

　　世间谁幻定谁真,巧者终输习者神。今日人心争捷获,精勤能不愧斯人。

　　我客英伦君奏技,万人拍手剧场前。归来相对苍苍鬓,过眼烟云又七年。

李志泉先生八旬寿诗②

　　商战于今风气开,大航过海意雄哉。谁知上溯同光际,君已归槎万里来。朝解囊金夕指困,不妨为富并为仁。宗风里俗两无愧,又一吾津李善人。善人积善不求名,阴德从来譬耳鸣。天与报施终不爽,报君多福且长生。先兄生日与君同,不及君身福禄崇。十月称觥介眉寿,为君岁岁咏《豳风》。

题吴子通诗卷③

　　吴子诗一编,自言出早岁。欿然意未慊,不敢轻问世。我试回

---

① 据日记、信草,作于 1921 年 10 月 3 日。
② 录自《严先生遗著》,题注"辛酉"。据日记、信草,作于 1921 年 11 月 3—4 日。
③ 据日记、信草,作于 1921 年 11 月 5 日。

环读，璀璨多佳制。已令击壶缺，岂类享帚敝。少作称心难，古人有此例。庾文老更成，杜律晚逾细。博约既殊旨，敛肆亦异势。我谓宜并存，可以衡造诣。濯缨歌见赏，高轩诗结契。文字少峥嵘，晚年或不逮。矧子具异禀，长老惊早慧。今日镞锤工，昔时锋锷锐。竿头日有进，器识兼文艺。愿君锲不舍，切磋复砻砺。放翁少至老，诗以万首计。编年自此始，绵绵其勿替。

题朱燮辰令叔曾祖文卿先生
手绘纪游山水真迹册子[①]

师门鸿雪溯因缘，图记刊行近百年。不及君家藏墨迹，且经亲笔写名笺。兼诗书画成三绝，历子孙曾已数传。曾见卢翁真粉本，子修曾以其大父丽庭先生画册征题。算来此本在卢前。

题许母张太夫人遗画[②]

许氏名媛多善画，静宜墨竹素心梅。不知此幅饶清洁，缘自冰霜锻炼来。

---

① 《严先生遗著》诗题作"题朱文卿先生纪游图"。据日记、信草，作于1921年11月21—22日。

② 据日记、信草，作于1921年11月24日。

题谢受之双鱼堂图①

三鱼陆氏昔名堂,卿上新居世衍祥。福应吉征事辉映,浙西江左两循良。

循良当有克家儿,岁产双丁事未奇。却讶太人占术换,忽将鱼梦代熊罴。

题朱毓山之太夫人画②

太夫人为翼甫先生德配,翼甫先生官直隶久,其上李文忠禀牍,恒属太夫人为之,且太夫人尝与翼甫先生唱和。俱见翼甫先生光绪十四年日记。

班昭文笔工笺启,苏蕙诗词善唱酬。已并书名擅三绝,即论绘事亦千秋。人惊才艺符元管,我敬贤明类宋欧。子舍莫忘作阡表,他年彤史要征求。

---

① 据日记、信草,作于 1921 年 12 月 2 至 5 日间。
② 据日记、信草,作于 1921 年 12 月 5—6 日,题于 1922 年 2 月 8 日。

无锡高仲均涵叔昆弟以其
先德孝懿先生家传属题①

易名故典千秋重,私谥尤彰直道公。孝懿远承忠宪后,天然忠孝是家风。

尔来学说日翻新,毛里将同陌路人。谁似二难天性笃,曾无一日不思亲。

题方云耕先生翠微亭唱和集诗②

年来未尽看山兴,梦寐恒思见九华。读罢公诗增健羡,一亭揽遍古烟霞。

征诗空惜水西庄,零落今为茂草场。吾津名迹水西庄毁废已久,仅有图在,近余倩人摹绘,遍征题咏,然真迹不可复见矣。见说齐山亭复旧,天津严愧贵池方。

---

① 《诗存稿》置于辛酉,具体写作时间待考。
② 《诗存稿》置于辛酉,具体写作时间待考。

和幼梅先生五仄五平诗原韵①

　　道任下士笑,心防庄生哀。耳目戒壅蔽,胸襟天门开。世运剥必复,阳生荄飞灰。俟命守正路,临歧奚徘徊。

题朱爕辰《明湖图》②

　　遗山重过恨茫茫,贱子初来已暗伤。历下亭联题万岁,何殊大定与明昌。

　　两朝忠荩妥明禋,此地犹能正气伸。君看西泠旧祠宇,半归不识孰何人。

题卢子修《寄庐百草》③

　　已矣三纲与四维,偶援粉黛警须眉。要将讽谕风人旨,来解香山忆妓诗。

---

　　① 《严先生遗著》此诗有两稿,第二稿题作"恭和藏斋先生五仄五平诗原韵"。《诗存稿》置本诗于辛酉,具体写作时间待考。
　　② 《诗存稿》置于辛酉,具体写作时间待考。
　　③ 录自信草,作于1922年2月8—11日。

寿林墨青六十[①]

　　大地几瀛寰，古今几姓纪？芸芸此众生，谁氏与谁氏？就中有两人，同时且同里。年齿甚相若，少小共砚几。头白交如新，过从更密迩。似此耐久朋，人生能有几？而况君与我，又非他人比。我疑必君决，我悟必君启。见善望我迁，闻义督我徙。矜我愚且顽，箴我吝与鄙。我如虎敬侨，虽家亦听子。君如舜爱象，忧喜同忧喜。有时攻吾短，面折言逆耳。我气不可下，外兀中则馁。津沽纷建学，事事君谋始。有始且有终，见进未见止。我昔强受事，中心常畏葸。君则意豁然，不问誉与毁。我今既衰老，精气愈颓靡。君乃老益壮，不肯负担弛。先觉赖老成，譬若针南指。教人如扶醉，少过即倾倚。新学与旧学，交攻如对垒。我思不必然，实事但求是。上者撷精英，次亦采葑菲。末流各有失，要贵穷原委。论文更聚讼，文言或语体。我思宜并存，不必相丑诋。藉曰废文言，四部当尽毁。数十圣留贻，数千年积累。外人且探讨，谓中多要旨。岂有吾国人，反弃同敝屣。语体为通俗，补助功亦伟。香山所为诗，可以喻灶婢。宋儒著语录，后人谁敢訾。曾侯亦设譬，江塔与罗李。我有浅近喻，食事差可拟。或者喜啜茶，或者但饮水。或者餍酒食，或者急盐米。富则啖精凿，贫则甘糠秕。究胜绝食人，饥饿呼庚癸。此义尝质君，君则曰唯唯。文学抑余事，所重在践履。世

---

　　① 《严先生遗著》后署"墨青仁弟六十初度，谨以里言为寿，即希粲正。壬戌立春后六日严修呈稿"。立春后六日即 1922 年 2 月 10 日。又据日记、信草，作于 2 月 7 日，缮写于 10 日。

人务枝叶，往往忽根柢。国要张四维，礼义与廉耻。人要守四勿，言动与听视。孔曾道忠恕，尧舜道孝弟。东西有圣人，此心同此理。时事苦纠纷，营营遍朝市。下亦无法守，上亦无道揆。士亦无恒心，放辟而邪侈。粉黛列屋居，终年困卢雉。父兄且有然，何以诫子弟？师儒不自检，何以训蒙士？或曰此小节，吾意殊不尔。纵欲必务得，万恶从此起。或乃祖彼教，谓能救俗诡。其实种种恶，吾教岂有此？患在吾教人，言行不相似。子孙俪规矩，罪不在祖祢。君有卫道力，此耻庶一洗。功当遍禹域，岂惟福桑梓？世运有隆污，天道有泰否。欲回既倒澜，须仗中流砥。风雨虽如晦，鸡鸣终不已。君有无量寿，河清讵难俟。祝君及身见，化行风俗美。行伦天下同，不独同文轨。我时倘告存，奋笔急伸纸。为君著一书，颂君兼炫己。上纪某时代，下题某居阯。某人之友人，社会教育史。

刘渐逵五十寿诗[①]

少我十三年，论交卅载前。我今成老态，君尚未华颠。淡定舒心境，冲和种福田。百龄今甫半，恰似日中天。

古称五十慕，今世此尤难。东野心萦草，南陔手撷兰。洁馐能逮养，舞彩善承欢。试替亲心想，儿时一例看。

卓卓寿云堂，《寿云堂》，滦州蒋香农先生诗集名。谁钦弟子行。师徒兼主客，经济寓文章。同辈翱偕浞，斯人濯继沆。犹嫌友未足，

---

　① 据日记、信草，作于1922年2月18—21日。

负笈走扶桑。光绪中君居日京二年,肄业法政大学。

　　籯金非夙志,绕膝有佳儿。人羡凤毛誉,吾钦燕翼贻。每从典谒日,回想咏归时。乙卯,余偕渐逵及其两郎消夏北戴河,习海水浴。俯仰天伦乐,君身福禄宜。

赠李燮中亡友锡三之长子也①

　　故人口血未全干,地下悬知瞑目难。为报郎君敦孝弟,从今家室得平安。苦言不惜尝康药,锡三之友李君书田时以正言规燮中兄弟。慈训真无负柳丸。我欲赠君无别语,大都语不外汤盘。

过尹澂甫故居②

　　吕祖堂前路,重来景不同。莺迁新树远,哲嗣四人,俱他徙。燕去旧巢空。字尚题门记,君每岁自写桃符。名难款户通。邻家犹似昔,只异主人翁。

---

　　① 《严先生遗著》诗题作"李燮中",后有小字注"刚久"。据信草,作于1922年3月13日。又据日记,本日"与幼梅丈约李燮中昆弟及与燮中同来之李君书田午饭"。
　　② 《严先生遗著》诗题作"忆澂甫尹兄"。据日记、信草,作于1922年3月14日。

澂甫兄生日其子女同往展墓闻之凄楚①

不觉泪潸然，登堂忆昔年。花犹开二月，春不到重泉。兰玉森庭户，松楸映几筵。他生倘信有，含笑说前缘。

生日欲述一诗而不成章作此解嘲

吾友皆能诗，而我拙不能。偶焉强效颦，丑恶先自憎。始吾欲藉口，窃比南丰曾。及观南丰诗，梦见我未曾。乃知渊材恨，其说不可凭。愈知此道难，如天不可登。然而吾有辞，不愿己短承。作诗有何益，呕血苦不胜。便令成作家，虚荣何足矜？而况遭抨击，历历古可征。元白或温李，四灵及九僧。前后明七子，公安与竟陵。至今雌黄家，訾议犹繁兴。乃至李与杜，亦有瑕可乘。凡事类如此，名高谤益腾。不如百无能，没世名不称。便应焚笔砚，袖手观吟朋。

孟夏社集分韵得蛟字②

飞鸮诗人嫉，寒蝉史氏嘲。方笑冯搏虎，又夸周斩蛟。功罪至

---

① 《严先生遗著》诗题"澂甫兄"作"澂兄"。据日记、信草，作于 1922 年 3 月 14 日。
② 《严先生遗著》诗题"社集"作"小集"。据日记、信草，作于 1922 年 5 月 15 日。

· 327 ·

无定,是非亦易淆。不如遁人外,守拙安蓬茅。贱子粗自知,甘同
不食匏。出惟造诗社,入则营书巢。昨者开三径,簪盍占牺爻。惠
然清风来,南北新旧交。浙湖地产酒,闽峤人治庖。庄谐语间作,
声偶争推敲。畿疆方构兵,刁斗满四郊。借问何怨恨,不念民同
胞。岂如我辈贤,相爱如漆胶。世有鲁连子,急为解纷呶。兄弟式
相好,松茂而竹苞。

文待诏书唐荆川文册子归唐企林
企林荆川裔孙也册有缺叶企林倩长洲章式之
补书完整示余属题[①]

荆川后裔龚黄匹,待诏乡人坡谷俦。述德补亡两无憾,文章书
法并千秋。

李惺园丈柳溪侍郎尊人重游泮水自为四律征和[②]

少年博士壮贤书,两值同光御极初。同治元年壬戌入学,光绪元年
乡举。日月中天皇有赫,文章名士下无虚。昔闻宗学尊都讲,晚恋
京华赋卜居。一任桑田变沧海,传家经训有菑畬。

平生宦迹浙西东,所去民思到处同。酒榷茶纲权利病,棠阴黍

雨溥绥丰。吟成吴郡新诗富，题遍江楼大字工。余曾见先生楹联于富春江楼。更羡鲤庭桃李盛，年年依旧恋春风。

彬彬子舍载清芬，第一高名属长君。燕许中朝推妙笔，英骞绝域策殊勋。卿班我忝居同列，庭诰人疑有异闻。又见孙枝今蔚起，德门羔雁粲成群。

不才安敢望前贤，亦厕芹宫五十年。闻见四朝成幻梦，光阴一瞬逼华颠。晨星旧侣余无几，晚节秋容剩自怜。他日能臻公此日，就公还拟乞诗篇。

华屏周姻伯自画白描小像壁臣属题[①]

海阔胸襟岳峙身，画师取貌或遗神。教人确识春风面，自染霜毫自写真。

朝朝遗像对遗孤，岂与生前定省殊？况是生前亲手画，传家似此古来无。

桂玉辉以徐水县士民饯别序言属题[②]

桂侯旧有家珍册，贱子曾题七字诗。人羡孙谋绳祖武，天教名父产佳儿。栾城昔播空前誉，徐水今留去后思。燕赵士风多朴讷，

---

①　《严先生遗著》诗题作"奉题屏周姻伯大人遗像"，诗末署"壬戌秋初姻侄严修"。据《壬戌癸亥信草》，作于 1922 年 8 月 8 日。

②　据日记、信草，作于 1922 年 9 月 16 日。

定知不是贡谀词。

中秋感赋①

一年一度度中秋,去我年华逝水流。欲住谅无多岁月,余生权作小勾留。五朝闻见皆陈迹,万里河山一漏舟。暂学退之作转语,人生由命不须愁。

幼梅和余中秋感赋原韵而再而三
因复用原韵续成二律②

才过盛暑又深秋,商略招寻集胜流。篱菊新添几丛艳,池荷犹有数茎留。身如垂橐将归客,心似回波不系舟。佳日无多弥可惜,眼前有酒且浇愁。

才闻解甲又防秋,多少雄师竞上流。尽有卖浆能佐汉,曾无辟谷谢封留。燕巢犹觊将倾厦,鱼吻能吞欲覆舟。歌舞楼台冠盖数,不言愁亦不知愁。

---

① 《严先生遗著》诗题作"壬戌中秋感赋"。1922 年中秋为 10 月 5 日。据本日日记:"晨往公园时,途中作七律一首。"又,信草有此诗稿。

② 《严先生遗著》诗题作"幼梅和余中秋感赋原韵而再而三因复用原韵续成二律寄呈"。据日记、信草,作于 1922 年 10 月 14 日。

重九假公园图书馆社集以人世难逢
开口笑菊花须插满头归分韵得头字①

　　昔疑广雅反悲秋，今悟深秋景更幽。此日登高成国故，吾人结社爱书楼。开轩云树供延赏，列座壶觞足唱酬。只此已堪作重九，不须更羡华峰头。

　　数较七贤增一倍，就中妙续竹林游。坐有冯俊甫、问田叔侄。去官凤岭兼龙塞，俊甫宰秦中，国变身退；问田知龙江，海伦事近，亦告归。隔坐朱颜对白头。坐中俊甫最长，问田最少。人境声华无碍隐，菊花香色总宜秋。一联旧句分题好，竞钓新诗酒作钩。

题高彤皆《过江集》②

　　老来万事不相关，天厚斯人特与闲。兀座饱窥七略录，胜游恣赏六朝山。史才虚谷申耆后，诗格渔洋广雅间。自古成名无碍晚，君家常侍好追攀。

---

　　① 《严先生遗著》诗题作"壬戌重九假公园图书馆社集以人世难逢开口笑菊花须插满头归分韵得头字"。1922 年重阳为 10 月 28 日。又，据日记、信草，作于 1922 年 10 月 30 日。
　　② 《严先生遗著》诗题作"彤皆示大稿敬题一律志佩"。据日记、信草，作于 1923 年 1 月 19—21 日。

喜杨子若至自塞上①

三月尘劳得暂归，此行未觉计全非。事无掣肘真何幸，人但推心便可依。客里不知风景异，来时正及雪花霏。相逢又欲匆匆别，且向樽前饮庶几。

仁安生日补呈一诗②

梅社萧条已百年，赖君一线尚绵延。异书读罢无疑滞③，难事更多人自然。修史偶资高足力，授经乐有外孙贤。竟称知己吾何敢，私喜名随刻集传。

高汉珊热河人北洋法政学校三年级学生也壬戌直军之战归省其父其家被兵汉珊随父骂贼死④

太学扬幡易，危城捍刃难。三年惟本色，一死见忠肝。骂贼声

---

① 《严先生遗著》诗题"杨子若"作"子若"。据日记，始作于1922年12月23日。又据信草，似于1923年1月19日定稿。

② 据日记，始作于1922年12月23日。又据信草，似于1923年1月19日定稿。

③ 疑滞，《严先生遗著》作"凝滞"。

④ 据日记、信草，作于1923年1月25日。《诗存稿》置于癸亥，误。

如在,膏原血未干。胶庠有真士,莫漫辱儒冠。

寿张馨庵六十[①]

立春月建丑,太岁序逢壬。弧矢双华诞,埙篪共雅音。疑年耆与艾,仍世笏和簪。伯氏圭璋达,畿疆荣轼临。牧民齐相业,寄市汉臣心。所至恩常浃,惟予感倍深。南宗延坠绪,北学拜兼金。膏泽苏由檗,弦歌起士林。慈祥征福德,修养益深沉。晚岁心犹壮,秋霜鬓未侵。灵砂新葛井,美誉旧棠阴。作颂惭吾拙,聊为下里吟。

十二月十九日社集以岸容待腊将舒柳山意冲寒欲放梅分韵得欲字[②]

老景逼人来,余光如炳烛。行年六十三,因人但碌碌。德业一无成,气息已仅属。不咎就将迟,翻嫌日月促。伯阳昔有言,知足乃不辱。彼惟戒众生,勿徇亡等欲。若就德业论,圣犹知不足。矧余一散材,所长惟食粟。转瞬又改岁,抚时增感触。往者不可谏,前愆傥许赎。愿诵汤盘铭,身心勤澡浴。更愿诸贤豪,恳恳施忠告。

① 据日记、信草,作于1923年1月27—30日。
② 《严先生遗著》此诗有两稿,其一诗题前有"壬戌",另一诗题作"立春前一日城南诗社分韵得欲字"。立春前一日为1923年2月4日,即壬戌腊月十九日。又据日记、信草,作于2月9日。

郊　行①

　　终年居近市,出郭意悠然。树树明朝旭,村村淡晓烟。酒香临水社,帆影顺风船。莫厌人间世,人间别有天。

元　旦②

　　朝菌蜉蝣度此生,每逢改岁辄心惊。积薪厝火空长叹,残烛当风剩小明。阳九于人少情愫,大千何世是升平?望梅稍止斯须渴,向戍居然议弭兵。

　　上元甲子中兴颂,忽忽今盈六十年。九贡图仍沿夏禹,再传威已失周宣。白头闲坐谁能说,赪尾余生最可怜。否泰循环定何取,几回搔首问青天。

---

　　① 《诗存稿》置于壬戌,具体写作时间待考。
　　② 《严先生遗著》诗题作"癸亥元旦"。癸亥元旦,即1923年2月16日。据日记,作于2月14日。

（侯）〔梁〕保三先生八十寿诗^①

春风骀荡岭云翔，南极占星应寿昌。湖学生徒半天下，岿然同拜鲁灵光。

师承前后两朱子，远溯新安近九江。不学乾嘉诸老辈，五经惟信许无双。

饱阅沧尘八十年，道咸同下逮光宣。老来不问中朝事，自有郎君策万全。

雪鬓冰心海内知，钓罾吟杖共期颐。旁人作颂千毫秃，不及先生自寿诗。

正月初三日社集分韵得兴字^②

诗以理性情，义兼赋比兴。今也或不然，用以作酬应。庆祝或哀诔，展转索题赠。寓规奈交浅，溢美惭语佞。直须一炬焚，岂惟可覆瓿。不如城南社，随意各选胜。发为诗与词，要与意皆称。我亦偶效颦，惜不识门径。得失难自必，要与诸贤证。宁畏后世知，

---

①　据日记、信草，始作于 1923 年 2 月 22 日，3 月 8 日写定。《诗存稿》将此诗置于壬戌之末，误。又，信草题为《梁保三先生八十寿（夏历二月十九）》，日记亦云"为梁保三奉翁寿诗"，可知《诗存稿》题侯保三为误。按，侯保三（名鸿鉴），生于 1872 年，年龄亦不符。

②　《严先生遗著》诗题作"正月三日分韵得兴字"。癸亥正月初三日即 1923 年 2 月 18 日。又据日记、信草，作于 3 月 4 日。

吾文有人定。

正月十七日社集以酒债寻常行处有
人生七十古来稀分韵得常字①

不知今后几沧桑，又向城南集羽觞。交浅亢卑皆有悔，俗衰恩
怨亦无常。独容我辈离人立，便拟终身与世忘。二十四番风信至，
眼前莫负好春光。

为江叔海题所藏高宗瀚画王渔洋像②

晚明王李钱吴后，昭代诗人此正宗。欲藉文章占世运，新朝气
象总雍容。

晋祠春好水融融，叔海门人仕晋者为叔海筑舍于晋祠。应与明湖唱
和同。若拟西陂绘苏像，君身亦合入图中。

---

① 《严先生遗著》此诗有两稿，第一稿诗题作"癸亥正月十七日城南社集分韵得常
字"，第二稿诗题作"癸亥正月十七日城南社集以酒债寻常行处有人生七十古来稀分韵
得常字"。癸亥正月十七日即 1923 年 3 月 4 日。据日记、信草，作于 3 月 4—5 日。
② 据日记，作于 1923 年 3 月 9 日。

题王孝伯为郭生承惠画竹①

　　曾历三湘振凯还,霜筠撷秀入毫间。盾磨写出竿三两,儒将风流见一斑。

　　英年随处悟良箴,省识将军寓意深。拈取此君示标格,要存高节要虚心。

二月初三日社集分韵得犹字②

　　土脉交融宿雨收,春风拂面淡夷犹。拚妨书课勤花事,预检诗牌寄酒楼。河朔今年当洗甲,城南有约更乘舟。纷忙举世关何事,但得偷闲且暂偷。

赠诵洛南旋③

　　社酒权教作别筵,莺花烂漫早春天。君归触我南游兴,修禊亭边快阁前。

---

　　①　《严先生遗著》诗题作"题王孝伯省长为郭生承惠画竹"。据日记、信草,作于1923 年 3 月 13 日。

　　②　癸亥二月初三即 1923 年 3 月 18 日。

　　③　按,陈诵洛本年南归在 3 月 24 日,23 日严修揹诗社同人饮于天津公园图书馆,诗当作于此日。

展　墓①

松楸满望暗心惊,独立苍茫百感生。堕地以来一弹指,倏经六十四清明。

无　题 非无题也,题待商也。第一首或作清明,第二首或作自嘲②

又过一清明,春风满郡城。闲中消永日,望外得余生。己未病中自揣不能过六十一岁③。世事纷难定,吾心老渐平。但留人寿在,犹欲俟河清。

强预吟坛列,吾颜厚可知。胸中无点墨,腕下尽支辞。享帚虽惭敝,诊符莫悟痴。不知谁氏集,他日有严诗。苏诗:"严诗编杜集"。

六十四岁初度④

一年一度逢初度,底事年年例有诗。岁月增多仍故我,生平道

---

①　据日记、信草,作于 1923 年 3 月 28 日。

②　据日记、信草,作于 1923 年 3 月 28 日。日记与信草均题作《六十四初度》,可知与下首同为自寿诗。

③　《严先生遗著》无小字注。

④　据日记、信草,作于 1923 年 4 月初。

· 338 ·

尽更何词。过难追改终成悔，疾未全消每自危。不肯便为衰飒语，
赏心天与好花时。

伏处既久忽蒙勋章之宠矍然有作①

脱却朝簪春复春，庚戌二月奉准开缺。不夷不惠等闲身。犹闻此
日呼参政，《京报》纪来往姓名辄署余为前参政。难免他年诔大臣。参政
始终未就，与度支大臣同。妄拟逸民原不敢，谬加新宠太无因。极知
名器无轻重，只是何须及此人？

喜意笺至自滁州 首用仁安韵，次用幼梅韵②

压装无长物，独载古碑还。旧雨温诗梦，春风唤酒颜。多情偏
作客，无日不看山。一昨君书至，因知簿领闲。

春风催客至，花信海棠天。载橐新诗富，还家好梦圆。林峦知
倦赏，杼轴定生怜。犹有豪情在，高谈到酒边。

---

① 《严先生遗著》诗题"既久"作"日久"。据日记、信草，作于 1923 年 4 月初。
② 《严先生遗著》此题仅第一首，题下注"用仁安韵"。据日记、信草，作于 1923 年
4 月 15 日。《诗存稿》置于甲子，误。

题陈济勤所藏《孔子击磬图》①

荷篑岂不贤,所善惟一身。大哉我夫子,念念关生民。泠然君子磬,其来由泗滨。一击云雾开,再击天地春。万物尽吾与,四方皆归仁。可为知者道,难语忘世人。

陈筱庄五十寿诗②

我姑与君姑,适宋为娣姒。我少已识君,相谓为兄弟。中经契阔久,相见岁无几。踪迹渐亲密,爱自辛丑始。始知君笃行,谨身敦孝弟。始知君劬学,通经富文史。爱君意坦白,洞然见表里。喜君论不竭,旨畅词亦伟。我初辟横舍,延君训蒙士。我继总学事,倚君相助理。趣意君口说,条教君手拟。契若芥投针,快如石投水。袁子树五③。领书局,佐佑惟君恃。校理兼启发,实事必求是。郎曹庶政新,簿书尤填委。同官交引重,声誉隆隆起。华阳有曾叟,笃斋。第一君知己。彼有月旦评,展转入吾耳。谓君勤职司,可以式浮靡。谓君淡荣利,奔竞良所耻。尤有知君人,湘阴范伯子。静生。偕君时过余,讨论动移晷。揖让国步更,君将返故里。湘阴

---

① 据日记、信草,作于 1923 年 4 月。

② 《严先生遗著》诗题作"寿陈筱庄五十自述诗"。据日记、信草,作于 1923 年 6 月 7—11 日。

③ 《严先生遗著》无人名小字注,下同。

佐新政，援而止而止。广厦储师资，满城荫桃李。劳身且焦思，阅时几一纪。精力未始衰，君已五十矣。为诗称唐贤，服政见戴礼。君皆过来人，优学亦优仕。五月月初吉，佳辰值览揆。读君自述词，有逊语无侈。我以诗寿君，亦信无溢美。世事方纷纷，澄清终可俟。庶几待平世，称觞介蕃祉①。

壁臣亲家同年六十寿诗②

　　昔日朱颜两年少，转瞬相对俱成翁。所经上元一周甲，身世遭际约略同。惟君志节我弗若，能壹表里贯始终。我于接物常诡随，君则能介兼能通。我于决事多回惑，君则至明由至公。始吾与君或异议，久之乃使吾说穷。始吾谓君太尽言，久之乃审君言忠。或为缁衣或巷伯，惟其理胜斯气充。天赋刚德本殊众，至老不渝铁石衷。君年少我仅四岁，我如蒲柳危秋风。君则松柏耐岁寒，凝然根石柯青铜。我以屡躯早嗜酒，至今疾疢纷来攻。君身诚健亦少困，近喜北海樽常空。平原公子岂足法，未必病中胜愁中。再周甲子仍一瞬，所期爱此清明躬。百颂一规倘见颔，尚无笑我词未工。

---

　　①　《严先生遗著》诗后署"筱庄姻弟五十寿，严修拜稿"。
　　②　《严先生遗著》诗题作"壁弟亲家同年六十初度撰句呈教"。据日记、信草，作于1923年6月25日。

霸王别姬社课 限兰澜寒楼优尤韵[①]

命绝当如郑刘兰,名花难止泪汍澜。鸿沟画界成虚语,始信要盟最易寒。

楚歌声紧逼妆楼,刘项今番见劣优。记否范增三示玦,事由自误又谁尤?

社集分韵得古字[②]

有酒火急饮,有诗火急吐。君看隔年冯,眼前已千古。谓俊甫。

公园初集分韵得识字[③]

五日当归休,吾侪耻家食。一楼书百城,下临众香国。风驱酷暑退,林阴碧一色。榴花媚向人,似笑曾相识。去年此会成,转瞬如梦忆。寒暑岁易周,百年亦顷刻。还念老冯唐,谓冯俊甫。居然君子息。尚余我曹在,浪费闲笔墨。

---

① 《严先生遗著》诗题无"社课"。按,自本诗以下七题均为诗社所作,而不见于信草,《诗存稿》置于癸亥。据日记,1923 年 6 月末记有本月作"城南诗社唱和诗数首,未留稿"。姑置于此。

② 《严先生遗著》诗题无"社集"。

③ 《严先生遗著》诗题"初集"作"社集"。

社集口占

我曹局外静观棋,急劫心忧着子危。安得群雄齐解甲,一樽楼上共论诗。

次前韵答诸同社

猬乱长安一局棋,暂凭樽酒解心危。一餐草草惭粗粝,换取珠玑万首诗。

次子通见赠韵

末世词人有同病,南来皋羽北遗山。独怜灿烂生花笔,日日登堂颂半闲。

赠 诵 洛[1]

勃勃蓬蓬釜上气,笔端不着一埃尘。古人借问谁能似,太白楼

---

[1] 《严范孙先生遗墨》收录,手稿题作《代子通赠诵洛》。

头黄景仁。

渔三族弟廷桢挽诗^①

分支越十世，族迁三百年。弟兄复合并，岂非天假缘。难得情谊亲，且复意气投。爱君有肝胆，学粹才识优。既无功利心，亦无声色好。不因世污浊，汶汶损贞曜。族父阁学公，倚君如臂指。哲嗣承父志，家事亦听子。誓酬两世知，定计决大疑。顶踵不自惜，病伏焉自知？君曾偕我游，东吴而南越。湖山旧题名，字犹未磨灭。君有《延秋稿》，要我作跋尾。君有《题襟集》，采撷及荇菲。比年两多病，日久缺唱酬。谁知从此别，一别成千秋。我有游杭愿，一年期一度。今后那复忍，更向杭州去。茫茫宇宙间，有怀向谁吐？中宵梦阿连，涕泪零如雨。

方震初令叔耕霞先生八十寿诗^②

茹术餐霞可驻颜，林泉岁月况清闲。诗情表圣遗山后，医学张登叶桂间。镇日想从皆老辈，故乡随处有名山。履声来自云深处，知是先生采药还。

先生回首定歔欷，六十年前弱冠时。眼见上元开甲子，躬逢神

---

① 《严先生遗著》诗题"挽诗"作"哀词"，诗后署"渔三吾弟哀词，癸亥夏五月愚兄修泣撰"。又据日记，作于 1923 年 7 月 2 日。

② 据日记、信草，作于 1923 年 7 月 9 日。

武迈轩羲。韩康晚岁宁忘世，杜老平居别有思。但愿中兴重作颂，助公欢喜度期颐。

题徐友梅《商山图》①

健庐六十返津里，年年只见颜还童。髯之苍者日益黑，貌之瘁者日益丰。我谓宅心合道妙，君言秘授由仙翁。仙翁目君商山叟，黄绮角里或园公。长公爱作《商山图》，笔端隐若来仙风。商山有芝可引年，功效乃与丹砂同。君之难老或由此，参之古说宜可通。抑君真宰别有在，诵法圣言亲折衷。泰山乔岳植其躬，明镜止水养其中。天君泰然百体从，夫岂外铄能为功？

社集分韵得流字②

得免炎蒸喜入秋，不嫌岁月迅如流。适中寒暖佳光景，莫厌相偕竟日留。

---

① 据日记、信草，作于 1923 年 7 月 16 日。
② 《严先生遗著》诗题作"华安酒楼分韵得流字"。

次韵酬陈诵洛①

济济城南社,君诗格最尊。笙镛齐入律,斧凿了无痕。古调追苏李,浮声鄙段温。鲰生初学步,宁许妄评论。

云孙与诵洛约治古学相戒不作诗已而破戒作自责诗见示次韵答之②

能诗不作诗,情势两不可。而况才兼人,譬如由也果。锦囊必归贺,洛纸患无左。肠枯强使搜,可怜惟有我。

公园图书馆应子通云孙诵洛之招分韵得复字③

惮暑思凉秋,苦雨盼晴昼。二者愿既遂,心又念朋旧。朋旧有嘉招,快意急往就。主人吴陈刘,款接谊良厚。王纬斋。杨襄如。冯问田。与黎,雅亭。嘉客欣辐辏。分题循故事,尖叉险韵斗。陈刘最

---

① 《严先生遗著》《严范孙先生遗墨》诗题作"和诵洛见赠韵"。据日记,陈诵洛8月17日寄诗来。又据信草,作于1923年8月17—18日。

② 《严先生遗著》诗题作"和云孙兄见赠"。据日记,1923年9月有答刘云孙五古一首。

③ 据日记,公园诗会为8月21日。又据信草,本诗作于1923年8月23—27日。

敏赡,挥洒如宿构。冯黎音和雅,杨吴词美富。王君工锻炼,好语
夺山秀。我亦滥吹竽,相形忘丑陋。毛锥互传送,墨痕满襟袖。日
暮不忍归,散恐聚难复。海内方多故,患气遍宇宙。居者既苦兵,
行者亦遇寇。飓风屡告警,洪水孰施救。我辈逃人外,独为天所
宥。朋簪时一盍,同心若兰臭。即此是仙乡,何必求勾漏?

阳历八月八日大风雹①

狂风卷地白日昏,怪云汩汩洪涛奔。势如挟山超海过,力拔天
柱摇天根。拳大飞雹破窗入,夹以急雨随倾盆。乍疑地震墙屋动,
又似炮石来攻门。须臾风弱雨不止,良久未定惊余魂。大孙荷蓑
来省我,似幸老人犹告存。语时告我凉棚坏,出视豁然彻天外。四
隅四正柱齐断,斜倚屋檐类倾盖。崩榱折栋交槎柹,芦席纵横尽破
败。上者覆屋成茅龙,下者垂垂舞幡旆。行经别院亦复然,颠倒离
披各异态。一柱斜贯听事顶,穿裂承尘透纸背。匠人累日收散材,
万瓦鳞鳞齑粉碎。初计损失心悢然,转念翻幸身安全。侧闻灾区
非甚广,且幸为时非久延。四境田庐举无恙,即此当感天垂怜。不
然时若引长地推广,浩劫何减庚子年?

---

① 据日记、信草,作于 1923 年 8 月 24 日。

和日本诗家云庄先生步原韵①

沧海尘扬万古愁，连天风雨不胜秋。东邻宋玉原多感，藉甚才名汇众流。

满门桃李记当年，磊落英才冠世贤。东望蓬莱水清浅，茫茫劫后几桑田？

欲学长生奈老何，神山几度客中过。余曾②游三岛。盈盈一水伊人在，露白葭苍秋思多。

八里台小集③

一年暇日便题襟，又喜郊游得盍簪。肴核昨朝亲阅市，雨晴此日倍关心。野融宿露含余润，天敛骄阳换薄阴。最是差强人意事，居然城市有山林。

---

① 《严先生遗著》诗题作"和日本诗家云庄先生之作步原韵"。据日记、信草，作于1923年9月7日，署题"癸亥初秋"。《诗存稿》置于甲子，误。又信草注："第三首用吴子通代作，仅易二字。"

② 曾，《严先生遗著》作"昔曾"。

③ 1923年8月26日(农力七月十五日)严修约众友人泛舟八里台，同游十五人，分乘两舟，每得一诗辄传观索和。见严修日记、《陈诵洛集》等。

八里台归途示诵洛①

　　夹岸丛芦一色青，舻声续续水波澄。故乡风景君应记，略似西兴到绍兴。

中元游八里台泛舟分韵得秋字②

　　城南诗社人，最喜城南游。鲰生体此意，先期斗酒谋。郊庠肯见假，竟日容淹留。诗人晨踵至，三五各为俦。当其未至时，中道已唱酬。入门急索纸，快若鲠吐喉。顷刻堆满案，挥洒无少休。余兴复拈韵，好语争雕镂。我劝舒倦眼，褰衣上重楼。新诗益涌出，不及奚囊收。酒罢吟未辍，强辍邀放舟。前舟杂笑语，后舟闻歌讴。少焉诗横飞，稿草如梭投。榜人职输送，往复如通邮。水行不计程，远近听自由。观荷就横渚，搴蓼趋傍洲。访碑寺随喜，过墅园寻幽。俱作诗材观，有义无不搜。云开怡晚晴，吹面风丝柔。日尽诗未尽，归棹南关头。去年此地来，岁琯恰一周。今年会益盛，友声又广求。试为侪指计，此会诸名流。二陈一甫、诵洛。与二王，仁安、纬斋。杨襄如。顾寿人。吴子通。李瘵盦。刘，云孙。冯问田。黎雅亭。赵父子，幼梅暨其世兄。予季字仲尤。太岁在癸亥，夏时月孟

---

　　①　《严先生遗著》诗题作"游八里台归途示诵洛"。
　　②　《严先生遗著》诗题作"八里台泛舟分韵得秋字"。此诗为游后所作，据日记、信草，定稿应在9月8日。

秋。谁欤纪此诗，严子其名修。

福州林朝志之族长其通先生九十寿诗①

我年六四已成翁，廿六春秋尚逊公。及见成皇中叶盛，公生于道光十四年。犹存左海老儒风。征文小阮情何挚，公之族子朝志书来征文，又再敦促，语殊恳切。献颂鲰生苦未工。愿借船山诗一语，闽天东望海云红。船山寿蔡葛山相国九十寿诗，此其首句也。

吴侣伊大令五十寿诗②

古昔五旬服官政，君今为政已三年。诗来如共达夫语，使至能言伯玉贤。一路遍栽花满县，百龄恰似日中天。莼羹莫但思乡味，恣取秋菘佐寿筵。侣伊太仓人，知徐水县，徐水即安肃，产白菜最有名。

题无锡辛克羽先生遗像③

曾读《寒香集》，高风接古初。东林传绝学，北阙谢征书。堕笏

① 《严先生遗著》诗题“九十”作“九旬”。据日记、信草，作于1923年9月17日。

② 《严先生遗著》诗题作“吴侣伊知事五十寿诗”。据日记、信草，作于1923年9月26—30日。

③ 据信草，作于1923年9月28日。又据日记中注：“就子通稿略改”。

中条客,回车靖节庐。超然一遗老,百世有谁如?

韩诵裳四十寿诗①

庠序莘莘极大观,衡材犹觉称心难。试金石上吾无间,二十年来有一韩。

名父令尊②伯朋。名师令师③赵幼梅、张伯苓。足抗衡,妇翁令岳王仁安。真不愧冰清。若论新旧兼深邃,多恐前贤畏后生。

王仁安六十寿诗④

去年俚句为君寿,转盼星霜又一秾。短幅敢云无剩义,深交不忍作浮词。多君独有千秋想,示我曾为一笑诗。政事文章终不朽,苦心总有后贤知。

凭何标准定荣枯,花鸟琴书足自娱。妇共糟糠斯可贵,儿逢豚犬不如无。欧公史笔同中独,白傅诗歌淡后腴。人寿百年期尚远,莫辞著论拟《潜夫》。

---

① 《严先生遗著》诗题作"壬辰十月伯兄四十初度制短歌侑爵且征和者"。据信草,作于 1923 年 10 月 1—2 日。

② 令尊,《严先生遗著》作"尊甫"。

③ 令师,《严先生遗著》作"贵师"。

④ 据日记、信草,作于 1923 年 10 月 2 日。

次慈溪童佐宸见赠韵 佐宸在予族弟子均津寓教其幼子①

　　三生有幸结新知，白首论交已恨迟。颇羡阿连多益友，更欣小阮得名师。春风绛帐谈经日，夜雨青灯问字时。凭仗药言砭末俗，与儿言孝父言慈。

　　黄唐无复望垂裳，典籍沉霾剧可伤。君惜熙朝故文献，重刊乡宿旧词章。君校刊《鲒埼亭诗》行世。丹铅盛业名千古，薇蕨高踪过十霜。我亦忝称四明客，敢忘敬止念维桑？

中秋图书馆社集分韵得冰字②

　　裨灶火无征，群谣讵可凭？风光仍淡宕，天气转清澄。社友将诗至，书楼载酒登。定知今夜月，朗朗一丸冰。

---

　　① 据日记、信草，作于1923年10月2—3日。
　　② 《严先生遗著》诗题作"癸亥中秋节图书馆宴集分韵得冰字"。癸亥中秋，即1923年9月25日。

仁曾侄孙新婚值我病愈稍能构思作诗寄之[①]

尔翁授室岁逢辛，光绪辛丑。廿二年前月孟春。物换星移吾老矣，汝今年又到成人。

尔翁恭谨且明聪，忠厚尤于尔祖同。尔克象贤且绳武，渊源一脉好家风。

李家世好且姻连，媒妁通词已数年。旧事重提遂文定，可知作合是天缘。

谁言女子贵无才，子女新知赖母开。却是德工尤重要，慎哉教妇在初来。

劝尔操身毋畏难，尔能身健我心安。要将三育加分别，德智文明体野蛮。

思约敏侄[②]

汝真全受复全归，似汝温良我见稀。别恨竟随千古尽，泪痕犹隔十年挥。吾衰临事多忧惧，儿去无人证是非。且喜遗孤能继志，天真向我独依依。

---

① 《严先生遗著》诗题作"仁曾新婚值我病愈稍能构思作诗寄之"，诗后署"夏时十一月初六日六十四老人书于京师武定侯衖寓宅，初出协和医院之次日也"，夏时即农历，即公历 1923 年 12 月 13 日。按，据《祭侄约敏文》，仁曾婚礼在 12 月 15 日。
② 《祭侄约敏文》作于 1923 年 12 月，此诗或作于同时，姑置此备考。

赠 云 孙[①]

诗如李白雄无敌,画似云林淡有神。脱尽凡庸得真味,故知仙骨在君身。

彭静仁令尊七十寿诗

三湘多我素心人,今识郎君甫浃旬。恰值彩觞开七秩,共拈斑管祝千春。鲤庭桃李森森秀,静仁甫辞教育总长。谢砌芝兰簇簇新。大寿君家前例在,享年八百世无伦。

除 夕[②]

新历颁行世莫承,太阴律适旧家庭。妇拈角黍收筊叶,孙避撝蒱习象经。迎岁花飞三径雪,通宵竹爆一天星。老夫守岁难为役,独寐何妨让众醒。

---

① 以下二首《诗存稿》置于癸亥,具体写作时间待考。
② 据1924年2月4日(旧历除夕)日记:"晚,看孙男女辈下各种棋。"

元　旦[①]

时雨王师入白门，湘乡一叟定乾坤。从来后事师前事，何必中元异上元。养士百年斯有济，成功一蹴敢轻言。请看当日诸贤佐，都有周情孔思存。

意箴幼梅子通诵洛四君子新年先后寄诗作此奉答

好诗纷共好春来，每见邮筒笑口开。杨赵格苍唐室杜，吴陈才捷汉廷枚。诸公各有珠船获，贱子空余袜线材。吾社今年闻益盛，何时许我更追陪？

病小愈寄诸同社[②]

病床五十日，况味百千尝。孰使命重续，平添梦一场。急锋森

---

①　《严先生遗著》诗题作"甲子元旦"，又后注云："去岁冬至还津，预计上元以前可以出门，至时精神果已恢复，忽感风寒，卧床市月，医治甫愈，又患外证不能起，坐嘉会缘悭，索居心躁，兹将新正拙作三首写呈诸位社长教正。"按甲子元旦为1924年2月5日，又据日记，严修于1924年2、3月间卧病。以下三首亦作于此间。

②　《严先生遗著》诗题作"病起寄子通先生兼呈仁安、幼梅暨其他诸社长及家弟台孙"。

血刃,残叶战秋霜。决胜归天幸,佳兵总不祥。

稍与浊秽远,便思文字亲。须臾天所赦,顾盼室生春。城阙有新意,树云都可人。境随心转变,谁幻定谁真。

再占一绝句①

病中恶字如蛇蝎,忽觉祥麟纸上来。火急将诗来鼓吹,蛰虫欲振要春雷。

章式之六十寿诗②

昔我年六十,朋好多赠诗。君诗最恳到,语语不忘规。君为斯文忧,教我距邪诐。我虽心折服,庸陋无能为。惟颜敢匡谬,微韩孰起衰?已为先知者,斯能觉后知。求之时贤中,舍君更有谁?但以吾邑论,风气待转移。箦斋越缦后,岁久无师资。喜君旅兹土,经师兼人师。自君主存社,析疑兼赏奇。膏馥得沾溉,始识文在兹。君缘汲古深,逢源左右宜。丹黄不释手,乐此斯不疲。著书多岁月,君亦年曰耆。贤郎来征文,吾意殊忸怩。岂有雷门前,而敢布鼓持。反思谊难恝,况辱君先施。自惭语凡鄙,大类村盲词。近人创新体,吾尝中心疑。雅不欲附和,下笔乃似之。只坐学空疏,

---

① 《严先生遗著》此诗续前二首。此诗后注云"以上三诗皆在病院时作"。
② 《严先生遗著》诗题作"式之先生六十寿言"。据日记、信草,作于1924年4月3日,写定于4月7日。

莫漫疑趋时。是亦名为诗,亦能解人颐。博君一辗然,更进酒一卮。

卓芝南同年七十双寿诗①

　　卅二年前秋榜开,闽中闽县最多才。君名早已齐林郑,余事犹能作马枚。仕与大坡同政略,退如元亮赋归来。高风梁孟从偕老,笑看诸郎进寿杯。

梨花盛开邀同社吟赏分韵得妆字②

　　谁遣梨花替海棠,四十年前,先兄于枣香室前种海棠五株,每岁清明、谷雨前绚烂夺目,近十年来先后萎谢,而儿辈后种之梨花年年盛开。将毋素质胜红妆。为娱客座呈香雪,况值宾筵集羽觞。多病何能忘旧雨,无诗未免负韶光。亦知省稿精神用,偶一联吟或不妨。病后屡承亲友劝诫不必作诗,是日仁安云能不用心最好,墨青亦云精神宜省稿用之。

---

　　① 据日记、信草,作于1924年4月15日。
　　②《严先生遗著》诗题作“分韵得妆字”。据日记,同社来家畅聚在1924年4月20日。又据信草,作于4月20—25日。

华芷舲以热河胡君所赠《秋崖双瀑图》索题^①

西黔黄果树，北美水牛城。两处巨瀑余皆纵观。每忆经过日，如闻喷薄声。披图触遐想，乐水证同情。便骋卧游兴，能教百虑清。

李颂臣正月十三日五十寿诗^②

好善家声远，碑由万口成。祖诒珍砚石，庭诰富书楹。才盛夸群季，功多属长兄。我交纪群久，倾慕不胜情。

庆典逢天寿，春王月孟陬。喜君登五秩，同日祝千秋。灯火上元近，壶觞佳节酬。椿堂方驻景，大福几生修？

题王鹤舟先生玉璋山水画幅 先生天津人，寓苏州^③

南宗摩诘后，画手世推王。兹作摹黄鹤，其名配染香。吴山供点缀，沽水被荣光。吾邑访州^④叟，同留翰墨芳。

---

① 《严先生遗著》诗题"所赠"作"赠伊"。据日记、信草，作于1924年6月14日。
② 据日记、信草，作于1924年6月25日。
③ 《严先生遗著》诗题后小注"先生津人寓苏州，甲子"。据日记、信草，作于1924年6月27日。日记云："为仁安题其堂高祖鹤舟先生山水堂幅，现有罗叔韫、章式〔之〕各题一七绝，余题五律一首。"草稿注："仁安所属也。"
④ 州，《严先生遗著》作"洲"。

题曹恕伯《松寿轩画册》①

吾乡画手两曹氏,前有香士后恕伯。水云先生去已久,香士先生斋额曰"水云山庄"。松寿主人今赫赫。

水云第以画竹名,松寿于画无不精。况兼诗字擅三绝,未免前贤畏后生。

于啸轩之太夫人七十寿诗②

我初识于君,贻我双瑰宝。书画雕象齿,棘猴逊其巧。初交惊绝技,久处叹冲抱。在官有美政,抚字当上考。一朝挂冠去,高节霜月皎。奉母隐朝市,闭门恒却扫。铁笔足菽水,超然万物表。今年为母寿,征文祝难老。我知士行贤,多由母教早。恭值设帨辰,愿言申颂祷。颂祷宜何词,诗书语最好。五福《书·洪范》,九如《诗·天保》。

---

① 据日记、信草,作于 1924 年 7 月 16 日。《诗存稿》置于丁卯,误。
② 据日记、信草,作于 1924 年 7 月 16 日。

题方震初之尊人云耕先生遗像①

去思碑尚在,遗爱遍王畿。晚岁成高隐,论年过古稀。亭池存盛迹,山水共清辉。灵爽今何许,遥知近翠微。

题陈子衡铭鉴《侍亲游颐和园图》②

寂寞宫花绕液池,柳枝无复拂旌旗。回头十五年前事,紫陌驱车上直时。

家庆谁如我友陈,游春揽胜侍双亲。当年孝养兼尊富,不及君家乐趣真。

题王莲府之尊人向侪先生研贻斋墨迹③

书唯瘦硬与神通,和仲何疑论未公? 一瓣心香接羲献,赵王孙与董思翁。

---

① 据日记、信草,作于 1924 年 7 月 17 日。
② 据日记、信草,作于 1924 年 7 月 23 日。
③ 据日记、信草,作于 1924 年 8 月 10 日。

我　生①

　　我生一周岁,几以天花死。逮年十二时,病又几不起。死亦易易耳,世孰无夭殇。父母虽痛心,不久亦渐忘。谁知活到今,寿过六十岁。资粮耗无数,又增多少累。彭殇虽不齐,至竟归重泉。于世究何益,多此数十年。

诵洛寄示怀人近作大似定庵杂诗答以两绝句②

　　旁览八纮上三古,百家七略恣沉酣。多师况际乾嘉盛,但骇诗名失定庵。

　　越缦先生於越产,抱冰相国丁酉生。诵洛籍绍兴,生于丁酉。我祝君如彼二老,中年重见世升平。

---

　　①　据信草,作于甲子年,在《题王莲府之尊人向侪先生研贻斋墨迹》之后。《诗存稿》置于乙丑,误。
　　②　据日记、信草,作于1924年11月30日。

·361·

赠 纬 斋①

　　昔日王扬州,扬州但游宦。今日王扬州,扬州实乡贯。我朝江
南北,人文号极盛。山左虽多才,难与淮海竞。新城负重望,官尊
年且高。不如一逢掖,得名尤足豪。

祝朱母梅太夫人耄寿②

　　婺宿钟南国,春晖蔼北堂。谢庭工雅咏,太夫人为伯言郎中从女,
亲授诗文。梁案举相庄。柏枧家风远,萱花岁月长。耄期逢甲子,难
老笃其庆。

　　齐鲁从官日,贤声重妇仪。奉先虔俎豆,弭变壮旌旟。都转公官
兖州时海上用兵,太夫人亲制旌章以壮军容。德似良妻俭,人歌众母慈。
卌年资内助,家国两匡持。

　　饱历沧桑劫,浑忘菽水贫。慈恩劳画荻,劲节挺寒筠。道辟三
摩误,生平不信佛说。情惟九族亲。藏书宏教泽,弦诵满城春。

　　鹿洞传家学,螭坳举特科。嗣君燮辰尝召试经济特科,又举硕学通
儒。抱孙娱晚景,诫子有高歌。杖履春风健,芝兰雨露多。三津开
寿字,摛藻颂山河。

---

①　日记于 1924 年末记"又自写和纬斋诗"。《诗存稿》置此诗于癸亥,误。
②　以下三首《诗存稿》置于甲子,具体写作时间待考。

儿子智锺受业于云庄先生有年矣余既奉和三绝意有未尽复成一律呈政①

绳墨当年劳大匠，景升豚犬愧吾儿。奇书易代余秦火，香草怀君有楚辞。蓬岛樱花千里梦，析津风雨九秋时。漫云东海神山远，买棹重游会有期。

云孙去年惠书久未奉报顷又以怀人诗见示作此并答②

商也离群久索居，浩然多病故人疏。隔年追检文章债，先欠刘公一纸书。

怀人好句韵铿锵，公干才能敌孔璋。谓诵洛③。奖鉴人伦都不爽，惟余骇愧汗如浆。

---

① 《严先生遗著》诗题"呈教"作"附呈哂政"。

② 《严先生遗著》诗题作"寄云孙二首"。据信草，作于1925年1月。按，以下至《叠前韵再答意箴》，均作于1月。本年1月无日记，且4月前之草稿均未记日，故具体写作日期不可考。现依草稿顺序排列。

③ 《严先生遗著》作"陈诵洛"。

和云孙度岁诗元韵

鼙鼓声中又岁阑，药炉伴我不知寒。棋举未知何日定，弓橐能更几回看？谁欤正己物皆正，是否端人友必端？但值桃符新换日，便拈吉语效周盘。

夜不成寐有感而作叠前韵①

芳春独赏易情阑，不及同心共岁寒。梦里蝶能凭我化，雾中花且让人看。何妨仙字蠡三食，无奈常情鼠两端。树木纵期十年近，未知何日始根盘。

改岁以来余年六十六矣始愿不及作此志幸②

昔读王氏《挥麈录》，宋贤多厄六十六。前有庐陵欧永叔，后有眉山苏玉局。其间介甫若鼎足，人惜诸贤寿短促。在我已为无妄福，嗟我蠢材但食粟。一息尚存愧幽独，借问前愆如可赎。更期假我十年读，既得陇复望蜀③。

---

① 《严先生遗著》诗题"叠前韵"作"仍用前韵"。
② 录自《严先生遗著》，不见于《诗存稿》。据信草，作于1925年初。
③ 末句缺一字，原文如此。

感事叠前韵①

翠辇仓皇出上阑，池映奚恤旧盟寒。辟人铁骑排关入，委地铜驼忍泪看。扃锸重重九天阖，觚棱黯黯五云端。可怜日下黄金阙，独照宵深白玉盘。

台孙弟四十八岁初度次杨意籤韵②

西堂春草句初成，恰为阿连进觅觥。豫算百龄方弱半，能名一艺不虚生。弟工书画，画尤专精。同游济济多贤友，内举迟迟愧老兄。颇有知音何第五，事见《晋书·何准传》。还将推毂望群英。

云孙携糖糕一榼见饷赋此寄谢

糖霜麦粉孰亲调，长者车来饷老饕。今岁刘郎真破例，上元刚过便题糕。

---

① 《严先生遗著》诗题作"感事仍用云孙兄度岁诗原韵"。
② 《严先生遗著》诗题作"台孙五弟四十八岁初度次杨意籤韵"。

诵洛叠盘字韵赠余诗拳拳可感次韵奉酬

越溪花已韵凋阑，沽上风犹彻骨寒。梦里定知归棹易，酒边权当故园看。津俗称绍兴酒每喜省文直曰"绍兴"。情潭摆脱深千尺，文阵驱除感百端。觞咏暮春休择地，吾将扫径涤杯盘。日前子通书来，有"何时联袂春台，重开春宴"之语，余期以清明时节，沽趁梨花，藉酬诸君去年雅意。

同治乙丑正月余始入塾今又乙丑正月矣追忆惘然成三十韵

同治岁乙丑，我时方六龄。始从塾师读，春王月在正。谒师三叩首，入坐随诸生。塾师伊何人，查叔字帖青。诸生伊何人，二李茂三、琴轩昆仲①。及我兄。师谓余幼小，不必遽读经。为余选一书，习偶兼习声。曰《龙文鞭影》，定为余日程。读书要倍诵，记性奈平平。日仅数十字，困苦已不胜。展卷昏欲睡，声低如冻蝇。有时遭瞋叱，战栗心屏营。师怜年未悼，不忍施扑刑。立余案前读，示罚姑从轻。笔管打我头，起落不暂停。有如敲木鱼，响应诵梵僧。又如击唾壶，兴助吟诗朋。余乃声泪俱，泪渍书纵横。艰难尽两册，月律八九更。至今检此书，无味且可憎。茫然不省记，一如读未

---

① 《严先生遗著》无人名注。

曾。惟有读时状,记忆犹分明。忽忽六十载,急景吁可惊。同堂师若弟,先后归幽冥。块然余我在,衰病交相乘。惆怅念旧事,余心百感撄。念我就学日,喜气盈阶庭。大父尚健在,二亲鬓未星。念我就学日,国运方中兴。上元新甲子,初见黄河清①。

诵洛欲辑《考槃集》补呈病间一首求正

才觉耽吟兴未阑,旋惊老健似春寒。曲身只合围炉坐,衰貌真惭揽镜看。记取枕铭贮胸次,肯教绮语犯毫端。钝根未悟空王法,却信人生有涅槃。

江都孙让水属题所著《壮游吟草》预投一诗见商诗亦用云孙度岁韵谨叠韵奉答②

游兴吟情两未阑,壮怀未免笑郊寒。来诗有"郊岛联吟怕瘦寒"句。片鳞已喜随云见,全豹还期克日看。淮海英灵钟腕下,河山风景聚毫端。可之直接昌黎派,想见横空硬语盘。

昨来白雪压朱阑,几辈吟肩耸夜寒。旧雨城南惊久别,新诗吴郡喜重看。羡君定本亲编次,要我题词列简端。附骥名彰良所愿,只愁贮矢玷金盘。

---

① 《严先生遗著》后有按语:"按二李乃李少庵先生之两兄,一名荫槐,字茂三;一名荫桐,字琴轩。"

② 《严先生遗著》诗题"孙让水"作"孙君让水","叠韵"作"依韵"。

寿李星冶先生①

伯阳岁过三周甲，老子百有六十余岁，或云二百余岁，见《史记》。元爽年将倍古稀。洛中遗老李元爽年一百三十六岁，见白香山诗集《九老图序》。上寿君家垂定例，下风我辈慕余辉。童颜匪借千钟酒，仙骨曾披一品衣。天眷召公锡难老，召公百八十岁，见《论衡》。《甘棠》歌颂首王畿。公以大挑知县分发直隶，历宰剧县，洊升道府，前后三十余年，惠政不可殚述，其后分巡于豫，开府于皖，所居民乐，所去民思。

三生石上说前因，我亦畿疆一部民。知己感深青眼待，忘年交久白头新。公长于余十四岁。频过燕市叨陪宴，公寓天津②，其第宅之旁有酒家曰"小有天"，公屡召余与公之门人林君墨青、赵君幼梅即其处为真率会。曾傍龙门侍写真。某岁公诸弟子宴公于城南酒楼，招余侍坐，饭罢合摄一影。独愧望秋蒲柳质，余病累年，公尤轸念，延医馈食，恩谊周至。输公松柏荫长春。

叠前韵寄问田时知满城县事③

病骨支离意兴阑，差堪欢喜又消寒。每传佳句回环诵，报载君

---

① 《严先生遗著》诗题作"寿李星冶先生七律二首"。

② 《严先生遗著》作"公寓津久"。

③ 《严先生遗著》诗题作"寄怀问田县长仍叠阑盘韵"。文字出入较大，现录全文于此：雾敛冰融雪意阑，阳春所至尽消寒。诗成吴郡回环诵，花满河阳次第看。沟洫志中添水令，弦歌声里化兵端。政刑清简宫阶贵，漫拟珍君苜蓿盘。因君近作有"一官真比广文寒"之句故云。

近作甚多。遥想名花次第看。曩客保阳,彼中花事较吾津为早,满城去保阳止四十里。沟洫关心愆水毁,弦歌到耳化兵端。政刑清简官阶贵,漫拟珍君首蓿盘。君诗有"一官真比广文寒"句。

杂忆儿时琐事漫成十三首

何人贻玉杖,吾翁夜入梦。玉滑不受拄,似贵实无用。生余之前夕,吾父梦人赠玉杖,故名余曰玉珏。

大母赞韬略,长姑以为笑。晚年易服色,套料亦改造。余生两周岁而本生祖母逝世,闻之吾长姑云,尝抚余曰"此儿满腹韬略"。天津音读"韬略"如"套料",长姑乃戏言曰:"套料耶? 袍料哉?"

六岁读韵语,髡顶当木鱼。至今复检视,如读未见书。六岁从查帖青师读《龙文鞭影》,不熟,师命案前读之,而以笔管敲吾头,随读声为缓急如木鱼,然书仅两册,读之几一年乃毕,读过亦遂忘之矣。

八卦对四箴,颇为师赞许。试问吾平生,何曾事斯语。亦六岁从查师时事,时余尚未读《论语》,吾父壁间悬屏幅四箴,故取以作一对。

习字握纸团,掌虚法亦古。可惜未久行,至今作字苦。七岁从孙竹泉师读,师教习字,以纸作团使握诸掌心,盖取指实掌虚之意也。师一年中到馆不过数十日,旋易他师,此法遂废。

"钟响知时候",出口便凡鄙。打油钉铰派,终身基于此。八岁从周师读,时吾兄学为试律,余心羡之,一日问兄曰:"诗之首句平仄如何?"兄告之,时适自鸣钟作响,余曰:"钟响知时候,可乎?"兄因遍告家人,谓余已解诗。

悟性虽平平,差较记性强。父前讲《论语》,情景终不忘。亦八岁时事,一日手执书独坐书塾,父适入,问何书,曰:"《论语》。"曰:"解乎?"

曰:"解。"因命讲"生而知之者上也"一章,父有喜色。

九岁学试律,始作仅四语。"无处不惊秋",周师颇奖许。题为"声在树间"得"秋"字,余第二联云"有声皆在树,无处不惊秋"。师评曰"句真惊人"。

初习作小讲,喜为师所称。自此定常课,欲逃便不能。自十一岁起,每月三八作时文,逢六作律赋,皆限当日交卷,搜索枯肠,苦不可言。

青云匿飞鸟,强欲出应试。一出铩羽还,始知谈何易。十二岁时兄应县试,余请于师,随同入场,榜发被黜。

郡试第三场,七言律两首。林师赞余作,讽诵不去口。十三岁应郡试,第三场有经古题,诗题为"水始冰地始冻"。余第二首为林杏农师所称赏,诗则忘之久矣,但记韵为八齐。

肩舆郊送回,高揭轿上帘。大遭父斥责,至今心内惭。

岁试坐堂上,榜发名第七。覆试人笑骇,八景作七律。十五岁应岁试,取一等第七,覆试日有"天津八景"题,各作七律一首,不作者听,作者惟余一人,故出场在最后,人皆笑余,以为蛇足。

叠前韵寄意箴时寓图书馆①

楼高四面敞虚阑,卯酒粗能御早寒。觅句有时停笔待,摊书终日引杯看。字如就试体惟楷,坐似参禅容必端。料得夜深犹小饮,君家重肉又登盘。用北齐杨愔事。

---

① 《严先生遗著》诗题作"又叠前韵寄意箴时寓图书馆楼"。

次韵酬问田①

　　春服将更单袷衣,树云两地怅乖违。官闲不觉篇章富,政美遥知狱讼稀。风景山河虽各异,人民城郭未全非。使君暇豫能偕乐,童冠相从效咏归。来书言事简弊少,可以省心,暇时常游名胜。闻之健羡。

叠前韵再答意箴②

　　细雨溟蒙向夜阑,重衾遥念客窗寒。还家梦好醒还适,连屋书多倦懒看。茶罢异香留舌本,酒深英气上眉端。南鸿频有平安报,莫遣胸中久郁盘。

生日承陈澂清方震初赵幼梅
三先生宠顾且饷盛筵赋此寄谢③

　　才传丰膳出中厨,旋报高轩过敝庐。良友情文无限好,藐躬礼数向来疏。老之将至七旬近,病莫能兴一载余。惭说异乎三子撰,

---

　　① 《严先生遗著》诗题作"问田姻兄大人侍史昨寄一笺旋奉来教声应心印为之怡然大诗每作必工愧能弗及依韵勉和敬求指疵"。
　　② 《严先生遗著》诗题作"再答意箴"。
　　③ 《严先生遗著》诗题作"贱辰承澂清震初幼梅三先生宠顾且馈食赋此寄谢且告失迎之罪"。据日记,作于1925年4月5日。

暮春点也竟何如。

三贤砚几互相亲,笙磬同音德有邻。华国皖南两文彦,移家瓯北一诗人。赵云崧曾以天津商籍应顺天试,其名见《津门选举录》。何期记室贤劳日,犹念迁生揽揆辰。蓬荜生辉蒲柳润,沉疴不药已回春①。

卧病年余每届城南社期辄为神往近顷就医归来强一赴会到者二十余人怜余羸顿将护周至敬赋二律寄谢且订八里台之游②

病久冷诗盟,重来似更生。群贤真毕至,良友信多情。花药新晴色,郊原乐岁声。皇天倘有意,许我见河清。

八里台前路,春池漾绿漪。况当新雨后,又值好花时。欲借一樽酒,来征万首诗。相当整旗鼓,旧友与新知。

杨襄如悼亡诗征和③

蜀中满地起烽烟,羁客怀乡积岁年。倚幌未逢干泪日,营斋忽诵《遣悲》篇。灵輀明燎安仁痛,椎髻深山德曜贤。似厌人间无净土,早圆佛果去生天。

---

① 诗后署"乞幼丈转呈陈方两公,恕不分写。偘扁生拜呈"。
② 《严先生遗著》诗题"城南社期"作"诗社会期","二律"作"两律","八里台"作"城南"。据日记、信草,作于1925年4月28日。
③ 据日记、信草,作于1925年4月29日。

题孙让水《壮游诗草》①

未识子荆面,先闻宾石名。登临多胜迹,歌咏见豪情。天接凤鸾啸,地闻金石声。诗坛出健将,足使一军惊。

酬唐玉虬见怀②

荆川家学冠毗陵,文字能参最上乘。笔下江山有奇气,豪韩未肯斗清僧。

高文典册足相如,驰檄枚皋更有余。莫道儒家无远略,军前曾上万言书。

攻玉他山见石交,同心文字要推敲。孔璋辞赋原无敌,忠告宁同子建嘲。君有与陈诵洛论诗书,颇尽忠告,诵洛乐受之。

怀人近作句弥工,月旦评量亦至公。惟有鲰生惭祖德,不应唐突钓台翁。

---

① 据日记、信草,作于 1925 年 4 月 29—30 日。
② 据日记、信草,作于 1925 年 4 月 30 日。

题王砚农先生临《砖塔铭》墨迹①

终南山,梗梓谷,居士塔铭久著录。书法瘦劲类河南,虚舟题跋有其目。吾津先正砚农翁,恰与居士同氏族。翁有临本首尾具,五十七行十九幅。哲嗣竹林吾兄事,装池新若手未触。日者示我征题词,点画端凝气静穆。即此是学良不诬,后生对之心折服。近世书体喜颠狂,更较舒王加迫促。安得奉此作楷模,躁释矜平神志肃。

为徐石雪题《毗陵访墓图》②

迢递毗陵路,残山带薜萝。百年余墓木,一碣冷岩阿。游子乡音改,名门祖德多。松楸风谡谡,极目怅关河。

卅载一归棹,孤儿双鬓丝。鱼鳞乡册古,马鬣路城涯。脉散源分后,珠联璧合时。披图有余慕,动我故园思。余七世祖以上宅兆俱在慈溪之东乡。

---

① 《严先生遗著》诗后署"乙丑立夏前四日",即 1925 年 5 月 2 日。日记、信草同。
② 《严先生遗著》诗题作"题毗陵访墓图"。1925 年 5 月 4 日日记云:"子通代作《题毗陵访墓图》及《庚子避乱图》诗,是日誊入石雪寄来之格纸。写讫即函送石雪。"据此可知,这两首诗为吴寿贤(子通)代作。

为徐石雪题《庚子避乱图》①

妖雾胡尘潞②水隈，夕阳城阙鼓声哀。流离骨肉嗟行路，破碎山河问劫灰。奉母笋舆从北去，勤王铁骑盼南来。回头廿五年前事，风雨舰棱泣草莱③。

大城张翁襄忱年八十五癸亥重游泮水自赋两律征和越二年乙丑公子竹龄明经介余门人王瀛孙大令索和谨步第一首韵寄正④

芹香忆我预琼筵，天津故事，生员榜后会食，名曰"芹香宴"⑤。公已蜚声十载前。余以同治癸酉入泮，后公十年。周甲恰开上元运，同治癸亥之次年即上元甲子。洗兵已届中兴年。同治甲子王师收南京。久经匕鬯无惊日，老结琴书自在缘。难得及门宏相业，张敬舆为先生弟子。河汾端不负薪传。

---

① 《严先生遗著》诗题作"题庚子避乱图"。
② 潞，《严先生遗著》作"路"。
③ 诗后署"石雪社长属题两图即希教正，乙丑初夏天津严修"。
④ 据信草，作于1925年5月4日—26日。
⑤ 《严先生遗著》小字注作"津故事，新生榜后会食，名曰'芹香宴'"。

赵辅臣参戎七十九寿①

鲰生昔日使黔中,寅谊乡情敬是翁。光绪甲午,余奉命视黔学,次年公由御前侍卫选授镇远镇左营游击,即于是年到省。曾宴鹰扬歌《湛露》,公中庚辰进士第五名。同观马射试追风。丙申余按试思州府,公由巴拱来郡,同校试场马箭。起家远比郭中令,郭汾阳由武科起家,享大年。序齿今同富郑公。洛阳耆英会时富郑公年七十九。无数江山供画本,公退隐后以画自娱。一枝名笔老犹工。

门人铜仁孙俊之之尊人介伯学博六十后失明七十后就西医施治豁然开朗今八十余矣能书细字腰脚甚健自撰《复明记》征题②

金鎞一试见奇功,如岁回春日再中。儒学醇良得天祐,梵经祝诵与神通。见《复明记》。赏心风月无新故,举目河山有异同。自寄新诗还自寿,锦囊佳句老弥工。

---

① 《严先生遗著》诗题作"寿赵辅臣先生七旬晋九"。据信草,作于1925年6月1日。

② 据信草,作于1925年6月3日。

诵洛见赠抒情宣德四绝句
读之感愧依次奉答①

　　无官岂尽称高士,孟陋当年语最通。拥肿山樗远绳墨,天年幸以不才终。

　　本为衰朝惜异才,几番铸错事同哀。拾遗供奉吾何敢,幸未人呼褚彦回。来诗有"杜陵救房琯,太白识汾阳"之句②。

　　秀才学究两无成,技类屠龙况未精。庠序莘莘人艳说,吾心功罪未分明。

　　达夫五十始为诗,诗竟成名不恨迟。笑我蹉跎今既耄,才修钉铰打油辞。

门人姚重光华五十生日③

　　我忝名修愧欧九,君生丙子比苏髯。出人岂止一头地,书画诗文绝过三。

---

①　《严先生遗著》诗题作"和陈诵洛"。据信草,作于 1925 年 6 月 3—4 日。
②　《严先生遗著》无小注。
③　据信草,作于 1925 年 6 月 3—9 日。

过教育部门车马塞途感赋[①]

只道门前雀可罗,依然毂击复肩摩。纷纭朝局浮云幻,沉滞郎曹旧雨多。九食三旬官俸禄,十寒一暴士弦歌。街头卖饼师应记,又见高轩换几何。共和初元,袁树五尝谓,人云学部、教育部尚侍丞参、总次长、司长参金,十年以来殆百数十易,惟门外卖汤面饺者尚是旧人。今又隔十余年矣,个中人又不止百数十易,而卖汤面饺人故当如旧也。

端午后四日假香满园招黄干夫孙俊之
杨铭修徐尚之姚重光唐叔襄周铭久徐邵钦
小酌越日追赋[②]

老衰难得会诸贤,一话黔疆意惘然。白骨几人膏碧血,坐中铭修述黔近事。朱颜今日尽华颠。劫余未改冰霜志,客里犹多翰墨缘。金筑名城学古院,不堪回首卅年前。

----

① 据信草,作于 1925 年 6 月 25 日。

② 《严先生遗著》诗题作"端午后四日假香满园招干夫俊之铭修尚之重光叔襄铭久邵钦小酌越日追赋"。乙丑端午后四日为 1925 年 6 月 29 日。据信草,作于 6 月 30 日,即小酌翌日。

西山晓望①

禾穗充盈豆荚肥,露光着叶未全晞。松阴大石平如几,坐爱初阳上翠微。

古　柏②

两行古柏上干霄,岂待寒③天识后凋?已见九朝太平日,坡公《柏堂》诗"九朝三见太平年"。羡他续续见兴朝。

七月八日晨大雷雨千山如晦④

电掣雷轰尽晦冥,喧豗那复听鸡鸣。一番动魄惊心后,约略能开几日晴。

---

① 据信草,作于 1925 年 7 月初。
② 据信草,作于 1925 年 7 月初。
③ 寒,《严先生遗著》作"零"。
④ 据信草,作于 1925 年 7 月 8—11 日。

卧佛寺中池水不洁西人格林尝以巨资掘井不成至今犹远汲也①

有为掘井竟无成,提瓮朝朝要远行。向道在山泉便好,岂知水亦未全清。

举家往游周园余止半途坐大石上独赏山景得诗三首②

闻道周园好石泉,举家规往各欣然。老夫预作归时计,行半山程不敢前。

细草粘山一色齐,层层圆树覆云梯。山深万籁声俱寂,惟听流泉过小溪。

入夏寻芳已惜迟,我来又过牡丹时。野花空谷无人问,偏向风前故弄姿。

---

① 据信草,作于 1925 年 7 月 8—11 日。
② 据信草,作于 1925 年 7 月 11 日。

与友人谈宗教①

吾道衰时彼教兴,此谈十诫彼三乘。平生心契河间语,颇敬如来不信僧。

野　　兴②

万物皆吾与,随缘见道心。牛甘新苗草,蝉悦最深林。云过山如笑,风来叶似吟。吾师周茂叔,生意自家寻。

蚊　　患③

嘤嘤绕鬓入闻根,辟恶香烟彻夜薰。差胜苏髯年六六,余今年六十六。江船六月饱飞蚊。

---

① 《严先生遗著》诗题无"与"。据信草,作于1925年7月11日。
② 据信草,作于1925年7月12—16日。
③ 据信草,作于1925年7月12—16日。

题卢慎之《慎始基斋校书图》①

士生丧②乱时，无好心尤苦。苟令心有寄③，眼前即乐土。博弈既非贤，觞咏亦何取。不如吾卢君，网罗穷四部。丹黄不释手，点画辨④鱼鲁。岂唯图一适，嘉惠周艺府。遥遥抱经堂，群书补拾补。

是山有蝉声如弹棉或云他山无此蝉 此蝉亦不他往闻而奇之⑤

千山五月竞鸣蜩，一壑能专足自豪。暂过别枝良自便，从来不羡彼山高。

---

① 《严先生遗著》此诗有两稿，第一稿题与上同，第二稿题作"题慎始基斋校书图"，后署"慎之仁弟亲家属题，乙丑伏日范孙严修，时养疴西山"。据信草，作于7月17—21日。

② 丧，《严先生遗著》第二稿作"衰"。

③ 寄，《严先生遗著》第二稿作"守"。

④ 辨，《严先生遗著》第二稿作"别"。

⑤ 据信草，作于1925年7月17—21日。

见驴夫感赋①

双趺追逐四蹄忙，晴喜泥干又亢阳。公等竞夸风景好，此曹终日汗如浆。

旁人慎莫误矜怜，吾辈惟凭汗易钱。昨岁兵荒游客少，十家八九灶无烟。

薪樗如桂米如珠，余事犹求牧与刍。热汗一身钱半撮，有人尚与较锱铢。

病足以来俯不能拾仰不能攀作此自嘲②

不吟亦复耸肩寒，时作循墙伛偻看。老去直躬已无分，可怜并作桔槔难。

平生曲谨畏谗讥，此后人当不我疑。李下瓜田随处好，更无纳履整冠时。

---

① 《严先生遗著》诗题无"见"。据信草，作于 1925 年 7 月 17—21 日。
② 据信草，作于 1925 年 7 月 17—21 日。

西山雨中怀京师诸黔友仍用香满园诗韵①

通国争言博弈贤,诸君何事独萧然? 苦吟不恤少陵瘦,弄笔甘同老米颠。万里未归知客思,一堂重聚是天缘。我来饱听西山雨,犹忆黔灵揽秀年。

叠前韵寄重光催诗②

不必师如弟子贤,抛砖得玉自欣然。督诗叔弼惊和仲,屈己昌黎答大颠。岂谓文章妨要务,愿从翰墨续前缘。燕山沽水离居日,知否思君积岁年。

次韵答幼梅见怀③

愁看云里阙,来赏雨中山。老妇身初健,诸孙课正闲。举家暂偕隐,万虑要全删。世事如天大,吾心总不关。

吾友滦阳史,西天去不回。常情行自念,同甲我尤哀。自笑当风烛,犹钻故纸堆。旅怀正难遣,长者有书来。

---

① 据信草,作于 1925 年 7 月 22 日。
② 据信草,作于 1925 年 7 月 22 日。
③ 据信草,作于 1925 年 7 月 24 日。

用前韵分咏山寺呈教①

冠盖京华客,年来竞买山。近数年来,京西诸山增建园墅无虑百数。寻幽兼遣兴,避事且偷闲。楼观青云绕,蓬蒿赤地删。名园即名画,不必仿荆关。

兹寺吾瞻礼,今为第一回。天章先代宝,寺有雍乾两朝御碑。地运后人哀。寺有田数百顷,先后卖绝,悉属他人,余者无几。佛阁伊威室,寺左右栋宇以廉价租与耶稣教青年会,所谓东楼西楼者,旧供佛像悉已他徙,常日封闭。离宫瓦砾堆。寺正殿之西有所谓大行宫、小行宫者,大行宫已毁于火,但存遗址而已。纵然新庙貌,翠辇不曾来。

次韵答子通见怀兼呈诸同社②

养病无如静,来寻太古山。身同岩石瘦,心共岫云闲。陶令松还抚,翁森草不删。新蝉高下树,乐意总相关。

问讯城南侣,开尊又几回。钱唐犹小别,玉虹回南。怀谢定余哀。受之作古。月社簪裾影,诗囊锦绣堆。何时一乘兴,联辔入山来。

---

①　据信草,作于1925年7月28日。
②　《严先生遗著》诗题作"次韵答子通社长见怀二首兼呈诸社长"。据信草,作于1925年7月28日。

叠前韵答重光①

平生事事愧前贤，今对吾贤复赧然。下笔我难逃白俗，论书君已藐张颠。燧文察史皆家学，杜集严诗有宿缘。炳烛余光吾自审，借君膏馥溉残年。

叠前韵赠尚之②

伟长论著世称贤，孝穆文章益斐然。《初学记》成先御览，《说文传》出解天颠。观棋不语推高致，中酒无闻屏俗缘。汉代严徐原并驾，而今严竟愧当年。

叠前韵赠铭久③

曲能顾误未为贤，仕女图工亦漫然。处传纪功褒去害，任言陈力勖扶颠。将军细柳真无敌，君子莲花信有缘。更拟晚唐一周朴，文章节义炳千年。

---

① 据信草，作于1925年7月29日—8月1日。
② 《严先生遗著》诗题作"又赠尚之"。据信草，作于1925年7月29日—8月1日。
③ 《严先生遗著》诗题作"又赠铭久"。据信草，作于1925年7月29日—8月1日。

赠香满园坐上八贤 前数诗误记前韵为年韵，兹更正之①

铉错联肩冠宋贤，尚之、邵钦。通经明复气森然。俊之。盈川号杰
羞王后，铭修。子久名痴效米颠。干夫。文似顺之知政略，叔襄。品如
茂叔谢尘缘。铭久。武功崛起开诗派，尤擅高名五季前。重光。②

余居西山尚之寄见怀诗意境超妙赋此志佩③

何时君入宛陵室，状景真如在目前。俯仰遍窥林壑美，色声说
尽雨晴天。早知静者心多妙，如此诗人世必传。纵使醉翁今尚在，
亦应敛手让坡仙。

张子安年七十望孙久矣今年四五月间
连举两孙赋此奉贺④

一双雏凤复将雏，对屋机云德不孤。玉友金昆天下宝，公欢妪

---

① 《严先生遗著》诗题后无小字注。据信草，作于1925年7月29日—8月1日。
② 《严先生遗著》诗题后记云"前数诗误记前韵为年韵，此次互用"。
③ 据信草，作于1925年8月2—5日。
④ 《严先生遗著》诗题作"子安姻兄长余五年其次郎信天余表弟王庸卿之快婿也
娶八年未举子子安兄年已七十望孙甚切今年闰四月信天举一雄越十有二日信天之弟又
举一雄子安兄喜甚驰书见告且赋志喜诗征和余亦不禁拊掌称快也谨成两律奉贺即请教
正"。据信草，作于1925年8月2—5日。

悦掌中珠。定知式谷能绳武，恐为含饴竞挽须。指日九秋开寿宴，
两雄应已识之无。

天酬厚德祚名门，博爱如君众感恩。鹤算岂惟甥似舅，君之舅
父年登九秩。熊占还见子生孙。十年旧句成先兆，岁乙卯余与君避暑
海滨，余赠君诗云"有孙定及见成立，似舅今方当壮年"。君顷来书，犹述及
之，以为诗谶。百代休征及后昆。更祝重周花甲日，同堂五世见
曾元。

王竹林七十寿诗[①]

王君今世人中豪，平生谊共云天高。解纷排难数语了，乱麻快
斫如并刀。弃儒虽早学殖富，英华内蕴光芒韬。有时一触倾倒出，
气夺时彦陵风骚。先德楷书逼虞褚，君亦精能饶凤毛。画梅深入
华光室，香浮影动神秋毫。多才固已胜百辈，内功尤足惊吾曹。君
尝教我导引术，厥术能使身坚牢。自言幼得异人授，终身服习无惮
劳。神完气足中有恃，弗迷雷雨悲风涛。去年我病君亦病，君犹崛
强不屈挠。卒使病魔去无迹，霍然起废针肓膏。今年一聚城南社，
市楼喜与君相遭。七十曰老顾不老，论事清辩仍滔滔。佳辰七月
月初吉，宾筵称觥登羊羔。我适养疴滞山寺，未获献羿陈松醪。道
远莫致安期枣，地偏不办度索桃。同社督诗为君寿，急如追负那许
逃？编诗纵欲收严武，作颂岂不惭王褒？诗陈幸君勿齿冷，嘉我率
尔觚能操。

---

① 据信草，作于 1925 年 8 月 6 日。

吴云啸函示近作和其最末一首原韵[①]

花谢花开岁岁新，月圆月缺亦频频。年华到老惊尤速，灯火逢秋懒便亲。国有信非吾土土，世无不嗜杀人人。羊亡臧谷犹相诟，清夜平心厥罪均。

小极多日卧床废读适吴君子通因余家添丁宠寄佳诗读之矍然而兴忻然奉酬[②]

吴君性情和且厚，闻人家庆若己有。吴君文章速且神，余力犹能了十人。昨日飞来诗一纸，贺我从孙新举子。称先使我泪欲堕，誉我尤令颡有泚。吾家东浙昔北迁，逮我从孙刚十传。高曾以上不及见，弃养俱在吾生前。我祖我父所施博，我兄伉爽亦盛德。我侄亲我逾所生，其人敦敏且温克。忆从仲宝辞僧虔，每顾遗孤思黯然。季方未免宠元伯，安石亟思见惠连。今岁西山避炎热，归来时近秋八月。解装未及日再中，已报呱呱产英物。祖宗遗泽锺后昆，无灾无害由天恩。惟祝性行肖乃祖，砥砺名节光吾门。我有文房聚精笋，叔曾祖母当年赐。今番转授侄曾孙，从此传家成故事。先

---

① 《严先生遗著》诗题"吴云啸"作"吴君云啸"。据信草，作于1925年10月3日。

② 《严先生遗著》诗题作"小极多日卧床废读适子通兄因余家添丁宠寄佳诗读之矍然而兴忻然奉酬盖将复有求也并质诸寿人先生及诸社友"。据信草，作于1925年10月8—18日。

叔曾祖母张太夫人旧藏文具一匣，皆良工佳制，余幼时亲手赐余，俾作纪念，余藏之将六十年矣，新生小儿弥月之次日，其母抱持来见，遂举此物畀之。凿楹传砚古有之，亲见七代差自奇。欲书此事入家乘，更烦名笔张以诗。

盛师母庄太夫人六十寿①

庄严上世本连枝，我意②心倾珍艺宦。难得女宗能继祖，所媵夫子是吾师。筵开六秩添耆岁，彩献三秋就菊时。白发门生山海隔，南瞻遥诵九如诗。

王子铭属题《三秋图》③

冉冉霜华烈烈风，催残万绿况千红。韩琦老圃分明在，等是秋容有异同。

---

① 据信草，作于1925年10月18—21日。

② 意，《严先生遗著》作"昔"。

③ 《严先生遗著》诗题作"王子铭属题御笔画三秋图"。据信草，作于1925年10月18—21日。

题张玉裁《瓦桥归隐图》①

灞桥驴背有何奇,一著诗人兴欲飞。雪意尚迟梅影倩,霜痕已促菊花肥。山河风景有同异,城郭人民无是非。底事景先惟劝退,有家谁忍不言归?

长女智蠲四十生日②

光绪乙巳年,汝年二十岁。其冬汝于归,母为施衿帨。女子二十嫁,吾国古时制。忽忽岁乙丑,汝年增一倍。君姑年未老,庄肃而慈惠。夫婿方盛年,和厚而精锐。子女多且才,定能专一艺。族望拟崔卢,诗书旧门第。世业席丰厚,家风爱施济。静好琴瑟谐,夙夜相策励。克俭兼克勤,善述尤善继。作善必降祥,皇天有成例。九秋天气爽,黄花灿庭砌。今年喜丰穰,田亩有滞③穗。风云虽偶作,转瞬或晴霁。值汝初度辰,祝汝福来备。并诏诸外孙,早学莱衣戏。

---

① 据信草,作于 1925 年 10 月 22 日。
② 据信草题署,作于乙丑立冬,即 1925 年 11 月 8 日。
③ 滞,《严先生遗著》作"沛",《诗存稿》初作"沛",又易为"滞"。

题翁克斋《西山纪游图》[①]

遍窥名画见名山，出入清晖净垢间。昔日备闻先德语，知君笔下有荆关。曩闻尊公弢夫前辈述君学画程序甚详，由国朝上溯唐宋五代，所见名画临橅殆遍。

秘魔崖下忆前游，师相亲题妙墨留。君画有诗诗有画，居然枫叶四山秋。京西翠微山秘魔崖旧有宝竹坡先生题诗二首，光绪乙酉，君家太公先文恭师于诗后续题一律，其结句云"何时枫叶下，同醉四山秋"。丁未九月，余过其下，墨痕如新。今君自题《纪游图》一再言红叶秋风，正与先文恭师诗语相应也。追诵前章，亦增梁木之感。

题莲瑞老人画册 老人姓恽，字伯初[②]

瓯香三绝致精能，二百余年世艳称。在昔宗风原极盛，至今世泽尚相承。写真醉墨光家乘，著录文林补画征。名笔清标两无忝，故应传砚到云仍。

---

① 据信草，作于 1925 年 11 月 8—9 日。
② 据信草，作于 1925 年 11 月 8—9 日。

题张翼桐《逊庐诗意图》翼桐南皮人,为先文达师嫡孙①

陈亢昔日喜闻诗,诗学传家到子思。图仿豳风面场圃,篇题衡泌便栖迟。猗猗竹蕴淇园秀,奉奉桐含②楚室姿。自是无心问国政,到门鼎肉径须辞。闻当道聘翼桐为谘议,谢不就。

陈镜涵六十寿诗③

君家群从各峥嵘,早岁君尤负盛名。第五至今称幼道,无双到处誉慈明。术精秋驾从游众,绩楙冬官政有声。迩日群流弥仰镜,壶浆争欲寿耆英。

徐石雪为陈一甫作《淇澳清风图》一甫属题④

我友陈蕃三十年,不因徐孺榻犹悬。从来佳士爱修竹,画出清风值万钱。

徐君室有归庄竹,往岁鲰生得展观。今日喜君重泼墨,元恭奇

---

① 据信草,作于 1925 年 11 月 11 日。

② 含,《严先生遗著》作“舍”。

③ 据信草,作于 1925 年 11 月 13 日。

④ 《严先生遗著》诗题作“题徐石雪为陈一甫画竹幅”。据信草,作于 1925 年 11 月 19—21 日。

趣满毫端。

当年万尺鹅溪绢，恒被零星作袜材。湖海楼头今一快，渭川千亩称心来。

养吾石雪一字养吾①。画本幼梅诗，天遣文苏聚一时。我亦题辞无奈俗，未知此竹可能医②。

题刘云孙令祖痴云先生自书诗句横幅③

论交心折刘和仲，今番疑之德更尊。妙墨一篇诗鼓吹，名门累世学渊源。衣香扇影耆英社，春韭秋菘独乐园。想象当年真率会，故应贻则到贤孙。

为张缄若题熊襄愍诗石刻后④

一诗写尽恨千秋，今古同兹貉一丘。不审边情明赏罚，但随党论定恩仇。诛锄半受刑余毒，颠倒全由肉食谋。最是伤心满朝荐，陆沉终莫挽神州。

---

① 《严先生遗著》无小字注。

② 诗后署"一甫仁弟大人属题，范孙严修"。

③ 《严先生遗著》诗题作"刘云孙令祖痴雪先生自书己诗横幅"。按，"雪"误。据信草，作于1925年11月19—21日。

④ 据信草，作于1925年11月28日—12月16日。

题明湖广巡按御史米脂李公振声《表忠录》①

全史班班传忠义,未必姓名人悉记。李公受诬二百年,一经昭雪名争传。岂非得自反动力,是不为怨反为德。然非公有贤子孙,谁软此案能平反?抑非乡人多贤哲,谁为征言彰节烈?敬告史家要详审,污人名节诚何忍。史家有时淆是非,后之君子当表微。公殉国难,而史册诬为降贼,其裔孙搜罗证据,印布多册,公乡人为之征诗文②。

冬至前五日余生第二万四千日也甲子四百周矣老大伤悲口占自讼③

四百四十五甲子,绛县老人犹城杞。我今九分不足一,蒲柳望秋衰甚矣。二万四千旦与暮,禹寸陶分无量数。可怜如许好光阴,被我悠悠等闲度。

---

①　《严先生遗著》诗题作"题明乡贤湖广巡按米脂李公振声《表忠录》",诗后署"乙丑大雪节前四日。天津严修敬题"。乙丑大雪前四日为1925年12月3日。有草稿存。

·②　《严先生遗著》无小注。

③　《严先生遗著》诗题作"乙丑冬至前五日余生第二万四千日也甲子四百周矣老大伤悲口占自讼录呈子通社长哂正"。据信草,作于1925年12月17日,即冬至前五日。

题幼梅《蓄海集》①

刘桢真骨噀雕润,谢朓奇章爱警遒。脱口便饶蓬勃气,多缘酒作钓诗钩。

苏言气象少峥嵘,杜谓文章老更成。试取倒涵红蓼句,较量万叶战秋声。"空水倒涵红蓼花",君二十年前作;"万叶战秋声",君五十以后作,皆名句也。

腊月初三日幼梅嫁女先二日公生日也
见寄一诗走笔奉酬藉申祝贺②

天祝君家庆,银河豫洗兵。善人膺福禄,吉月入嘉平。南极千秋颂,东床百两迎。明年逢此日,知有好诗成。

和仁安腊月二十三日作③

饰巾吾亦几经年,又见明蟾数十圆。饮食寝兴闲送日,去留久

---

① 《严先生遗著》诗题作"藏斋《蓄海集》题辞"。据信草,作于1925年12月27日。《诗存稿》置于甲子,误。又信草"蓄海集"作"戌亥集",可知赵幼梅此集初意。

② 《严先生遗著》诗题作"腊月初三幼公嫁女先二日公生日也见寄一诗走笔奉酬藉申祝贺"。据日记,作于1926年1月16日。信草作12月16日,误。

③ 据信草,作于1926年2月5—6日。

暂概凭天。任抛身外无穷事,难却人间未了缘。便拟来朝扫萝径,
迟君过我话樽前。

题郭芸夫所藏李锡三大字册[①]

我有中表宋伯子,能论书品如僧虔。锡三大楷入品骘,谓似近
代翟文泉。锡三作字不自惜,随手毁裂无留迹。不图今复见此本,
藏者当如宝石璧。故人往矣不可追,对此令我心伤悲。白云深处系
光绪乙酉岁与锡三同客三河所居室名。重回首,曾见兴酣落笔时。

叠韵简子通

又见军容盛河北,犹余诗兴赴城南。腾欢佳节过双十,赌韵良
朋少二三。弱似婴儿吾已老,化凭造物孰能参。眼前妙景正难写,
丸月晶莹映一潭。

为李博亭题《寒灯课子图》[②]

震川传节母,寒灯嚼冰雪。今无震川文,犹有节母节。人羡洪

---

① 《严先生遗著》诗题作"题郭芸夫藏李锡三所书大楷"。
② 《严先生遗著》诗题作"题寒灯课子图",诗后署"李节母寒灯课子图,严修敬题"。又按语云"按此图于民国十四年六月斐利滨中国总领事馆李君博亭倩曹君恕伯所作"。

阳湖,机声灯影图。是母与是子,古有今岂无?

重九之夜择庐主人循例觞客余以夜不出门故不得与越日子通见告席上分韵余得香字

薜萝门巷又重阳,美主嘉宾集羽觞。欲反悲秋须纵酒,未能卜夜漫登堂。杜盘岂患无兼味,荀坐多应有异香。诗债逃难偿亦易,只惭急就不成章。

寿庄亦颜六十

漆园旷达君家旨,杯水功名祖训长。汉庄君平道书有"事业与功名,不值一杯水"云云。司马将期宋真率,司马光真率会年皆在六十以上。公孙恰举汉贤良。公孙弘年六十举贤良博士。鹰鹯逐恶田除莠,先生历在保甲局、警察署供差,数十年来除暴诘奸,辖境安堵。羔雁成群笋满床。丈夫子四胞侄景珂皆有声于时。汉世庄严原一姓,称觥何幸得跻堂。

玉虬见示新旧作两册尽一日力为读一过妄题二十八字

六朝文秀夺江山,萧选唐音最有关。敢为君诗下评语,少时辁谢壮陵颜。

次韵幼梅丈都门岁暮见怀①

赢得风双袖,还余酒一襟。蜡傩聊共戏,猎较岂容心?泉有夷能饮,尘无庾见侵。归犹及除日,官事不须吟。

次韵张玉裁腊不尽津寓感怀②

陌上花开缓缓归,眼前浊酒待君挥。法宫今代无诛赏,惇史他年有是非。寂寞村墟鸡犬尽,纵横城社鼠狐肥。斯须未遣惊魂定,闻说南军又合围。

岁暮感怀和张玉裁韵③

陆沉谁与挽神州④,炊渐家家逼⑤剑矛。垂死鹿犹天下逐,将烹鱼且釜中游。等闲辇路生秋草,忍见降幡出石头。绝口不应谈世

---

① 据信草,作于1926年2月14—24日。
② 据信草,作于1926年2月14—24日。
③ 《严先生遗著》此诗与《次韵张玉裁腊不尽津寓感怀》"陌上花开缓缓归"一首合列,此分列。
④ 《严先生遗著》此句作"妖星起灭遍神州"。
⑤ 逼,《严先生遗著》作"迩"。

事,屠苏一酌散千忧。

去岁岁暮李䁷盦用不知何处过明年句 作辘轳体和者甚多予亦喜效为之[①]

不知何处过明年,天许遗黎喘暂延。九达关河连壁垒,千村人畜化烽烟。地荒那复容锥立,室毁遑知叹磬悬。蛮邸槖街今乐土,望他篱下似登仙。

大将旌旗岁几迁,不知何处过明年。陈余死友惟张耳,僧辩新姻即霸先。被酒景宗诗草捷,飞书子孺笔花妍。舟中敌国谁能料,牧野前徒古已然。

强侯策士久为缘,主是奴非任倒颠。大似成功能克日,不知何处过明年。苏张辩口都无赖,盎错亡躯亦可怜。谋国非忠自谋拙,巫臣教战罪弥天。

袞袞诸公冷坐毡,茅茹登进尚联翩。孟僖枉说恭三命,臣朔难支俸一钱。纵使今番能卒岁,不知何处过明年。点金无术追捕急,最是司农事独贤。

诵诗太息《黍离》篇,荆棘铜驼涕泪涟。已信剖瓜谋渐协,犹闻煮豆急相煎。虎狼宁肯忘吞噬,鹬蚌焉能独幸全?横海楼船日游弋,不知何处过明年。

---

① 据信草,作于 1926 年 2 月 14—24 日。

次韵尚之寄人日诗^①

去年骰佩聚都门，饭软茶甘浊酒温。诗简屡投兜率寺，卧佛寺，唐名兜率。书林同访海王村。那堪马齿还加长，且喜驽躯尚告存。与子翛然游物外，不须八表叹同昏。

孙君让水携诗见访值余午睡失迓
睡起读诗且佩且愧因步第二首原韵寄正^②

客至当同促膝谈，偏逢寄傲午窗南。病余揽镜衰颜丑，饭罢抛书睡味耽。我性赖于稽锻灶，君诗高称法悬龛。相期吟社开尊日，觞咏追陪益者三。

题杨味云先生《重修无锡贯华阁图册》^③

昔年一度惠山游，乙卯夏，余过无锡，承顾君实之、侯君宝三之招，泛舟蓉湖，登惠山，酌惠泉，憩于尊贤祠，流连竟日。访古探奇惜未周。今喜名区恢胜迹，更因故事想风流。三阶德聚星双座，千古光腾月一

---

① 据信草，作于1926年2月26日。
② 《严先生遗著》诗题"失迓"作"失迎"。据信草，作于1926年2月26日。
③ 据信草，作于1926年3月10日。

楼。却忆吾乡查氏墅,道谋十载不重修。天津城西有曰水西庄者,莲坡查氏别业也,同时名流若朱竹垞,若厉樊榭,若赵秋谷皆尝聚此。导江朱氏曾为之图,时移地改,旧迹不可复得,近十年间,乡人屡议修复而竟未果。

和任瑾存见赠原韵^①

花信将逢百五辰,德星来自剑池滨。君有小印文曰"结庐剑池滨"。舆歌河朔思循吏,君卸曲周县篆未久。社酒城南款上宾。旧历正月下澣,城南诗社会期,君始贲临,社例凡初次与会者居宾位。东里政书无碍猛,君著《治匪纪略》,分治标治本两法,其治标法力戒因循姑息。西江诗笔亦何神。寒斋昨枉高轩过,蓬荜平添四壁春。

春分前二日微雪^②

一冬不见雪,见雪已春深。映树差能辨,沾阶不可寻。凉风起将夕,淡日罨层阴。盼赏明朝景,舒予望岁心。

---

① 《严先生遗著》诗题"任瑾存"作"瑾存"。据信草,作于1926年3月18—19日。

② 《严先生遗著》诗题作"微雪",诗题后小字注"丙寅春分前二日"。据题署及信草,作于1926年3月19日。

周铭久见寄和韵诗仍次答兼似尚之

今年人日,铭久同尚之自京来访,即日回京①

两贤携手款吾门,风送兰馨入室温。花径喜迎新岁客,瓜园谁识旧时村。来诗有"十年前已陆名村"之句,注引陆放翁诗"定知千载后,犹以陆名村",举严翰林胡同为比。余家所在地旧名"倭瓜园",二百年前自浙初迁②即居此地,其时四面空旷,人家寥寥,无所谓文昌宫也。翰林胡同更不足言矣。座延荀令衣香在,车过陈平辙迹存。独愧疏慵东道主,未留樽酒话黄昏。

六十七岁生日尚之集苏句两律见寄
赋此答谢③

似仿乡贤饤饾吟,《饤饾吟》,贵阳石公赞清著也,咸丰间公知天津府事,洋兵来犯,公不屈,大得民心,殁祀名宦。衲苏又似仿江阴。同治间,江阴何栻著《衲苏集》。人惊襞积心思巧,我信钻研岁月深。咳唾随风珠间玉,声音掷地石和金。吾今已过坡公寿,一诵公诗愧不禁。

---

① 《严先生遗著》诗题作"周铭久寄和韵诗仍次其韵答之兼视尚之"。据信草,作于1926年3月19日—4月5日。
② 初迁,《严先生遗著》作"迁津"。
③ 据信草,作于1926年4月6—9日。

尚之人日寄余诗余和之铭久见而和余
余又和之尚之又和余作皆用尚之原韵也
今再和之兼示铭久时过清明二日矣①

诗龛吾欲仿梧门，诗格君轻李段温。金筑未忘乡国梦，清明又过酒家村。宗雷胜概嗟难嗣，郑莫余风仅有存。何日结庐人境外，故书堆里共晨昏。

丙寅清明后五日梨花半开循去年故事
邀仁安寿人幼梅纬斋诵洛问田云孙玉裁子通
小聚以国破山河在城春草木深十字分韵
赋诗余得草字②

东栏二株雪，相对岂不好？何须更惆怅，转念起烦恼。苏东坡梨花诗"惆怅东栏二株雪，人生看得几清明"。我生固多年，寿已过坡老。余今年六十有七。又得一清明，景光弥可宝。今岁春寒轻，花较去年早。恰是半开时，溶溶映新皓。重邀旧雨来，萝径呼僮扫。九友并豪俊，高才富文藻。枚速兼马工，推敲愈偕岛。所愧腐儒餐，杯盘太草草。畿疆方激战，和平空祝祷。无妄邑人灾，朝夕不自保。我

---

① 据诗题及信草，作于 1926 年 4 月 7 日。
② 《严先生遗著》诗题作"丙寅清明后五日梨花半开循去年故事邀同社小聚以国破山河在城春草木深十字分韵赋诗余得草字"。据诗题及信草，作于 1926 年 4 月 10 日。

辈独偷闲,冷淡生活讨。城南诗社诗,续续添新稿。武夫燃豆萁,文士灾梨枣。谁是定谁非,问花花笑倒。

瀞华先生戏作绝命词征和敬题四绝①

世人绝笔待临终,仓卒文成未易工。莫笑先生太早计,推敲要费百年功。

诔墓从来枉费辞,幽明路隔那能知? 不如生挽可下酒,一语称扬一举卮。

不论成佛与生天,要准年龄定后先。病马七年犹恋栈,肯教君着祖生鞭②。

欲去何妨且少迟,舞台搬演正争奇。酒阑灯烬谁不散,要看终场闭幕时。

徐友梅同年七十寿③

同谱情亲册五年,朱颜转盼两华颠。为君一说经过事,权当盲词佐寿筵。

忆我初逢魕魕秋,风檐戢戢聚千头。怪君一见呼余姓,笑谓吾从物色求。乙卯秋试第二场,将缴卷,号门开,一人自外入,过余舍止,问曰:

---

① 据信草,作于1926年5月。
② 《严先生遗著》此首尚有另一稿,文字无异,诗题作"和杨意箴自挽诗"。
③ 据信草,作于1926年5月。

严 修 集

"君姓严乎?"余怪之。其人笑曰:"吾邻舍严某所携考具一一皆同。"余曰:
"然,是吾兄也。"语罢,匆匆去。余虽还诘姓氏,旋忘之矣。越十余年,友人聚
谈于君斋,余偶述及之,君大笑曰:"君忆其人耶? 即我是也。"

秋鸿坡颖并螢声,岂直鲰生附骥荣? 乡里欢腾走相告,二苏未
改籍栾城。君家寄居汴省三世矣,君兄弟仍以津籍应试,壬午俱捷,乡人
荣之。

枥马喧喧笾盍簪,北江旧宅屋庐深。我时五老峰前往,问字常
欣就楚金。甲午以前,君兄弟寓京师八角琉璃井,洪卷蓙故居也。君家长公
尝绘《北江旧庐图》,遍征题咏,余亦缀一小诗。君兄弟交游最广,坐客常满,
余时居东城五老峰巷,相聚颇远,然每隔数日必造君所也。

暮天浴罢咏而归,相对弹冠且振衣。一卯三壬同写照,羡君花
萼独相辉。庚子春,君兄弟由山东来津,余与赵君献夫陪君兄弟就浴于某
园,又拍照于某馆,君家长公戏谓此照为"三壬一卯图",盖吾三人皆壬午同
年,而献夫则辛卯也。

玺书天语奖循良,宦辙山城复海疆。美政纷纶碑在口,丰功第
一是宣防。

六十还乡鬓始皤,健庐风月足婆娑。晚年好静王摩诘,却是关
心事转多。君近年尽心力于慈善事业①。

年来患气遍畿疆,作善由君得降祥。恰挽天河洗兵甲,值君吉
日共称觞。

---

① 《严先生遗著》小注后尚有"救灾振贫,不遑寝食"。

敬题尹琅若师《五十四岁行乐图》①

　　辎车昔日指南天,惆怅兴辞绛帐前。三十三年才一瞬,门生门下亦华颠。光绪甲午师以祝嘏入都,适修奉使黔之命,别师于黄土坡寓庐,师弟相见是为最末一次。

　　披图不觉泪如丝,回首春风侍坐时。木坏山颓沧海变,为天下恸哭其私。

夏历三月二十八日墨青仁安寿人意箴贺丰幼梅一甫子通纬斋云孙玉裁问田诵洛诸公就蟫香馆治具见飨以子规夜啼山竹裂王母昼下云旗翻分韵余得翻字②

　　诸公为我特移尊,知我衰慵怯出门。曾约东栏赏梨雪,重经西郭入瓜园。敝居前后旧名"倭瓜园",今戚友中犹有呼余家为"倭瓜园严"者。一春风信花婪尾,子通谓此会为饯春。千里羹香菜有根。是日治庖者为四川菜羹香饭庄。岂为舍车妨贲趾,是日电车因事停驶。果然救匕见饛飧。云孙先至,为余说《诗》③《大东》一篇,反复慨叹,是日馔极丰腆,簋飧真有饛矣。过关吟侣欣增倍,是日主客十四人。压境兵灾幸告存。

---

① 　据信草,作于 1926 年 5 月。
② 　据信草,作于 1926 年 5 月。《严先生遗著》诗后署"偍屭生呈稿"。
③ 　《严先生遗著》"《诗》"后有"朗读"。

天津①解严才一月余。欲取更生名子政,省署科员刘君亢生遇难,南中误传云孙,云孙特写一诗登报告存。竟因遗令难王孙。意篯戏作绝命词,和者多人,奇趣层出。文知此日雕龙贵,达官家庆,争以文寿子通,诵洛应人之求,日不暇给。曲笑当年篯凤翻。某年,诵洛在京应法官试,初场隽矣,因与监试者言语龃龉,负气题诗,曳白径出。昨见原诗有"一曲新翻篯凤词,试场谁遣困男儿"之句。才子巨公齐见过,愧余未办赋高轩。

题杨冠如《西安拥画庐卷子》②

看遍名山唐墅黄,看尽名画耕烟王。名山广袤远莫致,名画舒卷便收藏。收藏断宜属画手,能别真赝判妍丑。兴来时复一临摹,何以似之惟其有。杨君画名满上都,广搜名迹充行厨。同时画友共欣赏,商略为君成此图。京尘莽莽百千丈,破碎山河气凋丧。披图今复见黄王,便疑人是康雍上。

曾志忞曹理蕴结婚三十年纪念册征题③

比肩嘉话感人深,琴瑟常调静好音。王谢家风能济美,郝钟礼法尚宜今。仙槎共遂观光志,广厦同殚保赤心。愿式芳徽箴薄俗,

---

① 《严先生遗著》"天津"作"津地"。
② 《严先生遗著》诗题作"题西安拥画庐卷",诗后署"丙寅初夏,冠如仁弟世大人属题,范孙严修"。据信草,作于1926年5月。
③ 据信草,作于1926年5月。

暵菮中谷不须吟。

答南湖长老[①]

倾心已在廿年前,炳炳人文启后贤。庚子后,公主文明书局,编纂教科书饷遗后学,为吾国破天荒之举。楼外帆从笠泽下,庚戌二月,访公于小万柳堂,堂在淞河之滨,帆影楼在焉。柳边瑬久圣湖专。西湖廉庄为风景最佳处,乙卯、丙辰、丁巳余曾三至其地,虽未见主人而流连瞻眺,辄不遽去。鲁连玉貌儒兼侠,贾岛金身佛且仙。桑海循环莫愁咤,眼前何事不云烟?

王逸塘先生赠诗久欲奉答因鞭韵畏难是以迟迟今赋一律遂不依韵[②]

京华倾盖十年前,磊落嶔奇见此贤。能诵宝书七二国,熟精兵法十三篇。补天事业孤怀耿,觉世文章万口传。吾眼中人俱老矣,又经几度海成田。

---

① 据信草,作于1926年6月。

② 《严先生遗著》诗题作"损公赠诗久欲奉答因鞭韵畏难是以迟迟今赋一律遂不依韵还请粲正"。据信草,作于1926年7—8月。《诗存稿》置于丁卯,误。

茫父病痹右手无恙诗字益工
承寄一绝读之欣慰即次其韵却寄[①]

兵荒城有书仍在,旅困田余砚可耕。天为斯文惜模楷,不教零落到兰成。

友人招游北海公园乘凉感赋[②]

南薰殿阁讽言忠,乐事原期与众同。太息一朝情事改,快哉独有庶人风。

题陈诵洛《侠堪诗存》后[③]

君诗十九吾先睹,今后仍思读百回。一读一砭吾骨俗,稽山清气洒然来。

乞言张季毋高论,求治孙卿法后王。诗似侠堪吾愿足,不须浮慕说三唐。

---

① 据信草,作于 1926 年 7—8 月。《诗存稿》置于丁卯,误。
② 据信草,作于 1926 年 7—8 月。《诗存稿》置于丁卯,误。
③ 据信草,作于 1926 年 8 月 28—29 日。

中秋节前九日邀同社泛舟八里台
分韵得鸟字①

　　衰病畏炎蒸,兼畏群飞扰。今年扰益甚,当昼饱白鸟。快哉新凉生,三伏都过了。商略城南游,暂远尘居湫。嘉宾不我弃,簪盍及清晓。入门发囊锦,句现惊人眺。列坐复分题,笔花腾墨沼。乘兴泛②清泚,一双叶舟小。天高白日晶,水田将绿绕。柔柯间杂花,残荷映丛蓼。诸公于此间,佳趣知多少。暂还还复往,望望去已杳。但闻笑语声,随风出林表。吾病不能从,临流心悄悄。未老耄③已及,伤哉予兹藐。愧彼大耋翁,矍铄李与赵。赵次珊、李星冶二公近皆泛舟于此,赵年八十三,李年八十一,皆神腴体健如少年也④。

择庐主人重九觞客余未赴召
翌日闻席上分韵余得须字⑤

　　一人不共插茱萸,孤负多情我友须。送酒及时当觅醉,催诗隔日尚追逋。薜萝门巷闲居适,松菊招寻俗客无。壁有徐熙名笔在,

---

　　①　《严先生遗著》诗题"同社"作"诗社同人"。据信草,作于1926年9月。
　　②　泛,《严先生遗著》作"汛",误。
　　③　耄,《严先生遗著》作"耋"。
　　④　《严先生遗著》此句作"赵次老、李星老近皆泛舟于此,次老八十三,星老八十一,皆神腴体健如少年也"。
　　⑤　据信草,作于1926年10月17—18日。

主人应更补新图。择庐主人近以作画为日课。

陈哲甫表叔六十寿诗①

陈严三世累重姻,吾曾祖姑,公之从祖母也;吾本生祖母,公之姑也;吾前母,公从姊也。两叔于予谊最亲。吾本生祖母有侄六人,竹轩公与公为同怀兄弟,二公与予踪迹尤密。早世元方才屈抑,晚成仲子诣深醇。理探羲易先天奥,训守汤铭又日新。负笈扶桑良自壮,姚江学派有传人。

中年劝学遍畿疆,旋客春明十五霜。适意芝兰绕庭砌,成阴桃李列门墙。弦歌一曲心花放,墨舞千行手草狂。诗境尤能得天趣,故应乐与寿俱长。

逸塘子通两君今年寿俱四十九生日一九月一十月同社称觞有诗甚夥余知已晚补呈一诗仍用逸塘韵②

最难季重与羲之,合并筵前共举卮。论齿恰才一月长,欢颜齐诵九如诗。寿兼有我有人相,非定谁先谁后知。篱菊岭梅报初度,称觞愧我独来迟。

---

① 据信草,作于 1926 年 12 月 20—27 日。
② 据信草,作于 1926 年末。《诗存稿》置于丁卯,误。

十一月初三日同人就寒斋公祝
仁安琴湘两先生分韵得八字①

素娥未潜踪，封姨来十八。前日雪，是日风，奇寒。三字"且极寒"，如读鲁公札。客至室生春，浑忘气肃杀。惠然胜友集，不畏雪泥滑。清言玉屑霏，一洗尘与圿。黏诗满墙壁，有目不胜刮。酒罢胡便归，恨未投车辖。分题得险韵，避人私祭獭。满纸皆陈言，其难尤戛戛。聊逭金谷罚，那管试官刷。

王君天人姿，处俗能自拔。为文务清真，观理尤密察。著作岁等身，汗青昔曾杀。比岁耽索居，罕见脂车牵。谢客避唱酬，偶一修笺札。今来四座欢，精神皆振刷。料君逢佳辰，诗苗得酒苗。安排洛阳纸，待君手叉八。

李氏多高年，彰往来可察。多者至八百，少犹过百八。香山九老中，元爽尤戛戛。矧君结古欢，娱情惟笔札。画夺麓台杵，书取元章刷。门巷薜萝深，翛然无垢圿。悬知谡谡松，千秋根不拔。

赋赠项贺丰先生

曾见亲题旧榜书，久知名下士无虚。市楼初接高朋座，门巷旋迎长者车。谈笑便知心恺悌，艰危不改态舒徐。畿疆遍树甘棠荫，

---

① 《严先生遗著》诗题作"丙寅十一月初三日同人就寒斋公祝仁安琴湘两社长分韵得八字"。丙寅十一月初三为 1926 年 12 月 7 日。据信草，作于 1926 年末。

歌颂于今到里闾。

贺丰先生见示春草诗敬题两绝句①

茂孝当年说项斯,谓观标格较诗迟。我今屡向春风坐,始读连篇绝妙辞。

项斯曾赋晚春花,泉影风香写物华。今日更吟春草句,始知春总在君家。

谢友招饮

久辞夜饮谢宾朋,卜昼频烦又弗胜。一日驱驰妨午睡,终宵辗转到晨兴。犹贪客过同吴叟,宁耻人扶学杜陵。最喜晴朝开径望,茶汤准备话清澄。

云孙以近作诗册见示多与同社唱和之作余曾见者十九反覆诵之爱不忍释敬缀二十八字②

落笔久经人脍炙,开编弥觉味深长。传家果有元和手,苏诗"君

---

① 《严先生遗著》诗题作"贺丰先生见示春草七律三章敬题两绝句"。

② 《严先生遗著》诗题作"云孙以近作诗册见示诗多与同社唱和之作余曾见者十九反覆诵之弥不忍释真不厌百回读也敬缀二十八字"。

家自有元和脚",《能改斋漫录》改"脚"为"手"。不独诗豪属李唐。

逸塘招同人宴集寓斋分韵得之字①

耽咏何伤竟戒之,聊胜枯对酒盈卮。随缘便作逢场戏,省事无
如叠韵诗。未必文章妨要务,或从酬唱结新知。待公再起东山日,
暂废清吟亦未迟。

睡梦中作试律诗八句题为燕子填垂一行廉②

燕子慎何状? 吾斯不敢知。衔泥三径返,当户一帘垂。声觉
喃喃变,情激愤愤窥。雏今方待哺,主似故相欺。

文禄侄曾孙周岁志喜③

阿禄今周岁,声声学太翁。章身文褓丽,探手晬盘丰。勤俭吾
家训,温良尔祖风。他年尤望汝,名与德兼隆。

---

① 《严先生遗著》诗题"逸塘"作"揖唐"。
② 录自严修日记。
③ 录自《严修年谱》。据云为 1926 年所作,姑置于此。

段芝泉先生见余和意箴鞭韵诗
依韵和之余复和之①

难将孰胜定人天，劝退吾终右景先。人寿百年一瞥耳，羲轮宁肯暂停鞭②。

小寒节雨和仁安作③

相传明岁欲无夏，西国某天文家预测明年无夏。谁识今年已不冬。若使李梅能再实，更无人赏后凋松。

题陆丹林《篝灯纺读图》④

慈孝古今同一揆，玩图能使薄夫敦。陈情终养李令伯，灯影机声洪稚存。

---

① 《严先生遗著》此诗有两稿，一稿题作"段合肥见余和意箴鞭韵诗依韵见和余复和之"，另一稿诗题作"答段合肥作"。据日记，作于1927年1月17日。

② 《严先生遗著》诗后附段氏诗，云："颜彭寿算命由天，人事胡能定后先。皓首磻溪方发轫，性天坦荡且垂鞭。"

③ 丙寅小寒为1927年1月6日。据信草，作于1927年1月20—26日。

④ 录自《真光》杂志1927年第2期(2月出版)，写作时间待考。不见于《诗存稿》。另据日记，1928年9月16日又有"题篝灯图"事，当非此作。

题李子明先生遗像^①

　　琴书诗酒足生涯,岸谷沧尘感岁华。别有桃源容避世,故园百二十畦花。君有别墅种芍药一百二十畦,花时觞客,岁以为常,余曾被招。

　　高斋置酒共听琴,建德尚书是赏音。太息主宾并仙去,每怀师友怆予心。某岁,君治具邀先师周玉山尚书听某君鼓琴,余亦得与。

　　城南写照及春初,数倍香山九老图。一自君先骑鹤去,三年又奠几生刍。癸亥正月乔君亦香招集,六十以上十八人,合影于城南某写真馆,君与予皆与焉。其年秋君即下世,而邓君振宇、华君少兰、郑君献廷、张君协卿亦此三年内作古。

　　我降庚申君戊申,忘年折节辱交亲。览君遗像增惆怅,我亦垂垂迫七旬。

奉和刘巨源先生见赠原韵^②

　　强识多闻善行敦,栖迟何让古衡门? 能亲艺事心多妙,不入名场品自尊。岁改桃符初换旧,寒消柳色已摇村。暮云春树遥相忆,何日论文酒一樽?

---

　　①　据日记,作于 1927 年 2 月 15 日。《诗存稿》置于戊辰,误。

　　②　《严先生遗著》诗题"刘巨源"作"巨源"。据日记、信草,作于 1927 年 2 月 26 日。《诗存稿》置于癸亥,误。

寿管洛声六十^①

我初识管君，去今十五载。朗朗如玉山，照人发光彩。宪陂化玼咨，瑜醪消块磊。简要而清通，似戎亦似楷。吾姻卢叟言，君名盛辽海。来暮新民守，去思海城宰。美政逐年新，先劳无倦怠。因民利所利，财阜愠斯解。省方被文绣，远谟宏有待。方当秉节钺，行且调鼎鼐。岂期国步移，岁乃逢辛亥。遁世固无闷，止足不辱殆。显晦道虽殊，匡济志无改。垦荒辟榛薉，育才擢兰茝。圜法复河工，贤劳反十倍。凡君所设施，粲然名迹在。沧江近高卧，卜筑邻渤澥。联峰有别庄，所居尤爽垲。今年年曰耆，令德宜寿恺。佳辰二月中，杏园花蓓蕾。儿觥竞称祝，玉壶春可买。偕老鸿与光，庭阶纷戏彩。郎君来征文，吾文岂足采？倘须引玉砖，当筵请始隗。

次韵答诵洛自余姚见怀之作^②

远道劳垂忆，微躯幸告存。相师宁望仆，非佛敢称尊。君诗有"惭愧负师门"之句，予于君，心师久矣，读此惊疑，意者别指一人欤？知己希尤贵，交情久益敦。梨花风有信，扫径又迎门。

---

① 据日记、信草，作于 1927 年 3 月 2—4 日。
② 据日记、信草，作于 1927 年 3 月 8 日。

题诵洛《劳骙集》①

小别未周岁，新诗又夥颐。白云游子恋，明月故乡思。怜汝苦奔走，况今逢乱离。梯航身万里，难得险如夷。

应逸塘先生招赴禊集分韵得芬字②

不嫌览者感斯文，禊叙还将续右军。寒重晚春犹欲雪，地偏胜友尚如云。纵输吴越溪山美，要挹王颜翰墨芬。良友嘉招真起废，疲癃吾已久离群。

禊集席散约同寿人逸塘缏蘅醇士纯之纬斋子通琴湘问田诸君子泛舟八里台分韵得清字③

修禊饶余兴，相招复此行。寒消迟送暖，阴久暂开晴。敢拟曲江曲，聊同清沚清。匆匆各言别，惆怅不胜情。

---

①　据日记、信草，作于 1927 年 3 月 8 日。

②　《严先生遗著》诗题作"丁卯禊集应逸塘社长之招分韵得芬字"。据日记、信草，作于 1927 年 4 月 6 日。

③　据日记、信草，作于 1927 年 4 月 7 日。

·419·

读仁安自嘲诗是夜枕上成二十八字奉答^①

君慨诗书老渐荒，我当初读早全忘。江淹谁信真才尽，况已名高著作堂。

次诵洛云孙唱和原韵^②

殊途至竟总同归，运有降污道不违。久敬何劳誓车笠，相规尤胜佩弦韦。多闻益友刘原父，绝代诗人陈去非。何日分题重角艺，墨花如雨溅书帏。

小满日社集管洛声君之吴窑观稼园
分韵得影字^③

吾社有常期，一月两合并。恒虑市楼喧，不适静士静。某年社集，幼梅丈有句云"座间狂生狂，又有静士静"。管君有别墅，临流富清景。先日亲招邀，及期纷造请。前巷达轨辙，后溪停舴艋。迎风陇麦香，映日坞花影。小阁俯青郊，平畴环万顷。诗人郁诗兴，对此

---

① 据日记、信草，作于1927年5月6日。
② 据信草，作于1927年5月19日。
③ 丁卯小满为5月22日。据日记、信草，本诗作于1927年5月29日—6月5日。

争一逞。入门笔砚忙,列坐杯盘整。酒罢复联吟,竟夕趣弥永。年年八里台,泛舟共游骋。岂期一水通,别有此佳境。管君江左彦,久客辞乡井。池馆几经营,烟霞凭管领。人杰地乃灵,地亦有天幸。当日无巢由,谁知箕与颍?

次韵马仲莹见赠之作①

君家古安次,人杰地斯灵。洁似米海岳,通如卢抱经。岭南搜秘籍,沽上驻文星。独有天伦乐,归常侍鲤庭。

酬李凤石②

前与诵洛同诣仁安。仁安为言建德周生诗笔老健,不类年少之作,因言近时少年出笔便能脱俗,固由天资过人,亦因未受八股试帖之一番束缚也。余谓凤石即其一证。

荒经疑古拙修辞,兴学如斯得谤宜。犹喜英年多作手,稍容吾辈一伸眉。文章不染科场毒,楷法羞同院体卑。试较精多论贵贱,肯将狐腋换羊皮。

---

① 《严先生遗著》诗题"马仲莹"作"马仲莹比部"。据日记、信草,作于 1927 年 6 月 3 日。曾发表于《大公报》1927 年 8 月 20 日。
② 据日记、信草,作于 1927 年 6 月 4 日。

杨韵谱之母七十五岁寿诗①

大名鼎鼎属梅郎,曾为重慈集彩觞。又一清才魁菊部,能将朴孝报萱堂。郝钟礼法堪矜式,班范文章助显扬。华膴朱门夸洁养,何如菽水味真长?

题陈小圃先生与李菽园论佛学书手卷②

早奉南园继典型,晚参易派入甘亭。满怀悲悯天人意,说与传薪弟子听。

次第先知觉后知,及身闻道未嫌迟。余生我倘通禅悦,先向公门觅导师。

题熊述陶殇子津生《跃马挥毫图》③

容易旁人劝达观,身经始识遣悲难。我曾连洒思儿泪,如此哀词讵忍看?

---

① 《严先生遗著》诗题作"杨艺员韵谱之母慈七十晋五寿诗"。据日记,作于1927年7月7—8日。

② 《严先生遗著》诗题"李菽园"作"李鸣远"。据信草,始作于1927年5月19日间,写定于8月17日。《诗存稿》置于乙丑,误。

③ 据日记,作于1927年8月17日。《诗存稿》置于戊辰,误。

遗墨生前谶已成，童乌黄琬字分明。苗而不秀兹何恨，他日煌煌史有名。

新秋约同兰生芝村仁安幼梅寿人琴湘渐逵纯之纬斋云孙问田玉裁子通凤石八里台泛舟并野餐分韵得日字①

　　泰西占者言，今岁无夏日。孰知乃奇热，十日欲并出。时节虽已秋，炎威犹未失。遥想渔村田，宜胜蜗居室。爰徇二刘意，渐逵、云孙。复举会真率。横舍仍见假，至喜群贤毕。轻舠浮两叶，各受人六七。分坐欲无争，藏阄拈甲乙。沿流纵所如，水木尽明瑟。残荷尚有花，新莲纷结实。诗家遇清景，藻思便横溢。飞笺互酬唱，工力剧相匹。过桥身首俯，手犹不停笔。谓凤石。还过管氏园，投书表亲昵。返棹依故处，后至客惟一。幼梅丈。会食立树阴，但嫌树不密。肉多胜食气，酒薄非醇质。客乃有怨词，不以常礼律。墨花间谈屑，耳目足馨逸。却忧主人劳，夙退示矜恤。同舟及郭外，分手惜仓卒。殷勤订后游，更筮盍簪吉。兹游信不恶，一洗郁蒸疾。反思时序移，循环理可必。消夏固不易，辍冬亦何术？暑往复愁寒，不寒吾已慄。

---

　　① 《严先生遗著》诗题"新秋"作"丁卯新秋"。据日记、信草，作于 1927 年 9 月 2—8 日。

寿幼梅世丈六十①

十年前有寿公诗，公谓知予舍子谁。又拟今兹周甲颂，仍依往岁侑觞词。梅村玉局犹前日，前诗有"方驾玉局兼梅村"句。季布曹丘甚昔时。前诗有"朝为曹丘昔季布"句。结语尤如操左券，信公寿可倍期颐。前诗结联"人生能活二百岁，期颐大耋安足论"。

洛声招饮余以小极未赴
越日闻席上分韵余得好字②

城居厌市嚣，村居苦兵扰。吾友观稼园，择地乃恰好。半村半郭间，翛然出尘表。扶疏树欣向，曲折水环抱。今年首夏时，眼福吾既饱。入秋景益佳，黄花映红蓼。主人敬爱客，招邀萝径扫。我适忧采薪，坐上一人少。分韵不见遗，似防规避巧。辗转寄吟笺，郑重索诗稿。主宾皆豪俊，当筵斗才藻。况有鲁灵光，岿然一国老。陈太傅是日首席。德望汉太丘，诗名宋师道。侧闻出余技，已足十人了。闻是日太傅诗钟合坐倾服。不才等自郐，小巫小更小。岂有持布鼓，而敢雷门造。为避金谷罚，厚颜强属草。听此巴人歌，群公当笑倒。

---

① 据日记、信草，作于 1927 年 10 月 22 日。
② 据信草，作于 1927 年 10 月 22—24 日。

读李朴园先生《瓮斋闲话》敬题一律[①]

公去我来同一载,咸丰十载岁庚申。公殁于庚申秋,余生于庚申春。童时未解征耆献,老去方知爱古人。《先哲传》登嫌太略,水竹村人撰《畿辅先哲传》,列公文学类。《顺天志》漏独何因?《光绪顺天府志》艺文类载公《金石志存》,注云事迹详《先贤传》,而《先贤传》中实无公名,未知何故。谱公八十余年事,余就《闲话》中有年月可考者为公辑《年谱》一卷,草稿略具,惟缺漏太多,他日倘得见公事迹及其他著作,当再增补。我亦行年迫七旬。

湘潭翁铜士君_廉六十寿诗[②]

我孙昔授室,翁君宠以诗。今岁君周甲,祝君当有辞。运斤公输门,岂不颜忸怩?迟回数月久,今始放胆为。忆我初知君,光绪丙午时。万言书抵我,郑重施绳规。高掌兼远蹠,体大含精思。君固言成理,我亦有故持。虽未法语从,心慑为严师。迨我谢簪组,踪迹中暌离。风云天不测,一日陵谷移。有时君过我,我对君歔欷。君志顾不诎,豪气呈须眉。谓运有否泰,而性无盈亏。正惟贞元交,能探今古奇。百家与七略,待用俱无遗。并行道不悖,覆帱天何私?庄老不必退,无碍山水滋。佛耶亦何嫌,吾以一贯之。折

---

① 据日记、信草,作于 1927 年 11 月。《诗存稿》置于戊辰,误。

② 据日记、信草,作于 1927 年 12 月 14—15 日。

衷孔壁经，谨持国四维。尔来学益邃，气盛言皆宜。神完中有恃，筋力尤未衰。修道能养寿，斯语岂我欺。生君天有意，望君觉后知。君其益撰述，储为寿世资。是谓声闻寿，此寿无尽期。

因谢君季达之肃宁县幕府即赋两绝句托呈诵洛县长时诵洛方有诗咏南史诸谢故首章及之[①]

新诗咏遍南朝谢，知未忘情此姓人。亲向乌衣旧门第，为君招致幕中宾。

说士年来每自羞，荐书十九付东流。何因竟获千金诺，道广都缘遇太丘。

胡秀漳先生见示题梅诗爰缀小诗即以为寿[②]

胡君夔铄七十翁，发鬒雪白颜颊红。自写梅花自题句，书画双绝诗尤工。梅于百花品第一，君身仙骨足相匹。梅开岁岁占春先，恰是与君同生日。先春值君览揆辰，东阁观梅发兴新。对花携酒为君寿，从古诗人多寿人。

---

① 据日记、信草，作于 1927 年 12 月 20 日。

② 《严先生遗著》诗题作"秀漳社长见示题梅诗爰缀小诗即以为寿"。据信草，作于 1927 年 12 月 26 日。

公祝幼梅石雪两先生生日分韵得开字①

腊鼓正声催,迎春见早梅。主宾诗侣盛,觞咏寿筵开。秋谷惊
人句,青藤旷世才。清风宜满坐,只惜未徐来。石雪辞不至。

贺叶效光新婚②

石林诗学本家传,时卜莅经入管弦。今日乐风首《周》《召》,
《关雎》篇与《鹊巢》篇。

迂生触景试回思,五十年前授室时。论齿与君略相等,输君只
是不能诗。

小寒后二日治酒豫祝胡秀漳君补祝赵幼梅丈迎诵洛饯寠庵并约寿人纬斋子通云孙玉裁墨青仁安子若台孙共饮以万山不隔中秋月千年复见黄河清分韵予得千字③

高致胡公画里禅,豪情赵叟饮中仙。岁寒松竹长为友,何减庄

---

① 《严先生遗著》诗题作"公祝幼梅石雪两先生分韵得开字"。
② 《严先生遗著》诗题"叶效光"作"叶君效光"。
③ 《严先生遗著》诗题作"丁卯小寒后二日治酒豫祝胡秀老补祝赵幼丈迎诵洛饯寠庵并约寿人纬斋子通云孙玉裁墨青仁安子若台孙共饮以万山不隔中秋月千年复见黄河清分韵得千字"。聚会为1928年1月8日。据日记、信草,本诗作于1月9—10日。

椿岁八千？胡君今年七十,幼梅今年六十,生日俱在腊月①。

陈侯作县方期月,来暮歌声万口传。闻说使君莲幕盛,可曾朱履已三千？诵洛知肃宁县事,幕客甚盛。

走马来朝李谪仙,遥知晴雪满前川。凭君写入营丘画,胜似浓皴龚半千。瞷庵明日之献县,适在雪后,瞷庵工六法。

白战当空照绮筵,琪花着树顿增妍。先春瑞已呈三白,预卜仓箱累万千。是日大雪竟夕,入冬雪已三见。

镜湖酿就卅年前,敢诩金尊斗十千。最是何人识乡味,坐中於越两高贤。是日以家藏癸巳年绍兴酒享客,秀漳、诵洛俱籍绍兴。

明湖春饭庄主人嘱赋诗
即以题字冠每句之首②

明月清风不费钱,湖莼江鲤亦尝鲜。春婆幻梦坡能说,饭颗耽吟甫可怜。庄老岂因山水退,主宾犹见阮嵇贤。人闲大可厌厌饮,嘱付更筹莫浪传。

---

① 胡君,《严先生遗著》作"秀老";幼梅,《严先生遗著》作"幼丈"。

② 《严先生遗著》诗题作"题赠明湖春主人",诗后署"丁卯祀灶日偫扇生严修书于蟫香馆,时年六十有八"。丁卯祀灶日(农历腊月二十三日),即1928年1月15日。据日记、信草,作于1月16日。

祀灶日城南社集分韵得欢字①

　　一年最后城南会,赌酒敲诗得尽欢。老至分阴弥可惜,时危寸土暂相安。梅花未放春将闰,爆竹无声岁亦阑。料得黄羊今贬价,人家十九灶犹寒。

雪后诵洛宴客以东坡生日为题分韵得卧字是日东坡生日前一日也②

　　雪中宜痛饮,雪后便高卧。胡为苦吟诗,忙如应日课。缘届坡生日,借题复唱和。陈侯恰筋客,宾朋列四座。远为苏公寿,近为陈侯贺。侯方治剧县,贤声四境播。御众有威稜,当官无巽懦。美政与新诗,大坡无以过。民如冬日爱,士喜春风坐。风雅力主持,人才亲切磋。地脉本未断,天荒且重破。不有眉山翁,孰知姜唐佐?

---

① 《严先生遗著》诗题"祀灶日"作"丁卯祀灶日"。据日记、信草,作于1928年1月15日。

② 此次宴会时间为1928年1月10日。据日记、信草,本诗作于1月18日。

次韵奉酬孙师郑吏部见怀①

诗史君真似杜陵,感时往往涕沾膺。俱焚罔恤兵如火,皆醉惟忧酒若渑。狂国后生尤可畏,危邦君子亦无朋。但求刻鹄犹(疑)〔似〕鹜,不必名鲲尽化鹏。

满城佻达尽青衿,湖学风规何处寻?稍喜大庠存旧典,犹闻都讲属儒林。绵绵累世传经业,郁郁平居救国心。君著《读经救国论》,传诵已久。苦为斯文延一线,不辞薄俗诮书淫。

春分后四日社集分韵得村字②

风虎惊人欲断魂,是日近午忽起大风。仍来南郭共开尊。到者十四人。食难舍肉殽还阜,是日常馔之外加肉两③簋。饮尚宜酒汤贵温。众嫌酒凉屡进屡易。分韵藏阄循故事,常会久不分韵,是日云孙发兴。钩心射覆擅专门。幼梅、琴湘两公皆善猜诗,是日皆一猜便中。不嫌喧哄声成市,稍惜诙谐语近村。谑不为虐,过则伤雅。

---

① 《严先生遗著》诗题作"次韵奉酬师郑吏部见怀二律"。据信草,应作于1928年1月28日。

② 《严先生遗著》诗题作"戊辰春分后四日社友分韵得村字"。戊辰春分后四日为1928年3月25日。据信草,即作于此日。

③ 两,《严先生遗著》作"二"。

上巳王竹林先生招饮分韵得此字①

修禊日重三，其日曰上巳。此会但一开，传者必王氏。逸少书兰亭，元长序曲水。昔贤既有然，今贤尤乐此。去年浥水王。逸塘。招邀南河涘。今年沽水王，东阁集簪履。矍铄主人翁，皓首今园绮。娱情晚何恃，金石兼图史。广结翰墨缘，到处逢知己。昨者飞一笺，少长咸戾止。庭花迟来客，窗竹待佳士。二十有九人，同坐春风里。爰循去年例，题名聚一纸。张之汉石楼，主人得子游残石，名所居曰汉石楼。遥映今传是。今传是，逸塘楼名。酒酣歌抗坠，笑语杂诙诡。三醋日已晡，余兴殊未已。今日宜有诗，尤非他日比。将诗被不祥，乃符修禊旨。不祥莫如兵，斯语出老子。被除傥有力，弭兵从此始。

归自西山玉裁赠诗次韵奉答②

晚年事事不关心，犹念神州怕陆沉。大地风云千浩劫，下泉歌哭几知音。苦无人境栖神法，暂假僧寮抱膝吟。却惜岩阿好松石，炊烟万灶亦来侵。某军驻山寺数日，门外松阴埋锅造饭，纪律虽严，究杀风景。

---

① 《严先生遗著》诗题作"戊辰上巳竹林社长兄招饮分韵得此字"。戊辰上巳（农历三月初三）为 1928 年 4 月 22 日。据日记、信草，始作于此日，写定于 5 月 30 日。
② 据日记、信草，作于 1928 年 8 月 23 日。

叠 前 韵①

是处松云足赏心,倚筇看到日西沈。轮蹄石径迎归客,钟鼓山房起梵音。夜静遥村无犬吠,更残高树有蝉吟。缘何白日青天下,忽报西山寇盗侵。某日某村二人入山采樵,遇逃兵,被击毙一人。

八月三日任剑庐座上马仲莹先生
袖一纸授予盖其宗人鹏卿先生
赠予诗也赋酬一律兼似仲莹②

藉甚诗名马箑羲,风流儒雅是吾师。颇闻华族人文盛,又诵耆英绝妙辞。高曲阳春愁寡和,深情潭水感先施。君家宅相吾吟侣,可许赓酬共此时。君诗注中所称戴君玉山,君之甥也,博学工诗,十年以前曾有见赠之作。

---

① 《严先生遗著》诗题作"再叠前韵"。据日记、信草,作于 1928 年 8 月 26 日。
② 《严先生遗著》诗题作"戊辰八月三日任剑庐坐上马仲莹社长袖一纸授予盖其宗人鹏卿先生赠予诗也闻名十稔未接清光兹诵佳章愧承宏奖赋呈一律敬以奉酬兼似仲莹社长玉山校长"。戊辰八月三日为 1928 年 8 月 29 日。据日记、信草,本诗作于 10 月 2 日。

九日择庐主人觞客芝村仁安幼梅寿人
纯之纬斋云孙子通仲莹幽客暨余
凡十一人分韵得十字①

择庐岁岁作重九,华灯照筵簪履集。我虽因病辞夜饮,催诗仍被追呼急。今年为我改卜昼,奔赴嘉招如不及。济济城南诗社人,与我同来其数十。室静窗明砚几精,满壁琳琅列篇什。花前命坐飨大烹,黄菊晚香襟袂袭。百年佳酿琥珀光,浅斟不忍效鲸吸。此日幸无风雨侵,今年差喜干戈戢。时和莫使众无鸠,年丰更祝民乃粒。贤豪竞起奋功名,青紫眼前如芥拾。刘侯脂辖已在门,车乘相招方汲汲。却为题糕半日留,谁许文人忘结习?谓云孙。

和曹缬薾江亭诗韵②

见说天从此日青,新春又顾旧园亭。津桥频遣鹃声报,楚产重教鴃语听。过眼几回苍狗白,惊人一吼睡狮醒。大愚奈我聋兼瞽,惟有终身谢不灵。

---

① 《严先生遗著》诗题作"戊辰九月择庐主人觞客芝村仁安幼梅寿人纯之纬斋云孙子通仲莹幽客暨余凡十一人分韵得十字"。据日记、信草,作于 1928 年 10 月 26 日。
② 《严先生遗著》诗题"曹缬薾"作"缬薾"。据日记、信草,作于 1929 年 1 月 30 日。

旧历正月二十一日病小差预作自挽诗①

小时无意逢詹尹,断我天年可七旬。向道青春难便老,谁知白发急催人。几番失马翻侥幸,戊戌失欢掌院,免于党人之祸;庚子避地未成,免于流离之祸;辛亥弃产,约已立矣,因彼方中悔,反获保全。廿载悬车得隐沦。从此长辞复何恨,九泉相待几交亲②。

题李星野画像③

先生高足尽成章,于我多为兄弟行。难得频年亲杖履,欲随诸子列门墙。弦歌遍试陶公秝,舆诵因尊召伯棠。曾见先朝全盛日,不堪回首话沧桑。

重游万生园作④

秋郊无游屐,我来寻故迹。五年始再见,髳发数茎白。携妓恣

---

① 《严先生遗著》诗题作"病小差预作自挽诗",题下记写作时间为"十八年三月二日即己巳农历正月二十一日"。

② 《严先生遗著》诗后署"�促屭生"。

③ 录自信草,不见于《诗存稿》。写作时间待考。

④ 录自《上海泼克》1918 年第 1 卷第 1 期。按:此诗署名"严修",然从内容上看,不似范孙先生所作,不知是否同名异人,姑置此备考。

幽赏,颇异京华客。傭保认旧人,亲朋怪新识。东山有故事,我何不如昔?形骸元放浪,鱼鸟足亲昵。最怜疏柳黄,尚念高梧碧。池塘水清浅,篱落花欹侧。秋英亦可餐,尊酒再得难。黄昏驱车去,素手真可惜。

中国近代人物文集丛书

严修集

（下）

陈　鑫　杨传庆　整理

中华书局

联　　语

哭 母 甲戌

痛吾母劬劳素竭，爱子情深，筹尽罔弗周，直为儿费尽苦心，遂成痼疾；

恨不孝祈祷无灵，回天术乏，抢呼终何益，谁引我去寻冥路，一见慈颜。

此甲戌九月哭母作也。童稚口气，几不成语。"遂成痼疾"四字系父执徐聘三先生所改。

代梅韵生先生挽张子楫丈 戊寅

与我订笔砚交，回思社结藤香，书画几人抛我去；
羡君为国家死，从此名垂竹帛，孝忠两字让君先。

挽赵怡堂、杏林两世丈 辛巳

荆树荫双凋，惜招魂都隔重山，应知灵爽还家，未必仙游仍作客；

绿杨春不永，叹读礼甫逾一载，又听哭声间壁，我怀父执更思亲。

题京寓春联^① 戊子

羊裘承世泽；
鸾掖重文章。

挽宋少南表兄 戊子

是解人，是快人，是辣手人，是热肠人，真雷霆精锐、冰雪聪明，
君一生慕武亿、汪中，述学授堂悲命短；
能知我，能谅我，能督责我，能护持我，念骨肉关连、腹心倚托，
吾两个似巨卿、元伯，素车白马恸来迟。

赠吴枢臣医士 甲午

从君欲乞长生诀；
得地当为济世才。

---

① 录自陈诵洛辑《蟫香馆别记》(1933 年铅印本)。

赠黄仙墩大令 甲午

大夫九能信乎可矣；
君子三乐而又过之。

赠潘企曾电报局长 甲午

一统车书仍赤县；
二分烟雨在黔州。

贵州某贞孝坊联 乙未

使刘中垒见之必有佳传；
设归太仆尚在当无异言。

贵州某邑陆氏节孝坊联 乙未

帝旌其贤,惟节惟孝；
天锡之福,有子有孙。

贵州书院联三 乙未、丙申

惟良有司章志贞教；
愿尔多士修身践言。青溪

辨明义利关头，即朱陆何分同异；
讲到文章根柢，知韩欧别有工夫。黔西文峰书院

化民成俗必由学乎；
行己有耻可谓士矣。玉屏

贵阳翠微阁联 丙申

蛮花贡媚，瘴雨回甘，自西林相国重破天荒，八万洞武功前无往古；
佛阁吟秋，僧桥眺夕，有北江先生倡提风雅，一百年文教未坠于今。

贵阳鹿壮节祠联①

先皇识忠节家声，自光禄卿至盐运使君六七传，乡贤名宦，世

---

① 原稿题后注"代"字，似为幕僚代拟。

以清德闻,逮我公取义成仁,曾表前徽焕青史;

父老颂神君政绩,始开州牧终都匀郡伯十一迁,居富去思,治为天下最,迄今日衢歌巷祭,长留遗爱遍黔疆。

刘刺史大琮之太夫人寿联

大义相夫,壸德近方沈广信;
孤忠训子,母仪远拟陶长沙。

挽陈竹轩表叔 戊戌

且无论诚乎身,顺乎亲,信乎友朋,合宗族乡党交游同声感叹,第为我一身一家计,与共休戚者谁欤,嗟伥伥其何依,冉冉吾生行自念;

亦既已损其目,夭其子,毁其肢体,举劳苦空乏拂乱毕力颠挤,便假之四十五十年,以云报施犹未也,曾区区而不畀,茫茫天道断难凭。

哭 兄 戊戌

论兄气体,论兄性情,论兄相貌,亲知故旧孰不谓是宜大年,而竟止于此耶,药石固无权,只怪天心何太酷;

忧弟疾病,忧弟拂郁,忧弟贤劳,爱护提撕常恐其不幸短命,乃
今先我去矣,荆花难独寿,少须地下会相逢。

挽李嗣香之太夫人 己亥

帝旌贤母风有位;

天祚善人昌其家。

挽朱节安先生暨其殉节之侧室 庚子

先生喜宴客,期某日城东酒肆款接琴尊,末坐幸叨陪,那知此
夕宾筵已报英灵垂恒化;

吾兄有侍姬,荷同时海内文人表扬风烈,两家事辉映,愧我多
年史职竟无妙笔阐幽潜。

挽李子赫之太夫人 庚子

方羡莱衣承爱日;

忽惊慈竹陨秋风。

挽陶仲铭^① 辛丑

经籍史乘、金石文字、训诂词章、医方算术、列朝掌故旁逮海外国书，学胡博哉！我尤服君居心诚恳、虑事周详、立志坚定；

劝谕讽诫、扶持调护、讨论辨驳、讲贯切磋、处世箴言兼及家庭琐事，教多术矣！君之于我忘形宾主、异姓兄弟、急难友生。

挽叔岳李士林先生 戊申

晨星寥落香山社；
秋露凄凉列岳峰。

挽卞诒臣 己酉

一门善气，慈孝友恭，殃庆理何凭，竟棣萼连摧，名父亦随仙驭去；

十载郎官，廉勤恳愊，朴忠天所眷，正桥山于役，先皇迫召侍臣归。

---

① 《自撰联语》中此联缺多字，此据陈诵洛辑《蟫香馆别记》（1933 年铅印本）补。

挽李崧生 己酉

天怀脱洒,风度春容,一世聪明,竟缘片念纡回,甘心毕命;
文字切磋,琴樽酬唱,卅年戚好,坐视斯人憔悴,无计分忧。

挽张小浦学使 己酉

先生是当代通人,学子至今思有道;
介弟为吾乡生佛,部民太息失元方。

挽张芗涛相国[1] 己酉

重任似陈文恭,好古似阮文达,爱才如命似胡文忠,若言通变宜民,闳识尤超前哲上;

使蜀有《輶轩语》,督鄂有《劝学篇》,余事作诗有《广雅集》,尚冀读书论世,后贤善体我公心。

---

[1] 录自陈诵洛辑《蟫香馆别记》(1933 年铅印本)。

挽鹿文端^① 庚戌

　　累世孤忠,光昭史册,四朝元辅,望重台衡,溯拥旆勤王,遂膺调鼎,房谋定策而杜断决疑,历扬中外五十年,慨主幼时艰,大局已如斯,更有何人柱国;

　　黔南乘传,频奉音书,日下随班,颇疏请谒,乃维桑笃义,勿弃采葑,阻我江湖又招予廊庙,使命殷勤再三至,真意周情挚,知音不重见,争能一日忘公?

挽张新之 庚戌

　　品重兼金,《广雅集》中留荐牍;
　　情深潭水,伯牙台上怆前游。

挽高杏栽之太夫人 庚戌

　　诸郎班白弟昆,禄养远逾潘散骑;
　　有子屏藩江汉,义方恰拟陶长沙。

---

　　① 原稿题后注:"玉槐庭代撰,略加润色。"

挽袁清泉先生[①] 庚戌

蓑笠烟波,画图我识元真子;
园亭花药,京洛人怀马伯康。

挽朱佑三[②] 庚戌

有郑子产风,舆诵今方叹谁嗣;
读陶征士诔,驾言空喜赋归来。

挽朱六韩之太夫人 庚戌

谊托通家长叔,昔同搴颒藻;
天酬苦节贤郎,今已树声华。

挽姜少云 庚戌

晚今循吏已无多,巴蜀去思犹载道;

---

① 乙卯信草录作"袁项城令兄挽联",又作"庚戌冬挽项城袁三先生"。
② 甲寅乙卯信草录此联,并注朱佑三云:"任莱阳县,被议,归至家未久卒。"

同学少年渐寥落,山林剩我独悲秋。

寿高阆仙之太夫人 辛亥三月

寿宇驻春晖,恰三月风光,应有瑶池筵宴;
眉山荣母教,听万家弦诵,无非玉局文章。

寿华壁臣之太夫人 辛亥八月二十七日

生与孔子同日;
贤有孟母之风。

挽杨子通① 辛亥

忠厚家风,辛阳真能世济其美;
慈祥遗令,子高尤虑死害于人。

---

① 甲寅乙卯信草录此联,并附注杨子通遗言:"我以夏日死,累家人冒暑治丧,心不忍也。"

寿张稚青之太夫人 辛亥旧历十一月十四日

过阳历新年第一日；
祝节母上寿逾百龄。

为严智怡娶夏子松先生孙女题门联① 辛亥

师门又叙婚姻谊；
浙水曾为父母邦。
横批：杭甬通婚

寿林墨青五十初度 壬子旧历正月十四日

舣棱回望不胜情，此日刚过天寿节；
总角旧交今有几，相期共保岁寒心。

---

① 录自陈诵洛辑《蟫香馆别记》（1933 年铅印本）。

挽魏梯云 壬子

熟谙前典,茂建新猷,从事独贤劳,学海群流齐仰镜;
病榻重摩,寝门一哭,吞声成死别,金台落日正悲秋。

挽姚召臣 壬子

干才敏赡,译事精能,忧国愿方殷,破浪未酬宗悫志;
促进文明,改良风俗,同音叹谁嗣,临风怕抚伯牙琴。

挽李仙舫 癸丑

今世界不少热肠人,惟子可云能耐久;
我生平最多负心事,对君尤愧未偿劳。

哭惺侄 癸丑

吾家第一可意人,叔侄情亲逾父子;
终身不忘痛心事,丹砂祸惨甚刀兵。

挽石少筑之夫人①甲寅

外舅多女公子,季者尤贤,叹早失所天,历尽冰霜贞苦节;
儿辈得从母怜,恩何能报,恨散居异地,空凭鱼雁寄哀词。

挽徐毓生②乙卯

通家累三世,过从逾廿年,同游经数万里,湖山笠屐,风雨琴尊,历数知交如此因缘能有几;

弟子哭文师,朋侪伤挚友,国家失贤大夫,立品清高,持躬正直,饰终褒语求诸勋旧亦无多。

挽温子英之夫人乙卯

德容言工,妇学备矣;
恭俭慈惠,师道以之。

---

① 据信草,作于 1914 年 10 月 9 日。
② 据信草,作于 1915 年 5 月 1 日。

挽洪翰香[①] 乙卯

马援明珠，海上三年郁孤愤；

李陵朝露，江头一别邈千秋。

翰香先生师事丰润夫子，与余同门至契也。馆于津，宦于津，先后且三十年，视津若家焉。庚戌、辛亥之间往来尤稔。壬子解职，始去之沪，不通问者三年。今岁中春，余归自安庆，遇先生舟中，倾谈历两三小时，南京登陆，郑重握别，谓后会有日也。甫逾月而赴音至，追怀旧雨，怆切人琴，作此写怀，庶邀冥鉴。

挽张诗岑之太夫人[②] 乙卯

母是女中师，敦诗书说礼乐；

子为天下士，蓄道德能文章。

挽杨锡九[③] 乙卯

回头六十四年中，节用谨身，耻与时流竞荣利；

---

① 据日记、信草，作于 1915 年 8 月 27 日—9 月 1 日。

② 据日记，作于 1915 年 9 月 1 日。

③ 据日记，吊杨锡九在 1915 年 9 月 7 日。

撒手三千尘界外，归真返朴，不留老眼看沧桑。

寿刘仲鲁令兄七十[①] 乙卯

义熙遗老陶元亮；
丙午生年马伯康。

挽于晦若前辈[②] 乙卯

刮目赏余文，十字荣褒，知己感逾门下士；
洁身见公志，一函诀别，题名惨署未亡人。

晦若前辈冥鉴：癸未春，张靖达师试决科，录余文第一，评曰："俯仰揖让，欧阳子之文也。"当时不审襄校为谁氏。越二十五六年，与晦若先生同官卿贰，闲语及之，乃知评语出先生手。回忆字体波磔良是，相视莫逆，喜可知也。辛亥国变，先生出京，以书抵余，有"一恸为诀"之语，末署"未死人于某稽颡"。读之潸然。呜呼！未死者今竟死耶！人之云亡，邦国殄瘁。我虽未执贽于门，乌能已于乔木哲人之恸也！

又 乙卯

文学大类元裕之，一事胜古人，东方寄，西方鞬，行九万里

---

① 据信草，作于1915年9月24日。
② 据日记、信草，始作于1915年10月4日，写定于10月13日。

者再；

　　志节尤肖陶征士，两贤同命运，丑年生，卯年殁，寿六十三而终。

挽陆阐哉女教员 乙卯

　　比年连丧女宗，如此良师谁接武；
　　吾邑固多贞孝，若论兴学此开山。

挽韩次瑾[①] 乙卯

　　新学界多才，笃行君为同辈冠；
　　佳子弟不寿，恸心我甚哭儿时。

挽李子鹤[②] 丙辰

　　世但见君房语妙、枚叔文雄，岂知雅慕逃人，欲为国家铸社会；
　　时方届鸡鹜纷争、蜩螗沸扰，此去归真净土，料应天上胜人间。

---

①　据日记，作于1915年11月25日。
②　据信草，作于1916年3月30日。

挽张绍莲^① 上海交通行长，遭暗杀。丙辰

识君于杨忠愍故居，谏草堂前为我长言述祖德；
死难与郑彰威同岁，春申江上照人双峙表忠碑。

挽刘益斋同年^② 丙辰

公幹与伟长齐名，美志不遂良可痛惜；
元伯先巨卿行矣，死生异路永从此辞。

挽荣文恪^③ 丙辰

同年踪迹近多疏，惟我两人特亲密；
今日生存良不适，如公一瞑最安舒。

---

① 据信草，作于 1916 年 4 月 11 日。
② 据信草，作于 1916 年 4 月 11 日。
③ 据信草，作于 1916 年 4 月 25 日。

挽张氏两烈女[①] 丙辰

良贱谁许混淆,尊人格、保家声,足为天下弱女儿争气;
曲直岂容颠倒,正国风、重民命,吾愿后来司法界留心。

又 代家蕉铭

难为兄亦难为弟,凛凛然视死如归,谁期弱质深闺双逢贞烈;
重生女不重生男,滔滔者居心可悯,赖有寒门奇节一警痴迷。

又 代私一小学[②]

婚姻始,讼狱终,似兹思蝛诽张神人共愤;
性命轻,名节重,难得孤寒幼弱姊妹同心。

寿赵幼梅丈之夫人 丙辰旧历四月九日

展浴佛期,其辰元吉;

---

① 据信草,作于 1916 年 5 月 8—9 日。
② 据信草,作于 1916 年 5 月 11 日—16 日。

算期颐寿,如日方中。

寿李星冶七十 丙辰

吉甫燕喜,既多受祉;
方叔元老,克壮其犹。

挽袁固之 丙辰

为贵公子,为贵介弟,竟泥途轩冕,苑囿诗书,入文选楼中,品
格何惭征士诔;
是真达者,是真隐者,任岸谷变迁,侯王兴替,有先人庐在,家
乡便作武陵源。

挽华屏周姻伯① 丙辰

范史纪陈颍川羔雁成群,名德终推太丘长;
莲社祀陶彭泽黄唐慨独,遗书但系义熙年。

---

① 据信草,作于 1916 年 7 月 4—5 日。

挽杨敬林之太夫人① 丙辰

寿母逾古稀年，八座起居光里第；
郎君皆豪杰士，一门勋福冠时流。

挽武砚卿表叔② 丙辰

洵水帐分襟，念一生况瘁少息仔肩，天不慗遗，朝露无端悲去日；
盘山同揽胜，叹卅载流光迅如弹指，公今仙去，夕阳我亦近黄昏。

赠　渔　三 丙辰

绍我家风，桐庐山水；
贶予好语，春草池塘。

---

① 据信草，作于 1916 年 10 月 24 日。
② 据信草，作于 1916 年 10 月 30 日。

寿王少泉五十^① 丙辰

才从东岳陪高蹋;
又向南山进寿杯。

挽卞酌泉姻叔 丙辰

溯先帝纪元时,公名曾入登科记;
经几世太平日,老去偏悲野史亭。

倪元甫新居楹联 丙辰

卜居在丁卯桥头,北固东泠平挹清芬贻百世;
家学老宋明史传,涛文瓒画并传绝艺擅千秋。

代杨少农挽侄^② 丙辰

侄命苦哉,叹劫火重经,才收余烬,家累从此少减,家用从此少

---

① 据信草,作于 1916 年 12 月 5 日。
② 据信草,作于 1916 年 12 月 9 日。

舒,何期未满四句,遽尔无情拼永诀;

　　叔心悔甚,恨秣陵一去,稍滞行程,汝病吾不及知,汝敛吾不及视,设使早归两日,犹能执手问遗言。

又代孝子① 丙辰

父去竟安之,纵忍心弃此诸孤,独不念大母哭儿之恸;
儿今后何怙,即他日幸能成立,亦长为毕生无父之人。

挽郭芸夫丈太夫人② 丁巳③

陔南絜养,堂北忘忧,有诸郎慰慈亲晚景;
恭俭律身,惠和接物,愿后昆守贤母家风。

挽李润生④ 丁巳

　　头衔不愧一条冰,中书省试早日蜚声,国子学宫多年弼教,迨晚岁童蒙求我,更导扬首善文明,只可怜冷宦终身,谁识敏中耐

---

① 据信草,作于 1916 年 12 月 9 日。
② 据信草,作于 1917 年 3 月 9 日。
③ 据日记、信草,作于 1917 年 3 月 8—9 日。
④ 据日记、信草,作于 1917 年 3 月 8—15 日。

官职；

　　交情何止三生石，宣武坊南曾同砚几，太平湖畔得奉馆餐，自尔来云树离居，犹想见故人颜色，庸讵料告归未久，顿教子敬丧人琴。

又代墨卿作 墨卿授意①

他日过遄喜斋桃李门墙，树木犹留嘉荫在；
往岁游崇效寺牡丹庭院，赏花怕展旧图看。

挽乔吉庭② 丁巳

早岁识元方，文范泽长，丛桂一山荫甘露；
生年同靖节，义熙人渺，黄花三径惨秋风。

挽高旷生③ 丁巳

并世少当意人，旰睐偏优吾父子；
一生多伤心事，漂摇尤恸我邦家。

---

① 据信草，作于 1917 年 3 月 13 日。
② 据日记、信草，作于 1917 年 11 月 14—15 日。
③ 据信草，作于 1917 年 11 月 19 日。

挽刘翊廷^①丁巳

以死勤事,是己饥己溺心肠,怪斯人不永天年,违反报施常理;
余力让财,具有忍有容器量,愿介弟善承兄志,保存忠孝家风。

哭　姑　母^②己未

侄受爱怜深,与吾父吾母同一恩勤,最喜听笑语从容道我儿时
情事;

姑偏遭际苦,自长子长孙早年夭折,说不尽家庭拂逆逼成老境
酸辛。

挽李抟霄^③己未

四同是李挚美谈,我虽氏系攸殊,师友渊源尤密切;
三异为鲁恭成绩,公更民情爱戴,山河风景共讴思。
抟公与余同登贤书,同举进士,同改庶常,会试房荐师同,庶常教习师同。
公宰吾津,吾为部民,晚作寓公,过从尤密。今兹永诀,恸何如也!

---

① 据日记、信草,作于 1918 年 1 月 3—8 日。
② 据信草,作于 1919 年 1 月 15 日。
③ 据信草,作于 1919 年 1 月 15 日。

挽窦砚峰^① 己未

创业守业兼备一身,更能融洽乡情、维持公益;

多艺多才犹为余事,难得规模开展、心地光明。

黄倬云太姻丈冥寿^② 己未

家承百世泽,身备五福畴,每届佳辰有绕膝,曾元堂前戏彩;

公之从女孙,我之先丘嫂,料当此日偕吾兄,父子地下称觞。

黄芸孙冥寿

事死如生,事亡如存,想见郎君纯孝,但筵前称祝,无复平日音容,只余遗像,清高千顷,汪汪思大度;

君姊吾嫂,君甥吾侄,可怜母子偕亡,倘地下相逢,问及孤雏景况,为报读书,循谨二难,楚楚渐成人。

---

① 据信草,作于 1919 年 1 月 15 日

② 据信草,作于 1919 年 3 月 4 日。

挽石次青姻丈^① 己未

万石在汉称世家,有此荣名,无此义问;

小阮与余为僚婿,吾思长者,吾恸哲人。

挽华五姻伯母^② 己未

天生贤母为合族福星,养欲给求,平争弭怨,同居百余口,都归和气涵濡,更因世笃忠贞,教子俾无惭长憾;

我有女儿依重闻慈荫,苦心爱护,曲意矜怜,入门十数年,真是受恩深重,恨彼久亏定省,相夫从此报刘难。

挽郑太亲翁^③ 庚申

见似目犹瞿,与先君况属交亲,帘肆恰邻谷口郑;

大招魂未远,有亡儿忝为孙婿,李干应迓起居韩。

---

①　据信草,作于 1919 年 4 月 9 日。
②　据信草,作于 1919 年 6 月 25 日。
③　据日记,作于 1920 年 3 月 25 日。

挽韩葵阶^① 庚申

为名儒外孙，早岁已蜚声，余庆所钟，子幼故应辞绝妙；
是先兄友婿，夜台倘相遇，凭君传语，阿连今亦病支离。

挽李锡三 庚申^②

天胡为畀斯人绝顶聪明，偏不令有一日发舒志气；
我未能替知己分心忧患，愧无以对先世生死交情。

挽唐慰慈 辛酉^③

德门方雅郑莫齐名，君尤克绍家风，智圆行方，敛气能将才
就范；
吾党贤豪熊刘已矣，今又陨兹国器，人亡邦殄，伤心我有泪
倾江。

---

① 据信草，作于 1920 年 9 月 12 日。
② 据日记，作于 1921 年 1 月 3 日。
③ 据信草，作于 1921 年 4 月 26 日。

挽刘蓉生、芸生太夫人^①辛酉

女宗四行,似古大家,曾荷先朝褒奖叠颁丹诰敕;
子舍二难,皆吾益友,况居末戚伤悲忍见素冠衣。

挽娄翔青、鲁青太夫人^②辛酉

夫婿是天人,俎豆千秋,配飨中兴名相;
郎君皆国士,埙篪一气,希踪於越先贤。

挽刘希陶^③辛酉

世事覆雨翻云,便教人定胜天,已断送几多豪俊;
吾党兰摧玉折,偏我老而不死,定要待末日沦胥。

---

① 据信草,作于 1921 年 4 月 28—29 日。
② 据日记、信草,作于 1921 年 6 月 2 日。
③ 据日记、信草,作于 1921 年 6 月 2 日。

挽王绪雅 辛酉①

尊父我恩师，梁木多年恸安放；
先兄君友婿，泉台此日竟相从。

挽李子赫 辛酉②

兴学廿年前，桃李成阴，人以龙门拟元礼；
归真五月朔，兰荃比洁，谁将鹜角祭灵均。

挽刘味唐姻丈 辛酉③

我初应举，公已潜郎，九食三旬，坚苦恒为朝士冠；
民困如斯，国奢益甚，励清崇俭，典型当念老成人。

---

① 据日记、信草，作于 1921 年 6 月 25 日。
② 据日记、信草，作于 1921 年 6 月 30 日。
③ 据信草，作于 1921 年 7 月 5—6 日。

挽周玉山师[①]

福门备九畴，生荣死哀，猗欤夫子；
天不遗一老，山颓梁坏，陨我哲人。

挽陆绣山太夫人 辛酉

德象女师，岂惟说断荻截肉；
母贤子贵，今复见龙驹凤雏。

挽梅韵生世叔[②]

自吾父吾兄而下，与德门文字缘深，我尤钦长者风规、和气一团，侍坐如亲程伯子；

以善书善画名家，溯先世耆贤辈作，公更备人间福慧、墨华双绝，享年又过董思翁。

---

① 录自信草。据日记，作于1921年10月24日。
② 录自《严先生遗著》。

挽胡玉孙①

　　论事能致其决,论学能会其通,由直而鲁,由鲁而苏,数今时庠序英才,多是再传子弟;

　　处则不屈不移,出则有为有守,自少至壮,自壮至老,经几度风云变态,依然本色书生。

挽华石斧弟②

学问揽中西之要;

文字通仓雅以前。

挽臧佑宸本生母③

于古称陶士行,此母此子;

生儿似陈同甫,亦侠亦儒。

---

　　①　录自《严先生遗著》。
　　②　录自《严先生遗著》。
　　③　录自《严先生遗著》。

挽尹劫谌

空言休戚相关,视予如父,予不能视犹子;
似此取与不苟,吾闻其语,吾今乃见其人。

挽臧母张太夫人[①]

义姑慈母一身兼,嗣子遂成天下士;
欧荻柳丸千古重,德门复见女中师。

挽冯俊甫先生[②]

振古如兹,奉世谁无老病死;
惟君何憾,可传犹有画书诗。

[①] 录自《严先生遗著》。
[②] 录自《严先生遗著》。据信草,作于 1923 年 2 月 25—28 日。

周悫慎公祠楹联①

祠宇拱金瓯，手复燕云一片土；
海壖思木铎，心倾湖学二斋风。

挽刘如周②

神州瓜剖豆分，保卫乡邦，数载经营良甚苦；
人世云翻雨覆，循环党祸，一身宠辱复何言。

本宅春联③

邻巷四棵树；
家江七里滩。
横批：故园瓜好

---

①　转录自缪志明《周公祠原始资料叙录》(《天津市河东区文史资料》第3辑)。据严修1924年1月24日日记："写信，寄生甫，烦改周祠联。"26日："生甫来，交代拟周祠楹联。"据此可知，此联为赵苇(生甫)代拟。
②　录自信草，作于1927年12月20—22日。
③　录自陈诵洛辑《蟫香馆别记》(1933年铅印本)。按，严宅在天津文昌宫西，旧名倭瓜园，后巷名四棵树，故有此联。

诗　钟

诗·钟　分咏

解颐最喜匡衡说；
到耳须防杜蒉来。范孙

长吟不惜推敲苦；
善问无分大小鸣。范孙

"复·金"三唱

东林复△社千秋重；
南宋金△源半壁分。范孙

白莲·雨

不妨偷采娃撑艇；
未免添愁女湿裙。范孙

〔"汤·五"四唱〕①

祖禹祖汤。明帝系；
天三天五。释羲经。范孙

虞美人·裙

莫唱逝骓防解语；
岂容化蝶嗅余香。范孙

"干·菜"五唱

泄柳闭门干木避；
夭桃满径菜花开。范孙

白香山·墨盒

裘难普遍衫先湿；

---

① 《蟫香馆诗钟》部分作品未标注题目,有些可据内容补拟,补拟的标题录于〔〕
内。下同。

面似光明腹实贪。偲

《长庆集》成人笑俗；
保和殿试士愁干。偲

劫车·抵制仇货

临枣官军如醉梦；
榑桑商市顿萧条。范孙

鸡·手巾

惯催茅店征夫起；
恐有新亭热泪沾。范孙

〔"乌·北"五唱〕

力数孟贲乌获猛；
勇知曾子北宫同。范孙

越国曾经乌拉岭；
探奇欲向北冰洋。范孙

〔"梅·耳"五唱〕

严陵外舅梅[△]为尉；
刘季女夫耳[△]作王。范孙

四月之间梅[△]子熟；
百年以后耳[△]孙生。范孙

〔"干·菜"五唱〕

雪案细书干禄字；
寒窗闲著菜根谭。范孙

墨·铁鞋

濡教张圣头难辨；
着恐潘妃足不胜。范孙

〔"之·感"三唱〕

宋牼之△楚偏言利；
曹植感△甄果有神。范孙

文士之△官恒有集；
诗人感△旧不胜情。范孙

〔"乐·新"七唱〕

郑卿见志歌《嘉乐》；
杨子伤心论《美新》。范孙

鱼跃正因添水乐；
牛栖安识发砌新。范孙

〔"轻·布"一唱〕

轻钱贴水溪荷润；
布谷鸣春陇麦香。范孙

轻裘季路情无靳；

布袴韩侯赏慎颁。范孙

轻养质分成水合；

布泉名异范金同。

轻征不改《周官》制；

布德还稽《月令》文。

轻心不肯班班考；

布指能将寸寸量。

轻则寡谋难胜楚；

布能将骑愿依曹。

"仁·春"〔三唱〕

潘安仁作《闲居赋》；

徐景春传应试文。范孙

〔"无·有"五唱〕

好施多署无名氏；

克敌难求有胆人。偍

酒泉今日无边警；
平壤谁家有战功？偍

〔"有·无"三唱〕

亢龙有悔惟知进；
扪虱无惭且纵谈。范孙

"青·众"〔一唱〕

青偕去病皆名将；
众与康成并大师。偍

〔"金·密"一唱〕

金钟大镛在东序；
密云不雨自西郊。偍

金溪学派开新建；
密国文名拟裕之。偍

"初·夏"五唱

正则未忘初度揆；
宣尼先欲夏时行。范孙

康乐诗如初日丽；
潜庵学自夏峰来。范孙

莺莺·小绺

饫闻元稹《会真记》；
饱读庄周《胠箧篇》。偃

白露·楚霸王

清光赤壁横江候；
盛气鸿门困汉时。范孙

节入凉秋近霜降；
命归炎汉叹天亡。范孙

〔"妙·兄"二唱〕

墨妙题烦苏玉局；
石兄拜倒米元章。范孙

〔"妙·兄"一唱〕

妙辞须待杨修解；
兄事应师宓贱诚。范孙

团扇·龙

但稍有情莫轻弃；
可怜无首尚群飞。范孙

神传欲画渭南伯；
睛点须防顾恺之。范孙

芝·鸳鸯

采余能遂商岩隐；
刺到应添绣阁愁。范孙

兰香并入幽人室；
莲戏新成绣女图。范孙

龙井茶·赵飞燕

采向雨前烹火活；
舞从掌上傲环肥。范孙

"蓬·玩"五唱

音书迢递蓬山路；
风景依稀玩月时。范孙

庄生自谓蓬心我；
程子常规玩物人。范孙

“兵·会”四唱

唐代府兵军整肃；
汉家头会税烦苛。范孙

草木皆兵秦慑晋；
葵丘之会楚输齐。范孙

张良·人力车

借箸果能定西楚；
称名偶唤作东洋。范孙

“城·满”四唱赠孟定生

艳绝倾城姑暖老；
金拚扑满为藏娇。偍

分咏折扇·荷叶

竹聚暗藏半轮月；

花残犹放一池香。偡

〔"地·震"一唱〕

地掷有声孙作赋；

震辞行赊汉兴廉。范孙

地节白檀胡虏服；

震传朱学日抄勤。范孙

地皇不入龙门纪；

震孟能光鸿绪编。纬斋、范孙

〔"端·午"〕二唱

马端临学绍夹漈；

陈午亭文侪京江。范孙

吕端大节君能识；
祁午长材父独知。偍

〔"端·午"四唱〕

竟委因端禹行水；
自辰至午汉鏖兵。偍

"端·午"五唱

皋门名已端门改；
斜谷兵从午谷来。偍扁生

〔"端·午"〕六唱

徽音圣母思端裕；
大节宗臣忆午桥。偍

兰若·秭归

小雨连宵天未曙；

大江终日浪东淘。范

"春·侧"五唱

水涨正逢春满泽；
山奇每见侧成峰。范孙

桂 合 咏

配姜欲斫麟为脍；
移棹重游鹤正飞。范孙、纬斋、癯庵

劫车·抵货

弱国惟防撕外票；
奸商犹想发洋财。幼梅、纬斋、癯庵、范孙

五 杂 俎

五君四杰无双誉；
一祖三宗不二门。范孙

三老五更一朝聚；
二誉四惧六爻分。范孙

一　二　三

一朝顿遇七二毒；
半醉犹胜三百杯。范孙

〔"天街夜色凉如水"〕碎锦格

一天凉意如水浴；
五夜花街作色荒。范孙

"旗亭画壁"碎锦

亭前柳共春旗转；
画里龙防破壁飞。范孙

猇亭王卒牙旗靡；
赤壁曹军画角哀。范孙

碎　　锦

书摹唐代弘文馆；
图仿温公独乐园。范孙

"秋燕已如客"碎锦格

退红已免秋娘妒；
飞燕争如客氏才。癯庵、范孙

"唐·上"五唱

姚氏文曾《唐粹》选；
班生赋辄上腴夸。

"头·似"四唱

茅为遮头勤护惜；莠因恶似痛芟除。
新月梢头昏后约；老年花似雾中看。范

一唱"一·二"

《一品集》成会昌目；
《二臣传》有牧斋名。范孙

"一夔""拊石"《虞书》语；
"二马""投壶"《戴记》文。

一范在军寒敌胆；
二程讲学抉经心。范孙

分 咏

别镕嘉偶俪奸相；
移赠芳名到女伶。范孙

兰陵金谷成三绝；
郁垒神荼共一门。范孙

"亭·药"六唱

论文酷爱濂亭集；

考史闲翻百药书。范孙

"我诗有生气"〔碎锦〕

相无人我众生在；
诗有乾坤正气存。范孙

"鱼·用"三唱

诗向鱼虞重选韵；
史传用赵复成军。偍

书寄鱼双思旅况；
《易》占"用九"协乾爻。偍

华子鱼污东汉传；
卢藏用愧北山文。偍

传纪鱼轩迎象服；
《易》占"用缶"协羲爻。偍

"汪·酒"(三)〔五〕唱

恩诵西京汪濊句；

怨歌北斗酒浆诗。

文笔魏禧汪琬后；
武功张掖酒泉多。

又有汪中汪琬后；
岂无《酒诰》《酒箴》前。

文惊浩瀚汪洋气；
诗爱笙簧酒醴篇。

同时名重汪孙武；
永日闲消酒射棋。

长庚嗣响汪为最；
端午驱邪酒最宜。范孙

"重·易"一唱①

重山复水非无路；易俗移风要有人。

---

① 录自陈诵洛辑《蟫香馆别记》(1933 年铅印本)。

"平·世"四唱①

天下之平资大化;吾人于世不虚生。

题目不详

谁适为容叹蓬首;
换将凡骨学兰亭。范孙

秋云似罗江作赋;
夕秀未振陆论文。范孙

松依泰岱千年寿;
涛拥胥江八月声。范孙

一场梦醒苏和仲;
四坐人惊陈孟公。范孙

莫以危机尝魏武;
尚余别号属松禅。范孙

---

① 录自陈诵洛辑《蟫香馆别记》(1933 年铅印本)。

莫向君平询后福；

且谋妇酒续前游。

　

酒垆当处卿归蜀；

春服成时点浴沂。范孙

　

归途时见云如马；

去日都如雪印鸿。范孙

　

秦会之生飞命苦；

吴元济败度功成。偍

　

诗书发冢庄周语；

钟鼓爰居庾信文。范孙

　

武则天为唐圣后；

毛延寿亦汉传人。偍扁生

　

《君陈》《酒诰》周书目；

《里仁》《先进》鲁论篇。偍扁生

　

"乌云含雨"东坡句；

"龙爪看花"广雅诗。偍扁生

　

如法新编张仲集；

菊英还拟屈原经。范

登高愈觉天街远；
作客惊看物候新。范孙

郢书燕说无根据；
子鹤妻梅共隐沦。偍

尧民共喜春台上；
汉帝偏推侧室贤。范孙

欲援后进从先进；
每值瀛谈作笔谈。范孙

为先生寿期难老；
欲善人多在得师。范孙

喜功谁与高才竞；
好辨须防尚口穷。范孙

大盗椎埋肝可脍；
美人风韵首频搔。偍

霜前把盏吟秋叶；
月下停桡唱竹枝。偍

弥谦未必皆弥伪；
妄听何妨姑妄言。范孙

蜂腰鹤膝体无定；
扑蝶驱蝇用亦宜。范孙

手挥目送调琴轸；
马勃牛溲伴鼓皮。范孙

散卓共称诸葛笔；
从容爱读大程诗。范

白圭孟室勤三复；
黄屋尧衢扈六飞。范孙

春秋传后几无史；
风月场中例有诗。范孙、子通

友如赵胜田文好；
臣得朱云汲黯难。范孙

消夏似宜云麓好；
富春多爱一峰奇。范孙

一百五日社公雨；
二十四番花信风。幼梅、范孙

奇士文多春夏气；
高峰云作马牛形。范孙

绿莎江上风吹袂；
红蓼溪边月满船。范孙

春晖集在归愚后；
宾客名居子厚先。意箴、范孙

狄青面具恒涂墨；
林甫心机暗藏刀。范孙

数八叉飞卿斗韵；
无寸铁永叔战诗。范孙

裨谌虚己勤谋野；
郑武知人屡授餐。

赖有越人医未病；
恨无孝直制东行。范

起草还思人日寄；
养花最与淡云宜。范孙

大草张颠真圣境；
小车邵子有仙风。偈扁生

歌　　谣

教子歌①

　　我作歌,寄北京,教五辂,仔细听。你今年,八岁了,念的书,也算好。你哥哥,来的信,说五弟,有长进,把邪气,退好些,肯听说,不逃学。李先生,亦夸奖,说五辂,会听讲。我听见,很喜欢,有些话,嘱咐你。母亲前,要孝顺,守规矩,听教训。你大哥,老实人,他待你,很尽心。你二哥,你四哥,他待你,也不错。你念过,《三字经》,怎么叫,"弟则恭",再想想,"悌于长",那"悌"字,怎么讲? 你老姑,最可疼,又仁义,又机灵。你小时,打胡缠,缠磨他,好几年。你念过,那句言,父姊妹,叫做姑。他比你,长一辈,欺负他,就有罪。你妹妹,比你小,你让他,那才好。你弟弟,小五岁,你疼他,那才对。小孩子,怕讨厌,嫂子屋,不许串。下书房,往后走,不许到,大门口。做功课,不许废,早放学,你便宜。念的书,留神看,莫揉搓,稀破烂。有破的,想着补,临下学,摆齐楚。写的仿,莫乱丢,拣好的,寄贵州。够一月,订一本,够一年,捆一捆。早些睡,早些起,衣自穿,脸自洗。不许闹,不许跑,三年大,二年小。把我话,记在心,这就叫,"孝于亲"。

---

　　① 录自《卢乐山口述历史》。为严修任贵州学政时(1894—1897)所作,五辂为严修之子严智锺的小名。

教 女 歌①

　　教了男，又教女，女儿经，女儿语。古人们，全说过，听他说，就不错。他说的，比我强，我的话，更泛常②。

　　女儿家，要柔顺，跟着娘，听教训。嫂子前，有礼行，多体情，少任性。姐妹们，须和美，莫呕气，莫拌嘴。有等人，最可怕，不管谁，就打架。你想那，好不好，他自己，也烦恼。女儿家，要沈重，走要稳，坐要正。声儿低，话儿少，话一多，就不好。有等人，最胡闹，又大说，又大笑。你想那，顺不顺？教街坊，也谈论。女儿家，要早起，一起来，就梳洗。父母前，问早安，他二人，也喜欢。有等人，太酸懒，小饭时，才睁眼。拿点心，当作饭，见了饭，不能咽。你看那，对不对，出了阁，也受罪。待老妈，莫任性，要他服，要他敬。有等人，难伺候，左挑肥，右挑瘦。教他说，脾气大，烈害名，人人怕。有等人，太软弱，由着他，不敢说。随便嚷，随便闹，讲规矩，不知道。有等人，更糊涂，拿着他，当心腹，这屋长，那屋短，惹是非，他不管。这几等，全可恨，明白人，有分寸。要紧的，性情好，往下说，手要巧。第一件，学作活，怎么扣，怎么锁。棉衣裳，皮衣裳，自己引，自己上。不要说，有成衣，赚了去，干着急。不要说，有女工，算工钱，也不轻。第二件，学作饭，你淘米，我和面。怎么煎，怎么炒，咸淡味，掂配好。腌萝卜，腌咸菜，老面酱，自己晒。虽说是，有厨子，全靠人，不成事。虽说是，有老妈，你不懂，怎支他。第三件，洗衣裳，

---

　　① 录自《卢乐山口述历史》。又见《教女歌》单行本（1914年天津社会教育办事处印）及《严先生遗著》，为严修任贵州学政时（1894—1897）所作。

　　② 本段仅见于口述，为单行本及《严先生遗著》所无。

怎么洗,怎么浆。浆的匀,洗的透,换了新,拆了旧。第四件,学纺线,学会了,更方便。南方人,全会织,北方人,净讲吃。不会织,也罢了,纺纺线,也还好。这几件,全不难,止要你,多耐烦。往下说,更容易,止要你,着点意。眼前字,多认些,一面认,一面写。粗算盘,也要会,连归除,带定位。家常信,自己看,日用帐,自己算。你想想,多当用,姐儿们,提高兴。手底下,要马利,心里头,要子细。桌子上,摆齐整,屋子里,扫干净。放的放,收的收,该用的,莫乱丢。我一时,想不全,太多说,也絮烦。算起来,也不少,止要你,记住了。记住了,照着行,怎么说,怎么听。你们听,我欢喜,要不听,也在你。

放 足 歌[①]

其一

五龄女子吞声哭,哭向床前问慈母。

母亲爱儿自孩提,如何缚儿如缚鸡。

儿足骨折儿心碎,昼不能行夜不寐。

邻家有女已放足,走向学堂去读书。

其二

少小学生向母提,儿后不娶缠足妻。

---

① 见严仁清《严修编写〈放足歌〉》(《天津文史资料选辑(第25辑)》)。

先生昨日向儿道，缠足女子何太愚。

书不能读字不识，困守闺门难动移。

母亲爱儿自孩提，莫给儿娶缠足妻。

为孙辈所作歌谣①

为严仁荷作

小荷，小荷，

生在日本国。

日本国，在亚洲。

亚洲、亚洲，东半球。

为严仁赓抓周作

宣统三年八月八，一个小孩炕上爬。

炕上盘子摆两个，小孩伸手往里抓。

铅笔小本他不要，花生栗子他不拿。

看来看去看中了，双手抱住小喇叭。

哥哥姐姐拍手笑，爷爷奶奶把他夸。

你问小孩叫什么，他叫庚符他行八。

---

① 以下录自《卢乐山口述历史》。题目为整理者所加。《家事寄孙辈》中，刘升为男仆名，绿香火绳为蚊香，六姑指严智安，二姐姐指严仁菊，大珍玲指严仁菊的女儿，禄易、芝芬指严仁绪夫妇，丽云为严仁绪之妻，金爸是家里的车夫。《孙辈三十八人名》是以孙子、孙女、外孙、外孙女每人名字中的一个字按年龄、月份排列成序，编成歌谣。

为严仁斌作

民国五年五月五,
一个小孩炕上哭,
她叫仁斌她行五。

仁荷托仁荫从北京带来酱菜,因作此歌

十香菜,真可爱,
大姐买,五弟带。
爷爷每餐不住筷。

家事寄孙辈

西院一座大天棚,晚上住着一刘升。
东院天棚格外大,仅仅住着仨老妈。
奶奶搬家油地板,满院花儿归谁管?
爷爷借住北上房,绿香火绳围两旁。
六姑楼上住得惯,天天张妈去做伴。
二姐姐夫妇上北京,耳边听不见大珍玲。
禄易、芝芬不在家,田妈来送白香瓜。
姑奶奶来了院中坐,买桶冰激凌大请客。
一桶剩下半桶强,端出四碟请帐房。
钞票四元交侄女,留作丽云生日礼。
金爸接来又接往,铜子一千开了赏。

孙辈三十八人名

荷菊清绪叶,锦荫钧泽鉴,

严 修 集

庚远銮青山,颖铨英华鑫,
斌霞锐妙驹,镤梅喆珏覃,
钤饴静方蓂,莲镇荃棠锜。

公牍文书

贵州学政公文

观风告示①

为下车观风出示晓谕事。照得使者恭膺简命，视学兹土，自惟荒陋，不足餍多士之望。此邦风气向称敦朴，近百年来，经学大师、文章魁伯后先相望，卓然名家。其见居京朝、使者所雅故者，类多覃经爱古，精别群籍，渊源具在，授受相承。多士之中必有外肆中闷，发之于文，以开使者之瞀惑。惟是列郡十三，生徒逾万，仅恃三年两试以定志趣之高下，无论风檐急就，未既所长，榜发刻期，亦恐品题之未审，怀玉不售，亦使者之耻也。

查历任下车伊始，首举观风，最为法良意美。无如相沿日久，名存实亡，教官既视为具文，士子更嫌其赘设，往往迟至按临，敷衍数卷。揆之初意，当其不然。意者，帖括之文或为志士所厌苦欤？今者展约限期，更定题式。凡限策论题四、杂著题二以课诸生，仍限四书文题一、试律题一、赋题一以课诸童。

其生作童题、童作生题及不能全作者，听。领题之后，限三个月交卷。词必己出，无相倩代。将来按试发榜时，以试卷比校，如有前后乖异、显出两人者，掠美售欺，必非佳士，定即究诘不贷。其或乡里宿儒、科甲先进，见猎心喜，借题发挥，此亦人情之常，不妨

① 录自《黔轺杂著》（誊录本），又见《严先生遗著》。题目为整理者所加。

自署己名,以资矜式。幸勿甘作捉刀人,导后进以虚饰也,切切!特示。

光绪二十年十二月十一日,与观风题并发。

观 风 题[①]

为观风事。照得本院恭膺简命,视学兹土,下车伊始,理合首行观风以觇士学。为此仰该州、府、厅官吏遵照,文到即便转行所属各厅、州、县及各学教官,查照来文,即日差门斗通传各生,定期赴学领题,限三个月交卷。先由该教官校阅一次,照例弥封,无论距省远近,统限于二十一年五月十五日前备文申送。本院评定后,概于按试日发还。该学即将本院来文先期出示晓谕,并将发来告示抄录张贴,俾各遵照毋违。须至牌者,计发观风题□封、告示□[②]张。

生 题

策论题四

辨志:学有蚤暮,境有难易,质有敏钝,性情有偏嗜,不必尽同,顾志趣何如耳?七略、四部愿治何书?文苑、儒林愿居何等?畅所欲言,无有逊避。

明师:汉儒解经雅重家法,宋贤讲学各衍宗传。师道之重久矣,乡曲谀闻,皋比相嬗,不足以言授受也。抗希古人不为僭,曾文

---

① 录自《黔轺杂著》(眷录本),又见《严先生遗著》。题目为整理者所加。

② 以上两□均为原稿留空。

正《圣哲画像记》之类也；覶举时贤不为私，顾亭林明师之恉也。诸生亦有夙所宗仰者乎？试上下其议论，勿空言，勿耳食。

评文：文章流别自古已分，沿及今日体制逾杂。然究之，不过曰骈文、散文，包慎伯论之矣；不过曰言有物、言有序，方望溪论之矣。至其浅深同异之故，亦非深造者不能道也。诸生肆力有日，愿试详之。

匡时：多诵而不知其说，晁错讥之；知古而不知今，王充笑之。读书将以致用也，方今时事急须才矣，诸生有熟于经世之学者，军国富强之策、民物利病之原，各举所知以相讨论。范文正作秀才时便以天下为己任，愿诸生效之。

杂著题二

朱子《近思录》书后

恭拟《钦定四库全书叙目》仿《汉书·叙传》。《四库提要》及《汉书》近皆石印，价廉易得。高才一览原书，便有条理，勿怖其难。

童　题

四书题一："行己有耻"

诗题一：赋得"诸君何以答升平"得"平"字，五言八韵

赋题一：《昭明文选》赋以"时更七代数逾千祀"为韵

以上各题除时文、试律外，不限字数、不拘格式，惟其所便，三个月交卷。

光绪二十年十二月十一日

约束士子及剀切劝学告示①

为札发晓谕事。照得本院下车伊始,业经发题观风,檄饬转行,兹复拟就约束士子及剀切劝学条规,合再札发,为此札仰该学遵照,文到即将发来告示遍贴晓谕,俾各士子一体遵照,切切!特札。

计发告示□②张。

光绪二十年十二月三十日

约束士子条规

为申明约束事。方今时事,患在文告虽繁而奉不力。但就考试而论,令未尝不严,而人或不信;法未尝不密,而人或不遵。不遵则密者愈密,不信则严者愈严,钩距迫胁,无微不至。我高宗纯皇帝谓,杜弊之方几至等于穿窬窝劫。诚有嘅乎言之也!黔省风气朴厚,士多愿谨,积弊既轻,厘剔较易。惟是侥幸之心,中才不免,或迫于衣食而甘冒科条,或徇于情好而相为容隐,于情则可矜,于法则不恕。惟有爱士之心者,愈不忍枉法市恩以长恶也。本院以为,弊先去甚而法在必行。除包揽词讼、抗欠钱粮等弊,已责成教官据实密报外,所有考试弊端,定为简明条教如左:

一、枪冒之弊,责在廪保。廪保非其师友,即其姻戚,不容诿为

---

① 录自《黔轺杂著》(誊录本)。题目及小标题为整理者所加。《剀切劝学条规》又见《严先生遗著》。

② 原稿留空。

不知。查历任旧案,竟有以昏夜眼花巧于脱卸者,此欺人之谈也。廪保识认原有准戴眼镜之例,且既与本童休戚相关,岂容漫不经意?今后查出枪冒,除枪冒及本童照例惩办外,认保斥革,挨保革廪,必不开复。

一、既充枪手,其文笔必有可观,与其自误误人,终身含垢,何若挟其长技,自奋功名?此无他,饥寒迫之耳。今后凡曾充枪手者,准其悔过自首。本院当堂面试,果其才调出众,立予优奖;其文理平常者,亦恕其既往,不加究问。倘复怀疑观望,行险尝试,一经查出,按律严惩,甘为怨府而不辞,毋谓本院不恤寒士也。

一、掉包撞骗之徒,鬼蜮罔两无所不至,历经各前院晓谕士子,勿为所愚,诚恐执迷不悟,甘于一掷而不悔。今后如遇此等骗徒,着即扭禀来辕,除骗徒重(辨)〔办〕外,告者重赏。

一、本院未出京之前,即访闻黔中有积惯舞弊、劣迹昭著者数人。如广顺州之武生某,以及四大金刚、十二乱之属,或知名,或不知名,其知名者均已暗记,不知名者仍随时访查。如其洗心涤濯,即不追其既往,倘仍怙恶不悛,定即加等惩办。

以上各条,谕各学诸生一体遵照毋违。特示。
光绪二十年十二月□日

剀切劝学条规

为剀切劝学事。照得本院业经发题观风以觇士学,劬书耽古之士、闳博瑰丽之才,宜皆有以自见顾。或者私相揣测,以为本院偏重词章,专取该洽,则大误也。恭读乾隆十四年谕旨有曰:"圣贤之学,行本也,文末也,经术其根柢也,词章其枝叶也。"圣训煌煌,垂范千古。方今士习之蔽,大要有二。朝而时文,夕而试律,迂道德而不谈,束经史而不观,所用非所习,所习非所用,其蔽一也。口则《诗》《书》,心则货利,身则庠序,行则穿窬,言不能顾行,行不能顾言,其蔽二也。由前之蔽,不过为俗士、为陋儒。由后之蔽,则浮伪日甚、名节日轻,不至行险侥幸、作奸犯科不止。

贵州山水之隩,士生其间,植基必坚,得气必厚。本院莅任之初,访知贵阳所属颇有笃嗜宋学者,此本院所肃然深敬,凡尔诸生所当观感而兴起者也。本院虽甚无似,犹愿与尔诸生讲求为学之本原,推究读书之实用。为学之要,首在反身,试即诸生已读之书,返己自证。遇言孝者,则思我之事亲何如;遇言弟者,则思我之事长何如;言礼义忠信廉耻也,则思我之应事接人、去就取与之间何如。已所已能,必有怡然自慊者;己所未至,必有蹴然自奋者;或中吾之病痛,或发吾之隐伏,必有皇然汗下,似若无所容者。于此时时留心、处处着力,不特气质可以变化,德业可以精进,即发之于文,亦必亲切有味,与冗滥浮浅者迥别。朱子所谓"虚心涵泳,切己体察",此为学之本原也。

天下之治乱视乎人才,人才之盛衰系乎士类。今日读书,他日致用,非止为进取也。试取往籍所载,反复精思,何者为得,何者为失,何者最于近事,何者将谂于后来,以我处此,何策之从?体诸人情,考诸时势,一旦得志,则沿革损益、张弛缓急之故,皆其所夙习而切究者矣。即其发之于文,亦必指事类情,条理审密,无系风捉影之说。伊川尝谓:"凡看文字,如七年必百年之事,皆当思其如何作为。"先生每读史到一半,便掩卷思量,料其成败,然后却看有不合处,又更精思。此诚读书之要诀也,所谓实用者此也。

国朝大儒顾亭林有言,今日考试之弊,在乎求才之道不足而防奸之法有余。本院尝诵其言,叹为知本,是以剔弊之要则务为简明,劝学之言则必求详尽。五千里外奉使而来,夙与尔诸生无一面之亲、相知之雅,三年两试不得不视文章为进退。然私心所祷祝者,窃欲得朴雅之才,不愿得浮华之士。校其文艺以觇其所造;察其气质以验其所养;面课其言论以测其浅深;密访其行谊以核其真伪。文非一手不能数题而并工,学不十年不能当机而立应。浮薄傲戾者,名虽久著亦黜之,以儆效尤;敦笃悫实者,文虽未工亦进之,以资矜式。优行之举,选拔之试,亦恃此为弃取焉。勉矣! 夫纵本院无真鉴,而乡里有公评;纵人可欺,己不可诬也。敦品砺学以副余望。

一、劝经书成诵。董遇有言"读书千遍而义自见",朱子尝称诵之。其一生得力处,即在于此。国朝名儒若顾亭林、若张蒿庵、若陆清献,尤汲汲以精熟为训。戴东原自言,于《十三经》疏或偶遗,注则全记。此天然异禀,未易及也。今虽不能兼熟注疏,经文则必须成诵,虽不能遽遍全经,五经则必先成诵。童而习之固妙,晚而补之亦佳。郝兰皋三十后补课群经,曾文正五十后补诵《仪礼》,学无蚤暮,有志竟成耳。本院预约,凡童试招覆日,兼课倍诵五经,能全诵者必录,不能一经者,文虽佳亦绌。

一、劝读宋儒书。宋儒以躬行为主,故其言多平实切用,由此入门,先可束身于无过。国朝诸儒若汤文正、陆清献之气节,张清恪、陈文恭之政绩,顾亭林、江慎修之经学,方望溪、姚惜抱之文章,皆以宋学准的者也。今汉学日盛而宋学寝微矣,助其偏胜不如起其既衰。本院试士之日,凡发论题,不外《钦定性理精义》及朱子《小学》《近思录》三书。此特导以门径耳。扩而充之,则存乎其人。

一、劝读《史记》《汉书》及《文选》。全史之中"前四史"最要,四者之中《史记》《汉书》最要,此《𫐐轩语》之言也。《文选》一书亦词章家之邓林、董泽也。本院试士之日，凡发诗赋题，无论生、童，不出此三书之外。

一、劝行日记法。先正读书无不札记，日久积多，遂成著作，此最便之法。学无论浅深，材无论高下，一日所读之书，不能一无所得，或有所疑，或有所悟，或与己意相合，或与他书相发，一时惮钞录之烦，积久遂茫乎若失。此本院所亲历而屡悔其既往者也。若逐日登记，或以月次，或以年分，事后遗忘，便于检阅，朋友讨论，便于传观，所费不过一举笔之劳，何惮而不为也？若能用为省身之助，兼记功过，如倭文端、曾文正之例，尤为切己有用。本院于覆试之日，当索观之也。

一、劝戒食洋药。洋药之害人人知之，无烦辞费，知而故犯，犯而不改，则无如何矣。本院试士将以此为弃取，优行、选拔两途决不容其阑入也。

光绪二十年十二月□日

示学古书院应课诸生[①]

查各前院考试学古书院，均发奖银，与贵山、正本同例。夫以所得之银，买所好之书，计良得也。然或因不时之需，随手耗去，到买书时，又谁肯节衣缩食？如《輶轩语》所云者，辗转因循，时日不再。此本院昔尝亲历者也。此次稍变旧例，不奖银而奖书，就资善堂现所运售者，择若干种，虽未能恰投所好，要皆耆古者所必需也。

---

① 录自《黔轺批牍》，参见1895年七月十六日日记。

倘尔诸生不予鄙弃，领去后即用朱笔点看一周，如或再周，则别以他色。排日为之，不过数月便已卒业。间有评校，别札记之。明年本院旋省后，各将札记及点过原书由本学送阅，并署本名于原书之冪，以便发还。本院虽素懵学，犹愿与析疑义，以收相长之益。诸生倘有意乎？童生不在此例。特示。

咨请贵州巡抚设立官书局文①

为咨请核办事。照得本学院岁试上游各府，于士习文风留心体察，好古力学之士所在多有，惟见闻太隘、志趣不广。曾经面询各生，佥称黔省地处偏隅，士子以无从购书为憾。证之各学教官，论亦相符。理合咨商可否仿照各省设立官书局，以惠士林而兴文教，相应咨请，为此合咨贵部院，请烦查核办理。须至咨者。右咨贵州巡抚部院。

谨议设立官书局章程②

前修按试上游各郡，于士习文风留心体察，好学能文之士所在多有，惟见闻太陋、志趣不广，每于覆试日叩其所学，则皆以不能得书为憾。盖黔省地居边远，运书甚难，虽出重价且不可得也。幸中丞培植文教，先刊活字板一分，备排印书籍之用。复准援照广西成

---

① 录自《黔轺杂著》（眷录本）。发文时间为1895年农历八月。
② 录自严修《黔轺杂著》（眷录本）。据日记，作于1895年农历八月十二日。

案,附片请旨,饬各省有书局者,择经史等书最切要者,各印十部,作为翻刻底本。士子闻风鼓舞,颇有兴起之机。窃思此举倘经奏准,则无论大小,必须设一书局,无论多寡,必须筹一底款,亦不便任其糜费,谨就管见妄议□①条,未知当否,质诸中丞暨方伯诸公裁酌而采用之。

一、书局拟请并归资善堂,无须另设也。文仲瀛观察在首府任内,曾经借款交城绅代运湖北局书,在资善堂寄售。其前厅三楹,局势闳厂,可容书数百箱不止,即鸠工刻书,地亦敷用。

一、请酌筹经费也。资善堂现售之书,系文观察借款试办,借则须还,且止六七百金,为数太俭。拟请筹一经久之款,多则三四千金,最少亦须二千金。以一半发商生息,贴补经费。下余一半,又划分之,以五成购各省局书,以五成添刻书板。

一、司事人不必多也。局虽官设,仍宜由绅士经理,择城绅之公正任劳、家道殷实者,礼请之,使董局事。凡承领公款,综核出入,及赴各省运书等事,皆属之。别设司事二人,一掌书籍,一应门肆,按月酌给薪水。

一、书籍宜筹销路也。省城虽设书局,而全省之中,地方辽远,未能一律流通。谨拟一法:将现刻各局书目,每州县各寄一本,与之函商,其本地旧有书院,或别有公款关涉学校者,因地制宜,抽拨一款,不拘成数。数百金不嫌其多,即十金亦不嫌其少,或分年陆续添购亦可。视所寄书目中愿购某书,即开列清单,派人到局运取,或本局无此书,亦设法代为运购,仍约定日期,派人来取。其脚价各由公款内开销。各州县运购之书,拟令交本学教官存储学舍,准士子赴学翻阅。各

---

① 原文留空。

立札记一本,凡到学看书者,皆自署姓名某月某日看某书某册卷。此册由学官每年申送学政,以看书多寡验士子之勤惰。即以看书之人多寡,验教官之勤惰。如此议可成,应由学政通饬各学。

一、书价宜从廉也。资善堂现存之书销售甚畅,惟照原价酌加三成,寒士仍不免观望。拟略加变通,于减价之中,仍寓顾本之意,又分三条如下:(一)发商之项,所入息银,作为局中常年经费。(一)各州县购取者,仍照原价加三成。以上两项具有赢余。(一)远近士子来局购取者,照原价加一成。以前有余补此不足。

饬各学调高材生入学古书院札①

为札饬遵照事。照得省城学古书院现经本院商同抚、藩两辕重订章程。自光绪二十三年为始,设住斋高材生课额四十名。另延院长,分经义、治事课士,每名月给膏火银肆两,仍准兼贵山、正本两书院月课。查该学○生○○○②堪以调院肄业,为此札仰该学官遵照,文到即行传谕该生,限明年二月初一日以前到省,听候示期入院。如该生不愿遵调,亦将情节声叙,禀由该学具文申覆,以凭另调他生。切切,毋延!此札。右札各学准此。

---

① 录自《黔轺批牍》。发文时间为1896年。
② 原文留空,待填文生等第及姓名。

学古书院加课算学告示①

示:本院自三月起至十一月止,每月初一日加课算学一次。凡举、贡、生、监、文童,无论本城外府,均准与课,其通晓几何、代数诸术者,除从优给奖外,如系举、贡、生、监,仍分别备补住院高材生,或不愿住院,亦听其便。凡愿与课者,着于本月三十日赴学古书院报名一次,嗣后每月按期进院应课。毋违。特示。

学古书院肄业条约②

一、每月朔日昧爽,院长率诸生具衣冠诣至圣先师神位前,行三跪九叩礼。

诸生十人为一班,班序以齿。院长行礼毕,初班继之,礼毕向院长一揖,退俟于左。次班序进如初仪,退俟于右。次复左,次复右。四班具毕,左右相向,各一揖,退就舍。昔《程董学则》首严朔望之仪,《汉书》称唐生、褚生应博士弟子选,抠衣登堂,颂礼甚严,非直以为容也,礼在则然也。平日会讲,虽仍深衣,而躧履歆冠在所必禁。

一、诸生宜谨守学规、笃信师法,不得面从背毁、傲辟不恭。

---

① 录自《黔轺批牍》。发文时间为1897年农历二月。
② 录自严修《黔轺杂著》(誊录本),又见《严先生遗著》及民国《贵州通志·学校志》。据题署,作于1897年。

昔顾千里于段懋堂，始尝倾心，从而问业，卒以议礼聚讼，遂至龃龉。彼犹非受业弟子也，而识者已重訾之，矧乃著籍及门，安得龈龈已自恣？且朋友交绝，犹禁恶声，若果趣舍悬殊，则托故请辞，其谁能禁往者？三书院生、童有因考居下等，结怨院长者，揭书腾谤，大累士风。今尔诸生固无虑此，然履霜集霰，杜渐必严，其机一萌，虽小不宥。

一、诸生宜恪守礼法。凡冠服诡异，举止轻佻，忿诟喧呶，狎侮谑浪，以至饮博浮荡之举、市井鄙俚之谈，种种恶习，并宜痛戒。

"主敬"两言，程朱心法，语其条目，则使者自反，概乎未能。顾义取相规，弊先去泰，若夫静存动察、躬行力践之实，更愿与诸生共勉之。

一、朋友讲学虚心讨论，互相切磋，不得恃己骄人，致生嫌隙。

质有钝敏，学有蚤暮，吾生有涯而知无涯，已知不足鼍，未知不足惭也。我质于人，虚以受之；人质于我，诚以语之。过相箴，善相告。如是则有居稽之乐，而无凶隙之忧，德进业修，两收其效。

一、院中各项人役，或言语不逊，或呼应不灵，诸生则白诸监院，诫之惩之，甚者遣之，毋得肆行诟詈，予人口实。

《程董学则》特列"使人"一条，其言曰："庄以莅之，恕以待之。"准此两言，思过半矣。以院规论断，不容若辈逞骄。为诸生谋，无轻与小人结怨。不惟远怨，抑亦检身之一事也。

一、凡外人有事来访，须由门者入告。主人肃客相见于讲堂，概不许延入本斋，以致纷扰。

知交惠顾，远客临存，人事之常，理难谢绝。然或漫无限制，则住斋四十人，谁无三五故旧，日来数十辈，将户穿径塞，自扰亦以扰人。不特此也。同舍诸生，各有常业，虽比屋相接，亦不宜往还太数,两误日程。盖道义相劘,则贤于孤陋,若闲谈送日,又不如独居之为愈也。

一、每月逢十则停课一日,月小则用晦,遇清明、中元、午、秋诸节,则视日远近以相抵算,临时由院长酌定。

是日或归而省视,或出而眺游,一听其便。客居者抵暮而返,城居者诘旦复来。藏修息游,经有明训;分休下沐,官有常期。泰西之例,凡百执业,七日辄一休息,而余日则无或旷功,一弛一张,犹存古意。纾其力,正欲课其勤也。

一、除常假应课外,余日不得闲旷。

或有要事,则以纸署姓名,注明事故,约定时刻,诣监院告假。监院则注之考勤簿曰:某生某刻某事告假几许时。还而销假亦注之。逾时不还及托故者,罚半月饩。综计一月之中除官堂诸课及常给假期,才得二十日耳。通年而论,则十损其三。荀子曰:"其为人也多暇日,其出入不远矣。"诸生志之。

一、每夜二鼓扃外门,先由监院按斋巡视,院中不宿外人,院生亦不准外宿。

宵行有禁,宴息有时,夜不出门,曾文正日课之一也。有违斯约,非效暮夜之请,即耽狭邪之游,罚必随之。

一、专门切用之书,按照院长开示诸目,随时自购。

翻检点勘,所需不时。院中虽有官书,案头宜置读本。《輶轩语》云"买书勿吝""节衣缩食,犹当为之"。郑氏子尹,故寒士也,读其《巢经巢记》,乃至"妻孥脤槁"而不忍节其购书之资。今院长亦寒士也,而蓄书之多,乃为使者所不及,通人志趣,固自不同。凡我诸生,所当慕效。

一、月终由院长调日记、札记暨考勤簿,核勤惰,定优劣,揭榜一次,以示鼓励。

使者覆核之,勤者酌奖,惰者初次批饬,再则罚半月饩,三则开除另补。

一、凡故违学规条约者,轻则记过,重则开除,尤重者降黜不贷。记过三次者,以重论。

读书甘苦,使者亲尝,向来待士有失之纵,无失之刻。今兹则有不可一概论者。书院改章,事同创始,群居日久,习染易滋,设一无约束,则未睹其利,先见其害。且通省士子,何止数千,就中仅取四十人,予以高材之目,此固局外所艳羡,亦即有识所吹求。律以《春秋》责备之义,有不容轻为假借者矣。抑使者为诸生计之,既廪虽未为丰,而有准应月课之例,起居虽未为适,而无销算屋食之烦。绳督虽严,而体恤亦至,课程虽密,而休憩有期。师为通儒,友并佳士,书城坐拥,弦歌晏如,所求于诸生者,惟此讲贯服习之劳,而又皆切己之事。此而不勉,时不再来。尚念之哉!尚念之哉!

嗣有应增,再行续入。光绪丁酉清明日,学使者严修撰,肄业生胡嗣瑗书。

示应乡试士子①

应试士子知悉,本院历试上下游各府、州、县,所校诸生试卷不啻数千。其中有狃于习俗、讹误相仍者,有禁例未谙、显干磨勘者,时虽已批注,犹恐未及周知。现迩科场,合行拈示,仰该士子等留

---

① 录自《黔轺杂著》(眷录本)。乡试考期为1897年农历八月。

心谨记,无以一时失检累及佳文,切切! 特示。计拾壹条。

一、题目字有错落,例准改写,诗、策误写顶格,尽可点去,万勿
兖补,致犯贴例,亦不可用重墨涂附,似若污卷者然。

一、凡点句钩股及字有错误点去不用者,其点画务令格外分
明,不可含胡微眇、若有若无,恐誊录不暇致详,信手脱落,致阅卷
者疑为文理不通。

一、题目写在边行无关紧要,俗有背题之说,不足论也。往见
试卷中有因背题之故,竟空白一行者,是则真犯规矣,万万不可。

一、列圣庙讳虽各有恭代之字,然有仍须敬避者。如"太元"
"元黄""元鸟""律歷""歷算""歷象""康甯""甯使""无甯",以及
"公孙宏""桑宏羊"之类,其本字原系庙讳者,场屋俱不必用,以防
阅者苛求,余例推。

一、庙讳声形相近之字,有必须缺笔者,如"弦""率"等字是也。
有无庸缺笔,亦无庸改写者,如"宏""肱""谈""淡""敦""享"等字
是也。其从"宀"之字,则一律敬避。

一、诗内用皇帝、朝廷、国家等字,凡系指前代而言,与本朝并
不相涉者,均不抬写。往见试卷有将"汉高""汉帝"等字双抬书写
者,科场有此,必无幸售之理。

一、新章对策准用国朝人名、书名,博洽之士良以为便,然或引
用不慎,亦易误事。即如钦定、御纂诸书,系今上纂定者,自应双
抬,系先朝纂定者,必须三抬。昨录遗卷,有称引圣祖仁皇帝《御制
数理精蕴》云云,而"圣祖"及"御制"两行皆双抬者,若在科场,干
贴例矣。

一、新章策问兼及时务,平日留心,临场自足制胜。然须自撼
真见,不得肆口讥评,尤不可直录《盛世危言》《普天忠愤集》及《时

务报》等书,拾人唾余,雷同取厌。

一、策问既兼时务,则算题亦在意中。遇有必须演数者,止可以文义串合,如元和李氏《九章细草》之例。不可径演算式,亦不可杂以纵横僵立之草、正负加减之号,以未奉明文,惧干磨勘也。若题问中果有令其演式之说,又当别论。

一、习俗沿误之字,有必须改正者,如"占毕"见于《礼》,而讹为"呫哗";"幅员"见于《诗》,而讹为"幅帻";"堂廉"之"廉"加竹于顶,"开垦"之"垦"易土为心,"三纲"或误为"刚","五穀"竟代以"谷";"敦"与"登"也,"尊"与"争"也,"绳"与"纯"也,"士"与"世","胜"与"甚"也,"慨"与"概","至"与"自"也,狃于方音而两字遂相乱;"声""身""生"也,"一""亦""抑"也,"及""即""既","顾""固""故"也,缘其声近而三字每互讹;"浸假"有"驯致"之意,解为"假使"则非,"无何"与"未几"略同,以代"无如"则谬;"惟然"通用也,对以"抑然"则费解;"内念"习见也,变为"念内"则不词;以及"耶"作决词,"矣"或反用。如斯之类,不可殚论,临时稍一细心,自无此误。

一、磨勘条例及敬避字样备载张南皮所著《輶轩语》中,场前必须涉览而熟记之,切勿大意。

贵州学政批牍[①]

○○普安厅详请该学廪生张永熙兄弟等愿捐田亩作簧仪一案[②]

批:据详已悉。簧仪田之设,最为法良意美。本院未出京之前,闻知黔西、永宁已行之,既入境之后,访知都匀所属亦多有之。私尝冀幸,普愿通省一律仿行。今该厅属廪生张永熙兄弟承志捐田,深堪嘉尚。程子所云"一命之士,存心爱物",斯无愧矣。该厅奖成善举,亦得"所欲与聚"之义。应准如详立案,仍候督抚部堂院暨各辕批示可也。文存。

---

① 本部分为严修在贵州学政任上对公文的批示。严修曾将其抄录成两册,题为《批牍上》《批牍下》。卷首原有按语:"案由如何写法,有无'批'字,低格抑平写,均照《曾集》办理。某前院及抚、藩可接写,不必空格抬头。惟有关厅堂者,须照原本抄录。卷末附示谕二则(有红点);卷上选三十三则,卷下选三十五则。移录时凡'批'字均宜改置题之末字,或首字。(原'禀'字皆在末,似宜置'批'字于首好。)"按语为何人所写,尚待进一步考证。按语中所云"批"字"禀"字位置、有无"批"字等问题,本次整理一仍批牍原稿之旧,不作处理。(按语中提到《曾集》指《曾文正公全集》的"批牍"部分。查《曾集》,"禀"字置于题末,而无"批"字。)按语中提及的空格、抬头等则均不保留。批牍原文曾经过筛选,即按语中所说"卷上选三十三则,卷下选三十五则"。原稿于选出者题首加有红圈,整理时亦保留圈记。批牍中原有告示四则,本次整理时移至贵州学政公文中。原稿自卷首以下至"威宁州禀请开复戴耿光等衣顶由"为《批牍上》,自"郎岱府学附生黄文灿帮增批驳由"以下为《批牍下》,文中不再标注。

② 据日记,本案见于1895年正月初十日,张永熙兄弟作张永焘、张永�。

学官清苦，到处皆然，科岁百五之数，似尚不敷津贴。该属犹有好善如张氏兄弟者乎？扩而充之，乃无遗憾。凡兴一利，每有一弊。闻各属之有黉仪田者，往往由绅士把持，学师反受挟制。果若人言，与立法之初心大相剌谬。所愿良有司详察妥议，豫定章程，毋令后人以良法为诟病也。

○○黔西州属贡生毛登峰等禀

批：据禀已悉。本院尝谓：观书院之兴废，即知文风之盛衰。此次按试定郡，黔西生童尤为出色，未必非文峰书院之效。玉屏规制视文峰又益加闳。本院经宿其地，为之流连而不忍去。该贡生等深合"一命爱物"之指，该州尤得"所欲与聚"之义，均堪嘉尚。兹发去联、额各一分，并改定章程十七条，仰该州传谕该贡生等实心经理，毋令日久懈驰。又，《四川尊经书院记》一册，存之书院，以备异日扩充，参酌用之。将来经古开课，经主讲评定之后，务将前十卷解送来院，以慰观成之望。禀并发。

○贵阳府学廪生唐光禩等禀

批：昨据府学廪生饶焕奎等以"学书勒索贽仪"具控，业经批府详查在案。兹又据称，该学书又于新进童生巧立名目，多方婪索，以致各学学者纷纷效尤，内朦学官，外蠹士子，殊堪痛恨。该学书前已屡被控告，众口一词，断非诬蔑。仰贵阳府转饬该教官，立将该学书斥革惩办，以儆将来。至该学及贵筑、修文两学黉仪章程，并仰该府斟酌妥协，详复立案。切切！禀发。

○○平越州属绅士奚能楷等禀黉仪一案

批：据禀，筹办黉仪即以本届为始，并以招考公款，议设永远章程。任事之勇，好义之诚，深堪嘉尚。惟创议伊始，不厌求详，威宁、兴义之定章久而废弛，黄平、清平之成数渐乃增多，岂非始谋之未审欤？此间既得爱士之长官，又有急公之绅董，本院乐观其成，尤愿有以善其后也。仰平越州传集该绅等会商两学，速议章程，详候核夺立案。切切！此缴。

○○瓮安县属恩贡生商培熏等禀

批：据禀已悉。义学与卷价两利相形，似义学尤为切要。但事贵责实，如果义学已同虚设，则移作卷价，未始非功归实用。仰瓮安县酌量办理。至所禀请查乏业一节，并仰该县体察情形，悉心斟酌。果能别筹闲款，合杨绅捐项，定为黉仪章程，以惠寒畯，则贤有司爱士之德，与该绅等好善之诚，俱从此不朽矣。切切！禀发，仍缴。

○○平越州属职员奚能楷等禀

批:据禀已悉。所议每岁黉谷及每名赟敬之数,实已不为不丰。报名费照兴义之例办理。此次创办黉仪,实出自该州之意,应如何倡捐集事,该州必能力任其难,以成盛举。仰即酌量办理,通详立案,并速将上届局绅侵蚀之款照数追缴。倘有抗延,即详革究办,毋稍徇纵。切切! 禀发,仍缴。

○○八寨厅学详请追缴黉谷一案

批:据详各情,仰八寨厅并案追缴。体恤教官,实系体恤士子,否则多年美举,必致中议更张,士子受其累。斋长侵蚀,相率效尤,非大加惩创不足以挽积习。该厅务体此意,认真清理,仍将办理情形详细申覆。切切! 文发,仍缴。

贵阳府详办通书院办法及现拟各章程由

批:如详办理。仰听督抚部堂院批示可也。册存。

○○思州府属武举舒宗清等禀酌定章程一案

批:据禀已悉。所请照上中下户酌定章程,未始非经久之道。仰思州府体察情形,妥议详覆。至文童挑覆,向来牌示"毋庸自备试卷",原为得失未定,未便令出卷资。若如所禀,每名索钱六百文,殊失体恤之意。嗣后挑覆一场,无论学官、廪保、书斗,概不准索取分文。仰并遵照立案。禀发,仍缴。

黎平府属绅士姜兴胄等禀筹办红仪一案

批:据禀已悉。该绅等筹办红仪固属美举,惟所议章程务须尽善,庶垂久远。仰黎平府核实详覆,以凭定案。切切! 禀发,仍缴。

石阡府详举人徐臣辅入籍考试由

批:准其如详仿照平越章程办理,仍仰听候抚院批示。册存。

○○锦屏乡学廪生温兆麟等禀

批:廪饩一事,昨据黎平府面称,曾经历询各学,均系随领随发,何以锦屏一学,事独两歧? 仰黎平府确查办理。至选拔一科,十二年始一举行,朝廷取士之心,若何郑重? 本院方虑岁科优等未必遂无遗才,博采兼收不厌详审。各学略收报名小费,若为数无几,亦尚不远于人情。若如所禀,每名报考索费至八两之多,得失未卜,先出重资,则寒士之阻阂不前者,何可胜计? 一学如此,恐各学未必不然。仰并妥议画一章程,永远立案。仍随棚详覆。切切!禀发。

○锦屏乡学附生龙书升等禀

批:据称补廪一名,索费五十金。言之未免过甚。然以周宗潢之不肯补廪证之,恐亦事出有因。仰黎平府确查详覆,毋稍瞻徇。至各学廪贡文费,亦宜酌议定章,示以限制。仰即体察情形,分别核定,与所议选拔报名章程一并立案。切切! 禀发。

○○黎平府学廪生彭汝䨄等禀

批:据禀,请定章程以全师弟之情,用意甚善。仰黎平府查照单开各条,秉公核议,酌定画一章程,详覆立案。至所称稿房取补廪费有至三十八两者,殊属任意苛索。嗣后应分上中下三等,上者不得过十六两,中者不得过十二两,下者不得过八两,收廪照此减半。仰并传谕知之。禀发,仍缴。

荔波县训导郭中广禀

批:该县举办黉仪是否已定章程? 仰荔波县详细申覆,以凭核夺。速速毋延! 禀发,仍缴。

平越州属绅耆奚能楷等禀

批:着禀商地方官妥议办理。切切! 禀存。

松桃厅禀该属候选通判涂嘉祐捐助书院一案

批:据禀,候选通判涂嘉祐等捐助书院试资田价钱壹千陆百余千,实属善继先志,有益士林。准其如禀立案。仰候抚部院批示办理。禀存。

○松桃厅禀该属监生涂启全等捐助书院一案

批:据禀,监生涂启全、涂启厚之祖母胡氏,捐助书院试资田价钱叁千叁百余千,实属乐善好施,深堪嘉尚。准其立案,并给匾额以奖其闾。仍候抚院批示办理可也。禀存。

○荔波县学训导郭中广禀

批:已据荔波县详覆,该县筹办黉仪,尚无成局,姑准仍照旧章办理。该学务体本院恤士之意,毋得格外苛索,致干未便。此缴。

○仁怀县武生陈映邦等禀饬筹学费一案

批:筹办红银最为美举,但使上有勤能爱士之长官,下有廉洁好义之绅士,则此举刻期可成。本院访闻该武生陈映邦人颇公正,仰仁怀县传询该生,斟酌情形,妥议办理。禀发,仍缴。

○绥阳县学生员李杨芬等禀拨旷款
以培文教一案

批:既经廪生阮长源等禀县有案,仰绥阳县清查追缴,毋任中饱。所请购书增课等事,均系切要之举,并仰体察办理,以裨文教。切切!禀发。

○黔西州学官瓦光禄等具禀印仪不足一案

批：该州定章程极为妥善。所称每月短收一两五钱，自应责令经手人补足。若如所禀，令新生均摊，此端一开，将收者日益短、摊者日益多，不至尽坏旧章不止。仰黔西州饬令粮房，将本年短交之数照数缴足，嗣后不得再借扣水为词。切切！禀发。

兴义县学文生窦全曾等禀请权办章程一案

批：据禀各情，仰兴义县商同绅董妥议办理。禀发。

○○永宁州属恩贡王时昌等
公禀学教衰微一案

批：该州令幕友暂摄讲习，事属从权，诚不可训。惟向例专就本地延聘，最为自画之道。闻见之不广，风气之不开，率由于此。该绅等果为培植文教起见，便应禀商地方官，不拘乡贯、资格，敦请通材，以收宏益。若意中有欲援引之人，而以从公举荐为词，恐所谓公者未必公，而"蝉翼千金"之喻，不免自笑之而自蹈之也。仰该州会同绅士妥议办理，毋稍偏徇。仍将议定章程申覆备案。切切！禀发。

黎平府禀覆遵批核议各学规费章程
请示立案由

批:准其如禀立案,仰即转行所属各地方官及各学,一体遵照可也。禀折存。

○思州、玉屏、青溪三属礼房涂如岱等禀

批:据禀,该童等或挟格式以听点,或携片纸以应名,自系指面试一场而言。查面试场向由本院备卷给发,所谓"毋庸自备试卷"是也。其余各场由该房承办,各生童等照章赴该房办理,即所谓"自备试卷"也。本院历考十棚,均系如此,并无生童纠约揹不买卷之事,该书等何独误会?仰提调府转饬该书等,敬谨备办,并传谕应试士子,毋得妄生异议。该书等亦不得格外勒索,致干查究。

○思州、玉屏、青溪三属礼房涂如岱等禀

批:据禀藐批纠估、再请示禁等情,该书等承办试卷,衣食所资,禁其勒索足矣,岂能责以赔累?仍仰提调府传谕各生童,务照旧章,毋得妄生异议,以致自误。

○○都匀府县学教授马燮清、训导杜嗣音禀

批:据禀已悉。本院牌示面试一场,不准索取分文,原以该童等得失未卜,遽令出资,非体恤之道,并不与黉仪相涉。即以黉仪论,该两学均有定章,谷收短歉,事属偶然,亦未便轻改成案。着仍照陈前府详定章程办理。其思加各童,姑准比照清平,酌收贽仪,多者不得逾六两,少者称家之有无,毋得毕力取盈,致累寒士。特示。

○荔波学禀新进文童罗荣贵等目无师长由

批:据荔波县学禀称"新进文童罗荣贵、蒙玉衡等凶横咆哮"等情,该童等初博一衿,辄敢目无师长,殊属可恶。本应重惩,姑再从宽,着该廪保带领赴学谒师。该属黉仪尚无成局,不得藉都匀、清平为词,仍照旧章填册备卷,申送覆试。倘再抗延,即行扣除另补。切切! 特示。

开泰县详覆饬议红仪章程一案

批:准其如详立案,仰即移知该学遵照可也。

○○黔西州学廪生胡光镕等据实禀明一案

批:廪保一项既有定章,由局绅筹款分给,勒石定章,何得更令新生摊补?此非破例苛求而何?闻该廪保刘祖沆之兄、熊朝源之叔均系经管局务之人,筹款不敷,将谁咎耶?

黔西州新进文童杨锡光等禀廪保等破例苛求一案

批:着照去年岁考章程办理。

○○八寨学详请示追缴学谷一案

批:据详已悉。黉案章程是第一美举,本院方且逢人劝办,岂容经手蠹蚀,致使议改旧章?阅八寨厅批语,字字悚切,可谓先得我心。仍仰该厅迅即追缴,毋令丝毫短欠。切切!文发,仍缴。

○○开州知州禀购书存书院一案

批:据禀已悉。购书惠士,美意固不待言。所论"中华人士,困于帖括,自蔽见闻",及"坐困于人,不揣其本"等语,尤为切中时弊。能本此意培养人材,不特裨益地方,实可挽回世运。准其如禀立案,仍候抚部院批示。禀册存。

○○石阡府详举人徐臣辅等文童张振先等违例跨考由

批:据详已悉。该绅等清查歧冒原属美举,惟前议减半收捐一条,实未妥协。岂有祖父在学,而子孙不准应试之理? 岂有祖父在此学,而子孙复准异籍之理? 是使无学可归,而迫以不得不捐之势。是听其祖父冒考于数十年之前,而责其子孙纳赎于数十年之后,无怪其断断也。查嘉庆十二年部议,但云:"所有相沿已久、冒入永从学之廪、增、附生,令该学政查明,如寄籍年例已合,准其补行呈明,在永从考试。"例文实止如此。该文童张振先等谓当时本系居住永从,又何从而知之? 且三代已经入学,远者且百年,近亦数十年,犹不谓之寄籍可乎? 必如该绅等所称,追诘其何乡何里,则贵州一省数十年来冒籍之生何止千百,若逐一查究,无论罣漏,又岂减半收捐所能调停乎? 仰即传谕晓示,与其负气挺争,不如平心熟计;与其擦剔于其前,不若杜绝于其后。既协人情,亦收实效。其寄籍各童,仍饬该学查其祖父是否在学及年例合否以为断。并遵部章,饬令补行呈明,方准应试,以杜冒滥。至平越招考之举,创议者本一时之权宜,踵行者滋无穷之弊窦。本院按试该州,始知其审,业经立案停止。石阡文风较盛,应试逾五百人,更非平越可比。其捐银入籍一议,仰并立案,永远停止。文存,抄发。两禀缴。

石阡府详学书蔡瑞桢等收取喜仪
请定章立案由

批：据详，该书斗收取新生喜封，前定八成，为数过多，后改二成，减之太巨，自系实情。今酌中准收四成，永远立案。仰即转饬一体遵照。文存。

○石阡府详请更议严禁跨考章程立案由

批：据详已悉。三代已入阡学者，应照开泰、永从之案，一律准其应考。其捐银入籍之例，着永远禁止。余照所议办理。候咨明抚部院转饬立案。册存。

○○石阡府学文生刘其蔚等禀

批：前经戴署府以严禁跨考章程详请立案，当经批准在案。兹该生童等以招兵设局、勒捐诬冒等情，纷纷呈诉，一面之词，不足深究。惟本院覆核前详章程，实未妥协。即如"三代已入阡学，因无丁粮，照未入籍章程减半收捐"一条，查嘉庆十二年顾前院奏称"黎平、开泰童生已有祖父兄弟考入永从者，即欲回考原籍，其原籍生童，复相訾议"等语，经部议准，凡年例已合者，准其补行呈明，即在永从考试。此全考者之定章,亦即贵州之成案。今该生辄照未入籍例减半收捐,殊于例文不合。本院之照详批准,亦属错误。仰提调府督同该学查照原拟章程,逐条妥议,详请更正,并饬该学阻考者,准其补行呈明,续名送考。仍严饬廪保,认真辨识,毋令枪替入场,以肃考政。切切! 禀发。

石阡府属文童张德宣禀

批:已于刘其蔚等禀内批示矣。禀并发。

○○石阡府学廪生杨立藩等禀

批:据禀已悉。廪保原应听教官选派,但当论其公正不公正,不当问其近城不近城。且廪额四十名,所派不及三分之一,亦与乾隆十二年部议之案未能符合。此次业经派定,临场未便纷更。嗣后务遵部章,认保必须与本童熟识,派保必须按名次挨派,不论在城在乡,总以品行端方为断。至考试选拔与入学补廪事同一律,果其寄籍已符年例,应准一体应试,毋庸强为分别。仰提调府转饬该学遵照办理。禀发。

○○石阡府属举人徐臣辅等禀

批:该生等清查歧冒,原无不合。本院方资其力以肃考政,岂肯误信浮言,致堕美举?惟前议"减半收捐"一条,实未允协。昨已于提调府详文中剀切言之,并仰提调府传谕晓示矣。总之,既为学分起见,则追论既往,不如严杜将来。若于既往者究及其三代,而于后来者转许其纳捐,不特情理未平,且恐冒滥更甚。该绅等当体此意,妥为经理。特示。

兴义县学廪生吕声文等禀

批:该处廪保赟仪既有定章,魏大鹏、花长安何得额外需索?仰兴义县传集诸生妥议章程,详覆候核立案。速速!禀发。

镇远府禀议拟劝捐富户取进文生
永定红仪章程由

批:据禀,筹办红仪诚为美举,惟所议捐户另编字号,事属窒碍,未便照准。仰另行妥议办理。切切!此缴。

○○清平县禀县属孙绅捐置藏书请立案由

批：据禀，该县属孙绅仰承先志，捐置藏书，培植地方，深堪嘉尚。准其立案，以垂久远。至该县所虑，恐将来士子私行窃阅，或致散佚，此诚在所宜防。然使束之高阁，亦与该生原意未合。应如何酌定章程，仰即悉心妥议，申候查核。仍候各辕批示。禀折存。

○○思南府学文生丁鹤龄等禀

批：本院试平越时，读前院杨所为《重修考棚记》，谓"通省考棚莫隘莫陋于思南"。彼时固已心识之。及按试该郡，目睹情形，觉意中所悬拟者，尚不至于此极。堂下逼仄，去龙门仅数武。其西号四无遮蔽，雨淋日炙，种种不便。东偏则交午穿插，为堂上耳目所不及，上届遂有穴壁传递之事。该郡文风，下游称首，而试士之区乃如此，非独官司之责，抑亦阖郡士人之耻也。移修之议，自属刻不容缓。至所称该府限定报名人数一节，查四属报名者，虽有二千三四百人，实则因分棚之故，几于人人歧考。核实计之，则千四百人之限，绝不为苛。但学官既不肯府怨，廪保亦互相容隐，且有利其收费之多者，虽示限制，势必不遵。今若改建增修，必使能容现在报名之数。令四属永远合棚，则歧考之弊，不禁自绝。目前虽号浮于人，异日文教益盛、人数益增，未必不恰收其用，则官绅此举均足不朽矣。既称筹款不难，仰思南府体察情形，转饬四属绅董妥议办理。切切！禀发。

○○镇远府禀奉设书局从缓由

批：据禀已悉。所称寒士力与心违，买书者究属无几，本院周试下游，证以闻见，确系实在情形。该府请暂缓设局以免糜费，洵属老成之见。查省城资善堂书局业经开办，款项尚苦不充，能否移缓就急，将本院前捐银一千两，解交贵阳府，归入省局以资应用？仰即体察办理。此缴。

○黎平府学文武生员彭汝鼐等禀勒石定章由

批：前据黎平府以议拟各项章程详请核示前来，业经批准，转饬各属一体遵办在案。仍仰该府出示晓谕，俾众周知，并将定章勒石，以垂久远。切切！禀发，仍缴。

正安州学革生张凤鼒禀求开复一案

批：据禀已悉。昨经该州以该生平日恃矜妄为、伪造契约，详请斥革在案，兹该生所禀各情是否属实，仰该州迅即集案，讯明确实，详覆核夺。禀发。

○○安化县学附生罗云锦禀开复廪缺一案

批:枪替入场、认保斥革,按律不能开复。叶前院以该生质地可造,复还衣顶,以附生注册,已属格外矜全。该生犹不自憙,复哓哓争及廪缺。闭门思过者,顾如是耶?查前院批杜时新禀中,明言该生甫经开复,不合即补廪缺。今该生犹以未革新考一等为词,得陇望蜀。所请不准。禀存,抄发。

正安州学革生张凤翯续禀

批:前经该州以该生恃矜妄为等语,详请斥革,当经批准,并于该生前禀批发该州讯明详覆。兹续禀各情是否属实,殊难凭信,仰遵义府查明详覆,再行核夺。切切!禀发,仍缴。

安顺府学革生雷张鸣禀

批:据禀,该生实系十八年十月丁忧,门斗欧见高舞弊迟延。如果属实,亟应重惩。仰该学官确查详覆,以凭究办,衣顶事小,名节事大,毋得瞻徇,切切!

大定府学廪生李永清等禀恳开复
革廪生李家珍一案

批:据禀已悉。李家珍于枪手入场滥行答保,咎有应得。念系年老重听,且曾经出首,姑准开复廪生,仍罚停廪饩一年,嗣后并不准当保。仰提调府行知该学遵照办理。

遵义府学革生谢定申禀求开复一案

批:该革生谢定申被革之后,果否自知悔悟? 仰遵义府察看近日行检如何,详覆核办。切切! 此缴。

定番州学革生洪学彬禀恳开复一案

批:查该革生洪学彬前以捐办积谷折银入,已据该州详请暂革在案。兹禀各情仍仰定番州查明所捐谷石是否缴清,详覆核办。切切! 此缴。

思南府学革生刘廷璋禀恳批准开复一案

批：查刘秉钧开复之案，该学前详册内仅列两生空名，未据将案由声叙，无凭核办。究竟控案该生等如何了结，仰该学详细申覆。切切毋延！禀发，仍缴。

正安州学革张凤翥案①

批：此案已据遵义府详覆，应俟该革生赶张丹桂到案备质。该革生果非情虚畏审，速赴州案，听候讯结，毋得饰词屡渎。

○○龙泉县学革生文化南禀开复一案

批：本院到棚之日，时当昏暮，有强递舆呈，口称为节孝事者。旋经披阅，乃系府学廪生陈启明等为该革生邀请开复。其笔迹文气与该革生此禀显出一手，是既捏写于前，又复诡词于后，性情谲诈，即此可见。查该生被革之案，情节颇重。所请开复之处，碍难准行。

---

① 事见日记甲午十二月至乙未一月。

黎平府学革生周尚清禀

批:查光绪十三年,据郭前府以该生悔悟前愆,详请开复衣顶文册具在,不知当日何以未经批发。事隔三任,无凭考究。惟叶前院按试黎郡,即时曾经批饬该府廉实该生近日行径如何,尚未据详覆到院。仍仰该府迅即查明申覆,以凭核夺。切切毋延! 禀并发。

黎平府学革生高作邦禀

批:既称由县当堂开复,何以未据申详? 所禀是否属实? 仰开泰县查案迅速详覆。切切! 禀发,仍缴。

普安厅属贡生屠天开等禀

批:张鸣鹿因案斥革,甫经开复,乃不知悛改,故态复萌,实属罪无可逭。着仍斥革衣顶。仰普安厅提案究办,并仰行知该学遵照注册,详覆备案。切切! 禀发,仍缴。

镇宁州学革生宋文杰禀恳开复一案由

批:该革生宋文杰近日行径如何? 仰安顺府转饬该学官查明申覆。切切! 禀发。

印江县学革生陈佐清禀

批:查该革生因案经思南府详革在案,无庸饰渎。

○○思南府学革生黄家能禀

批:该革生年老昏愦,为人所愚。此等情形,当点名唱保时,本院已略窥之。但定例"枪手入场,认保斥革",本系就不知情而言。此何等事,而冒昧如此耶? 所请开复之处,碍难照准。

○○思南府学革生黄毓森禀

批:既称一时辨认不清,则该革生罪有应得,本院虽有恤士之心,独于保枪之廪保,丝毫不能假借。所恳开复之处,着不准。

青溪县学革生唐本初禀

批：入场作枪，咎有应得，仅革衣顶，已属从轻，何得希冀妄求开复？所禀不准。

青溪县学革生罗金章禀

批：查该革生罗金章因案经青溪县详革有案，何得饰词妄渎。不准。

○○锦屏乡学革生胡齐芳禀

批：该革生前因在外不甚安分，经锦屏乡学请暂革。如果悔悟自新，该学自必代请开复。兹阅所禀，掉弄笔锋，故为巧曲之词以相尝试，是其前此横被口语，未必咎尽在人。所请着不准行，仍候原案详销，再行核办。

古州厅学革生赖朝荣禀

批：前经古州厅以该生多事好讼，通详斥革、递籍管束在案，所请开复着不准。

锦屏乡学革生程治堂禀

批:该革生程治堂前经该学官以该生不知悔过、多事妄为,详革在案。毋得饰渎。

普安厅学革生李文郁禀

批:前据普安厅以该生抗不到案,详请斥革在案。果如所禀,并无亏短情事,何不自行赴厅辨白耶?着不准。

遵义府学革生张焕铨禀请开复一案

批:查该生经遵义县详请斥革,批准在案。所请开复,碍难照准。原禀发还。

绥阳县学革廪生叶瑞春恳请开复一案

批:姑准以本届科案等第,俟有缺出,挨次序补可也。

遵义县学革生王廷杰恳请开复一案

批:应候该县将案详销,再行核夺。

黔西州学革廪生胡光镕禀恳矜恤成全一案

批:革廪留附已系从轻,勿庸禀渎。

黔西州学廪生熊朝源禀恳垂怜一案

批:该廪生咎有应得,姑念该学教官暨廪生刘祖沆等屡次代为剖诉,委系并不知情。着准其开复廪生,仍罚停廪饩一年。仰该学官遵照办理可也。此示。

○○安顺府学廪生谷虚怀恳恩开复一案

批:查叶前院任内,据普定县覆称该革生父殁未逾三日,竟敢顶戴上堂,毫无戚容。举此一端,尔尚有忌惮耶? 是可忍,孰不可忍。匿丧之虚实,即此便是证据。原禀掷还。

普定县学革生李希第禀恳开复一案

批:熊周氏母子在学控尔有案,犹敢饬渎。原禀掷还。

安顺府学革生杜福基禀恳开复一案

批:保枪斥革,碍难开复。不准。

安顺府学附生黄凤岐禀恳开复廪缺一案

批:革廪留附已属从宽,所请开复未便准行。

○○正安州学革生张凤翥禀请开复衣顶一案

批:昨已批示,犹复晓渎。查正安州原详,该革生包揽捏控等情,系由王传派供出,何得云本无原告? 又据遵义府详覆,该生被革之案,并无屈抑,何得云该府亦置不问? 该革生饰词抗传,叠据该府该学申详有案,何得云该州捏禀? 前于二十一年闰五月内,因该革生来辕乞恩,批饬赴州候讯,乃二年之久,并未赴案。现闻该府晋省之信,辄乘机图捏饰词,殊属刁狡。原禀掷还。

开州学革廪生俞文熙禀开复由

批:既经禀府有案,应俟前案详销,再行核夺。

○○平越州学革生刘湘士禀请开复一案

批:枪替之弊,全在廪保认真,始能杜绝。若尽诿为灯光之下,昏目不辨,则童试之设廪保将何为耶? 本院再三申诫,何等恳切,乃竟漠然不以为意,咎实自取,其又何尤? 所恳开复之处,碍难准行。

四件:镇远县瓮安县革生刘贵谨刘湘士
思州府绥阳县革生卢秀奎简干城
请开复四案

批:保枪斥革决不开复,毋庸渎禀。

○○贵定县学革生邓宋杨禀请开复一案

批:该革生前经两次开复,不知愧悔,遇事生风,控案叠叠,肆无忌惮。准之经训,已在终身不齿之例。犹复饰词哓渎,自称谨守卧碑,毫非不染。尔尚知人间有羞耻事耶? 原禀掷还,并立案,永远不再开复,以为始终怙恶者戒。

○○思南府学革生覃肇庆禀开复一案

批:保枪斥革者,数日以来纷纷乞恩,"一概不准"牌示具在,该革生岂未之见耶? 原禀掷还。

○荔波县学革生梁樾禀请开复一案

批:有志观光,无心改过,汝实自弃,吾未如何。原禀掷还。

○镇远县学革生龚忠禀请开复一案

批:例载:"枪手入场,派保革禀。"即指不知情而言,若使人人以失察自解,考试之设禀保将何为耶? 所请开复,碍难照准。

○黔西州学革生陈连陞禀请开复由

批:昨据黔西州面禀,该革生被控之案,委系牵连,且案结之后,深知守分等情。姑准开复衣顶。仰该州移知该学,严加约束,毋令仍蹈故习。并仰该州补其文册,详覆备案。切切!禀发,仍缴。

○桐梓县学革廪生禀开复由

批:该革生以在庠之人,充当保正,恃符妄为,武断乡曲。曾经吴前府讯实详覆,并声请不准开复在案。兹该革生乃捏称府尊面谕云云,殊属谲诈。原禀掷还。

○镇宁州学详文生宋文杰斥革衣顶由

批:查该生宋文杰,昨据该学详覆,初知悔过,姑准开复,录送乡试在案。兹复恃符滋事,实属怙恶不悛。着仍行斥革,归案讯办。仰即移知该学遵照注册。册存。

贵筑县学详革文生熊尚桓衣顶由

批:如详,准将该生熊尚桓衣顶斥革。仰即遵照开除注册。册存。

仁怀县学详请开复武生仇光宗衣顶由

批:据详,该生仇光宗报丁文件实系遗失,并非隐匿。姑准开复衣顶。仰即遵照注册。册存。

镇宁州详革武生吴华堂等衣顶由

批:据详,武生吴华堂(即)〔暨〕刘荣幸、吴炳荣、吴汝霖等恃符玩法,准将该生等衣顶斥革。仰即移知该各学遵照注册。册存。

玉屏县学详请开复革生聂成霖衣顶由

批:该革生所犯情节较重,未便遽予开复。原文册发还。

清镇县学详革冒籍廪生张麟书衣顶由

批:如详,准将该廪生张麟书衣顶斥革。仰即遵照注册。文册存,抄发。

天柱县详请斥革文生胡德元衣顶由

批:据详,文生胡德元恃矜狡展,实属目无法纪。准将衣顶斥革,归案讯办。仰即移知该学遵照〔注〕册。册存。

余庆县详请开复革武生倪德海衣顶由

批:既经该县讯明,该革生倪德海实无仗矜估娶、勒逼退婚情事。前革衣顶姑准开复。仰即移知该学遵照注册。册存。

毕节县详革文生王用安衣顶由

批:据详,文生王用安恃矜藐玩、抗传不到。准将该生衣顶斥革。仰即移知该学遵照注册。册存。

正安州详革附生张凤翥衣顶由

批:据详,该生张凤翥平日恃矜妄为、伪造契约,此次又抗传不到。如果属实,准将该生衣顶斥革。仰即移学遵照注册。册存。

安顺府学详请开复革生刘镕衣顶由

批:据详已悉。该革生刘镕果知悔悟,前革衣顶姑准开复。仰即遵照注册。册存。

正安州学详革文生张凤翥衣顶由

批:据详已悉。查该生张凤翥昨经该州详请斥革在案。仰该学遵照注册。册存。

遵义县学详革附生刘玥衣顶由

批:据详,附生刘玥抗不服传。准将该生衣顶暂革。仰即遵照注册。册存。

平越州详革武生舒开元由

批:据详,武生舒开元侵蚀义谷、恃符横行。准将该生衣顶斥革。仰即行知该学遵照注册。册存。

正安州详革廪生冉钦尧衣顶由

批:据详,廪生冉钦尧侵吞公款、贪利忘义。准将该生衣顶斥革。仰即行知该学遵照注册。册存。

荔波县详革文生覃懋德、武生陈国勋等衣顶由

批:据详,文生覃懋德、武生陈国勋恃符妄为、被人控讦。准其斥革,归案审办,并将审讯缘由覆备案。仰即移知该学遵照注册。册存。

安顺府学详请开复革生彭鸿藻衣顶由

批:据查,该革生彭鸿藻既非饰词卸罪,前革衣顶准予开复。仰即遵照注册。册存。

平越州详革附生沈召伯衣顶由

批:据详,附生沈召伯将符主使擅揭封条。准将该(革)生衣顶斥革,归案讯办。仰即行知该学教官遵照注册。册存。

开泰县详革增生朱大经衣顶由

批:据详,增生朱大经唆讼揑控。准将该生衣顶斥革,归案讯办。仰即移知该学遵照注册。册存。

○安顺府学详请开复革生雷张鸣衣顶由

批:据详,雷张鸣呈报丁忧,实系门斗迟误。该生前革衣顶,准予开复。仰即遵照注册。该役欧见高于传讯之后,仍复不承,是前此之迟延误公,未必非有心舞弊。业经责革,姑免深究,嗣后该学官务须严饬书斗,勿任再有疏失,致干未便。切切! 册存。

○大定提调府详覆水城廪生罗崇训
挟嫌指阻由

批:此案既经该府讯明,廪生罗崇训等挟嫌指勒,系属实情。该廪生等供亦相符,此等刁风万不可长。着将该生罗崇训、陆觐宣及聚众哄堂之王显荣、聂树椿等一并先行斥革衣顶,迅即签差,饬提王显荣到案,研讯明确,按律详办。至文童周天杰等讯无不合,自应准其一体照常应试。仰即饬知水城厅遵照立案,并饬该学一体遵照。文存,抄发。

开泰县详斥武生马廷云由

批:据详,武生马廷云殴差拒摄。准将该生衣顶斥革。仰即移知该学遵照注册。册存。

黎平府详革武生姜卓相衣顶由

批:据详,武生姜卓相违断潜逃。准将该生衣顶斥革。仰即行学注册。文存。

大定府详请开复革生邬昭先衣顶由

批:据详已悉。该革生邬昭先控案既经完结,果能痛知改悔,前革衣顶姑准开复,予以自新。仰该府转行毕节县学官遵照注册。册存。

龙泉县详革思南府学文生李万枝由

批:据详,文生李万枝抗传不到。准将该生衣顶斥革,归案审办。仰即移知思南府学遵照注册。册存。

铜仁县详革武生罗文炳衣顶由

批:该武生罗文炳抗不赴案,准将该生衣顶斥革。仰即移知该学遵照注册。至贡生周礼业经出贡,学册无名。仰候各辕批示办理可也。册存。

贵筑县详革增生宋端琦衣顶由

批:如详,准将增生宋端琦衣顶斥革,归案审办。仰即移知该学遵照注册。册存。

兴义府详革廪生王朝鼎衣顶由

批:据详,廪生王朝鼎侵蚀公谷,居心贪鄙。准将衣顶斥革。仰即行知该学遵照注册。册存。

清平县详革附生罗星源衣顶由

批:据详,附生罗星源亏欠公款,乘间潜逃。准将该生衣顶斥革,归案讯办。仰即移知该学遵照注册。册存。

思南府详请开复革生王济辉等衣顶由

批:据详,文生王济辉、杨恩培、纪廉、聂世麟、萧士英、罗会琛等自被革之后,均知改悔。准将该生等衣顶开复。仰即行知该学官遵照注册。册存。

平越州详革武生陈文龙衣顶由

批:据详武生陈文龙匿契瞒粮、恃符抗玩等情,准将该武生衣顶褫革,归案究追。仰即移知该学遵照注册。册存。

永宁州详革文生方绪堃衣顶由

批:据详,文生方绪堃恃符狡展。准将该生衣顶暂革归案。仰即移知该学遵照注册。册存。

余庆县详革文生曾良玉衣顶由

批:据详,文生曾玉良[1]恃符狡展。准将该生衣顶暂革,归案讯办。仰即移知施秉县学遵照注册。册存。

思南府详革武生唐国斌衣顶由

批:据详,武生唐国斌恃符狡展。准将衣顶暂革,仍讯取确供,照例惩办。仰即行学遵照注册。册存。

古州厅学详革武生潘永椿衣顶由

批:据详,武生潘永椿种种劣迹,实属有玷胶庠。着将衣顶斥革。仰即遵照注册。文存。

开泰县详革附生高作邦衣顶由

批:据详附生高作邦凶暴各情,准将衣顶斥革。仰即移知黎平

---

① 案由作曾良玉、批文作曾玉良,不知孰是,姑两存之。

府学官遵照注册。册存。

铜仁府详革湄潭县学武生吴汉鼎衣顶由

批：据详，武生吴汉鼎恃符狡展。准将衣顶斥革。仰即行知湄潭县学官遵照注册。册存。

安顺府学详革新进文童何余谟衣顶由

批：据详，该学新进文童何余谟抗不谒圣，继抗月课。准将衣顶暂行斥革，以为故违功令者戒。仰即遵照注册。册存。

平越州详请开复革生贾学烜衣顶由

批：准如详销案，贾学烜前革衣顶姑准开复。仰即行知该学遵照注册。文存。

平越州详请开复革武生张大光衣顶由

批：据详已悉。该革生张大光控案既已讯结，前革衣顶姑准开复。仰即行知该学遵照注册。册存。

贵定县详革文生袁希贤衣顶由

批:如详,准将该生袁希贤衣顶斥革。仰即移知该学遵照注册。册存。

绥阳县详革附生鲁廷瑛衣顶由

批:据详,文生鲁廷瑛抗传越控。准将该生衣顶斥革,归案讯办。仰即移知该学遵照注册。册存。

思南府详革文生安应廷衣顶由

批:据详,增生安应廷约众掘路、恃符狡谲。准将该生衣顶斥革,归案究办。仰即行知安化县学遵照注册。正详存。

桐梓县详革平越学武生刘裴春衣顶由

批:据详武生刘裴春私铸等情,准将衣顶斥革。仰即移知平越州学官遵照注册。册存。

普定县学详革附生李希第衣顶由

批:据详附生李希第估婚夺娶等情,实属有玷胶庠。准将衣顶斥革,归案究办。仰即遵照注册。册存。惟该学所详文册均未填注月日,殊属疏忽,以后具详勿再草率。切切! 此批。

桐梓县详革武生刘光溶衣顶由

批:据详,武生刘光溶恃符逞凶,准将该生衣顶斥革。仰即移知该学遵照注册。册存。

威宁州学详革文生傅荣昌等衣顶由

批:据详,文生傅荣昌、武生傅洪昌不守卧碑。准将衣顶暂革,注册。仰即将该生等实在劣迹详覆候核。切切! 册存。

修文县详革文生颜经邦衣顶由

批:据详,文生颜经邦串霸欺孤。准将衣顶斥革,归案讯究。仰即移知该学遵照注册。册存。

开泰县详请开复革生左本梁衣顶由

批:如详,准将该革生衣顶开复。仰即移知该学遵照注册。
册存。

绥阳县学详革文生鲁廷瑛衣顶由

批:该文生鲁廷瑛经绥阳县详革在案。该学即遵照注册。
册存。

○玉屏县学详革廪生聂成霖衣顶由

批:昨据聂成霖以服制精邃,请示遵行等情具禀。当经批示,
斥其谬妄,并行知思州府,将其子考名扣除在案。兹据详各情,该
生前禀竟敢改填日期,诡词欺饰,且于该学传讯之时,抗不赴案,及
诬学官怂恿其子应考,胆大妄为,情殊可恶。聂成霖着即行斥革,
无庸传讯。仰该学遵照注册。文册存,抄发。

都匀府学详请暂革文生艾德源衣顶由

批：如详，准将该生艾德源、韦凤舒、罗玉书等衣顶暂革。仰即遵照注册。文存，抄发。

龙泉县详请开复思南府学革生李万枝衣顶由

批：据详已悉。该革生李万枝案经讯结，情尚可原，前革衣顶姑准开复。仰即移知该学教官遵照注册。册存。

○○安顺府知府禀

批：据禀已悉。此案既经该府研讯明确，按律定拟，应准如禀办理。惟廪生王鼎徇情朦弊，几至陷人于罪，虽未受贿包庇，亦较吴荣昌情节为重。姑念情同自首，着从轻革去廪生，以附生注册。至文生宋文杰胆敢窃名捏控，负气妄渎，殊属不安本分，着即斥革，以儆刁风。该文生质地颇堪造就，此次受人指使，本院略有所闻，仰饬该学岁时察看，如果痛自悛改，循分读书，再由该府详请开复。切切！此缴。

玉屏县禀请开复革生杨万全等衣顶由

批:据禀,该原告杨观音久不赴案,该生杨万全、杨光宗于此案并未沾染。前革衣顶,姑准开复。仰即移知该学遵照注册。禀存。

镇远县详革文生江宗〔海〕衣顶由

批:如详,准将文生江宗海衣顶斥革,归案讯办。仰即移知该学遵照注册。册存。

兴义县学详革武生陈永昌衣顶由

批:据详已悉,准将该武生陈永昌衣顶暂革,注册。仰即将该生实在劣迹迅速详覆候核。切切! 册存。

二件:思南府学详请开复革生田汶阳等衣顶由

批:据详已悉,金鸿铭之案既与该生田汶阳无涉,姑准开复衣顶。仰即遵照注册。文存,抄发。

批:据详已悉。该生刘廷璋案既了结,姑准开复。仰即遵照注册。文存,抄发。

松桃厅详请开复铜仁府学革生戴升瀛衣顶由

批:据详,革生戴升瀛既未纠众抗粮,前革衣顶姑准开复。仰即移知铜仁府学遵照注册。册存。

兴义县详革武生陈永昌衣顶由

批:如详,准将该武生陈永昌衣顶斥革,归案讯办。仰即移知该学教官遵照注册。册存。

普安厅详革武生姜凤翯衣顶由

批:如详,准将该武生姜凤翯衣顶斥革。仰即移知普安县学遵照注册。册存。

二件:毕节县详请暂革文生金汝璜等衣顶由

批:如详,准将该生金汝璜、邹昭勋衣顶暂革,俟查取该生年貌,到日即补详备案可也。文存。

黎平府详革附生石廷标衣顶由

批:如详,准将该生石廷标衣顶斥革。仰即行知该学遵照注
册。册存。

松桃厅详请开复革生冯成章衣顶由

批:如详,准将该革生冯成章衣顶开复。仰即移知铜仁府学遵
照注册。册存。

贵筑县详请开复贵阳府学革生宋端琦衣顶由

批:如详,准将该生宋端琦衣顶开复。仰即移知贵阳府学遵照
注册。册存。

永从县详请开复革生瞿新章衣顶由

批:如详,准将该革生瞿新章衣顶开复。仰即移知该学遵照注
册。册存。

永从县详请开复开泰学革生王金堂衣顶由

批:如详,准将该生王金堂衣顶开复。仰即移知开泰县学官遵照注册。册存。

八寨厅详革该学廪生罗焕章衣顶由

批:据详,廪生罗焕章亏短公谷,辄敢逃匿,情殊可恶。准将衣顶斥革。仰即移提到案,勒限追缴,以儆效尤,并仰行知该学遵照注册。册存。

平越州详革文生吴向荣衣顶由

批:据详文生吴向荣恃符抢亲等情,准将该生衣顶斥革,归案讯办。仰即行知该学遵照注册。册存。

水城厅详革文生邓星垣衣顶由

批:据详,文生邓星垣恃符猖狂,目无法纪。准将该生衣顶斥革讯办。仰即移知该学遵照注册。册存。

仁怀县详革文生翁炳熙衣顶由

批:据详文生翁炳熙从旁干预等情,准将该生衣顶暂革。仰即将讯明缘由补造详细清册,申覆候核。切切毋延! 册存。

都匀府学详请开复革生韦凤舒等衣顶由

批:如详,准将该武生韦凤舒、罗玉书衣顶开复。仰该学遵照注册。文册存,抄发。

黔西州详革武生陈连陞衣顶由

批:据详已悉。该武生陈连陞种种劣迹,实属胆大妄为。准将该生衣顶斥革。仰即移知该学遵照注册。册存。

普安厅详革文生李文郁衣顶由

批:如详,准将该生李文郁衣顶斥革。仰即行知该学遵照注册。册存。

贵阳府详请开复革生宋端琦衣顶由

批：如详，准将该生宋端琦衣顶开复。仰即行知该学教官遵照注册。册存。

思州府详革武生杨吉祥衣顶由

批：如详，准将该武生杨吉祥衣顶斥革，归案讯办。仰即行知该学遵照注册。册存。

镇宁州详革武生鲁凤仪衣顶由

批：如详，准将该武生鲁凤仪衣顶暂革。仰即移知该学遵照注册。文存。

毕节县详革武生阮兴邦衣顶由

批：据详武生阮兴邦抗不遵断等情，准将该生衣顶斥革。仰即移学遵照注册。册存。

大定府详革文生李铭衣顶由

批：据详，文生李铭好讼多事等情，准将该生衣顶斥革。仰即
行知该学遵照注册。册存。

龙泉县详革文生赵廷光衣顶由

批：据详，文生赵廷光既有诓骗情事，实属不安本分，准将该生
衣顶斥革，归案审办。仰即移知该学遵照注册。册存。

独山州详革文生柏恩清衣顶由

批：如详，准将文生柏恩清衣顶斥革，归案讯办。仰即移知平
越州学遵照注册。册存。

遵义县详革武生傅天鋆衣顶由

批：据详，武生傅天鋆恃矜藐玩，准将该生衣顶斥革。仰即移
知该学官遵照注册。册存。

普安厅详请开复革生姜凤翥衣顶由

批：如详，准将该武生姜凤翥衣顶开复。仰即行知该学遵照注册。张鸣鹿既无串罚情事，着毋庸议，准其照详销可也。册存。

贵定县详请开复革生杨遇恩衣顶由

批：如详，准将该武生杨遇恩、杨逢恩衣顶开复。仰即移知该学遵照注册。册存。

安顺府学详革廪生金铸人衣顶由

批：如详，准将该廪生金铸人衣顶先行斥革。仰候饬知安顺府传案讯明究办。切切！册存。

贵定县详革文生邓宋扬衣顶由

批：据详，文生邓宋扬屡次干犯，实属不安本分。准将衣顶斥革，归案惩办。仰即移知该学遵照注册。册存。

郎岱厅详革文生彭文治衣顶由

批：据详，文生彭文治附和纠众滋事。准将衣顶斥革，归案讯办。仰即移知该学遵照注册。册存。

遵义府学详革附生张焕铨衣顶由

批：据称"六月初旬具文申报""未奉批回"等语，所称"六月"系何年六月？交付何人？何以至今未遽呈投到院？仰即自行清理。至该生张焕铨已于去岁据县详请斥革，批准在案。该学即遵照注册可也。册存。

安顺府详革文生黄兰桂衣顶由

批：如详，准将该生黄兰桂衣顶斥革。仰即行知该学遵照注册。册存。

开州详革武生佘学开衣顶由

批：如详，准将该武生佘学开衣顶斥革，归案讯办。仰即遵照注册。册存。

青溪县详革武生陈平芝衣顶由

批:如详,准将该武生陈平芝衣顶褫革,归案讯办。仰即移知该学遵照注册。册存。

毕节县详开复邬昭勋衣顶由

批:据详,该革生邬昭勋既知改悔,姑准开复衣顶。仰即转饬威宁州学官遵照注册。文存。

毕节县学详请开复革生王用安衣顶由

批:据详革生王用安尚知愧悔、奋志读书、恳请核示等情,前来惟既称该生案经讯结,姑准开复衣顶。仰该学遵照注册。文存,抄发。

黔西州学详革附生叶琼璋衣顶由

批:如详,准将该附生叶琼璋衣顶暂革。仰即遵照注册。文存,抄发。嗣后无论何项公件,必须文册并详,以凭备案,勿得仅以一文草率了事。此饬。

平越州详革廪生杨焕章衣顶由

批:据详,廪生杨焕章包揽词讼。着将衣顶斥革,归案讯办。仰即行知该学遵照注册。册存。

清平县详革文生顾文基衣顶由

批:如详,准将顾文基衣顶斥革,归案究办。仰即移知该学遵照注册。册存。

安南县学详革文生郑昌实衣顶由

批:如详,准将该生郑昌实衣顶斥革。仰即遵照注册。册存。

普安厅详革武生余宗兰衣顶由

批:如详,准将武生余宗兰衣顶斥革,归案讯办。仰即移知兴义府学遵照注册。册存。

平越州详请开复武生陈文龙衣顶由

批:如详,准将该革生陈文龙衣顶开复。仰即移知该学遵照注册。册存。

贞丰州详革武生韦顺恩衣顶由

批:如详,准将该武生韦顺恩衣顶斥革,归案究办。仰即移知该学遵照注册。册存。

桐梓县详革武生毕东平衣顶由

批:如详,准将该武生毕东平衣顶斥革,归案讯办。仰即移知该学遵照注册。册存。

荔波县学详覆革生潘光云恳恩开复由

批:如详,准将该革生潘光云衣顶开复。仰即遵照注册。文存。

威宁州学详开复夏云峰衣顶由

批:如详,准将该革生夏云峰衣顶开复。仰即遵照注册。册存。

余庆县学详革廪生宋翰如衣顶由

批:如详,准将该廪生宋翰如衣顶斥革。仰即遵照注册。册存。

仁怀县详革文生翁炳熙衣顶由

批:据详,准将该生翁炳熙衣顶斥革。仰即移知该学遵照注册。册存。

○○郎岱厅学详请开复彭飞龙衣顶由

批:彭飞龙以通详饬缉之犯,更名朦考,是当日之斥革,实与注销无异,本无衣顶,何谓开复?该教官徇情代详,殊属非是。原文册发还并饬。

八寨厅禀前革廪生唐继熙亏短公谷朦请开复由

批：据禀，廪生唐继熙亏短公谷、朦请开复。准如所禀，仍将衣顶斥革，提案押追，毋稍轻纵，并仰行知该学遵照注册。禀存，抄发。

沿河司弹压委员禀革贵阳文生晏河清衣顶由

批：据禀文生晏河清聚众抗官、伤差夺犯等情，准将该生衣顶斥革，归案讯办。候饬贵阳府学遵照注册。此缴。

威宁州禀开复革生戴耿光等衣顶由

批：据禀已悉。查该生等因案被革者共有文生五名，该两生系倡首之人，未便先行开复。仰该州再察原案详覆候核。切切！此缴。

罗斛厅详革定番文生杨凤仪衣顶由

批:如详,准将该文生杨凤仪衣顶褫革,归案究办。仰即移知该学遵照注册。册存。

仁怀县学详武生仇光宗衣顶由

批:该武生仇光宗丁忧逾期,未据呈报,殊属悖伦。如详,即将该生衣顶斥革。仰即遵照注册。嗣后该生公件必须文册并详,以凭备案,不得仅以一文草率了事,致干未便。切切! 文存,抄发。

安平县详革文生金简衣顶由

批:如详,准将该文生金简衣顶褫革,归案究办。仰即移知该学遵照注册。册存。

广顺州详革廪生白世芬衣顶由

批:如详,准将该廪生白世芬衣顶暂革,提案讯究。仰即移知该学遵照注册。该州仍将讯结缘由申覆候核。切切! 册存。

黎平府详革增生唐名世等衣顶由

批：如详，准将该生唐名世、陈英杰衣顶斥革，归案讯办。仰即行知该学遵照注册。册存。

遵义县详革武生何成章衣顶由

批：如详，准将武生何成章衣顶褫革，归案讯办。仰即移知该学遵照注册。册存。

开泰县详革附生蒋腾凤衣顶由

批：如详，准将该附生蒋腾凤衣顶褫革，归案讯究。仰即移知该学遵照注册。册存。

镇远府详开复革生江宗海衣顶由

批：查该革生江宗海主使杨光银擅杀二命，情节较重，所请开复，未便准行。此批。

独山州学详免革文生黄年富衣顶由

批:据详,该生黄年富并无包揽词讼情事,准其免革。册存。

锦屏学详开复武生杨通明等衣顶由

批:该武生杨通明、曹其珍等控案是否完结? 且近日行径如何? 仰开泰县查明,详覆候核。切切! 文册并发,仍缴。

贵筑县学详革文生金嗣贤衣顶由

批:如详,准将该生金嗣贤衣顶暂革,注册候饬贵筑县传案讯办可也。册存。

荔波县学禀查出革生莫联芝
朦混应试请注销由

批:据该县学训导郭中广禀称"文生莫联芝于光绪十一年经署县郑令通禀斥革衣顶,奉批有案。兹该生朦混应试,禀请注销补考之案"等情。据此,本院饬查署档册未有该生,斥革开复各案碍难办理。仰该县饬奉准原案,抄录详覆,以凭核办。切切! 禀发仍缴。

荔波县详覆文生莫联芝一案

批:据详已悉。该生莫联芝因案斥革,未经开复,朦混补考,殊属可恶。着将该生补考之案注销,并永远不准开复。仰即移知该学遵照可也。册存。

龙泉学详革武生余叔培衣顶由

批:如详,准将该武生余叔培衣顶斥革。仰即遵照注册。册存。

壹件:余庆县详革廪生毛文中
武生杜明昌等衣顶由

批:如详,准将该廪生毛文中、武生杜明昌斥革。归案审办讯明后,仍将供招详覆候核。切切! 册存。

广顺州详开复廪生白世芬衣顶由

批:该生白世芬既无扛帮阻挠情事,准将暂革之案注销。仰即移知该学遵照可也。册存。

都匀府详革县学武生成凤鸣衣顶由

批:据详,都匀县武生成凤鸣抗传不到。准将衣顶暂革,归案讯办。仍仰行知该学遵照注册。册存。

瓮安县详革武生何文华衣顶由

批:如详,准将该武生何文华衣顶斥革,归案讯办。仰即移知该学遵照注册。册存。

施秉县学详革武生黄景春衣顶由

批:据详,武生黄景春迭次被控、抗不赴案。准将衣顶斥革,归案讯办。仰即移知该学遵照注册。册存。

余庆县详革武生毛之海衣顶由

批:如详,准将该武生毛之海衣顶斥革,归案讯办。仰即移知该学遵照注册。册存。

○○天柱县学详请开复革生杨砺金
潘仁谋衣顶由

批:据详已悉。剿录成文,本院所深恶,以为是即孟子所谓"穿窬"之类也。曾经刊示晓谕,于每场散卷时,人给一纸。发题之前,又复朱笔牌示。谆谆教诫,不惮烦言。乃该两生置若罔闻,敢于尝试,予以斥革,实不为苛。兹据该学详称,该革生等已知追悔。且据查访,其平日为人尚俱安静。姑准如详,将该革生杨砺金、潘仁谋开复注册。仍仰传学戒饬,以儆效尤。切切!文存,抄发。

遵义县学详请开复附生刘玥衣顶由

批:该革生刘玥案既讯结如详,准将衣顶开复。仰即遵照注册。册存。

印江县学详革附生周锤岐衣顶由

批:如详,准将该生周锤岐衣顶斥革。仰即遵照注册。册存。

○安顺府学详请开复革生谷虚怀衣顶由

批:据详,该生谷虚怀实系过继未成。又据该学廪、附各生谷寅宾等公禀呈称,该革生实无匿丧情事。姑准开复衣顶。仰该学遵照注册。册存。

大定府详请开复革生龙步云衣顶由

批:如详,准将革生龙步云衣顶开复。仰即行知该学遵照注册。册存。

普定县学详请开复革生李希第衣顶由

批:该革生李希第控案既经普定县集案断结如详,准将该生衣顶开复。仰即遵照注册。册存。

○黔西州详请开复革生魏廷琭衣顶由

批:据详,该革生魏廷琭实心改悔,并已将其妻接回团聚。姑准开复衣顶,予以自新。仍仰该州随时约束,勿令再蹈前愆,并仰移知该学遵照注册。册存。

镇宁州学详覆开复革生宋文杰衣顶由

批:据详,该革生宋文杰近知悔过,姑准开复衣顶,以观后效。仍仰随时查看,较之约束他生更须格外从严,但有恶萌,立即详革,毋稍姑息。文存,抄发。

黔西州学详请开复叶琼璋衣顶由

批:如详,准将叶琼璋衣顶开复。仰即遵照注册。册存。

仁怀县学详开复附生翁炳熙衣顶由

批:据详,翁炳熙控案的系讯结,姑准开复衣顶,一体录送乡试可也。文册并存,抄发。

大定府详请开复周应康衣顶由

批:据详,周应康实无武断抗公情案,前革衣顶准其开复。仰即行知该学遵照注册。册存。

古州厅详革文生龙恩远衣顶由

批:如详,准将该生龙恩远斥革,归案讯办。仰即行知该学遵照注册。册存。

思南府学详覆附生聂世麟衣顶请革由

批:如详,准将该生聂世麟衣顶斥革。仰即遵照注册。文存,抄发。

平越州详开复革生刘金璧衣顶由

批:如详,准将该革生刘金璧衣顶开复,以观后效。仰即行知该学遵照注册。册存。

威宁州禀请开复戴（颂）〔耿〕光等衣顶由

批：如禀，准将革生戴耿光、朱廷芳、戴祖松、朱明昕等衣顶开复。仰即移知该学遵照注册。禀存。

郎岱府学附生黄文灿帮增批驳由

批：该学详附生黄文灿帮增何以有文书无册？发还速补。

黄平州学附生骆家瑞补廪批驳由

批：骆家瑞之前尚有王奇勋一名，何以不依次请补？仰该学速即查明申覆。册暂存。

安平县学详附生曾纪人等帮增查明申覆由

批：帮增应以考案名次为序，今查张兆鱼之前尚有刘廷桢、罗咸章、黄赞才三名，施启刘之前尚有罗夏章、金曜午、杨乙枝三名，何以不挨次顶帮？仰该学速即查明申覆。册暂存。

兴义府学附生朱焕章等帮增批驳由

批:朱焕章、李精华顶帮何人之缺? 缺系何项事? 所遗文册均未注明原文。册发还。

古州厅学详附生詹象仪帮增由

批:据详,以考列三等之生顶帮增缺与例不符。原文册发还。文册未填月日,亦属疏漏。

郎岱厅学详增生刘家铃、候廪生王位元
补收廪缺由

批:查例载:"帮补廪增,新旧相间,旧廪虽考居三等,仍准与新案间补。"雍正十年、乾隆二十二年两经部议在案。朱光瑄之缺已归黄文灿顶补,则谢德镛丁忧廪缺自应归王位元顶收,刘家铃不谙定例,岂该学亦未悉旧章耶? 仰即照章办理。文禀并发。

平越州学增生刘儒矩补廪由

批:据详,增生刘儒矩准顶补王锺海应贡廪缺。仰即遵照注册。册存。刘儒矩之前尚有朱信之、吴家琳二名,同系由附生考取科案二等,前次戎奎章增缺,此次王锺海廪缺,何以俱不按次序?仰查明申覆。

平越州学增生徐大治补廪由

批:如详照准,仰遵照注册。惟徐大治之前尚有数人未经请补,是否另有廪缺?仰查明速覆。嗣后总宜按照名次依次序详请,不得随意凌躐。切切!册存。

玉屏县学文生杨焕臣补廪由

批:据详,杨焕臣顶补姚大谟丁忧廪缺。仰即遵照注册。查杨焕臣之前尚有杨运钰一名,何以不挨次请补,是否另有廪缺?仰该学申覆。速速!册存。

镇宁州学增生李光灿补廪由

批：李光灿顶补章永昌出贡廪缺，与马坤补萧煐廪缺事同一律，应准遵照注册。惟马、李二生之前尚有一等第六名侯树屏未补，是否另有廪缺？仰查明申覆。

瓮安县学详候廪袁国铭错误收复廪缺由

批：覆查王治源出贡廪缺业经该学以向煊详补，于光绪二十年八月十一日批准在案，今又以袁国铭收复此缺，系属错误。查袁国铭应顶补朱毅病故廪缺，仰该学遵照更正注册。册存。

镇远府学附生费培元等帮增批拨由

批：据详，附生费培元、孙泽膏帮增文册均未叙明何项事故，所遗之缺殊属含混。仰该学查明申覆，再行核办。原文册发还。

都匀县学附生李登才帮增批拨由

批：据详，附生李登才、江毓桐、韩芝梁帮增文册均未叙明何项事故所遗之缺,殊属含混。仰该学查明申覆,再行核办。原文册发还。

都匀府学增生姚登瀛补廪拨还由

批:据详,增生姚登瀛顶补杨先林丁忧廪缺。查杨先林缺前已批准增生李德才顶补,何得一缺两请? 仰该学查明更正,限十日内申覆到院,以凭核办。原文册发还。

龙里县学附生夏子敖等帮增批拨由

批:据详,附生夏子敖、唐举煊帮增文册均未叙明何项事故所遗之缺,殊属含混。仰该学查明申覆,再行核办。原文册发还。

独山州学详增生金作鼎等争补廪缺由

批:据详已悉。金作鼎先由岁案帮增,即与石成璋事同一律。石成璋考名在后,何得越次请补? 仰该学遵照定章办理。至张庆善丁忧日期未据申报,殊属疏陋。仰即另具文册,申详备案。切切! 册存。

瓮安县学详增生王朝宗补廪批拨由

批:据详,增生王朝宗顶补王开甲廪缺前来。查王开甲应贡在光绪廿四年,未便预开廪缺,此详碍难照准。原文册发还。

平越学详文生邱肇庆愿将廪缺推及上首由

批:邱肇庆应补何人之缺,未据声叙,殊属含混。查该学现有廪缺俱在科考限内,邱肇庆之前未补者尚有多人,何以必先传该生?仰即查明申覆。切切!文存,抄发。

兴义县学详附生陈德广帮增拨还由

批:三等补增于例不符。文册发还。

铜仁府学详增生王熙仁补廪批拨由

批:王熙仁上首尚有增生罗运辉、朱世荫俱未请补,是否另有在前之缺?仰该学查明申覆,再行核办。册存。

清平县学详增生石荣榜补廪批拨由

批:选拔廪缺应俟会考后方准开除。文册发还。

铜仁县学详增生徐凝熙补廪批拨由

批:李恒芳之缺应尽考列一等之附生任永禧顶补,该学以二等增生徐凝熙越次请补,有违定例。仰即更正注册。文发,册存。

铜仁府学详增生朱世荫补廪批拨由

批:刘政铨丁忧遗缺应尽旧增翁承钦先补,朱世荫应补杨长春截廪遗缺。仰即遵照更正注册。文发,册存。

普定县学详附生陈凤岗补廪批拨由

批:选拔出学须俟会考以后,不得预开廪缺。仰即另查遗缺,详请顶补可也。原文册发还。

铜仁府学详增生王熙仁补廪批拨由

批:杨长春截廪遗缺应朱世荫顶补。仰即遵照更正注册。文存,抄发。

玉屏县学详附生罗星阶帮增批驳由

批:三等帮增与例不符。原文册发还。

都匀府学详附生刘春荣帮增批驳由

批:三等补增与例不符。原文册发还。

古州厅学详文生周德懋补廪批拨由

批:遴选未经会考,廪缺不能遽开。原文册发还。

遵义府学详增生杨锡诰补廪批拨由

批:杨锡诰并非旧增,其全列尚有多人,何得越次请补?殊属不合。原文册发还。

思州府学详增生杨俊豪补廪批拨由

批:杨俊豪并非旧增,其全列尚有多人,何得越次请补?殊属不合。原文册发还。

遵义县学详增生刘应煊补廪批拨由

批:该学二等尚有旧增,刘应煊不应越次顶补。原文册发还。

平越州学详增生王景贤补廪批拨由

批:该生之前既有应补之人,仰即依次传补,所称"留有待"等语于例不合。原文册发还。

荔波县学训导彭客周禀白廷先补廪请示由

批:查高树杭系本年出缺,应归本届岁案顶补。惟据禀现在该学廪生仅有一名,则一人当保易滋弊窦,且有认无派于例未合,不得不从权办理。姑准以增生白廷先详补,嗣后不得援以为例。仰即遵照办理。禀单存。

镇宁州学禀附生黄铭抑等帮增由

批:据禀已悉。该学增缺积压过多,准其如禀办理。仰即遵照注册。禀册存。

清镇县学增生戴锡纯禀请补廪由

批:据禀已悉。查戴锡纯、刘鳌均由附生考取本年科案,该二生之前尚有郑兰、王国宾、何燮清三人。五月间许恩溥、车士俊两增缺何以先尽戴、刘二生顶帮?十一月间许铸槐廪缺又何先尽刘鳌顶补?仰该学迅即详覆,毋得延宕。禀发,仍缴。

清镇县学官申覆戴锡纯等争补廪缺由

批：阅申覆各情，是陈①、许两廪缺本应王、何二生序补。据称，该二生不知所在，无处找寻。果若所云，则是师生平日不相闻问，将朔望之宣讲、月季之考课，一切可以从便？指日册送岁考，亦遂置二生于不问耶？戴锡纯本非应补之人，其所禀各情，无庸深辨。仰仍速传王国宾、何燮清二生挨次请补，不得凌躐。戴生原禀此次未经随缴，即亦不必缴矣。

清镇县学增生宋光培禀补廪由

批：据禀，何奕清②朦混补廪，自系指许铸槐廪缺而言。查许铸槐系廿年应贡，例归科案顶补。去年因戴锡纯争缺，往本院饬查一次，饬驳一次，始据该学以何奕清请补。公牍往还，致稽时日。该生以限期久逾，疑为挽越，情犹可原。但两次禀渎，有迫不及待之势，未免躁竞。此饬。

---

① 上一批牍作"许恩溥、车士俊两增缺"，此处"陈"似"车"之字误，待考。
② 似即上批所云之"何燮清"，何名为是，俟考。

石阡府学候廪生梁成禀

批：该生覆试不到，降置二等，应照二等名次候缺收廪。姑念该生尚知研经，且询之学官，据称该生因病属实，准其仍以一等收复廪缺。仰该学遵照办理。

天柱县学增生欧文江补廪由

批：据详，增生欧文江顶补吴亲臣遴选廪缺。查吴亲臣虽经遴选，尚未出学，不应遽开廪缺。欧文江着依次顶补龙大楷应贡廪缺。仰即遵照更正注册。册存。

都匀县学增生李登才补廪由

批：如详，准以增生李登才顶补王时俊除名廪缺，仰即遵照注册。王时俊欠考除名未见申报。应查明，另具文册详覆备案。切切毋延！册存。

开州学附生石生云补廪由

批:据详,附生石生云顶补邓海清丁忧廪缺。查该生应挨次顶补何庆崧中式廪缺,仰即该学遵照更正注册。册存。

清平学附生李蔚林补廪由

批:如详,准以附生李蔚林顶补梁拱宸病故廪缺。仰即遵照注册。册结存。梁拱宸病故日期何以未据申报?殊属疏漏。速即补具文册,详覆备案。嗣后文册务填月日。

遵义府学附生周泽海等帮增由

批:据详,附生周泽海、侯树涛帮增文册均未叙明何项事故所遗之缺,殊属含混。仰该学查明申覆,再行核办。原文册发还。

独山州学详该学诸生补廪请示由

批:据详已悉,查该生何龙章等六名出缺,均在岁考限内,应以岁案之生详补。仰该学遵照办理。册存。

锦屏乡学候廪生单熙儒禀

批:查周宗潢补缺后应李如锦收一缺,龙书升补一缺后应该生收一缺,距徐本源应补之缺尚远,该生何得妄禀? 仰该学教官查明现有几缺,依次传补,毋任凌躐,致干驳饬。切切! 禀发。

正安州学候廪生陈大泽、附生冯烜禀
恳饬禀存案由

批:查该生等收补廪文业于本年三月十八日批准,由驿递发在案,兹禀各情恐系沿途遗失,仰该学官遵照批准日期注册可也。此批。

独山增生陆毓琦禀补廪由

批:查例载:"廪增出缺,新旧间补。"该学出廪六名,前已饬学照办在案,该生毋得混渎。此批。

都匀县学增生曾树铭禀夏沛霖重贿越补由

批:查该学廪生韦光斗应贡廪缺,及王治邦丁忧遗缺,应归旧增郑泽青、钟杰两人序补。该生曾树铭岁考虽列二等,本年甫往帮增,应俟再有遗缺,始能挨次顶补。夏沛霖又应在该生之后。仰该学遵照办理,毋任躐争。切切! 禀发。

安顺府学附生刘凤翔补增由

批:仰安顺府学查缺,挨次传补,毋任学书舞弊。切切! 禀发。

黎平府学增生张裔昌禀请补廪由

批:赵本崇补陈琴书遗缺实系错误,业经饬学注销。该生亦不在应补之数,毋渎。

○黎平府学廪生石灿珍禀请补廪由

批:该学官以该生越次请补,实属违例。该生既非有意贿夺,何以区区补一廪缺,甘出百金巨款耶? 业经饬学注销,毋庸渎禀。

黎平府学附生欧元臣禀请补廪由

批:石灿珍、赵本崇补廪之案已饬注销更正,查科案二等尚有旧增四人,该生亦不在应补之列,毋渎。

黎平府学附生赵本崇禀请补廪由

批:科案二等有旧增四人,例应先补,且附生尚有在该生之前者。总之,陈琴书一缺无该生应补之理。业经查系错误,岂以事越半年遂不更正耶?仍遵前示毋渎。

黎平府学附生周际盛禀请补廪由

批:查赵本崇、石灿珍不能顶补,即该生亦不应补,毋得多渎。

○○黎平府学候廪生周开鲁禀请补廪由

批:一补一收,定例甚明。陈毓昆丁忧遗缺应归周开鲁收复。该学官意为先后,竟以石灿珍越次请补。又,科案二等,旧增尚有四人。该学辄以附生先行请补,而附生亦并不按照次序。种种颠倒,毫无道理,殊属荒谬。本院受其朦混,遽予批准,亦当引咎自责。既经查系错误,亟应更正。着将石灿珍、赵本崇、唐应珍三名补廪之案即行注销。仰该学查明现有几缺,并出缺日期先后,及应补各生次序,限二十日内造具清册,申送到院,以凭核夺。倘仍徇私护前,抑或故意拖延,定行移司撤参。切切!七禀并发。

○○普定县学生员陈凤冈禀补廪索贿挽越由

批：房书需索，事难保其必无。然就此事而论，则该生所禀殊不近理。选拔各生，例须会考后方准出学，所有上下游各学预开廪缺者历经批驳在案，该房纵欲索贿，其又奚能为力耶？惟该生考名原在黄禄贞之前，今任文镖既不开缺，则黄禄贞所补支明汉遗缺自应尽该生先补。仰普定学官查明，依次更正，仍造具文册，申详候核。切切！毋延。禀发，仍缴。

○黎平府学增生石灿珍等禀补廪一案由

批：档房规费现已勒令退缴，如有指估及短交情弊，准该生等随时禀控，立予究办。至学师前收该生等印仪暨书斗规费，自应如数发还。仰该学官遵照办理。切切毋违！禀发。

黔西州学增生黄玉琨禀补廪由

批：如二等增生均已补完，应收者均收复，即准以附生挨次序补。仰该学遵照办理。禀发。

荔波县学生员蒙永清禀请补廪由

批:查科试二等尚有增生,如一等无人,应尽二等增生先行顶补,毋得禀渎。

二件:锦屏乡学详开除廪生傅赓猷
蒋全礼廪缺由

批:查傅赓猷连本届欠考三次,系在部覆准补之例。应俟录科后,该生是否补再行核办。嗣后该学公件毋论何项,务须文册并详,以凭备案,毋得仅以一文草率了事,致干未便。切切! 文存,抄发。

批:如详,准将该廪生蒋全礼廪缺先行开除,传合例之生具文顶补,仍一面饬传该生备贡文册结,赴辕投考。切切! 文存,抄发。

镇远府学详各生应补并选廪缺由

批:据详已悉。查向章"凡由二等补廪者,先尽旧增,旧增补完,次及新增,不容任意搀越",此次杨义臣所遗廪缺应归旧增周凤鸣顶补。仰即饬传该生具文投考补,毋延。再,梁汝霖丁文系六月初十日到院,已于十六日批发矣。册存。

○黎平府学详复各生开补廪缺由

批：据详已悉。此次开呈清册尚属清楚，惟二等补廪应尽旧增在前，其新增由岁案顶帮者次之，由科案顶帮者又次之。查该学廪缺，除徐国瑞补胡继瑛病故遗缺业经批准外，候廪生周开鲁着顶收陈毓昆丁忧缺，旧增杨显光着顶补陈琴书病故缺，候廪潘宏世着顶收龙玺病故缺，旧增杨正模着顶补欧阳桢病故缺，新增张裔昌着顶补杨成美丁忧缺。仰即一一遵照注册，并传谕各该生一体遵照，毋庸另具文册。唐应珍、石灿珍应俟续有缺出，挨次具文请补。毋违，切切！文册存，抄发。

施秉县学详增生李笃辉补廪批驳由

批：据详，李笃辉顶补何晏清廪缺前来。查何晏清丁忧遗缺，前经批准蒋宗颖顶补在案，李笃辉之前尚有应补之人，该生不得越次。原文册发还。

荔波县学附生蒙永清禀请补廪由

批：查白廷先以前届科案借补高树杭丁忧廪缺，本系因当保乏人，通融办理。本届岁案若竟不补一人，未免偏枯。且岁案一等尚有两人,科案则仅有二等增生一人。是王国骏、白廷先两缺应岁、科两案各补其一,始觉允协。仰该学遵照办理。禀发。

锦屏乡学增生徐本源禀请补廪由

批:查杨前院通融办理,如二等增生顶补之后,再有余缺,准以二等附生挨次序补。该生虽已帮增,实与本届之附生各异。除旧增生应补外,自应照名次先后依次序补。仰该学遵照办理。禀发。

○○黎平府学增生杨正模禀补廪被勒由

批:前据该学开呈补廪次序清册,业经本院批示,以周开鲁顶收陈毓昆丁忧缺,杨显光顶补陈琴书病故缺,潘宏世顶收龙玺病故缺,该生杨正模顶补欧阳桢病故缺,张裔昌顶补杨成美丁忧缺,饬令该学一一遵照注册,并传谕各该生一体遵照,毋庸另具文册,于九月廿七日签发在案。仰该生回里谒师,如期领饩,即八金之费,亦不必出。此次实因该学种种谬误,故径行更正,聊示小惩。嗣后再有应补之生,印仪等费仍须遵照黎平府详定章程,不得援此为例。

黎平府学文生彭汝鼐等禀学师藐玩
补廪定章由

批:前据黎平府详定章程,业经批准在案,何以至今数月之久尚未周知？仍仰该府出示晓谕，并札饬各学一体遵照。毋违，切切！禀发。

清镇县学详增生陈德裔补廪批示由

批：据详，增生陈德裔顶补黄问清遴选廪缺。查陈德裔之前尚有三等之候廪方灿文未收，一等之附生王鼎未补，是否另有在前之缺？仰即查明详覆。文册暂存，抄发。

婺川县学详增生田庆锡补廪批示由

批：据详，增生田庆锡顶补吴斗南病故廪缺。查吴斗南病故日期未据详报，仰即查明补详候核。切切勿延！文册暂存，抄发。

龙泉县学详增生陈敬熙补廪批示由

批：据详，增生陈敬熙顶补李纯修病故廪缺。查李纯修病故日期未据详报，仰即补详候核。切切勿延！文册存，抄发。

余庆县学详增生章华国补廪批驳由

批：查章华国之前尚有岁、科俱列二等之胡应瑞应先传补。据称,胡应瑞尚未帮增,然则帮增之时何以不依次申请耶? 且章华国系由科案帮增,亦与附生何异? 原文册发还。

黎平府学详增生张裔昌补廪批驳由

批:彭汝鼐于本年会考后出学,该学此文于二十二年十二月出详,殊属不合。查该生张裔昌应补杨成美丁忧廪缺,业经批准,毋庸另详在案。原文册发还。

镇宁州学详廪生萧焕等应贡抗延由

批:据详,廪生萧焕、章永昌等应贡不贡,有意抗延。准将廪缺先行开除另补,挨传合例之生考出可也。册存。

兴义县学详候廪生刘文海宕贡不出请示由

批:据详,应贡之廪生刘文海屡传不到。准以下首合例之生花长安推出可也。文存,抄发。

平越州学详应贡廪生王景星等抗贡请示由

批:据详,应贡廪生王景星、陈希尧、朱云汉等,迭经该学传催,该生等借故抗延。准以下首合例之生考出。仰即遵照办理可也。文存,抄发。

平越州学详应贡廪生王钟海不愿出贡由

批:据详已悉。应贡廪生王钟海年力就衰,准给衣顶。所有应贡之处着推下首合例之生考出。仰即遵照办理可也。

施秉县学详应贡廪生李占魁等抗贡由

批:据详已悉。该生等应贡不贡,先将廪缺开除。仰即饬传赶紧具文投考,如再抗延,即推下首合例之生考出。切切! 册存。

镇远县学详应贡廪生罗云程抗贡由

批:据详已悉。该生等应贡不贡,即将廪缺先行开除。仰即饬传赶紧具文投考,如再抗延,着推下首合例之生考出。切切! 册存。

镇远府学详廪生杨茂淮等抗贡由

批:据详已悉。该生等应贡不贡,即将廪缺先行开除。仰即饬传赶紧具文投考,如再抗延,推下首合例之生考出。切切! 册存。

镇远府学详廪生梁守梅等抗贡开缺由

批:据详已悉。该生等应贡不贡,准将廪缺先行开除顶补,毋再抗延。册存。

石阡府详该学廪生黎化南等抗贡由

批:据详,应贡廪生黎化南等抗贡不贡,准推下首合例之生赶紧具文投考。册存。

黎平府禀扣除廪生赵敦璧出贡由

批:既往该府查明该生赵敦璧行为谬妄,并据该学原详,有该生丁母忧恳求倒填月日情事,殊属违心背理,着发学戒饬。至出贡一节,俟本届岁试按临时察看该生行径如何,再为核夺。此缴,禀折存。

镇远县学应贡廪生郑芝春禀出贡由

批:据镇远县学应贡廪生郑芝春禀称"应出光绪七年恩贡,恳请投考"等情,仰该学官饬传该生迅速具文投考,毋再迟延。切切!特示。

青溪县学详出贡请示由

批:据详,该学所遗光绪七年分岁贡缺,着张济川顶出;光绪廿一年分岁贡缺,着段绍文顶出。仰即饬传该生等迅速具文投考,嗣后务须挨次顶出,勿得再贡搀越,致违功令。切切!

锦屏乡学详廪生曹其楷抗延出贡由

批:据详,廪生曹其楷应出光绪十五年分恩贡。仰该学即传该生投考,倘再迟延,即推下首合例之生考出。切切!

永从县学详廪生王国槐等贡出延迟由

批:据详已悉。该生欠考既已补清,应饬赶办出贡。仰该学传谕知之,如再抗延,即着下首合例之生顶出。切切!册存。

○○荔波县学详附〔生〕李齐秾禀廪生
白廷先一案由

批:据详已悉。王国骏考取遴选,应俟会考后作贡开缺。白廷先在王国骏之后,应候王国骏开缺后顶出酉年岁贡。此系照例办理,并无不合。李齐秾捏词诬禀,殊属躁妄。该附生平日颇好词讼,前经牌示训诫,仍复不知悛改。着将该生岁案考名降为二等末,以示薄惩。至所称附生梁樾凤不安分、劣迹多端,与本院所见所闻颇相符合,着即斥革衣顶。仰该学遵照分别注册。切切! 文存,抄发。

二件:定番贵定学王寿椿丁荣椿出贡
病故拨还贡文由

批:据详,廪生王寿椿应出光绪十五年恩贡等情前来。查该生久不投考,昨经本院札催,据该学详称该生业经病故。合将册结发还,仰即转饬该学遵照另推下首合例之生具文投考可也。原文册结一并发还。

批:据详,廪生丁荣椿应出光绪十六年岁贡。该生久未投考,昨经本院札催,始据该学详称该生业经病故。合将原册发还,仰即转饬该学遵照另推下首合例之生具文投考可也。原文册结发还。

普安县学详廪生陈连奎等抗贡由

批：据详，廪生陈连奎、田泽霖、孔毓杏抗贡不出。准推下首合例之生具文随棚投考。文禀存，抄发。

玉屏县学候廪生杨应燻抗贡由

批：准其如详办理。

玉屏县学廪生杨应燻禀出贡由

批：前据该学以该生抗贡不出，详请推及下首之杨万全考出在案。兹据所禀各情是否属实，仰该学查明详覆。切切！禀发。

天柱县学廪生袁献廷禀出贡由

批：据禀已悉。该生既应出本届岁贡，着速具文投考，毋得藉故推延。切切！

荔波县学附生李齐秾禀应贡不贡由

批:仰该学查明详覆。毋延,切切!

施秉县学详李占魁等应贡不贡请批示由

批:据详,应贡各生任意延玩,殊属不遵功令。仰该学再行饬催,赶紧具文考出。如再抗违,即据实详覆,另推下首合例之生补出。切切! 文册存,抄发。

思州府学禀正拔陈礼耕丁忧请示由

批:正拔中式或病故,应以副拔顶补,若正拔系丁忧,又当别论。查例载:"遴选生员在会考以前丁忧者,准俟服阙起复后补行会考。"仰该遵学照办理可也。禀存。

安化县学详廪生田成勋等应贡不贡
应补不补由

批:据详已悉。该生田成勋应贡抗延,邹树勋应补不补,准以下首合例之生出补。仰即遵照办理可也。册存。

正安州学详正拔廪生宋绍殷病故由

批:据详,宋绍殷业经病故,准以陪拟之雷炳光推补。仰即饬传该生取具结状,申送会考可也。册存。

施秉县学详应贡各生已贡不贡由

批:据详,应贡廪生曾学诚、蔡元良不愿考出,具有甘结在案。准以下首合例之生推出。至周桢、蔡元道、高维岳、曹汝钦四名言语支吾,殊属不成事体。仰即再行饬传,如果不愿考出,亦须具结备案,以凭另推。所有廪缺着先行开除,即传本案之生挨次序补。切切! 文册存,抄发。

普安厅学详廪生吴俊英出贡批驳由

批:查吴俊英已欠五考,册中于癸未岁试填注三等,系属朦混,且就令止欠四考,按例亦早应除名。所请出二十三年岁贡碍难照准。仰即饬知该学另推下首合例之生具文投考。原文册结并发还。

定番州学详廪生谢天树捐贡出学由

批:据详,廪生谢天树报捐贡生,例应出学。仰即遵照开除注册。文存,抄发。

遵义县学详附生王培捐贡由

批:据详附生王培报捐贡生、呈请出学等情,查该生尚欠岁考,仰即传谕补考后再行出学可也。册存。

○安平县学廪生黄癸珂等具控罗兴元应贡当保一案

批:应贡廪生业经开缺及应廪未经补廪者,均不应当保。黔中往往迁就,最易滋弊,亟应申明定例,以重责成。仰该学即将罗兴元所保童生逐名换保,毋得以援案为词。至该廪生等恐坏学规,恳请整饬,原无不合。乃禀末云:"如不为违例,恳恩批府存案,后亦可效其所为。"词近刁健,殊属非是。仰并传谕申饬。切切! 禀发。

威宁州学详附生聂廷藻等欠考由

批:据详,附生聂廷藻等十八名欠考四次,例应除名。仰该学遵照开除注册。册存。

○大定府详水城厅属文童周天杰上控廪生罗崇训一案由

批:据详,周天伟之叔周宗濂邀恳准如彭佳相等所禀"以天杰复名天伟,应生试,以天源应童试"。准如所请,姑免深究。惟本届岁案周天伟之名应行扣除,仍作为欠考一次。王显荣虽非诬控,而纠众滋闹,殊属胆大,着罚停廪饩一年。余以所议办理。仰并行知该学教官遵照注册。册存。

二件:贵筑县学文生徐如金等欠考由

批:据详,文生徐如金等五名、武生邓占魁等四十五名欠考多次,例应扣除。仰即遵照注册。册存。

批:据详,文生贺良淮、郭汝金、王德懋、杜永清、沈定邦、彭炯、黄宣昭、邵凌云、黎庶谐欠考多次,例应扣除。仰即遵照注册。册存。

平越州学增生李永和等欠考除名由

批:据详,增生李永和等八名欠考已至五六次,应照例除名。仰即遵照注册。册存。

天柱县学详该学文生乐长庚等欠考由

批:查吴登龙壬辰岁试尚列二等,杨炳章现报服阕,该两生并未欠至三考。仰即饬传随棚补考。其余各生欠考多次,即着照例除名。该学遵照注册。册存。

松桃厅学详武生龙昌文呈请补考一案

批:据松桃厅学详武生龙昌文呈请补考等情一案,仰该学官饬传该生着于武童覆试日随场补考。特示。

八寨厅学详廪生景庆云欠考开缺由

批:该廪生景庆云本届已欠四考,仰即遵照开除注册。文存,抄发。

都匀县学详廪生王时俊欠考除名由

批:据详,廪生王时俊游旷无踪,欠考四次,例应除名。仰即遵照注册。文册存,抄发。

黔西州学详武生赵德祥欠考由

批:据详,武生赵德祥既已欠考五次,例应开除。仰即遵照可也。文存,抄发。

○锦屏乡学申覆武生刘光〔文〕欠考六次由

批:据详已悉。单松冒充监生已属胆大,复敢窃名妄控,情殊可恶。仰即送县究惩。至武生刘光文欠考六次,例应黜名,业经开除,应勿庸议。文存,抄发。

镇远府学详附生唐正国补考由

批:欠考多次例应除名。原文发还。

印江县学详增生陈其椿补考由

批:查前届有独山州学生王至诚补考三次,奉部驳饬,当经通行各学一体遵照。嗣又接奉部覆,凡欠考三次者,截至乙未岁试限内,务令一律补清,嗣后不得援以为例,亦维通饬有案。今该生陈其椿已欠四次,核与部文不符。原文册发还。

兴义府学文生高月楼禀请补考由

批:所请补考有碍部章,未便照准。查该生入学已卅年,与告给衣顶之例尚相符合。仰该学官饬传该生,由学备具文册,申详候核。切切! 禀发。

仁怀县学详正安州学廪生冉钦尧补考
并录遗由

批:查冉钦尧因案经正安州详革在案,该革生竟敢朦混呈由送考学官申送补考,殊属可恶。着不准。原文册发还。

平越州学详覆湄潭童生徐作周无有
情弊开释由

批：既经查明并无别项情弊，该童徐作周准其开释。至文生徐孝德因病未能进场，仍以欠考注册。仰该学遵照。文存，抄发。

○○思南府属职员田庆膏等禀呈书由[①]

批：据呈《周茂才遗书》六卷，讽览一通，良深景仰。始一展卷，如严师畏友，卒然相直，跼蹐不安。徐而绎之，又若神医针灸，恰能中吾患处，弥痛而弥觉其快也。以己度人，心同此理，必传无疑。原书着于十九日辰刻当堂发还。仰即将第一卷及五、六两卷别钞副本呈送，俟本院旋省后排次而刊布之。特示。

---

① 据日记，事在1896年正月初十日。日记云："堂上校《又濂语录》二本。《又濂语录》者，印江故廪生周慎德字肃斋之所著也，凡六卷。卷一曰立教，卷二曰道，三曰道体，四曰道语，五曰《学》《庸》，六曰国风。其学以宋儒为的，于义利敬肆之界辨之甚严，而一一课之于行习，其言亲切，往往发前贤所未发，五、六两卷尚非精诣。邑绅、贡生田庆膏，前署安顺教授戴绶荣，贡生周述先，廪生陈尹东、杜时新、李正纲，增生刘进德、李瑞昌、冉继贤，附生周爱莲、刘国瑞等具禀呈阅。读而善之，将校阅一过，节钞而梓行之。"

○○思南府属贡生戴绶荣等禀呈书由

批：据禀已悉。性理之学，近世文人大率目为迂阔，实则恶其害己，遁而之他。陈贡生独能笃信力行，至老不倦，此昌黎所谓"为于举世不为之日"，而孟子所称"豪杰之士"也。其纂辑之书卷帙浩繁，本院未及遍阅，惟将《福坊杂作》一卷循览至再，生平志行略见于斯。原书着于十九日辰刻当堂发还。仰将此卷别钞副本，呈送本院，旋省之后当与《周茂才遗书》合并刊布，以惠来学。一郡之中，百里之内，并世而有两巨儒，此固黔中之盛事，亦尔乡士所当感奋而兴起者也。特示。

○○普安厅绅士蒋思超禀呈《日省录》由①

批：据呈，该绅所记《日省录》三册，本院庄诵一通，大旨以宋儒为宗，而于朱子崇信尤笃。所论"省身""克己""主敬""慎独"各条实能切己体察，非捃摭儒先语录作道学门面语者可比。原禀有云："至今八十有一之年，尚存一息不懈之志。"所谓不愧其言矣。本院历试各郡，慨夫是邦士习，大率以患贫之故，遂丧行检，极其所至，殆不忍言。安得如该绅者数十人，分教其乡，以资衿式？孟子不云

---

① 据日记，事在1896年十二月初八日。日记云："孝廉蒋思超曾宰唐山，解组归，今八十有一矣。以所辑《日省录》遣人当堂呈递。凡三册，分卷六，颇深洛闽之学。其禀自称门生。"

乎:"其子弟从之,则孝弟忠信。"此本院夙夜祷祈,拭目以俟者也。原书着发还。仰普安厅学教官择诸生中性情与此相近者六人,各钞一卷,限明年二月内申送到院。毋延,切切!禀书并发。

○○石阡府学廪生梁成呈《四书要义直解》三卷又《献书自序》一册由

批:四书义理经宋儒发挥殆尽,其名物训诂则国朝汉学诸家亦几搜讨无遗。学者欲勤是书,必先任择一门,博览精思,始能确有心得。若悬空臆断或但拾讲章唾余,则陋且妄矣。本院乐观诸生札记,而不欲其轻言著书。公然注经,谈何容易?以来氏易学之精,而《四库全书提要》中犹讥其夜郎自大。吾辈可不慎耶?本院访闻该生平日颇有遗行,似于宋学尤宜留意。着发给《小学》一部,归而读之,不特有益身心,于四书大指或亦藉以发明也。仰该生于廿四日辰刻来辕祗领,并原书发还。

○○郎岱廪生彭耀林禀呈书由

批:据禀已悉。该生之父绩学授徒,有功乡里。所呈《四书通典便读》亦尚雅训。惟此等类书无关精义,《四库提要》中盖详言之。其夙所蓄积,正不必以此见长,藏之家塾以存手泽可也。原书发还。外给该生《提要类叙》一本,《先正读书诀》一本。仰即于廿四日辰刻来院祗领,该生其益博习精研,用绍家学,本院有厚望焉。

○○遵义府学附生张世庚呈 《百忍堂正蒙家训》一卷

批：所论极有是处，"开笔""出考"两条足药近世之通病。至谓"开讲宜早""杂艺宜学"则尤非冬烘学究所能道也。三百年来塾师传授，大半拘守吕氏《社学要略》而不知扩充，甚且略而又略，聪明子弟误于庸师之手者不知凡几。该生讲求及此，本院实嘉与之。但教学大指，先哲之所纂述已指不胜屈，其尤著者，如《小学》《人谱》《分年日程》《读书举要》《养正遗规》，与夫王篛友之《教童子法》、今张制军之《学究语》，斯皆大雅宏达，精择详语，以箴世俗之膏肓。若能荟粹排比，辑为简本，较诸吾辈臆说，不惟精核，抑且雅训，该生其有意乎？如其不能，则此卷各条亦有必须商改者。如第三条论发蒙应用诸书，别择不精，雅俗参半，读《曾文正家书家训》及《輶轩语》自知之。第五条所证句读，或举细而忽巨，或窥偏而遗全，读武氏《经读考证》及欧阳氏《点勘记》自知之。"杂艺"条中亦多信手拈来，有失矜慎，凡此之类，皆宜就正通人，虚心讨究。总之训蒙一事，关系甚重，必欲无忝此任，非博考精思，加以阅历，未易轻言。否则以五十步笑百步，楚失而齐亦未得也。原书发还，外给《輶轩语》《书目答问》《先正读书诀》各一部，仰该生于廿四日辰刻来院祗领。

○监生袁光先禀呈《读史杂咏》诗由

批:据呈,该生祖父袁德成所著《读史杂咏》八本,均已阅悉。查卷端序记,自言年已六十,始假得《纲鉴》一部,朝夕披阅,积三年而成此编。得书如是其难,而好学如是其笃,此后进所当慕效。而为之后者尤宜刻志勤修,以绍先业。原书着发还。外给《輶轩语》《书目答问》一部,仰该生于三日内来院祇领。特示。

○普安厅学详该学诸生考课由

批:据详已悉。该教官实心训迪,深堪嘉尚。仰即劝谕该生举行札记法,按季由该学申送,以凭查核。切切!册存。

○○郎岱厅学详该学课士日期由

批:据详已悉。该学官课士勤慎,训迪有方,深堪嘉尚。前发去《先正读书诀》二本,其屡列前之文生周景云、萧国柱二名,各奖一本,以示鼓励。仰即遵照转交。切切!册存。

○○印江县学禀先贤籧氏瑗及公孙氏侨拟请移记崇圣词由

批:据案已悉。该学官留心典制固自可嘉,惟于历代掌故尚欠深考。查唐时祀典序籧氏瑗于七十弟子中,与《史记》严事之文显然乖异,元马端临、明程敏政并有论辨,嘉靖间始用张璁议,罢其庑祀,改祀于其乡。我朝雍正二年,礼臣建议,以为孔子大圣食于堂上,籧氏大贤坐于两庑,此亦礼之所安,宜复其祀,而升诸东庑之首。诏从其请。咸丰初,河南学政请祀先贤公孙侨。诏下议行,位诸西庑之首,犹用籧氏例也。圣人折中,权衡至审。该学官试取《文献通考》《五礼通考》等书及郑君子尹所撰《遵义府志》一究其本末,当可了然,无复疑义矣。另单所请旌表节孝宜推封本夫,事属不经,应毋庸议。禀单存。

○郎岱厅学详生童月课由

批:季考月课,久成具文。该教官独能恪守功令,实力举行,足征勤职爱士,深堪嘉尚。该处生童虚心率教,尤为仅见。师道立则善人多,殆非虚语。仰随时奖励士子,雅学绩文,笃志勿懈,以副厚望。册存。

月课能否间以经论等题? 酌之。

○○黄平州详覆购《时务报》并周封邠移送论卷由

批:据申,送该训导《时务条陈》并就渊院长《时务论》,直言忠告,不为诡随之论,殊堪嘉异。《淮南》有言:"东家谓之西,西家谓之东。"庄子曰:"彼一是非,此亦一是非。"人之趣舍,岂能强问,但学不讲不精,理不辨不明,要当反复讨论,以求其是。册论加批发还。更望商确辨正,所谓"不有益于人,必有益于我"也。两文存。抄发。

○镇宁州学文生宋文杰禀枪冒由

批:据案,枪冒各情仰提调官集案讯明,禀覆核夺。至所称袁教官受贿及廪保贺国钧串通各情是否属实,仰并彻底确查,毋稍瞻徇。切切! 委发。

郎岱厅属文童张�◯等禀冒籍由

批:萧化龙果系冒籍,该童等何不场前禀明? 今榜后攻讦,难保无挟嫌情事。仰郎岱厅集案讯明,照例详办。切切! 此缴。

○镇宁州属举贡绅耆李荣时等委冒籍由

批：周景昭捐银入籍一事，业经安顺府研讯明确，有捐簿收信，历历可证。本院道经镇宁，询之该州，亦无异词。显系该绅等挟嫌妄渎。此种刁风，本院所深恶，此次姑免深究。至所控久离职所一节，事恐有因。仰该府转饬该员，务须循分供职，勿得玩懈，致干查究。切切！此缴。

○○普安县属民李文明禀挟仇阻考由

批：挟仇阻考之风殊堪痛恨，如果本童不应与考，何不于汇童以前，早为具禀？乃姜凤翔已覆经古，而普安厅之文生某阻其正场。李开第、徐光瑛多中步箭，而普安县之武童等阻其马射。其为嫉妒挟嫌，已可概见。本院因该童等既已入场，不予深究。若如该民所禀，文生任廷元、徐光前等竟有主使凶殴并群抢掠情事，似此刁风日炽，大于考政有碍。仰兴义府集案讯明。如果属实，照例详办，毋稍轻纵。切切！禀发。

水城厅属文童彭佳相等禀更名重考由

批：据禀，周天杰委系更名重考。仰该府再行研讯详覆候核。

禀结并发。

○威宁州学廪生叶阳春禀闹考由

批:此间应试士子动辄纠众逞凶,胆大妄为,殊堪痛恨。此次竟敢于本院扃试之日,在考棚前屡次喧哄并殴伤多人,尤为目无法纪。仰提调府迅即饬差严拿,按律惩办,毋得丝毫轻纵。其有衣顶者,并着先行详革,一律归案严讯。切切毋延!三禀并发。

贵阳府属文童汤懋勋禀攻冒籍由

批:该童既应府试,何以忽攻冒籍? 仰提调府传案讯明详复,以凭核办。速速! 禀发。

○○麻哈州禀文童罗雍平攻周学培不应考试由

批:据禀已悉。查例载:"贱役子孙虽已出继,仍不准其应考。"系专指娼优隶卒而言。至薙头一项,仅止比照吹手办理,与娼优隶卒大有区别。例文甚明。周学培既系早经出继,准其一体应试可也。禀发。

○天柱县属文童蒋发亭等禀

批:该文童黄镇西果系冒籍,该童等场前何以不当堂禀明,且面试时又不指攻? 发榜后期越旬日,始行隔墙抛禀攻讦,殊属刁狡,其中难保无挟嫌情事。仰提调官传案讯明究办。切切! 禀发。

○○天柱县学文武生杨璧光等禀

批:黄镇西取进之后,期越旬日,始据文童蒋发亭以飞簽禀讦。昨据镇远府复称,飞簽列名之陈兆清早已病故,其余等名亦未在郡。窃名妄禀,情殊可恶。该生童等辄尾其后,哓哓不已。岂前日之飞簽,即该生童之所为耶? 本院姑不深究。已据该府讯明,黄镇西本籍天柱,有田庐可据。着毋庸议。

○都匀代办提调府详枪手冯承汉
攻廪生石荣邦由

批:据详已悉。廪保石荣邦虽据讯不知情,究属疏忽。且本日发落生童,该廪生犹进院领奖。何以该县传讯竟不到案? 殊属胆玩。石荣邦着罚停廪饩二年,嗣后永远不准当保。仰即移知该学遵照办理。文存,抄发。

○○贵阳提调府详覆轿夫刘光华招摇由

批:据详已悉。该役刘光华既知黄姓撞骗得财,不行扭禀,辄敢代为开销银两,殊属胆大妄为。且据供称,邓金山等俱已得钱,岂有该役一人独不得赃之理?显系狡展不肯吐实。所供得钱诸人,除三使谷姓昨已因事革逐外,其邓金山、王江西、任惠安、赵老幺、〔胡〕发柯、阮定国、张建亭、陈炳山等究系何人?仰即勒令该役逐名指实,签提到案,集讯确情,据实申覆,以凭核办。切切!文存,抄发。

提调府申覆轿夫刘光华等到县审讯由

批:据详已悉。仰即将刘光华、胡发柯二名发交贵筑县照例惩办,余照所议办理。文存,抄发。

○○毕节县学申覆附生郭元贞具控
王德英请枪由

批:查郭元贞原禀称:"王德英请枪一事,因与枪手同系本学附生,场内无从清查。迨王德英与冯姓涉讼,事始发觉。"揆诸事理,容或有之。本院但问王德英之是否请枪,冯姓之是否具控,未便以临场不攻执郭元贞之口,亦不敢以关防严密,慑于自信而遂非。据郭生禀称,两次在学具控。是否属实? 何以未据申覆? 真伪混淆,考政大忌。此关乎全庠士气之屈伸,不独郭元贞一人之得失。郭元贞如果凭空诬控,方当黜之革之,岂但如该学所请申饬而已! 仍仰澈底根究,毋得丝毫徇纵。限一月内据实申覆。切切毋延! 文存,抄发。

毕节县学详覆郭元贞具控王德英一案由

批:仰该学官传谕该生郭元贞、冯树钧、王履祥原名德英等,届时齐集定郡,俟按临时听候核办。倘有托故不到者,便系情虚,定即严究不贷。切切! 文存,抄发。

○○毕节县学增生郭元贞禀

批:此次科考正场提王履祥原名王德英当堂面试。其文笔沉着,雅有思致。及阅冯树〔钧〕卷,则依傍蹈袭,全非心裁。衡其优劣,不可同日而语。谓王德英岁考之卷出冯树钧手,殊属不类。而冯树钧既已自承,郭元贞又粘呈信稿。证据显然,事非无因。以理度之,必是王德英极力求工,未能自信。因冯树钧多记几篇腐烂墨卷,请其删润以求机调圆熟耳。核其情节,虽与倩枪有别,究属不守场规。王德英着注销补廪之案,并将岁案考名降为二等末。所遗廪缺,即以郭元贞顶补。至冯树钧始则越俎代谋,继则藉端搕索,种种不合,着发学严行戒饬。仰该学遵照办理。切切！禀发。

○○据桐梓县文童成至江具控余炳章藉名撞骗一案

批:该童希冀诡遇,致堕奸计,祸由自取,尚复何尤？惟招摇撞骗之徒,不可不严行惩治。余炳章、蓝雅斋系何项人？籍居何处？未据声叙。此等匪徒,难保不随棚作祟。仰提调府提该童讯明,饬差访拿到案,按律惩办,勿稍轻纵。切切！禀发,仍缴。

安顺府学拟拔生吴敬熙禀赏免牵涉拖延一案

批:何余谟倩枪之案,前经批府讯究,仍仰该府勒令金铸人交出本童,讯明详覆,以凭核办。至该生吴敬熙等既非妄禀,应准免其听结,以省拖累。切切！禀发。

八寨厅学生员等禀宋荣春冒名顶替录遗由

批:据禀,宋荣春冒名顶替,其入学时并有请枪行贿之说。除移藩司先将该生考名扣除外,仰八寨厅学官查明详覆,以凭核办。切切！禀发,仍缴。

贵阳府学廪生宋泽宗禀祈面认熊鼎由

批:据禀文生熊鼎有贿冒录遗情事,仰贵阳府学即刻传该生,并原保廪生宋泽宗、李国安到学面认的确,据实详覆。速速勿延!禀发,仍缴。

八寨厅学附生宋荣春索赵登瀛等
诈搕诬控一案

批:查该生宋荣春录遗卷与取入试卷笔迹不符,已移藩司扣除考名,并发八寨厅学查覆在案。仍仰该学确查详覆,再行核罚。切切! 禀并发。

安顺府详永宁陶开荣父子异籍由

批:据详已悉。陶开荣父子异籍,有违功令,如详立案。仰即行知该厅遵照可也。册存。

○大定提调府详覆水城廪生罗崇训挟嫌揞阻由

批：此案既经该府讯明，廪生罗崇训等挟嫌揞勒系属实情，该廪生等供亦相符。此等刁风万不可长，着将该生罗崇训、陆觐宣及聚众哄堂之王显荣、聂树椿等一并先行斥革衣顶，迅即签差。饬提王显荣到案，研讯明确，按律详办。至文童周天伟等讯无不合，自应准其一体照常应试。仰即饬知水城厅遵照立案，并饬该学一体遵照。文存，抄发。此案旋反，查系府受周姓请托。修注。

咸宁州学详新生杨价更名混考由

批：据详，该生杨价并非本人。仰即饬传该生廪保确切查明，据实申覆。速速！册存。

安平县副榜罗兴仁等禀

批：枪冒歧考例禁綦严，该绅等禀请清釐，理所宜然。仰提调府转饬安平廪保认真稽核，毋得含混干咎。切切！

○○荔波学生员梁樾禀攻冒考由

批:杨树声与其兄杨树荃事同一例。杨树荃叠经杨、陈前院批准应试,并将临场攻讦之文生覃晋安、文童覃文炳先后惩究。该生岂不知之? 乃敢蹈其故辙,且禀内列名居次之蒙永清,昨经本院当堂传讯,并不知情。是该生之挟嫌阻考,窃名妄禀,不待杨茂章之控诉,情事业已显然。梁樾着发学严行戒饬,以为刁诈者儆。仰该学官遵照办理。特示。

荔波县学廪保王国骏、民杨茂章禀诉

批:已于梁樾案内批示矣。

合省绅士张锦云等禀举人顾泽霖等
冒名顶替由

批:据禀顾泽霖、李立诚、张櫟等均有冒名顶替情事,如果属实,大干例禁。既经禀明抚部院暨本府有案,仰即听候核办。禀存。

合省绅士张锦云等禀扣顾泽霖等
录遗磨勘卷并亲供册结由

批:前禀已咨抚院核办在案。兹复据禀各情,仍仰候移咨抚院,并仰贵阳府转饬贵筑县讯明详办。切切! 禀发。

○○贵阳属孀妇杨罗氏、杨傅氏禀
争本衙伞缺一案

批:据禀均悉。阅杨前院批杨罗氏因先清无力读书,允借伞缺一任。以时考之,正自光绪八年为始。此次又称,先清于光绪八年平空估霸。前后显有不符,是其砌词耸听,已可概见。杨傅氏控先荣假捏分关,亦不能独以六房之言为凭。着凭亲族理剖,毋滋讼累。切切!

孀妇杨傅氏续禀

批:仍着亲族理剖,据实禀覆候核。

恩辕伞夫李在文等禀争伞缺一案

批:据禀已悉。事隔六十余年,殊难凭信。既称邀凭团邻理论,应俟该团邻等秉公禀覆候核。

○○本衙遵义房经书杨先荣案

批:据案已悉。兄弟不和,外侮乘间而入,此必然之势。试问该书甘受李姓讹诈乎? 抑情愿于堂弟加厚乎? 李姓所控原难凭信,已批饬团邻理处,应候禀复核究。至该书与先清互控一案,无论分关之真伪,该书果念手足之谊,自不当仍执前说。着即赶紧邀人调处,毋得延抗干咎。

○○杨先荣、杨先清互争本署伞缺一案

批:此案但须论情,不能论理。如欲论理,则骨肉相仇,均非良善。即概予革逐,亦不为过。以情言之,荣之父、清之父,同胞兄弟也。荣之祖,亦清之祖也。尔祖之子六人,今其存者两房耳。两房孀妇,抚孤成立,良非易易。荣、清两人宜如何互相怜恤,以成母德。乃己既不仁,又陷母于不义,唆使构讼,累年不休。且禀中动称逆伦、殊恶字样,肆口诟诋,竟不思所控者系尔何人? 系尔祖父

何人？尔祖父有知，恐不瞑目矣。先荣执分关为词，不允轮充，尤为寡情。就令当日实有分关，处今之日，荣富而清贫，荣长而清幼，亦不容固执前说。本院今与断结，仍作为两房公业。先清既已年满，应归先荣接充。但十二年之期为日太久，此后应改为三年轮流，永远不得争讼。着即邀原中人写立字据，限五日内呈验。如有抗不遵断，故意拖延者，定即革惩不贷。

本衙皂役汤洪发禀

批：禀悉。既称各行人等数次理讲，孰曲孰直，仍着凭公理剖，禀候核断，毋得偏袒欺饰干究。

本衙皂役方洪发诉禀

批：前已批饬，凭众理剖，着即迅速禀覆候核。该役毋许再渎。

○本署役满书吏曹桂元具禀毛应奎督率妇女叠虿无休由

批：据禀已悉。该书所带银物信件，途中被挑夫拐逃，禀报有案，自系实情。当日既由许贵摊赔，各无异说，何以事隔二十余年，毛应奎始行索讨？殊属非是。且禀称毛应奎理讲无词，应勿庸议。

以后如再有泼蛋坐索情事,许即禀请地方官究治可也。切切!
此批。

○○桐梓县学详廪生侯缉熙应戒饬由

批:该廪生剿袭成文在四句以上,按正场牌示应置四等,本院
列之三等,已属不欲苛求。该生乃撕毁红榜,岂犹自谓屈抑耶?抑
灭迹以掩其丑耶?据详该生曾因滋事注劣,是即立予斥革,亦不为
过。但因此被斥,恐不足服该生之心。着从轻发学戒饬,仍仰该教
官严加约束,如再怙过妄为,即行详革毋贷。册存。

○仁怀县学详廪生王文垓、附生何升阶 两造禀词讯办由

批:何升阶颇有不驯之气,本院于覆试之日已略窥之。据详,
该生面从心违,有意抗延。其为刁健,已可概见。着先发学戒饬,
仍仰该学讯结,如果怙终不悛,即详请斥革可也。文存,抄发。

○清镇学官禀新进文童程宗贤把持由

批:程宗贤初得一衿,便有把持刁玩情事,将来尚望其安分读
书、力求上进耶?仰该学传行申诫,如不悛改,即行详覆。该童面

试默经时颇有讹字,即予扣除,亦不足惜也。

安顺府文童冉瑞麟禀

批:该生柳元魁如此肆行,是否属实?仰普安县学官传行申饬,务令安分敛迹,勿再滋事。切切!

○安平县捕役王清等禀

批:该役执票传案,难保无惊扰情事。该文生黄人瑞仗衿扛讼,抑或有之。此案是否属实?仰安平县查明详覆候核。切切!此批。

兴义县属民妇皮樊氏禀

批:该生敖士昌仗衿督众、殴毙抢掳,实属目无法纪。既控县有案,仍仰该县提案讯究,毋稍轻纵。切切!禀发。

永宁州属孀妇林柴氏禀

批:该文生毛德厚果有扛讼情事。仰永宁州确查究办。切切!

禀发。

普安县属民孔广滋禀

批:据禀该廪生孔宪佳种种不法,如果属实,殊出情理之外。仰兴义府集案研讯明确,详革衣顶,按律究办。风化所系,毋稍姑容。切切! 此缴。

铜仁府属民黄玉枝禀

批:据禀黄德华狂妄各情,仰铜仁府学官严加束约,务敦士品。禀发。

铜仁府属民杨通吉禀

批:据禀武生杨同光武断乡曲及包庇杨炎南匿丧朦考等情,是否属实? 仰该学官确查,详覆候核,毋延。禀发。

思州府属民沈朝兴禀

批:控府有案,仍仰思州府集案讯明,如沈逢清果有仗矜估霸情事,详覆核办。切切! 此缴。

思南府属民柳宗树等禀

批:据禀已悉,该文生高应蛟等果有霸断情事。仰思州府查案详覆,以凭核办。切切! 此缴。

麻哈州属孀妇杜张氏等禀

批:据禀廪生陈文彬串同舞弊,是否属实? 仰麻哈州查明详覆。切切! 此批。

都匀县属民李宗僖禀

批:查该生邓宋扬因案斥革,甫经开复,犹不知改。兹据该民所禀种种恶迹,是否属实? 既经呈控贵定县有案,仍仰该县集案讯明详覆,以凭核办。切切! 禀发,仍缴。

遵义县属民妇杨刘氏具控文生杨治霖
恃矜估奸由

批：既据遵义县批示有案，毋庸哓渎。惟杨治霖屡屡生事，殊非善良。仰该学严加约束，再有劣迹，即行详革，毋稍徇庇。切切！禀发。

遵义县属职妇李金氏具控文生谢宝森
护宠骗债一案

批：控县有案，仍仰遵义县集案讯办。所称谢宝森有服中纳妾情事，如果属实，有关风教，并严究。切切！禀发。

桐梓孀妇陈胡氏具控廪生马志纲
仗衿藐抗一案

批：既经堂断，马志纲何以藐抗不遵，其中显有别情。惟该生叠被人控，不安本分，已可概见。仰桐梓县查案详覆，以凭核办。切切！此缴。

兴义府属民谭正文等具控钱文杰
划碑谋覆一案

批:既经控府,自应听候讯结,何得遽行越渎?惟本院访闻该武生钱文杰平日不安本分,是否实有劣迹?仰兴义府查明详覆。切切! 禀发。

兴义县学廪生刘籍富具控林盛德
假公聚赌一案

批:查林盛德控案叠叠,难保无欺压乡愚情事。据称业经控府有案,仍仰兴义府转饬该县集案,秉公讯断,毋稍偏护。切切! 禀发。

贞丰州职员陈先昌具控谭立政仗势估骗一案

批:如断有案,仍仰该州集案究结。谭立政等如果不守卧碑,即照例详办。切切! 呈发。

贞丰州属孀妇刘马氏具控刘崇熙
恃庠欺姊一案

批：据禀各情是否属实？仰贞丰州秉公讯结。刘崇熙如再抗案不赴，即行详办，勿稍姑容。切切！禀发。

普安厅学生童柳炽昌等禀

批：该文生张树勋鲸吞课谷等情，应先赴地方官衙门控理，毋遽越渎。至该生张树勋屡被控讦，其平日行止如何？仰该学教官确实详覆，毋稍瞻徇，致干未便。切切！

兴义县属绅耆赵大榜等禀

批：该生黄永昌果有鲸吞义谷情事。仰兴义府转饬该县提案勒追。如再抗延，即行详革究办。切切！此批。

兴义县属绅民张世福等禀

批：义谷备荒，岂容徒饱私橐？据禀该生黄明著侵蚀亏短等情,如果属实,仰兴义府转饬该县勒限如数追缴。如再抗延,即行详办,毋稍瞻徇。切切! 禀发。

水城厅属增生周宗濂等禀

批:据禀革生刘光藻等侵蚀宾兴、抗官蔑法等情,如果属实,殊堪痛恨。仰大定府转饬水城厅勒限如数追缴。如再抗延,即行详办。切切! 禀发。

定番州学革生洪学彬禀

批:查该革生洪学彬前以捐办积谷,折银入己,据该州详请暂革在案。兹据禀各情,仍仰定番州查明,所捐谷石是否缴清,详复核办。切切! 此缴。

桐梓县属举人毕炳南禀

批:果如所禀,以私肥之款移恤寒畯,诚为美举。仰桐梓县查案详覆,再行核办。切切! 禀发。

普安厅属民支兴斗等禀

批:该武生高冠英、高发达等果有私收钱粮情事。仰普安厅查实详办。切切! 禀发。

平越州属绅耆徐敬官等禀

批:据禀已悉。霸吞公款最堪痛恨。仰平越州勒限如数追缴,毋任饰词搪塞。切切! 禀发。

铜仁府属文童陈克昌等禀

批:据禀田天成等冒领恩赏银两,如果属实,有负国恩。仰铜仁府查明办理。切切! 此缴。

麻哈州属贡生熊飞渭等禀

批:仰麻哈州饬令斋长逐年清算报销,查看有无侵蚀情事,任须轮流经管,毋致糜弛。切切! 此缴。

兴义府属绅民黎民和等公禀清缴公款由

批：义学之设原为体恤寒畯，林盛德无故废弛，难保无侵蚀情事。仰兴义县严饬逐款清算，如数呈缴。另择公正绅董经理，以重公款而培士类。切切！禀发。

普安厅属武举李耀宗公禀余在田营私夺管由

批：据禀，各情如果属实，仰普安厅另择妥人经理可也。禀发。

龙里县学廪生岳维嵩等禀袁熙等侵蚀宾兴由

批：据廪生袁熙、黄显泽、张树芬等侵蚀宾兴，是否属实？仰龙里县传讯究追。切速勿延！禀发。

铜仁府学文生黄士骥禀程鸿熙估吞宾兴由

批：仰铜仁县送考官传程鸿熙，谕令照章秉公摊分，毋使一人向隅。禀发。

湄潭县属监生周琅禀附生杨濡霖谋吞宾兴由

批:监生应分宾兴与否,上届必有定章。仰湄潭县学传谕该生等秉公照章办理。切切! 禀发。

永宁州学增生胡桂馨等王诏燧等估吞宾兴由

批:该生等应分宾兴公费与否,仰镇宁州学送考教官传案讯明,秉公核办。仍具文申覆。切切! 禀发。

松桃厅属岁贡杨守清禀绅首王以仁等
估指宾兴由

批:宾兴公款嘉惠寒士,岂容经手之人从中侵扣? 程鸿熙有无估指情事,仰铜仁府送考学官即日传讯明确,据实申覆,以凭究办。禀发,仍缴。

二件:松桃厅学文①何培黄士骥等禀
程鸿熙估吞宾兴由

批:已于杨守清禀内批示矣。禀并发,仍缴。

○○绥阳县属贡生陈廷钰等禀王维端
存银买报由

批:据禀,以宾兴余款买电报三分。"电报"二字,似系《时务报》之讹。《时务报》有益见闻,识时之士不可不一寓目。上年李扬菜等曾有恳拨公款购买书籍之禀。人之好善,本有同情,且此区区之款,纵使瓜分,所得几何? 所称纷纷争论,毋乃过虑,既称公议,又岂王维端一人所能阻耶? 仰即知照首事,遵示办理可也。

○贵阳府学详新进武童陈荣丁忧由

批:查该武童陈荣榜后丁忧,前经提调面禀,当饬该学确查,是否另有别情,详细申覆,以凭核办。该学官未经详覆,遽以武生丁忧申请,于前情并未声叙,殊属含混,合行驳饬。仰该学官再行确

① "文"后似缺一字,应为文生或文童。

查,详候核办。切切!

贵阳府学详覆新进武童陈荣丁忧由

批:据详已悉。新进武童陈荣发榜后尚未覆试,旋报丁忧。既经该学查明丁忧属实,着取具该童族邻甘结备案,俟服阙起复后再行申送覆试。仰即遵照注册。册存。

安顺府学革生雷张鸣禀

批:据禀,该生实系十八年十月丁忧。门斗欧见高舞弊迟延,如果属实,亟应重惩。仰该学官确查详覆,以凭究办。衣顶事小,名节事大,毋得瞻徇。切切!

安顺府属民妇李刘氏禀

批:词语支离,碍难准理。至所称武生刘镕匿丧不报,是否属实?并该武生平日行止如何?仰该学查明详覆。

桐梓县属武童赵恩培等禀

批:据禀,武童金贡廷匿丧朦替,是否属实? 仰提调官查明究办。切切! 禀发。

荔波县学文生潘永澄起复由

批:据详,文生潘永澄服满年余,尚未呈报起复,殊属不合。仰即再传该生呈报,如再抗延,详覆候核。切切! 册存。

遵义府学拔生吕启瀛禀丁忧请会考由

批:查例载:"选拔生员未经会考,据报丁忧,准俟服阙之日会同抚院补行覆验,给咨送部朝考。"历经部议在案。该生姑回籍守制,毋庸汲汲为也。

○安化县学廪生萧焕东禀请应否承重丁忧由

批:查学册内该生并未填写本生父母,是其未经出继,尚属可信。惟该生之父是否果系次房,该生之伯是否另有嗣子,未便凭一面之词遽为悬断。究竟该生应否承重，仍仰该学确查详覆，再行核夺。切切！文禀并发。

○○安化廪生萧焕东续禀应否丁忧由

批：已饬学官查覆，该生自应听候，焉有由学报丁，而据他人之言辄为更正之理？该生兢兢于礼制则是，而其汲汲于科举则非。在昔先正有以期功去官者矣，礼虽不敢过，情则得以自尽也。该生幼年孤露，赖祖抚养以有今日，岂其丧未百日而哀已尽乎？此等处多阅儒先之书，自能辨别轻重。因该生前禀颇见诚孝之意，故复以此义进之。至究竟应否承重，仍候该学申覆到日，再行核夺。毋渎。

思州学禀正拔陈礼耕丁忧请示由

批：正拔中式或病故，以副拔抵补，若正拔系丁忧，又当别论。查例载："遴选生员在会考前丁忧者，准俟服阙起复后补行会考。"仰该学遵照办理。禀存。

平越州学详节妇袁宋氏等请给扁额由

批：据详，节妇袁宋氏、商宋氏均守节堪嘉。着给扁额，仰该学承领转发。切切！文存,抄发。

瓮安县学详节孝妇王胡氏请旌由

批:着取具族邻甘结,由学及地方官加其印结申送,以凭会题旌表可也。

○○黄平州学武生王奇忠禀

批:据禀已悉。该生之母苦节多年,深堪敬尚。该武生恂恂儒雅,毫无凌竞之气,母教有方,亦可概见。其守节年限既符请旌之例,仰该学官加具印结申详,以凭会题。事关风教,毋得推缓。切切！禀发。

镇宁州属佾生黄焕儒禀

批:该童自行禀请旌表,与例不合。着取具族邻甘结,由学加具印结,申详候核。

正安州学廪生宋绍殷等禀

批:据禀,郑氏节孝堪嘉,准给扁额,俟发落日赴辕,当堂祗领。至禀恳请旌一节,着取具族邻甘结,由学加具印结,申送到院,以凭会题旌表。

遵义县属候补知县王德周等禀

批:据禀已悉。该氏家寒守节,年老乏嗣,殊堪矜悯。既禀名府县,俟申详到院,再行会题旌表。

文生傅懋桐等禀

批:据禀,文生萧秩宗之母傅氏节孝兼全,抚孤成立,深堪嘉尚。惟代请寿序向无此例,碍难准行。

○○已故训导杜国勋之子杜光业禀

批:据禀已悉。该生之父冷官三年,甫近试期,遽尔身故,情殊可怜。为之后任者,必有以矜恤之也。仰思南府酌量区处,俾得扶槔早归,毋致久留异地。切切! 禀发。

该生杜光业并非官员,辄用红白禀,殊属不合。此饬。

○○杜光业续禀

批:据思南府面禀,该生之父当收考时,所得报名规费已属不资,该生即应扶槔早归,以速葬事。若复别有希冀,便失《礼经》"不家于丧"之义。身列胶庠,当有不屑不洁之志,以自异于流俗也。

已故铜仁县学训导黄象吉之子黄廷彦禀

批:铜仁县面禀业经秉公调处。禀中所称该县资助之廿两,即系孙教官格外分给。着即扶槔归葬,毋再淹留,徒耗资斧。

黄廷彦续禀

批:仰候铜仁县调处可也。

○○天柱县学生员栾扬声禀

批:酬师署券,事属罕闻,据禀各情显有不实。惟该生年老家贫,杨凤飞兄弟亦宜稍周恤之,以尽师弟之情。仰天柱县学官善为调处可也。禀发。

○毕节县学文生王书元具控朱思矩
逆徒殴师一案

批:待师如此,其人可知,见几不畚,该生得勿有自取之处? 既经控县有案,仰该县集案讯结,朱兰芳、朱筠芳如果恃符抗传,即照例详办可也。禀发。

○○遵义县职员夏与言具禀附生吴渐鸿
旷馆揽讼由

批:吴渐鸿如果行止有亏,则其弃馆不理,正是东家之福,何反强之到馆,误人子弟耶? 该职与为姻戚,年辈又长,据禀又有义拜之说,约束之,惩创之,有何不可? 倘其不悛,禀学戒饬可也。

大定府属孀妇黄陈氏禀

批:据禀文生徐在霄等忘师横估、从中刁唆等情,是否属实? 仰大定府学官查明禀覆,再行核办。

○安南县属民蒋全、陈海廷禀教官由

批:蒋全、陈海廷行同无赖,送县押禁,咎由自取。惟本院访闻该教官平日操行颇有可议。仰兴义府秉公确查详覆,毋稍瞻徇。切切! 禀发。

○廪生陈春芳禀定番学教官由

批:廪保应听学官选派,该生毋庸冗渎。至所称索价不还等情,该学官于三日内明白禀覆。本院遇事不欲过为吹求,不得意存欺饰,转干未便。切切! 禀发。

平越州属民妇张刘氏禀

批:据禀各情如果属实,该训导身膺司铎,殊属非是。仰平越州确查详覆,以凭核办。风教所关,毋稍瞻徇,切切! 此缴。

○定番州学训导周仁卿禀覆

批:该教官既无赊欠情事,该廪生诬控学师,殊堪痛恨。仰定番州即传陈春芳到案讯明,照例详办。切切! 禀发。

○贵阳府学廪〔饶〕焕奎等禀

批:据禀已悉。学官选派廪保,勒送贽仪,是否学书朦弊? 仰贵阳府确查立案。禀发。

大定府学革生李家珍禀门斗由

批:据该门斗彭升凶横如此,亟应惩治。仰该学官查明属实,即行革究,毋得徇纵。切切! 此批。

○都匀府学学书盖经甫禀

批:以禀中词气证之,该书前以蔑官被革,事出有因。既称都匀府批准复充,自应安分知足,杨金培被人控告,又何预尔事? 岂控告之人与该书合谋耶? 原禀掷还。

开州训导刘仲魁禀门斗顾洪用空文报丁由

批:据开州训导刘仲魁禀,被已革门斗顾洪捏报丁忧、陷害开缺等情,如果属实,殊属可恶。仰贵阳府提集研讯,按律惩办,以儆效尤。切切! 禀发,仍缴。

平越州禀暂缓考试由

批:准如所禀,俟秋成后再行按临该州考试。仰即转行所属各县一体遵照可也。禀单存。

遵义府禀暂缓考试由

批:准如所禀,俟十月按临可也。此缴。

永宁州禀改道由

批:据禀已悉。查历任前院均系由永宁旧道驰赴兴义,本院未便遽改旧章。兹该州所禀各情,仰即会商郎岱、安南、普安各厅县妥为议定,禀候各宪批示办理可也。此缴。

荔波县拔生王国骏禀被盗失文查追无获由

批:据禀该生文结被盗遗失、报县饬追、尚无着落等情,据此,着准其赶紧回籍补请。仰荔波县移知该学,另行补具文结,由县转府申详核办。事关报部要件,刻勿稽延。切切! 禀发。

直隶学务处公文

呈覆查明磁州李牧设立蒙学情形文[①]

为呈覆事。案蒙宫保批"据磁州详送设立蒙养学堂教习学生姓名清册,请委员复查,以昭核实"缘由。蒙批:"据详已悉,该州设立蒙学至三百四十八处,学生至四千六百余名,果能名实相符,已与外国强迫教育之数相近。仰学校司委员复查具报,并饬该州将各乡筹办经费逐一注明何项,造册送核"等因。蒙此,遵即遴委候补知县徐永棨会同该州详细复查。

禀覆去后,兹据该委员会同接署该州知州岳龄禀称:"查得该州城关共设蒙养学堂四处,皆旧有之义学改设,每处学生多则十五六名,少则十二三名。又同赴城乡各村镇,共抽查蒙学二十五处,学生自四五人至十数人不等,大都就旧有之乡塾更名,今春新立者不过十之一二。卑职等连日抽查,近则城关,再则大村,远则集镇,不过如此,其余偏僻,可想而知。筹思至再,无论遍查势所不能,即使周历,谅亦皆然。夫设立蒙学至三百四十八处之多,其中之虚实,不待辨而明也。卑职等查,设立蒙养学堂乃自强基础,筹办经费为第一要义,应由卑职岳龄赶紧邀集各绅士筹议的款,遵照《定章》,从新劝办。先设立三十处,现已调齐李牧考取教习三十名,汰

---

① 录自《北洋官报》第 407 期。

其老惫与有嗜好者,其余先由小学堂供膳,学习教授之法。一面另行招考,总期实事求是,不敢徒托空言。除设立整齐再行造报外,所有查明磁州现在蒙养学堂实在情形,理合会禀查核。"等情前来。

据此,查该委员等所禀情形,核与前署州李牧兆珍原详多未符合,推原其故,似由李牧不谙学务所致。然所报如此而所查如彼,未免心存邀誉,迹近铺张,应请将李牧兆珍记过一次,以示薄惩。一面严饬现任岳牧,从新整顿,实事求是,另行据实禀报,以重学务而开风气。除批示外,拟合呈覆,为此呈请宫保鉴核。节录

督宪袁批:据呈委查得李牧设立蒙学情形,虽由不谙学务使然,但任意铺张,心存邀誉,适开虚文搪塞之风,应即记过一次,以示薄惩。仰移布政司注册饬知,并饬接任岳牧切实整顿。总之各牧令兴办新政于极力推行之中,须有实事求是之意,其有迁延观望者,厥咎惟均,不得以李牧之事为藉口也。仍由处通饬遵照。缴。

呈续拟劝设初等小学堂办法文[①]

为呈请事。窃维教育初级,必造基乎童蒙;创立先声,必明昭以激劝。直隶振兴蒙学前已三令五申,本年春间复详准大属设立三十处、中属设立二十处、小属设立十处,并令考选蒙师,先在高等小学堂师范教员处学习教授、管理等法三个月,再往开学,均经通饬在案。惟查近来各属蒙学有已报开者,有未报开者。其已报开

---

① 录自《北洋官报》第419期。

者,多或数百及数十处,少或数处及十数处。其中办理精详者,固所间有;而敷衍了事及无法开办者,亦分占多数。是非示以劝惩,必仍从而观望,今再于旧章之外,拟以切实办法六条,为我官保缕晰陈之:

一、各属绅董有能就本村设立初等小学堂一处,经费课程均臻完备、学生足三十人以上者,由地方官会同查学官查实,禀由学务处覆查后,详请分别给予奖札、功牌一二名,以示鼓励。

二、各属牧令有能劝立初等小学堂,或照原定处数或逾原定处数,经费、课程均臻完备,学生足三十名以上者,经查学官查实,即由学务处呈请,准记大功一次,如能增多处数至一倍及数倍者,其记功次数亦以次递增。

三、各蒙学经费均归各绅董自行筹集,地方官只代为提倡,概不经手。办成后须将出入细数禀由地方官呈报本处备查,以免冒滥。

四、各地方官于每年须同查学官前赴四乡周查四次,是否遵章切实办理,按季具报本处一次。各学堂并无须供应,以免骚扰。

五、各处蒙师多半年已强仕,不愿赴小学堂向师范生请益。今议明只用朋友切磋之法,不得以师弟相称,致生窒碍。该师范生亦不得因此故意吝教而乖公德。

六、各地方官如有漠不关心,迟至十一二月尚未禀报开办过半,及已报开办过半依然敷衍了事者,一经访查得实,分别立予记过撤参。其各绅董或借设学为名,暗中隐射,藉图渔利者,最为学界之障害。一经访查得实,分别立予斥革惩办,决不宽假。

以上六条,绅董于本村教育既能壹意筹画,不为官吏掣肘,地方官亦赖有各绅董自能筹画,不致空拳徒奋,经始维艰,而又加之以惩劝,兼施于教育普及,或不无裨益。研究各员均以为然,相应具呈宫保核定,如蒙俯采,即由本处通饬遵照办理。是否有当,理合备由具呈,为此呈请鉴核,伏乞照呈批示遵行。

督宪袁批:据呈已悉,查各属初等小学堂之不能普及,半由地方风气未开,半由官绅迁延观望,该处续拟劝设办法六条,惩劝兼施,事理平允,用意甚善,仰即通行各属一体遵照。缴。

准工艺总局咨复拟改工艺学堂
名目课程年限呈请核示文①

为呈请事。光绪三十年八月十七日,准直隶工艺总局咨复:"案准贵处移开:'查贵局工艺学堂系属创办,《奏定章程》亦系新颁,自难处处相与吻合。兹谨查新章,参酌粘抄,酌拟各节,另单开上,仍希核夺办理是幸,移复查照。计移送拟改名目、年限,清折一扣。'等因。准此,敝局当经体察情形,按照贵处拟改工艺学堂名目、课程、年限,逐条妥议,分别缮具清折,拟合咨请核夺,汇详督宪察核示遵。为此合咨贵处,请烦查照施行。须至咨者。计咨送拟复工艺学堂名目、课程、年限,清折一扣。"等因。准此本处覆查,咨复各节与《定章》大致相符,理合备由转呈,为此请宫保鉴核,伏乞照呈训示施行。计呈送原复清折一扣。

---

① 录自《北洋官报》第448期。本篇后附各条为学务处拟改工艺学堂名目、课程、年限的清折,其中仿宋字为工艺总局回复内容。

今将贵处拟改工艺学堂名目、课程、年限,逐条照复录请台核。

一、因工艺学堂将及二年,程度渐高,拟照章升为直隶高等工艺学堂。查敝堂学生现在程度虽未必尽合高等,然大致实在寻常之上,拟即遵照《定章》,改正名为直隶高等工业学堂。

一、直隶高等学堂、直隶高等农业学堂均设监督,其关防即名曰监督高等某学堂关防,拟即刊为"监督直隶高等工业学堂关防",以归划一,仍归总办直隶工艺总局兼理,不另设员。查工艺学堂系由工艺总局附设,拟由贵处详请督宪颁发监督直隶高等工业学堂关防一颗,以便关于学堂之事启用,抑或改发直隶工艺总局兼监督高等工业学堂关防一颗,将原领关防缴销之处,统候督宪核夺施行。

一、原设之监督拟照章称为庶务长。查监督既改称庶务长,应由贵处详请督宪发给直隶高等工业学堂庶务长之钤记一颗,以专责成,其原领之工艺学堂监督钤记一颗应缴销。

一、总教习拟照章称为教务长。

一、教习拟照章称为教员。

一、庶务司事拟改杂务司事。

一、银钱司事拟改会计司事。

一、医士拟仍旧称。

查以上五条均拟遵办。

一、新章各高等学堂教员、管理员皆比照《高等学堂章程》设置。其中又有文案官、斋务长、监学官、检察官诸名目,皆粘单所无,如有人兼摄,即无庸添益,以省费用。查敝学堂经费支绌,是以用人较简,文案等员拟暂由庶务长兼摄,不另设员,将来体察情形,如果必需,再行添设以上名目。

一、因工艺学堂将届二年,适满补习中等二年之期,升入高等,年限恰符。惟新章中等工业学堂课程豫科科目中有修身、历史,其本科各科之普通科目中亦有修身,今查工艺学堂课程程度与新章中等工业学堂之豫科及普通科相近,而少修身、历史两科,今拟增此两科,期与《补习中等普通学章程》相符,年限定为补习中等二年、高等本科三年。查敝学堂科学中虽无修身、历史名目,而此两种课程均由汉文教习于每星期内排日教授,至年限则敝堂正科系补习一年,专门三年,只少补习一年余,则大致与《定章》相符。

一、《高等各实业学堂章程》内载"高等各实业学堂可附设各实业教员讲习所或中等程度之实业学堂及各实业补习普通学堂"等语。查敝堂设有速成一科,其课程教法,约与中等程度之实业学堂相近,拟暂不另设,随后体察情形,再行办理。

一、《高等各实业学堂》内载"高等工业学堂当另备工艺品陈列所及各种实习工场"。查敝局附设之考工厂即系商品陈列所,业已开办,至实习工场,现正筹办。

以上课程年限。

一、高等学堂应将每岁所教功课、所办事务及教员员数、办事人数、学生入学及毕业人数于年终散学后报由本省学务处转禀督抚察核,并择其要略,咨明学务大臣查考。查敝学堂分定化学、机器及速成三科,又速成豫备一科,其一切办法概要应俟年终汇册,报送贵处,以便转禀。

以上附条。

督宪袁批:呈折均悉。兹刊就直隶高等工业学堂监督关防一颗,仰即查收转给,将启用日期具报,并移取原领关防,呈请查销。

其学堂庶务长铃记应由该局刊发，以归一律。余如所拟办理。此缴。

呈送派委师范毕业生赴各属查学员名
及应办事宜清折文①

为呈报事。案查本年二月间，本处详请于各府、直隶州设立查学，并拟俟留学日本速成师范毕业回国，分别择派一案，当蒙宫保批准，并先后分行在案。兹查此次回国各毕业生，现经本处视所属之多寡、材质之适宜，分别择派查学差事，与前详微有更易，均于八月杪分别札委，并将应办事宜详列札后。其余各毕业生，仍俟本处随宜授事后再行呈报。除分行外，理合呈请鉴核施行。计呈送派委查学员名清折一扣、查学应办事宜清折一扣。谨将派定各属查学员名处所开折，恭呈钧鉴。计开：

顺天府查学高步瀛，霸州举人；副查学刘桂芬，文安县拔贡。保定、易州查学王振垚，定州举人；吴鼎昌，清苑县举人；副查学冯蕴章，河间县拔贡。正定府查学陈恩荣，天津县举人。永平、遵化州查学周焕文，宁河县附贡。河间府查学刘培极，五品衔任丘县附贡。大名府查学齐福丕，南宫县举人，顺德府查学王璟，定州举人。广平府查学刘登瀛，南宫县举人。宣化府查学贺培桐，枣强县贡生。冀州查学李金藻，天津县附贡。赵州查学张良弼，获鹿县举人。定州、深州查学王倬，高阳县举人。天津府查学马鉴滢，定州举人。

---

① 录自《北洋官报》第453期。

谨将拟议查学应办事宜缮具清折,恭呈钧鉴。计开:

一、保定两正查学先分担若干处,各查一次,以后将彼此查过处所再行轮流互查。

一、顺保两府各添设副查学一员,应先随同正查学周查一次,以后或同查、或互查、或分查,俟第一次查毕回省时,由本处酌宜核定。

一、每两个月或三个月周查一次,所属多者,如两三个月不能周查,准其禀请展限。

一、近处一年回省四次,远处一年回省两次,有特别要事必须面陈者,不在此例。

一、遇有各学堂应行改革及整顿事宜,应先商承地方官,并知会教董等,和衷办理,以至妥善为度。遇有为难事件,应即函达本处,酌夺办理。

一、来往公牍即领用排印局印成信纸及函,不取纸价,免叙浮文,准作行书,径由邮寄。

一、顺保查学官即暂住学务处,余住各属中学堂,周查所至,即住官立高等小学堂,火食杂费,均由自备。

一、月薪京平足银四十两,副者三十两,车马费二十两,均由本处支发,所给领在外属者,由本处预寄各府、直隶州,于每月朔转交,不得压积及任吏胥有索费侵扣情事。

一、以上各条嗣后如有更改及一切未尽事宜,随时由本处知照。

督宪袁批:据呈已悉。其未尽事宜,仍随时酌行知照,以臻妥善,折存。此缴。

续招保定师范学堂附设东文专修科学生呈文①

　　为呈请事。案查速成东文学堂前蒙宫保行令"裁撤归并师范学堂经理,当经转饬遵照改为东文专修科,严定课程,增益科学,以收实效"等情,由处详,蒙批准在案。兹于本年九月经本处顾问官渡边龙圣延聘日本高等师范学校教员儿崎为槌来省,已于九月十六日入堂授课。该教员学问完备,于各种科学皆能教授,且能照日本单级学校教法,一人兼授数班。本处复与渡边顾问官商议,遵照方言学堂新章增订课目,其经学、国文、中国史诸课即令师范学堂中各汉教员每周分任两三点钟或一两点钟,无庸另设专员,以省经费。惟该科旧学生仅止三十名,拟续招二十名,足五十名之数。以年在十五岁以上、二十岁以下,文理明顺,身家清白,体质强健,不染嗜好者为合格,学科程度及毕业年限、毕业奖励均遵方言学堂定章办理。其旧班学生一俟年终详加考验,凡取优等,能胜翻译及助教之任者,给予速成毕业文凭,另候差委。如有不愿就事者,仍准留堂肄业,明年开学即作为第二年生再历四年毕业。其新班各生与旧班之考验落选者,仍作第一年生再历五年毕业。如此分别办理,庶急于效用者可无旷日之嫌,志在研精者不至浅尝而止,即新聘之日本教员亦得毕尽其长,无买椟还珠之虑。除出示招考外,所有拟请续招东文学生缘由是否有当,理合呈请宫保鉴核批示祗遵。

---

　　① 　录自《教育杂志》1904 年第 1 期,发文时间为光绪三十年九月初四日。又见《北洋官报》489 期。

督宪袁批：据详已悉，应准照办。仰即遵照。缴。十月①十四日。

请裁专门普通编译三局呈文②

为会议呈请事。窃照直隶学务处所隶原有普通教育局并编译局，均归王编修景禧总办，又有专门教育局，系学务处参议丁庶常惟鲁兼充总办。奏设之初，本为广兴实学、陶铸真才、力求完备起见。方今多士欣欣向学，风气渐开，若参酌东西各国章程，尚须次第扩充，岂宜稍从简陋。第当此款绌用繁，诚恐后难为继，不得不力崇俭约，量为裁改，以节经费而期久远。日前，本司骧在津业经面禀情形，仰邀宫保俯允，兹经本司、处等连日晤商，切实筹议，拟请将普通教育局、专门教育局、编译局一并裁撤，惟编纂、翻译事务烦要，拟分设编书、译书两课，其课长、课员统俟择定妥人再行呈明办理。王编修与丁庶常同充学务处参议，以归划一而专责成。至普通、专门两局事件，统归本学务处兼摄办理，亦仍不使偏废，以重教育。其各处裁节经费，另案详办。三局关防一并缴销，合并声明。所有先行酌裁三局缘由是否有当，理合会同具呈，为此呈请宫保鉴核。

督宪袁批：据呈已悉，应如所拟办理，仍俟编译人员选定呈核。仰即遵照。此缴。九月十四日。

---

① “十月”似为“九月”之误。
② 录自《教育杂志》1904 年第 1 期，发文时间为光绪三十年九月初七日。又见《北洋官报》453 期。按，文中“本司骧”指直隶布政使杨士骧。

呈覆核议官话字母请实力推行文①

　　为呈覆事。案奉宫保札饬："据丰润县廪生王金绶等禀'官话字母关系紧要，请实力推行，勿任延宕'等情到本督部堂。据此，除批：'禀悉，《官话字母》一书传习已及各属，因势利导正在此时，候发学务处详加考订，速议发行。缴。'等因印发外，合将原禀札发札到该处，即便查照办理，具覆此札。计发原禀一件仍缴。"等因。

　　奉此，查此案前蒙宫保札发本处核议，详准试办，旋由大学堂学生何凤华等议订章程，编书数册，亦经详准照办，分饬知照在案。兹奉前因，饬令详加考订。

　　查字母之利，大端有二：一则可为教育普及之基；一则可为语言统一之助。日本近年文化称盛，百人中识字者恒九十有奇，贩夫走卒皆能读书阅报，固由强迫教育之效，亦赖有平假、片假等名以济其穷。凡通行之报章杂志，每汉字之旁皆注假名，深于文者读正文，其浅者读旁注，各从其便，即各适其用。小学教科书中始则全用假名，次则渐增汉字。高明者不啻以假名为汉字之先导，椎鲁者但识假名而已，足于读书阅报及往来书信之用，诚快事也。

　　今该生等所呈字母拼音书与日本之片假名略同，而纯拼单音，尤为省便。桐城吴京卿所谓"妇孺习之，兼旬即可自拼字画，彼此通书"，盖确有证据之言，非虚语也。此教育普及之说也。

　　又查《奏定学堂章程·学务纲要》第二十四条云："各国言语，

---

　　①　录自《北洋官报》第 459、460 期。

全国皆归一致，故同国之人，其情易洽，实由小学堂教字母拼音始。中国民间各操土音，致一省之人彼此不能通语，办事动多扞格，兹拟以官音，统一天下之语言，故自师范以及高等小学堂，均于中国文一科内，附入官话一门。"等语。今该生等所呈《官话字母》拼音虽仅为下等人急就之法，而用意亦隐与暗合，且能解此法，于习官话者尤为捷便。吴京卿所谓"此音尽是京城声口，尤可使天下语音一律"，亦非虚语也，此语言统一之说也。

生员王仪型未明其故，乃于此法痛加诋驳。其所呈《等韵便蒙》一书，用力不可谓不深，然系专言韵学，与此毫不相涉，其历举各省之音，以纠此本之误，用意乃适相左。盖此法但求合于京音，不能概各省之音，各省之方音当力求与京音一律，以收全国合一之效，《奏定章程》中言之甚详。若仍执他省之音以相纠绳，是所谓适楚而北其辙也，此无庸置议者也。

刘孟扬所呈《天籁痕》，似较此法更加完密，然细考之，其拼切之音，急读之时或致歧混。王金绶等禀中所指摘，试之良然，其谓能拼洋音，亦属似是而非，盖以此国之字切他国之音，从来不能密合，观于日文切英音，英文切华音，往往乖异，可类推矣，此亦无庸置议者也。

又日本伊泽修二氏近用此本增改付印，名曰《清国官话韵镜》，日人之学华语者颇传习之。惟彼所增之字，以我国京音审之，大都重复可省。盖日本人之发音与我国不尽同，有同母两字我以为同而彼以为异，我但求足于我国之用、足于我国京音之用而已。

凡遵谕考订所及，大略如此。至推行之法，仍须查照前次行知，先令各蒙学试习以期逐渐推广。该生等原禀所陈办法：一、专设义塾；二、专员经理；三、须给资本；四、设法鼓励。均属切实可行,似应准其试办。惟拼译书报必须资本,非寒士之力所及,可否酌给官款,以资举办?敬候宫保批示遵行,仍请宫保咨明学务大臣核定奏请颁行,以广流布。

督宪袁批:据呈已悉,《官话字母》一书既经该处考订,有裨教育,应准咨送京师总理学务处核定奏请颁行。仰将原书及补图并章程、《官话报》样本等件,一并检齐呈送核办。至请给官款一节,应俟核定再发。此缴。

请拟编《教育杂志》呈文①

为呈请事。案查武备学堂自设研究所以来,每月编集杂志饷遗同袍,用意甚善。本处拟仿其意,月印一编,名曰《教育杂志》,以开风气、增广见闻为宗旨,所有编辑事宜拟即以原在编译局编辑、难荫知县蒋荫春改充,薪水、火食一切照旧。每次纂成,呈由参议及顾问官核送本处妥酌排印成帙,随时呈送宫保鉴核,并先分饷各学堂及各教育家一次,概不取赀。此项经费核诸《武备杂志》,月不过百数十金,开办之初,暂由书价入款内应付,不另开支。嗣后,再按月收赀,藉维工本,并听随意零趸购买,以广销路。如蒙俯允,似于学界不无裨益。除将体例另折缮呈外,所有拟编《教育杂志》缘由是否有当,理合备由具呈,为此呈请宫保鉴核,伏乞照呈训示施行。

———————

① 录自《教育杂志》第 1 期,发文日期为光绪三十年十月二十日。又见《北洋官报》516 期。

《教育杂志》试办章程

纲要

一、《教育杂志》月出一册,俾全省学务消息灵通,驯收教育普及之效。

一、杂志所分门类如下。

(一)诏令:凡谕旨之关系学务者恭录卷首。

(二)文牍:京内外大臣关涉学务之奏稿,京师学务处、直隶督院、学院、学务处及各府厅州县一切有关教育之公牍择要登载,外省公牍有切要者亦附见焉。

(三)纪事:直隶学务处、教育研究所、省城暨府厅州县各学堂并派遣出洋学生,凡有重要之事,随时登记,惟仅得之传闻者,盖从阙如,以昭核实。

(四)论说:各书报中有关教育之论说择要登载,外国书报及各处来稿有可采录者均分别译选之。惟去取须候总监鉴核,有违碍者不录。

(五)讲义:各学堂讲义录,及本省出洋学生所记讲义,皆按学科选录。

任职

一、总监:三员。以参议、顾问兼充。商承学务处总理检定稿本。

一、评议员:无定额。省城各学堂监督、教员、文案、堂长,各府州县学堂监督、教员,查学学董,各员皆可充选。凡该管学堂事务,或有所陈论,每月汇送学务处,由总理发总监,转交编纂员。

一、编纂:一员。由学务处总理选充。商承总监编辑稿本。

一、采辑:四员。以学务处文案及译书课长、译书课员兼充。关涉文牍及纪事者,学务处文案二人分任之。关涉论说者,译书课长任之。须翻译者,就译员中选一人任之。

一、司事:一员。以学务处管书兼充。商承总监、编纂、采辑诸员办理庶务。

一、书手:无定额。于应用时置之。

期限

一、杂志定于每月十五日出版。暑假、年假期内各停一次。

一、采辑员于每月十五日以前将下月应志各门事件录交编纂员选辑。

一、编纂员于每月二十五日前将稿本编竣,送呈总监核阅,于初一日前转呈学务处总理鉴定后,于初三日前发还总监,交司事送排印局印行。

一、排印局先印样本,呈总监阅后,交编纂员核对校正讹字,然后照印发行。

督宪袁批:详折均悉,此为学界交通机关之具,应准照办,俾令声息相通,力求进步。仰即遵照。缴。十月二十八日。

呈请在保定设立初级师范学堂文①

为呈请事。案查本处前经详准行令:"各属设立初等小学,并令考选生员,先就高等小学堂学习教授、管理法三个月后,再行分派充当教员。"曾经通饬在案。惟查各高等小学堂教员本堂功课既繁,且为期甚促,犹恐获益无多,是非就各属筹设初级师范学堂,专造就初等小学教员不足以广教育。兹本处议定,先在保定省城西关张公祠内设立一所,以为各属之先导。招考学生四十名,课程规制参酌《奏定初级师范学堂及传习所章程》办理,以六个月为毕业期,即以前编译局日员小林鹤藏为教员,月薪照旧。该日员曾充小学校教员,深通教授、管理诸法,堪以胜任。另派翻译兼副教员两人帮同译授。现在堂舍器具将次修置齐备,业经招考,不日送堂肄业。毕业之后,给予凭照,准其充当初等小学教员。如办理得宜,经费不匮,将来即可续招二班。现仍一面分饬各属,查度情形,仿照办理。庶几师资渐裕,于普及教育深有裨益。所需经费合日员薪水计之,每月约三四百金之谱,即由本处节撙支给,以期事有实济、款不虚糜。除俟开学后再将各教员及学生名岁、课程费用另行折报外,理合备由具呈,为此呈请宫保鉴核。

督宪袁批:据详已悉,各属办理初等小学苦无师范,前饬考选生员就高等小学教习处学习三个月,为时甚促,获益无多。兹称设

立初级师范学堂,以为各属先导,自系当务之急。查《奏定章程》本有师范完全科及简易科,今以六个月为期,想是简易科办法。又《定章》初级师范应设置旁听生,以便从事教育者来堂观听,亦可仿办,以收无形之效。将来教员日多,能由省城而递推各府厅,由府厅而递及各州县,庶初等小学可望起色。仰即如议办理,以示模范。此缴。十一月初八日。

据县丞职衔邵兴周禀请入学堂听讲札昌黎县文①

为札饬事,据该县丞职衔邵兴周禀称:"窃职现年三十一岁,系直隶永平府昌黎县人。缘职县设立小学堂,延请教习读课中外一切时务,皆为培养人才起见,肄业者咸隶骈臻而深陶淑,何幸如之!职目幼而失明,未尝废读,粗识文字,惟囿于乡隅,未免遗讥孤陋。现小学堂已著成效,职想望丰彩,曷胜欣慕。自痛残废,有害肄业,然圜桥听讲之心,刻不能释情。因学堂重地,不敢擅入,故于本年五月十三日以'请入学听讲'等情,在县禀恳。当蒙署任马县尊批示:'禀悉。该职好学不倦,殊堪嘉许,惟小学堂现已届暑假之期,应俟立秋后来堂听讲可也。着即知照,并候知会该学董查照。'等因在案,未蒙知会,旋即卸事。兹于八月二十日复以前情在新任吕县尊案下禀请援案知会,以便入堂。蒙批:'该职情殷愿学,志趣诚属可嘉。惟查马前任时学堂肄业生仅有十名,讲堂宽展,可容堂外

---

① 录自《教育杂志》第2期,发文日期为光绪三十年十一月初二日。批文又见《北洋官报》第491期。

人列坐。今已取满三十名，便觉讲堂地窄，即堂中人尚不能容，恐难筹堂外人座处。况学堂中能否容堂外人入座听讲，学务处当有定章，俟九月间查学丁公到后询明可否，再行核夺可也。'等因。蒙此复，于是月二十八日以'讲堂地窄，愿随肄业诸生班末伺立，敬聆钧诲，如无立身之所，即伏扶阶下受训亦无不可'等情禀请仍援前案知会学董，许职入堂听讲。蒙批：'现闻查学丁公不日到昌，究竟能否容堂外人随班听讲，已嘱学董俟丁公到后商定知照矣。此批。'等因，批示已明，不应晓渎。缘丁公至今逾期并未到昌，职能否听讲之处，终不得知。惟前奉吕县尊批示，能否容堂外人入座听讲，学务处当有定章可循，是以匍匐来辕，据情禀恳查核定章，批示祗遵。如蒙俯允，请饬下昌黎小学堂，准职随班听讲，藉启愚蒙，则恩感再造，德戴二天。为此哀哀上叩，伏乞核夺施行。"等情到处。

除批示禀悉，查东西各国聋哑矇瞽皆有学堂按期毕业，咸资世用。中国聋哑视同废物，至于矇瞽除星卜弹词外，惟以坐食延后为计。近闻鄂省已筹设立，他尚缺如，是非风气之难开，抑由经费之未裕。该职自幼失明，未尝废学，近复一再禀请附入小学堂听讲，殊为有目者所不及，深堪嘉许。仰候行县转知教董等查明堂内座位，是否尚有余地，再行核办。此批挂发外，合行札饬。札到即便查照。此札。

呈报师范学堂添设附属小学堂请立案文①

为呈报事。案据监督师范学堂罗令正钧详称："为详请转详立

---

① 录自《北洋官报》第519、520期。

案事。案查《奏定章程》，师范学堂应设附属中小学堂，以为研究普通教育之所，俾本堂生徒实地练习，明其方法，且以作各府州县学堂模范，实为培养师范所不容缓之图。卑职自去岁接办以来，于此项学堂即拟禀请添设，以限于房屋，迟久未就。本月适山东附学生毕业，遗出斋舍一所，计二十二间，其前院亦与他斋不相联属，乃鸠工庀材，略加修葺，布设讲堂、寝室、会食所、盥漱所及舍监住室、教员预备室，皆粗具形式。计讲堂内容学生三十人，尚有师范生参观之地，因与中外各教习商定，拟先设附属小学堂一区。俾本堂毕业生即于前数月间先自演习教授，或令从旁观察，藉资则效。查附属学堂原须设初等小学堂各班、高等小学堂各班并单级小学堂等类，其设备之法亦须完全。惟现当创办伊始，经费浩繁，未能骤期全备，拟暂作为高等小学堂，招考年十二岁以上、十六岁以下生徒一班，名额二十人，至本年十二月二十日为一学期，而以明年正月为高等小学第一学年，嗣后即定每年正月招考第一年生，以为逐渐扩张之地。其本年学科课程、所招学生，既未经在初等小学堂毕业，应以本年为初等之补习、高等之预备，专授普通学科，明年正月以后则按《奏定章程》量为变通。如读经时数原订十二，拟暂酌减为八；算术时数原订为三，拟暂酌增为六；地理时数原订为二，拟暂酌增为三。至三十二年正月第二学年，乃一律遵照《定章》办理。学堂办事人及教习即就本堂人员兼充，惟学生既在堂寄宿，应另设舍监一人，以资管理。本堂副教习观摩日久，即派令分授各项学科，而以教育学教习中谷延治监视之，俟规模渐备，再行另订专员。学堂远在城外，学生不得不在堂寄宿。其伙食、灯油、茶水、炭火等，自应暂由堂中备具。惟本学期每人暂令缴学费四元，明年分两学期，每学期令缴学费六元以作两季操衣、靴帽、石板、纸笔等费，亦藉以渐开自费风气。已于本月十五日出示,招考来堂赴选者一百数十人,卑职督同在堂教习各员,逐加考验,挑选年岁、身体后,就所已读之经,试使讲解,再就算术试以实物计数,及二位以下加减暗算,其本乡地理与夫著名之山河、历代帝王名哲之名号言行,则使笔答以验其记忆性,并示以寻常见闻之动植实物,试令讲说,以验其观察力,互相印证。选录正取二十名,年岁、身材均尚如格,其附取八名,亦拟令随同入堂,以备年终甄别,当经取具保状,定于本月二十二日入学。除每月经费拟试办一月再行预算请款报销外,理合将添设附属小学堂及招考入学日期各缘由,详请鉴核,转详督宪立案,实为公便。为此备由具呈,伏乞照详施行。须至册者,附呈学生名册清折一扣。"等情。

据此,本处覆查该堂设立附属小学堂系照定章,为本堂师范生实地练习教授、管理方法起见,最为要图。所拟各节,亦属妥协,应准照办。除批示外,理合转呈,为此呈请宫保鉴核,伏乞照呈施行。计呈学生名岁清折一扣。

计开:

正取二十名:刘凤年,年十三岁,河间县人;常恩铭,年十四岁,饶阳县人;杨开沅,年十三岁,新城县人;赵恩沣,年十四岁,丰润县人;石之棪,年十四岁,清苑县人;杨浔,年十四岁,清苑县人;史景南,年十三岁,清苑县人;马倬煃,年十三岁,清苑县人;王秉凰,年十三岁,蠡县人;王承熙,年十三岁,定州人;齐汝镇,年十四岁,蠡县人;邢鸿藻,年十四岁,容城县人;赵士樑,年十三岁,清苑县人;孟砚田,年十五岁,清苑县人;王锡纶,年十三岁,高阳县人;王桂森,年十三岁,盐山县人;朱耀荣,年十四岁,东光县人;王德春,年十二岁,清苑县人;刘学古,年十三岁,南宫县人;李培藻,年十四岁，曲周县人。

备取八名：齐锦屏，年十三岁，蠡县人；吴士斌，年十四岁，清范县人；齐御屏，年十一岁，蠡县人；张文华，年十三岁，新乐县人；王会图，年十四岁，河间县人；李振山，年十三岁，安平县人；饶俊卿，年十三岁，清苑县人；禄汉宗，年十三岁，蠡县人。

督宪袁批：据呈已悉，仰即递年扩张，以尽教学相长之益，折存。此缴。

呈各属申送师范生议改为一年两次文①

为呈请事。案查各属申送师范，人数不一，先后不齐，实于课程大有关碍，当经本处截止收考在案。兹经本处议定，师范生考期改为一年两次，上半年送考者限正月二十以前到省，下半年送考者限六月底以前到省，余时均不零星收考。每考送之前先由各地方官查明缺额若干名，倍额考选，径送本处。凡有沾染嗜好及行止不端者，不得滥行申送，并严禁吏胥需索延搁，致误试期。其额足之处即着无庸申送，以免往返徒劳。除分行外，理合备由具呈，为此呈请宫保鉴核。

督宪袁批：据呈已悉，各属申送师范生应即按照此次定例，以免参差不齐。缴。

---

① 录自《北洋官报》第531期。

酌议派充各属高等小学堂教员办法文①

为呈请事。案查本年派往各属高等小学堂教员均系师范速成毕业生，一年期满，应行回堂考验，或加习学课，或酌量录用。惟间有陆续补派之员，若概扣满一年始令回堂，未免前后参差，似于补习课程有碍。兹议定，凡在暑假以前派出者，俱限于三十一年正月二十日以前回堂考验，由本处另派师范生前往接充教员；凡在暑假以后派出者，明年暑假以前仍着接充。其有各属高等小学堂明年再添招一班学生，一教员不能兼顾者，亦由本处酌派两人往教，以便分班授课，勿得保留本年所派教员。除分行外，理合备由具呈，为此呈请宫保鉴核。

督宪袁批：据呈已悉。各属往往有保留教员者，实于师范定例有碍，应即按照此次所呈，以归画一。缴。

详请各学堂添武备功课文②

窃惟自古立学，文武不分，是以秋冬教以羽籥、春夏教以干戈，明乎文谟武烈，道归一致也。后世文武异趣，轩轾显殊，积弱之风

---

① 录自《北洋官报》第 531 期。

② 录自《教育杂志》第 3 期，发文日期为光绪三十年（原作二十九年，似误）十一月初七日。

胚胎于此。泰西教育竞智争强,究其日进文明,大抵兼精武备。绥丹一役,王夷师熸,普之举国皆兵,遂为环球所注目。日本法之,乃亦崛起东隅,抗颜欧美。而从前号称文物,如希腊、埃及诸名邦,不绝如缕。盖文则弱,弱则亡,天演之公理,古今中外之所同也。我朝文治武功迈越前代,然嘉道以降,学士大夫溺于训诂词章之习,耑以骈俪楷法为工,军旅羞称,韬钤不究,事变沓至,矉蹙彷徨,以此图强,其何能淑?前奉明诏,遍置学堂,直隶创行,规模粗具,各堂功课兼肄体操,盖将以救文弱而励武强也。

顾于行军大旨昧焉弗知,亦为学界之缺点。本司士骧在津时即已条陈宪听。兹复据大学堂、师范学堂学生公禀,慨时局之日危,发愤图强,求习兵式体操。本司等乘此人心思奋,机不可失,与东西总教习悉心参酌,拟就各堂增入武备一门,俾人人知学即人人知兵,本圣门身通六艺之遗规,法列强举国皆兵之深意。惟是求学必先觅师,异地借材,诸多周折,可否饬知军政司教练等处,于曾在外洋学习各员内挑选三四员,咨送来司订定时刻,分赴大学堂暨师范各堂,训以武备。如委系不能分以专员,尽可分时并习。在该教习固意所乐为,在学生亦愿遵部勒。异时毕业,文武兼资,由迩及遐,渐推渐广。大可效力疆场,小亦足以捍里鄗,未始非转弱为强之一助也。至演习器械,应请宪台饬知军械局,择其旧式枪械,权为备用。其余未尽事宜,容俟随时禀承办理。所有各学堂拟增武备功课缘由是否有当,理合备由具详,为此呈请宪台鉴核,伏乞训示遵行。

督宪袁批:据详已悉。昔曾文正谓直隶士子刚而不摇,质而好义,犹有豪侠之遗。今大学堂、师范学堂学生等求习兵式体操,有志报国，甚属可嘉。惟须恪遵部勒，谨守法度，庶能文武兼资，蔚成大器。本大臣有厚望焉。候行军政司兵备处刘道、教练处冯道挑选教习，送司商订功课办法，分赴各堂认真教习。应需器械，候行军械局酌拨旧式枪枝，权为备用。仰即遵照办理。缴。十一月十二日。

呈送第一期《教育杂志》文①

为呈送事。案查本处前议，仿《武备杂志》编辑《教育杂志》，月出一册，以期开通学界，扩充闻见，曾经呈蒙宫保批准在案。刻将第一期编纂成帙，排印一千本，初次草创，尚有雠校未精处，谨呈上三十册，伏乞宫保鉴阅示遵。其余九百余册拟分别先送省内外各学务人员，此期均不取资，嗣后续出，再行收价，以维工本。除分送外，理合备由具呈，为此呈请宫保鉴核。计呈送《教育杂志》三十册。

督宪袁批：据呈已悉。该处所编《教育杂志》体例详密，兼理想实验而有之，凡官绅士民有学务之责者，皆当流览，以明教育之理。仰即陆续按月发行。缴。

---

① 录自《北洋官报》第537期。按《教育杂志》第一期印行时间为光绪三十年十二月。

拟改总校士馆为普通科学馆呈请核示文①

为呈请事。案查保定总校士馆年来叠增东文、算术等科,肄业诸生不乏文行并美、淹通可造之材。惟课程时间未经划定,尚少学成致用之途,自应厘定规制,加习重要学科,以备初级师范及中学堂以下修身、经史、国文等科教员及管理员、堂长、学董之选。曾经面陈,荷蒙宫保俯允。兹经本处等商定,改为普通科学馆,就馆中各生择尤取留,再于明正招足五十名,增授科学一年,毕业分别等级,给予教员修业各凭,听候录用。旧设正副提调、教务长、斋长及今秋添派之东文法律教员,均仍照常,其余两分教应即裁省。所需各种科学教员,查有本处日本译员北村泽吉堪以改充分教,每星期任授十数点钟,仍以余暇兼理译事,薪水照旧,不另加增。再就师范学堂中东各教员选择两三人,各兼任一两门,每星期少则一两点钟,多则三四点钟,酌给夫马费,亦不加薪水。所有常年经费就原有款项撙节开支,约可敷用。如有赢余,仍可添购仪器、标本等件,以资实验。如此酌量变通,似于学界不无裨益。除将现定暂行章程另折开陈,并俟开办后将职员、学生姓名及一切情形详细具报并分行外,所有拟改总校士馆为普通科学馆缘由是否有当,理合备由具呈,为此呈请宫保鉴核,伏乞训示祗遵。

督宪袁批:如呈办理,以补师范学堂之所不及。折存。此缴。

---

① 录自《教育杂志》第3期。又见《北洋官报》第568期。

呈覆遵议初等小学堂变通办法文①

为呈覆事。光绪三十年十二月初六日奉宫保批井陉县禀"初等小学堂拟变通办理,可否通饬仿行,请示遵"缘由。蒙批:"据禀已悉。查《定章》'私立学堂查验合格,与官立者一律考升',本无歧异。所恐老生腐儒专己自是,官吏不明学务,或虚设扁额即号学堂,如果课程、读本悉合新章,教授管理俱能研究,有何官私之别耶? 前饬各属考取诸生,学习三个月充当教习,原为统一学风起见,惟该令所称民间视家塾村塾与现办学堂为两途,亦是实情。应如何转移积习,合同而化,仰学务处查照具覆,通饬遵行。缴。"等因。

奉此,查此案前据该县具禀,当经批示:"据禀,与李教员熟筹初等小学办法即从村塾着手,延师招徒,悉从其旧。日本有代用小学校,即此类也。查《奏定章程》'塾师设馆招徒满三十人以外者,名初等私小学,均遵定章办理',亦即此意。应用科学书仰即查照,发去暂用书目,购置分给。第管理、教授诸法恐非村师所知,舆算、体操及修身数科,均关紧要,必须讲求。可将前发《初等小学课程表》由该县先抄发每村塾各一通,俾乡僻之地知今所谓学堂者不过若此,庶开化尚易为力。至令高等小学年长学生分赴各塾,传授教法,一人六七处,周而复始,略师日本巡回教育之法,以造蒙师,未为不可。第此项学生虽普通学略知门径,而于教育学、教授管理诸

---

① 录自《北洋官报》第569期。

法，未曾讲求，不先令学习以上诸学，即以之传授蒙师，终觉于事无补。该县热心教育，亟求推广，擘画经营，独具苦衷，惟可暂为一时权宜之计，必兼筹经久无弊之法，一面筹设传习所速储师资，方尽善美而无憾也。其余议论识见均尚可传，应候选入《教育杂志》以资众览，并录报各宪及候院示。此缴。"等因在案。

兹奉前因，仰见宫保实力兴学，不厌求详之至意，本处详加筹议，欲民间视家塾村塾与现办学堂为一事，仍须先从教员课程着手，拟令各属先将本处前发《初等小学课程表》抄发每村塾各一通，一面筹设传习所速储师资，庶或转移积习，合同而化。除遵照通饬外，理合备由具覆，为此呈请宫保鉴核。

督宪袁批：据呈已悉。缴。

呈报通饬各属不得供应查学人员并禁止需索文①

为呈报事。案照本处派赴各属查学人员，均经优给薪水及车马费，以资办公。其经过各府州县，概不准需索供给，擅受馈遗。前曾于札饬文内剀切声明在案，诚恐各属未能遵行，或视查学为例差，馈遗为常礼，殊于学界名誉有碍，亟应再申严禁。嗣后查学各员行抵各属，住于中小学堂，无论久暂，一切火食杂费，按照《定章》，均由自备，不得由学堂开支，各地方官亦无庸捐廉供给。凡程

---

① 录自《教育杂志》第4期，发文日期为光绪三十年十二月。又见《北洋官报》第574期。

仪、茶敬以及酒席、水礼等类，一概禁绝。各地方官不得违例馈送，查学各员亦不得稍有需索。除通饬外，理合备由具呈，为此呈请宫保鉴核。

督宪袁批：据呈已悉。此项查学人员本以开通风气、提倡改良而设，若有馈遗供给情事，与者受者皆有应得之咎。自该处此次通饬，以后倘有地方官吏阳奉阴违，私行馈送，或查学各员稍事需索，一经查觉，即行详请参办，毋稍宽容。仰即遵照。此缴。

呈覆学堂出力各州县文①

为呈覆事。前奉宫保札饬，令"将正定府禀请奖励劝捐出力之元氏县葛亮升核议汇呈"，嗣奉宫保札饬"于年终查报四项中'功过'一门内复令汇齐核呈"等因，先后奉此。兹经本处将办理学堂尤为出力各州县随时访察，核诸实行，参以查学公牍，尚属相符。其顺天东路全属，北路平谷、昌平，南路东安，该查学等因道远，年终未及遍查。又宣化查学贺培桐派赴日本，十一月始回，仅查宣化、万全两处，未据详禀。均俟汇齐择优补陈。其已查过平妥以下各员应归入四项中"功过"一门，另行呈报，合并声明。所有核议办理学堂尤为出力各员，理合开折具呈，应如何奖励之处，出自钧裁。为此呈请宫保鉴核，伏乞照呈施行。须至呈者。

谨将直隶筹办学堂各员择优开折，呈请钧鉴。

―――――――――

① 录自《教育杂志》第4期，发文日期为光绪三十年十二月。

计开：

元氏县知县葛亮升

筹款出力，虚心任人。其襄助为理者，典史袁文凤之力居多。查该典史曾习英文，夙通新学。该县学堂建筑及管理方法皆该典史建议而该县采用之。

前署密云县陈雄藩

该县风气夙称固陋，筹款兴学谣啄横生。该县不畏流言，苦心孤诣，卒底于成，且逐渐推广，日求进步。其魄力尤为雄伟。

天津县唐则瑀

自该县到任两年间，骤增官立、民立学堂二十余处，每处多者二百人，少亦百余人，提倡经营，绅民感奋。

定兴县黄国瑄

苦心经营，具有条理，于学堂一切事宜每日巡视，尤为勤奋。

署栾城县知县王光鸾

办理学务具有秩序，其躬自下乡，苦口劝导，尤为他人所难能。

署肥乡县赵国琛

通达时务，于筹款兴学不辞劳怨，实能开通风气。故艺徒实业诸学堂皆能粗定规模。

滦州李兆珍

于学务聚精会神,竭力提倡。其初等小学规制亦较他属为优。

邢台县戚朝卿

认真整顿,实力提倡,其精密尤为他人所难及。

成安县石之璞

心精力果,任劳任怨,学务日渐起色。

枣强县郑崧生

该令素谙学务,到任未久即添招学生近二十名,劝立初等小学二十处。设研究所,请颁初等小学教科书,送师范生八人。百废俱举,大见起色,洵属热心教育者。

祁州张祖咏

营办学务实心耐劳,不事敷衍,筹捐京钱二万二千五百千,年交息钱二千二百五十千。

大名县严以盛

前在西宁、蔚州任内创办学堂均著成效,现在大名县任,亦复规画精详,条理井井。

以上各员皆经随时留心访察,核诸实行,参以查学公牍,尚无虚滥。其顺属北路平谷、昌平,东路全属,南路东安均因道远,年终未及遍查。又宣化查学贺培桐派赴日本,十一月始回,仅查宣化、万全两处,尚未详细具禀。均俟汇齐择优补陈。其已查之平妥以下各员应归入四项中"功过"一门，另行呈报，合并声明。

呈报高等学堂学生杨积厚等创立两江公立小学堂请转咨立案文①

为呈报事。案据直隶高等学堂学生杨积厚、金秉燧、金仁焘、金砺、金猷、姚和锟、钮凤仪、吴越、苏企由、陈一鹤、马鸿亮、汤泽清、孙澄禀称："窃维弼教明伦，三代因而跻郅治；兴学设校，欧美所以多英材。从来国运之兴，必以育才为本。方今朝廷锐意振作，各行省州县学堂以次建设，诚为学界幸福。然而公家之帑费有限，则教育之普及维艰，公立私立各学堂乃适所以辅官立之不足也。查《奏定学堂章程》内载'各省公设私立学堂，曾经呈报本省学务处、咨明学务大臣立案者，毕业后得一体申送考入官设之升级学堂，应得奖励与官学生无异'，法至善也。直隶首冠行省，两江人士宦游兹土者不可胜计，其子弟欲从事新学，恒苦无从问津。爰集乡人，创设公学，课程规则悉遵《奏定高等小学堂章程》办理，于光绪三十年四月初八日开学，当时来学者共计学生五十人，准汉文之高低、年龄之大小，分为头班二十名、二班三十名，所授功课均照《奏定官立高等小学堂章程》办理。头班学生汉文程度稍高，并令兼课英文，此为官立高等小学所无。其卒业年限应请稍为变通，头班拟以三年毕业，二班照章四年毕业。原奏高等小学视地方情形可分授手工、农业、商业等科，如预备入中学堂之学生可毋庸加授。本堂

---

① 录自《北洋官报》第 587 期。

学生皆系官幕子弟,预备皆入中学,自可毋庸加授。堂中分聘汉文教习二员,专授国文、地理、历史,他如洋文、算术各科,则系高等学堂学生十数人轮流分任其事,于本人功课亦无妨碍,俟筹有经费,另请专员。现时所需经费悉由同乡捐助,合并陈明。所有创设公学,开学日期及学堂大致办法,理合援照定章,呈请电核,转禀督宪,咨明学务大臣,准予立案,以资奖励而广教育,不胜感激待命之至。计禀呈名册三件。"等情到处,理合据情转呈。为此呈请宫保鉴核,伏乞照呈转咨施行。

督宪袁批:据呈已悉。仰候咨明学务大臣查照立案,册存送。此缴。

通饬各属购用暂定教科书札文①

为通饬事。案奉宫保批本处呈覆"遵饬选定初等、高等各小学堂应用课本,通饬各属购用,以资授课"一案,蒙批:"据呈选定课本八十余种,详经覆□,皆系近年编辑善本,宗旨既正,又合心理,为教科适用之书。应由该处将书目价值表迅付排印,通饬各属一律购用,作为暂定教科书。所有各小学课本不得出是编之外,以免沿用俗本,自为风气。各属师范传习即以此为程式,如经各教员实验,有需变通改易之处,准其各抒意见,汇呈该处,由编书课长酌量更定,并将续查合宜课本复核添入。但未经颁发,仍不得私自改易,以昭画一,而免分歧。一面移行津、

---

① 录自《教育杂志》第 6 期,发文时间为光绪三十一年二月。

保官书局,大批趸购,以备各属行销。仰即遵照。此缴。"等因。奉此,查此项书籍自应由官书局及本处排印局大批趸购,以备行销。惟事关学务,意在开通风气,各局不得抬价居奇,阻碍教育进步。现经本处拟定价目,凡各属学堂用购前项书籍每种十部以上者,照原价九五折,三十部以上者九折,五十部以上者八五折,百部以上统按八折。其零星购买仍照原定价目,以昭公允。嗣后各属学堂购用课本即径赴省城排印局及津、保官书局购买,无庸备文来处请领,以省周折而期简速。除分行外,合行札饬。札到即便查照办理。此札。

呈据大城县监生刘维霖禀自备资斧
游学日本请给咨转发文①

为呈请事。案据大城县监生刘维霖禀,为自备资斧,游学日本,恳请转详赏给咨文事:"窃维内患频仍,外强日逼,凡我士民,当思自奋。生情愿自备资斧游学日本,求赏咨文,以便投学。为此叩乞恩准,转详赏咨施行。"等情到处。据此覆查,该生自备资斧,游学日本,志诚可嘉,未便阻抑。除批示外,理合备由转呈。为此呈请宫保鉴核,伏乞照呈给咨,以凭转发施行。

督宪袁批:据呈已悉。大城县监生刘维霖自备资斧赴日游学,具见向学情殷,应准照办。但须遵监督马道考查约束,方与官费学生一体照料。仰即饬遵,并将发下公文二角转给前往投递,暨候先

---

① 录自《北洋官报》第 592 期。

行咨行出使日本大臣及马道查照。缴。

呈深泽县廪生赵炳藜出洋游学请发咨转给文[①]

为呈请事。案据深泽县禀:"据西河村文生赵炳麟禀称'胞弟廪生赵炳藜在省城蒙宫保派充宣讲二年,今胞弟目击时艰,情愿自备资斧出东洋游学,请准保送'等情。据此,查该廪生赵炳藜既据该胞兄禀请,情愿自备资斧出洋游学,自应准如所禀,详请核办。随即取具该家属邻佑结保各状,拟合出具印结备文,呈送宪台核办,俯赐转送示遵,实为公便。"等情到处。覆查无异,理合呈请宫保鉴核照呈,迅赐发咨,以备转给施行。

督宪袁批:据呈已悉。深泽县廪生赵炳藜自备资斧赴日游学,具见向学情殷,应准照办。但须遵监督马道考查约束,方与官费学生一体照料。仰即饬遵,并将发下公文二角转给前往投递,暨候先行咨行出使日本大臣及马道查照。缴。

呈深泽县文生陈殿勋出洋游学请发咨转给文[②]

为呈请事。案据深泽县禀:"小村文生陈殿勋禀称'今日环球交通,非崇实学不足以致富强。生曾在省城高等学堂肄业年余,课

---

① 录自《北洋官报》第600期。
② 录自《北洋官报》第600期。

程之善,比家自为学者诚分霄壤,然较外洋各国则难免让人先登。所以有心世道者,皆喜出洋研究实用,以争胜于优胜劣败之世,然皆赖官费,教育难广。生今目击时艰,情愿自备资斧,留学东洋,理宜报名领文。'等情。据此,卑县当即取具该生家属邻佑保结各状,拟合出具印结备文,呈送宪台核办,俯赐转送示遵,实为公便。"等情到处。覆查无异,除批示外,理合呈请宫保鉴核,照呈迅赐发咨,以便转给施行。

督宪袁批:据呈已悉。深泽县文生陈殿勋自备资斧赴日游学,具见向学情殷,应准照办。但须遵监督马道考查约束,方与官费学生一体照料。仰即饬遵,并将发下公文二角转给前往投递,暨候先行咨行出使日本大臣及马道查照。缴。

遵议高等学堂客籍学生派遣出洋回华后令尽义务文①

为呈覆事。光绪三十一年正月初九日奉宫保札饬,以省城高等学堂钱道详覆遵札查覆客籍学生钮凤仪等禀请筹款考取客籍学生出洋游学一案,议以"应俟卒业后,择优选派,俟回华后,亦在北洋派差,以尽义务"等因,行令本处覆核等因。

奉此,覆查去夏考选两次,其咨送京师大学堂肄业,系照章就各本省挑取,其咨送东京留学,系造就各学堂师资,故客籍概未预

---

① 录自《北洋官报》第602期。

选,并无他故。钱道此次所议客籍各生,俟毕业后择优派遣,回华后令尽义务,既无向隅之憾,亦收效用之资,所议甚为平允,应请照准立案。除移行外,所有遵饬覆核缘由,理合备由具呈。为此呈请宫保鉴核,伏乞照呈施行。

督宪袁批:据呈已悉。缴。

呈覆遵议各州县筹备公款派人游历日本筹议办法文①

为呈覆事。光绪三十一年二月十三日奉宫保札饬:"据直隶留学日本学生梁志宸等具禀'请通饬各州县筹备公款,选派绅士游学日本,以备充当学董'等情到本督部堂。据此,除批禀悉,多派绅士游学游历于地方政学俱有裨益。本部堂曾与严太史言之:'该生等所禀意见相同,近年官派士绅不遗余力,应再行由地方筹备公款,官绅协商推广,以化内地固陋之风。候行学务处核议酌办。此缴。'等因印发外,合行札饬,札到该处,即便查照办理。此札计黏抄禀。"等因。奉此,查学董一席与教员并重,凡学规之遵守、学级之编制、教室之整顿、教科之分配以及陶冶训练,加意于所谓德育、智育、体育之属,非略通教育之意者万难胜任。近日学堂初立,教员固不足用,学董尤难其人,常有得力教员反为学董所牵制。学堂之成效不著,即地方之开化愈难。

---

① 录自《教育杂志》第 5 期,发文时间为光绪三十一年三月。又见《北洋官报》第610、611 期。

诚如钧谕，多派绅士游学游历，实于地方政学俱有裨益。惟需款甚巨，必藉众擎之力，斯其事轻而易举。该生等所谓"仿江湖各省办法，以地方公款选派绅士游历日本"，揆之今日，情事最为适宜。拟请宫保通饬各属，由官绅会同查学，秉公推举，择绅士中年力强壮、品学端粹者，申送本处考验，呈请宫保咨送日本游学。或官费，或公费，或自费不足而以官费、公费补助之，或取诸学款，或另外筹备，听各州县酌度情形，妥议办理。每州每县至少送一人，其经费充裕能多送者听，或人数有余欲于教育管理之外兼学他项者亦听。总之，不得以他州县人充数，学成回国，各在本籍尽效力之义务，庶几风气渐次开通，而教育普及之望可得而言矣。所有遵饬核议缘由并筹议简明办法九条，理合备由具呈。为此呈请宫保鉴核，伏候批示遵行。计呈清折一扣。

遵议饬各州县派人筹备公款游历日本办法，呈请核夺。

一、人数：拟令每州县各遣派二人。若经费充裕，能多派者听，即贫瘠之区亦必须遣派一人，惟不得以他州县人充数。

一、资格：以品学兼优、乡望凤孚者为合格。如不可得，即就绅董中择其凤行公正、曾办学务者充选，若现充学董者尤善。惟有嗜好之人不得滥送。

一、推荐：由本地官绅会同查学委员公同推选，选定后具文申送学务处考验，汇齐后由学务处呈请宫保咨送。

一、期限：除往返程期外，在东游历日期以四个月为限。

一、课程：到东后昼则参观各学校，并考求各学校组织编制各事，于小学尤须加详；夜则延日本教师讲授科学，如教育学、管理法、学校制度等类；值暑假时则昼夜听讲，回国时每人须呈交日记一分,其尤佳者付排印局印行。

一、起程次序:人数既多,拟分三期起程,均于天津聚齐。凡距津近者准于五月初一日齐集,是为第一期;距津稍远者于六月初一日齐集,是为第二期;最远者七月初一日齐集,是为第三期。凡州县派遣时务,预计程途远近,毋令太迟,以致逾期,亦毋太早,致令久候。

一、筹解经费:每送学生一名,筹银三百两,径解学务处,其自费者即自携学费随同前往。

一、豫算开销各款:每名三百金,以四十金为由津赴东川费,此项由学务处在津发交本人。以二百金为在东四个月延师及食宿书籍等费,以四十金为回国川费,此两项汇交马监督随时照发。下余二十金汇积成数,留为护送员及译员津贴之用。此项在津由学务处给发,在东由马监督给发。

一、选派护送员及译员:由津起身时需人护送,计每期需两个。到东参观及听讲时需译员,每二十人参观需向导员一人,每五十人听讲需译授员一人,统计每百人需七人。闻现居日本之直隶留学生多愿承任此事,拟俟宫保批准后,即择诚谨稳练者函招数人回华,分期护送并预期函致马监督,俟学生到时选派十余人任向导及译授各事,每护送员一人拟津贴川资五十两,兼往返者倍之,每译员一人按月津贴日币三十元,兼昼夜者倍之。

以上九条粗举大略,其未尽事宜应俟批准后再行详议,合并声明。

督宪袁批:呈折均悉,应如所议办理,仰即通饬各属一体照办。此缴。

呈据平山县文童王骏发请给咨游学日本文①

为呈请事。案据平山县详称，该县"文童王骏发禀请自备资斧留学日本，请给文送考前来。查得该童身家清白、文理通顺，拟合给文，呈请查核，照章办理。"等情。据此，本处覆验无异。除批示外，理合备由具呈。为此呈请宫保鉴核，伏乞照呈赐发咨文，以便转给施行。

督宪袁批：据呈已悉。平山县文童王骏发自备资斧赴日游学，具见向学情殷，应准照办。仍须遵监督马道考查约束，俾与官费生一体照料，仰即饬遵并将发下公文二角转给前往投递，暨候先行咨行出使日本大臣及马道查照。缴。

续增各州县筹款派送绅士游学日本
办法文并批附清折②

为呈请事。光绪三十一年三月初二日奉宫保批本处呈覆核议直隶留学日本学生梁志宸等，禀请通饬各州县筹备公款选派绅士游学日本一案，蒙批："呈折均悉，应如所议办理，仰即通饬各属一体照办，此缴。"等因。奉此，嗣经本处于前折所陈九条之外，再加

---

① 录自《北洋官报》第 612 期。
② 录自《北洋官报》第 628 期。

讨论,复得四条,并将此三期内应派各州县远近先后——指定,以免观望而期爽捷。除分别移行外,理合备由再呈。为此,呈请宫保鉴核,伏乞照呈训示施行。计呈清折一扣。

谨将奉批后续增筹备公款游学日本办法四条并分期应派送各处开折,恭呈钧鉴。计开:

一、头期业已派遣,如第二三期筹有公款及情愿自费者,亦准续送。

一、派定各属赍遣游学,系按路途及火车相距远近以定起程先后,如有路程较远而经费充裕,愿趁第一期先往者,应准先送,不必拘泥。

一、原定章程,瘠苦之区至少亦须派遣一人,此次文到,应即集议速筹,按期办理,不得延误。

一、派遣各生经本处考验,如不合格,应即遣回,再行另选。第一期应派送各处:通州、武清县、宝坻县、宁河县、霸州、固安县、大兴县、宛平县、涿州、良乡县、房山县、清苑县、满城县、安肃县、定兴县、唐县、望都县、完县、蠡县、祁州、束鹿县、高阳县、正定县、获鹿县、栾城县、元氏县、晋州、藁城县、新乐县、卢龙县、迁安县、抚宁县、昌黎县、滦州、乐亭县、临榆县、天津县、静海县、沧州、南皮县、邢台县、沙河县、南和县、内丘县、任县、永年县、邯郸县、磁州、遵化州、玉田县、丰润县、赵州、柏乡县、隆平县、高邑县、临城县、定州、易州、涞水县。

第二期应派送各处:三河县、蓟州、香河县、保定县、文安县、大城县、永清县、东安县、昌平州、顺义县、密云县、怀柔县、平谷县、新城县、博野县、容城县、雄县、安州、井陉县、阜平县、行唐县、灵寿县、平山县、赞皇县、无极县、河间县、献县、阜城县、肃宁县、任丘县、交河县、宁津县、景州、吴桥县、东光县、故城县、青县、盐山县、庆云县、大名县、元城县、南乐县、清丰县、开州、平乡县、广宗县、巨鹿县、唐山县、曲周县、肥乡县、鸡泽县、广平县、成安县、清河县、冀州、南宫县、新河县、枣强县、武邑县、衡水县、宁晋县、深州、武强县、饶阳县、安平县、曲阳县、深泽县、广昌县。

第三期应派送各处：承德府、围场厅、滦平县、平泉州、丰宁县、赤峰县、朝阳县、建昌县、建平县、宣化县、赤城县、万全县、龙门县、怀安县、蔚州、西宁县、怀来县、延庆州、保安州、张家口厅、多伦厅、独石口厅、东明县、长垣县。

督宪袁批：据呈并清折均悉，应如所拟办理，仰即分行各州县厅一体遵照。此缴。

遵议京师学生陈昭令等碍难一律给津贴文①

为呈覆事。光绪三十一年三月十三日奉宫保札饬："准京师大学堂监督张咨开'直隶咨送学生陈昭令等，覆试分送豫备科及师范馆，开列名单，咨请查照备案，并拟照旧班学生酌筹津贴寄京给发，请示覆'等因到本督部堂。准此，并据该学生陈昭令等禀请津贴前来。除咨覆外，合行札饬，札到该处，即便照章酌核详覆。此札。计粘抄咨单并原禀。"等因。

奉此，伏查肄业京师各生旅况良苦，新班旧班原可一律给津，以示体恤。惟自封汝谔等三人后，或咨送、或考取，岁有增益，嗣因

---

① 录自《北洋官报》第 629 期。

款绌,难以遍给,曾于议覆韩述祖等二十名禀请津贴文内详蒙批示"以此二十人为限制"等因在案。现在本处经费支绌异常,应发之款尚待踌躇,虽具热情,力莫能助。拟请查照前批,俟有缺额,按名序补。所有遵饬核议缘由,是否有当,理合备由具呈。为此呈请官保鉴核,伏乞训示施行。

　　督宪袁批:据呈已悉,应如所拟办理,仰候咨覆京师大学堂监督查照饬遵。此缴。

据翰林院侍读孟庆荣等呈报公设
中学请咨立案文①

　　为呈请转咨事。案据翰林院侍读孟庆荣等呈称:"窃维自强之本,首在培养人才,造士之方,端赖广开学校。方今国家锐意图治,殷殷以兴学为心,各省府厅州县以次建设学堂,固已规模整备,成就宏多,其有公同创设及捐资私立者,亦皆加意奖励,勖勉再三,凡以辅官费之不足,期教育之普及也。查《奏定学堂章程》内载'各省公设私立学堂曾经呈报本省学务处咨明学务大臣立案者,毕业后得一体申送考入官设之升级学堂,应得何奖与官学生无异',法至善也。直隶为行省之冠,多士会集,而官款敷施,只有此数,实难沾溉普遍。爰集同人,创设公学一座,无论土著、客籍,招足学生五十名为一班,课程规则恪遵《奏定中学堂章程》办理。名曰'崇实中学

---

　　① 录自《北洋官报》第640期。

堂',于三十年三月间开办。其各种学科,率由名誉教员担任。今年仍拟续招新班,以资推广。学中一切制备、图书、器具、操衣等费,悉由同人捐集,合并陈明。所有创设公学开学日期及学堂大概情形,理合援照《定章》,呈请电核,转禀督宪咨明学务大臣准予立案,以资奖励而宏教育,不胜感激待命之至。计呈章程一件。"等情到处。

伏查该绅等创立崇实中学堂,为学习专门及游学外洋之豫备,成就后学,为益宏多,理合据情呈请宫保咨明学务大臣准予立案。为此备由具呈,伏乞照呈施行。

督宪袁批:据呈已悉。侍读孟庆荣等公设中学以助官力之所不及,具见热心教育,殊堪忻慰。仰候咨明学务大臣并送章程,查照立案。仍饬另送一册备案。此缴。

呈报通饬各属办理学务之人均应
熟读教育书籍文①

为呈报事。案照《奏定学务纲要》内载"学堂所重,不仅在教员,尤在有管理学堂之人,必须有明于教授法、管理法者,实心从事其间,未办者方易开办,已办者方能得法,否则成效难期,且滋流

---

① 录自《北洋官报》第645期。此为呈报直隶总督文,通饬学务人员札见《教育杂志》第6期。除首句为"为呈报事",末句为"除呈报外,合行通饬各属一体周知,札到即便遵照办理,并抄录一通榜示学堂,俾共喻斯意,毋得视为具文。切切!此札",正文相同。发文时间为光绪三十一年三月。

弊。各直省亟宜于官绅中推择品学兼优、性情肫挚而平日又能留心教育者陆续资派出洋。员数以多为贵，久或一年，少或数月。使之考察外国各学堂规模、制度及一切管理、教授之法，详加询访，体验目睹外国教习如何教生徒、如何习管理，学堂官员如何办理。回国后，分别派入学务处暨各学堂办事，方能有实效而无靡费。欧美各国道远费重，即不能多往，而日本则断不可不到。此事为办事入门之法，费用万不可省。倘不从此举入手，恐开办三四年、耗费数万金，仍是紊杂无章，毫无实得也。其边省不能多派官绅出洋考察学务者，亟宜广购江楚等省已经译刊之教育学、学校管理法、教育行政法、学校卫生学、师范讲义、学务报、教育丛书等类，颁发各属，俾从事学务之人考究研求，则所办学堂不致凌杂无序，亦不致枉费师生功力。庶较胜于冥行歧误者。"各等语。

查直隶兴学三载，各属中小学堂皆已遍立，而进步尚缓，完备实难。推究原因，皆由管理之人不谙教育，又未能虚心向学、加意讲求，亟应振刷精神，随时研究。本处近顷遵饬议令各属选派绅董资遣出洋游历，业经通饬在案。惟各属小学日有增益，出洋回国者每州县不过数人，不敷分布，仍须一面造就管理学堂之员，应即遵照《奏章》，凡从事学务之人，皆宜多读关于教育之书。惟管理学堂之人，除办公时限外，晷刻无多。兹就前项书籍，量为选择数种以资讲习。一《管理法教科书》，日本田中敬一所著；一《学校卫生学》，日本三岛通良所著。二书皆有译本，卷帙不繁，便于流览。可径向津、保官书局及省城排印局购阅。

至《奏定学堂章程》即现今通行学制，凡学务中人皆须熟读。此书本处前经颁给各属中小学堂各一部，应令各该堂教员、职员随时阅看，毋任束之高阁。兹再发去《章程》一部，免其交价，即将《章程》存置该堂,令中学监督或小学董事逐日点读,日以五叶为限,由查学员随时考察。如该监督、董事等文义不通、不能句读以及毫无心得、不胜管理之任者,准商同地方官即行撤换。除通饬外,理合备由具呈,为此呈请宫保鉴核。

督宪袁批:呈悉,不明教育之理,即不能尽管理之责。责成各属学董多读教育之书,实为要图,仰即如呈办理,并将不胜任者随时撤换,毋任掣肘。此缴。

呈元氏县学生刘堃等自备资斧赴日
游学请给咨保护文①

为呈请给咨事。案据元氏县详称,该县"学生刘堃、李桐吉、王祖仁、王受祺、孙凤岐、孙凤池、李宝廉等七名,均愿自备资斧前赴日本,入理化专修科肄业。经该县查验,各生年力强壮,尚属可造之资,既愿自费出洋,实属有志向学,除饬宽筹经费外,理合详送考验,转请给资"等情前来。

本处当经传见各生,面加考询,除王受祺未经来处外,查得该学生刘堃等六名,粗通科学,志趣向上,均堪前赴日本留学以资深造。理合据情呈请宫保鉴核,俯赐发给咨文,并札行监督马道,准与官费生一体保护。为此,备由缮册具呈,伏乞照呈施行。

---

① 录自《北洋官报》第646期。

督宪袁批：据呈已悉。元氏县学生刘堃等六名，情愿自备资斧，赴日本入理化专修科肄业，具见向学情殷。既经面加考询，应准给咨，惟须由监督马道考查约束，俾与官费生一体保护。仰即饬遵，并将发下公文二角转给前往投递，暨候先期咨行出使日本大臣及马监督查照。此缴。

呈曲周等三县官私各费生赴东游学
请给咨保护文①

为呈请给咨事。案查曲周县考送游学官费生杨世铎，永年县考送游学官费生翟书元、王汝锡，肥乡县游学自费生王英才、孙荣庆，永年县游学自费生孟繁荫等六名，先后据各该县申送到处考询，并据查学员保荐前来。本处查得该生杨世铎等年力富强、有志向学，此次东渡拟学习理化专修科，以一年为期，理合据情呈请宫保查核，俯赐发给咨文。札行监督马道，准与以前官私各费学生一体保护。为此备由缮册具呈，伏乞照呈施行。

督宪袁批：据呈已悉。曲周、永年、肥乡等三县考送游学官私各费生杨世铎等六名，既系年力富强、有志向学，应准给咨，仍由监督马道考查保护，兹办就公文二角随批发下，仰即转给前往投递，并候先期咨行出使日本大臣及马监督查照。缴。

---

① 录自《北洋官报》第649期。

呈报通饬各属学堂事宜不得假手礼房并裁革津贴文①

为呈报事。照得各属高等小学堂，多系从前书院改设，以故沿袭旧习，凡一切款目、文件，均由州县礼房经过，常有把持稽压及需索津贴情弊，甚至学堂招考学生报名亦需花费，实足阻碍学界，亟应严行禁革。各州县有总办小学堂之责，凡学堂一应事宜，应即督饬董事率同司事认真经理，不得假手胥吏。其各学堂中，如有津贴礼书之款，即行裁革，以免虚糜。除通饬外，理合呈请宫保鉴核。

督宪袁批：据呈已悉。仰即严饬各属，凡学堂一切事宜，不得假手胥吏，如有津贴之款，即行查明裁革，以免虚糜。此缴。

拟令查学员刘登瀛、齐福丕出洋游历文②

为呈请事。案查《奏定学务纲要》内载"各省办理学堂员绅宜先派出洋考察"等语，本处上年派赴各属查学人员均系曾经出洋、游学回国师范生充当，惟彼时因人数不符，暂以曾充南宫县小学堂

---

① 录自《北洋官报》第 655 期。此为呈报直隶总督文，通饬各府厅州县见《教育杂志（天津）》第 6 期。除首句为"为通饬事"，末句为"为此通饬各属一体周知，札到即便遵照办理。此札"，正文相同。发札时间为光绪三十一年三月。

② 录自《教育杂志》第 7 期，发文时间为光绪三十一年四月。又见《北洋官报》第 637 期。

教员、前巨鹿县训导、举人刘登瀛查视广平,以曾充师范学堂教员、举人齐福丕查视大名,当经呈明在案。该举人等自去秋分往广平、大名两属,查视一周,殷殷开导,为益颇多,是以本年仍经呈准接充。惟该举人等虚志求益,愿赴日本游历数月,并考查该国学制,以增进学识,俾资实行。本处查得该举人等学问优长、人极精审,本年业经周查一次,随时具报本处备查。兹拟令其于四月间前赴日本游历,以三个月为限,由本处支给该举人等三个月薪水,藉作旅费,以免另款开支。届计七月初间即可回国。各属暑假后开学仍可接续往查,于各属学务实有裨益。如蒙允准,拟请赏给咨文,以便转给该举人等,赍往投递。所有拟令查学人员出洋游历缘由是否有当,理合备由呈乞训示施行。

督宪袁批:据呈拟令查学举人刘登瀛、齐福丕赴日游学支给三个月薪水作旅费,应准照办。兹办就公文二角,随批发下。仰即转给该举人等领赍前往投递,暨候先行咨行出使日本大臣马道查照。缴。

呈宣化府举人郭维城等赴日本游历游学请给咨前往文[①]

为呈请给咨事。案据宣化府王守禀称:"窃查《奏定学堂章程》内载'各省应多派学生游历外洋',又'州县应急设初级师范学堂,

---

① 录自《北洋官报》第665—666期。

若无师范教员,速派人到外国学习,回国仿照开办',又'学堂所重,尤在有管理学堂之人,亟宜于官绅中推择资派出洋,或一年,或数月,使考察外国各学规模、制度、管理、教授之法,回国派令办事'各等因,诚以游学最为开化成才之要举。况目今学校初兴,教员缺乏,管理员更难其选,尤非多派学生出洋肄习、回国转相传授,不足以资分布而收实效。盖就卑属十州县计之,初等小学校大、中、小治分设三十、二十、十处而论,共需教员、管理员数百之多。即现设之高等小学、府中学,虽均蒙派有教员,而所有管理员则皆非实有经验之人。矧将来民立、私立更须推广,学校愈盛,需员愈繁。所以卑府自上年十二月间至本年正月间,迭次筹议选募,以期倡导,并拟派往日本,较为道近费省。适贺查学培桐来府面称,以'现在直隶全省留学日本学生公商筹款,在于日本创设直隶理化专修科,专为教成小学校教员而设,学期以十二个月为限。年在二十岁以上、中学有根柢者为合格。译员由乡会中公推,分尽义务。其资每名需路费四十元上下,往返倍之,学费、旅馆费、一切零用等费总计二百五六十元,统共合银二百四五十两。请募生往学,如有学堂管理员愿往游历考察者,亦可附伴同往'等语。并据呈送《直隶理化专修科章程》前来,当经卑府首先倡捐廉银三百两,与贺查学公同选举,得卑郡官立中学堂中文教员举人郭维城、庶务举人刘景南二员,派令前往游历考察学务数月,归时仍充中学堂教员、管理员,并转相传授。以卑府捐银分作该二员资费,其有不敷之数,由宣化县谢令在于公款内筹提一百两以为补助。一面复由贺查学会同各属官绅推选劝募,并由卑府劝令各州县,或官费、或公费、或绅费、或自费,分别酌筹办理。嗣于二三月间,先后据卑郡中学堂暨各州县高等小学堂各学生及士绅等,多奋然投告,情愿前往游学。并据宣化县知县谢恺捐银二百五十两,选举得本邑廪生冯延铸一名;署龙门县知县经文捐银二百五十两,因本邑无人选举,得中学堂头班学生蔚州廪生杨渊懋一名;署怀安县知县普容拟按五年由官摊捐银二百五十两,选举得中学堂二班学生本邑附生黄松龄一名;万全县知县前任王锡光与现任万和寅合捐银一百两,并该县绅董公捐一百五十两,选举得本邑增生马增基一名;怀来县知县周世铭捐银一百二十两,并在该县官立高等小学堂公款内筹备银三百六十两,选举得本邑增生席之琦、中学堂头班学生本邑附生高士廉二名;赤城县知县周学渊在官立高等小学堂公款内筹备银二百五十两,选举得该堂内学生本邑附生程瀛一名;张家口督销局总董王乃节捐银二百五十两,选举得中学堂头班学生保安州附生赵庆元一名。又据卑郡中学堂头二班学生内宣化县附生童启曾、全士端,延庆州附生高仲三、李怀荣,蔚州增生贾联陞、附生安雍熙,怀安县附生宗翰藻、童生焦莹,保安州附生李宝珍暨该州高等小学堂学生附生赵魁章、初等小学堂教员廪生吕震、附生王丕振及廪生樊瑛,怀来县童生梁兆元,均愿自备资斧前往。以上二十二名均各认明,愿学理化专修科。此外,又据怀来县贡生齐涌、增生王锡珍、附生杜春晴、保安州初等小学堂学生赵庆民、福建流寓卑郡中学堂二班学生黄兆芬,均愿自备资斧前往留学别项学业。以上二十九名经卑府并各该州县会同贺查学查验,均尚合格,并各订立合同,将来学成回国,凡官费、公费、绅费生,分别在各本处尽效力义务,自费生或在本籍,或从其便,并据各投具甘保结前来。惟各该生等起身赴日,必需派人护送,而护送之人非熟悉情形不可。查贺查学培桐在日本留学多年,诸事熟悉,办事尤练达精详,且又热心教育,此次选募劝导,不遗余力,拟恳派贺查学护送至日,一手经理。俾各该生亦得熟习之人，便于依附，深资裨益。所有此次官捐、公捐、绅捐资费，共计银二千三百八十两，均交贺查学赍呈查收，或应汇交何处，或仍交贺查学带往转发，听候裁夺。自费生之银，均由各该生自行携往。正在禀送考验间，复于三月二十五日奉到札饬以'核覆直隶留学日本学生梁志宸等禀请通饬各州县筹备公款派人游历日本一案，令即转饬各属一体照办，按期考送，如查学未到之处，由官绅公同选送，毋庸久候，并发原呈章程'等因。查章程内开'宣属州县在第三期，七月初一日派送'。惟此次卑府等选送各生，系于未奉札饬之先，早经在郡齐集，且该生内惟卑府捐送游历生二名，余多学习理化专修科，该科学已定四月间开办，势难再缓，即游历生现发章程内载'如有先送者，亦可不必拘泥'，自应将现在已到各生先行送考前往，其奉饬选派游历之生，另再饬由各州县官绅按期选送。除饬遵外，拟合将送到各结并开具各生履历清册，禀送查核考验，并请俯赐转请给咨前往。再，署怀安县普令所捐官费银二百五十两，据禀请按五年摊捐。如遇交替，无论正署、代理，截日摊算，由后任移还现银，不入交代作抵，是否可行，并恳批示饬遵"等情。

据此，并据宣化查学贺培桐带同该府出洋学生二十九人来津，听候考验前来。当经本处传见各生，面加考询。查得该举人郭维城等或已从事学务，或曾肄业学堂，并皆朴实耐劳，勤勉向学，应令同往日本，分别游历游学，以资深造。至该守禀请，即派该查学贺培桐护送前往，应予照准。除由该守给付旅费百金，拟再由本处预支该查学三个月薪费，以利遄行。至怀安县普令所捐银两，拟按五年摊捐，令历任截日摊算，事属可行，并准如议办理。

除禀批示外，理合呈请宫保查核，俯赐发给咨文，俾得赍往投递。为此备由缮册具呈，伏乞照呈施行。

督宪袁批：据请，咨文随批办发，仰即转给前往投递，并候先行咨明出使日本大臣查照，暨行留学监督马道照章管理。此缴。

招考天津初级师范学堂学生告示[①]

出示招考事。案准天津道移开据天津府县会禀，称："天津校士馆禀蒙督部堂批准改为初级师范学堂，内设完全、简易两科。完全科学生以年在十七岁以上、二十岁以下者为合格。简易科学生以年在二十岁以上、三十岁以下者为合格。招考天、河两府师范学生入堂肄业，以备派充初等小学教员。"因准此，查《奏定初级师范学堂〔章程〕》"立学总义"章第二节"初级师范学堂为教育普及之基，须限定每州县必设一所"，又第三节"初级师范学堂经费当就各地筹款备用，师范生无庸纳费"各等语。方今兴学伊始，未能遍设，兹据天津府县禀，准于津郡设立初级师范学堂，应招考天、河两府人士，藉储师才。其余各属候另行筹款，逐渐增设。为此示，仰天、河两府人士周知。如有愿习师范来津投考者，即赴该管州县报名，听候考验，汇送本处。该生等务于五月初十日齐集津郡，亲赴该学报到投考，勿得误期。切切！特示。

---

① 录自《教育杂志》第 7 期，发文时间为光绪三十一年四月。

呈第一期各属选派出洋绅士请给咨东渡文①

为呈请事。案照本处遵饬核议"直隶留学日本学生梁志宸等禀请筹备公款选派绅董出洋游历游学"等因,当经呈蒙宫保批准,饬由本处通饬各属选派在案。兹据通州、宁河、清苑、天津等州县先后选送游历游学绅董四十四名,听候拣派前来,经本处陆续传见,考验均属合格,并堪派往。此为第一期各属选派游历游学绅董,拟即派委保定易州查学、河间府教授赵炳麟带同赴东,兼考察该国学制,藉资取法。除支给三个月薪水外,并酌给往返川资壹百两,以资津贴。至此次应需护送员,查有留学日本同文书院毕业生杨昆、王大鹤等二名,堪以派充。照章各给予川资五十两,饬令沿途照料。现定于五月初六日搭趁日本邮船东渡。除分别移行外,理合缮具姓名清册,呈请宫保查核,俯赐转咨外务部、出使日大臣查照,并札行直隶留学监督马道一体照料,实为公便。为此备由缮册具呈,伏乞照呈施行。

为呈请补送事。案照各属第一期派游历游学绅董姓名,业经本处造册呈报在案。兹据武清等州县于前呈缮发之后,邮船未开之前,续行送到八名。经本处考验合格,已于五月初四日带同谒见,即令其随第一期前往。理合另缮清册补报,恳请宫保查核俯准,与前呈之四十四名一并咨送。为此备文具呈,伏乞照呈施行。

---

① 录自《教育杂志》第7期。发文时间为光绪三十一年五月。又见《北洋官报》第679期,文字略有不同。

直隶第一期游历游学人员名单

通州:高奎照,詹钰,董川佩;宁河:魏炳辰;固安:万执机,万炬;房山:赵宗瀛;清苑:王允德;唐县:王游鸿;(祈)〔祁〕州:王作霖;束鹿:焦焕桐,焦焕琨;高阳:王法琴;获鹿:高善彰;迁安:孟鹤龄;抚宁:王旭熙;昌黎:杨守敬;滦州:王聚奎,刘兰圃;乐亭:崔崇山,张肇隆;临榆:郭增泽;天津:李镶,刘宝廉,阎鸿业;玉田:张维兰,刘荣弟;赵州:李牲炎;隆平:胡俊彦;高邑:宋文华,刘德聚,秦玉昆,张云峰;饶阳:徐俊英;安平:李永声,田际勋;大成:张务本,吕禀埕;宁津:王用先,王培骏;新乐:李永年;行唐:郭三德;武清:刘祜龄;涿州:杨为章,李宝书;邢台:尹瓒,宋祥霖;沙河:王经魁;藁城:李玉墀;天津:李兆典。

督宪袁批:据呈已悉。仰候分咨外务部、出使日本大臣查照,并行留学监督马道照章一体考查照料,册送发,仍另备清册一本呈送存案。此缴。

呈枣强县小学堂学生拟援章改为豫
备中学堂学生请核示文①

为呈请事。案据署枣强县郑令崧生禀称:"窃查卑县高等小学

---

① 录自《教育杂志》第 8 期,发文时间为光绪三十一年五月。又见《北洋官报》第681 期。

堂头班学生年力程度多与中学堂相符，惟距毕业时尚早，教授常法无可再增，非量为变通，无以励成材而广教育。卑职每当甄别研究之期，亲到讲堂，察其勤惰，见该头班学生所习修身、经史、地理、算学、体操、东语、格致、图画、博物、生理、农学等项与中学堂科学程度不甚相悬。复将其所作文词逐加批阅，其策论则陈义甚高，其科学则条答无讹。既已捐俸加奖，禀明在案，而又恐年限太远，徒老其才。因思奉颁《中学堂章程》第二节内有中学堂定章'各府必设一所，如能州县皆设一所最善，各州县治可量力酌办，如能设立者听'等语。是中学之设原不限于州县。兹卑县小学堂程度既与中学堂无异，似不必拘于始办，故步自封。卑县前值李委员金藻查学到县，晤谈之次，亦以卑县小学堂头班学生可改充中学堂学生为言彼此相商，意见吻合，复询诸绅董，佥谋尽同，内除经费现即缺短，不能不再为筹办外，别无异辞。应请援章以卑县小学堂头班学生作为中学堂预备科，一年期满改升中学，按章教授。至于学堂经费仍从小学堂暂为挪借。再查各府州中学堂多习英文，卑县教员张浡留学东洋，于英文亦能通晓，以之教授西学，良足胜任。似此略为变通，预备年中无庸另添教员，以节经费。所有卑县小学堂头班学生可改预备中学堂学生之处，即恳据情转详，批示遵行。"等情。

据此，查该县高等小学堂头班学生年力程度既与中学堂相近，应准援章作为中学堂预备科，俟一年期满，改升中学。所有经费皆就原堂挹注。英文教员即令张教员浡兼充，均可无庸另行筹派。除此令候示外，是否有当，理合备由转呈。为此呈请宫保鉴核，伏乞训示施行。

督宪袁批：如呈饬遵。缴。

遵议霸州高等官小学堂学生变通毕业限文^①

为遵饬核覆事。光绪三十一年五月初四日，奉宫保批：据霸州禀，该州"高等官小学堂头班学生程度已高，可否援案变通。据情禀请示遵"缘由。蒙批："据禀已悉，查高等小学《定章》限四年毕业，兹据称该堂头班学生由查学考验，程度已高，应否缩短期限之处，仰学务处查核，饬遵具覆，缴"等因。

奉此，案照《奏定高等小学堂章程》定为四年毕业，原指学生年在十岁以上、由初等小学毕业升入高等小学、适合学龄者而言。今各属所招学生年岁大都在二十上下，核以《奏章》，已过入中学之年。惟现在创办伊始，风气初开，势难尽拘成例。而各属高等小学堂学生考取之初即已文理明通、经书娴熟，所缺欠者惟各种科学，补习较易，则毕业年限自不妨量为变通。查《高等小学堂章程》"学科程度及编制"章第十二节内载："高等小学堂学生修毕各学年课程者，应由本学堂长呈请地方官，会同举行毕业考试，分别给以毕业凭单。"又《高等小学堂毕业奖励章程》内载"高等小学毕业应升学之学生，经道府会同监督，考送入中学堂、初级师范学堂、中等实业学堂者，俟学政按临该府时覆加考试，合格者升入以上三项学堂肄业，最优等作为廪生，优等作为增生，中等作为附生，分别收入所升学堂肄业，下等发回原学作为俏生，准用顶戴，均由学政填给执照，咨明学务大臣，礼部备案，最下等遣回原籍"各等语，是毕业学

---

① 录自《北洋官报》第684期。

生应以考试合格为断。该州所称，该堂头班学生程度经查学考验，谓可与中学堂相埒，请变通年限。俾早毕业以示奖励，事属可行，应令该州于该学堂学生修毕各科课程时，按照《定章》临堂考试，给予凭单，查照《奏定学堂考试奖励各章程》分别办理。如蒙允准，应请先行咨明顺天学院查照立案。其有年龄幼小、程度不足者，仍应遵章四年毕业，不得减少年限。

除札饬外，所有遵饬核覆缘由，理合呈请宫保查核示遵。

督宪袁批：据呈已悉。应如所拟办理，候咨顺天学院查照立案，仰即饬遵。缴。

行束鹿县奉院批该县酌提庙产拨充学费缘由札[①]

为札饬事。光绪三十一年五月初四日奉督部堂袁批"据该县禀查提庙产拨充学费，凡自二月以前竣事者，应请准照原议办理。此后由官保护，概准免捐，请核示祗遵"缘由，蒙批："查民间祠庙不在祀典者，由地方官一律改为学堂，早经奉旨通饬在案。恭绎此次谕旨，自系指确列祀典者而言，岂能任无赖勾串，妄生希冀。嗣后除载在祀典之庙宇，及主持积赀自置者，不得侵占外，其余或淫祀本干例，禁私设庵院，律有明条。又绅民先曾布施，暨僧众情愿报效者，应照旧筹办，以昭公允，仍禁止刁绅蠹役藉端滋扰。仰学务

---

① 录自《教育杂志》第9期，行札时间为光绪三十一年五月。

处查照饬遵。缴。"等因。

奉此合行札饬,札到即便遵照办理,并录报本管府查照。此札。

行庆云县奉院批该县分别酌提庙产缘由札①

为札饬事。光绪三十一年五月十七日奉宫保批该县禀请分别酌提庙产缘由,蒙批:"据禀已悉,该县举办学堂,除方外自置田产不提外,如系棍徒托名、僧道把持之庙地,悉数归公,办法本为允洽。仰学务处饬仍遵章办理,勿任阻挠。仍将列入祠典之庙产悉心保护,以符明谕。此缴。"等因。

奉此合行札饬,札到即便遵照办理,并录报该管府知照。此札。

据查学禀报霸州鲍牧尽心学务请准
记大功二次文②

为呈请事。案照本处上年将劝办学堂出力各州县择最优等呈请奖励,曾蒙宫保批准,将元氏县葛令等十一员各记大功二次,由司注册在案。兹查霸州鲍牧同祖上年列入优等,去最优等仅差一级,数月以来更有进步,热心教育,委任得人。每值星期研究所会集,该牧亲与教董等商议改良,该州初等小学现已增至二十三处,

---

① 录自《教育杂志》第 9 期,行札时间为光绪三十一年五月。

② 录自《教育杂志》第 10 期,发文时间为光绪三十一年五月。又见《北洋官报》第 698 期。

· 726 ·

每处开学该牧必偕同董事亲临查视，以故绅民感奋，日起有功。据查学举人吴鼎昌禀报前来："伏查该牧禀筹设初级师范学堂，曾蒙钧批，该州经费支绌，尚能知养成教员为当务之急，章程亦井井有条，殊堪嘉尚"等因。是该牧尽心学务，早在洞鉴之中，可否查照上年成案，准将该牧记大功二次，以昭激励之处，伏候钧裁。所有请奖兴学州牧缘由，理合呈请宫保查核，批示祗遵。为此备由缮册具呈，伏乞照呈施行。

督宪袁批：据呈已悉，应准将霸州知州鲍同祖照案记大功二次，以为牧令尽心学务者劝。仰移藩司查照注册饬知。缴。

行保安州奉院批该州僧人愿捐庙产充学堂经费缘由札①

为札饬事。光绪三十一年四月二十八日奉宫保批保安州禀"泰山寺等庙僧人愿将庙产充作高等小学堂经费，请立案"缘由，蒙批："禀悉，延寿寺僧本魁愿将庙产充作高等小学堂经费，以息讼端，办理甚妥。查不在祀典之祠庙由地方官一律改为学堂，早经奉旨通行有案。各庙田地均属公产，由施主凑集而成，苟有争执，自应援酌提善举例章移作学堂经费。准如所请立案，仰学务处查照饬遵"等因。

奉此，查此案前据该县具禀到处，当经批准候示在案。兹奉前因，合行札饬。札到即便转饬遵照。此札。

---

① 录自《教育杂志》第10期，行札时间为光绪三十一年五月。

行望都县奉院批该县劣生阻挠学务
归案审办缘由札①

为札饬事。光绪三十一年五月初三日奉宫保批"望都县禀劣生阻挠学务,请将府学附生尚灵川褫革归案审办"缘由,蒙批:"查《奏定学堂章程》内称'刁生地棍舞弊营私、阻碍教育之进步者,即从严惩处'。据禀:'文生尚灵川把持公产,砌词捏禀,种种阻挠,宣言上无明文,冀令阖邑停止兴学,且借衙门使费为名,骗去村民银钱多数'等情,以此目无法纪,殊堪痛恨,应即查明,详革讯办,以儆刁风,并将造谣停办之文童张国成一并严讯惩处。朝廷锐意兴学,岂容刁生地棍阻遏新机。仰学务处查照饬遵。此缴。"等因。

奉此,查此案前据该县具禀,当经批示在案。兹奉前因,合行札饬,札到即便遵照宫保批示办理,并录报本府查照。此札。

第二期先后选送游历游学绅董呈文二件②

为呈请事。照本处呈准通饬各属派绅游历,业将第一期选送各绅董造册呈蒙咨送出洋在案。兹据肃宁、蔚州等州县先后选送游历游学绅董六十四名,听候拣派前来,经本处陆续传见考验,均属合格,并堪派往。此为第二期,各属选派游历游学绅董必须派员

---

① 录自《教育杂志》第 10 期,行札时间为光绪三十一年五月。
② 录自《教育杂志》1905 年第 9 期,发文时间为光绪三十一年六月。

带往本处，前准高等学堂监督，咨称该堂仿照派绅游历之意，拟以汉文教务长赵编修士琛带同代理经学教员李秉元、史学教员马应图前往日本游历等情，准此，此次各绅东渡，拟由本处移会赵编修士琛，请其带同东行。除由该学堂支给薪水津贴外，拟再仍援第一期赵炳麟之例，由本处酌给川资壹百两，以资津贴。至此次应需护送员，查有留学日本学生胡茂如、崔季友二名堪以派充，照章给予川资各五十两，饬令沿途照料。现定于六月十一日搭趁日本邮船东渡，除分别移行外，理合缮具姓名清册，呈请宫保查核，俯赐转咨外务部、出使日本大臣查照并札行直隶留学监督马道一体照料，实为公便。为此备由缮册具呈，伏乞照呈施行。

　　为呈请补送事。案照各属第二期选派游历游学各绅董姓名业经本处造册呈报在案，兹据衡水县于前呈已发之后，续行送到一名，又该县自费生一名，均经本处考验合格，堪以遣往。又省城模范小学堂教员张景山、王铭恩等二名，拟于暑假期内赴东游历，以增益学识。除预支两月薪水外，再各加给银一百元，以资津贴。以上四名已于六月初八日带同谒见，即令其随同第二期前往。理合另缮清册呈报，恳请宫保查核，俯准与前呈之六十四名一并咨送。再，此次赴东人数较多，拟再添派护送员一人，帮同照料。适第一期护送员、留学生王大鹤回津，即仍令其护送东行，并支给川资五十两，合并声明。为此备文具呈，伏乞照呈施行。

　　直隶第二期游历游学人员名单

　　肃宁：苗锡智；蔚州：马殿甲；怀柔：朱珊；文安：李元龄；永清：朱致瀛；昌平：孟维源；密云：苏增，王述曾；平谷：徐仁俊；雄县：孔繁英，仇翰垣；安州：陈逊之，张德俊；阜平：李心如；行唐：张秉和；灵寿：赵丕杰；平山：商佑；赞皇：张堃，李文勃；无极：李基中；河间：石玉藻；交河：王汉臣；吴桥：王毓秀；故城：李渤，王相衡；庆云：蒋耀奎；南乐：武经笥；清丰：王文朗；开州：徐莲峰，郭方塘；唐山：刘吉星；清河：刘喜喆；新河：张玉琛，靳景云；武邑：张文钦，国汇中；宁晋：邢鸣盛，赵墀，陈骏杰；深州：李吉林，刘镇藩；武强：耿昶和；深泽：李兆霖，曹善同，张文绍；威县：王以锷；遵化：杨锡霖，刘维藩；任县：魏华堂，魏邦宪；正定：张文炤，潘世钊；静海：张家骧；望都：胡家兰；完县：齐步瀛；良乡：刘恩诏；祁州：王之桢；宝坻：韩铸全；天津：齐鼎升，杨泽濡；定州：么立祥。高等学堂咨送教员随同游历：李秉元，马应图。保定普通科学馆斋务长随同游历：徐德源。

豫筹续派赴东留学办法文[①]

为呈请事。案前奉宫保面谕"本年拟仍选派学生赴东留学，以六十人为成数，长期、速成各半，内有客籍，以十人为限，饬由处妥拟办法，呈候核夺"等因。奉此，查近来风气渐开，游学日众，内地积学之士莫不负笈而东，因之选择考验不得不加详慎。现在拟定办法，不限时日、无论长期短期皆由处陆续选派，既免专员护送之烦，亦不致勉强凑数。至速成师范拟于明春再行派往，缘此种必须根柢盘深、文学夙富者方为及格，求之一时，实难多得。速成开班又未容陆续选派，且选派在八九月间，其时并非各学卒业之时，中

---

① 录自《教育杂志》第10期，发文时间为光绪三十一年七月。又见《北洋官报》第723期。

道易辙亦多未便。所以，欲明春派送者以保定今春改设之普通科学馆，其中多莲池书院旧人，汉文夙习皆优裕，一年毕业当有佳选，即令选不足额，而各属期满之教员、本堂毕业之学生届时选补，亦与学期不相妨碍。曾经详细面陈，荷蒙允许。惟东京学期能否适合，宏文、经纬课程孰优，已函请马监督就近调查，豫为示及，以便照办。

查长期之科目以本省所缺乏者为急，直隶高等以上各学堂教授各种科学无不借材异国。如保定师范学堂之教育管理、理化、音乐等科现均东人主讲。欲图长策必当为蓄艾三年之计。东京高等师范学校文科、理科为彼国高等教员所自出，能派数人入该校为选科生尤足储异日之用。其豫备之法或于到东之初先豫备入校，或直由同文、宏文各普通科毕业生中挑选送入。二者孰宜，已函马监督斟酌见覆。

又日本青山东京府师范学校规制最完，拟派学生往学。其学期以何时为宜，亦请马监督查覆。均俟覆到之日再行办理。

除函达外，所有豫筹续行选派赴东留学办法缘由，理合备由具呈。为此呈请宫保鉴核，伏乞照呈施行。

督宪袁批：如呈办理。此缴。

呈请普通中学堂学生朱文衡等自备资斧赴美游学文①

为呈请事。案照普通中学堂禀称，该堂学生朱文衡拟自备资

---

① 录自《北洋官报》第758期。

斧,出洋游学美国,先入高等普通学校,毕业后兼学专门一科。又据淑范女学堂禀称,该堂女学生朱文贞拟自备资斧,出洋游学美国,先入高等小学校,俟语言文字敷用,专习医学一门,拟于七月初七日随普通中学堂总教习乘轮南下。先后据各该学堂开据该生等年岁、三代、籍贯,禀请转呈给咨前来。

本处覆查该学生朱文衡、女学生朱文贞等,于普通学科粗知大略,今有志求学,不惮远涉重洋,殊堪嘉许。除批示勉励,饬令先行起程以免守候外,理合据情呈请宫保查核,俯赐咨明出使美国大臣查照,准与留学美国官费生一体保护,实为公便。为此备由缮册具呈,伏乞照呈施行。须至呈册者。

督宪袁批:据呈已悉。该学生兄妹联翩赴美游学,至堪嘉尚。候咨出使美国大臣查照,准与留学官费生一体保护,并由关道查案,发给护照。此缴。

移藩司教职改习师范妥筹办法文①

为移会事。光绪三十一年八月初五日奉督部堂袁札开:"光绪三十一年七月二十五日准吏部咨开'光绪三十一年七月十六日本部具奏:嗣后请将各省复设教职遇有缺出,即行停选;遇有经制教职缺出,即以本学复设教职移补,仍照原衔升转'等因。本日奉旨'依议,钦此。相应将原奏抄粘通行知照可也'等因到本督部堂。

---

① 录自《教育杂志》第11期,发文时间为光绪三十一年八月。

准此查前,据藩司具禀:'拟令实任、部选、投效等三项教职悉入师范学堂学习教育管理法,当经行处妥拟章程,呈请核夺'在案。兹准前因核与前禀大致相同,应由司处一并妥筹办法,详覆核夺。合行札饬,札到该处即便遵照办理。此札粘抄单。"等因。

奉此,案查前蒙督部堂札发贵司所禀"拟令教职学习师范一案,饬由处妥拟章程,呈请核夺"等因,当饬师范学堂确查堂中斋舍能开几班,以凭核覆在案。兹奉前因,除俟会核筹议外,拟合移会,为此合移贵司,请烦查照施行。须至移者。

呈报保定师范学堂本年暑假后添招新生请查核文①

为呈报事。案照保定师范学堂本年暑假后添招新生,业经呈报在案。查此次报考者约共三百七十余人,经该堂监督会同教务长于七月初八日扃门考试,十一日覆试,选录正取一百二十二名、副取二十名。呈由本处覆核榜示,饬令正取各生于七月十四日一律入堂,其副取二十名即拨入保定初级师范学堂肄业,应俟另文呈报。据该堂监督罗令造册详请转报前来,本处覆核无异。除批示外,理合备文呈请宫保查核,为此具呈,伏乞照呈施行。须至呈者。

---

① 录自《教育杂志》第 11 期,发文时间为光绪三十一年八月。

呈第三期选派游学游历绅董请咨出洋禀①

为呈请事。案照本处呈准通饬各属派绅游历,业将第一二期选送各绅董造册,呈蒙咨送出洋各在案。兹据通州等州县先后选送游历游学绅董六十名听候拣派前来,经本处陆续传见考验,均属合格,堪以派往。此为第三期游历游学绅董,即由职道卢靖督同文案官曾令传谟带往东行。至此次应需护送员,查有留学日本学生杨育平、李毓枬二名堪以派充,照章给予川资各五十两,饬令沿途照料。现定于七月十二日汇齐后搭趁日本邮船东渡,除分别移行外,理合缮具姓名清册,呈请宫保查核,转咨外务部、出使日本大臣查照,并札行直隶留学监督马道一体照料,实为公便。为此备由缮册具呈,伏乞照呈施行。须至呈册者。计清册四本,不具列。

督宪袁批:据禀已悉,仰候分咨外务部、出使日本大臣查照,并行留学监督马道照章一体考查照料。册存送,此缴。

呈师范学堂考选优级分理科文科教授请立案禀②

为呈请立案事。光绪三十一年八月二十八日,据直隶师范学

① 录自《教育杂志》第14期,发文时间为光绪三十一年九月初四日。又见《北洋官报》第781期。
② 录自《教育杂志》第14期,发文时间为光绪三十一年九月。又见《北洋官报》第792期。

堂监督罗正钧等详称："案查《奏定师范学堂章程》第一节'设优级师范学堂，令初级师范毕业生入焉'，第二节'优级师范学堂，京师及各省城宜各设一所'，第二节'省城优级师范学堂初办时可与省城之初级师范学堂并置一处，俟以后首县及外州县全设有初级师范学堂，即将省城初级师范学堂增高其程度，并入于优级师范学堂'等因。查保定师范学堂实创于光绪二十八年三月，迄今先后蒙录送师范生约一千二百八十余人，除速成毕业分别派放教习并考送日本游学外，其有年资较深、学行素优者，业于本年前学期开学时，蒙亲临考验挑选优级生九十六人，先设文科、理科二科目，每科各得四十八人，分拨第一、第二两堂讲授，修业年限各限四年，以第一年为豫科，后三年为本科。文科遵依《奏定章程》优级师范学堂第一类及第二类之课目，理（合）〔科〕遵依《奏定章程》第三、第四类之课目，均于三十三年十二月毕业季考时曾经随案开折列报，并未另详立案。因查优级生在堂日久，毕业后照章优给奖励，理合造具年岁、籍贯清册，呈请转详立案。再，本学期奉谕考选学生赴日本早稻田大学习永久师范专科，遵于优级生内录取十名，详送在案。又，吕禀堻出洋游历，业经详请核夺，俯蒙允准有案，合并陈明。所有挑选优级分科讲授情形理合详请查核，俯赐转详督宪立案，实为公便。"等情到处。

据此除批示外，理合呈请宫保鉴核立案，为此备由具呈，伏乞照呈施行。须至呈册者。计清册各一本，不具列。

督宪袁批：如呈立案，仰即饬知。册存。此缴。

遵饬筹设外省师范学堂章程禀①

为呈覆事。光绪三十一年七月二十四日奉宫保札开:"照得省城师范学堂前将山东、河南等省师范生附入授课,仅为一时权宜之计,此后东三省广设学校,有资于师范者正多,其余西北各省旗源源咨送,恐不能容。天津交通利便,近接京畿。内地风气未开,性惮渡海。津埠学校林立,便于参观,亟应创设外省师范学堂,先择地址,绘定房图,视人数多寡随时扩充其师范生。每名经费若干,即由咨送省分筹解。应由学务处妥拟章程,选举监督、教员,条分科目、办法,呈请分咨各省。俟咨覆到日,约计人数,刻期筹办。合行札饬,札到该处即便遵照妥议,迅速具覆。此札。"等因。

奉此,仰见宫保振兴学校、造就师才、不分畛域之至意,钦佩莫名。窃思此项师范学堂既合数省之力,收数省之人,则学生名额不能太少。拟先以四百名为定额,仍随时扩充。所有课程先按照初级师范简易科办理,每班五十人,共分八班。除直隶师范生由本生筹款津贴外,各省每送学生一名,应筹解经费以资津贴。谨拟章程十二条,恭候鉴核。惟查此事系属创始,其最亟者约有二端:一筹款,二用人。此项学堂地址,每容四百名,非四五十亩不可,购地已需巨款,若建筑合法所费,尤属不资。必须先行垫办,万不能候咨送学生省分协济。此筹款之宜亟者也。学堂全体视乎监督之得人,开办伊始尤须慎选。本处查有留学日本早稻田大学学生、候选

---

① 禀及章程分别录自《北洋官报》第797、799期,又见《教育杂志》第13、15期,发文时间为光绪三十一年九月。

知府李士伟,系永年县人,明干有为,若调令回国,派充监督,责成该守经营构造,必堪胜任。此用人之宜亟亟也。此外未尽事宜,除俟随时详细筹议外,理合先将遵饬核议缘由并章程清折呈请宫保查核批示祗遵,为此备由缮册具呈,伏乞照呈施行。须至呈册者。

谨将拟订《北洋师范学堂试办章程》开呈鉴核。

第一　名称

本学堂系奉北洋大臣之命创设,除直隶师范生外,兼收东三省及河南、山东并西北各省旗师范生,故定名曰北洋师范学堂。

第二　宗旨

本学堂之宗旨在造成高等、初等小学教员及管理员,使其毕业后各回本省,能开通风气,转益多师,以谋教育普及。

第三　地址

本学堂就天津择地开办,取其交通便利,即直辖于直隶学务处,受北洋大臣之节制。

第四　办法

开办之始,一切购地建筑等事,由直隶学务处呈明北洋大臣,次第举办。即由直隶学务处拟定章程,呈请咨行指定各省选送师范生来津。如人数足成一班,即先行开学,以免守候。

第五　经费

本学堂建筑开办各费,应呈请北洋大臣指款动拨。其常年经费,除直隶学生由本生筹款津贴外,他省咨送者,每学生一名岁解经费库平银一百五十两,其开办费拟由各省量力协助。或仿日本弘文书院、经纬学堂之例,俟开班时交开班费若干两,以资贴补。

第六　规则

本学堂一切规则均遵照《奏定学堂章程》管理通则办理。

第七　职员

本学堂设监督一员，以留学日本学生年资深而有学识者充之。教员若干员，按班数酌定，每班约用两人。监学若干员，每两班一人。庶务员一员，其余译员及其他员司量事之繁简，临时酌定。

第八　学额

本学堂学额暂以四百人为限，计本省百人，先尽教职习师范者，不足则另招。河南、山东百人，东三省百人，西北各省旗百人。每五十人为一班，逐渐推广。如不足额，则添招自费生。

第九　学年

本学堂开办之前二年，照初级师范简易科办理，以一年为毕业期限。第三年再开新班，则增加年限，二年毕业。第四年以后，各处学堂日众，师才日多，或改照完全科办法，或改为优级师范学堂，临时酌定。

第十　课程

本学堂课程现照《奏定章程》初级师范简易科办理，分为修身、教育、中国文学、历史、地理、算术、格致、图画、体操九类，并酌加手工、农业或商业。

第十一　资格

考选学生年岁限三十五岁以下、二十岁以上，以身体健全、不染嗜好为合格。不能汉文者不收。

第十二　毕业

学生于本学堂毕业后，经直隶学务处考验及格，呈由北洋大臣发给毕业凭照，并照《奏定新章》分别呈请给予出身。

督宪袁批:据呈已悉。此项学堂拟在天津创设,如拟名为北洋师范学堂,候刷印章程,通咨各省旗一律查照。未尽事宜,仰仍妥筹详办。至李守士伟,已据杨大臣电覆"将回矣",并即知照。仍由处通饬各属一体遵照。缴。

奖励大名县学生辞去津贴概归自费札①

为札饬奖励事。案据大名县禀称,该县"学堂诸生经齐查学、王教员剀切演说,慨然愿辞津贴,改归自费"。该县"亲临运动会,当场奖励,嘉学生之有志,不让行唐专美。遂具公函传告其家,一概列作衿户,格外优待。可见学界文明日有进步。一邑如此,他邑可知。但鼓舞而歆动之,则学生自费之风可以渐推渐广"等情。

又据大名查学齐福丕禀报:"大名县学生四十九人,公同自认愿将津贴一概辞去,县尊甚为嘉奖,并允将学生差徭照生员例一概豁免。窃思学堂初立,学生程度未高,慨然自辞津贴,诚为难能。大名学生既肯出此,不让行唐学生专美于前。查学且得借此一处,鼓励他处,于扩充学务裨益甚大,直省学风将因此大振。应恳援善善从长之例,特札传奖,以示优异,且可风谕他县。"等情到处。

先后据此,查该县高等小学堂学生辞去津贴,概归自费,洵属当仁不让、见义勇为,足与行唐诸生辉映一时,深堪嘉许。合行札饬,札到即便传谕奖励,以昭激劝。此札。

---

① 录自《教育杂志》第 13 期,发文时间为光绪三十一年九月。

行望都县奉院批办理学堂兼营私学札①

为札饬事。光绪三十一年九月初二日奉督部堂袁批"据该县禀请饬各属办理学堂兼管私学条陈管见"缘由,蒙批:"据禀已悉,查《奏定初等小学》第一章'家塾及馆师招集儿童在三十人以外者,名为初等私小学,均遵官定章程办理,并将建设停止缘由报明地方官,每年将学堂所办事务、教科课程、师生名数、出入费用呈报'等情,原章本甚明晰,惟在地方官实力行之耳。该县前有会集蒙师之举,正可将章程演讲,以破其迷仰。学务处即饬遵照办理,务期开通风气,使归一律。至所禀'私学与官学暗塞两途',各属亦皆不免,应否通饬办学之员兼顾整顿,并即由处核办。饬遵。此缴。"等因。

奉此,查此案未据分禀到处。兹奉前因,合行札饬,札到即便遵照办理,并补具原禀,以凭核办。饬遵。此札。

奉院批饬天津学务总董倡办国民捐札②

为札饬事。光绪三十一年九月十七日奉督部堂袁批"该总董等禀学堂学生公同集资备偿国债,恳恩俯鉴愚诚,批示立案"缘由,蒙批:"据禀,各堂学生公同集资备偿国债,为国民未有之创举,具

---

① 录自《教育杂志》第 13 期,发文时间为光绪三十一年九月。
② 录自《教育杂志》第 13 期,发文时间为光绪三十一年九月。

见公理宣著、人格增高。若果全国一心，何让文明民族？本督部堂深为吾华前途贺，不仅学界增光而已也。但以少数之学堂员生发此宏愿，公家未便遽行收纳，应仍由出资人自存，以待时机，当仁不让。人有同情，但愿合四百兆人为一心，凑足偿款数目，纾国民数世无穷之累，立国家万年不拔之基，则作始之功未可限量耳。仰学务处转饬遵照，抄禀批发。"等因。

奉此，合行札饬，札到即便遵照。此札。

奉院批饬威县广育演说会更名为宣讲所札[①]

为札饬事。光绪三十一年九月初七日，奉督部堂批"据该县禀报创设广育演说会，拟定试办章程，请批示立案"由，奉批："如禀立案。改县创设广育演说会拟定章程，每逢星期由该令督同绅董轮流演说一次，兼设半日学堂，用意甚善，殊堪嘉尚。此项演说会应更名为宣讲所兼半日学堂，以归一律。仰学务处即饬认真经理，务收实效。仍饬将拟定半日学堂章程禀报查核。折存。此缴。"等因。

奉此，查此案前据该县禀报到处，当经批示在案。兹奉前因，合行札饬。札到即便遵照办理具报。此札。

---

① 录自《教育杂志》第 14 期，发文时间为光绪三十一年九月。

奉院批饬霸州初级师范学堂认真经理札^①

为札饬事。光绪三十一年九月初七日，奉督部堂批"据该州禀报初级师范学堂开学日期并造经费名册，请查核"由，奉批："禀册均悉，仰学务处查照饬知，仍饬该州随时督同教员、学董遵照定章，认真经理，务收实效。此缴。"等因。

奉此，查此案前据该州禀报到处，当经批示在案。兹奉前因，合行札饬。札到即便查照。此札。

行行唐县奉院批该县高等小学堂教员
学生请捐免薪津由札^②

为札饬事。光绪三十一年九月初七日，奉督部堂批"据该县详报高等小学堂教员、学生禀请捐免薪津以广学界"由，奉批："如详立案。该县详报高等小学堂教员、学生于科举未停之先，首恳捐免薪津推广学界，实属深明大义，为各属师法。已另文批处核复通饬照办矣。仰学务处查照，另批办理。此缴。"等因。

奉此，查此案前据该县详报到处，当经批示在案。兹奉前因，除查照另批办理外，合行札饬。札到即便知照。此札。

---

① 录自《教育杂志》第 14 期，发文时间为光绪三十一年九月。
② 录自《教育杂志》第 14 期，发文时间为光绪三十一年九月。

呈报清苑县遵饬考验中州公立学堂
程度并送清折禀①

　　为呈报事。光绪三十一年八月十七日,据署清苑县知县罗正钧禀称,窃奉本处札饬:"转奉宫保札开:'据候补道吴篪孙等禀称:"窃职道等去岁七月创办中州公立学堂,同乡京官、别省大员子弟并在省实缺候补各员子弟之入学者共五十人。其中文颇优者分为中学程度二十人,次为高等小学程度三十人,为二班。查《奏定章程》内载,各省公设私立学堂曾经呈报学务处,咨明学务大臣立案,考毕业后得一体申送,考入官立之升级学堂,应得何奖,与官学生无异。现在正额已招足学生五十名,其余求入附学者尚属源源而来,谨合同禀请派员来堂考验考试,准予咨明学务大臣立案。"等情到本督部堂。据此,除批:"来禀阅悉,候行学务处委员查验具报,并先行咨明学务大臣查照立案"等因印发外,合行札饬,札到即便查照办理,此札。'等因奉此,合行札委。札到即便遵照前赴中州公立学堂考验一切具报,查考此札。"等因。卑职奉此,遵即前赴中州公立学堂于八月十三日考验该堂国文、历史、地理、物理等科,十四日考验算学、英文等科。该堂学生应考者共五十五人,会同教习逐一详加评阅,按照定章以六十分为合格,计中西文均尚入格者二十名,谨拟归入中学程度授课。中文尚优而西文不入格者七名,西文尚优而中文未全佳者十五名,中西文俱平者八名,谨拟均按高等小

---

　　① 录自《教育杂志》第 15 期。又见《北洋官报》第 802 期。

学程度授课。其中西文均劣者五名,于全班程度均觉不合,应予退学,另入相当之学堂肄业,以收实效。所有遵饬考验中州公立学堂具报缘由并分别开具清折,呈请查核,禀请转报。等情到处。

据此,本处覆加查验无异,除批示外,理合开折呈请宫保鉴核批示饬遵。为此备由具呈,伏乞照呈施行。须至呈者。

督宪袁批:此据呈已悉,应如所拟办理。仰即移行遵照。折存。此缴。

奉院批通饬各属师范学堂添阅报演说札[①]

为札饬事。光绪三十一年八月十四日,奉督部堂批"据宣化县谢令恺禀称,现在商拟于师范学堂内添立阅报演说所一处,使学习师范者皆洞悉中外情形,为当时要务,以后散处四乡,抒其济世热心,广为演说,俾颛愚之氓咸知时务,应于世道人心不无裨益"等一案,奉批:"据禀已悉,该县师范学堂应添立阅报演说一课,使师生皆洞悉中外情事,以后散处四乡,广兴演说,俾愚氓咸知庶务,按照天津宣讲所办法,以为社会教育之基。仰学务处通饬各州县一体仿照办理,并饬该县遵办。缴。"等因。

奉此,查此案已据该县分禀到处,兹奉前因,除批示并分行外,合行札饬。札到即便一体仿照办理。此札。

---

① 录自《教育杂志》第 16 期。

呈报礼书积弊酌拟规则数条通饬查禁文①

为呈报事。案照各属学堂津贴礼书之款,前经本处呈准通饬裁禁在案。惟闻各属日久弊生,不免阳奉阴违,或更易帮帐名目,或将津贴移归杂费开报,或谓其费已预支,借端推缓,或因礼书自诉,转益薪资,种种情形几令无从查觉。推原其故,或以此款有限,或以于事无妨,以致惮于更始。以本处所访闻者,礼书袖文件借以需索者有之;揩款一再不交,支吾搪塞者有之;至文件书表等类,经年累月,积久不发者,尤难悉数。亟应重申禁令,以祛积弊。兹酌拟数条以期实行。

一、本处以前所发文件,有应转发学堂者,由各总办勒令礼书清交,由学堂点收函报。

一、嗣后各学堂应将每月奉到文件附注于一览表"备查类"中,以便查考。

一、各学堂款项有仍由礼书经理者,应一律交学堂董事接收,清楚具报,不得假手胥吏。

一、嗣后各属学堂如查有津贴礼书之款,即责令董事赔偿。

一、各属关于学务文件,如有稽压延搁情弊,应由该管地方官将房书分别惩处。

如此严定规则,庶可扫除积弊。除通饬外,理合呈报宫保查核。为此备文具呈,伏乞照呈施行。须至呈者。

---

① 录自《教育杂志》第19期,发文时间为光绪三十一年十月。又见《北洋官报》第829期。

督宪袁批：据呈，礼书积弊，如袖文需索，掯款不交，甚或文件书表积久不发等情，殊堪痛恨。该处酌拟数条，以除积弊，既经通饬，如察出再有前项情事，惟该管官是问。仰即遵照，钞由批发。

议覆各属设立初级师范学堂并拟定章程呈请核示禀①

为呈覆事。案奉宫保札开："照得《奏定章程》'各州县于初级师范学堂尚未设齐之时，宜急设师范传习所，俟各省城及各州县初级师范学堂毕业有人，传习所可渐次裁撤'等因。直隶各属前经通饬，举办研究所及传习所，大半敷衍塞责。间有创设初级师范学堂者，如宣化、玉田、丰润、灵寿、肥乡等属，寥寥可数。现在津、保两地已设初级师范学堂，各州县虽未能责以必办，各府直隶州有表率之责，应速设初级师范学堂，并照章除完全科及简易科外，添设豫备科及小学师范讲习所，暨设置旁听生，以期多获教员，成就寒士。应如何拟定详细切实章程，仰学务处通盘筹画，具覆核夺，通饬遵行，合行札饬。札到该处，即便遵照办理，此札。"等因。

奉此遵查，振兴学务必先储备师才，故推广初级师范学堂实为第一要义。惟论现在情势，若令各府直隶州举完全、简易、预备、讲习各科同时并举，不特财力未逮，即教员亦难得其人。计惟有仿照速成师范办法，先设初级师范简易科，除保定、天津、宣化三府业经

---

① 录自《北洋官报》第838期。

设立外,限定每府、直隶州及顺属四厅各立一处。其地址或用校士馆,或用向日院试之考棚。其经费或由本地自筹,或用向日供给考试之费。每处学额暂定为百人,分为两班,后再扩充。旁听生不限人数,视地势酌定。学期暂定为六个月,毕业以后逐渐延展。需用教员暂由省城师范学堂优等生内挑选派往,仍令各府查学员随时稽查。此外,所属各州、县有能筹设师范传习所及初级师范学堂者,亦准一体照办。谨拟简明章程八条,恭呈鉴核。

所有遵饬核议,通饬各属设立初级师范学堂缘由,理合呈请宫保查核批示祗遵。为此备由缮册具呈,伏乞照呈施行。须至呈册者。计呈清折一扣。章程另刊。

督宪袁批:据呈已悉,所拟章程甚妥,仰候刷印通行各府直隶州厅遵办,并行各州县一体仿照办理。此缴。

直隶学务处各属劝学所章程①

第一条　总纲

各府、直隶州、厅、州、县应各于本城择地特设公所一处,为全境学务总汇,即名曰某地劝学所。每星期研究教育,即附属其中。凡本所一切事宜,由地方官监督之。

第二条　分定学区

各属应就所辖境内画分学界。以本治城关附近为中区,以次

---

① 录自《教育杂志》第15期。又见《北洋官报》第984—986期。

推至所属村坊集镇,约三四千家以上即画为一区。少则两三村,多则十余村,均无不可。在本治东,即名东几区;在本治西,即名西几区;推之南北皆然。由第一区至数十区,可因所辖地方之广袤酌定。若其境内已设巡警者,即因警局所画之区为界,尤有相资之益。

第三条　选举职员

劝学所以本地方官为监督。别设总董一员,综核各区之学事。区设劝学员一人,任一学区内劝学之责。总董以本籍绅衿年三十以外、品行端方、曾经出洋游历或曾习师范者为合格,由地方官选择,禀请学务处札派。劝学员以本区土著之士绅、夙能留心学务者为合格,由总董选择,禀请地方官札派。其薪水、公费多寡,各就本地情形酌定。

第四条　统合办法

劝学员于本管区内调查筹款兴学事项,商承总董拟定办法,劝令村董或村正副切实举办。此项学堂经费皆责成村东或村正副就地筹款,官不经手,劝学员但随时稽查报告于劝学所。每年两学期之末,由劝学所造具表册,汇报本地方官,一面榜示各区,以昭核实。若学务处查学员到时,应由劝学所总董将各区学堂情形详述,以便查学员酌赴各区抽查。

第五条　讲习教育

各区劝学员应先于本城劝学所会齐开一教育讲习科,研究学校管理法、教育学、《奏定小学章程》、管理通则等类,限一月毕业,再赴本区任事。以后每月赴本城劝学所会集一次,须预定日期,如每月第一星期为东乡各区劝学员会集之期,第二星期即西乡各区,第三星期即南乡各区,第四星期即北乡各区,以此类推。呈交劝学日记。由总董汇核有商定改良各事,即于是日研究条记,携归本区实行。凡会集之期,地方官及总董必须亲到。

第六条　按户劝学

劝学员既系本区居住之人,自于本地情形熟悉,平时宜联合各家,查有学龄儿童,已届入学年岁之子弟,日本谓之学龄儿童。随时册记,挨户劝导,并任介绍送入学堂之责。每岁两学期,应以劝募学生多寡定劝学员成绩之优劣。

第七条　推广学务

推广学务之办法有五:一劝学,二兴学,三筹款,四开风气,五去阻力。

(一)劝学。甲、挨户劝学必用婉言劝导,不可稍涉强横。乙、一次劝之不听,无妨至再至三。丙、说明学堂为培养学童之道德,并非洋学。丁、宣讲停科举兴学堂之谕旨,使知舍此别无进身之阶。戊、说入学于谋生治家大有裨益。己、说入学之儿童可以强健身体。庚、遇贫寒之家可劝其子弟入半日学堂。辛、遇私塾课程较善者,劝其改为私立小学,并代为禀报。壬、遇绅商之家,劝其捐助兴学,裨益地方。癸、对所劝之家,劝其复向亲友处辗转相劝,并于开学时引导各乡父老参观。以上为劝学员之责。

(二)兴学。甲、计算学龄儿童之数,须立若干初等小学。乙、计各村人家远近,学堂须立于适中之地。丙、查明某地不在祀典之庙宇乡社,可归学堂之用。丁、定明某地学童须入某学堂。戊、筹画某地学堂之斋舍班次可容若干人。己、商订课程。庚、延聘教员,选用司事。辛、稽查功课及款项。壬、设立半日学堂。癸、每学期制学堂一览表。以上为本村学堂董事之责,惟须与劝学员会议。

(三)筹款。甲、考查各处不入祀典之庙产。乙、考查迎神赛会演戏之存款。丙、绅富出资建学,为禀请本地方官奖励。丁、酌量各地情形,令学生交纳学费。以上为劝学所总董之责,惟须据劝学员之报告,联合各村董办理。

(四)开风气。甲、访有急公好义、品行端方之绅耆倩其襄助学务。乙、访得有胜任教员之人,随时延聘。丙、择本区适中之地组织小学师范讲习所或冬夏期讲习所。丁、组织宣讲所、阅报所。戊、有好学之士,可介绍于本府初级师范学堂或本城传习所,使肄习科学。己、有志愿自费出洋留学者,可介绍于学务处。以上由劝学员随时报知本城劝学所总董办理。

(五)去阻力。甲、各地劣绅地棍之阻挠学务者。乙、各地愚民之造谣生事者。丙、顽陋塾师之禁阻学生入学堂者。丁、娼寮烟馆等所之附近学堂者。以上由劝学员查出,通知本城劝学所,禀明地方官分别办理。

第八条　详绘图表

劝学员应商同本区各村董事,就所辖地方,绘成总分各图,注明某地有学堂几处、每学堂若干斋室,随时报明本城劝学所存查。其学生班次、人数、课程及出入款项,分别造具表册,分期报明本城劝学所汇齐,另造表册,交由地方官申报学务处。每半年一次。

第九条　定权限

各属劝学所总董与劝学员及各村学堂董事均为推广学务而设,不准于学务以外干涉他事。如包揽词讼,倚势凌人,皆宜严禁。犯者查实,轻则立时斥退,重则由地方官禀明学务处究办。

第十条　明功过

劝学所各员如办理合法、著有成效,应随时记功,其有特别劳勚者记大功,年终按记功之多寡,由地方官禀明学务处予以奖励。

其有固陋怠惰，或办理未善者，应随时禀撤另举。

呈拟定分课章程暨改派人员禀[①]

为呈报事。案奉钧札，饬令本处分设各课，业经呈覆在案，所有拟订分课章程并改派各课人员，理合分别缮具清折，呈请宫保鉴核。至应行续派各员，一俟选定，再行陆续呈报，合并声明。

除分行外，为此备由缮册具呈，伏乞照呈施行。须至呈册者。计呈清折二扣。

谨拟《分课章程》开具清折，呈请鉴核，计开：

第一条

直隶学务处为全省学校之总汇，应分设七课：一总务课，二专门课，三普通课，四实业课，五会计课，六图书课，七游学课。各课置长及员，分理课务，由总理会办统率之。

惟现在专门、实业两课事尚无多，暂缓设置，应附于他课。

第二条

总务课承受本处全体之事务，分布于各课，凡各课所不属之事项皆任之。应置各职如左：

长一人，副长一人。监督两部事务。

（一）文牍部

（二）统计部

---

① 　录自《北洋官报》第843、844期。章程又见《教育杂志》第16期。

课员,所属文卷司事、庶务司事,写生。

第三条

专门课掌关于专门教育各事项。应置各职如左:

长一人,副长一人。监督三部事务。

(一)高等教育部

(二)法政部

(三)学艺部

课员,所属书记司事、庶务司事

惟专门课暂不设置,应将三部事宜归他课一人兼理,即不另置长及副长。

第四条

普通课掌关于普通教育各事项。应置各职如左:

长一人,副长一人。监督四部事务。

(一)初等教育部

(二)中等教育部

(三)师范教育部

(四)普通教育部

课员,所属书记司事、庶务司事。

第五条

实业课掌关于实业教育各事项。应置各职如左:

长一人,副长一人。监督三部事务。

(一)农业教育部

(二)工业教育部

(三)商业教育部

课员,所属书记司事、庶务司事。

惟实业课暂不设置,应将三部事宜归他课一人兼理,即不另置长及副长。

第六条

会计课掌关于通省教育费及本处经费、建筑各事项。应置各职如左:

长一人,副长一人。监督三部事务。

(一)收支部

(二)综核部

(三)建筑部

课员,所属书记司事、庶务司事。

第七条

图书课掌关于编译教科用书及审查印刷各事项。应置各职如左:

长一人,副长一人。监督三部事务。

(一)编译部

(二)审查部

(三)印刷部

课员,所属誊录、绘图生、书记司事、庶务司事、校对。

惟现在审查、印刷两部事尚无多,审查暂附于编译部,印刷从缓,皆不另设专员。

第八条

游学课掌关于外洋留学生各事项。应置各职如左:

长一人,副长一人。监督两部事务。

(一)招待部

(二)调查部

课员,所属书记司事、庶务司事。

惟调查部应特置驻洋调查员一人,由本省留学生内推选派充。

第九条

各课长如一时无人可派,即不另设专员,即由总理会办之驻津者就近兼顾,率副长以理课务。各课员司员额无定,量事之繁简,随时酌派。

第十条

七课之外,除原设提调、顾问、稽查、学员、议员外,并延深明学务、夙有声望者为名誉顾问员,员额皆无定。

第十一条

总务课执掌

(一)职员进退更换委派之事。

(二)本处关防管守启用之事。

(三)文件接受发递分布之事。

(四)机密之事。

(五)学务会议之事。

(六)佣聘外国教员合同之事。

(七)褒赏之事。

(八)本处各课及所属各学堂规则之事。

(九)各课公文核定缮签之事。

(十)书函往复之事。

(十一)凭照程式拟定之事。

(十二)文件案卷编纂保存之事。

(十三)学事统计报告编辑之事。

(十四)学事表簿程式拟定之事。

（十五）报告书分配刊布之事。

（十六）他课所不属之事。

凡关系以上各事，皆归本课经理。

第十二条

专门课职掌：

（一）考查大学堂、高等学堂之事。

（二）学术技艺调查奖励之事。

（三）各种专门学堂设立废止之事。

（四）私立专门学堂补助之事。

（五）各种专门学堂课程规定之事。

（六）调查专门教育成绩之事。

（七）考查图书馆及博物馆之事。

（八）考查美术、音乐各学堂之事。

凡关系以上各事，皆归本课经理。

第十三条

普通课职掌：

（一）考查优级师范学堂之事。

（二）各属初级师范学堂设立废止之事。

（三）官立、私立各中学堂设立废止之事。

（四）官立、私立各高等小学堂设立废止之事。

（五）官立、私立各初等小学堂设立废止之事。

（六）半日学堂设立废止之事。

（七）考查蒙养院及家庭教育之事。

（八）高等女学及女子小学设立废止之事。

（九）考查研究所、传习所之事。

（十）考查宣讲所之事。

（十一）通俗教育及演说之事。

（十二）学龄儿童就学之事。

（十三）教育品陈列及展览之事。

（十四）各种普通学堂课程规定之事。

（十五）调查普通教育成绩之事。

（十六）考查本处直辖各学堂管理教授之事。

凡关系以上各事，皆归本课经理。

第十四条

实业课职掌：

（一）农工商各学堂设立废止之事。

（二）私立事业学堂补助之事。

（三）实业教员讲习所设立推广之事。

（四）实业补习普通学堂设立废止之事。

（五）艺徒学堂设立废止之事。

（六）调查实业教育成绩品之事。

凡关系以上各事，皆归本课经理。

第十五条

会计课职掌：

（一）本处及所属各学堂预算决算之事。

（二）本处收入及支出之事。

（三）本处所属各学堂会计事务及会计调查之事。

（四）本处所属各学堂经费报告综核之事。

（五）各种教育费表簿制定之事。

（六）本处建筑物、器具、消耗品之营缮修理购置之事。

（七）本处所管之官有财产或物品及本课主管事件诉讼之事。

凡关系以上各事，皆归本课经理。

第十六条

图书课职掌：

（一）各种学堂教科书、参考书编纂翻译之事。

（二）教科书审查之事。

（三）本处公文书类翻译之事。

（四）《教育杂志》编辑之事。

（五）本处储备图书管理保存之事。

（六）各种学堂讲义集录之事。

（七）各种图书印刷之事。

（八）图书公报阅览组织之事。

凡关系以上各事，皆归本课经理。

第十七条

游学课职掌：

（一）派遣学生出洋游学之事。

（二）游学章程规约拟定之事。

（三）游学考验转呈请咨之事。

（四）游学招待之事。

（五）游学经费汇寄之事。

（六）游学人数科目报告之事。

（七）游学成绩考查之事。

（八）游学规制办法参考改定之事。

凡关系以上各事，皆归本课经理。

第十八条

各课职务繁简不一,各有专司,当公务繁剧时,课长、课员得辅助他课之事务。惟须俟总理会办命令之。

此项章程系属草创,未尽事宜应俟分定各课后,由各课详细酌拟,随时改订通行,合并声明。

督宪袁批:呈折均悉,应如所拟办理,仰即遵照。缴。

呈覆初级师范学堂酌定自费额数文①

为呈覆事。光绪三十一年十月初三日,奉宫保批"据饶阳县禀,改设初级师范学堂经费无出,酌令各生自备资斧,请示遵"缘由,蒙批:"据禀已悉。查《奏定初级师范学堂》本有许设私费生之文,但概令学生自备资斧似非体恤之道,应如何酌量分别办理,仰学务处查核饬遵具覆。此缴。"等因。

奉此,查此案前据该县分禀到处,当以按照《奏定初级师范学堂章程》"立学总义"章第三节内载"初级师范学堂经费当就各地筹款备用,师范生无庸纳费",又"考录入学"章第七节"初级师范学堂许设私费生,其额数须视本学堂情形酌定,且须经地方官长允准方可"。又,前据阜平县禀请初级师范学堂各生火食等项均改自费,蒙宫保批示"学堂命意不同,师范有义务年限,不能概令自费"等语。今据该县禀称"因经费不足,拟由学堂延聘教员供给一切用度,而学生火食即令自备,应即查照章程,酌量办理"等情,批示在

---

① 录自《教育杂志》第 20 期,发文时间为光绪三十一年十月。

案，兹奉前因，除札饬该县仍遵定章，酌定私费额数外，理合备文呈请宫保查核。为此具呈，伏乞照呈施行。

呈覆各属学堂兼管私学文[①]

为呈覆事。案奉宫保批"据望都县禀，为请饬各属办理学堂兼管私学条陈管见"缘由，批："据禀已悉。查《奏定初等小学》第一章'家塾及馆师招集儿童在三十人以外者，名为初等私小学，均遵官定章程办理，并将建设停止缘由报明地方官，每年将学堂所办事务、教科课程、师生名数、出入费用呈报'等情，原章本甚明晰，惟在地方官实力行之耳。该县前有会集蒙师之举，正可将章程演讲以破其迷。仰学务处即饬遵照办理，务期开通风气，使归一律。至所禀私学与官学暗塞两途，各属亦皆不免，应否通饬办学之员兼顾整顿，并即由处核办饬遵。此缴。"等因。

奉此，查私学不遵《奏定章程》教授最为学界之阻力，该县请饬各属办学人员兼顾私学，加意整顿，系为扩充教育起见，自应照准。惟整顿之法宜仿上海之私塾改良会、天津河间之广育学会办理，且宜有师范传习所以继其后。此实教育普及之开端。

至原禀所称"传集民间教学之生童，试以新学新理，其入选者，始准设学"，此欲以一二日之考试定教员之短长，尚未合检定教员之法。且各属风气初开，其识新学新理者能有几人？若一律不准设学，现又无如许合宜学堂使儿童入学，必致群焉旷废，其弊滋甚。

---

① 录自《教育杂志》第 20 期，发文时间为光绪三十一年十月。

总之，师范一事必养成于平时始能收效于一旦，惟有先饬各属所有私学一律按《奏定章程》教授，一面派办学人员至各私学婉为指示劝导，一面迅开初级师范学堂，或多开师范补习夜学，令各塾师补习，以造就师材。教育之大兴，庶有可望。除通饬各属并札该县遵照外，理合呈请宫保查核批示祗遵。为此备文缮册具呈，伏乞照呈施行。

议设商业学堂先就商埠设立商业教员讲习所以储教员呈请示遵禀①

为呈覆事。案奉宫保札开："照得《学务纲要》内开'各省宜速设实业学堂，如通商繁盛之区宜设商业学堂'等因。天津为北洋巨埠，亟宜创设此项学堂，且直隶农工两项学堂业已开办数年，独商学尚付阙如，亦合埠巨商之耻也。《定章》商学学堂有高等、中等、初等之别，又有补习普通学堂以为之阶，立法颇为简易。应按照《定章》科目酌量程度，专设此项学堂。查《商务总会禀定章程》第二十七条本有'筹费设学'等语。须知商战时代，非力学自强则智识技能不足抗外力而图内治。仰该会筹定经费、条议章程，商同该处延聘教员，覆核呈夺。除分行外，合行札饬，札到该处即便查照。此札。"等因。

奉此，伏思津郡为北洋巨埠，此项商业学堂自应亟为筹设。惟现今通晓商学者甚鲜，欲组织高等商业学堂非一时所能骤致。惟

---

① 录自《教育杂志》第 19 期，又见《北洋官报》第 839 期，发文时间为光绪三十一年十一月。

先从初等、中等入手,以期循序渐精。而尤以预储实业教员为第一要义,查上年商部王参议奏请筹办各省商业学堂折内有"宜先就商务繁盛各埠酌设商业教员讲习所,招致内地文人年壮才明、通晓书算暨曾习外国语言、从事普通教育者到所,各择简易之科程,分别讲习,以期速成,如此则初等、中等商业学堂不难迅为筹办,所需教员即从讲习所遴选派充,此项学堂与讲习所如有绅富业户集资创设者,照章奏请从优奖励,以昭激励,数年之后,内地既多熟谙商务、堪充教员之人,而出洋学生亦均毕业回国,便可推广中小商业学堂,一面再立高等商业学堂,以教精深之理法,既无凌躐之弊,可得通达之才"各等语,办法极为简要。应即由处商同天津商务总会,查照《奏定学堂章程》,先于津郡筹设商业教员讲习所,以养成商业教员。一面设立商业补习普通学堂,为商业教员讲习所实地练习之助。且以补各半日学堂教育之不及。除照会天津商务总会外,理合呈请宫保查核批示祗遵。为此备由缮册具呈,伏乞照呈施行。须至呈册者。

督宪袁批:如呈办理,仰移遵照。缴。

直隶学务处示谕

告　示[①]

案查《奏定学堂章程·高等小学堂毕业奖励章》内载"高等小

---

　①　录自《北洋官报》第432期。

学堂四年毕业,由道府会同本学堂堂长考试,俟学政覆试,考列最优等作为廪生,优等作为增生,中等作为附生,分别收入中学堂、初级师范学堂、中等实业学堂肄业;下等发回原学,作为佾生,准用顶戴,均由学政填给执照,咨明学务大臣,礼部备案;最下等遣回原籍"。又查学务大臣等条陈,内载"乡试中额,自丙午科起,每科减中额三分之一,俟末一科中额减尽以后,即停止乡会试;学政岁科取进学额,请于乡试两科年限内,分两岁考,两科考四次分减,每一次减学额四分之一,俟末一次学额减尽,即行停止。学政岁考试以后,生员即尽出于学堂"各等语,诚恐士民未能周知,合亟出示晓谕。为此示仰阖省士民人等及为父兄者一体知悉。尔等须知科举既经奏奉谕旨,着自丙午科为始,将乡会试中额及各省学额,按照所陈,逐科递减,减尽之后,均归学堂。考取青年士子有志上进,舍入学堂,别无他途,各宜赶紧前赴本州县高等、初等、各小学堂,报名考验,以备选入学堂肄业,毋得疑惑观望,致误终身。切切!特示。

告　示①

照得本处曾经详明宫保,改东文学堂为东文专修科并入师范学堂,业已甄别并延订教员,开办在案。查该科旧班学生,现止有三十名,拟招二十名,以足五十名之数。以年在十五岁以上、二十岁以下,文理清通,身家清白,素行修饬,不染嗜好者为合格。学科程度及毕业年限悉遵《奏定方言学堂章程》办理。所有住堂章程及火食津帖,均与师范学堂一律办理。兹限于二十五日至二十八日

---

① 录自《北洋官报》第 460 期。

止，所有投考诸生务各取具家属族邻甘结、保状，开列年貌、三代，并照《奏定章程》呈明"情愿不应科举"字样。务须本人亲赴本处报名，听候示期考试，毋得冒名顶替，致干查究。如现在他处学堂肄业，亦不得潜行跨考。为此示仰投考诸生一体遵照。特示。

牌 示①

查前据京师豫备科学生王恩第等禀恳发给经费等情，当经批候，据情转请示遵在案。兹蒙宫保批示"由处酌定饬遵"等因，本处议自十月起，每人暂给津帖六两，函寄大学堂支应处代发，一俟住堂，即行停止，以示限制。除函示外合行牌示。为此示仰该生等一体知悉。特示。

招考初级师范学生告示②

为出示招考事。照得直隶各属初等小学堂需师甚殷，本处现于保定省城设立初级师范学堂一所，招考学生四十名，以为各府州县之模楷。凡有举贡生员年在二十以上、三十以下者，着于十月十二、十三、十五日赴处投考，听候示期汇试。录取之后，查照后开结状式样，邀同保人来处具结取保，方准入堂。火食津贴由堂酌给。以六个月毕业，分别遣派，以资训迪。合行出示。为此示仰投考各生一体知悉，毋得临期自误。特示。

---

① 录自《北洋官报》第463期。

② 录自《教育杂志》第2期，发文时间为光绪三十年十月初五日。又见《北洋官报》第469期，文字略有异同，特别是其中"设立初级师范学堂"，《北洋官报》误作"设立初等小学堂"。为此，学务处又致函《北洋官报》，请予更正。

招考师范告示[1]

为出示招考事。照得保定师范学堂遵奉宫保奏定暂行章程，按县分大小，定额申送，考验入堂，其一斋、二斋学生，业经毕业在案。查富强始基，务使县无不学之户，家无不学之人，而其本根尤在身列士林者，皆明教授之法、管理之方，然后学术具有渊源，教化乃期普及。畿辅为首善之区，热心通伟之材所在皆有，迩来风气日开，倘仅由县按额申送，或僻处乡隅，无由与选；或游学在外，未及周知；其何以广甄陶而宏教育？为此示仰阖省举贡生员知悉，除由本县申送外，其年在二十以外、三十以内，品行端方，学具根柢，身体强壮，不染嗜好者，均于正月二十日以前，取具在省官绅保结，由本处示期报名照章查验收考，一面行县查明年貌三代出身，录送入堂。此系为推广教育起见，勿稍观望。切切！特示。

招考告示[2]

为出示招考事。照得师范学堂附属东文专修科，现拟添招学生，以年在十五岁以上、二十岁以下，身家清白，文理明顺，体质强健，不染嗜好者为合格，学科程度及毕业年限、毕业奖励，均遵《方言学堂章程》办理，合行出示招考。为此示仰愿考诸生一体知悉，限正月十七日早九点钟起至十八日晚四点钟止，携带笔墨，亲身赴本处报名，听候示期考试。如已在他学堂肄业者，不准潜行跨考，亦不准枪冒顶替，致干查究。考取之后，务各随同保人面具结状，并声明"情愿照章，不应考试"及"中途告退赔缴学费"各字样，以昭

---

[1] 录自《北洋官报》第 551 期。

[2] 录自《北洋官报》第 557 期。

慎重,切切! 特示。

招考告示①

为出示招考事,照得总校士馆,现经呈准,改为普通科学馆养成中学堂,以下教员及管理员应行招考学生,以补缺额而宏造就,合行出示晓谕,为此示仰投考诸生知悉。凡本省举贡生员,年在二十以上、三十以下,文理明顺,身家清白,不染习气,行止端方,有志应考,并声明不赴乡会试者,均限于本月十九、二十、二十一、二十二等日,自九点钟起至四点钟止,亲携笔墨,前赴本处报名,填写年貌、籍贯、出身三代,并保人姓名,不准冒替,以便挑选示期面试。其来省投考师范者,仍候示期另试,此次勿得跨考,致干未便,切切毋违! 特示。

牌　示②

照得本处现定本月二十六日移寓天津经司胡同。各属士绅如有禀请情事,关涉师范者即向本堂罗监督处投递,关涉普通科学馆者,即向本馆蔡提调处投递,关涉省城初级师范学堂、模范小学堂及初级小学堂者,即向清苑县署投递,听候批示办理。如有必需向本处陈请之件,即交邮局寄津可也。特示。

牌　示③

照得此次派绅出洋游历,本为考求教授、管理诸法速见施行,

---

① 　录自《北洋官报》第559期。
② 　录自《北洋官报》第599期。文中"本月"指1906年二月。
③ 　录自《北洋官报》第671期。

藉以开通风气。若师范生纷纷请假游历，是以长期之讲学改为数月之参观，得不偿失，殊于学课有碍。嗣后师范生一概不准充数游历，如朦混禀送，查出即行遣回。其愿出洋留学者，亦应禀准本学堂监督，详送本处考询请咨。特示。

招考示谕①

为晓谕事。照得省城初级师范学生，学期已满，业经一律考验毕业，另文呈报在案。兹议续招二班，取录十名，一年毕业。如有各属举贡生员年在二十以上、三十以下，品学可取，嗜好全无，情愿投考者，均于七月十六日起、二十日止，亲赴该堂报名、取保、注册，听候挑选，分场扃试。届期亲携笔墨、食物，不得枪替、交谈、换卷，以昭审慎。除呈报外，合行晓谕，为此谕仰投考人等知悉。此示。

---

① 录自《北洋官报》第733期。

直隶学务处批牍

深泽县附生陈殿勋童生彭其刚彭其端等禀请给咨自备资斧出洋游学一案[①]

批：查湖广总督张《奏定出洋章程》内载："各省自备资斧出洋游学生，应先由其家父兄或亲族呈报本籍，或由寄寓所在地方官查明本生实系性质驯良、文理明顺者，准其申送该省学务处详加考验，禀请督抚覆核，给发咨文，转给该学生领赍出洋。至各衙门办理出洋学生文件，不准书吏需索分文。"等语。该生等有志自备资斧出洋游学，速即遵章办理可也。

临城县附生王福之禀前请查被议含冤请示知一案[②]

批：禀悉。前据该生禀称被议含冤，当经行学查覆去后，嗣据禀覆，该生家族并未赴学，报注欠考实，非书办不为办理。仰即查照。

---

① 录自《北洋官报》第 385 期。
② 录自《北洋官报》第 390 期。

农务毕业生附生王国观禀前曾恳送
他项学堂请速示遵一案①

批:禀悉。昨准农务学堂咨覆,仍请由本处查核办理。查该生既系农务速成毕业专科学生,即可禀请改入农业豫备科,加习三年,以求进步,将来农业一项,势必日见扩充,当不至学业无成,废弃终身也,慎毋见异思迁,致贻后悔。

定兴县文生马瑞昌禀蒙养董事不守成规
恳恩行县按法开办由②

批:应候县示办理,毋庸越陈。

磁州举人薛省三禀前蒙取师范因病未入
今已全愈恳恩咨送由③

批:查该举人从前录取,未经到堂,姑准听候开学送入。

---

① 录自《北洋官报》第 392 期。
② 录自《北洋官报》第 394 期。
③ 录自《北洋官报》第 394 期。

藁城县文生耿之翰禀恳收考师范由①

批:查该生年龄未能合格,不准。

宁河县附生于鼎勋等禀前已考取
恳恩送入学堂肄习一案②

批:查该县祇照原额筹解四名,经费仰仍遵前批,候缺传补,毋躁。

安平县文生李佩兰等禀恳饬县
申送师范一案③

批:查该县师范业已溢额二名,未便再送,仰即知照。

---

① 录自《北洋官报》第 394 期。
② 录自《北洋官报》第 394 期。
③ 录自《北洋官报》第 401 期。

冀州附生王宪章禀恳投考师范一案①

批:查该州现已足额,应候缺额再考。

枣强县附生王述均禀恳补考师范一案②

批:据禀,愿入师范学堂肄业,洵属有志之士。仰即自赴本县禀请考送可也。

农务毕业生任丘县附生王国观禀恳
仍送他项学堂一案③

批:查现在香河县禀请各属设立农学,迟以时日或可议成。该生既改习师范,亦非一二年不能毕业,仰即静候,毋躁。

---

① 录自《北洋官报》第 401 期。
② 录自《北洋官报》第 401 期。
③ 录自《北洋官报》第 401 期。

定州文童杨焯等禀蒙养学堂学董杨洛俭搅扰学堂恳乞另派一案[①]

批:仰候行查核办。

清苑县贡生樊楣禀恳与考师范以补缺额一案[②]

批:该生有志学习师范,候饬清苑县照章申送可也。

赵州隆平县优廪生王观瀛郅玉衡禀恳收考入堂肄业一案[③]

批:查该生等岁试一等,尚未奉到公文,姑准先行取具结状候考,以备查询而杜冒滥。

---

① 录自《北洋官报》第 404 期。
② 录自《北洋官报》第 404 期。
③ 录自《北洋官报》第 404 期。

高阳县文生成贞敏等禀请出洋自备资斧
恳恩发给咨文一案①

批:前据深泽县附生陈殿勋等禀呈"自备川资,请给咨出洋留学",业已批示"照章应由本籍地方官取具甘结保状,申请转咨"在案,仰即照章办理。

藁城县文生马瑞文等禀恳饬退腐绅
另选公正绅士整顿学务一案②

批:候委员查明覆夺。

故城县廪生庞廷桂等禀恳恩明示前禀
送入武备学堂肄业一案③

批:前经移会武备学堂在案,仰即自赴武备学堂禀请可也。

---

① 录自《北洋官报》第414期。
② 录自《北洋官报》第414期。
③ 录自《北洋官报》第414期。

宁津县师范生王雨琴等禀恳整顿学堂
以惠后学而开风气一案①

批:查高等小学堂新章,学生本应贴补学费,目前虽给津贴,不过因风气未开,权时办理。该生等均习师范,胡尚不明斯意耶? 余候查学时查明办理。

师范学堂肄业生吴景袚等禀请
换枪枝以便演习一案②

批:据该生等兵式体操步法小有成就,拟请收回旧枪,换给新枪,以期实事求是。所陈不为无见,惟该枪是否锈涩难用,抑欲另换他式,未据声明。仰候行知该堂查明,具覆核夺。

滦州廪生宋荫周禀李应寅系卢龙县监生
请更正以便补考师范缺额一案③

批:李应寅是否以卢龙监生阑入该州,候行滦州卢龙县查明覆

---

① 录自《北洋官报》第 414 期。
② 录自《北洋官报》第 416 期。
③ 录自《北洋官报》第 418 期。

夺。至该生递禀已在牌示截止收考之后,所请应毋庸议。

蔚州增生阎致恭禀恳报考师范一案①

批:查该生递禀在牌示截止之后,未便照准,原结发还。

安州生员陈大壮禀请随场考试一案②

批:凡具禀在截止收禀期后,概不录考。今若取录,无以示信于众,且该州额数已满,不能再取。点名委员不知此等情节,致未阻止。该生虽与考,仍应不录,以符原议。

蓟州副贡孙芳等五名禀恳破格收考一案③

批:查学生久假,既于课程有碍,亦于经费有关。该生吴绍周二月告退,业经该堂详报除名,因在新章未奉颁发之前,未追学费,已属幸宽。此次见猎心喜,又思入堂,殊属不合。所请破格收录之处,应毋庸议。

---

① 录自《北洋官报》第418期。
② 录自《北洋官报》第421期,又于第441期重复刊登。两处内容相同,惟441期案由写明为考试"师范"一案。
③ 录自《北洋官报》第421期,又于第438期重复刊登。

保安州师范生刘存谋等禀请除学堂
笞刑以开学界一案①

批:据禀,州牧听信学董谗言,笞责学生,如果属实,殊于学界有碍,仰候札饬宣化府就近查明核办,以维学务。

任县增生王淑元等禀学董浮冒学堂公款
恳恩派委查办饬县撤差一案②

批:候行县查覆核夺。

蠡县举人齐振林禀蒙学已成
恳请存案并发给课本一案③

批:据禀"将该村南沙口旧有公田四十亩、官坑二十亩、庙舍三间,禀请前县留作蒙学基址,于今正延师开学,来者渐多,并请存案,发给课本"等语。该举人热心教育,殊堪嘉许,惟应照章将经费、课程、教员、学生名岁,禀由地方官查核详明,准其作为初等公

---

①　录自《北洋官报》第 430 期。
②　录自《北洋官报》第 430 期。
③　录自《北洋官报》第 430 期。

小学堂,以昭慎重而便稽考。至课本可备价来处请领,或径赴官书局择买可也。

冀州举人李楷龣等禀请郑朝熙接充该州
高等小学堂教员并呈文凭一纸一案[①]

批:已据该牧禀请,由本处札派矣。所呈郑朝熙文凭,仍由另札一并发还。

武邑县文生秦玉昆等禀奸绅挟私图占学额
礼书舞弊贪私误公叩恳电察一案[②]

批:仰候行查核夺。

武邑县文生秦玉海等禀学董礼书
通同舞弊叩请饬县革易另举一案[③]

批:仰候并案行查核夺。

---

① 录自《北洋官报》第 432 期。
② 录自《北洋官报》第 432 期。
③ 录自《北洋官报》第 432 期。

博野县文童李树基等禀请公恳发委亲派
妥董酌立定章以整学堂一案①

批:候委员查覆核夺。

东文学堂特别科学生马荫楠等
请给毕业凭照一案②

批:据禀已悉。该生肄习东文,攻苦一年,兹经本处考验,不无可造之材,惟所称特别科一年毕业,本处无案可稽,应候该堂总办回省,与年限课程一并妥议办理。

清苑县文生栾卿霖等禀张登村创立
初等小学堂恳题匾额一案③

批:如禀准题,仍将经费课程、学生人数名岁禀县,转报备查。

---

① 录自《北洋官报》第 432 期。
② 录自《北洋官报》第 441 期。
③ 录自《北洋官报》第 446 期。

任丘县附生薛荫松禀具兴立蒙学条陈一案①

批:据禀,各节不为无见,办理得人,强迫教育即基于此,否则难言之矣。仰候斟酌时宜,徐图进步。

博野县教员石之梅禀销假回堂肄业并呈交前领薪水一案②

批:查《奏定章程》"毕业效力义务"章第三节内载有"不尽教育之义务或因事撤销教员凭照者,当酌令缴还在学时所给学费,以示惩罚"等语。该生派充博野教员,到堂未逾十日,领得月薪,告病辞差,报考武备,见异思迁,殊乖义务。本拟照章罚惩,兹据呈交薪资,自愿回堂肄业,尚知愧悔,姑从宽,免原缴薪水二十两,发回博野县小学堂收领。仍候委员查覆后,酌核饬遵。

庆云县廪生胡求杰禀病累全销恳恩开复原名以便入堂一案③

批:久假不归自应除名,所请开复之处,未便允行。

---

① 录自《北洋官报》第446期。
② 录自《北洋官报》第448期。
③ 录自《北洋官报》第448期。

定州中学堂监督拔贡胡振春
高等小学堂董贡生朱凤冈等
禀整顿学堂事败垂成公恳恩准鉴察一案①

批:查此案前据吴牧据情禀称:"学堂经费不足,请试办花生、木植、油斤、麻饼、猪鬃、香梨各税,当经批令,审慎从事。"旋据禀请,将鬃、油、梨三项停收,凡此均为重视民瘼起见。兹据该绅等禀称该州"附属中学堂之小学堂现经划为两堂,所有朱前牧禀准试办之木植、油、鬃、饼四项,仅敷中学堂之用,小学堂尚无经费,仍拟于庙产未经筹妥之先,将鬃、梨两项暂停,其余四项照旧施行,俟庙产筹定,再行酌量裁减,此实有济于公,无碍于民"等语,系为维持学务,免至中辍起见,应准行州妥议施行。此批。

宁津县生员桑魁廷等禀公举正绅充当
学董恳恩札派以便整顿一案②

批:据禀已悉。查外国小学堂学生等,皆躬自洒扫,以习勤劳,并无使用童仆之例。除师范学校外,不惟不供饮馔,尚须缴纳学费,未可执此二端,轻相诋訾。其图书、仪器、标本各件,为学生实习之(籍)〔藉〕,自应酌宜派购。至学堂出入及上班下班,亦应立定

---

① 录自《北洋官报》第 450 期。
② 录自《北洋官报》第 457 期。

严 修 集

时限。至谓管理绅董等有狎娼酗酒诸事，如果属实，殊污学界，亟应饬查，以儆效尤。该生等公举本邑师范生银凤阁接充学董，是否胜任，均候行县查覆核夺。

丰润县职员王廷弼禀私立学堂
请存案并赏派教员一案①

批：据禀，拟将义塾改为小学堂，遵章教授各种科学，具见热心教育，应准立案。并准派石举人之梅往充教员，仍将开学日期及学生姓名造册，呈由该县转报查考。仰即知照。

容城县初等小学堂教员马瑞昌禀该堂
学董阻挠学事恳行实究一案②

批：仍候县批，祗遵毋渎。

宝坻县小学堂学生李廷萃禀无过受责
请示体罚章程由③

批：查西国学堂不废体罚，惟日本无之，所以尊人格、养廉耻

① 录自《北洋官报》第 463 期。
② 录自《北洋官报》第 463 期。
③ 录自《北洋官报》第 473 期。

也。惟中国教育尚在幼稚时代,管理员固不尽文明,学生尤好逞意气。该生虽自云无过,揆诸情理,必有取侮之由,现在选派教员前往授课,即着回堂,奋志用功,力图上进,迟以时日,群焉进化,当不致再有此事。所请颁示体罚章程之处,应毋庸议。

容城县小学董事安常祥学生王绍曾等
禀保留教员一案[①]

批:查今年所派教员,本以一年为期,期满仍应回堂加习,以资进益而宏造就。所禀保留之处,应毋庸议。

师范学堂肄业生刘克明禀恳发给文凭
充当本县蒙养教习一案[②]

批:该生既入师范学堂肄业,自应努力,前程不得半途中辍。所请发给文凭充当蒙师,碍难照准。

---

① 录自《北洋官报》第479期。
② 录自《北洋官报》第489期。

师范学堂肄业生磁石蓉禀设法兴办
女学以广家庭教育一案①

批:据禀已悉。该生念女学不兴,拟请编辑简捷课本,以广家庭教育,所陈编课之法四条,具有条理,足征。留心教育,深堪嘉许。查日本小学读本,男女相同,一年生止用单语,二年以后始习短文,其中皆以图画为多,是识字插图之法,不独便于女学,凡学龄儿童初识字义,皆当以此法教之,方能引其兴味,助其记忆。向见南洋公学师范院所编《初等小学读本》,其第一编所列字课,由单字复字而进以短句,皆系有形可图,有事物可指,使儿童易于领悟,实取法日本,与该生所议亦大致相同。今公私各局课本纷出,完备綦难,学术竞争,优胜劣败。该生如能纠合同志,绅绎新义,编辑成书,准其呈由本处转呈宫保,鉴定通行,为小学字课范本。仰即知照。此批。

东安县熊家营蒙养学堂董事李景平等
禀土棍搅闹学堂恳准究办一案②

批:查新章内载"刁生地棍,舞弊营私,阻碍教育,查出即从严惩办"等语。据禀,顾玉堂弟兄无端滋扰,实属有碍学界,既经禀送

---

① 录自《北洋官报》第497期。
② 录自《北洋官报》第501期。

有案,仰仍自行禀县核办。

滦州稻地镇初等小学堂学董耿介臣等禀据实呈报开办学堂情形并请予立案由[①]

批:禀册均悉。该生等倡办本州稻地镇初等小学堂,聿观厥成,殊堪嘉许,应准立案。惟尚未据该州详报,且教董姓名及课程、经费,照章均须禀由本县造送,以便汇呈。仰即遵照办理,并即回师范堂肄业,毋延。此缴。图片存。

固安县高等小学教员□[②]兆文禀遵札来省听候体察以恤寒畯一案[③]

批:据禀已悉。查《奏定师范学堂新章》"毕业生有不尽教育之义务,或因事撤销凭照者,当酌令缴还在学时所给学费,以示惩罚"等语。今据查学禀,称该生"嗜好甚深,有忝师范",除照章撤销凭照外,应即缴还在堂半年学费三十两,以符定章,仰即遵照。

---

① 录自《北洋官报》第 501 期。
② 《北洋官报》原文如此。
③ 录自《北洋官报》第 505 期。

井陉县高等小学堂学董刘灏泉
禀请告退一案①

批:据禀称"与李教员意见不合",应准告退。

永年县优附生高列瀛禀愿入师范学堂
恳恩饬县申送以便正月投考一案②

批:查本处已议定每年正月二十、六月底各收考师范一次,不日通饬各处,该生有志师范,仰即回籍,禀请申送,届期勿误可也。所请札县申送之处,一人一禀、一禀一札,决无如此办法,仰即知照。

静海县文生阎甲斌等两次具禀
公举续举学董一案③

批:前据马侍卫青田等公举刘典史威接充学董,当经批候行查覆夺在案。兹据该绅等公举候选教谕萧福申等四人,续举候选盐

---

① 录自《北洋官报》第 505 期。
② 录自《北洋官报》第 505 期。
③ 录自《北洋官报》第 507 期。

大使吴嘉澍等六人,并充学董,以二人分班值年,以六人稽查出入帐目,轮流更换,系为经久无弊起见。惟学董一席,既须砥砺廉隅,尤须明白学务,若仅仅以防弊为事,亦非良策,且人多则事权不一,费用加增,必多牵掣困难之处,仰即公举一人,仍候行查覆夺。

宁河县新河村职员增生许兆栋禀试办乡学沥陈难易恳恩饬县立案予示由①

批:该职拟就宁河县新河本村试办小学堂,无需集款,不另延师,所有堂费一切均由该职自备。力任仔肩,殊堪嘉尚,着即妥拟办法章程,禀请本地方官转详本处查核批示立案。俟开办后,仍将经费、课程、教董姓名、学生名岁禀由地方官造册具报。兹发去《初等小学堂章程》一本,即着遵照办理,不得立异,致与各学堂不能一律,仰即查照。

南宫县优廪生郑有金禀再恳恩破格送入师范学堂肄业一案②

批:现在截止收考师范生,仰候正月二十日以前来省试验,再行入学可也。

---

① 录自《北洋官报》第507期。
② 录自《北洋官报》第509期。

井陉县申送杜向荣投考师范学堂一案①

批:试期已逾,仰即回籍,于明正二十日以前来省报考,毋误。

宁河县新河村职员许兆栋禀试办
乡学请批遵行一案②

批:已于十三日牌示矣,仰即查照。

雄县高等小学堂文童董纪云禀留教员
刘崇本以广教育一案③

批:现在议定,暑假以前所派教员,均令回堂加习,以宏造就。所请留刘教员之处,应毋庸议。

---

① 录自《北洋官报》第 509 期。
② 录自《北洋官报》第 509 期。
③ 录自《北洋官报》第 519 期。

总校士馆肄业廪生王富之禀请
扣留准从孔薪金一案①

批:该生希冀薪金,代人考取住馆,已属非是,迨许震吉背约,乃竟禀请扣薪归己,尤属谬妄,不准。

静海县文生阎甲斌等禀公举学董一案②

批:禀悉。已批令该县派牛桂荣暂充学董矣,仰即知照。

内丘县绅民公禀学堂董事郝延祥舞弊侵款沾染
嗜好恳恩转详饬革另派妥人以肃学校一案③

批:据查学禀称,郝延祥既有嗜好,且蚀公款,万难姑容。仰候行县斥退,仍追缴侵吞之款,另选妥人接充学董,以资整顿。

---

① 录自《北洋官报》第 521 期。
② 录自《北洋官报》第 521 期。
③ 录自《北洋官报》第 523 期。

任县绅民禀增生魏邦宪品行不端诸事舞弊叩恩鉴察核夺以便撤差更易一案①

批:魏邦宪品行不端,诸事舞弊,应即斥退。前据查学禀称,有教谕陈智曾充师范学堂教习,于学务尚属通达,仰候行县派充学董,以资整理。

五品蓝翎指分山东道库大使钱塑等禀创设晚课商业学堂开办情形并送章程合影一案②

批:据禀,借北白衣庵半日学堂创立商业学堂,每晚自七钟至九钟邀集本城商号年少聪敏者,教以英文、笔算等课,以四年为卒业,每月缴京钱五百,以济茶水油炭之用,教董等均不受薪金,具见热心教育,当务为急,殊堪嘉尚。惟查《奏定初等商业章程》有修身、国文、地理、簿记、商品要项,商业实践诸科目虽不备设,亦宜择要酌加,以期完备,本处有厚望焉。此缴。章程、合影存。

---

① 录自《北洋官报》第 523 期。
② 录自《北洋官报》第 531 期。

邯郸县举人王羹梅禀请印发
《小儿忠孝歌》《宣训编》一案①

批：禀悉。所呈陈氏《忠孝歌》及《宣训编》系为培养根本起见，用意甚善。惟其中劝戒之语，多非童蒙所能知，未便作蒙学读本。查前明吕氏父子《正续小儿语》较此完善，然且不尽适用，此非兼通心理学、教育学者不能为也。所请印发之处，应毋庸议。

滦州举人李鸿春等禀请开办
学堂保留学董一案②

批：前因耿、李二生暑假期内禀明回籍，劝办学堂，并由州详请续假两月，均经批准在案。现既劝办多处，已有端绪，自应销假回堂，况该二生亦愿回堂肄业，更宜遂成其志，以期学问增进，收效愈宏。该处董事即由该绅等公举，接办当可无妨。所请保留充当学董之处，应毋庸议。

---

① 录自《北洋官报》第535期。
② 录自《北洋官报》第539期。

丰润县丰台镇小学堂董事武联璧等禀立
两等公小学堂请立案以符奏章一案①

批:如禀,立案所有教董名姓、出入费用、学生年籍三代,仰即禀由丰润县详报可也。

清苑县绅安徽补用直隶州孙鸣皋等
禀请将北白衣庵半日学堂改为两等
小学堂恳予立案一案②

批:据禀,绅等所立北白衣庵半日学堂已著微效,现拟选聘教员,禀加经费,改为两等小学堂,一切管理课程,遵照定章办理,具见热心教育,有加无已,应准立案。其高等一班,年满毕业,准照官立小学堂一律考试,给予出身,以资鼓励。此批。

交河县廪生苏莘禀请考验送堂肄业一案③

批:着于二十二日亲赴本处投名。

---

①　录自《北洋官报》第539期。
②　录自《北洋官报》第539期。
③　录自《北洋官报》第567期。

任丘县附生黄德滋禀投考师范一案①

批：禀悉，着即赴处投名候考。

涿州初等小学堂教员茹秉埜
谭昌绪禀请免岁试一案②

批：仰候据情转呈。

雄县文生王之荃等禀请将清河堤柳
拣伐充作蒙学经费一案③

批：前奉院批，以该县廪生张国棣禀"将清河堤柳拣伐，充作蒙学经费"，饬查详办，当经行县查覆，尚未具报，其中有无窒碍，未便悬揣。兹据该生等复请转详，仍候该县详覆核夺。

---

① 录自《北洋官报》第 567 期。
② 录自《北洋官报》第 577 期。
③ 录自《北洋官报》第 579 期。

藁城县高等小学堂教员举人段一恒
禀学堂被窃恳饬缉究一案①

批：据禀，学堂失盗，被窃衣物，仰仍自行禀请追缉可也。

顺义县阖邑绅士钦天监监正
徐森等公禀筹办学堂恳恩饬县
抽提庙产以资补充而兴学堂一案②

批：禀悉。查提庙产、庙树充作学堂经费，前蒙宫保奏准有案，各属均经照办禀报，但须办理持平，自无窒碍。仰候行县妥筹办理，具覆核示。

师范学生李赞隆禀恳请假自备
资斧留学东洋一案③

批：该生自备资斧，赴东留学理化专修科，志愿堪嘉，仍着自向本堂监督请假可也。

---

① 录自《北洋官报》第 579 期。
② 录自《北洋官报》第 581 期。
③ 录自《北洋官报》第 585 期。

东文专修科学生季复禀
误填三代恳免扣除一案①

批：填写三代本应书名，乃忽焉书字，忽焉书号，即非有心作弊，亦属玩懈不恭。既已自误，夫复何尤？所请再试，碍难照准。

新城县西笤村文生郭寿祺
村正郭廷模村副王惠昌等禀设立初等
小学堂请立案赐示晓谕一案②

批：该生等就本村公会款项八百余串，设立初等小学，以无益之款化为有益之用，志愿可嘉，应准立案。仍候行县查明具覆，即由本县给示晓谕可也。

定州村正张志祥等禀恃匪
蔑法扰害学堂一案③

批：查《奏定章程》"如有刁生地棍从中阻挠学务，应由地方官禀请惩处"。兹据该村正张志祥等所禀，李作霖等各节如果属实，

---

① 录自《北洋官报》第 585 期。
② 录自《北洋官报》第 589 期。
③ 录自《北洋官报》第 589 期。

未便姑容。仰候行州查覆核办。

师范学生丰润县举人苏丹林禀家贫亲老 恳恩准予告退免追堂费一案①

批：亲老告退，应行禀明在先，直至追缴堂费始行禀请，似涉规避，所禀碍难照准。

高阳县举人张同书禀考取师范 患病回家逾限恳恩覆试一案②

批：现已开学，不再覆试，着于六月中旬来省候考可也。

东文专修科学生季复禀三代 不符扣除再恳收纳一案③

批：据禀，情词恳切，姑准入堂试习，以观后效，如仍玩忽不恭，不能再为曲护也。

---

① 录自《北洋官报》第 591 期。
② 录自《北洋官报》第 591 期。
③ 录自《北洋官报》第 593 期。

东光县增生邢锡印禀蒙学不合章程
请饬县设立师范传习所拟在高等
小学堂酌提百余金以资开办一案①

批:据禀已悉。所筹甚为扼要,仰候行县查照,速筹开办具报。

肃宁县北尚村廪生安郁文禀
村棍安月明等三名霸种学田谋废
学校恳恩作主以整蒙学一案②

批:棍徒阻挠学务,如果属实,殊于教育有碍,候行县查明妥办。此批。

宁河县童生刘彭陆禀自备资斧
入东文专修科肄业一案③

批:自备资斧入堂肄业,固属有志。惟所请不止一人,碍难照准。

---

① 录自《北洋官报》第 593 期。
② 录自《北洋官报》第 595 期。
③ 录自《北洋官报》第 599 期。

宁河县绅民王家礼等禀聚党勒捐藉端害民恳请饬县严查究办以安良民而重学校一案①

批：仰候行县详查覆夺。

三河县高等小学堂教员李金声董事李文魁等禀通融兴办蒙学以广教育由②

批：据禀颇有所见，惟计亩出资，迹近加赋，恐不易行，余多可采。候由处酌核，通饬仿办。此批。八月二十日。③

元氏县禀酌提戏资以充初等小学堂经费由④

批：据禀，酌提戏价，拨充初等小学堂经费，化无益为有用，应准如拟办理。仰即遵照，仍候督部堂批示。八月初九日。

---

① 录自《北洋官报》第 599 期。
② 录自《教育杂志》第 12 期。
③ 以下日期年份均为光绪三十一年(1905)。
④ 录自《教育杂志》第 12 期。

蔚州禀小学堂学董请游学毕业之
贾睿熙庖代由①

批:据禀已悉,贾睿熙前由本处派充宣化府中学堂监督兼初级师范学堂教员,业经札委在案。仰即饬令该员迅往宣化任事,所遗该州学董一席,应另选员庖代。缴。八月二十日。

三河县详请学董展限筹款
并免派出洋游历由②

批:详悉,前据该县转"据董事李文魁等两次禀称无人可派、无款可筹,迭经批驳,并饬于该董等三人中酌选一人筹备公款"申送在案。此次该董等又称游历一事取之公费,虽十数人而不止,责之自费即一二人而不得,前后矛盾若此,其为藉词搪塞已可概见。既系有可派之人,即应赶紧提拨公款,如期由县申送,何必限定自费。至津郡学董率学生前赴唐山,系属暑期旅行,与派绅游历毫不相涉,不得以彼易此。仰仍饬知,赶紧补送,毋得再延。缴。八月二十日。

---

① 录自《教育杂志》第 12 期。
② 录自《教育杂志》第 12 期。

顺德府单禀中学堂监督应留应换请批示由①

批:来禀阅悉,现今兴学伊始,凡管理教授各员,向所未习,自难合法。惟在其人,虚心求益,多方研究,以期无负责任。若胶执故见,盛气自是,则于新机大有阻碍。该堂监督一时无人可派,应准暂不更换。俟有妥员,再由本处察酌委充。仰即饬知。缴。八月十七日。

霸州禀民人胡连科捐助学堂经费
钱一千吊恳转请给奖由②

批:据禀,胡连科先后捐入该村小学堂京钱一千吊,轻财好义,嘉惠士林,洵为乡曲所难得。应予给奖,以昭激劝。既据径禀,仰候督部堂批示。此缴。八月初九日。

宁河县详请设立芦台初等小学堂
并传习所抽捐可行由③

批:据详酌抽铁锅、苇叶及外来蓆片三项捐款,拨助芦台初等

---

① 录自《教育杂志》第 12 期。
② 录自《教育杂志》第 12 期。
③ 录自《教育杂志》第 12 期。

小学及传习所常年经费,既称众商乐输,应准试办。务当严禁苛扰,仍将开学情形报查。缴。八月二十日。

束鹿县禀续送东洋游学
半费生三名自费生二名赴津考验并将赌案
罚款提充游费又单禀送学生三名由[①]

批:据禀及另单,选送赴东游学生贾浦等八名业经来处考验,仰候汇案请咨,该县出洋士绅先后将近二十人,风气大开,深堪欣慰。仍候督部堂批示。缴。光绪三十一年八月二十三日。

威县禀创设广育演说会拟定
试办章程请批示由[②]

批:如禀立案,仰即督同员董认真经理,剀切劝导,以收实效。仍候督部堂批示。缴。光绪三十一年九月初四日。

---

① 录自《教育杂志》第 13 期。
② 录自《教育杂志》第 13 期。

顺义县禀拟急设初级师范传习所恳请
选派教员来县教授情形由①

批:据禀,筹设师范传习所造就师才办法极为扼要,应需教员已据陈查学函报,札派保定初级师范毕业生俞文凤前往矣。仰即知照。此缴。光绪三十一年九月初七日。

无极县禀县属侯坊古庄李刘各绅捐赀公立
私立各学堂三所呈请立案奖励等情由②

批:禀表及清折均悉。该绅士李凤阁等慨捐巨款,设立学堂,洵属热心教育,公德可风。应准转请奖励,以昭激劝。惟既据径禀,仰候督部堂批示。缴。光绪三十一年九月初八日。

抚宁县详请初等小学堂教员
杨荫春等禀请设立简易科由③

批:据详已悉。查《奏定初级师范学堂章程》第一章第四节载

---

① 录自《教育杂志》第 13 期。
② 录自《教育杂志》第 13 期。
③ 录自《教育杂志》第 13 期。

"各省城初级师范学堂当初办时,宜于教授完全学科外别教简易科,以应急需,俟完全学科毕业有人,简易科即酌量裁撤",又第二章第七节载"简易之科学为修身、教育、中国文学、历史、地理、算学、格致、图画、体操等九科,每星期三十六点"等语。师范简易科本系初级师范学堂之一部,原与上年通饬各属于高等小学堂附设传习所仅限三月毕业者不同,且课程有定章、时数有定限,岂自向高等小学教员传授数月便可充数?所谓以传习之日即作入简易科之日,应无庸置议。现奉督部堂檄饬各属筹设初级师范学堂在案,系属初办,应先设简易科,以期速得师才。该教员等如有志专习师范,即俟开学时入堂肄业,以资深造。仰即饬知。此缴。光绪三十一年九月初八日。

呈启函电

呈请立案捐办天津民立小学堂公禀①

侍讲衔翰林院编修严修、花翎指分河南候补知府王贤宾、花翎三品衔山东候补知府王文郁、候选知府李宝恒、花翎三品衔候选道徐诚呈,为捐办天津民立小学堂呈请恩准立案事。窃职等恭读京师大学堂颁行《钦定小学堂章程》第一章第八节开载:"地方绅商得依《小学堂章程》立寻常高等小学堂,谓之民立寻常高等小学堂,卒业出身应与官立者一律办理,并由官力代为保护,均得借用地方公所祠庙以省经费。"又《直隶小学堂暂行章程》第一章第二节内载:"地方绅衿准在本地自立小学堂。"各等语。职等现于津郡捐集经费,借用会文书院创办小学堂一区,名曰天津民立第一小学堂,以为本邑之倡,将来续筹的款再行接办,即以第二、三、四为序。职等此次所办之小学堂内设寻常小学一斋,附设蒙学四斋,学生额数共一百六十五人,计延总教习兼监督一人,分教习六人。职等在堂随时轮流稽查所有学生分年课程,恪遵《钦定章程》办理。伏乞查核。

直隶学校司批:此查,民立小学堂业经恭奉《钦定章程》,函应广设,以开风化。该绅等首先创设,具见急公好义,自应照准立案。除禀批并照会普通处存案札行天津府、县一体随时保护外,详报宪台鉴核,俯赐嘉奖,以资激励,实为公便。

---

① 录自《北洋官报》1903年第48期。据报道,呈文时间为光绪二十九年二月初三日,即1903年3月1日。

呈请立案捐设半日蒙学堂公禀[①]

侍讲衔翰林院编修严修、内阁中书金恩科、五品封典贡生乔保谦、贡生林兆翰、廪生王用熊、生员郑炳勋等禀，窃维今日开化牖民之事莫急于兴学，尤莫急于使人人知学，惟是蒙养学堂需款较巨，若待遍设，尚需时日。且贫户子弟或为小本营生，或习各项手艺，若令终日就学，恐因有碍生计，观望不前。查东西各国有半日学堂名目，其法甚善，现拟仿办，以开津邑风气。堂中功课惟识字、习算两事，字以能识能写能解为准，算以适于日用为准。再进则讲文法、习造句，并时常举嘉言懿行为之解说，以养其向善之机。总期数年之后，于寻常之书算、浅近之道理，略能通晓。不惟易于谋生，而心地可以开通，气质可以变化，于风俗人心不为无补。其有材质出众者，随时保送蒙学堂，资其上进。

似此办法约有数善。人情易从，一也。课程易办，二也。款轻易筹，三也。一月可教数班，四也。教习易于胜任，五也。他处易于仿行，六也。职等公同商酌，意见相同，已借妥城隍庙内房基三间，重加修缮。拟于三月初开学，以为试办之始。名为第一半日蒙学堂，倘办有成效，当再劝筹巨款，择地增设，以期渐推渐广。即以第二、三、四为序。此次劝捐系用集腋成裘之法，每股每年十元，自倡议后旬日之间已集有四百余元。至堂中章程，并师生人数，捐款姓名，统俟年终造册呈报。所有试办半日学堂缘由，理合陈明。伏

---

① 录自《北洋官报》1903 年第 53 期。

乞立案赏示。

天津道批：据此，除批示立案并出示晓谕外，拟合据情详请宪台查核，俯赐批示立案，实为公便。

呈请收回前示仍照旧章支领薪费文①

为敬陈下情事。窃据本处支发委员郭倅面称"昨奉钧札，以津中需用浩繁，每月为职加给津贴二百两"等因，奉此仰见宫保格外体恤，感激莫名。惟区区下情有不得不上达者，请为宫保陈之。

职仰窥钧意，以为学务处迁津以后，参议及各员司皆加薪费，不欲令职一人向隅，然其实有不同，未可一例。相拟参议及各员司，由省来津，房屋之僦赁、家属之安顿、酬应之增多，以津地百物昂贵，所需自较省垣为巨。职以津人奉差本郡，举凡僦屋移家各费，皆无所需，一切车马仆从之开支，又皆昔时所固有，无异家居，故所费较省垣尤减，无端而承嘉惠，相形益觉不均，此不敢领受者一也。

前总理胡绅在事三年，所支公费始终一循旧章。诚以本省之人，任本省之事，此为当尽之义务，薪费以足敷办公而止，岂敢多糜公款？职到差视事，未及一载，景仰前徽，深愧未能步趋，有负期许，此不敢领受者二也。

本处常年经费预算额支各款绝少赢余。是以迁津以前，于呈请酌加参议及员司薪水之数，未敢从优。今职一人忽增此数，是每

---

① 录自《北洋官报》第630期，原题为《学务处严京卿呈请收回前示仍照旧章支领薪费文（覆文附）》。应作于光绪三十一年（1905），学务处由保定迁至天津后。

年又縻二千余金之款,与职平日综核本意,自觉不符。此不敢领受者三也。

职每月照章所支薪费以资办公,绰有余裕,语皆从实,绝非强词,夙荷优容,岂敢虚饰?楚子文之纾难,深病未能;陈仲子之矫廉,亦所不敢。谨据实上陈,恳祈俯鉴下情,收回前示,俯准仍照旧章支领,不胜感激之至。

督宪袁移覆:照得本督部堂接准,贵京卿呈称"加给津贴不敢领受,请仍照旧章支领"等情,查直隶学务,贵京卿未经任事之先,即已热心提倡讲习师范,捐办学堂,两次至东瀛考察,所费不赀。既与胡前总理情事不同,亦岂参议以下各员所能比拟?此后来往京保调查学务支用正多,区区津贴,得不偿失,取不伤廉。贵京卿虽过持谦抑之怀,本督部堂宜曲尽优礼之意。与尔乡党,原子思之推仁;乐育英才,颇封人之锡类。仍祈收受,万勿固辞。为此移覆,烦请查照施行。

辞任度支大臣函电①

宫太保钧鉴,敬密启者:

度支命下,谈者骇怪,即晚生亦百思不得其故。公其别有深意与?公如虑异趣者难与共事,则何不采皙子之言,仿东西洋成例,

---

① 录自信草,复内阁第一电又见《大公报》1911年九月三十日(11月22日)。此数电发于辛亥九月,电尾日期代码中的泌、勘、艳、东,分别指二十七日、二十八日、二十九日、一日。

由总理暂兼此席,抑或由副大臣兼署此席。若晚生者于财政学未尝研究,亦无丝毫经验,此众人所共知。"适从何来,遽集于此",斯二语者,晚生所不任受也。如谓居此位者上有总理之指挥,下有次官之赞助,坐啸画诺便谓尽职,公又何取乎? 此且亦非设立国务大臣及组织完全内阁之本意也。晚自上年乞休以来,决不作出山之想,寸心自矢,不敢中道渝盟。顷已拟就电稿,求内阁代奏吁恳天恩,收回成命。务求我公俯赐矜全,代请俞旨,俾得长为太平之民,则虽无几之余年,悉出自我公之所赐矣。恃爱直陈,惟希鉴谅。祇请勋安。晚生严修谨上。九月二十七日。

大公报馆主笔英君有条陈一函,托为转陈,请赐财择。

内阁钧鉴:

恭阅官报,九月二十六日内阁奉上谕:"着命严修为度支大臣,钦此。"闻命惊悚,不知所措。伏念修既无专门学识,又无治事能力,身弱多病,精神委顿,万难胜国务大臣之任。新内阁组织伊始,人心之向背,宗社之安危,胥视此为关键。若以阘冗如修者滥厕其间,必致海内失望,转无副朝廷励行宪政之意。惟有仰祈代奏,吁恳天恩,收回成命,不胜悚惶之至。谨请代奏。严修叩,勘。

内阁复电

新授度支大臣严奉旨:内阁代递严修电奏,恳请收回成命等语。现在时局危迫,财政尤关紧要,该大臣向来办事具有条理,全国财政方资整顿,着即遵前旨迅速来京任事,岂得稍有诿卸? 钦此。内阁,艳。

附袁世凯来电

探投新简度支大臣严：凯夙乏新知，谬膺重寄，昨据信条组织内阁，奉旨简阁下为度支大臣，阁下夙秉公忠，热心政治，当此事机危迫，诸赖苤筹，藉匡不逮。即希迅速北上，共支危局，无任翘盼。凯，沁。

宫太保钧鉴：

伻来接奉惠书，关爱之深，责以大义。捧笺数复，愧悚交并。晚虽不肖，断不敢置神州陆沉于不顾，惟念臣子之报国、朋友之急难，与士之所以报知己，均当求之实际，不宜徒骛虚声。当此危急迫切之时，朝廷之一举一动皆与全局有关。内阁组织之初，必应万方改视。乃晚自被恩命，津地一隅已嚣嚣然议之，推之全国可想而知。故晚之恳请辞职，乃欲坚内阁之信用，非敢谬沿拜官不受之故事也。况全国度支诚如公言，为庶政命脉所关，国家存亡所系，断非毫无经验、毫无能力者所胜任。晚虽欲为国家计，为知己计，其如才力不副何？是以期期以为不可耳。晚夙叨知遇，缨冠赴急，原有同情，倘荷鉴原，代请开缺，准乞骸骨，则虽终日抱芹负曝，奔走于我公之门，亦所弗辞。如必强以出山，则将以欧洲为汶上，虽违朝旨，虽负我公，亦不遑恤矣。敬布腹心，惟祈察宥，专肃敬请勋安。治晚生严修，九月廿九日。

内阁钧鉴：

钦奉电传九月二十九日谕旨，仰蒙温谕，感激涕零。虽至愚，粗识致身之义，非敢意存诿卸。惟念财政为全国命脉，所关必夙精此学，且有应变之才，方足以言整顿。修能力既薄，经验毫无，加以衰病侵寻，精神委顿，断难膺兹艰巨。量而后入，古谊昭然。况历行宪政之时,臣子下情尤得曲蒙矜谅。修自知甚审,决不敢空言报称,上累知人之明,尤不愿朝廷迁就用人,致已涣之人心益难收拾。惟有仰恳天恩,矜悯愚诚,仍准开缺,另简贤能,以重阁制而维国计。昧死渎陈,无任悚惕,谨请代奏。严修,卅。

内阁复电

新授度支大臣严奉旨:内阁代递严修电奏悉。该大臣衰病侵寻,精神委顿,朝廷殊深廑念,着即赶紧调理,一俟稍痊,即行到任,钦此。阁,东。

辞任南北议和代表函电①

宫太保钧鉴:

使至奉到谕函,知刍荛之见已由唐少翁代达,并承采择,将各省代表字样更正,钦佩无量。惟昨又反覆思维,并与二三法学家讨论,觉代表总理名义最为妥当,而人数似不宜多。多则议论纷歧,且彼处未毕承认也。晚意,代表名义有唐少翁一人已足,此外宜精选法理精深、长于词令者随同参赞。如许久香、杨皙子、汪衮甫、范静生、李伯芝、金伯平之类,夙持君主立宪主义而议论纵横,又能达其所见。期有一人可得一人之用。若晚者,于中外法律既瞢无所知,而语言呐呐不能出口,徒占一人之地位,不惟无益,而且有损。损威纳侮,不战先诎,诚何取焉?拟请不必列入,以免迁就贻误。知我

---

① 录自辛亥信草。两电分别为辛亥十月十七日、二十日(1911年12月7日、10日)发。电尾日期代码效、号、个分别指十九、二十、二十一日。

莫如公,当不责其退缩也。李效溪太守联唐有论说一篇,破主张共和之说,附呈钧阅。伊言姚名泉侍郎与南中诸志士情谊素孚,可胜宣抚之任,可否令与少帅同行,并希钧鉴。谨将管见所及再陈左右,伏惟鉴谅,无任悚仄之至。匆布奉覆,祗请勋安。晚修顿首。十七午后。

　　少川先生祈为致意。

北京袁宫保鉴:

　　顷接傅提学电云,宫保盼修南行参预会议事。本应遵即前往,惟修识潜词呐,置之议场,实非所宜。仍乞俯鉴下忱,免其同往。如人数未足,拟荐姚侍郎自代。敬希钧酌,并恳据情代奏。严修,号。

　　附傅增湘来电

严范翁鉴:

　　顷谒宫保,甚盼公南行参预会议事。现各会员于廿一日赴鄂,公如能同行,希速到京,先电复宫保。增湘,效。钦差行辕代。

　　袁世凯复电

严大臣鉴:

　　号电悉,诸君均已南下,公谦撝不往,未敢相强。此去非奉桥派,可无庸代奏。凯,个。

复教育部总长蔡鹤卿[①]

鹤卿先生台鉴:

　　昨奉赐笺并教育会章程,且承阐教周诹之雅,钦佩莫名。承命苾

---

　　①　录自信草,作于1912年6月11日。

会一节,执事选择而使,修岂不愿栗阶一言以裨新政? 惟自念空疏庸浅、眊瞶惛媮,思想已近于陈人,脑气又同于枯海。驽下之乘,充庭实非其侪,且暑日尚拟为欧西之游,势难道会。敬希鉴谅,无任悚惶。肃覆,祗颂台安。严修顿首,六月十一号。

天津临时保安会要电[①]

北京袁大总统钧鉴:

初二日夜,津埠匪徒作乱,连结军警,在河北暨城内一带掳劫焚烧,商民损失甚巨。直督及各地方官均先藏匿,秩序大乱,现势甚危,所有天津附近各军队均有摇动之势。经绅商同直督张组织临时治安会,公推张君绍曾为临时会长,藉以统一军警,维持治安,并请电饬天津附近各军队,均归张君调遣。先此电闻。

致进步党本部公启[②]

诸位先生均鉴,径复者:

昨奉惠书,因三党合并,另举参议,以修厕列其间,甄录优加,曷胜悚愧。此番联合海内欣仰,稍有能力自当勉效微劳。惟修衰病侵寻,实属无能为役。上年友人约入国民协进会时,曾经声明,但充会员,不任职事。今兹仍守此志,伏希俯鉴下忱,允将参议名目撤销,仍

---

① 录自《大公报》1912年3月6日,署名直绅严修等电。
② 录自癸丑信草。作于1913年6月30日。

作为进步党中会员之一人,即荣幸已多矣。专此复陈,即祈公鉴,顺请台安。严修谨启,六月三十日。

呈创办民国大学请予维持并饬部备案文①

为呈请事。窃维民国初建,百端待理,然一时之维持,与永久之筹画,皆有不可不同时并谋者,而教育一端尤为培养人材至要之图。况当国家新造,社会纷杂,民智浅薄,更不可无独立之教育,以灌输而整齐之。此实古今中外相同之理,亟应举办而毫无疑义者也。惟是欲为民国谋教育之发达,其造端甚微,其结果至大,故规模不可不宏,始基不可不固,缔造艰难,非一人之私所能举,亦非仅恃国家之教育机关所能敷。修等特集合同人,筹捐巨款,策群力以图成,自忘蚊负;懔匹夫之有责,敢作嘤鸣。除计画大纲应俟拟定呈核外,所有创设民国大学缘由理合恭呈,伏乞大总统俯予维持,并恳饬部备案,实为公便。谨呈。

严修、李燮和、蔡元康、范源濂、黄群、陈敬第、蹇念益、籍忠寅、吴鼎昌、梁志宸、江翰、张一麔、方贞、姚华

大总统批:据呈已悉。民国初立,启牖智识,端资教育,该员等创设民国大学,志伟愿宏,深堪嘉尚,所请饬部备案之处,应即照准,希将计画大纲从速拟定,径呈教育部查核。所称维持一节,应由理财部酌量办理。该员等务当力图进行,期于有成,是所厚望。此批。中华

---

① 录自《临时公报》1912年4月2日(第2卷第15期)。

民国三月三十一日即壬子年二月十三日。

辞任教育总长电^①

北京大总统府张仲仁先生鉴：

　　电敬悉。总统知遇，没齿难酬，自恨散材不能报效，近则益形怯弱，畏事如虎，强使任职，不可须臾。仰恳鼎言，代求矜宥，感且不朽。修。

　　附张一麐来电

中华使馆探转严范孙先生鉴：

　　自公高蹈，论者至以公之去就卜国之存亡。主座相需甚殷，极盼就职。内阁屡易，法制必须更张，不久即行总统制，事权统一，既无联带之说，更无牵掣之虞。公悲天悯人，可以出矣。麐。

大总统钧鉴：

　　效电恭悉。文日秘书函到，当即披沥函覆下情，已托代陈，恳即收回成命。考察之举并恳另委妥人。惶悚待命，统希矜鉴。严修，哿。

　　附袁世凯来电

　　交严总长：前秘书竭诚函劝，谅已接到。如文旌尚须小住，即顺道考察欧洲各校教育精神，归报祖国，必大有造于邦人也。大总统，十九日。

---

　　① 录自信草。此数电为1914年2月发。

严 修 集

北京大总统鉴：

电谕祗悉。知遇之隆，衔感没齿。惟才力本短，近益怯弱，断难再任职事。去岁面陈，蒙允勿强，仍乞始终矜宥，别简贤能。无几余生悉出钧赐。严修，二十二日。

附袁世凯来电

转严范孙先生：两年以来，国是未定，不敢强迫高贤。今幸统一渐可实行，挽救吾华，时不可失。凡百政治，根本教育，咸谓"斯人不出，如苍生何"。明知执事高节遐标，不染沉滓，但众论如出一辙，时贤首数我公。教育总长缺席，微管莫属。已于本日发表，以协舆情。务乞眷怀祖国，不忘故人，命驾遄回，同舟共济，使鄙人免蔽贤之诮，国民无来暮之嗟。至为企盼！袁世凯，二十日。

北京孙总理鉴：

电敬悉。力弱胆怯，不敢任事。奉总统电，昨已恳辞。再乞鼎言，请收成命。衔感毕生。严修，漾。

附孙宝琦来电

中华使馆转严范孙先生鉴：

公长教育，已奉明令，时局良棘，诸待椠筹。极峰向望甚殷，务望早日回华，共肩巨任。何日启程并乞电示，无任跂盼。孙宝琦，个，印。

劝募内国公债演剧布告①

南开学校每届周年纪念会,例由师生编演新剧,以助兴味。此次所演之《恩怨缘》,鄙人等躬逢其盛。剧中布景之新奇,作工之妙肖,已属有目共赏。其尤动人者,描写家庭社会种种状态,入情入理,可泣可歌,洵足感发善心,惩创逸志,有功世道人心,良非浅鲜。现为劝募内国公债,经鄙人等再三怂恿,拟于十月三十一号及十一月一号两晚重演此剧。兹特登报布告,务希各界诸君速往购券,既应吾国之急需,兼助该校之学款,一举两得,诸君必表同情也。

售票处:南开学校事务室,电话六百四十九号

代售处:河北大胡同商务印书馆

售券期:自十月二十五号起

价目:十月三十一日,女宾,甲级大洋一元,乙级小洋六角

十一月一日,男宾,甲级大洋二元,乙级大洋一元

林兆翰、严修、王劭廉、李金藻同启

---

① 录自《南开星期报》第21期(1914年10月26日出版)。

直隶绅学商民各界代表致黎元洪大总统电[①]

黎大总统钧鉴：

我公继任总统，群情欢忭，惟现在全国扰攘，人心不定，开宗明义，似应以维持金融为第一要务。自"中、交两行不兑现"阁令发生，四民失业，险象环生。为今之计，拟请从速取消此项阁令，一以维持国家信用，一以表明大总统保全四万万众身家性命之心。明知此中种种困难，然无论如何为难，总以办到为目的。一见明令，则人心大定，此后一切问题均可迎刃而解矣。直隶天津各处地方现承巡按使设法维持市面，但非根本解决，终难持久。惟有吁恳速发明令，修等再随时禀承省长竭力继续进行，庶不致变生意外。是否有当，伏候钧裁。

直隶绅学商民各界代表严修、李士鉁、华世奎、叶登第、卞荫昌、邹廷廉、杨宝恒、刘坦、李向辰、郭春麟、刘彭寿、张佐泽、蒋耀奎、王宝钊、杜宝桢、边守靖、严智怡、贺培桐、张汝桐、徐诚、宁世福、杨耀曾、李荫恒、叶登榜、佟宝廉、贾文范、齐树楷、张云阁、杨桂山等。

---

① 录自《大公报》1916 年 6 月 9 日，又见《政府公报》1916 年 6 月 11 日。

中华民国国语研究会征求会员书[①]

中华民国国语研究会之起原，盖由同人等目击今日小学校学生国文科之不能应用，与夫国文教师之难得、私塾教师之不晓文义，而无术以改良之也。又见京师各报章用白话文体者，其销售之数较用普通文言者加至数倍。而京外各官署凡欲使一般人民皆能通解之文告，亦大率用白话，乃知社会需要在彼不在此。且益恍然于欲行强迫教育，而仍用今日之教科书，譬犹寒不能求衣者，责之使被文绣，饥不能得食者，强之使齿粱肉，何尝非寒与饥者之所愿，其如贫窭，力不能逮（何）。职是之故，同人等以为国民学校之教科书必改用白话文体，此断断乎无可疑者。惟既以白话为文，则不可不有一定之标准。而今日各地所行白话之书籍、报章，类皆各杂其地之方言，既非尽人能知，且戾于统一之义，是宜详加讨论，择一最易明了而又于文义不相背谬者，定为准则，庶可冀有推行之望。此同人等发起斯会之旨也。四方君子有与同志者，幸赞助焉。此启。

发起人：直隶严修、高步瀛、胡家祺、王祖彝、赵宪曾、陈宝泉、曹振勋、张仁辅、王璞、陈哲甫、孙壮、张锡龙，山东高丕基、孙初超，山西梁善济，江苏唐文治、张一麐、袁希涛、伍崇学、吴敬恒、沈彭年、白振民、李祖虞、潘昌煦、王应伟、王仁夔、管城、董瑞椿、叶庆祜、邹福伟、吴兴让、朱文熊、彭清鹏、陈懋治、陆基、张永熙、方还、张应奎、黄中、彭诒孙、陈去病、殷松年、茅恩海、徐翼、周开鉴，安徽

---

① 录自《大公报》1917 年 3 月 12 日。

王达、汪国杰、江仁纶，江西陈任中、陈衡恪，湖北陈问咸、徐协贞、李步青、陈文哲、卢均、张继煦，湖南易克㮘、黎锦熙、熊崇煦、杨昌济、陈润霖，四川王章祜、吴思训、张远荫，浙江蔡元培、章宗元、徐维宸、钱家治、周庆修、张维勤、杨乃康、虞铭新、陆懋德、张绂、钱稻孙，福建王孝辑、邓萃英、刘以锺，广东梁启超、何士果、雷通群、汤昭，贵州毛邦伟，奉天赵厚达，吉林李膺恩。

致各省各团体电①

各省省议会、农工商会、教育会及各团体、各报馆均鉴：

此次欧洲和会重在改造世界，远东关系尤为重要。本会由此间各界各团体联合组织，业于锐日成立，对外发表公正民意，为外交上之援助。其主张：（一）促进国际之联盟实行；（二）撤废势力范围并订定实行方法；（三）废更一切不平等条约，及以威迫利诱，或秘密缔结之条约合同，及其他国际文件；（四）定期撤去领事裁判权；（五）力争关税自由；（六）取消庚子赔款余额；（七）取回租借地域，改为公共通商。凡兹数端如何赞成，即请电复本会，以经允行，联名电达欧洲和平会。一面本此主张制成议案，详陈理由办法，请愿国会并欧洲和会，时机紧迫，伫盼指教。中国国民外交协会理事张謇、熊希龄、林长民、王宠惠、严修、范源廉、庄蕴宽等叩。马。

---

① 录自《大公报》1919 年 4 月 1 日。发电日期为 1919 年 3 月 21 日。

敬告南开学校[①]

南开学校同学诸君：

修所以敬爱南开学校，愿充南开学校校董，愿尽力谋南开大学之进行者，诚以信仰校长张先生之故，诚以深知同学诸君一致信仰校长张先生之故。若一旦同学诸君人人思自由行动，不能听校长之指挥，校长必不安其位。校长不安其位，则与校长有连带之关系之校董当然不能存在。

故修今日有掬诚奉商之言：如同学诸君信仰校长之心丝毫不减，一切秩序能恢复本年五月以前之原状，一切举动能俟校长之许可而后执行，则修仍愿充南开学校校董，仍愿尽力谋南开大学之进行。如其不能，则请告罪于同学诸君之前，即日与南开学校脱离关系，惟诸君教之。十月十四日。

---

① 　录自信草，作于 1919 年 10 月 14 日。原题"严修敬告"。又，本文有另一草稿，涂乙较多，似非最终发表之稿，姑录于此，以备参考。

"南开学校学生诸君：今年学界风潮，发起京师，激荡全国，众流所趋，轩然并起。范围愈廓愈大，题目愈缩愈小。天津之不能独免，南开学校不能独异，虽不幸，犹可原也。旬月以来，自京师以及各省，皆已平静，惟我天津，仍复嚣然不靖，进行不已，于是全国视线遂集于天津。天津学校不止南开一校也。因南开学校之门外，有各校公共之大操场，于是集会必南开，出发必南开，地名、校名混合莫辨。兼之南开学校本有一二激烈之教员，及公举会长之学生，于是南开一校，遂为天津学界之代表。人人皆知修与南开学校有密切关系，鄙人诚亦尽心力，为谋大学之进行。今年第一次罢课，校长愤然出校。当此之时，鄙人之意未尝少沮，认为此□一时之事，不足为病。又以为有此爱国之诚，正宜增长学识，引入正轨，以储异日之用。六月□日，教职员、学生邀鄙人到校谈论，鄙人曾对学生代表声明，此后学生能信仰校长，则校务可以进行，否则……代表言，信仰校长之心无更变……"

十月十八日(星期六)午后四钟,在舍下茶话,晚间便饭一叙。

顷有人以卷子两轴属题,一曰《石交图》,一曰《鹤塔铭》。《石交图》有张濂亭、吴南屏、梅柏枧、何东洲诸老宿及曾、左、彭、李诸名臣之题跋。《鹤塔》题跋有程易田、沈乙盦、康南海之题。□请早临共赏,兼聆法海。

告南开学生①

严修白。昨日某报要闻栏内,有"严修又为人说项"一段。初以为报纸所载,难免虚诬,辩不胜辩。乃闻我校通告亦信此说为然。若仍嘿尔,是承认实有其事。应请言者将真实凭据明白指出,果不虚诬,鄙人当受攻击。如系随声附和,但据报纸为凭,则非所望于夙有价值之我校学生也。究竟如何,伫候明教。

战后灾民救济会通电②

各省省议会、商会、教育会、农会、红十字会、各慈善团体、各报馆鉴:

---

① 录自信草。作于 1919 年 12 月。文中所谓"说项"事,据草稿前文勾去内容可知,即"谓数日前与杨以德持函往见徐总统"。杨以德时任天津警察厅长,命令逮捕抗议学生者。当时有传闻说,严修写信给总统徐世昌,为杨以德说好话。

② 录自《大公报》1920 年 7 月 30 日。原有导语:"直隶省长曹锐业经约集官绅,会议筹办战地灾民赈济事宜,昨由边洁清、李颂臣、卞月庭、孙子文诸君开会讨论筹款办法,并在省公署后设立战后灾民救济会,以便派员实地调查灾民状况云。该会又发通电云。"按,据严修 1920 年 8 月 9 日日记云:"战后灾民救济会列入余名,盖省长授意于智怡,智怡代余承诺。适因患病,未及告我。"

慨自变起萧墙，竟召烽烟之警，祸延畿辅，顿遭涂炭之灾。况值败将溃兵，沿村抢掠，可叹扶老携幼，满道流亡。西路如涿县、琉璃河、良乡、固安一带，东路如杨村、廊坊、黄村一带，所至为墟。而涿县全境尽遭焚毁，其一带村镇，炮火所毁，夷为平地，尤属惨不忍闻。吾民何辜，罹斯浩劫！当此荒旱见告之时，青黄不接之际，如不设法救济，吾近畿数十万灾民，恐其靡有孑遗矣。同人等目睹惨状，寝食不安，爰发起斯会，聊尽天职，车薪杯水，非独力所能支，义粟仁浆，惟众擎之易举。所望海内仁人君子，大发慈悲，倾囊相助，感恩戴德者，固不徒数十万灾民已也。倘蒙惠助，祈寄天津中国交通直隶银行代收。迫切陈词，惟希垂鉴。

战后灾民救济会李士铭、严修、李士鉁、刘嘉琛、高凌霨、刘彭年、边守靖、卞荫昌、孙仲英、王秉喆、彭桂馨、孙凤藻等仝叩。

覆庐山会议电[①]

奉敬兄函电至再至三，又承仲兄示教，钦佩莫名。私尝怪叹，吾国人才非不多而务欲寡之，幅员非不广而务欲狭之。由前之说，如近年死于兵、死于刑、死于暗杀者皆是也。由后之说，如近两年，省自为治，即某省人治某省也，人未驱除，己先行之，人未割裂，己先倡之，虽无太平洋之会，其能幸免乎？今敬兄发起国是会议，期于会萃英贤，化除畛域，妥定大计，共救危亡，此凡有国家思想所求

---

① 录自《严先生遗著》。据《蟫香馆别记》："辛酉秋，张敬舆倡庐山会议，电公请益，至再至三，公覆电。"据日记，作于1921年10月8日。电尾署"鱼"，即6日，又署十月十日。当以何日为是，待考。

之不得者也。惟兹会之成不成，全视各当局者有无舍己从人之公心，与改过不吝之勇气，又必握大权者抛弃其权，攘大利者甘让其利，党人不为违心之论，政客不起兴戎之口，然后会议可得而言，否则议必不决，决亦不行。下走所知，如是而已，高明教之。严范孙，鱼，十年十月十日。

劝各商号广告空白地方添印格言函①

敬启者：

　　本处前接武进杨锡类先生来函，提议广告改良之法。内云："凡广告空白地方，添印各种格言，以期改良习俗。"近经兆翰商之同志，佥以此种办法轻而易举、惠而不费，实于转移风化、矫正人心不无裨益。爰嘱本处普劝各商号，无论张贴广告，散布传单，各种发票，以及包货纸、月份牌等，均可照杨君之议，附印有用格言，必有因爱惜格言而保存印刷品者，亦有益于商家之举也。本处拟代求鸿儒硕彦，搜集各种格言，分门别类，如关于绸缎、金珠、图书、钟表、国货、京货、广货、杂货、海货、鲜货、棉纱、布匹、南纸、南味、茶食、糖果、烟酒、香烛、茶店、药店、帽庄、鞋店、估衣铺、新衣庄等行，各为若干则，以备采用。如蒙各商号认可，请惠临本处索阅格言，自当极端欢迎。愿效笔墨之劳也。或先由电话示知字号、地址、铺长姓字及所售何种货品，以便预备词句，亦可省往返工夫。此上各商号先生公鉴。

　　天津社会教育办事处谨识，发起人：严范孙，孙子文，卞月庭，

---

①　录自《广益杂志》1922 年第 34 期。

赵聘卿，井蔚卿，杨琳生，郝砚岑，华鲁忱，王竹林，李樾臣，孙俊卿，
刘在桐，史经五，游仲瑜，赵幼梅，宋则久，张泽民，姚品侯，孟定生，
华芷舲，华海门，李寰生，杨子若，刘蓉生，邓澄波，齐旭初，徐静波，
刘紫洲，夏琴西，吴象贤，钟嗣庭，周拂尘，张升甫，杜克臣，刘锦堂，
张豪臣，刘秉纯，张问泉，王筱舟，李纯诚，范庆萱，周少勋，周支山，
杜筱琴，王伯辰，赵善卿，马仲言，陈右铭，林墨青。

高汉三君死难之征文①

盖闻仲路遭孔悝之变，痛覆于师门；卞壶御苏峻之兵，怅尸舆
于父子；带山舌而睢阳齿，能警国贼之心；子胥目而严颜头，可作士
林之气；读《田横传》而怀烈士，注屈原词而吊国殇，固已亘古常昭，
于今为范矣。时俗日降，孝义风微，遇变者作信天翁，偷生者效长
乐老。睹天亲切肤之患，尚同秦越之视瘠肥，救邻里燃眉之灾，谁
如墨子之摩顶放踵？若有以身殉父，舍命卫乡，咥人忘虎尾之凶，
陈尸听马革之裹，存两间之正气，作一代之完人，真可谓其气如生，
其名不死也。

朝阳高君汉三，学深蛾术，训秉鲤趋，肝胆薄云，头角早露。罹
疾同湘东一目，学书过项羽之重瞳。研政治经济之科，有德行文学
之举，诵经方勤于邹鲁，鼙鼓竟动于渔阳，星夜言返龙沙，风声已杂
鹤唳。订新吾乡约，随父兄而亦步亦趋；保故我家资，防匪徒之予

---

① 录自《大公报》1922年12月24日。原有导语："直隶法政专门学生高汉三君，
居热河朝阳之七道岭，前于直奉战争时回籍。父子四人，同时被奉军害等情，曾志前报。
兹严范孙先生等发起代为征文，藉以表扬孝烈，阐发幽先。其征文启云。"

携予取。一声霹雳,已惊魑魅魍魉之魂;四野干戈,竟破棘矜锄耰
之器。嗟父老兮奔避,听子妇兮啁啾,避乱未居北海之滨,罹灾惨
同南粤之系。兵氛太恶,老子何辜?痛四株桥梓之阴凋,叹一簇蒿
榛之血染。当成仁取义之际,正含冤稽愤之时。击秦无恃浪之椎,
骂曹拄正平之鼓。凭我强项,诛彼凶心,痛快淋漓,激昂慷慨。无
情白刃,大肆豺虎之威;有数青年,难效马牛之走。噩音遥递,雄鬼
同招,魂兮归来,天乎不吊。

　　曾于十一月四号在直隶司法专门学校开追悼会,殊章则盈千
累万,措词则戈玉镂金,缕述一家之冤,定动九原之感。兹者重刊
事略,征索名篇,曾集成编,剞劂谨付,如荷鸿文宠赐,惠及壤泉,定
同麟笔褒扬,荣增华衮。春草读惊人奇句,征者固咸佩铭;秋坟倘
有鬼听诗,受者尤当衔结。云云。

　　发起人:胡国贤、赵元礼、严修、王守恂、林兆翰、米逢吉、沈鸣
诗、杨翰清、彭桂馥、瓮秉钧、吕泮林、王玉树、李志敏、姜乃震、毕景
山、徐式一、张念祖、谢宝清、李毓棠、陈兆芾、毕培真、荆可恒、佟甫
田、张书林同启。

救灾同志会启事①

　　盖闻有生皆知爱其类,故急难匪择于乡邦;介孚则福以其邻,

────────────

　　① 录自《大公报》1923 年 9 月 7 日。原报道云:"段合肥发起之救灾同志会,昨日
在宫岛街本寓午餐后组成。计在野名流列名发起者有一百二十七人之多,并设事务所
及收款处于英界领事道中国实业银行总行。同时派员分购粮食及其他救济物品,以便
交由九日出发之日轮大智丸运往。兹录救灾同志会公启于下。"

故扶义宜倡诸连壤。日本此次地震，继以火灾，东京、横滨、沼津、名古屋、大阪诸都会慘毒同罹，学校、官署、工厂、商店、道路、各机关荡亡殆尽。欧美以外，世界物力所荟萃，随烈焰以俱飞；唐宋以来，东方文献所流传，逐洪涛而并没。斯诚人类全体之浩劫，匪直扶桑三岛之偏灾。况复覆巢之下，鸟鹊无枝，竭泽之余，噭鸿在野。丁兹穷厄，若乏外援，哀彼孑遗，行将同尽。更有负笈学侣，持筹侨民，并我同气之亲，悉在池鱼之数。公私环念，痛恻交加。诗曰："死生之威，兄弟孔怀。"又曰："凡民有丧，匍匐救之。"我国与日本，以民族论，本为连理之枝；以地形论，仅隔衣带之水。患难相收，义不容辞。惟善是亲，谁不如我？祺瑞等上维人道，下念邦交，勉竭丝缕之诚，思作缨冠之救，爰集众擎，聿倡斯举，所冀海内同仁共襄义举，岂直指困之谊，腾佳话于鲁周；庶几泛舟之施，续永好于秦晋。谨启。

段祺瑞、吕海寰、赵尔巽、王士珍、严修、梁启超、唐绍仪、冯煦、张勋、张锡銮、周学熙、章炳麟、汪大燮、熊希龄、孙宝琦、张謇、钱能训、梁士诒、朱启钤、李经芳、王克敏、张景惠、李士伟、钱永铭、丁士源、王乃斌、张敬尧、方仁元、罗开榜、段芝贵、屈映光、邓文藻、段永彬、齐耀琳、潘复、王郅隆、吴振麟、刘冠雄、傅良佐、饶汉祥、魏宗瀚、余诚格、陈宧、杨以德、庄璟珂、李经羲、张绍曾、郭同、范国璋、鲍贵卿、张树元、华世奎、王印川、张镇芳、郭宗熙、张英华、谈荔孙、王正廷、张文生、李馨、杨德森、颜惠庆、王廷桢、袁世传、李光启、王占元、李士鈜、汤漪、颜世清、曹锐、章宗祥、姚震、庄仁松、龚心湛、靳云鹏、张凤翙、蔡绍基、李经迈、吴鼎昌、田文烈、言敦源、陈光远、曹汝霖、汪荣宝、曲同丰、倪嗣冲、朱深、卞荫昌、陈文运、齐耀珊、周树模、徐树铮、梁鸿志、孟恩远、李思浩、周作民、阮忠极、施肇曾、张学良、胡筠、曾毓隽、李国杰、陆宗舆、李晋、姚国桢、徐世章。

募集日本急振会启事[①]

敬启者：

此次日本东京横滨一带地震、海啸、火灾同时并发，繁华之地变为泽国，都市之区竟成瓦砾，空前巨灾，从所未见，侨寓华人同罹浩劫。遥闻警电，惋惜实深。现经曹巡阅使及官绅提倡，发起救灾大会，广募捐款，以济危急而笃邦交。本会同人素以救灾恤患惟吾之责，忝在邻邦，更难坐视。爰本缨冠之义，代为将伯之呼。业经开会通过，全体一致赞同。素念台端胞与志大，饥溺愿宏，用特吁恳，慨解义囊，力予赍助，并乞广为劝募，以期集腋成裘，庶几众擎易举，谨为被灾者泥首以请，为施助者颂福无量也。

发起人：李士鉁、范竹斋、李吉甫、郭桐轩、李士铭、叶兰舫、孙俊卿、石鉴泉、周学熙、李士鉴、杨丹忱、黄丹甫、华世奎、王邵廉、陈楚湘、杜幼芝、王宝鑫、冯文煜、郭巨卿、赵聘卿、王廷桢、水钧韶、朱余斋、赵子奇、王占元、杨以德、刘筱斋、王兰生、龚心湛、齐耀珹、金桂山、王治卿、曹锐、金孝悌、吉绍安、张鸿卿、王承斌、赵玉珂、张月丹、纪锦斋、张调辰、姒锡章、张云峰、高聚五、鲍贵卿、祁惺元、胡树屏、张荫棠、陈光远、曹钧、宁紫垣、邹学勤、倪道杰、孙凤藻、杜克臣、魏信臣、严修、刘守荣、王筱舟、暴于周、李馨、卜荫昌、严蕉铭、邓振宇、潘复、卜寿孙、周星北、王君直、章宧琛、王之杰、叶星海、徐朴庵、陆长佑、周寅初、方药雨、萧润波等同启。

---

① 录自《大公报》1923 年 9 月 7 日。

致段执政电①

段执政鉴：

东电敬悉，久病成废，欲从末由，尚希矜谅。严修，支。

长乐李星冶先生寿八十征文启②

李星冶先生，印兆珍，福建长乐人。幼慧，以家贫日事樵薪，必阴雨乃得学。盖所处之境，殆有并断虀画粥而不能得者。同治壬戌夏，北行，依其姊丈黄公谷臣于京师，设帐于同乡郑氏。郑君苏龛，先生高足也。居数年，南旋，以冠军入邑庠。癸酉岁考一等，旋登贤书。

光绪庚辰，以大挑知县分直隶。甲申到省。某观察委榷税，并委监修衙署。答曰："程程浮冒，几成惯例，必实销乃敢应命。"观察默然。天津有书院四，司道轮课，常约襄校，每卷心加点窜，士子悦服。宫玉甫大令宰天津，值县试，邀与衡文，拔林君兆翰第一。逮院试，先生所取前列十八，售者九，而林君又巍然居榜首。学使赞宫大令不置。当校阅时，宫大令见先生旦夕疲劳，谓何自苦乃尔，先生曰："任作何事，不容敷衍，况人才出入乎？"某观察之两公子，

———————

　①　录自《政府公报》1925年1月13日。发电日期为1月4日。1924年10月北京政变后，段祺瑞出任临时政府执政，拟开善后会议，邀请严修参加。此为严修婉拒之电。

　②　录自《大公报》1925年9月24—26日，原分三期连载。

曾受于先生。一日密启曰："某氏求缺于家君,家君为之关说,果得缺。先生盍亦一言乎?"先生正色曰："尊翁果以物为才,则不必言。不才虽言何益?"于是沉滞者十年。

甲午,叙补望都县。县为九省要冲,赋徭俱重。先生检阅通志,知明季以三饷加赋,国初恩诏,凡三饷所加,悉于蠲除,而以望都民归顺较迟,独靳不蠲,故赋重甲全国,而徭繁甲全省。先生言于上官,特疏乞恩,得俞旨减五成,又请每岁津贴差徭三千金。望民议建生祠,先生力阻之。

乙未秋,调理抚宁。去甫数月而祠成。抚宁迩山海关,中日战后,兵匪勾结,萑苻遍地。获五人,置诸法,而盗氛戢。唐县县试罢考,距府试期已近矣。郡守委先生往代理,唐民欢呼迎迓,受篆即开考,经十二日竣事。

蔚州盗炽,廷方伯召先生晋省。谕曰:"若不为我一行,将大乱。"遂委署州事。盗闻先生名,竟相率避去。州有桃花堡,与保安州分辖,保境内劫不已,蔚境内独晏然。先生尝自哂曰:"盗岂与我有素耶?"拳匪兴,捕首要五人惩治之,余匪逃散。

调宣化,时道路梗塞,不能晋省受檄。民教方仇,该县毁教堂三,杀教民二十余。县令陈某不能制,求去甚急。先生曰:"某若为身家计,惟有退避耳。其如全郡人民何?"遂允受任。道府皆新莅郡,同声称谢。陈某则跪谢曰:"此德没齿不能忘也。"众劝寄眷属于乡以避乱。先生曰:"是所谓先去以为民望也,吾耻之。"径入署。越四日,英法意日四国兵三千余,皆以巨炮快枪至,设粮台于城。先生与约各驭兵士,勿扰民,境赖以安。

卸篆回省,请开缺南归。时项城督直,谓曰:"非君则宣化全郡墟矣。我方奏保三人,首朱令家宝,次即齐令耀琳,君何言去也?"

旋送部引见。德宗召见，谕曰："汝以实心行实政，使牧令皆如汝便佳矣。"得旨以知府在任候补，交军机处存记。

未几，委署磁州。立蒙学三百余所。邻河南之安阳，有丰乐桥，长三里余，两境共之，冬则造桥，两邑更迭值年。工料派于民，官贪余润，吏又需索，所费恒在两万金以上。究之实销，不过三千金耳。先生请于制府，如磁州轮值，则由直藩库发三千金，安阳轮值，则由豫库发给，数亦如之。并咨豫抚立案。省委视学至磁，谓闽茶佳，请分惠，意固不在茶也。先生曰："此易耳，但今当避嫌，且待异日。"不欢而去。及擢滦州，郡守亦谓滦鱼美。先生曰："郡城自有贩者。"

滦境辽阔，群盗如毛，劫案岁恒数十起。先生办保甲，令每十家一人，持械守卫。盗不惧捉而惧围，历一载无劫案。某观察督办滦盐，盐员某与州役斗于娼家，诬禀督署州役通匪。查办委员某带勇前往，袒盐员，遇役开枪，伤数人。役愤极，以枪还击，二勇伤焉。役远扬，委员以拒捕禀覆。先生遂解往留缉。项城方入觐旋津，语司道曰："李牧誉满都下，可不俟获犯销案。"未几案亦破获。

先生赴津，坚请假归。项城曰："知君久不乐作缺，差其可乎？"即委行营营务处提调。各州县命盗案之难了者，皆提讯。先生躬自鞫狱，未尝假委员之手，故所上靡不准。项城尝谕臬司曰："李某所定案，勿轻重。"翘拇指示之曰："是精法律，无第二人也。"又令与司道商建审判厅，即委为两厅四局总稽查。因语司道曰："凡谮李某者皆不实，几使我失人。"荐卓异者三，荐循良者三。

丁未春，简授河南汝宁府知府。以郡多土棍，又饬属种树，环城种桑万余株，今皆成围矣。在任四年，察吏极严。郡属县令奉委者，恒逡巡不敢来。来则语之曰："吾无他求，但能不贪，办事认真，斯可矣。事有疑难，不妨来郡面商。"故属吏始惮而终喜。调陈州，为丁陈两巨绅电挽留。

宣统庚戌冬，迁南汝光兵备道。民国二年，任司法筹备处长、内务司长，调京权审计院长，外任安徽省长八年，被选参议院议员，旋引退。卜居于津城，性节俭，不妄费一钱，至资助亲朋，则千金无吝。居津数年，囊橐萧然，而怡然自得。年登八秩，耳目聪明，腰脚强健。书法右军，求者踵接。太史公称李伯阳修道养寿，先生殆其人与！今年八月二十二日为先生八十诞辰，修等谨就所知，缕陈梗概，敬求当代名贤宠锡诗文，以当南山之观。严修、王守恂、李金藻、赵元礼同启。

原附吴寿贤子通注：

按州县为亲民之官，古人三异十奇，光耀史册。今观李公政绩，可谓后先辉映矣。辛亥以后，纲纪荡然，县官出身，大都纨袴市侩之流，凭借军阀以怙权，勾结劣绅以营利，吏治败坏，无可究诘。求如李公者，诚不啻凤毛麟角。此文所叙语语翔实，非寻常谀辞比，且其中恐尚有未能详尽者。仆何幸，与公生同时，客同地，会当属词比事。敬赋韵语，届日跻堂而侑一觞也。子通拜注。

忠告日本撤兵①

日本东京田中内阁，枢密院，贵众两院，各政党，各法团，各新闻社

① 录自《晨报》1927 年 6 月 26 日。题目为整理者所加。新闻原题为《严修等忠告日本撤兵》，原有导语云："日本出兵山东，全国人民已一致反对。前日津名流严修、张绍曾等又代电日本政府及国民，致其忠告。原文如次。"

· 832 ·

转日本国民全体公鉴：

二十世纪以来，世人渐渐趋重公理。世界和平，声腾四宇。贵我两国同种同文，存亡与共，允宜首谋东亚之乐利，进而促世界之昇平。此志此心当为我两国人民所共俱。此次贵国乘我国内战，藉口保护侨民，出兵青岛，深恐由此惹起两国重大误会，酿成世界莫大纷纠，殊令人不胜顾虑者也。

敝国对于保护外侨，迭经各方郑重声明，本诸国际关系，为忠实的履行。民国十四年山东之役，国奉之争，势且逼进济南，贵国侨民固安然无恙也。比年天津方面，烽火时告，战事频仍，贵国侨民固安然无恙也。以今方昔，岂能独异？此关于事实无出兵必要者也。国际平等为列国共认之条文，互相尊重为善邻之原则。贵国此次出兵，于国际平等之精神、互相尊重之意义，未免背驰，殊令人抱莫大之遗恨者也，吾人对之难安缄默。

况自迫结二十一条后，两国感情隔阂日甚，幸赖贵国朝野苦心挽回，始渐融洽。今现内阁就任未久，突然议决派兵，自启反感，数年成绩，轻轻断送。言念及此，何胜惋惜？

今姑舍是不问，当前问题厥为两国军民杂处之关系。倘以实际之不及防，与意志之不相孚，而发生镠轹，酿出事端，纵属误会，谁任其咎？以任意越境而论，自有负责者矣。最近英军□集沪上，此犹为敝国海口所在地也。惟以其背事实无理由，尚不免发生不祥事件。殷鉴不远，能毋惴惧。

处今日国际情势之下，贵我两国，固当为实□之亲善。为东亚前途计，尤非彼此提携不为功。夫此次贵国出兵，是不能不为贵我两国与东亚前途抱无穷之蹙焉。我国再三抗议，迄未得贵政府之毅然猛省，坚令人不能已于言。幸闻贵国朝野有识之士，对此出兵亦多怀隐忧。惟望贵国人民，本诸两国共存共荣之关系，谋真实之亲善，促起贵国政府警省，勒马收缰，弥兹遗憾，俾两国间不致因此发生若何障碍，东亚和平，胥于是赖。用掬诚悃，致是忠告，惟诸君察之。严修、张绍曾、潘守廉、李廷玉、黄庆阶、华世奎、赵元礼、骆育焜、解继勋、刘锡三、王建侯、郭捷三、吕敩泌、王致中、孙振家、牛其昌同启。

天津名流反对跳舞联名函[①]

赞候总长台座：

敬启者，窃维男女授受不亲，防瓜李嫌疑之渐。《关雎》"挚而有别"，为夫妇起化之原。我中华自黄炎而降，称四千年文明之古国，所以高出环球者，惟此礼教垂型，足以振纪纲而维万世。近以欧风东渐，宇内几有统一之机。然其重女轻男，实为天翻地覆。故

---

① 录自《兴华》1927 年第 24 卷第 20 期。原有导语："法租界福禄林饭店开幕以来，即设备跳舞。一般时髦士女沉涌终日，颇有乐而忘返之势。国民饭店亦于日前开设跳舞场，以便与福禄林相抗。一时跳舞之风充溢津门。一般维持礼教者视为有碍风化。昨日有严修等十二人联名致函福禄林及国民饭店，请其实行停止。兹录严修等公致李思浩(李以福禄林大股东)书原文于后。"本函发表后，引起社会较大反响，多有批评之声。其后《大公报》于 1927 年 8 月 9 日发表《我与严范孙先生令孙女之一段话》(作者为严氏姻亲，未署名)，通过严修孙女之口，对严修列名本函的经过有所说明，现摘录于此，以备参考："前些日子，忽然来了一个所谓潘老丈者，至门叩见。祖父接见之下，始悉渠为跳舞事而来。比时祖父即不置可否。缘祖父虽系老官僚，然对于近今文化教育，莫不争先起而提倡，此津人所共知。跳舞既为潮流所趋，更不能持而反对。而潘老丈既亲自出马，又一再敦促，并约定止要祖父名列报端，余可不问。祖父因其(指潘)年近八旬，又于炎日之下造访，殊未便拒之于千里之外。比时心窃计之，设使各饭店能听则固好，否则即可置之。以故口头虽未置可否，然心亦默许之也。最后有言，我(指严)实无成见。"

自由结婚、自由离婚，女子不以再嫁为耻。其身体发肤亦不以亲近男子之身体发肤而羞。

再以跳舞一节而论，于大庭广场中，男女偎抱，旋转蹲踢，两体只隔一丝，而汗液浸淫，热度之射激，其视野合之翻云覆雨，相去几何？此等寡廉鲜耻、伤风败俗之事，真名教所不容、法律所应禁。而外人相沿既久，犹诩文明，鼓掌称奇。比租界中仍蹈苗民跳月之陋习，有心世道者，所望而却步者也。不意天津自福禄林饭庄开设以来，竟有招致外人跳舞之事，始犹借资游观，继则引诱中国青年子女，随波逐澜。使干柴烈火，大启自由之渐，遂开海淫之门，数月以来，已不知良家闺阁，堕落凡几，而国民饭店尤而效之。陷阱日多，坑害愈众，推原祸始，福禄林之股东，适为集矢之的矣。

夫论一视同仁之理，败坏他人之子女，即无异败坏自己之子女。人果坐拥厚资，生财自有大道。揆以君子(货)〔远〕庖厨，函人惟恐伤人之义，开设饭庄，日杀百万生灵以取利，择逐者尚嫌失于残忍，况毁坏名节，伤风败俗，不遭天谴，亦受冥诛。我公或不知内中黑幕，一经揭破，当必不寒而栗。尚望俯采舆论，从速撤去跳舞，以挽狂澜，庶阴德及物，我公之名誉更蒸蒸日上矣。

昏愦妄言，伏惟采纳。除另函国民饭店外，专此顺颂善安。鹄候德音不尽。

王占元、华世奎、杨庆銮、骆育焜、潘守廉、徐世光、孙振家、杨义堃、严修、赵元礼、刘庆汾、黄庆阶公启。

为力请保留学产事致褚玉璞电[①]

褚省长钧鉴:

天津地方教育,自上年九月,县属公产,蒙我公明令,并奉函示,一律保留。迄今文化大兴,万民爱戴,间接于地方治安颇有良好影响。现闻有处分地方寺庙及一切公产之说,其详虽不得与闻,其中关于学产学款者,当必不少。其性质实与官产有别,仍恳钧座始终保全,电饬官产清理处,关于学产学款者悉免处分。俾全县学校四五百处不致停废,学生三万余人不致失学。用副上年函示维护教育之至意,临电曷胜惶迫待命之至。严修、华世奎、赵元礼叩,江(三日)。

褚玉璞覆电

严范孙、华世奎、赵幼梅诸公台鉴:

江电诵悉,诸公热心教育,实获我心。官产中有关于学产学款,自应悉数免予处分,以资维持。除电饬官产处遵照外,特电奉复。

---

① 录自《益世报》1927 年 5 月 21 日,又见于《大公报》1927 年 12 月 9 日。题目为整理者所加。新闻原题为《严修华世奎等力请保留学产》。原报道云:"官产清理处近派员清理河北大寺及海光寺八村公产,致教育界各租户异常惶恐。业经天津耆绅严范孙、华世奎、赵幼梅等电请直褚对于关系学款之公产,始终保全。已经直褚覆电,关于学款之公产,悉数免予处分。阖津人民闻之,莫不额首欢颂。兹将往来电文照录于左。"

天津崇化学会捐启①

　　我国自三代以来,文化之盛虽经时局迁变,而一线绵延,卒未中断。近今议论则以顺世界潮流为职志,聪明才力群注于科学之一途,愆忘既久,荒陋日多。而东西国学人之来游中土者,转能窥见经史大旨,与夫政治民俗根柢所在,谓足以救物质文明之穷。用是,研究东方文化之说一时云起,气机鼓动,莫为而为。同人等以为他人我先,已成事实,及早补救,较易为功。悉心体察,为当今所亟应从事者部类至多,而以训诂学、义理学、掌故学三门实为发扬国学之途径。拟参仿从前宁波辨志文会、上海求志书院成法,延请专门宿儒,按期命题,寄卷分校,并定期讲授经义。俾在校、非在校学人兼习,一听其便。取汉诏"崇乡党之化,以厉贤才"之意,定名"崇化学会"。俟有成效再图推广。开办之始,借天津社会教育办事处为办事地点。

　　惟是办理此举,凡脩脯、奖金与杂项为数不赀,非筹集巨款作为本金,难期持久。用是粗述大要,就商于当代深识远见之君子。如谓可行,请予赞同,并书认捐基本金若干,以示提倡。斯文之幸,亦吾国之光也。专启布陈,惟祈公鉴。

　　发起人:赵俊卿、蔡成勋、周登皞、言敦源、卢靖、杨庆鋆、徐世光、张聘三、倪道杰、赵德珍、杨以俭、胡维域、刘荣、杜克臣、魏信臣、王子青、朱余斋、赵品臣、王仁沛、金钺、卞耀昌、刘嘉琛、高凌

---

　　① 据天津文庙博物馆藏捐启原件整理。

雯、王守恂、华世奎、李金藻、赵元礼、林兆翰、严修。

关于划分天津市区范围的意见①

少轩先生大鉴：

昨接教育会公函，征求市区宜大宜小意见。修于各国市制未曾研究，不敢妄对，惟就浅近之现局言之。天津所以定特别市者，以有人口若干万以上也，当核计人口此数之时，必有所指之区域，则即以此所指之区域为市区大小之范围，似无不可。鄙见如此，还俟公酌。

晋冀察绥赈灾委员会扩大宣传以利劝募函②

本年冀北各省灾情重大，奉国民政府令，特设晋冀察绥赈灾委员会，遵于本月二十七日在首都开会成立，并议决以鼓楼西平仓巷二十七号为会址，即日开始工作，努力进行。维是委员等任重材辁，心殷力绌，伏望海内外各界同志协力赞助，时锡箴规，或以笔舌宣传，或以金钱施与，庶众擎易举，涸辙早苏。敬布愚忱，祗候明教。

---

① 录自《大公报》1928 年 9 月 5 日。
② 录自《大公报》1929 年 1 月 23 日。题目为整理者所加。原报道云："晋冀察绥赈灾委员会委员崔廷献、严修、华世奎、张仲元、张兴汉等，以四省灾情极为重大，拟举行大规模之劝募，以期收效宏大。闻现正筹备一切，并将举行扩大宣传，以利劝募，而谋普遍。该委员会并由全体委员阎锡山、熊希龄、崔廷献、何其巩等三十一人署名，致函各方面云。"

科举文献

乡试朱卷

"子曰雍之言然"

然,贤者辨简之言,圣心有默契焉。盖仲弓言中之意,即夫子意中之言,子能勿许其然乎?且圣门言语之选与政事并重,而有不以言语见者,其言实握乎政事之要,而默契圣心。

言出于文学之科,爱人之心根诸学道。偃之言,蔼然仁者之言也,夫子所以称其是也。言出于德行之科,临民之方要诸居敬。雍之言,粹然儒者之言也,夫子所以许其然也。居敬可,居简不可,不已隐然有合子之意哉?雍言之一若默喻其意,而特为申明也者;一若未喻其意,而举以相质也者。

夫子闻之,有深契焉,曰斯言也,诚知夫帝王功业胥由乾惕而成。得主有常,万幾就理,先劳后逸,百世蒙庥。惟一惟精,其相传为治法者莫不然也,雍之言已探其本也。抑见夫君相经纶率以阔疏而废。时雍之盛,必始钦明,恭己之朝,岂高清净?曰祇曰慎,其递衍为心传者有同然也,雍之言胥会其通也。

此非居敬者不能言也。《诰》言"敬作所",《颂》言"敬日跻",后人诵《诗》读《书》,辄自蹈举典忘经之失。得雍言以为救正,斯渊源遥接,可惩积玩之人心。此在太简者不能言也。《易》言"简易从",《书》言"简临下",后世拘文牵义,于是有破斛漏网之思。得雍言以为阐扬,斯精蕴毕宣,足发未明之经训。雍之言,吾意中言也;雍之言,吾言外意也。昔吾欲言而世未足与言也;今吾未言,而雍不啻代言也。然哉然哉！斯非探原之论也哉？

百年来治具纷更，小民困惫于政刑而不堪终日。阅世者忧心时事，辄欲概从脱略，挽积弊之春秋。意非不厚也，然而其言激矣。夫立说徒快于心，挢枉重虞过正。论治宜权其要，正本即以清源。雍之言婉转相商，何其切而能中乎！所惜者，私门见屈，不获参末议于朝堂。试举斯言以进质当途，或反疑为迂阔也。要之，此论自不磨耳。斯岂无稽之谈也哉？三代上人情朴略，举世相忘于耕凿，而翕然同风。思古者慨想隆规，辄思立致承平，复狉獉之宇宙。愿非不奢也，然而其言虚矣。夫徒逞过高之论，儒生究何益国家；第为尼古之辞，文士或未谙时务。雍之言斟酌尽善，其殆确而可凭乎？所冀者，巨任躬膺，或得附明廷而拜献，则奉斯言以进襄治郅，胡难再睹休嘉也。岂其空谈竟无补与？

本房加批： 气度春容，纡徐卓荦。中幅取裁经义，语语坚确，精切不肤。入后神来气来，能将圣人望治之心曲曲传出，沉郁顿挫，无限深情，令人一读一击节。

"日省月试，既禀称事，所以劝百工也"

程其功而均其食，百工之劝以此矣。盖日月皆有事，省之试之，则勤惰见矣。而即称此以均既禀焉，彼百工犹有不勤者乎？

且人力之勤惰，器用之制作系焉。不考其岁时之业，则惰与勤相间，而物利将穷；不辨其赏赉之差，则勤与惰维均，而人功将怠。夫惟使惰者有所愧，斯惰者亦勤；亦惟使勤者有所歆，斯勤者不惰。稽功绪而均稍食，任工之道得焉矣。

臣言来百工,欲其来必先使之勤也。且夫百工非各习其事,而待食于上者哉!而特患刻核相尚者,法令既苦其烦苛,程督复严其期限,而有司吝出纳,赐予未足以相酬。则是考绩有书,共渥鼎钟之养;而考工有记,莫分升斗之余也。其曷以统审曲面势之伦,而神其鼓舞?而特患故事奉行者,优绌各呈其技艺,考核实等于虚文,而循例溥恩膏,酌剂未权夫至当。则是惰农有罚,犹严出粟之条;而堕工无诛,转窃食功之惠也。又何以胥群萃州处之众,而使之奋兴?先王当日则无虑此。省以日,试以月,稽其事也;既有犒,禀有颁,昭其称也。何其制之详而法之善乎?

盖辨器饬材,人事原与天时并进。故无论涑丝于幌氏,七日之外告成功;析干于弓人,期月之间征备物。而本良窳以衡功过,冬官所以有专书。而先劳后禄,成事亦与致道同功。故无论飨以酒肴,既言生而六牲有赍;颁之禾米,禀言廪而九谷可分。而别上下以示赏诛,槁人所以垂定制。此非冀百工之劝而然也,而所以劝之者,不在是乎?

官府不勤督课,上弛其禁,斯下避其劳;朝廷未沛恩施,我爱其财,斯彼留其力。夫何怪舍业而嬉也?我先王纠核必严,义尽更兼仁至。冬也有令考,则勒其名;夏也有官飨,则书其等。俾知规矩守高曾之业,即身家裕事畜之资,则并力经营,至有念日往月来而憾光阴之促者,尚谁敢自耽暇逸也哉?考课必待经年,愚贱无知,或偷安于旦夕;颁赐苟无定格,莠良杂处,或滥窃夫荣施。安必其相观而善也,我先王鉴衡不爽,意美更见法良。惩玩愒之风,时哉不可失;定巧拙之等,禄以是为差。俾知工有监而必按度程,器有食而各如分量,将殚心勉作,并有对饩牲禀给而愧赍予之丰者,尚孰敢自外生成也哉?此来百工之事也。

本房加批:总契处如兰子奏技,剑影在空;分疏处如兴公作赋,金声掷地。后二情文并茂,推阐无遗。至其捶字琢句,虽极烹炼,而妙造自然,尤为匠心独运。

"伯夷,圣之清者也;伊尹,圣之任者也;柳下惠,圣之和者也"

先定三圣之品,清、任、和有各见者焉。夫夷与尹与惠,其为圣人同也,而或清或任或和,其不同又如此,谓非有各见者乎?尝谓圣无可名,其可名者,大抵非诣之至者也。乃有以为未至而确有独至,以为难名而确有可名,或高其节,或信其才,或服其量。一若圣域之中,特异其境,而限于其境者,遂各因一境以自见焉。要其同而不同者,正其不同而同者耳。有如伯夷、伊尹、柳下惠,其不相似也若彼。意者易地以观,各有皇然逊谢者乎?自吾思之,皆不得不谓之圣也。

圣必有气节,无气节非圣;圣必有功业,无功业非圣;圣必有度量,无度量非圣。就圣之全体以观,则若清与任与和。气节可见圣,气节未足以尽圣;功业可见圣,功业未足以赅圣;度量可见圣,度量未足以统圣。得圣之一端而去,则有若清者任者和者。

今夫寄黄农之慕,其高洁为何如也?行尧舜之道,其抱负为何如也?恋父母之邦,其坦易为何如也?使夷之后更有一清者,终无以过乎夷;使尹之后更有一任者,终无以过乎尹;使惠之后更有一和者,终无以过乎惠。在三人只自率其常,而造诣所归,复乎其不可及也。安得不推而崇之,曰"圣之清者""圣之任者""圣之和者"?使夷为尹之任,夷有所不能;使尹为惠之和,尹有所不能;使惠为夷之清,惠有所不能。在三人本无心求胜,而主名所在,确乎其不可移也。安得不区而别之,曰"圣之清者""圣之任者""圣之和者"?

旧恶不念,有似乎和;一介不取,有似乎清;三黜不去,有似乎任。要之,合全量以为衡,各有造极之端,而莫能相肖。伸大义于新王,清中有任;进嘉言于嗣主,任中有和;存直道于士师,和中有清。要之,举生平以相核,各有独臻之境,而莫能相兼。

或谓伯夷之清如秋之肃,伊尹之任如夏之成,柳下惠之和如春之温;而不必论也。毗阴毗阳,各得其性之所近;斯精深同造,卓然并峙于千秋。或谓夷处腥闻之世,故以清见;尹处革正之世,故以任见;惠处纷争之世,故以和见:而不必然也。刚克柔克,第行其心之所安;斯思勉胥无,坦然各成其一是。

若云乎时,三圣犹非其人也。吾是以愿学孔子也。

本房加批:神光离合,骨节灵通。提顿处聚精会神,参互处绮交绣错。妙在每股各有镇纸之语。戛戛独造,迥不犹人。

赋得"松风含故姿"得"松"字,五言八韵

谡谡晨风起,湖堤万古松。含姿经岁月,炼骨耐秋冬。堑笋标千尺,涛翻盖几重。巢高凉警鹤,干老瘦蟠龙。烟雨支离态,山林冷淡容。神传张璪画,人讶李膺逢。妙得琴中趣,清留物外踪。就瞻尧栋近,解阜荷恩浓。

本房加批:浑成凝练,思笔俱超。

会试朱卷

“知其说者之于天下也，其如示诸斯乎”

说有通于天下者，知固未易言矣。盖非有天下者不能用禘，则知其说者，视天下何如也，而顾敢言知哉？

尝谓仁人孝子之心，其上达乎祖宗者，即下通乎民物者也。动以水源木本之思，巨典攸崇，不过反所自始。证以合漠通微之志，人情不远，岂能忘所由生？迄今考闲祀之文，溯明禋之典，所谓合万国而事先王者，惜不得起制礼之圣人一为讲述耳。

禘，吾不知，岂无其说哉？今夫禘曰“大祭”，典至重也；禘曰“追享”，义至精也。世有知其说者乎？古圣人体天立极，禘之制并重于郊。朝践用大尊，再献用山尊，数典者类能详其故实，而摭拾礼文之末，初何关孝思锡类之原？古圣王崇德报功，禘之礼并行于祫，审之为二名，合之为一事，释经者亦各守夫师承，而拘牵考据之繁，亦安识祀事教民之本？甚矣，其说之难也！

且夫祭之有禘，有天下者用之也；禘之有说，亦必有天下者知之也。谁欤知其说者？有虞禘轩辕，实创千秋之祭统，想当日明堂议礼，默参奏假之征，而遂遂陶陶，即以一薄海之人心而同深爱悫，挥弦而歌之日，天下措之裕如矣。我周禘帝喾，犹沿七庙之成规，想当日祖庙肇禋，洞见幽明之理，而愉愉勿勿，即以普大同之孝治而无闲遐荒，垂拱而治之年，天下视之瞭如矣。子亦思知其说者，其于天下何如乎？

"三颂"多祭先之乐,而《商》则曰"四海来假",《周》则曰"百辟其刑",知境内犹是庙中,此理固无忧扞格耳。假令世生圣哲,缅前王而深报本之诚,将合德合明已握平成之要,教孝教敬默操转运之枢,又何待讲让型仁,纳斯民胥遵规范也?彼邑士尊祢,大夫尊祖,能如是之笃近举远也乎!"六官"本致治之书,而祀礼则董于司徒,名物则辨于宗伯,知民和斯能神享,此义固无俟旁求耳。假令躬际承平,入太庙而睹裸将之盛,将聪明宣元后,旷典特举于五年,爰敬深孝孙,至情咸孚乎万类,又何事问礼访乐,使儒生徒切纂修也?虽吉祭有法,时享有经,能如是之提纲挈要也乎!

其如示诸斯乎?甚矣,禘之说通于天下者也!吾何敢知焉!

本房加批:义精语确,落墨迥异恒蹊,足征学有根柢。

"文理密察,足以有别也"

更言至圣之知,又见其能有别矣。夫文理密察,知之事也。至圣能之,不又见其有别乎?尝观圣人在上,操衡鉴之明,以旌别天下,章章乎若烛照而数计焉,此岂有异术哉?刻核之为,盛朝不用;宣聪之主,明哲独神。焕然其有章也,秩然其不紊也,缜然其无间也,灼然其毕照也。夫是以知微知彰,亦克明克类已。有执有容有敬,仁义礼之德如此。《易》曰:"君子以辨上下定民志。"然则临天下者,不尤贵乎有别哉?则试进言至圣之知。

后世多综核之才,何尝不自矜明辨,然而斫雕为朴,苟简者非;凌节而施,纷更者杂。而况疏略易滋夫丛脞,模棱易蔽于纤微。其何以统万理之精深,而权衡不爽?哲后擅神灵之号,初未尝自炫才华,然而发外本积中,光辉有耀;同条斯共贯,纲纪无忒。而且政不以补苴为能,治不以包荒相尚。夫何难合两间之蕃变,而剖决独精!

今夫礼明乐备者,圣人之大文也;玉振金声者,圣人之条理也。纲举而目张者,百密无一疏也;藏往而知来者,察伦先明物也。知之事也,即圣之事也。以云有别,奚不足者?

盖其本清明之志气,躬揽万幾而观文以成化,通理以宅中,藏密以洗心,好察以扬善,早裕其知于一物未交之先。因而仰作睹之神灵,德兼四美而文贯夫经纬,理赅夫始终,密基夫夙夜,察极夫上下,更精其知于万感纷乘之会。

条教号令,文也而非文;法术刑名,理也而非理。推之执禁网以相拘,密失之过;恃钩距以为术,察近于苛。所谓有别者,不受万物之欺,而非饰一人之知也。道德发其华,更能平斯世泯棼之衅;隐微弥其缺,并能杜举朝欺饰之萌。纵使事物未形,而好恶妍媸,洞然早存夫真鉴,不愈觇智略之宏哉!文焉而不密,菁华太泄,缺略恒多;理焉而不察,坚僻自持,弊端已伏。且也有文无理,纷饰者因而藉口;既密不察,险健者缘以为奸。所谓有别者,分验之不狃一偏,合观之而早储全量也。仪占炳蔚,即征治象之彬彬;志异阔疏,讵受物情之汶汶。纵使变端百出,而是非臧否,皎然不惑于当几,不益见识量之远哉!

知之德又如此,非天下至圣,其孰能与于斯?

本房加批:通体总发,力厚思沉,用笔亦落落大方。

"其事则齐桓晋文,其文则史"

事与文之相沿者,可以考未修之《春秋》焉。夫齐桓晋文,已降于王,文成于史,又何关王迹也?未修之《春秋》盖如此。

今使宗邦旧典,足征王室之声灵;故府藏书,犹有名贤之著作,岂非后人所快睹哉!乃大书方、小书策,赴告者侈语伯图;而左记动、右记言,执简者第循成法。尊攘著其绩,纂述传其词。初不问出自何人,而比事属辞,当日亦仅同草创耳。鲁之《春秋》何以同于晋楚哉!

且夫鲁之《春秋》与今之所传正有异也。则试考其事,则试绎其文。三代之策书,其事皆系于天子,而列爵分土,在当时并不敢议封建之非。乃世变愈奇,列国之强侯辄擅专夫征讨。居今日而谈会盟之举,称道未绝于人间。前王之谟烈,其文备载于《尚书》,而起例发凡,在中古即已有编年之体。故专家所习,一朝之掌故犹深赖其网罗。入宗邦而搜典籍之遗,体制尚沿乎柱下。事何如事?则齐桓晋文而已矣。文何如文?则史而已矣。

车攻马同,晚近无兹盛轨,而简编所述,惟举搂伐以相夸。焚舟识秦伯之强,问鼎见楚氛之恶,其相率为桓文者有何多也!举两人以概其余,斯读未终篇,已了然于全书之大略。周任、史佚,叔季少此传人,而记载所收,又慨见闻之互异。古说沿"郭公"之误,旧闻滋"夏五"之疑,其可据为信史者正无几也!造盟府而征其实,虽书缺有间,难归咎于载笔之专官。

论不讨之例,三王以后皆罪人;假攘狄之名,五伯之中谁作俑?知人论世,有鄙其事而不道者矣。然而二百四十年世风日降,别无足以增志乘之光。而越境勤王,桓文犹差强人意。安知纂言记事,千载后不侈为美谈也？则其事亦何能尽泯也哉！上古无可议之政，故论史无其书；后世多内讳之私，故作史难其选。抚今思昔，有慨其文之无征者矣。然而一十五国中断简难稽，别无足以广搜罗之助。而此邦秉礼，太史犹世守其官。安知考献征文，百世下不据为典要也？则其文亦何可厚非也哉？

惜乎，其无义也！是以孔子更修之也。

本房加批：熔经铸史，笔具炉锤，非寝馈于名家者莫办。

赋得"花开鸟鸣晨"得"晨"字，五言八韵

梅雨前宵歇，天开物候新。名花方吐艳，好鸟又鸣晨。药圃寻芳早，蕉窗唤曙频。暖霞飞蝶路，晓露听莺人。簇簇舒英际，喈喈布谷辰。林园初映日，香韵总宜春。清赏时凭槛，闲游偶脱巾。鸳班勤侍直，摛藻荷陶甄。

本房加批：清丽芊绵。

黔轺纪题

纪题上（自安顺岁考至思州科考）

光绪二十一年二月初六日，到安顺棚

二月初九日，生、童经古题，并补考题

生题："司马迁有良史材"赋以"亦其涉猎者广博"为韵◎赋得"左

昈澄江湘"得"澄"字,五言八韵◎"格物"解◎释"士"◎"科举之士不患妨功"论◎"孔明庶几礼乐"论◎拟张茂先《励志诗》

童题:"三十而五经立"赋以"用日少而畜多"为韵,"畜"与"蓄"同◎赋得"南中气候暖"得"南"字,五言六韵◎余与生题同

补考题:"立于礼"◎"庶绩咸熙"◎赋得"学校如林"得"林"字,五言六韵◎圣谕:"盖礼为天地之经"至"风俗之原也"◎二次:"经正则庶民兴"◎三次:"士何事"二、三次作半篇,经、诗免

二月初十日,文生岁考题

"其为气也配义与道无是馁也"◎"正直而静廉而谦者宜歌风"◎赋得"匡说诗解人颐"得"匡"字,五言六韵◎圣谕:"盖以士为四民之首"至"如是斯可以为士"

二月十一日,生、童覆经古题

生题:"汉武帝建藏书之策"赋以"是时上方乡文学"为韵,"臧"同"藏","乡"读曰"向"◎赋得"张良借箸"得"箸"字,五言八韵

童题:"子房取履"赋以"孺子可教矣"为韵◎赋得"讲论六艺"得"儒"字,五言六韵,"论"平声

二月十二日,文童岁考题

安顺:"人人亲其亲";镇宁:"无不知爱其亲也";永宁:"不可以不事亲"◎次题:张仪◎赋得"流观山海图"得"图"字,五言六韵

二月十三日,一等文生覆试题

"人有不为也而后可以有为"◎赋得"实事求是"得"求"字,五言八韵

二月十四日,文童岁考题

清镇:"曰不可""王好战"节;安平:"曰不可""万室之国"节;普定:"曰否""自为之与"句下;郎岱:"曰否""毁瓦画墁"节◎次题:"王

曰已之"◎赋得"殚见洽闻"得"庭"字,五言六韵,"殚"平声

二月十五日,考教题

"君子喻于义"◎赋得"正谊明道"得"明"字,五言八韵

二月十六日,文童面试题

府属、镇宁、永宁三属同题,先默经:《书·皋陶谟》篇随意默一节;《诗》"抑抑威仪"篇随意默一章◎文题:"教以人伦"起讲、讲下

清镇、安平、普定、郎岱四属同题,先默经:《诗》"氓之蚩蚩"篇随意默一章◎文题:"学者亦必以规矩"起讲、领题

二月二十四日,文童覆试题

"必也使无讼乎"◎赋得"委怀在琴书"得"书"字,五言六韵

二月二十五日,文童补覆试题

"学如不及"◎赋得"池塘生春草"得"春"字,五言六韵

三月初七日,到兴义棚

三月初八日,生、童经古题,并文生补考题

生题:拟陆士衡《文赋》不限韵,赋顶格写◎赋得"著论准过秦"得"秦"字,五言八韵◎释"孝"◎"旅酬"解◎"有耻则可教"论◎石奋韦贤论

童题:拟谢希逸《月赋》不限韵,赋顶格写◎赋得"循彼南陔"得"南"字,五言六韵◎余与生题同

幼童题:"春草碧色"赋以题为韵◎赋得"且还读我书"得"书"字,五言六韵

补考题:"隐居以求其志"◎"礼闻来学不闻往教"◎赋得"山水含清晖"得"清"字,五言六韵◎圣谕:"夫礼之节文"至"不待外求而得者"◎二次:"好仁者无以尚之"作半篇◎三次:"无所往而不为义

也”作小讲

三月初九日,文生岁考题

“无恒产而有恒心者惟士为能”◎“礼乐不可斯须去身”◎赋得
“志士多苦心”得“心”字,五言六韵◎圣谕:“书曰以亲九族”至“必以
睦族为重也”

三月初十日,生、童覆古试题

生古学:拟司马长卿《喻巴蜀檄》◎贾谊、董仲舒论

生经学:顾氏《诗本音》书后

童古学:“项庄舞剑”赋以“意常在沛公也”为韵

三月十二日,文生覆试题

“此谓物格此谓知之至也”补传◎赋得“大厦须异材”得“须”字,
五言八韵

三月十三日,文童岁考题

府属:“所以自为”;普安县:“忧之如何”;安南:“如恶之”;贞
丰:“如耻之”“莫如为仁”句下;兴义县:“而自谓不能者”;普安厅:
“是尚为能充其类也乎”◎“子生三年”◎赋得“但愿桑麻成”得“蚕”
字,五言六韵

三月十四日,考教题

“教不倦仁也”◎赋得“远闻佳士辄心许”得“心”字,五言八韵

三月十五日,续补生员欠考题

“友直”◎“春日迟迟”◎赋得“汉书下酒”得“书”字◎圣谕:“诚
使一姓之中”至“岂不美哉”◎二次:“友谅”◎三次:“友多闻”二、三
次均作小讲,经、诗免

三月十六日,面试题

府属、普安县、安南县三属同题,先默经:《康诰》随意默一章◎

"康诰曰"作两后比,不满百字不阅

　　贞丰州、兴义县、普安厅三属同题,先默经:《诗·云汉》篇随意默一章◎"云汉之诗曰"作两后比,不满百字不阅

三月二十四日,文童覆试题

"躬行君子"◎赋得"饭稻羹鱼"得"鱼"字,五言六韵

四月十二日,到大定棚

四月十四日,生、童经古题,并生员补考题

生题:"大瀛海"赋以"乃有大瀛海环其外"为韵◎赋得"文轸薄桂海"得"文"字,五言八韵◎"学者先要会疑"论◎"荀子才高,扬雄才短"论◎《聘礼》"每门每曲揖"解◎释"闻"◎凉风台、桃源洞七古,不限韵

童题:"雄文似相如"赋以"相如子云同工异曲"为韵◎赋得"弹冠俟知己"得"冠"字,五言六韵◎余与生题同

补考题:"信而好古"◎"万物睽而其事类也"◎赋得"怀抱观古今"得"观"字,五言六韵◎《圣谕》:"书曰谦受益"至"礼让之有得而无失也如此"◎二次:"敏而好学"◎三次:"好古敏以求之者也"二、三次作起讲

四月十五日,文生岁考题

"有礼者敬人"◎"威如之吉反身之谓也"◎赋得"节慕原尝"得"豪"字,五言六韵◎《圣谕》:"为士者"至"进为有用之才"

四月十六日,生、童覆古试题

生题:"司马迁奉使西征巴蜀以南"赋以"于是迁仕为郎中"为韵◎拟崔子玉《座右铭》◎"敬胜百邪"论◎"学颜子之所学"论

童题:"麦垄多秀色"赋以题为韵◎余与生题同

四月十八日,大定、威宁、毕节文童岁考题

大定:"何以言之""小弁"章;威宁:"非是之谓也""咸丘蒙"章;毕节:"彼有取尔也""墨者夷之"章◎次题:"虽有不同,则地有肥硗,雨露之养,人事之不齐也"◎赋得"群公祖二疏"得"疏"字,五言六韵,张景阳《咏史诗》

幼童次题:"无欲速"◎赋得"绕屋树扶疏"得"疏"字,五言六韵

四月十九日,一等文生覆试题

"孟子曰有天爵者"一章◎赋得"萧曹魏邴"得"朝"字,五言八韵

四月二十日,平远、黔西、水城文童岁考题

平远:"恭也""敢问交际"章;黔西:"众也""行之而不著焉"章;水城:"仁也""人皆有所不忍"章◎次题:"亦有仁义而已矣"◎赋得"退想管乐"得"明"字,五言六韵,袁彦伯《三国名臣序赞》

四月二十一日,考教题

"其子弟从之则孝弟忠信"◎赋得"漱六艺之芳润"得"文"字,五言八韵

四月二十二日,大定、威宁、毕节文童面试题

"足食足兵"作全篇

四月二十四日,平远、黔西、水城文童面试题

"不忮不求"作全篇

五月初九日,文童覆试题

"其为人也孝弟"◎赋得"文选楼"得"楼"字,五言六韵

五月初十日,文童补覆试题

"孝弟而已矣"◎赋得"经明行修"得"修"字,五言六韵

五月十八日,到遵义棚

五月二十日,生、童经古题,并生员补考题

生题:"晏婴荐田穰苴"赋以"文能附众武能威敌"为韵◎赋得"跨蹑犍牂"得"都"字,五言八韵◎释"谷"◎"疏材"考◎"文中子极有格言"论◎"胡安定置治道斋"论

童题:"萧何进言韩信"赋以"语在淮阴侯事中"为韵◎赋得"邛竹缘岭"得"都"字,五言六韵◎余与生题同

补考题:"安而后能虑"◎"我田既臧农夫之庆"◎赋得"诗书敦宿好"得"书"字,五言六韵◎《圣谕》:"至于爱亲敬长之念"至"自鲜矣"◎二次:"明辨之"作半篇◎三次:"笃行之"作起讲

五月二十一日,绥阳、正安、仁怀县、仁怀厅文童岁考题

绥阳:"我""亦欲正人心"句;正安:"人""亦孰不欲富贵"句;仁怀县:"女""子谓伯鱼"章;仁怀厅:"彼""所谓豪杰之士也"句◎次题:"其谁也"◎赋得"激涧代汲井"得"园"字,五言六韵

五月二十二日,遵义县、桐梓县文童岁考题二属同题

"人之有道也饱食暖衣逸居而无教则近于禽兽圣人有忧之使契为司徒教以人伦父子有亲君臣有义夫妇有别长幼有序朋友有信"◎"事父母能竭其力"◎赋得"文成作师"得"师"字,五言六韵

五月二十四日,生、童覆古试题

生题:拟扬雄《解嘲》并序拟其体不妨变其意,亦藉以觇凤抱也,不能作者即以此题为赋题,不限韵,愈长愈妙◎诗免

童题:"石庆数为马"赋以"以孝谨闻乎郡国"为韵◎赋得"山不让尘"得"尘"字,五言六韵

五月二十五日,绥阳、正安、仁怀县、仁怀厅文童面试题

默写正场首艺破、承、起讲◎默经:《书·无逸》随意默一节◎文题:"汤有天下选于众举伊尹"起讲、后比,不满百字不阅

五月二十六日,文生岁考题

"知好色则慕少艾有妻子则慕妻子仕则慕君不得于君则热中大孝终身慕父母"◎"水流湿火就燥"◎赋得"志洁行廉"得"平"字,五言六韵,《史记·屈原传》◎圣谕:"夫身之所习"至"相须而成也"

五月二十七日,遵义县、桐梓县文童面试题

先默正场首艺破、承题,不写题,自首行顶格写◎次默经:《诗·七月》随意默一章◎"夫子焉不学而亦何常师之有"领题、后比,两比不满百五十字不阅

闰五月初七日,文生覆试题

"万章问孔子在陈"全章无庸写全题◎赋得"怀抱观古今"得"书"字,五言八韵

闰五月初九日,考教题

"孟子曰仁言不如仁声之入人深也"一章◎赋得"相与观所尚"得"观"字,五言八韵

闰五月十一日,文童覆试题

"躬行君子"◎赋得"农服先畴"得"畴"字,五言六韵

闰五月十二日,文童补覆试题

"抑为之不厌"◎赋得"岩下云方合"得"云"字,五言六韵

闰五月十八日,到省考贵阳棚

闰五月二十一日,生、童经古题,并生员补考题

生题:黔赋不限韵,仿《文选》都京诸作◎赋得"端蒙协洽"得"年"字,五言八韵◎"买者各从其抵"解◎释"闰"◎"汉大纲正唐万目举"论◎"胡安定置治道斋"论◎《春秋繁露·求雨篇》书后◎《樗蚕谱》书后◎黔灵山七古,不限韵

童题:"书马者与尾而五"赋以题字为韵◎赋得"红粒贵瑶琼"得"琼"字,五言六韵◎《汉书·石奋传》与《史记》文小异◎余与生题同

算学题:三人合钞一书,甲钞二之一,乙钞四之一,丙钞五之一,尚缺五百字。问:全书字数及三人所钞字数各几何?◎战兵百人,守兵百人,岁饷银六千两;战兵五十人,守兵百七十五人,岁饷亦六千两。问:战兵、守兵每人各月饷若干?岁以十二月为准。◎弦三十九尺,勾股和五十一尺,求勾、股?不用本术。或四元或借或代,各如所习之法求之。◎今有代数式 天四 | 四天二 === 一一七,求天之同数?

补考:"好学近乎知"◎"我取其陈食我农人"◎赋得"讲艺立言"得"言"字,五言六韵◎圣谕:"古者家有塾"至"使之归于一致也"◎二次:"力行近乎仁"作小讲

闰五月二十二日,文童岁考题

府属:"颜渊""具体"句上;定番:"曾子""师也"句;广顺:"子思""友士何如"下;贵筑:"孟子"篇首;修文:"子路""人告之以有过"句;开州:"冉有""问闻斯行诸"句;龙里:"言游""过矣"句;贵定:"子夏""云何"句◎次题:"亦类也"◎赋得"桃笙象簟"得"都"字,五言六韵

闰五月二十三日,生、童覆古题

生题:论文连珠少则十首,能多愈妙◎广王兰泉《经义制事异同论》◎黔中竹枝词不拘首数

童经:"君子以非礼弗履"

童诗赋:巢经巢赋不限韵◎赋得"嘉木树庭"得"嘉"字,五言八韵

算学:国朝言算之书无法不备,剖微导窾,允惠来今。然其尤精确者,或散见本集,或分入丛书,初学入门骤难遍购。近日《中西大成》之刻可谓善矣,然时有删易,或失旧观。鄙意尝欲就名家撰

著，或采全书，或摘数卷，若勿庵之《方程论》、秋纫之《四元解》，项订六术、吴翼九章、李说开方、曾详对数，以及《勾股演代》《微积溯源》。他若此者，可以例举图说，壹仍其故。篇第以序相从，录辑一编，或亦学计者之一助。尔生、童聱习有年，涉猎较广，备列其目，著之于篇，仍仿《提要》之例，各系数语以申厥恉。

闰五月二十四日，文生岁考题

"口之于味也"五句，"性也"上◎"曲礼曰"◎赋得"司马迁《报任少卿书》"得"书"字，五言六韵◎圣谕："昔胡瑗为教授"至"化民成俗计也"

闰五月二十五日，定番、广顺、修文、开州、贵定五属面试同题

先默正场破、承◎次默经：《诗·东山》第二章◎"颂其诗"三句，写全题，领题、后比，不满百五十字不阅

闰五月二十六日，考教题

"子曰有教无类"◎赋得"一片冰心在玉壶"得"心"字，五言八韵

闰五月二十七日，贵阳、贵筑、龙里三属面试题

先默正场破、承◎贵阳："游于艺"；贵筑："书同文"；龙里："辞达而已矣"均作后比

闰五月二十八日，文生覆试题

"闲尝窃取程子之意以补之"◎赋得"李固遗黄琼书"得"书"字，五言八韵

六月初十日，文童覆试题

"亲亲仁也"◎赋得"云聚岫如复"得"云"字，五言六韵

六月十一日，补覆文童题

"宗族称孝焉"◎赋得"游鱼动圆波"得"圆"字，五言六韵

九月初二日,到平越棚

九月初四日,文生经古题

"刘歆让太常博士书"赋以"辞刚义辨文移之首"为韵◎赋得"网罗旧闻"得"罗"字①,五言八韵◎"终风"解◎"有实其猗"解◎汲黯论◎"以明道希文自期待"论◎诸葛铜鼓七古,不限韵

九月初五日,文童经古题,并补考题

"网罗旧闻"赋以"述往事思来者"为韵◎赋得"刘歆让太常博士书"得"歆"字,五言六韵◎"有秩斯祜"解◎"万福来求"解◎"论学便要明理"论◎"第五伦自谓有私"论

补考:"举贤才"◎"抑抑威仪维德之隅"◎赋得"神仙排云出"得"仙"字,五言六韵◎圣谕:"然学校之设"至"所系顾不重哉"◎二次:"焉知贤才而举之"作半篇

九月初六日,文童岁考题

平越:"若此其未远也";瓮安"若是其甚与";余庆:"不为不多矣";湄潭:"如彼其久也"◎"父母爱之喜而不忘"◎赋得"义分明于霜"得"明"字,五言六韵,"分"去声。袁淑诗:"义分明于霜,信行直如弦。"

九月初七日,生、童覆古题

生题:"马工枚速"赋以"人之禀才迟速异分"为韵,"分"去声◎诗仍用前场题而改作之

童题:"秀揽藜莪"赋以"即堂额以为题"为韵◎赋得"出师表"得"侯"字,五言六韵

九月初八日,文生岁考题

"夫泚也非为人泚中心达于面目"◎"百姓归之名谓之君子之

---

① 日记作得"闻"字。

子是使其亲为君子也"◎赋得"腹心良平"得"心"字,五言六韵。《汉书·高帝纪赞》:"爪牙信布,腹心良平。"◎圣谕:"且庭训素娴"至"与有荣焉"

九月初九日,岁考文童面试题

平越、余庆:"士志于道";瓮安、湄潭:"不贰过"均作小讲,免破、承

九月初十日,考教题,并考优生题

"夫子循然善诱人"◎赋得"说士甘于肉"得"甘"字,五言八韵

优题:士说不拘字数

九月十一日,岁考文生覆试题

"子曰富而可求也"一章◎赋得"爪牙信布"得"牙"字,五言八韵

九月十二日,文生科考题

"天下之生久矣一治一乱"◎问:历代舟师之制◎赋得"贾谊陈政事疏"得"安"字,五言八韵,"疏"去声◎默经:"傧尔笾豆"至"亶其然乎"◎圣谕:"书曰以亲九族"至"必以睦族为重也"

九月十四日,文童科考题

平越:"父在观其志";瓮安:"亲爱之而已矣";余庆:"非其友不友";湄潭:"远之事君"◎"将以复进也"◎赋得"圣主得贤臣颂"得"襃"字,五言六韵,"襃"入豪韵

九月十五日,科考文生覆试题

"孟子曰鱼我所欲也"一章无庸写全题◎赋得"李斯《谏逐客书》"得"斯"字,五言八韵

九月十七日,科考文童面试题

平越:"好古敏以求之者也";瓮安:"愿无伐善";余庆:"不患莫己知";湄潭:"多闻择其善者而从之"均作小讲,免破、承

九月十八日,选拔头场题

"子曰岁寒然后知松柏之后雕也"◎"父母俱存兄弟无故一乐也仰不愧于天俯不怍于人二乐也"◎"敷时绎思"解

九月二十日,选拔二场题

问:贾谊《陈政事疏》切中时弊,果一一可见诸施行否?◎李广程不识论◎赋得"束广微《补亡诗》"得"笙"字,五言八韵

九月二十九日,岁、科文童覆试题

"去利怀仁义以相接也"◎赋得"无愿为世儒"得"通"字,五言六韵

十月初一日,文童补覆题

"放于利而行多怨"◎赋得"大国多良材"得"良"字,五言六韵

十月初七日,到镇远棚

十月初十日,文生经古题,并补考题

"太史公适鲁观夫子庙堂车服礼器"赋以"祗回留之不能去"为韵,"祗"平声◎赋得"山行即桥"得"山"字,五言八韵。"桥"平声。徐广曰:"一作樏。樏,直辕车也。"◎《礼运》"选贤与能"解◎《孟子》"性无善无不善"章讲义◎"敦笃虚静者仁之本"论◎"陶侃励志勤力"论◎镇雄关七古,不限韵

补考:"生亦我所欲也"◎"南山有台北山有莱"◎赋得"奚斯颂鲁"得"诗"字,五言六韵◎圣谕:"即至山泽园圃之利"至"而衣食之源溥矣"◎二次:"义亦我所欲也"作小讲

十月十一日,文童经古题

"太史试学童能讽书九千字以上乃得为史"赋以"语在汉书艺文志"为韵◎赋得"孝友光明"得"雍"字,五言六韵◎"无相犹矣"解◎

"《七月》陈王业"说◎"曾点漆雕开已见大意"论◎"大禹惜寸阴"论◎漏日岩七古,不限韵◎铁山、铁溪七绝二首,不限韵

十月十二日,文生岁考题

"由君子观之则人之所以求富贵利达者其妻妾不羞也而不相泣者几希矣"◎"子云父母在不称老言孝不言慈闺门之内戏而不叹君子以坊民民犹薄于孝而厚于慈"◎赋得"歌虞颂鲁"得"稽"字,五言六韵◎圣谕:"夫好善"至"蒙稚之年乎"

十月十三日,生、童覆古题

生题:"张怀庆好偷窃名士文章"赋以"士习不端于文见之"为韵◎诗免

童题:"毋剿说"赋以题为韵◎赋得"说文解字"得"文"字,五言六韵

十月十四日,文童岁考题

府属:"书曰天降下民";施秉:"诗云不愆不忘";镇远县:"诗云经始灵台";天柱:"礼曰父召无诺";黄平:"礼曰诸侯耕助"◎"博学而详说之"◎赋得"文章则司马迁相如"得"章"字,五言六韵

十月十五日,岁考文生覆试题

"谦尊而光卑而不可逾"◎赋得"灌园粥蔬"得"居"字,五言八韵

十月十六日,考教题,并续补欠考题

"修其孝悌忠信"至"以挞秦楚之坚甲利兵矣"◎赋得"师道立则善人多"得"师"字,五言八韵

补考:"仁以为己任"◎"礼从宜"◎赋得"下马饮君酒"得"之"字,五言六韵◎圣谕:"人生十年曰幼学"至"莫切于此"◎二次:"其行己也恭"作小讲

十月十七日,考优题

论读书之要先总叙大意,次就性之所近,各拟一读书课程◎论西学之

用与用之之法此在今日为当务之急,有志用世者不可不一留意,彼极口痛诋者,皆不知世变者也

十月十八日,岁考文童面试题

府属:"民惟恐王之不好勇也";黄平:"古之人未尝不欲仕也";施秉:"非国之灾也";镇远县:"故能乐也";天柱:"固将朝也"均作小讲①

十月十九日,文生科考题

"禹思天下"◎问:自唐至明兵制得失◎赋得"陆詟水栗"得"宾"字,五言八韵◎默经:"父兮生我"至"昊天罔极"◎圣谕:"若簧宫之中"至"所当共由也"

十月二十日,文童科考题

府属:"君之视臣""如手足"句;施秉:"父子之间";县署:"夫妇之愚";天柱:"子之兄弟";黄平:"求与之友"◎"作之师"◎赋得"人伦寔始"得"初"字,五言六韵

十月二十三日,科生覆试题

"作之师"◎赋得"人伦寔始"得"初"字,五言六韵②

十月二十四日,科童面试题

府属、黄平州二属同题:"其使民也义";施秉县、镇远县、天柱县三属同题:"舜有臣五人而天下治"作小讲,免破、承

十月二十五日,选拔首场题

"子曰性"◎"古之人未尝不欲仕也又恶不由其道不由其道而往者与钻穴隙之类也"◎《仪礼》"缁布冠缺项"解

---

① 日记此处注:"限四刻。"
② 日记此处云:"以童题为生题。"

十月二十七日，选拔二场题

问：赵充国陈"屯田十二便"，能申其义否？诸葛亮之军渭南也，分兵屯田，饷以不匮。明张溥称其以周公之法寓于管子之令，能畅其说否？寓兵于农，古之良法，虽至愚人亦知其利。然唐之府兵有废而莫举，宋之营田屡议而不行，兵农一分而不可复合者，其故何也？◎曹参论◎赋得"饭稻羹鱼"得"羹"字，五言八韵

十一月初八日，文童覆试题

"亲亲则诸父昆弟不怨"◎赋得"孝弟力田"得"田"字，五言六韵

十一月初十日，补覆文童题

"疑思问"◎赋得"山明望松雪"得"明"字，五言六韵

十一月十五日，到石阡棚

十一月十八日，生、童经古题，并补考题

生题："董仲舒不治产业"赋以"以修学著书为事"为韵◎赋得"蔚若相如"得"英"字，五言八韵◎"厥民隩"解◎"敛弛之联事"解◎"学者不可不通世务"论◎"汉之治过于唐"论

童题："士食旧德之名氏"赋以"家承百年之业"为韵◎赋得"寒卉冬馥"得"寒"字，五言六韵◎余与生题同

补考："无友不如己者"◎"平章百姓"◎赋得"白云抱幽石"得"云"字，五言六韵◎圣谕："夫身之所习"至"相须而成也"◎二次："举善而教不能则劝"作小讲

十一月十九日，文生岁考题

"苟为不畜终身不得"◎"夫然故隐其学而疾其师苦其难而不知其益也虽终其业其去之必速"◎赋得"舄卤可腴"得"腴"字，五言六韵。《文选》三十六《永明九年策秀才文》："若爱井开制，惧惊扰愚民，舄卤可

腴,恐时无史白。"◎圣谕:"如事父母"至"不待外求而得者也"

十一月二十日,覆经古题

生题:"同巷相从夜绩"赋以"同巧拙而合习俗也"为韵◎赋得"还庐树桑"得"还"字,五言八韵。师古曰:"还,绕也。"◎"辞欲巧"解◎"坎律铨也"解①◎"毛苌董仲舒最得圣贤之意"论◎卫青霍去病论

童题:"司马迁年十岁诵古文"赋以"太史公有子曰迁"为韵◎赋得"讲业齐鲁之都"得"迁"字,五言六韵

十一月二十一日,文童岁考题

府属:"是尧而已矣";龙泉:"如舜而已矣"◎"尧舜之仁"◎赋得"苞笋抽节"得"抽"字,五言六韵

十一月二十二日,岁考文生覆试题

"陈代曰"三章无庸写全题◎赋得"灌畦鬻蔬"得"陶"字,五言八韵

十一月二十三日,续补欠考题

考优:拟韩文公《进学解》◎拟曾文正《忮求诗》◎胡文忠《论清贵州插花境事宜》书后◎《輶轩语》跋②

补题:"仁义而已矣"◎"知不足然后能自反也"◎赋得"春华与秋实"得"臣"字,五言六韵◎圣谕:"如事父母"至"不待外求而得者也"◎二次:"亦有仁义而已矣"作小讲

十一月二十四日,岁童面试题

"百里奚不谏知虞公之不可谏"作小讲、领题,免破、承

十一月二十五日,科生正场题

"孟子谓齐宣王曰王之臣"全章◎策题:问:明代学校之制◎赋得"汉武帝《贤良诏》"得"良"字,五言八韵◎默经:"日宣三德"至"庶

---

① "解"字据日记补。
② 《纪题》未录考优题,据日记补。

绩其凝"◎圣谕:"树桑养蚕"至"树桑一也"

十一月二十六日,科童正场题

府属:"仁者以其所爱";龙泉:"贤者以其昭昭"◎"人恒过"◎赋得"高志局四海"得"高"字,五言六韵

十一月二十七日,考教题

"立于礼成于乐"◎赋得"朋来当染翰"得"朋"字,五言八韵

十一月二十八日,科覆文生题

"滕文公问为国"两章毋庸写全题◎赋得"东方金马门"得"方"字,五言八韵

十一月二十九日,科童面试题

"不知礼无以立也"作后比

十一月三十日,选拔头场题

"诚不以富亦祇以异"◎"舜为法于天下可传于后世"◎《士冠礼》"旅占"解

十二月初二日,选拔二场题

问:司徒职在敷教,而地官所属大率掌土地、田野、赋税、兵车之政。所谓教官者,不过师氏、保氏、司谏、司救、调人、鼓人六七而已。或曰:"古者养即为教,教即为养。"或曰:"养而后能教。"二说孰长? 能畅言之欤? ◎王阳王尊论◎赋得"百里奚为典属国"得"奚"字,五言八韵。《汉书·东方朔传》

十二月十一日,岁、科文童覆试题

"其恕乎"◎赋得"石泉漱琼瑶"得"泉"字,五言六韵

十二月十三日,补覆文童题

"以约失之者鲜矣"◎赋得"栖岩挹飞泉"得"栖"字,五言六韵

十二月十六日,到思南棚

十二月十八日,生、童经古题,并补考题

生题:"宣帝时征齐人能正读者张敞从受之"赋以"传至杜林为作训故"为韵,"为"去声◎赋得"司马相如《谕巴蜀檄》"得"郎"字,五言八韵◎"多草木峙""无草〔木〕峡"解◎释"腊"◎"霍光小心谨慎"论◎疏广论◎拟苏长公《石鼓歌》

童题:"元始中征天下通小学者令各记字于庭中"赋以"说文字未央廷中"为韵◎赋得"食足货通"得"通"字,五言六韵,作八韵者听◎余与生题同

补考:"士志于道而耻恶衣恶食者未足与议也"◎"无念尔祖聿修厥德永言配命自求多福"◎赋得"仓廪实而知礼节"得"知"字,五言六韵◎圣谕:"夫身之所习为业"至"本相须而成也"◎二次:"无适也"作小讲

十二月二十日,文生岁考题

"有则髡必识之"◎"故诗之失愚书之失诬"◎赋得"招选茂异"得"宣"字,五言六韵。《汉书·公孙弘传赞》:"及孝宣承统,纂修洪业,亦讲论六艺,招选茂异。"◎圣谕:"然学校之设"至"所系顾不重哉"

十二月二十一日,生、童覆古题

生题:"孔安国承诏为《尚书》五十九篇作传"赋以"孔氏有古文尚书"为韵◎赋得"巴蜀好文雅"得"文"字,五言八韵◎"光被四表"解◎张子《东西铭》书后作解者、作书后者,皆兼作一诗,作赋者诗免

童题:"蜀汉江陵千树橘"赋以"与千户侯等"为韵◎诗免,余同生题

十二月二十二日,府属文童岁考题

"征于色"◎"人岂为之哉"◎赋得"汉帝恢武功"得"功"字,五言

六韵

十二月二十三日,岁生覆试题

"其志将以求食也则子食之乎"◎赋得"班固封燕然山铭"得"铭"字,五言八韵

十二月二十四日,安、印、婺文童岁考题

安化:"曰""薄乎云尔"上;印江:"曰""尊者赐之"下;婺川:"曰""有复于王者"下◎"岂爱身"◎赋得"文翁化蜀"得"翁"字,五言六韵

十二月二十五日,考优生题

论士子好讼之弊◎魏默深《经世文编》书后

十二月二十六日,府属文童面试题

"曾益其所不能"作后比

十二月二十七日,文生科考题

"无尺寸之肤不爱焉则无尺寸之肤不养也"◎问:明代说经家得失◎赋得"东方朔《答客难》"得"方"字,五言八韵◎默经:"二之日凿冰冲冲"至"万寿无疆"◎圣谕:"自古盛王之世"至"其道胥由乎此"

十二月二十八日,考教题

"君子尊贤而容众嘉善而矜不能"◎赋得"松柏有本性"得"寒"字,五言八韵

十二月二十九日,三县岁童面试题

安化:"宫之奇谏";印江:"管仲得君";婺川:"子产听郑国之政"作后比

光绪二十二年正月初二日,府属文童科考题

"岂适为尺寸之肤哉"◎"则天下何耆"◎赋得"左太冲作三都赋"得"冲"字,五言六韵

正月初三日，科生覆试题

"信乎朋友有道不顺乎亲不信乎朋友矣"◎赋得"子墨客乡"得"卿"字，五言八韵

正月初四日，三县科童正场题

安化："则人皆掩鼻"；印江："皆引领"；婺川："虽袒裼"◎"其居"《孟子》"自范"章◎赋得"班孟坚上两都赋"得"班"字，五言六韵

正月初六日，府属科童面试题

"其操心也危"作后比

正月初九日，三县科童面试题

安化："是以论其世也"；印江："辞达而已矣"；婺川："笃信好学"均作后比

正月初十日，选拔头场题

"百世以俟圣人而不惑"◎"后名实者自为也"◎"孝友时格"解

正月十二日，选拔二场题

问：朱子"贡举私议"及司马温公"十科举士法"其说若何？能次其目而申言之欤？◎叔孙通论◎赋得"杨子云赵充国颂"得"云"字，五言八韵

正月二十八日，文童覆试题

"子曰其恕乎"◎赋得"逍遥综琴书"得"书"字①，五言六韵

正月二十九日，文童补覆题

"吾必谓之学矣"◎赋得"铜似士行"得"铜"字，五言六韵。见《汉书·律志》。"行"去声

---

① 日记作得"遥"字。

二月初八日,到铜仁棚

二月十一日,生、童经古题,并补考题

生题:"项羽救巨鹿"赋以"当是时楚兵冠诸侯"为韵◎赋得"李善上《文选注表》"得"唐"字,五言八韵◎"钟县谓之旋,旋虫谓之干"解◎《聘礼》"志趋"解◎"明道谓董子度越诸子"论◎"为学大益在变化气质"论◎梵净山七言,不拘体、韵

童题:"李广生得匈奴射雕者"赋以"号曰汉之飞将军"为韵◎赋得"辞赋拟相如"得"如"字,五言六韵◎余同生题

补考:"绎之为贵"◎"正德利用厚生惟和"◎赋得"阐扬文令"得"扬"字,五言六韵◎圣谕:"至于爱亲敬长之念"至"犯分之咎自鲜矣"◎二次:"可与共学"作起讲

二月十二日,文生岁考题

"自暴者不可与有言也自弃者不可与有为也"◎"中心疑者其辞枝"◎赋得"酌醴焚枯鱼"得"田"字,五言六韵◎圣谕:"周礼周官党正"至"意甚厚也"

二月十三日,覆生、童经古题

生题:"汲黯慕傅柏袁盎之为人"赋以"内行修洁好直谏"为韵,"行""好"俱去声◎赋得"大将军有揖客"得"军"字,五言八韵◎"伊川先生谓人有三不幸"论◎朱子《小学》书后◎咏史绝句不拘数,五七言皆可

童题:"冯唐论廉颇李牧之为将"赋以"有味哉有味哉"为韵◎赋得"魏尚为云中守"得"中"字,五言六韵,作八韵者听◎余同生题

二月十四日,文童岁考题

府属:"而去之""先名实者"节;县属:"而悦之""故为政者"节;厅属:"而道之""其兄关弓"下◎"自鬻以成其君乡党自好者不为"◎赋

得"山居耕田"得"歌"字,五言六韵

二月十五日,岁考文生覆试题

"孟子曰人皆有所〔不〕忍"两章无庸写全题◎赋得"山樱发欲然"得"然"字,五言八韵。沈休文《早发定山诗》,上句:"野棠开未落。"

二月十六日,考优题

考教:"成己仁也"二句◎赋得"坐看云起时"得"看"字①

考优:论洋务◎广《輶轩语》"戒吸食洋药"说◎跋《四川尊经书院记》◎铜仁竹枝词五七言皆可②。作两题为完卷

二月十七日,岁考文童面试题

府属:"尽信书则不如无书";县属:"多闻阙疑";厅属:"述而不作"均作后比

二月十八日,文生科考题

"舜曰惟兹臣庶汝其于予治"◎问《通典》《通志》《通考》三书异同◎赋得"陆贾新语"得"新"字,五言八韵◎默经:"凡居民量地以制邑"至"然后兴学"◎圣谕:"夫衣食之道"至"其理然也"

二月十九日,文童科考题

府属:"今滕绝长补短将五十里也";县属:"今鲁方百里者五";厅属:"齐集有其一"◎"补不足"◎赋得"左太冲《咏史》"得"诗"字,五言六韵

二月二十一日,科考文生覆试题

"会计当而已矣"◎赋得"司马相如慕蔺相如"得"如"字,五言八韵

---

① 《纪题》未录考教题,此据日记补。

② "五七言皆可"据日记补。

二月二十二日,科考文童面试题

府属:"入其疆土地辟田野治";县属:"故事半古之人功必倍之";厅属:"威武不能屈"均作后股

二月二十四日,遴选头场题

"不忮不求"◎"其虑患也深"◎"灭谓之点"解

二月二十(五)〔六〕①日,遴选二场题

问:历代农政◎商君论◎赋得"萧收图以相刘"得"收"字,五言八韵,潘安仁《西征赋》

三月初六日,岁、科文童覆试题

"躬自厚"◎赋得"思贤咏白驹"得"思"字,五言六韵

三月初七日,文童补覆题

"以友辅仁"◎赋得"荣名以为宝"得"名"字,五言六韵

三月十一日,到思州棚

三月十三日,生、童经古题,并补考题

生题:"李广画地为军陈射阔狭以饮"赋以"李广才气天下无双"为韵◎赋得"颜延年《三月三日曲水诗序》"得"颜"字,五言八韵◎"以涉扬其芟作田"解◎《说文》《仪礼》用今文说◎"诸葛武侯谓非静无以成学"论◎"先器识而后文艺"论◎万券书岩七古,不限韵

童题:"樊哙带剑拥盾入军门"赋以"今日之事何如"为韵◎赋得"王元长《三月三日曲水诗序》"得"三"字,五言六韵◎余与生题同

补考:"有所不足不敢不勉有余不敢尽"◎"德言盛礼言恭"◎赋得"山嶂远重迭"得"重"字,五言六韵◎圣谕:"夫苟好善"至"毋

---

① 据日记改。

忽"◎二次:"言顾行"◎三次:"行顾言"二、三次作小讲

三月十四日,文生岁考题

"恭俭岂可以声音笑貌为哉"◎"君子以同而异"◎赋得"渊云墨妙"得"云"字,五言六韵。江文通《别赋》:"虽渊云之墨妙,严乐之笔精。"◎圣谕:"夫礼之节文"至"不待外求而得者也"

三月十五日,生、童覆古题

生题:"曹相国张饮后园与吏舍歌呼相和"赋以"乃反取酒张坐饮"为韵◎赋得"学万人敌"得"人"字,五言八韵◎"阴靷鋈续"解◎"东迆北会于汇"解◎"天下无不是底父母"论◎马援《诫兄子严敦书》书后

童题:"陈平门外多长者车辙"赋以"家乃负郭穷巷"为韵◎赋得"桃李无言"得"蹊"字,五言六韵◎余与生题同

三月十六日,文童岁考题

府属:"孔子曰唐";玉屏:"颜渊曰舜";青溪:"孟子曰禹""旨酒"章◎"由百世之后"◎赋得"何世无奇才"得"才"字,五言六韵

三月十七日,岁考文生覆试题

"有私淑艾者"◎诗仍用正场题,展为八韵

三月十八日,考优题

论高邮王氏说经之例◎论桐城文派◎《曾文正公日记》书后◎思州杂咏作两题为完卷,能多作更妙

三月十九日,岁考文童面试题

府属:"学之弗能";玉屏:"思之弗得";青溪"辨之弗明"均作后比

三月二十日,文生科考题

"之则以为爱无差等施由亲始"◎问:东汉循吏◎赋得"明经有高位"得"高"字,五言八韵◎默经:"皇极之敷言"至"以为天下王"◎

圣谕:"夫身之所习"至"本相而成也"

三月二十一日,考教题

"为其多闻也为其贤也"◎赋得"组织仁义"得"交"字,五言八韵

三月二十二日,文童科考题

府属:"曰王无异于百姓之以王为爱也";玉屏:"曰王之所大欲可得闻与";青溪:"曰王如善之则何为不行"◎"难罔以非其道"◎赋得"伊吕翼商周"得"周"字,五言六韵

三月二十四日,科考文生覆试题

"苟不充之不足以事父母"◎诗仍用正场题

三月二十五日,科考文童面试题

府属:"鲁卫之政";玉屏:"齐桓晋文之事";青溪:"管仲晏子之功"均作后比

三月二十六日,选拔头场题

"子曰述"◎"吾岂若使是民为尧舜之民哉"◎"宅南交"解

三月二十八日,选拔二场题

问:董仲舒《天人三策》其大旨若何?◎赵奢赵括论◎赋得"咏周孔之图书"得"田"字,五言八韵

四月初八日,岁、科文童覆试题

"人皆有所不为"◎赋得"时和岁丰"得"诗"字,五言六韵

四月初九日,补覆文童题

"夫道若大路然"◎赋得"讲论六艺"得"都"字,五言六韵

纪题下(自黎平岁考至选拔会考)

光绪二十二年四月十九日,到黎平棚

四月二十二日,考试生、童经古题,并生员补考题

生题:"《吕氏》《淮南》字直千金"赋以"杨德祖答临淄侯笺"为韵◎赋得"雠校篆籀"得"都"字,五言八韵◎《舜典》二十有二人考◎"不律谓之笔"解◎"韩信多多益办只是分数明"论◎"立宗子法则人知尊祖重本"论

童题:"王阳驱九折"赋以"此非王阳所畏道邪"为韵,"邪"与"耶"同◎赋得"并包书林"得"林"字,五言六韵◎余同生题

补考:"君子矜而不争"◎"古之人无斁誉髦斯士"◎赋得"夏谚颂王游"得"游"字,五言六韵◎圣谕:"夫衣食之道"至"其理然也"◎二次:"君子惠而不费"作小讲

四月二十三日,文生岁考题

"曰好乐何如"◎"取厉取锻"◎赋得"诗析齐韩"得"诗"字,五言六韵◎圣谕:"古者家有塾"至"归于一致也"

四月二十四日,生、童覆古题

生题:"信陵君矫夺晋鄙军"赋以"北救赵而西却秦"为韵◎赋得"折冲樽俎间"得"冲"字,五言八韵◎《说文》"读若"例◎"蠹没"解◎周亚夫论◎文中子论

童题:"汉文帝之细柳军"赋以"此真将军矣"为韵◎赋得"明经拾青紫"得"明"字,五言六韵

四月二十五日,文童岁考题

关厢:"夫时子";司属:"而王子";永从:"又有微子";开泰:"然而夷子";锦屏:"吾必以仲子";古州:"我故曰告子"◎"且人恶之"◎赋得"伊尹辍耕"得"伊"字,五言六韵

四月二十六日,岁考文生覆试题

"一箪食一豆羹得之则生弗得则死嘑尔而与之行道之人弗受

蹴尔而与之乞人不屑也"◎诗用正场题,作八韵

四月二十七日,考优题

问:"人教小童亦可取益",横渠张子之言也。士无恒产,出而训蒙,无非分之求而隐协治生之义,有成人之美而又居师道之尊,问心而安,于计良得。尔诸生之见偶于学官也,或曰学海不倦,或曰教诲克勤,或曰教读养亲不干外务。此使者所嘉与而乐闻者也。顾惟大成之基,肇于幼学蒙养之道,是曰圣功。民生有三而事之如一,师之责亦重矣哉!方今十室之邑,皋比相望,里讴户诵,彬彬盛矣。然或累岁授经而及门无一士之隽,胜衣就傅而垂老无一艺之名,岂皆桡枉之材不中绳墨与?抑诲人规矩容有未善与?

今第举其浅近者言之,农不以惜费而窳其耒耨之器,工不以啬财而舍其斤削之良,此人所易晓者也。今则经书读本率用坊刻,灭裂舛谬不可殚论,利其取直之廉而忘其先入之害,此一蔽也。

夫怀挟干禁之本,虽重价而肯酬。耳目玩好之需,虽远道而固获。至于教子读书期以大器,乃反斤斤计较,因陋承伪,何其智出农工下也?受人牛羊,必求刍牧,为之师者,其与有责乎?昔人核全经字数,不过六十余万言。日诵二百言,十年可毕。若止"五经",其事更易。今则《左传》《戴记》强半节删,《春秋》经文概从舍置,一时苟安,终身迷罔。入场应试,不知题作何语。开馆授徒,不审字读某音。异日追咎其师,其能解免乎?此又一蔽也。

人生强记,半在幼年。童子读书最苦不解,若稍通古人之文义,则句分章剖,上口无难。略知当日之神情,则目想心游,触处可悟。古语可证以今事,文言可譬以俗情,授业解惑本相资也。今则十岁以前率不开讲,因循者以为不急,畏难者则曰徒劳,生吞活剥,汩没其性灵,玩岁失时,虚抛其日力。此又一蔽也。

若夫数学,六艺之一也,今则耻习算经。《说文》,小学之书也,今则罕识篆体。《千字文》《百家姓》孰与朱子《小学》、刘氏《人谱》之为用切也?《龙文鞭影》《声律启蒙》孰与《古文翼》《古诗源》之为用宏也?己不知,人犹或知之;己不能,人尽可能之。若乃诚人以勿知,导人以勿能,是以其昏昏使人昏昏也!

《记》曰:"善学者,师逸而功倍。"愚谓善教者,其弟子亦然。比者贵阳、镇远并售局书,本精价廉,可期流衍,但得每郡有三五良师,为之导开,风气文教之兴,可拭目俟也。尔诸生以通才而居讲席,章志贞教,必有异于世俗之所为。其各为"师说"一篇,以资匡正。

至于读经当用何本,释音当准何书?《易》之小象皆用韵,程、朱两本何者为宜?《诗》之叶韵皆古音,顾、苗二家何者为确?温故也,则有邢氏连号之法;知新也,则有程氏分年之程。《社学要略》编自新吾,《十年诵读》订于陆子,以及周书昌之《读书诀》、王筼友之《教童子法》、今南皮张制军之《学究语》,权其得失,悉著于篇,世有知言,其来取证。

◎论郑子尹先生说经大旨◎论剿袭诗文有关人品◎黎平竹枝词作两题为完卷

四月二十八日,文生科考题

"故曰求则得之舍则失之或相倍蓰而无算者不能尽其才者也"◎问:西汉儒林◎赋得"稷契匡虞夏"得"匡"字,五言八韵◎默经:"诞后稷之穑"至"即有邰家室"◎圣谕:"诚使一姓之中"至"岂不美哉"

四月二十九日,岁考文童面试题

关厢:"固天纵之将圣又多能也";司属:"是以论其世也是尚友

也";锦屏:"其不改父之臣与父之政是难能也";永从:"君子之仕也行其义也";开泰:"可使有勇且知方也";古州:"不遍爱人急亲贤也"作后比,不满百字不阅①

五月初一日,考教题

"中也养不中才也养不才故人乐有贤父兄也"◎赋得"庠序盈门"得"盈"字,五言八韵

五月初二日,文童科考题

关厢:"非所以要誉于乡党朋友也";司属:"非疾痛害事也";永从:"王自以为与周公孰仁且智";开泰:"吾子与子路孰贤";锦屏:"然则曾子何为食脍炙";古州:"然则奚为喜而不寐"

次题:"愿夫子辅吾志"◎赋得"陶渊明《读山海经》"得"经"字,五言六韵

五月初四日,科生覆试题

"苟善其礼际矣斯君子受之敢问何说也"◎诗仍用正场题

五月初五日,科童面试题

关厢:"仁之实事亲是也";司属:"臣事君以忠";永从:"兄弟怡怡";开泰:"困而学之";锦屏:"有为者亦若是";古州:"彼所谓豪杰之士也"作后比

五月初六日,考拔头场题

"孔子对曰子为政焉用杀"◎"微服而过宋"◎"斯螽"解

五月初八日,考拔二场题

问:班、马优劣◎万石君论◎赋得"陆士衡《汉高祖功臣颂》"得"衡"字,五言八韵

---

① 本日日记题目与《纪题》同,但与州县对应关系不同。五月初二日、初五日亦如此。

五月十五日,岁科文童覆试题

"学也禄在其中矣"◎赋得"既耕亦已种"得"陶"字,五言六韵

五月十六日,文童补覆题

"士志于道"◎赋得"轻扇动凉飔"得"轻"字,五言六韵

五月二十八日,至都匀棚

五月三十日,生、童经古题,补考题

生题:"文翁遣相如东受七经还教吏民"赋以"于是蜀学比于齐鲁"为韵◎赋得"邑颂被丹弦"得"弦"字,五言八韵◎"攸介攸止"解◎"呻其占毕"解◎"孝子爱日"论◎"教人未见意趣必不乐学"论

童题:"相如为师"赋以"汉家得士盛于其世"为韵。《汉书·地理志》:"景、武间,文翁为蜀守,教民读书法令,未能笃信道德,反以好文刺讥,贵慕权势。及司马相如游宦京师诸侯,以文辞显于世,乡党慕循其迹。后有王褒、严遵、扬雄之徒,文章冠天下。繇文翁倡其教,相如为之师。"◎赋得"诗赋欲丽"得"文"字,五言六韵◎魏文帝《典论·论文》◎余同生题

补考:"君子学以致其道,君子以虚受人"◎赋得"开径望三益"得"开"字,五言六韵◎圣谕:"且庭训素娴"至"与有荣焉"◎二次:"君子学道则爱人"◎三次:"君子不以言举人"作小讲,经、诗免

六月初一日,文生岁考题

"如将戕贼杞柳而以为桮棬则亦将戕贼人以为仁义与"◎"尚技而贱车则民兴艺"◎赋得"果布辐辏"得"都"字,五言六韵,《吴都赋》◎圣谕:"夫诬告有反坐之条"至"亦何利之有"

六月初二日,生、童覆古题

生题:"为吏者长子孙"赋以"时无事吏不数转"为韵,"数"入声◎赋得"执鞭珥笔"得"亲"字,五言八韵◎鹿壮节公祠堂记骈散文皆可,或作

五七言古诗亦可,不能作者听

童题:"远峰隐半规"赋以题为韵◎赋得"山不厌高"得"高"字,五言六韵

六月初三日,文童岁考题

府属:"喜而不忘";清平:"则怒";独山:"哀而不伤";麻哈:"何惧";县属:"爱而不敬";荔波:"所恶""勿施"句;八寨:"欲而不贪"◎"所不虑而知者"◎赋得"嵇叔夜《养生论》"得"生"字,五言六韵

六月初四日,岁生覆试题

"本诸身征诸庶民考诸三王而不缪建诸天地而不悖质诸鬼神而无疑百世以俟圣人而不惑";赋得"仲连却秦军"得"连"字,五言八韵

六月初五日,考优题

论泰西各国强弱◎同治中兴名臣赞拟陆士衡《汉高祖功臣赞》◎鹿壮节公殉难记◎都匀竹枝词作两艺为完卷

六月初六日,科生正场题

"曰仁义而已矣杀一无罪非仁也非其有而取之非义也"◎问:汉代边防◎赋得"当学卫霍将"得"功"字,五言八韵◎默经:"初六藉用白茅"至"其无所失矣"◎圣谕:"务使野无旷土"至"而衣食之源溥矣"

六月初七日,岁考文童面试题

府属:"人少则慕父母";清平:"仕则慕君";独山:"有妻子则慕妻子";麻哈:"无不知敬其兄也";县署:"友也者友其德也";荔波:"亲亲而仁民";八寨:"欲仁而得仁"作后比

六月初八日,考教题

"子夏曰仕而优则学学而优则仕"◎赋得"观书鄙章句"得"观"

字,五言八韵

六月初九日,文童科考题

府属:"吾尝闻大勇于夫子矣";清平:"将终岁勤动";独山:"目不视恶色";麻哈:"无他戚之也";县署:"吾先子之所畏也";荔波:"诗云普天之下";八寨:"有好仁者"◎"行仁政而王"◎赋得"仁义为朋"得"朋"字,五言六韵

六月初十日,科生覆试题

"以粟易械器者"至"何许子之不惮烦"◎赋得"冀与张韩遇"得"韩"字,五言八韵

六月十二日,科童面试题

府属:"舜相尧";清平:"禹之相舜也";独山:"益之相禹也";麻哈:"伊尹相汤";县署:"周公相武王";荔波:"管仲相桓公";八寨:"相秦而显其君于天下"作后比

六月十三日,遴选头场题

"仁亲以为宝"◎"尽信书则不如无书"◎"相鼠"解

六月十五日,遴选二场题

问:董子有言,为政而不行甚者,必变更化之,当更化而不更化,虽有大贤,不能为善治也。能引申其说欤?◎荀卿扬雄论◎赋得"马服为赵将"得"奢"字,五言八韵

六月二十五日,岁科文童覆试题

"诗可以兴"◎赋得"富贵非吾愿"得"吾"字,五言六韵

七月初三日,到省考贵阳科试

七月初六日,生、童经古题,并补考题

生题:"张苍明习天下图书计籍"赋以"张苍主计天下作程"为韵◎

赋得"怀纪燕山石"得"怀"字,五言八韵◎"通其变使民不倦"讲义◎《说文》著"阙"字例◎"伊川看详学制,请改试为课"论◎"大变则大益,小变则小益"论◎同治中兴功臣颂◎拟左思《咏史》诗

童题:"霍去病不学古兵法"赋以"对曰顾方略何如耳"为韵◎赋得"思开函谷丸"得"开"字,五言六韵◎余同生题

补考:"居处恭"◎"推而行之谓之通"◎赋得"明经拾青紫"得"明"字,五言六韵◎圣谕:"树桑养蚕"至"与树桑一也"◎二次:"居之无倦"◎三次:"居天下之广居"二、三次作小讲

算学:《九章》"盈朒"题:今有漆三得油四,油四和漆五。今有漆三斗,欲令分以易油,还自和余漆。问:出漆、得油、和漆各几何?以代数驭之,演细草。◎勾股积二百一十六,勾弦较十二,求勾股弦? 以天元、代数各演一细草。◎《学算笔谈》谓《九章》"良马、驽马发长安"题当以天元驭之,其草曰:"立〇｜为日数,以卜｜乘之,得〇卜｜,合以二除之,为增减差"云云。试言二除〇卜｜所以为增减差之理,而以代数式照原题演之。

论化学之用

七月初七日,文生科考题

"有是四端而自谓不能者自贼者也"◎问:《汉书·古今人表》体例得失◎赋得"将遵甘陈迹"得"陈"字,五言八韵。陆士衡《乐府》:"将遵甘陈迹,收功单于旃。"甘、陈谓甘延寿、陈汤。◎默经:"我闻曰至治馨香"至"无敢逸豫"◎圣谕:"自昔画野分州"至"未之或改"

七月初八日,文童科考题

贵阳:"惰其四支不顾父母之养一不孝也";定番:"徐行后长者谓之弟";广顺:"自反而忠矣";贵筑:"上焉者虽善无征无征不信不信民弗从下焉者虽善不尊不尊不信不信民弗从";修文:"取食之重

者与礼之轻者而比之";开州:"是舍箪食豆羹之义也";龙里:"取伤廉";贵定:"不耻不若人何若人有"◎"虽百世"◎赋得"贾谊位方尊"得"尊"字,五言六韵

七月初九日,生、童覆古题

"樊哙愿得十万众横行匈奴中"赋以"遂不复议击匈奴事"为韵◎赋得"季布重然诺"得"金"字,五言八韵◎宋五子论◎宋五子赞◎段王说经异同金坛、高邮◎拟《再续皇朝经世文编》序例◎拟《重修贵州通志》艺文目◎拟辑西学书目序例◎拟阮籍《咏怀》诗

童题:"朱虚侯以军法行酒"赋以"请得以军法行酒"为韵◎赋得"召平种瓜长安城东"得"平"字,五言六韵◎余与生题同

算学:今有大小两数,其和与大数相比若十与七之比,其和与小数相乘等于二百七十。问:大小数各若干?

七月初十日,续到补考题

"君子之所不可及者其唯人之所不见乎"◎"五者来备各以其叙"◎赋得"初秋凉气发"得"初"字,五言六韵◎圣谕:"如事父母"至"不待外求而得者也"

七月十一日,文生覆试题

"养生丧死无憾王道之始也"◎赋得"中国外如赤县神州者九"得"州"字,五言八韵

七月十二日,五属文童面试题

定番:"可以无大过矣";广顺:"授之以政不达";修文:"取二三策而已矣";开州:"孔子惧";龙里:"今用之吾从周"作后比

七月十三日,三属文童面试题

贵阳:"夫孝者善继人之志善述人之事者也";贵筑:"来百工则财用足柔远人则四方归之";贵定:"虽愚必明虽柔必强"作后比

七月十四日，遴选头场题

"其未得之也患得之既得之患失之"◎"故天将降大任于是人也必先苦其心志劳其筋骨饿其体肤空乏其身行拂乱其所为所以动心忍性曾益其所不能"◎"可食者曰原"解

七月十六日，遴选二场题

问：宋神宗时议贡举，咸谓宜变法便。苏轼曰："自文章言之则策论为有用，诗赋为无益。自政事言之，则策论、诗赋均为无用。然自祖宗以来莫之废者，以为设科取士，不过如此。自唐至今，以诗赋为名臣者不可胜数，何负于天下，而必欲废之？"王安石曰："诗赋亦多得人，自缘仕进别无他路，其间不容无贤。若谓科法已善，则未也。今以少壮之士，正宜讲求天下正理，乃闭门学作诗赋，及其入官世事，皆所未习。此科法败坏人才，致不如古。"二说孰长？◎卜式论◎赋得"萧何为秦刀笔吏"得"何"字，五言八韵

七月十九日，文童覆试题

"狂者进取"◎赋得"凉风起将夕"得"风"字①

七月二十日，文童补覆题

"獧者有所不为也"◎赋得"胡蝶飞南园"得"飞"字，五言六韵

十月初十日，到遵义棚

十月十二日，生、童经古题，并补考题

生题："三王之道若循环"赋以"承敝易变使人不倦"为韵。《史记·高祖本纪赞》。"易"字去、入二音皆可通◎赋得"筐篚无尺书"得"书"字，五言八韵。应璩《百一诗》◎十薮考◎《说文》大小徐本异同考◎"教人

----

① 诗题据日记补。

必尽人之材乃不误人"论◎"涵养须用敬,进学则在致知"论◎赵武灵王论◎《巢经巢文集》书后◎残菊、早梅七律二首,不限韵

童题:"无财作力"赋以"各劝其业乐其事"为韵。《史记·货殖列传》◎赋得"秋兰被长阪"得"秋"字,五言六韵◎余与生题同

算学:有绿、练二营兵,不知数。但云,裁绿六百人以益练,则练为绿之三倍,裁练二百人以益绿,则绿为练之三倍。问:二营原兵各若干?◎良田五十亩,瘠田八十亩,岁收粟一百四十石。良田八十亩,瘠田五十亩,岁收粟一百八十五石。问:二色田每亩岁收粟各若干?务演细草。

补考:"可与共学"◎"修其教不易其俗"◎赋得"玉衡指孟冬"得"冬"字,五言六韵◎《圣谕》:"为士者"至"进为有用之材"◎二次:"可以适道"作小讲

十月十三日,文生科考题

"且一人之身而百工之所为备"◎问:书院之名昉于何时?历代规制若何?◎赋得"陆子优游"得"游"字,五言八韵。班固《答宾戏》◎默经:"易之为书也不可远"至"惟变所适"◎《圣谕》:"然礼之用"至"滋其文饰矣"

十月十四日,生、童覆古题

生题:"中国之人以亿计"赋以"既庶矣又何加焉"为韵◎赋得"带郭千亩"得"钟"字,五言八韵◎自强策

童题:"范蠡雪会稽之耻"赋以"深谋二十余年"为韵◎范蠡论◎赋得"农不如工"得"资"字,五言八韵。作两题为完卷

十月十五日,文童科考题

桐梓:"民可使富也";绥阳:"材木不可胜用也";正安:"匹妇蚕之";仁怀县:"北学于中国北方之学者未能或之先也";厅属:"以

其所有易其所无者"◎"民到于今受其赐"◎赋得"华屋富徐陈"得"陈"字,五言六韵。陆韩卿诗:"离宫收杞梓,华屋富徐陈。"《文选注》"离宫""华屋"皆谓太子也。《魏志》:文帝为五官郎将,北海徐幹、广陵陈琳并见友善。

十月十六日,文生覆试题

"有人于此力不能胜一匹雏"◎赋得"饮马长城窟"得"城"字,五言八韵

十月十七日,遵义县文童科考题

"谓夫莫之禁而弗为者也"◎"人能充无穿窬之心"◎赋得"丈夫志四海"得"夫"字,五言六韵

十月十八日,文生续补考题

"举贤才"◎"君子以立不易方"◎赋得"廊庙非庸器"得"非"字,五言六韵◎《圣谕》:"所虑年谷丰登"至"与不勤等"◎二次:"富之"◎三次:"教之"二、三次作小讲

十月十九日,遴选头场题

"仁以为己任不亦重乎"◎"海内之地方千里者九齐集有其一以一服八何以异于邹敌楚哉盖亦反其本矣"◎"石戴土谓之崔嵬"解

十月二十日,文童面试题

遵义县:"文学子游子夏";桐梓:"善政得民财";绥阳:"故推恩足以保四海";正安:"又尚论古之人";仁安县:"禹稷躬稼";仁怀厅:"东里子产润色之"作后比

十月二十一日,遴选二场题

问:贾谊、刘向学识孰优?◎萧望之论◎赋得"李牧镇边城"得"边"字,五言八韵

十月二十五日,文童覆试题

"申之以孝悌之义"◎赋得"成人在始"得"成"字,五言六韵①

十一月初三日,到大定棚

十一月初五日,生、童经古题并补考

生题:"魏相好观汉故事及便宜章奏"赋以"务在奉行故事而已"为韵◎赋得"贾谊求试属国"得"求"字,五言八韵◎"度尺而午"解◎"廪廯也"解◎"郭林宗见茅容因劝令学"论◎"胡安定学徒文章皆傅经义"论

童题:"丙吉不道前恩"赋以"有旧恩而终不言"为韵◎赋得"信陵佩魏印"得"陵"字,五言六韵◎余与生题同

算题:勾七十二尺,弦和较五十四尺,求勾股弦?◎战兵六千,守兵九千,月饷三万一千五百两。战兵八千,守兵七千,月饷三万四千五百两。问:战兵、守兵每名月饷各若干?◎今有数自乘之三而一以减二十则余八,问原数几何?

补考题:"子路问君子,子曰修己以敬"◎"昔我往矣杨柳依依"◎赋得"翰墨时闲作"得"时"字,五言六韵◎《圣谕》:"人生十年曰幼学"至"莫切于此"◎二次:"修己以安人"◎三次:"修己以安百姓"二、三次作小讲

幼童:"颜子所好何学"论◎"小儿先学安详恭敬"论

又算题:有平方积二十万七千九百三十六尺,求方边?◎有长方积二十七万一千五百八十三尺,求长阔?

十一月初六日,文生科考题

"夫谓非其有而取之者盗也充类至义之尽也"◎问:汉宣之治

---

① 诗题据日记补。

与汉文孰优？◎赋得"贾君房罢珠厓对"得"房"字,五言八韵◎默经:"尺蠖之屈"至"德之盛也"◎《圣谕》:"从来教万民"至"何风之隆欤"

十一月初八日,文童科考题

大定:"是天下之父归之也";威宁:"是为王者师也";平远:"是欲终之而不可得也";黔西:"是之谓以其所不爱及其所爱也";毕节:"是皖皖之肉也";水城:"是故无贤者也"◎"下必有甚焉者矣"◎赋得"巧迟不足称"得"兵"字,五言六韵。张景阳诗:"巧迟不足称,拙速乃垂名。"

十一月初九日,文生覆古题

"冬月治请谳饮酒益精明"赋以"定国食酒数石不乱"为韵◎赋得"汉武帝表章六经"得"章"字,五言八韵◎"缙绅之儒守和亲,介胄之士言征伐"论◎《定性书》书后◎拟任少卿报司马子长书作两艺为完卷,能多愈妙,务尽所长

十一月初十日,文生覆试题

"子曰饱食终日无所用心难矣哉不有博奕者乎为之犹贤乎已"◎赋得"李将军恂恂如鄙人"得"诚"字,五言八韵

十一月十一日,威宁、平远、黔西、水城文童面试题

威宁:"如七十子之服孔子也";平远:"今天下地丑德齐";黔西:"治于人者食人";水城:"生之者众"作后比

十一月十二日,补覆经古题

"暴胜之躧履迎隽不疑"赋以"容貌尊严衣冠甚伟"为韵◎赋得"夏侯胜受诏撰《尚书》《论语说》"得"侯"字,五言八韵◎"王阳去妇"论◎"贤而多财则损其志,愚而多财则益其过"论

补覆一等题:"富贵不能淫贫贱不能移威武不能屈此之谓大丈夫"◎诗免

十一月十三日，大定、毕节文童面试题

大定："管仲以其君霸"；毕节："秦穆公用之而霸"作后比

十一月十四日，遴选头场题

"子曰邦有道危言危行"◎"阳虎曰为富不仁矣为仁不富矣"◎
"丰年则公旬用三日"解

十一月十六日，遴选二场题

问：史公作《平准书》，其大旨若何？◎前汉酷吏论◎赋得"刘
向称董仲舒有王佐材"得"刘"字，五言八韵

十一月十九日，文童覆试题

"君子笃于亲"作文半篇，诗免

十二月初七日到兴义棚

十二月初九日，生、童经古题，并补考题

生题："文景务在养民"赋以题为韵，《汉书·武帝纪赞》◎赋得"信
陵之名若兰芬"得"名"字，五言八韵，《魏都赋》◎《王制》里亩算数考◎
释"算"◎周亚夫论◎"韩愈亦近世豪杰之士"论

童题："孝昭委任霍光"赋以题为韵，《汉书·昭帝纪赞》◎赋得"光
武揽其英"得"英"字，五言六韵，《南都赋》◎余与生题同

补考："言中伦"◎"乐天知命故不忧"◎赋得"百川赴巨海"得
"川"字，五言六韵◎《圣谕》："从来安民"至"莫如保甲"◎二次："危
行言孙"◎三次："知者不失人亦不失言"二、三次作小讲

十二月初十日，文生科考题

"万章曰一乡皆称原人焉"两节◎问：西汉疆域◎赋得"张衡赋
西京"得"衡"字①，五言八韵◎默经："人之有能有为"至"其作汝用

---

① 日记作得"西"字。

咎"◎《圣谕》:"为天地惜物力"至"贫者可至于富"

十二月十二日,生、童覆古题

生题:"陈汤每过城邑山川常登望"赋以"为人沉勇有大虑"为韵◎赋得"汉高帝过鲁以太牢祀孔子"得"高"字,五言八韵◎《王制》"东田"解◎释"腊"◎陈汤论◎"汉文帝赏张武"论◎诸葛忠武赞◎王文成赞◎效江文通拟古诗不拘首数。作两艺为完卷,两赞当一艺,能多作更佳

童题:申生论◎子皮子产论◎淮阴侯论◎赋得"不学亡术"得"光"字,五言六韵。作两艺为完卷

十二月十三日,文童科考题

府属:"若挞之于市朝";普安县:"不逾阶而相揖也";安南:"曰害于耕";贞丰:"其志亦将以求食与";兴义县:"而愿为之有家";厅属:"而有时乎为养"◎"则将应之曰可"◎赋得"从谏若转圜"得"从"字①,五言六韵。《汉书·梅福传》:"昔高祖纳善若不及,从谏若转圜。"

十二月十四日,文生覆试题

"身不行道不行于妻子使人不以道不能行于妻子"◎赋得"以九九见齐桓公"得"桓"字,五言八韵

十二月十六日,考拔头场题

"宝藏兴焉"◎"土止于千里之外则谗谄面谀之人至矣与谗谄面谀之人居国欲治可得乎"◎"日至之景,尺有五寸,谓之地中"解

十二月十七日,文童面试题

府属:"忠焉能勿诲乎";普安县:"事亲弗悦弗信于友矣";安

---

① 日记作得"圜"字。

南:"子为父隐";贞丰:"亲之欲其贵也";兴义县:"爱之欲其富也";厅属:"无道桓文之事者"作后比

十二月十八日,考拔二场题

问:梅福上汉成帝书,班固称其合于大雅。书载本传,其谓:"士者,国之重器。得士者重,失士者轻。"又曰:"爵禄束帛者,天下之底石,高祖所以厉世摩钝也。"能申其说欤? 又,其言曰:"今欲致天下之士民,有上书求见者,辄使诣尚书,问其所言。言可采取者,秩以升斗之禄,赐以一束之帛,则天下之士皆发愤懑、吐忠言,嘉谋日闻于上。"其说信可行欤? ◎"汉宣帝诏益小吏奉禄"论◎赋得"扬子云作州箴"得"州"字,五言八韵

十二月二十一日,文童覆试题

"吾必谓之学矣"◎赋得"季冬风且凉"得"冬"字,五言六韵

光绪二十三年正月初二日,到安顺棚

正月初五日,经古并补考

生题:"张汤杜周俱有良子"赋以"继世立朝相与提衡"为韵◎赋得"孕虞育夏"得"唐"字,五言八韵◎《尔雅》"太岁"解◎"雨霓为霄雪"解◎"林希谓扬雄为禄隐"论◎"一命之士,苟存心于爱物,于人必有所济"论

童题:"言六艺者折中于夫子"赋以"众言淆乱折诸圣"为韵◎赋得"甄殷陶周"得"周"字,五言六韵◎余与生题同

补考:"君子惠而不费"◎"命相布德和令行庆施惠下及兆民"◎赋得"政成在民和"得"阳"字,五言六韵◎《圣谕》:"书曰以亲九族"至"必以睦族为重也"◎二次:"君子矜而不争"◎三次:"君子周而不比"二、三次作小讲

正月初六日,文生科考题

"教之树畜"◎问:汉高帝将将与光武孰优?◎赋得"晁错论守边备塞书"得"边"字,五言八韵◎默经:"言出乎身"至"可不慎乎"◎《圣谕》:"夫衣食之道"至"其理然也"

正月初八日,文童科考题

府属:"则反诸其人乎";镇宁:"则援之以手乎";永宁:"则王许之乎";清镇:"则子食之乎";安平:"则将牂之乎";普定:"则鲁在所损乎";郎岱:"则齐其庶几乎"◎"相率而为伪者也"◎赋得"三年通一经"得"通"字,五言六韵

正月初九日,经古覆试题

"张安世家童七百人皆有手技作事"赋以"安世履道满而不溢"为韵◎赋得"下笔言语妙天下"得"房"字,五言八韵◎"上帝甚蹈"解◎"小人之中庸也"解◎"伊川先生曰:只为而今士大夫道得个'乞'字惯,却动(而)不动又是'乞'也"论◎张安世论◎国初名儒赞举平日所宗仰者,人系一赞,不限以数。作两题为完卷,能多作更佳

正月初十日,文生覆试题

"孟子曰以佚道使民"一章◎赋得"大宛诸国发使来观汉广大"得"观"字,五言八韵

正月十一日,镇宁、永宁、清镇、安平文童面试题

镇宁:"晋国天下莫强焉";永宁:"国人皆曰贤";清镇:"民之所好好之";安平:"五霸桓公为盛"作后比,不满百五十字不阅

正月十二日,选拔头场题

"一则以喜一则以惧"◎"无政事则财用不足"◎"嵩周燕燕皉"解

正月十三日,三属文童面试题

安顺:"若汤则闻而知之";普定:"若文王则闻而知之";郎岱:

"若孔子则闻而知之"作后比,不满百五十字不阅

正月十四日,选拔二场题

问:马端临曰:"三代井田之良法坏于商鞅,唐租庸调之良法坏于杨炎,二人之事,君子所羞称,而后之为国者莫不一遵其法,一或变之,则反至于烦扰无稽,而国与民俱受其病,则以古今异宜故也。"见《文献通考自序》。能申其说欤? ◎郦寄论◎赋得"得书多与汉朝等"得"王"字,五言八韵

正月十八日,文童覆试题

"子归而求之有余师"◎诗免

七月十八日,初次过堂

七月十九日,文生补考题

"必使仰足以事父母"◎"必则古昔称先王"◎赋得"被褐献宝"得"娄"字,五言六韵◎《圣谕》:"夫业荒于嬉"至"不乐观尔之废也"◎二次:"子游问孝"作破、承、小讲

七月二十日,上游文生录科题

"孟子曰博学"◎问:《周礼·保氏》"九数"能举其目而明其法欤? 郑司农云"今有重差、夕桀、勾股",嘉定钱氏疑"夕桀"为"互乘"之讹,然欤? ◎赋得"小儒安足为"得"儒"字,五言八韵◎《圣谕》:"周礼州长"至"意甚厚也"

七月二十一日,下游文生录科题

"古之人得志"◎问:归震川与唐荆州文品孰优? ◎赋得"上智利民"得"民"字,五言八韵◎《圣谕》:"彼南北地土"至"其为农事一也"

七月二十二日,文生二次过堂

七月二十三日，正途贡、监职官录科题

"此五者君子之所以教也"◎问：农家各书以贾思勰《齐民要术》为最著，而陈旉诋其迂疏不适用，然欤否欤？◎赋得"流声馥秋兰"得"声"字，五言八韵◎《圣谕》："盖礼为天地之经"至"风俗之原也"

七月二十四日，例贡、监录科题

"求之有道"◎问：朱、陆异同◎赋得"课虚责有"得"文"字，五言八韵◎《圣谕》："士品果端"至"所系顾不重哉"

七月二十五日，二次补考题

"事在易而求诸难"◎"能哲而惠"◎赋得"建道德以为师友"得"为"字，五言六韵◎《圣谕》："否则躁竞功利"至"考其实则非矣"◎二次："先之"◎三次："劳之"作破、承、小讲

七月二十六日，三次过堂

七月二十七日，上下游文生二次录遗题

"信斯言也，宜莫如舜"◎问：《礼·内则》云"十年学书计"，所谓"书计"何指？学之之法当若何？◎赋得"怀响者毕弹"得"文"字，五言八韵◎《圣谕》："孟子曰谨庠序之教"至"人人所当由也"

七月二十八日，初次大收题，并四次过堂

"孟子曰不敢也"◎问：《困学纪闻》与《日知录》二书孰精？◎赋得"文以化光"得"文"字，五言八韵◎《圣谕》："即使愚鲁不敏"至"孰大于是"

七月二十九日，三次补考题

"何必去父母之邦"◎"出门交有功"◎赋得"心游万仞"得"文"字，五言六韵◎《圣谕》："尔能和其心以待人"至"一里效之"◎二次："何必曰利"◎三次："何必然"作破、承、小讲

七月三十日,二次合棚大收题,并五次过堂

"臣固知王之不忍也"◎问:三苏学术纯驳?◎赋得"崇台非一干"得"非"字,五言八韵◎《圣谕》:"故人之生"至"藉以有用于世"

八月初一日,四次补考题

"不求"◎"不远之复以修身也"◎赋得"高节卓不群"得"高"字,五言六韵◎《圣谕》:"不俭之弊"至"所当深戒者也"◎二次:"不启"◎三次:"不发"作破、承、小讲

八月初二日,截数大收题,六次过堂

"则止""问友"章◎问:恒星、行星之殊?◎赋得"兴廉举孝"得"兴"字,五言八韵◎《圣谕》:"事亲孝"至"即可以逭神庆"

八月二十二日,选优头场题

"而利其利"◎"故凡同类者举相似也"

八月二十四日,选优二场题

"岠齐州以南戴日为丹穴"◎问:顾氏《日知录》谓近代"有科无目",又曰"进士偏重之弊,积二三百年非大破成格,虽有他材,无繇进用"。其说若何?◎赋得"鹿鸣思野草"得"苏"字,五言八韵

九月初二日,会考优生题

"而民焉有不仁者乎"◎"士依于德游于艺工依于(德)〔法〕游于说"◎问:王氏青苗之法与朱子社仓之制立意不甚相远,而一则丛诟敛怨,犯天下之不韪,一则尽人称便,垂为世规。其故安在?

九月二十八日,会考拔生题

"后稷教民稼穑树艺五谷"◎"其克诘尔戎兵以陟禹之迹方行天下至于海表罔有不服"◎问:汉学、宋学异同得失

自定年谱

附：严范孙先生年谱补

严范孙先生自定年谱[①]

咸丰十年庚申(1860 年) 一岁

生于京东三河县。我家自戊午避英法联军之难,迁居三河。

咸丰十一年辛酉(1861 年) 二岁

同治元年壬戌(1862 年) 三岁

祖母之丧,全家回津。是年余患痘几死。余妹生。

同治二年癸亥(1863 年) 四岁

同治三年甲子(1864 年) 五岁

是岁官军克南京。

同治四年乙丑(1865 年) 六岁

始入塾,从查师读,以能属对,为师所赏。

---

① 据 1943 年天津严氏刊本整理。公元纪年及对应的谱主年龄为整理者所加,年龄依当时习惯俱用虚岁。文中案语及《严范孙先生年谱补》为高凌雯所作。

同治五年丙寅(1866 年)　　七岁

第二妹生,后一年余而殇。从孙师读。

同治六年丁卯(1867 年)　　八岁

始为试律。从周师读。

同治七年戊辰(1868 年)　　九岁

从周师读。

同治八年己巳(1869 年)　　十岁

冬,从沈师读,四书始毕。

同治九年庚午(1870 年)　　十一岁

从于师读,始为时文律赋。五月,天津有河楼教案。

同治十年辛未(1871 年)　　十二岁

从于师读。春,应县试,未取,旋大病,至冬始愈,废书数月。

同治十一年壬申(1872 年)　　十三岁

从于师读。冬,应县府试。祖父逝世。

同治十二年癸酉(1873 年)　十四岁

从于师读。五月,应院试,取入府学。

同治十三年甲戌(1874 年)　十五岁

从于师读。八月,兄入府学。九月,母逝世。十二月,穆宗大丧。

光绪元年乙亥(1875 年)　十六岁

从于师读。

光绪二年丙子(1876 年)　十七岁

从张师读,仍从于师学赋。姊疡。侄女智珠生。

光绪三年丁丑(1877 年)　十八岁

始识陈先生奉周。奉周博文通西学,表兄宋少南广蓄书籍,与二君游,深获讲贯之益。八月,应院试,补廪膳生。九月,李夫人来归。

光绪四年戊寅(1878 年)　十九岁

从张师读。

光绪五年己卯(1879 年)　二十岁

从张师读。八月,子智崇生。应乡试不售。九月,父病,经冬不愈,侍病辍学。

光绪六年庚辰(1880 年)　二十一岁

三月,妹适华。四月,父殁。八月,葬。从张师读,始毕五经,始习算。

光绪七年辛巳(1881 年)　二十二岁

从张师读。张幼樵师主问津书院,谒见,蒙奖借,并同班十人谒见李文忠师。

光绪八年壬午(1882 年)　二十三岁

七月,服除。中乡试,始谒徐荫轩师。十二月,次子智怡生。

光绪九年癸未(1883 年)　二十四岁

从张师读。中会试,改庶常。八月,侄智惺生。

光绪十年甲申(1884 年)　二十五岁

补读《尔雅》,兼课崇儿。十二月,三子智庸生。十二月,赴三河,借居盐店读书。是岁,有法越之役。

光绪十一年乙酉(1885 年)　二十六岁

正月、三月,两游盘山。居三河一年。冬,入都。腊月,还津。

光绪十二年丙戌(1886 年) 二十七岁

正月,入都。四月,散馆改编修。六月,还津。七月,入都供职。六月,侄女智圆生。九月,女智蠋生。冬,补国史馆协修。

光绪十三年丁亥(1887 年) 二十八岁

在京供职。三月,迎眷入〔都〕。十二月,女智舒生。

光绪十四年戊子(1888 年) 二十九岁

在京供职。正月,吊宋表兄,还津三日。四月,考试差。

光绪十五年己丑(1889 年) 三十岁

在京供职。四月,考试差。十一月,子智锺生。充会典馆详校官。

光绪十六年庚寅(1890 年) 三十一岁

在京供职。充各直省乡试试卷磨勘官。

光绪十七年辛卯(1891 年) 三十二岁

在京供职。考试差。十一月,第三女生。

光绪十八年壬辰(1892 年) 三十三岁

在京供职。

光绪十九年癸巳(1893 年)　三十四岁

在京供职。考试差。九月,第三次游盘山。第五子未晬而殇。

光绪二十年甲午(1894 年)　三十五岁

在京供职。大考二等。召见一次。考试差。六月,子智开生。八月,授贵州学政。召见两次。九月,出都,家眷留京。十一月,到贵阳。是年有中东之战。

光绪二十一年乙未(1895 年)　三十六岁

二月,出省考上游,夏回省。秋,出省考下游,在铜仁府度岁。智崇在京迎娶。

光绪二十二年丙申(1896 年)　三十七岁

夏,还省。秋,复出省,举行上游科试。

光绪二十三年丁酉(1897 年)　三十八岁

二月,还省。就学古书院选高材生四十名居之。始习英文。十月,长孙生。奏请设经济特科。任满还津,请假修墓。十二月,发贵阳,在湖南晃州度岁。

光绪二十四年戊戌(1898 年)　三十九岁

过洞庭,经岳州、武昌、上海。二月,到宁波,赴慈溪东乡扫墓。

三月,到家。四月,入都。召见一次。因经济特科之奏,见绝于徐荫轩师。四月,请假回籍。表叔陈竹轩公殁。六月,兄殁。迎眷回津。是岁有政变。

光绪二十五年己亥(1899 年)　四十岁

在籍。冬,为智怡授室。第七子生。

光绪二十六年庚子(1900 年)　四十一岁

在籍。"拳匪"之乱,六月十八日津城陷。是月,长孙女生。陈奉周殁。侄女智珠故。第七子及长孙先后殇。

光绪二十七年辛丑(1901 年)　四十二岁

在籍。割去额上及臂上之瘤。改定先人所设义塾课程。又借陶氏宅,设学一处。王君寅皆、林君墨卿、张君伯苓终日讨论学事。陶仲铭殁。冬,两宫还京。女智安生。孙女仁菊生。

光绪二十八年壬寅(1902 年)　四十三岁

在籍。天津交还。王竹林君、李子赫君捐资设学,邀余与共。夏,借灯牌公所设两斋。六月,子智庸殇。七月,率子崇、怡游日本。十月,由上海归。余在日本时,墨卿诸君将灯牌公所之两斋移会文书院,且增一斋,余归又增两斋,始名为民立第一小学堂。墨卿与王寅皆之力为多。孙女仁清生。侄孙仁曾生。

光绪二十九年癸卯（1903 年）　四十四岁

在籍。墨卿又劝卞、张两家设民立第二小学堂。官立小学亦成立三处。孙仁绪生。

光绪三十年甲辰（1904 年）　四十五岁

春，又成立官立小学□①处。三月，代胡月舫总理直隶学校司，司设于保定，寻改名学务处。四月，再往日本游历，八月归。延订保定师范学校教员。到保定就职。王寅皆殁。在保定设初级师范学校一处。设《学务报》。派官绅赴日本习法政。报告县兴学考成。改家塾英文馆为敬业中学堂。

谨案：辛亥以前，按照《奏定章程》一律名学堂。自壬子始称学校。本年内，校似应作堂，凡两处，下年同。

光绪三十一年乙巳（1905 年）　四十六岁

移学务处于天津，分科办事。往来津、保。派各县绅士出洋游历。改保定之校士馆为普通科学馆。省城初级师范学校续招第二班。春，次女适华。冬，长女适卞。设备县劝学所。筹设北洋师范、法政等学堂。改天津校士馆为师范学校。收回法国人在如意庵所设之学堂。收回普通学堂，改为天津府中学堂。家中设女小学，设保姆科，设幼稚园。冬，署学部右侍郎，十一月到任。

谨案：铃铛阁普通学堂与如意庵外人所办之学堂不同，初由绅

---

① 原文留空。

办,二十九年移交知府衙门接收,改官立中学堂。至三十一年,由学务处改天津府中学堂。是条似应云改官立中学堂为天津府中学堂。

光绪三十二年丙午(1906年) 四十七岁

在京供职。转左侍郎。是岁,各省学政改为提学使。提学使未经出洋者,补派出洋。请日本人讲教育行政。考试毕业回国之留学生,各科皆授进士、举人,唯医授医士,部争之,乃从同。敬业中学始建新校于南开。孙仁叶生。孙仁芝生,十二岁殇。

光绪三十三年丁未(1907年) 四十八岁

在京供职。八月,张文襄公管部。女师范章程奏准。

光绪三十四年戊申(1908年) 四十九岁

在京供职。派充考验询问各省保荐人才大臣。冬,两宫大丧。为袁尚书罢职,疏请留外务部尚书任,疏留中。孙仁荫、仁泽、侄孙仁统生。

宣统元年己酉(1909年) 五十岁

在京供职。派充考试留学生阅卷大臣。张文襄薨于位。冬十一月,奉派赴东陵。游盘山第四次。十二月,请假修墓。回津度岁。

宣统二年庚戌（1910 年） 五十一岁

正月，南游，由彰德至汉口、九江、上海、宁波，再赴慈溪东乡，扫墓已，又游杭州、苏州、镇江，登焦山，三月还津。奏请开缺。秋，往定兴，送鹿相国丧。智锺娶韩氏。孙仁赓生。

谨案：是年十二月先生孙仁远生，应补。

宣统三年辛亥（1911 年） 五十二岁

因债累太重，租引地于郭氏，旋作废，更称贷而支拄之。所办学校，或停或并，或由劝学所接管，仅担任初等小学二处，附蒙养园。八月，武昌事起。袁宫保入为内阁总理，余奉旨授为度支大臣，电请总理代辞。又奉派充南北议和大臣，亦电辞。十二月二十五日，清廷下诏逊位。正月，怡妇曹病故。十一月，续娶夏氏。夏，第三女智闲适卢。

民国元年壬子（1912 年） 五十三岁

从民国令用阳历。二月，官绅联合会成立，举余为会长，凡月余而解散。七月，赴日本。九月，归国。

民国二年癸丑（1913 年） 五十四岁

侄智惺故。七月，率袁氏诸生兄弟三人赴欧洲，游历俄、比、德、法、和兰、瑞士诸国，居伦敦。孙仁颖、孙女仁英生。

民国三年甲寅（1914 年）　五十五岁

二月，电传授教育总长之令，请驻英公使代辞，己亦电辞。三月，女智蠋率两女来依俶成于伦敦。五月，离英国，至法，至义，至匈，至奥，仍由西伯利亚回国。阅报见中央新派参政院参政多人，余亦与焉。嫂氏殁。入都，辞参政，虽不见允，终未就职。冬，入都，居北海，照料袁氏诸生读书。

民国四年乙卯（1915 年）　五十六岁

袁总统欲于辉县苏门建大学，属余赴辉县查看建学地址。归过顺德，参观学校。赴上海，观东亚运动会。游杭州。孙仁华生。八月，筹安会起，入都争之不得，遂绝迹于北海。

民国五年丙辰（1916 年）　五十七岁

洪宪帝制取消，余复入都，居北海一日，旋归津。五月，袁总统殁，吊毕，即日归。七月，同张君伯苓游明陵，过长城，至张家口、宣化县。八月，往（张）〔彰〕德送葬。家中女学复设高等班。在居宅之对门设贫民义塾。九月，同王少泉登泰山，游西湖。孙女仁斌生。

民国六年丁巳（1917 年）　五十八岁

四月，同卢木斋游杭州、绍兴、桐庐、富阳等处，又同章馥亭游苏州，泛太湖，五月还津。六月，李经羲组织内阁，电召余为教育总长，黎总统亦有电，覆电婉辞之。七月，复辟未成，大战于京师。直隶大水。八月，天津大水。入都，与河工讨论会。十二月，与内子先后入都,居崇儿寓所度岁。

民国七年戊午(1918 年)　五十九岁

孙仁驹生。三月,就京师日本同仁医院割去右足之瘤。四月,取道日本赴美洲。

谨案:先生子智开于民国三年五月娶陶氏,民国六年三月陶氏卒,应补。

附:严范孙先生年谱补

民国七年戊午(1918 年)　五十九岁

十一月,先生长子智崇卒于日本。十二月,先生归自美洲。晋京。先生姑适沈氏者逝世。

民国八年己未(1919 年)　六十岁

赴彰德,应袁氏襄题之请。赴太原,参观华北运动会,遂(于)〔游〕晋祠。游金陵及金、焦,至于西湖而返。避暑北戴河。晋京两次。先生家中女学成立中学班。

民国九年庚申(1920 年)　六十一岁

赴汤山,浴温泉。避暑北戴河。先生侄孙仁曾赴美留学。就海军医院割去两瘤。先生孙女仁梅生。是年有直皖之战,奉军入关助直。

民国十年辛酉（1921 年） 六十二岁

避暑香山。先生孙仁覃生。晋京两次。门罗博士来天津。

民国十一年壬戌（1922 年） 六十三岁

先生孙女仁冀生。晋京,赴清华园。习童子功。是年有直奉之战,奉军退。

民国十二年癸亥（1923 年） 六十四岁

晋京。先生子智开续娶全氏。再晋京,入协和医院割治摄护腺肿瘤。先生侄孙仁曾授室。乡人捐资重修文庙,先生与焉。

民国十三年甲子（1924 年） 六十五岁

先生孙女仁莲生。臀肉生核,延沈医割治。是年直奉再战,直军退。

民国十四年乙丑（1925 年） 六十六岁

因尿道不利,就协和医院治疗,凡晋京四次,遂避暑西山卧佛寺。先生孙女仁荃、曾孙文禄生。先生孙女仁菊于归方氏。是年李军退,冯军入境。

民国十五年丙寅（1926 年） 六十七岁

晋京两次。先生孙女仁棠生。先生长孙仁绪授室。十月,结婚五十年,举行金婚式。是年,冯军退,败兵肆扰,与绅商筹议维持,迄无善法,张、褚军入境乃已。

民国十六年丁卯(1927 年) 六十八岁

晋京两次。先生侄曾孙文祁、曾孙文朋生。先生长孙妇魁氏卒。与同人筹立崇化学会,聘长洲章式之先生主讲,十月开学。

民国十七年戊辰(1928 年) 六十九岁

崇化学会讲席暂假西罩棚,与同人分日招待。五月,晋京。先生长孙女仁荷于归曹氏。六月,张、褚退,人心浮动,与同人面请当局设法镇压。七月,避暑西山。十一月,杨村参观石幢开幕礼。

民国十八年己巳(1929 年) 七十岁

病中作自挽诗,手书出示学会同人。三月十五日终。

先生自著年谱至戊午夏止,距先生之没尚有十一年事应补。爰择取历年日记所载,依前体例辄足成之。前所自著者偶有小误,僭加案语,俾归于是,亦传信之意耳。高凌雯谨识。

附录一:朱卷履历

严修：字梦扶，号范孙，行二，咸丰辛酉年三月十二日吉时生，直隶天津府天津县府学廪膳生，民籍。

始祖讳应翘字允恭。例赠承务郎。

始祖妣氏董例赠安人。

二世祖讳铎原名士珂，字时遇。例赠登仕郎，自浙江宁波府慈溪县始迁津邑。

二世祖妣氏冯例赠孺人。

氏孟例赠孺人。

氏刘例赠孺人。

太高祖讳宏基字缵亭。例赠登仕郎。

太高祖妣氏杜例赠孺人。

氏陈例赠孺人。

高祖讳茂兰字蕙友。诰赠武翼都尉。

高祖妣氏金诰赠淑人。

曾祖讳汝汉字伯轩。诰赠武翼都尉，晋赠荣禄大夫，三品衔刑部郎中加四级。

曾祖妣氏武诰赠淑人，晋赠一品夫人。国学生、敕封征士郎讳锡杰公女。国学生、敕授修职郎讳灏公，国学生、敕赠登仕郎讳源公胞姊。邑庠生、候选训导讳裕昆公，邑庠生、诰封奉政大夫讳云章公，武庠生、诰封昭武都尉讳云龙公，尽先副将、赏戴花翎、前署江苏福山镇总兵名鹏云公姊。敕赠登仕郎讳树棠公，驰赠登仕佐郎讳树春公，敕赠登仕郎讳树茂公，国学生名树成公胞姑母。岁贡生、候选训导讳凤翱公，廪贡生、光禄寺署正衔现任安州乡学训导名承谦公，辛亥恩科举人、壬戌科大挑二等、现任昌黎县训导名承厚公，候选卫千总讳承恩公，六品衔前山西灵石县仁义镇巡检、诰封资政大夫名承敬公，廪膳生名兆熊公姑母。驰赠登仕佐郎讳德滋公，议叙从九品名德润公，国学生名恩铭公，候选未入流名德深公，议叙从九品名德溥公，国学生名德荫公胞祖姑母。甲戌科进士、盐运司衔河南补用知府名登第公，优贡生名登俊公祖姑母。

祖讳道尊字师范。诰赠中议大夫，晋赠荣禄大夫、三品衔刑部郎中加四级，貤封儒林郎、翰林院庶吉士加一级。

祖妣氏王诰封淑人，晋封一品夫人，旌表节孝奉旨入祠。国学生讳淑文公孙女。岁贡生、候选训导讳淑霖公侄孙女。候选直隶州州同讳宜民公女。钦加道衔湖北汉阳府知府讳润田公侄女。邑庠生名庆公胞姊。乙卯科举人、内阁中书、湖北候补同知名毓芑公堂妹。钦加五品衔、赏戴蓝翎候选都司名维垣公，从九品名寿山公堂姊。郡庠生讳兰藻公堂姑母。

本生祖讳家瑞字宇香。诰授武德佐骑尉，诰封武翼都尉，貤赠荣禄大夫、三品衔刑部郎中加四级。

本生祖妣氏陈诰封宜人，晋封淑人，貤赠一品夫人。乾隆庚辰恩科举人讳礼公曾孙女。候选县丞讳世谟公孙女。例赠登仕郎讳安城公女。敕授承德郎名仰曾公，敕授宣德郎名法曾公，敕封宣德郎讳学曾公嫡堂姊。

父讳克宽字仁波。候选员外郎，诰授奉直大夫，诰封荣禄大夫、三品衔刑部郎中加四级，敕封儒林郎、翰林院庶吉士加一级。

母氏陈诰封宜人，诰赠一品夫人。乾隆庚辰恩科举人讳礼公玄孙女。国学生讳世范公曾孙女。候选通判讳德城公孙女。候选州吏目讳耀曾公胞侄女。候选典史讳显曾公女。国学生名家珠公嫡堂姊。敕授登仕郎讳邦珠公，国学生名廷珠公胞姊。

氏王诰封宜人，诰赠一品夫人。乾隆己卯科举人、己丑科进士、兵部职方司主事、国史馆纂修、吏部员外郎、历任山东登州兖州等府知府、贵州思南府知府、江西饶州府知府、升任云南迤东道署理云南布政使司布政使、诰封荣禄大夫、晋封光禄大夫讳禄朋公孙女。增广生、嘉庆庚午科誊录、诰封奉直大夫、晋封中宪大夫讳臣鹄公女。候选知县、诰封奉直大夫、貤封中宪大夫讳守谦公，候选从九品、诰封奉直大夫、貤封中宪大夫讳同谦公，候选从九品名鸣谦公胞妹。候选从九品名如玉公，国学生名兆棠公嫡堂妹。附贡生、盐提举衔河南候补通判名鸿骞,邑庠生名鸿恩胞姑母。

二世胞叔祖士琦

士瑛

嫡堂太高叔祖宏绪

从堂高伯祖茂华

从堂高叔祖茂芝

族高伯祖锦

胞曾叔祖坤坦字治平。

再从堂曾叔祖汝恩字捷三。例封登仕郎。

汝敬字敷五。

族曾叔祖居敬字简廷。例赠修职郎。

嫡堂叔祖家骏字蓉江。国学生、候选典史、军功钦加六品衔、敕授承德郎、诰封奉直大夫。

家善字金台。候选典史、敕授登仕郎。

再从堂叔祖家祥

家祺字竹溪。国学生。

家征

族伯祖绍闻字东泉。议叙七品衔,敕授宣德郎。

从堂叔克明字峻堂。国学生、考取内阁供事、候选府经历。

再从堂叔克勤幼。

族叔克诚字辅臣。国学生、候选从九品。

胞兄振字香孙。附贡生、刑部湖广司学习郎中、钦加三品衔。

再从堂弟葆元幼。

葆训幼。

葆昌幼。

葆铭幼。

族弟铠幼读。

胞姑母三：长适同邑候选守御所千总、三品封典宋公讳时蔚次子，候选都司、赏戴花翎名沛田公。

次适同邑国学生、候选从九品、诰封朝议大夫沈公讳至言第三子，国学生、赏加六品衔名镒恩公。

三适同邑五品衔候选州同董公名长治第三子，候选从九品名士俊公。

胞姊一未字，殇。

胞妹一适同邑五品衔候选盐大使、国史馆誊录华公名承烈长子，邑庠生名世珍。

娶李氏诰封奉直大夫讳渤公玄孙女。貤封奉直大夫、诰赠中议大夫、赏戴花翎讳树荣公曾孙女。貤赠奉直大夫讳树基公，貤封文林郎讳树馨公，廪贡生、原署藁城县训导、嘉庆庚申恩科举人、考取实录馆校录、选授河南新郑县知县、历任四川屏山铜梁等县知县、道光辛巳恩科四川乡试同考官讳长清公嫡堂侄曾孙女。附贡生、貤赠武略骑尉讳树华公，岁贡生、候选训导讳长茱公堂侄曾孙女。覃恩诰封朝议大夫、貤封中议大夫、赏戴花翎讳嘉绪公孙女。诰授武德骑尉、晋赠武翼都尉讳嘉绂公，诰授昭武都尉、覃恩貤封朝议大夫讳嘉绍公，诰授武翼都尉、诰赠中议大夫、赏戴花翎讳嘉绶公侄孙女。候选守御所千总讳嘉言公，候选营千总讳嘉谟公，附贡生、原任安徽宿州州判、历署定远灵璧等县知县讳葆谦公，候选都司、诰封武功将军讳嘉善公，原任广西罗城县县丞兼署罗城县知县讳光箓公，湖北候补县丞讳柏年公，郡庠生讳光谦公，蓝翎同知衔、前甘肃遇缺尽先即补知县、署宁朔县知县名庆阳公，原任广东曲江县典史讳光恩公嫡堂侄孙女。候选从九品、诰赠武德骑尉讳藻公，新疆军功六品衔讳晋公，郡增生讳中孚公，太学生、道光壬午考取恩职、候选主簿讳益谦公，廪膳生讳观公，从九品讳丰公，候选从九品名苍公堂侄孙女。廪膳生、咸丰乙卯科举人、壬戌会试大挑二等、拣选知县、津防出力、钦加五品衔、赏戴花翎名秉璋公女。五品衔布政司理问名奉璋公胞侄女，附贡生、盐运使司运同、赏戴花翎名运昌公本生胞侄女。候选布政司理问、三品封衔、敕封文林郎讳耀璋公，太学生讳玉璋公，国学生名锡璋公嫡堂侄女。太学生、敕授武德骑尉讳伯抑公，守御所千总、诰封武功将军名仲诚公，邑庠生讳兆蓉公，附贡生、五品衔候选巡检名仲平公，郡庠生、丙子科挑取誊录讳国祥公、岁贡生、候选训导名叔泰公，貤封武德骑尉名淑铭公，守御所千总名汤铭公、讳汉铭公堂侄女。从九品名春僖嫡堂姊。廪膳生、光绪乙亥恩科举人、丁丑科考取誊录、充补国史馆誊录、议叙知县名春棣，附贡生、候选同知名春秋，廪膳生名春泽堂妹。议叙从九品名润田，候选都司名明良，名缉熙，庠生名锺俊从堂妹。守御所千总名应熊堂姑母。

子崇智，锡智

女

族繁只载本支，世居带河门外。

永感下

本生祖训
庭训

业师：谨以先后为序

胞兄香孙夫子名振履历详前。

查帖青夫子印凌汉廪贡生，壬申考取誊录国史馆，差满议叙候选训导。

孙竹泉夫子讳右淇增广生。

太表叔武子香夫子印兆熊履历详前。

周锦江夫子印灏附贡生、候选训导。

沈体乾夫子讳继勤国学生、敕封儒林郎。

于筼庵夫子讳士祐乙卯科副贡生、候选教谕、著有《南有吟亭诗钞》，待刊。

张子笏夫子印绅壬戌恩科举人,辛未会试大挑二等,候选教谕。

课师:

林杏农夫子印骏元甲子科举人,军功候选知县。

陈挹爽夫子印垲辛酉科举人,壬戌考取宗学汉教习、传补左翼宗学,期满候选知县。

外舅李筱林夫子印秉璋履历详前。

陈襄夔夫子讳锡麒壬戌科进士,钦加运同衔、赏戴花翎,原任天津府河防分府。

杨香吟夫子印光仪壬子科举人,拣选知县,现主讲辅仁书院,著有《碧琅玕馆诗钞》行世。

王芷庭夫子讳兰昇庚午科山东解元、甲戌科进士,原任翰林院编修。

冠九夫子印如山戊戌科翰林,现任长芦盐运使司盐运使。

萧廉甫夫子印世本癸亥恩科进士,翰林院庶吉士,前任天津县知县。

肄业师:

谷春夫子印缙兴戊子誊录,天津府学教授。

刘鹿苹夫子印宾岁贡生,天津府学复设训导。

吴霖宇夫子印惠元甲辰科进士,翰林院编修,原任甘肃宁夏道、云南盐法道,前主讲辅仁书院。

沈云巢夫子,谥文和嘉庆庚午科举人、丁丑科进士,翰林院编修,原任浙江布政使司布政使、同治庚午科重宴鹿鸣、钦加头品顶戴,前主讲辅仁书院。

辛蔗田夫子讳家彦甲戌科进士,翰林院编修,国史馆协修,前主讲辅仁书院。

王云舫夫子印文锦辛未科进士,翰林院编修,前主讲辅仁书院。

张幼樵夫子印佩纶辛未科翰林,现任翰林院侍讲学士,前主讲问津书院,本科知贡举、殿试读卷大臣、朝考阅卷大臣。

崔惠人夫子印国因辛未科进士、翰林院编修。

曹仲铭夫子印鸿勋丙子恩科进士、翰林院修撰。

钱修伯夫子印敏前任天津县知县。

任石泉夫人印尔会前署天津县知县。

宋澄川夫子讳渊泾前署理天津县知县。

武升三夫子讳士选乙卯科山西解元、丙辰科联捷进士、钦加运同衔,前署理天津县知县。

王朴臣夫子讳炳燮丙子恩科进士,前署理天津县知县。

刘润之夫子印亨霖前任天津县知县。

张戟门夫子印振棅前署理天津县知县。

何剑秋夫子印承绪丁丑科进士,前署理天津县知县。

郭绍庭夫子印奇中前任天津县知县,现任蔚州知州。

朱允卿夫子印乃恭戊辰科进士,现任天津县知县。

吴晓苍夫子印中彦前任天津河防分府。

程质斋夫子印迪华现任天津河防分府。

马松圃夫子印绳武前任天津府知府,升任保定府知府。

恽筱山印桂孙前署理天津府知府。

万子和夫子印年丰前署理天津府知府。

吴质甫夫子印汝纶乙丑科进士、现任冀州直隶州知州,前署理天津府知府。

子望夫子印宜霖现任天津府知府。

丁乐山夫子讳寿昌布政使衔、钦赐西林巴图鲁,前任天津河间兵备道、署理津海关道,升任直隶按察使司按察使。

玉如夫子印额勒精额戊辰科翻译进士,现任长芦盐运使司盐运使,前天津河间兵备道。

吴春帆夫子印赞诚己酉拔贡,前任天津河间兵备道。

刘昆圃夫子印秉琳壬子恩科进士，前任天津河间兵备道。

吴香畹夫子讳毓兰前任天津河间兵备道。

陈子敬夫子印钦壬子科举人，前任津海关道。

黎召民夫子印兆棠丙辰科进士、三品卿衔、现任福建船政大臣，前任津海关道。

郑玉轩夫子印藻如辛亥恩科举人，前任津海关道。

周玉山夫子印馥现任津海关道。

年伯李少荃夫子印鸿章丁未科翰林、前文华殿大学士，直隶总督。

年伯张振轩夫子印树声现任两广总督，署直隶总督。

受知师：

夏子松夫子讳同善丙辰科翰林、原任吏部左侍郎，前提督顺天学政。

钱湘吟夫子讳宝廉庚戌科翰林、原任刑部左侍郎，前提督顺天学政。

何地山夫子讳廷谦乙巳恩科翰林、原任工部左侍郎，前提督顺天学政。

祁子禾夫子印世长庚申恩科翰林、现任吏部右侍郎、提督浙江学政，前顺天学政。

程午坡夫子印夔丁丑科翰林，壬午科乡试同考官。

徐荫轩夫子印桐庚戌科翰林、现任礼部尚书，壬午科乡试大主考、本科会试大总裁、朝考阅卷大臣。

毕东河夫子印道远辛丑科翰林、现任都察院左都御史，壬午科乡试大主考。

达峰夫子印乌拉喜崇阿丙辰科进士、现任都察院左都御史，壬午科乡试大主考、本科覆试、朝考阅卷大臣。

孙燮臣夫子印家鼐己未科状元、现任户部右侍郎，壬午科乡试大主考。

宗室睦庵夫子印瑞联癸丑科进士、现任兵部尚书，壬午科乡试覆试阅卷大臣、本科会试大总裁。

潘伯寅夫子印祖荫壬子科探花、前刑部尚书，壬午科乡试覆试阅卷大臣。

芝庵夫子印麟书癸丑科进士、现任工部尚书，壬午科乡试覆试阅卷大臣。

年伯邵汴生夫子讳亨豫庚戌科翰林、原任吏部左侍郎，壬午科乡试覆试阅卷大臣。

席卿夫子印锡珍戊辰科翰林、现任吏部右侍郎，壬午科乡试覆试阅卷大臣、本科覆试阅卷大臣、殿试读卷大臣。

王夔石夫子印文韶壬子科进士、前户部左侍郎，壬午科乡试覆试阅卷大臣。

薛云阶夫子印允升丙辰科进士、现任刑部左侍郎，壬午科乡试覆试阅卷大臣、本科覆试阅卷大臣、朝考阅卷大臣。

周小棠夫子印家楣己未科进士、现任顺天府尹，壬午科乡试监临、覆试阅卷大臣、本科覆试阅卷大臣、殿试读卷大臣、朝考阅卷大臣。

尹朗若夫子印琳基癸亥科进士、翰林院编修，本科会试同考官。

张子青夫子印之万丁未科状元、现任刑部尚书，本科会试大总裁。

坞桥夫子印贵恒辛未科翰林、现任刑部右侍郎，本科会试大总裁、殿试读卷大臣。

邓铁香夫子印承修辛酉科举人、现任户科给事中，本科会试内监视。

李兰孙夫子印鸿藻壬子恩科翰林、现任吏部尚书、协办大学士，本科覆试阅卷大臣殿试读卷大臣、朝考阅卷大臣。

翁叔平夫子印同龢丙辰科状元、现任工部尚书，本科覆试阅卷大臣，教习庶吉士。

宗室小峰夫子印昆冈壬戌科翰林、现任户部左侍郎，本科覆试阅卷大臣、朝考阅卷大臣。

宗室星斋夫子印奎润癸亥恩科翰林、现任吏部左侍郎,本科覆试阅卷大臣、殿试读卷大臣。

许筠庵夫子印应骙庚戌科翰林、现任户部左侍郎,本科覆试阅卷大臣、朝考阅卷大臣。

犊山夫子印嵩申戊辰科翰林、现任礼部右侍郎,本科覆试阅卷大臣、殿试读卷大臣、朝考阅卷大臣。

陈荔秋夫子印兰彬癸丑科翰林、现任都察院左副都御史,本科覆试阅卷大臣。

许星叔夫子印庚身壬戌科进士,现任刑部右侍郎,本科覆试阅卷大臣。

周生霖夫子印德润壬戌科翰林、现任内阁学士兼礼部侍郎衔,本科殿试读卷大臣、朝考阅卷大臣。

张子腾夫子印家骧壬戌科翰林、现任内阁学士兼礼部侍郎衔,本科殿试读卷大臣、朝考阅卷大臣。

宗室箴亭夫子印福锟己未科翰林、现任户部右侍郎,本科会试知贡举、朝考阅卷大臣。

郑芝岩夫子印嵩龄戊辰科进士、翰林院编修,本科教习庶吉士。

乡试中式第一百九十一名

保和殿覆试钦定一等第十六名

会试中式第三名

保和殿覆试钦定二等第七十一名

殿试二甲第十一名

朝考一等第十名

钦点翰林院庶吉士

附录二：贵州碑记

去 思 碑①

孙熙昌

盖闻经师易遇,人师难遭,二者兼之,不尤难乎?吾黔士多寒畯,书籍绝鲜,务词章者实繁,讲经学者盖寡。虽有莫、郑导其先路,二公之后,嗣响寂如。甲午仲冬,津门严范孙太史奉命督学是邦,下车之始,即教弟子以读书之法,分年、月、日课程,使自为札记。考其勤惰,课其殿最,奖以书资,给以膏火。更复捐廉,购各种书籍于资善堂而以贱价售之,士虽贫如黔娄,亦得手置一编。于是士林蒸蒸向风,见闻一变,非复前之固陋矣。此所谓经师也。然而公深疾城阙佻傺之风,为挽文人浮华之习,凡所讲贯,必以《朱子学》《近思录》《性理精义》三书为宗鉴。衡文所弃取,则先器识而后文艺;场屋所进退,则轻著述而重躬行。于是士林知敦实践,而风气又为一变,此所谓以经师而兼人师也。

上下游按试既毕,乃以丁酉孟春旋省,师湖学经义治事遗意,选四十人肄业于学古书院,分斋讲习其经义如前札记之法,聘绥阳雷孝廉玉峰为之师。治事则因悲悯时艰,先以算学为入门,而捐廉为奖励之资。亲往督课,风雨无阻,虽严寒盛暑,终日危坐堂皇。诸生有请质者,皆假以辞色,叩谒两端。盖既兼经师、人师之望,而又能诲人不倦者也。夫自来讲汉学者,每薄宋学为空疏;讲宋学者,每攻汉学为穿凿,故二学几成水火。公折衷至当,悉化畛域。

---

① 转录自严修自订、高凌雯补、严仁曾增编、王承礼辑注、张平宇参校《严修年谱》(齐鲁书社 1990 年)。

又理学家多鄙薄事功，公统筹全局，欲广储人材，上分宵旰之忧，故任怨任劳，与诸生切切讲求时务。虽成就不敢预知，而公之用心，亦良苦矣。或有谓算数为西人之学，非我辈所屑道，是岂惟不知公，亦岂能知时事者哉？夫孔门六艺，数居其一，是其学本中国固有之学也。且试问今之时势，抑岂高谈性理、徒饰词章者所能转弱为强乎？值此创深痛巨，不思尝胆卧薪，□①大春秋复仇之义，乃为是迂阔不通之论，是固公之罪人也，其何损于公乎？

至于公之待士，其体恤周挚也，如父兄之于子弟，其诱掖奖劝也，如师保之于门人。而且推诚布公，洁清自矢，又日月之明，而冰雪之皎也。尤有难者，生平未尝疾言遽色，而僚属吏役，畏之如神，不敢为私，殆所谓壁立千仞，无欲则刚者非耶？明季王阳明先生以理学名臣，讲学龙场，不意历三百年而后先辉映如此。惟阳明以贬谪莅黔，为时甚暇，故得从容讲学。公论选书卷，日不暇给。兹值瓜期已届，不获久留。公行矣，黔之人相与讴吟歌咏，勒石纪德。过此者尚无抚召伯之棠而兴勿翦勿伐之思乎？是为记。修文孙熙昌撰，思南严寅亮书。

---

① 《严修年谱》按：缺字疑为"光"。

誓学碑缘起①

雷廷珍

自步候精而天变，探测密而地变，古今积中外通而世道变。何以御变？曰人。何以治人？曰才。何以成才？曰学。此合五洲历万世而不变者也。中学研精于义理，西学殚虑于事功，有相为体用者焉。然所谓相为体用者，究非谓自汉以来破碎迂拘之学也。若于破碎迂拘之学亦未有闻焉，而以眉睫弗顾，瞑目自大，一切摈斥之而不求有济于事，琉球、越南、缅甸殷鉴，岂在远哉！栋折榱崩，倾压谁免，此所以乙未以后，变书院法，开中西学之议，迭奉谕旨；而强学、圣学、质学、办学、保教等会相继崛起；而各行省之变通书院、建设学堂、联学会、出学报者，日增月益焉。

吾黔自道真讲学于汉季，阳明提倡于前朝，桐野、子尹辉映后光，汉学、宋学得谓无人？然不惟年湮泽斩，来者无闻，即溯其渊源所渐：道真，许学也；阳明，陆学也；桐野，陆、王学也；子尹，许、郑学也。必求通乎古而有济于时，窃以为虽起许、郑、程、朱、陆、王诸贤而面质之，吾知其于中学西学亦将别有所事矣。

廷珍少贱多暇，杞忧实殷，己酉、庚寅间起例发凡，遂欲纠合同人，阐明斯旨。无如境约徒寡，旷日持久，夙志莫酬，且于泰西学

---

① 转录自严修自订、高凌雯补、严仁曾增编、王承礼辑注、张平宇参校《严修年谱》（齐鲁书社1990年）。又见刘泳唐选辑《蟫香馆使黔日记选辑》附录。两处引录均有个别疏漏。惜未见原稿。此次整理以《严修年谱》引文为底本，参校《蟫香馆使黔日记选辑》。《年谱》明确有误处，即据《选辑》订正。两处均疑有误处，则出校记说明。

术,茫乎未知,又焉能以其昏昏使人昭昭也。津门严太史范孙,通儒也,德行纯厚,学问渊深,督学黔中,既创议开设书局,变通书院,兼业中西,延余主讲中学,而西学则自任其难,孤诣苦心,虽不能为外人道,而亲炙者如饮醇醪矣。瓜期受代,黔士分党勒石,以颂德教而鸣去思,余改书院肄业生等之"去思碑"为"誓学碑",而为之记曰:

国家定制,学政三年受代,劣者或不及期,贤者究鲜留任,亦犹天不以人之爱冬日而永其辉也。丁酉冬为督学严公受代之期,黔士沐其德教,感其玉成,署榜于堂,立石于道,或颂德政,或铭去思者纷纷焉。

一日,学古书院肄业生数十人,升堂而请曰:"宗师严公之来吾黔也,初下车即饬各学生员立读书日记、省身札记,月终呈阅而评骘之,奖给书籍以鼓励之,而于算术演式读理,尤不惮烦难,口讲笔授。执贽脩脯,则皆却焉,曰:'育才贪而取利廉,学政之职也。'乙未夏,始则拟开精舍于资善堂,以教黔士;继而为人所阻,复筹商于当轴,改设书局,捐廉千金,以助成之。实开都中强学会改官书局之先,黔士遂广沐其泽。又以士生今日,不通中学则体不立,不兼西学则用不周,中学之本在经,西学之本在算。算于黔中绝学也,特每月朔创设算课,捐廉重奖,以开风气,黔士通代数微积者,至今遂彬彬焉。丙申秋,复建议变通书院,捐廉购置中西学书八十余种,创立科条,学兼中西,调四十人肄其中,无间风雨寒暑,日亲督课,十越月如一日焉。黔士于中学西学,遂有日进之机,日学未成而功未竟,严公之憾也。日尝谕生等曰:'毁誉非所计,勤劳非所惜,惟诸生有不如条约学规者,则竟日戚戚焉。'是其学通,其识卓,其力坚,而其心尤是令〔人〕增感矣①。"

曰:"为之奈何?"

曰:"众议勒石以铭去思,以先生之于书局、书院,皆尝左右其事也,请为之记。"

曰:"诸生欲以一顽石报之耶? 间尝驰驱于燕、赵、齐、鲁、宋、卫、陈、郑、吴、楚、巴、蜀之郊,德政碑不为不多也,而世风日降也;去思碑不为不多也,而人心日薄也。推其所以然,盖施者以是,报者以是,如是足矣。德何尝溢于碑外! 思何尝余于碑后也! 孰谓严公也而亦以是哉? 诸生何如以此石自砺,郊饯日指石而誓曰:'感公教泽,黾勉朝夕,学必求成,志无或射,不磷不(摇)〔缁〕,有如此石。'则严公虽去,知诸生学成有日,或足藉舒注念诸生之雅意耳。若谓立石表誓,使来者目而指之曰:'经济如某某,德行如某某,文学如某某,皆督学严公所玉成者。'犹其浅焉者也,虽然,诸生为此,亦非易易也。名著录而心不兢,不足以对此碑也;学浅尝而功不究,不足以对此碑也;文雅赡而行不饬,不足以对此碑也;有得于古而无补于时,不足以对此碑也。诸生有志不坚,力不果者乎? 无徒以此为人之口实,而贻严公羞也!"

金曰:"生等愿尽心思,竭才力,以不负此举也。"

余闻言而环顾之,其感激愤发之心,懋懋然,慬慬然,皆见于面。于是为名其碑曰誓学,而述问答之词为记,以砺其志。与誓者某府某某,某县某某,备勒名氏,质诸将来。

太史闻而止之曰:"以心而论,某之于黔也,三年之间,有志而未逮者,不知凡几。以迹而论,以此明思固太浅,以此誓学亦太显,

---

① 《蟫香馆使黔日记选辑》引作"而其人增感矣"。有漏字。综合两处所引,似应改为"而其心尤令人增感矣"。

均之虚文也！此时何如时？此事何如事？顾犹存此蹈常习故之见耶？方今时势，非自强不能自存，非人才不能自强，非讲学不能育才，非合众不能砺学。尤非尽人皆冥志朴学，不能有成而济时艰。学会诚天下之急务，实黔中之要务也。何如一开黔学，约集同人，以相讲肄，讲中学以通经致用，讲西学以强国富民。经史时务，分为三门，三者之中，又循序探讨，专业致精。且从此无论穷达，互相劝善规过，成美救失。有不如约者，近者面数而谏，远者贻书相规。务期前不负古人，后不负来者，上不负国家，下不负生灵。斯为不负学，不负会，不负知己也！此心宜坚于金石，此事岂借金石为哉！"

余伟其言，感其心，爰谕诸生，重申条约，立册署名，以期共砺，并述缘起，志诸册端。倘从此切磋砥砺，共底于成，学问事功，不负此举，则太史德教，岂仅吾黔之幸哉！光绪二十三年十一月□日绥阳雷廷珍识于学古书院之敬业堂。

附录三:传记资料

严先生事略①

陈宝泉

先生讳修,字范孙,原籍浙江慈溪,先世移居天津,遂家焉。父仁波先生,以好义闻于乡里,先生为其次子。前清壬午举人,癸未进士,历官翰林院编修、贵州学政、学部侍郎。民国以来,虽袁政府任以教育总长、参政等职,均不就。居津二十年,专心教育、社会事业。年七旬,于民国十八年三月十五日卒于里第。

少年时代 十四岁入邑庠,有神童之目。性至孝,父丧,三年不入内寝。

督学贵州时代 聘名儒,裁陋规,刊《劝学篇》,慕张文襄公之所为。时当光绪戊戌之前,尤洞悉旧制之不足以救时。首改南书院为经世学堂,聘黔儒雷玉峰主讲席,并捐廉购沪、楚书籍运黔,照原价发售,捐资垫付运费数万金,贵州新学之萌芽自兹始。出其门者,如熊范舆、任可澄、刘显治、姚华等,皆常与黔政局有重要关系者。此外朴学之士,多不胜数。杨兆麟君字次典,贵州人,官编修。尝为泉言:“经世学堂开课,适当学政驻省之时,范公每日按时到堂听讲,无少迟误,虽学子无其勤也。”任满奏请开经济特科,《戊戌政变记》称为“变法之原点”,不诬也。座师徐桐恶其所为,尽撤去其翰林院职务,遂请假回籍。然戊戌之变,亦未与其祸。公《自挽诗》所

---

① 录自《严范孙先生手札》(北平文化学社 1930 年石印本)附录,又见于陈宝泉《退思斋诗文存》。原有题注:“追悼会报告,民国十八年三月卅一日。”本次整理以《手札》附录为底本,又据《退思斋诗文存》略作校订。

谓"几番失马翻侥幸"者,此亦一事也。

第一次家居时代 清季负海内教育家之重望者,南曰张謇,北曰严,此确论也。惟张为教育界之政治家,严则教育界之道德家。其所谓道德者,尤以家庭教育为最著,自律至严,门无杂宾,室无媵妾。其教子弟也,和平与严肃并用,子弟行事之轨于正者,虽重费不惜,否则必以词色矫正之。先生本多佳子弟,复聘陶仲铭、张伯苓诸名宿为之师。陶君早卒,张君系具有教育建设之毅力者,首建议自家塾扩充为敬业中学,招生百余人,后以傅学者众,移其校于南开,即今日之南开学校也。至当日在家塾读书者,虽人数无多,而成就甚伟。除公之诸公子昭昭在人耳目外,如韩诵裳、陶孟和、武问泉诸君,均为一时特出之秀云。先生于(民)国〔民〕教育尤具热心,当时天津有私塾而无学校,先生为联合津中士绅,出资改组蒙养学塾为天津民立第一小学堂。其一切规制,均照《钦定学堂章程》办理。行之数月,成效甚著。于是官绅闻风兴起,本邑卞绅继设民立第二小学堂。天津府凌公福彭、天津县唐公则瑀约公出,组织官立小学堂,草具规模,未备也。时直隶总督袁世凯素器公之所为,尤欲以天津学校为全省之模范,于是筹款拨地,任公之意为之,天津教育始为之一振。

从政时代 先生于天津之兴学,成绩既著,于是直隶学校司胡公景桂首荐公自代,先生初不肯应,嗣胡公以最诚恳之情义感之,始允,且言须赴日本考察后始就职。甲辰赴日本考察教育,时泉与诸同学方驻东京,海外相逢,游谈甚畅,至今尤想像焉。学校司者,后又改为学务处。即前清之提学使司,及今日之教育厅也,特权力较大。在任一年,以劝学、筹款为首务。劝学所、宣讲所均公所创设,至今虽略易名称而其制未废。此外所创设者,为天津模范小学、天河师范、北洋师范、高等法政、女子师范等学堂。造就师资,尤公所最注意，居天津时，既推荐赴日习师范者二十人；任省政时，规画每府除应设一中学外，并应设一师范学堂。去任后，师范经费尚未筹集，更设法竭力赞助之。至各县小学之兴替，其权操之州县长官，故对于州县官奖诫分明，不少假藉。公居职时，各县教育无不蒸蒸有起色者，此也。斯时袁世凯之器公尤甚，泉尝谒袁，袁曰："吾治直隶之政策曰练兵，曰兴学。兵事自任之，学则听严先生所为，予供指挥而已。"先生曾荐泉与高步瀛君编纂《国民必读》《民教相安》二书，以启发直属国民之知识，印行十万册。此外，先生复指导同人编辑《教育杂志》、中小学教科书等，均盛行于全省焉。乙巳，清廷设立学部，被任为学部侍郎，先生雅不欲就，政府敦促之，始就道。临行时，聚泉等而言曰："予此行身败名裂，举不可知，所可惧者，予所私立之各学校、工厂，未知能否保存耳。斯时，公所私立之学校约五处，工厂两处。此后对于兴学之事，予只能勉助开办费，经常费多未确定，久则胡易为继？"盖先生兴学具唯一之热诚，深恐功败垂成，故不惮言之详焉。先生之入都也，同僚甚倚重之，然斯时多囿于官僚积习，欲其直撼胸臆，为清季教育界开一新纪元，未能也。盖先生早见及之，故独注意延揽人材，拔除废滞，以为国家培些许元气。所荐拔者，如张君元济、范君源廉、林君灏深、戴君展诚、罗君振玉、刘君宝和、陈君清震等，泉之不材，亦与其列焉。其时学制已为《奏定章程》所限，不能大有更张，故多从实施入手。于京师设督学局以统一都中教育，设图书局以编辑教科及参考各书，设京师图书馆以搜罗故籍，设京师分科大学以造就通材。提学司之制亦公所手定者。初，用人均归部荐，故多一时之选，逮改为廷推，则精意失矣。先生入都办事，其周详审慎之态度，尤为人所难及。从政余暇，则聘专家开讲习会，督率部员听讲。今为时远矣，同时僚友有谈及先生往事者,谓受先生之指挥,虽受苦而有余甘云。清德宗逝世,摄政王当国,教育益不理,赖张文襄公时为管学大臣。左右之,始勉强自安。逮文襄逝世,公确见天下事决无可为,遂谢病辞职。盖先生之政界生涯,于此终矣。国变后,虽往来南北,未尝忘情国事,而出处之界则甚严。有章君式之赠先生诗云:"八表同昏炳一灯,身肩北学老犹能。垂帘卖卜披裘钓,不数君平与子陵。"先生颇爱玩之,是可以见其志矣。

第二次家居时代 清季家居,则最寂寞之时代也。时官场贿赂公行,先生之盐产亦受其敝,且数载兴学,亏耗甚巨,先生又不欲累及家中公产,其时俭刻自持,艰苦最甚。诸公子虽多宏材硕学,而在求学时代,亦无以补助之。为善受困,同人咸为戚戚焉。清政解纽,先生家中所营之盐业亦渐裕。所最难处者,时袁世凯被选为大总统,而与先生有特殊之知遇也。袁被免职时,先生独与之送行。又传有保留袁之奏折,惜未见。袁于清季组阁,即荐先生为度支大臣,先生以非所素习辞之。民国以来,关于国务员之网罗,或见诸明文,或暗中推挽,盖无役不与。然先生一以淡然处之,不稍为动。惟关于故人交谊,于其子弟之教育,颇为尽力,藉以报袁之知遇焉。先生对于民国建国之意见,欲使孙、黄、袁、梁四派互相握手,以同策中国政治之进行,于民国元、二年间颇有所致力。既见事不可为,乃漫游欧洲,及归国而袁政府之专横益不可制矣。先生自此遇事韬晦,惟于帝制发动之初,争之甚力。有云:"若行兹事,则信誓为妄语,节义为虚言。公虽欲为之,而各派人士恐相率解体矣。"逮西南起义,袁颇自危,公首劝其撤去帝号。袁逝世后,公曾建议于政府当局请整顿内外金融。彼时财政紊乱,政纲不举,竟未见之实行。公亦自是专心教育事业,不甚谈国事矣。此后数年间,天津私立第一小学、南开学校进步皆绝速,南开学校除中学外,更增设分科大学及女子中学,学生愈数千人。则公之用力之所在可知矣。民国七年,更偕范静生、孙子文诸君为美洲之游,遇事研究,颇有进取之象。然归国时,适大公子智崇卒于东京,公心不能无所动。又遗传有隐瘤疾,割治数次,时发时愈,此后元气已渐亏矣。六十岁后,时制古今体诗,联合同志主持城南诗社。斯时尤留意国学,组织存社及崇化学会,延章式之先生及诸名宿主讲席。盖鉴于国学日替,姑为补偏救弊之谋,与当年之提倡新学,其用心正无以异。民国十五年后,宿疾渐瘳,去岁精神尤畅旺,惟步履少艰难耳。十二月间,天津傅司令率所属兵士与美国驻津军队合修天津、杨村间土路,行落成礼。先生力疾往观,终礼始归。虽精神娱快,体力已属不支,归即卧病,加以时届严冬,复感受风寒,病三阅月而终。呜呼!先生虽与世长辞乎,而其希望世界大同、中外合作之热诚,其精神固终古而不泯也。临终时神志湛然,预作《自挽诗》,兼处分后事,条理井井,并隐寓移风易俗之意。其文均发表,不具录。古人所谓言可为则,行可为法,及力疾易箦,正命而殁者,胥于先生见之。卒后,近者哀伤,远者惊叹,门人私谥为"静远先生"云。

论曰:先生为人外宽厚而内精明。事变之来,往往触于机先,故数当危疑之局而未与于难。自治严,遇人则厚。居官时,京外馈遗一概谢绝,而亲故之婚丧庆吊,应之惟恐不丰也。交游遍海内外,至其门者均有宾至如归之乐,且皆仰为中国教育家焉。其处事之法,细密而精严。每举一事,规模务取其小,及扩而充之,使至于不可限量。国变后,纯用间接之法以促事业之进步,自居于赞助地位而已,亦时势使之然也。然于社会之教育、实业、自治、公益等事,无论出于何人,必赞助之,不遗余力,绝非若前清遗老之流,以苟简自安者可比。又慈善事业尤先生家传之美风,平时亲友之赖以举火者多矣。庚子一役,全活尤众,至今路人称之。近年天津屡经战祸,公集合邑中同志华璧臣诸君出任维持,地方得免于难,以人望之所归也。公之著述,有《严氏教女法》《欧游讴》《张文襄公诗集注》、诗集、日记等书。诗文不自检束,散见者虽多,既未暇编订,先生复谦挹,不欲刊行。然先生之自律,以实不以文,窃愿观先生者,应注意其平生事业及实践道德,无徒以文字间求之也。

右报告书取材于公六十岁时泉所编之《严先生弟子记》。公曾亲阅之,复函有谓"公之文固当与他人不同,或足以资策励"者也。今取后十年事实补入之,复经李琴湘先生之指导改正,虽文不足以传先生,然敢信为无多讹误。以泉与李公追随先生数十年,皆得之亲闻亲见者也。海内留意先生言行者当不乏人,尤望加以补充及教正,泉窃馨香祝之矣。又记。

蟫香馆别记①

陈中岳 辑

序

陈子嵩若纂《蟫香馆别记》,成以示予。蟫香馆者,严范孙先生斋名也。予曰,语有之,"人往风微",此特为寻常人言之耳。若其人既往,而识与不识于其人之一言一行每乐为称道,如接其謦欬

---

① 据 1933 年铅印本整理。文中序号为整理者所加。

然，用以寄其仰止之忱，是人虽往而风不微，良由其人人之深，不可寻常拟也。严先生殁四稔矣，人之称道之者，匪惟不稍衰，且久而弥烈焉，虽谓先生不死可也。

先生固奇嵩若，故嵩若于先生尤切知己之感，既偕予同编先生遗诗，更追述先生之已事，勒为斯记。自谦为不贤识小，而先生之流风余韵固已历历如睹矣。若夫先生平生志节之大者，国史家乘自有贤豪为之载笔，嵩若斯记盖未之及。予闻疵玥嗣君方校补先生手订年谱，异日杀青，当有与斯记相发明者。《诗》云："视民不恌，君子是则是傚。"岁月易淹，光尘未沫，不禁企予待之。癸酉孟春天津赵元礼。

序

陈子嵩若渊然而思，愀然而悲，罗星宿于心胸，视朋友为性命，作吏不废，味古能腴，长者之车不绝夫陋巷，独秀之誉早布于江东，犹复叩思兴端、发情成绪，曹子桓之念逝者，杜工部之赋八哀，斯《蟫香馆别记》之所由辑也。

天津严公范孙，经师人师，令闻令望，金石相契，期以千秋，杖履从游，计将十稔，而乃天不慭遗，山颓木坏，实邦家之不造，宁吾党之私哀！嵩若温焊昨梦，掇拾遗闻，〔仿〕王辟之之《渑水燕谈》，洪景庐之《容斋随笔》，纪其一言一行，宝之如珪如璋，恍见羹墙，如亲笑貌。

赓垚奖借曾邀，浮沉依旧，未撰泉明之诔，谁镌有道之碑，邻笛声凄，虞渊日薄，抚今追昔，顿触予怀，论世知人，爰为此序。癸酉二月，永清云孙刘赓垚。

1. 公原籍浙江慈溪，清康熙中迁天津卫，卜居文昌宫西。咸丰戊午，封翁仁波公因英法联军之乱，携家避于顺天三河县之段家岭。越两岁庚申三月十二日，公生于其地。又越两岁壬戌，回天津。公《甲申除夕客沟阳感旧诗》曰："二十年前此地生，吾亲犹着彩衣行。而今霜露增悲感，零落惟存我弟兄。"沟阳，三河古名也。

2. 公生前一夕，封翁仁波公梦人授以玉杖，故字公曰"梦扶"，小字"玉珏"。

3. 公初名慎修，哲兄香孙先生名振修，其后香孙先生改名振，公改名修。

4. 公王父字师范，公字范孙，有时亦书"范荀"。

5. 公别署偍扁生，出《荀子》"难进曰偍，易忘曰扁"。

6. 公所居文昌宫西旧名倭瓜园，后巷名四棵树。某岁，公题春联曰："邻巷四棵树，家江七里滩。"额曰："故园瓜好。"

7. 光绪戊子公供职翰林院，题京寓春联曰："羊裘承世泽，鸾披重文章。"

8. 公为杭州夏子松先生督学顺天时所得士。宣统辛亥妣玥嗣君娶子松先生孙女为续室。公题门联曰："师门又叙婚姻谊，浙水曾为父母邦。"额曰："杭甬通婚。"

9. 公幼慧，十岁赋试帖诗"小娃撑小艇"得"撑"字，有句曰："双桡双腕软，一叶一身轻。"

10. 又赋"独坐幽篁里"试帖诗，有句曰："居非楼十二，谢去客三千。"上句借黄冈竹楼以形容幽篁，下句刻画独坐，弥见巧思。

11. 三河东北部多山。公郊行断句曰："而今解得看山法，远喜平原近喜楼。"

12. 公少与黄星樵、胡芰孙、陆纯甫同负文誉。有"黄严胡陆"

之称,见张少元挽公诗注。

13. 问津书院课艺,黄星樵及公每列前茅。时戏称黄忠、严颜。

14. 公工制艺,尹澂甫与公齐名。时称"尹湛严修"。

15. 尹澂甫尝语陶仲明:"范孙教子残苛,留客凶横。"公《祭澂甫文》中引其语。

16. 公尝谓:"吾乡通敏识时务之俊,予所最心折者陈奉周、陶仲明并王寅皆而三。"仲明死,公挽以联曰:"经籍史乘、金石文字、训诂词章、医方算术、列朝掌故,旁逮海外国书,学胡博哉!我尤服君居心诚恳、虑事周详、立志坚定;劝谕讽诫、扶持调护、讨论辨驳、讲贯切磋、处世箴言,兼及家庭琐事,教多术矣!君之于我忘形宾主、异姓兄弟、急难友生。"

17. 公尝应学海堂月课,丰润张幼樵时为山长,批公卷曰:"五艺再求典实,可借书更作之,幸勿以征逐之故,荒其本业也。"公如命更作,并屡为人诵此批,谓后日幸获寸进,微名师督责之力不及此。

18. 有好事者戏为联刺张幼樵,有"北洋赘婿,南海冤魂"之语。某孝廉录入日记,公见之深以文人轻薄相戒,促删去之。赵幼梅云。

19. 光绪壬午,公应顺天乡试,同考官程午坡先生夑得公二场经义卷,叹为典核华赡。头场首题为"子曰雍之言然"。公以"偃陪"作起讲。程初阅未荐,至是覆阅,知非恒流手笔,即为补荐。正考官徐公荫轩击节欣赏,与副考官乌公达峰、毕公东河、孙公夑臣三人传观,已定首选矣。嗣以二场《礼记》题"春秋冬夏风雨霜露无非教也"。公误将"雨霜"二字颠倒,群相惋惜,乃改为副榜第一。孙公以贝卷二场无佳者,竭力怂恿宜仍列正榜,惟名次当稍抑之。

毕公亦以为然。遂定为第一百九十一名,覆试列一等第十六名。

20. 公光绪乙酉春游盘山,赋七古长篇,极排宕之致。同游者南皮张筱云,天津陈竹轩、赵幼梅,通州李锡三。

21. 公与李锡三通家世好。锡三客中潦倒以死,其子夑中未能为箕裘之绍。公规以诗曰:"故人口血未全干,地下悬知瞑目难。为报郎君敦孝弟,从今家室得平安。苦言不惜尝康药,慈训真无负柳丸。我欲赠君无别语,大都语不外《汤盘》。"

22. 光绪癸巳秋,公再游盘山,同游者天津徐菊人、归安朱古微。

23. 光绪乙未,公黔轺,追忆盘山之游,赋四绝句寄徐菊人曰:"幽蓟长河水,千年感不胜。如闻戚元敬,誓死报江陵。"自注:"谓刘渊亭军门于张南皮也。"按,渊亭军门即刘永福。

24. 盘山一名徐吾山,故公诗之四曰:"一疏寥寥甚,名山竟属徐。焉知续家乘,又有荐贤书。"自注:"甲午战起,菊人疏请张南皮入赞军机,由掌院代奏,其应如响。"

25. 光绪庚子春,公尝与徐菊人、友梅兄弟、赵献夫同撮一影。菊人戏谓为"三壬一卯图"。以公与二徐壬午乡榜同年,赵则辛卯也。

26. 公答陈哲甫诗曰:"举世功名塞翁马,吾侪文字校人鱼。"自注:"邱宗卿谓,场屋文字如校人之鱼,与濠上之观异矣。见《困学纪闻》。"

27. 公光绪甲午督黔学,尝有剀切劝学示谕,后段曰:"本院五千里外奉使而来,凤与尔诸生无一面之亲、相知之雅,三年两试不得不视文章为进退。然私心所祷祝者,窃欲得朴雅之才,不愿得浮华之士。校其文艺以觇其所造;察其气质以验其所养;面课其言论以测其浅深；密访其行谊以核其真伪。文非一手不能数题而并工，学不十年不能当机而立应。浇薄戾傲者，名虽久著，亦黜之以儆效尤；敦笃悫实者，辞或未醇，亦进之以资矜式。优行之举，选拔之试，亦恃此为弃取焉。勉矣！夫纵本院无真鉴，而乡里有公评；纵人可欺，己不可诬也。"末申以五事：一劝经书成诵；二劝读宋儒书；三劝读《史记》《汉书》及《文选》；四劝行日记法；五劝戒食洋药。

28. 公贵州观风策论四道以"辨志""明师""评文""匡时"为题。一曰："学有蚤暮，境有难易，质有敏钝，性情有偏嗜，不必尽同，顾志趣何如耳？七略、四部愿治何书？文苑、儒林愿居何等？畅所欲言，无有逊避。"二曰："汉儒解经雅重家法，宋贤讲学各衍宗传。师道之重久矣，乡曲谀闻，皋比相嬗，不足以言授受也。抗希古人不为僭，曾文正《圣哲画像记》之类也；甄举时贤不为私，顾亭林明师之悱也。诸生亦有夙所宗仰者乎？试上下其议论，勿空言，勿耳食。"三曰："文章流别自古已分，沿及今日体制逾杂。然究之，不过曰骈文、散文，包慎伯论之矣；不过曰言有物、言有序，方望溪论之矣。至其浅深同异之故，亦非深造者不能道也。诸生肆力有日，愿试评之。"四曰："多诵而不知其说，晁错讥之；知古而不知今，王充笑之。读书将以致用也，方今时事急需才矣。诸生有熟于经世之学者，军国富强之策、民物利病之原，各举所知以相讨论。范文正作秀才时便以天下为己任，愿诸生效之。"

29. 公黔轺任满，覆命甫还京，即托至戚借数千金。故日记中有"予疏于理财，一官归来，反成债帅，殊自哂也"之语。

30. 公督黔学日，抚臣为嵩昆。遇有会衔示谕，例以学政姓名居前，横视之，恰为"严嵩"两字。公尝举以为笑。

31. 公序陈劭吾《宦游偶记》谓："余平生遵父遗命，未尝结异姓兄弟,遇所敬爱而齿稍长者,直兄事之,然综计不超三五人,劭吾其一也。"又,公《祭尹澂甫文》,自称"如怀弟"。

32. 光绪辛丑,公与林墨青集张馆、陈馆、赵馆学生十一人:严崇智改名智崇、严益智改名智怡、严锡智改名智惺、王宝璐、韩振华、林瀚、严勇智改名智庸、林涵、陶履恭、严忠智改名智锺、张彭春,于公宅北书房而誓之。公作誓词,曰:"尔十一人者,或为累世之交,或为婚姻之谊,辈行不必齐,而年齿则相若。尔父若兄道义相劘、肝胆相许、志同道合而患难相扶持,尔诸生所亲见也。尔十一人者自今日始,相待如一家,善相劝、过相规,毋戏谑、毋诟争、毋相訾笑、毋背毁、毋面谩。同力壹心,从事于学问。以绳检相勖,远非僻之友,警浮伪之行。毋作无益害有益,毋偷惰,毋轻躁。兄弟婚姻互为师友,敦品修业以储大用,是余等所厚期也。陶履恭,孤儿也。当厚自策励而去其童心。尔十人之待履恭也,悯之、爱之、砥砺之,使无坠其家学,是则今日此举为不虚矣。"誓既毕,十一人环相向,一跪三叩,礼成退。张馆者,张伯苓。陈馆者,陈哲甫。赵馆者,赵幼梅也。

33. 近人陈藻青《新语林》载:"项城放归彰德,亲故无敢送者,独严范孙、杨皙子便衣送至车驿。袁曰:'二君厚爱,我良感。顾流言方兴,我且被祸,盍去休?'严曰:'聚久别速,岂忍无言。'杨曰:'别自有说,祸不足惧。'"予尝亲询公,知当时相送者尚有刘仲鲁、宝沈盦。所言未及朝政,即杨皙子亦未为亢论也。

34. 宣统御极,项城罢职,公专疏密保其仍留外务部尚书任,疏上留中。公日记亦未载疏稿。刘芸生挽公诗有曰"朝焚谏草欲回天",盖实录。然公答予诗,因项城事,有句曰"本为衰朝惜异才",可喻其恛矣。

35. 公凡五至洹上养寿园。丙辰会葬项城为第四次,最后则在己未。公有诗曰:"历数前游益怆神,年年代谢有新陈。昔时四度同来客,强半今为泉下人。"自注:"前四次同行者林墨青、张伯苓、徐毓生、高旷生、侄智惺、儿子智崇。今惟墨青、伯苓及余存耳。"

36. 乙卯,公以故人谊力阻项城洪宪称制。袁不听,并改公所居曰"先生乡",意犹光武之于子陵也。见公贵州门人严俨挽公诗注。

37. 光绪乙未,公奏开经济特科,实戊戌变政先声。然公亦以此失欢于座师徐荫轩相国。公黔轺甫还,徐榜于司阍室曰:"严修非吾门生,嗣后来见不得入报。"然公于徐仍执弟子礼甚恭。后徐死庚子之难,客有述前事者,公泫然曰:"吾师仁人,为人误耳。"

38. 公督黔学日已从祁听轩习英文。比戊午、己未间,年逾六十矣,犹延师于家以英文为日课。时李琴湘令子新慧方游英,公函托购书,谓此书第一课之题为 Long long ago,自注:"予曩时在英曾照钞一通,尚可检读,不过错落无从校正耳。"

39. 公习天文算学得陈奉周之益为多。第一次在光绪庚辰,公尚未领乡荐也。第二次庚寅、辛卯在京寓五老胡同,每夕与陶仲明、王荣卿同习,毕辄笔记之。第三次则丙申在贵州学政任内,同学者为李莆田。公日记中有"数年蓄疑,今稍豁然"之语。第四次在己亥、庚子家居时,与张伯苓互相探讨。公平日于代数、几何致力最深,至是乃益贯通。

40. 公通《说文》之学,其读许书由于张幼樵、蒯礼卿两先生之怂恿。

41. 公中表兄宋少南隽爽工诗文。光绪戊子春宋死,公在京闻耗,连夜驰归,临哭甚哀。挽以联曰:"是解人,是快人,是辣手人,是热肠人,真雷霆精锐、冰雪聪明,君一生慕武亿、汪中,述学授堂悲命短;能知我,能谅我,能督责我,能护持我,念骨肉关连、腹心倚托,吾两个似巨卿、元伯,素车白马恸来迟。"

42. 公供职学部垂三年,僚属虽钞胥之末,亦靡不假以辞色,赵衰冬日,盖历来堂官所未有。

43. 公在学部时尝手书应整顿事宜三则告诫僚属:(一)守时限也。日本人尝言,欲知学堂管理之善不善,先观其时限之准不准。由此例推,知非细故。本部员司或来或否、或早或迟,颇有自由之习。研究之日,如期而至者较多,余日则参差不齐、漫无节制。大率巳、午之间,门庭寂然,午前后则欢呼并作矣。司务厅为本部门户,总务司为各司领袖,此两处事尤重要,而来迟者最众。诚恐相习成风,日久愈难整顿。宜于新章发布之初,责成丞参严定功过。(二)戒喧笑也。办公非会客之所,亦非闲谈之地。即有论议,不妨平心静气。若杂坐喧呶,哄堂笑谑,非惟体制不肃,亦恐扰及他人。每司俱设叫钟,则指使仆役,自无庸声威并作。(三)崇俭朴也。本部曾通饬各学堂裁节冗费。欲践其言,当自本部始。近日部用稍侈矣,凉棚不已,继之以冰桶,冰桶不已,继之以风扇。晏安之途愈辟,则勤奋之机愈阻。即为卫生计,亦但取适用,不须美观。他如桌椅箱橱,乃至笔墨纸等类,皆宜核实预算,日计不足,积少成多。

44. 公寓京日曾相屋于草帽胡同。已交定银矣,又见一屋召租,较前爽敞,心颇喜之。或谓定银可弃,盍僦其后者。公曰:"定银可弃,吾言不可食也。"卒僦前屋。

45. 赵幼梅尝以制艺质公。公为窜改泰半,并批其后曰:"文字惟切磋始有进益,知君不以导谀为适也。"

46. 公侄智惺字约敏,公最钟爱之。癸丑病殁,年仅三十一岁。公挽以联曰:"吾家第一可意人,叔侄情亲逾父子;终身不忘痛心事,丹砂祸惨甚刀兵。"盖为庸医所误也。李琴湘亦挽以联曰:"不幸斯人比颜氏子少一岁而卒;何堪乃叔有韩文公十二郎之悲。"

47. 赵幼梅广交游,东吊西贺,几无日无之。一日忽语公,欲屏绝一切酬应。公曰:"人办人事,那可屏绝?"

48. 公己未《六十自述诗》之一曰:"比岁从人汗漫游,客中闲度几春秋。茫无畔岸身家国,富有河山亚美欧。与我相亲仍禹域,教人最忆是杭州。眼前又数番风信,准备西湖十日留。"自注:"此十年中:庚游汴、汉、浔、沪、杭、苏,登焦山,出榆关,至奉天。壬游日本。癸、甲游欧洲,循西比利亚铁路归国。乙游安庆、江宁、无锡、南通、济南,再到西湖。丙出居庸关,游明陵、张垣,又登岱谒孔林,观浙潮,三到西湖,再游苏州,泛太湖。戊游美国及檀香山,往返经日本。"

49. 己未夏,公南游镇江。冒鹤亭为介金山江天寺退院严修和尚,与公同名且同庚六十也。是秋,和尚生日,公赋五古长篇寿之,末句曰:"寿师实自寿,严修寿严修。"并以此诗寄同庚翁弢夫、郑苏堪、周少朴、张珍午、朱经田、刘仲鲁、史康侯、聂献廷诸君子。除弢夫外,皆有和作。芘玥嗣君去春由江天寺假公遗墨,并萃诸君子和作,付之影印,颜曰"同甲吟草"。非惟一时胜缘,抑亦千秋佳话已。

50. 公与郑苏堪同岁同月同日生,又同壬午乡榜。曹纕蘅诗谓之"朔南二老"。

51. 丙寅朱古微七十生日。或撰寿文曰:"海内两侍郎,北严南朱。"

52. 有以公与南通张季直并举者。公赋诗曰:"我羡通州张啬庵,孔颜乐趣老犹酣。爱兄何愧端明马,教子还同太史谈。一国文明聚江北,半生事业在濠南。无盐不耻来唐突,只恐西施意未甘。"

53. 公不以书名,而自具一种醇穆之气。乡人论书家者,每以华孟严赵并举,盖兼谓华壁臣、孟定生、赵幼梅三君子也。

54. 客有举"张之洞,陶然亭"无情对,叹为工巧者。客为吉林长春人,其地旧名宽城子。时公介弟台孙适在座。公笑曰:"今日又得一佳对。珂乡可对舍弟也。"又,公以"陈小庄"对"新大陆",亦佳。

55. 公毕生不作狭邪游,宴会间遇有征伎侑酒者,即托故辞去。甲寅,游意国邦湄古城,为二千年前火山崩陷之遗迹,内有伎馆。公戏赋诗曰:"平生不履平康里,人笑拘墟太索然。今日逢场初破戒,美人去已二千年。"

56. 癸亥、甲子间,予偶冶游作《赠伎诗》。公见之,两和"端"字韵,曰:"情潭摆脱深千尺,文阵驱除感百端。""记取枕铭贮胸次,肯教绮语犯毫端。"并语赵幼梅,应尽忠告之道,毋使少年美才陷绝地也。

57. 公以狎伶伎为大戒,独谓剧本加以改良其功不下教育。韩补庵为奎德社编《洞庭秋》《荆花泪》《丐侠记》《一封书》《玉箫缘》诸剧,与公多所商榷。今南开大学常演之《一元钱》《一念差》等剧亦公所定名也。某岁,天津学界俱乐部试演《照妖镜》新剧。公与范静生躬自导演,孙子文、李琴湘、邓澄波、马千里等分饰剧中人,一时传为佳话。

58. 汪笑侬自号伶隐,以编《桃花扇》《党人碑》《哭祖庙》等剧著名。某岁,汪来天津。李琴湘方长教育司,出单觞客,首列汪名,次乃及公。或病其不伦。公顾如时至,与汪谈笑甚欢。

59. 戴韫辉于戊辰春为公及林墨青、孙菊仙合撮一影。孙中坐，年八十八。公坐其左，年六十九。林坐其右，年六十六。孙，伶也，而有侠士风。庚申，孙八十生日。公寿以诗曰："少年仗剑去从戎，晚岁赓歌帝眷隆。烂熟五朝闻见录，光宣而上道咸同。"

60. 公平居好与客谈剧，中年与谈者为尹澄甫、林墨青，晚年则为周支山。某岁除夕，公命子侄能歌者盍各尽其兴。时屺玥嗣君方长实业厅，先歌《黄金台》前段。公曰："能更歌盘关一段乎？"屺玥对以不能。公乃自歌之。公严气正性，而岁晚务闲，家室之怡娱如此。

61. 光绪甲辰通州潘子寅过仁川，痛韩亡投海死，遗书陈朝政。公语袁项城为之代奏，并将投海事嘱李琴湘编为新剧，约沪伶三麻子来京演之。剧中有"仁川江外水粼粼，莫忘通州潘子寅"之句，即出公手笔也。

62. 公少时尝与哲兄香孙先生讲求音律，暇或乘兴弦歌，珠圆玉润，宛然常子和、陈德霖、时小福也。赵幼梅、林墨青、李琴湘皆亲聆之。幼梅谓公尤工吹笛，声可裂金石也。

63. 公善围棋、隶书，尤喜画山水，而不轻以示人。其习画始于在贵州时，盖得江山之助为多，同习者则尹澄甫也。游美国某城时，尝于旅馆中雨窗望云，公参大小米法为之写生，云气山光翁然纸上，彼邦人见者咸叹为西法所不及。

64. 光绪庚子义和团之变，天津骚然，戚友依公以避难者四十八家。生者衣食，病者医药，死者棺殓，公一身任之，斥赀无算。事后，戚友谋所以表扬者，公却之曰："吾乃行吾心之所安，岂以黄金市义名耶？"

65. 公于张文襄倾倒甚至。文襄殁日，公在鲍家街京寓，方与赵幼梅夜谈。闻报,公戚然动容曰:"此我朝有数人物,奈何死乎!"命驾急往,彻夜未归。

66. 公挽张文襄联曰:"重任似陈文恭,好古似阮文达,爱才如命似胡文忠,若言通变宜民,闳识尤超前哲上;使蜀有《輶轩语》,督鄂有《劝学篇》,余事作诗有《广雅集》,尚冀读书论世,后贤善体我公心。"

67. 公尝谓,师道贵以义自处。凡从受业者,概拒其门敬。闻张文襄亦然。

68. 辛酉秋,张敬舆倡庐山会议,电公请益,至再至三。公覆电有曰:"私尝怪叹,吾国人才非不多而务欲寡之,幅员非不广而务欲狭之。由前之说,如近年死于兵、死于刑、死于暗杀者皆是也。由后之说,如近年省自为治,即某省人治某省是也。人未驱除,已先行之,人未割裂,已先倡之。"又曰:"惟兹会之成不成,全视各当局者有无舍己从人之公心,与改过不吝之勇气,又必握大权者抛弃其权,攘大利者退让其利,党人不为违心之论,政客不起兴戎之口,然后会议可得而言,否则议必不决,决亦不行。下走所知,如是而已。"

69. 公庚申游北戴河诗,自序谓:"海滨病困,因憎其地,作诗诋之。记华壁臣诗有类此者也。"诗曰:"聒耳涛声日夜闻,眼前处处见荒坟。翻腾鹰鹗争求食,散漫牛羊不合群。土旷倘容闲草木,天遥时有恶风云。向来此地称名胜,只可人云吾亦云。"盖一时游戏之作,或有所托兴耳。

70. 或问公以处世接物之要。公谓:"予平生无他长,惟得力杜工部诗一句'小心事友生'耳。"

71. 公三十戒赌,四十戒烟,五十戒酒。见公《结婚满四十年纪念》诗自注。然六十后从医言复稍进酒。

72. 公答予诗曰："秀才学究两无成，技类屠龙况未精。庠序莘莘人艳说，吾心功罪未分明。"王逸塘先生《今传是楼诗话》评为："沉痛之语，与广雅堂之'刘郎葵麦'一绝句，用意相同，亦维新史中一段公案也。"

73. 公己未游杭州，伍仲文方长教育厅，陪游西湖。公语之曰："东坡守杭筑苏堤以惠后人，不仅勾留湖山风月而已。"时五四学潮方亟，伍因请益焉。公曰："因势利导等于此水。夫水之急流者，使泄之，得其道，则泽物矣。"

74. 乙丑，公过教育部，见车马塞途，感赋曰："只道门前雀可罗，依然毂击复肩摩。纷纭朝局浮云幻，沉滞郎曹旧雨多。九食三旬官俸禄，十寒一暴士弦歌。街头卖饼师应记，又见高轩换几何。"自注："壬子、癸丑间，袁树五尝谓人曰，学部、教育部，尚侍总次长以迄参金，十年以来殆百数十易，惟门外卖汤面饺者尚是旧人。今又隔十余年，个中人又不止百数十易矣，而卖汤面饺人故当如旧也。"

75. 乙丑夏，公避暑西山卧佛寺。西人在山上以巨资掘井未成。公赋诗曰："有为掘井竟无成，提瓮朝朝要远行。向道在山泉便好，岂知水亦未全清。"疑诗中当有人也。

76. 公有《与友人谈宗教》诗曰："吾道衰时彼教兴，此谈十诫彼三乘。平生心契河间语，颇敬如来不信僧。"

77. 姚茫父华，公黔轺所得士。乙丑，姚五十生日。公寄以诗曰："我忝名修愧欧九，君生丙子比苏髯。出人岂止一头地，书画诗文绝过三。"今茫父亦云亡矣。

78. 公文孙仁泽、仁统画法皆习四王，尝请益于徐东海。徐诏之曰:"汝辈此时谈不到画法好坏,但须多习字、多读书耳。"公《题吴梅村山水直幅》诗曰:"尺幅烟云淡墨挝,却从枯燥见舒和。四王吴恽虽名重,毕竟先生士气多。"正同此意。

79. 公葭莩亲黄姓析居时公为证人,旋其后人争产兴讼,词及公。其人利公必不肯公庭对簿也,讼愈烈。至开审日,公如时至。法曹询公:"汝严某耶?黄姓析居,汝为证人,信否?"公曰:"信。""允否?"公曰:"允甚。吾犹能征之。"其人闻公言,殊出意外,因不复置辩,讼立解。公乃缓步归。李琴湘云。

80. 公游美归,或询以印象如何。公曰:"彼邦为事择人,故无废人,亦无废事。我邦则为人择事。易言之,用废人,斯事无不废也。"

81. 公好与朋侪聚谈,尝谓:"群居终日,言不及义,固为圣人所病。若益者三友,奇文共欣赏,疑义相与析,庸非乐事耶?"

82. 三河人某为公故人之子。予宰三河时,绅民有将为某谋县内一局,函公以介予者。公覆书谓:"鄙人与某之先人亲若手足,某视予犹父,予亦视之犹子。其人性行殊与从政不宜,苟入政界是祸非福。诸公如真爱某,望力劝其勿因有人公举冒昧任事。鄙人与某之先人同深感激矣。"云云。君子爱人以德,弥见前辈风裁。

83. 赵生甫擅古文,公语之曰:"为文宜凡事直书。"

84. 公尝谓:"凡为古文者,其人行径不能太近常人。"见王仁安笔记。

85. 王仁安先生丁巳自订年谱,致公书谓:"如久客将归,向逆旅主人结账。"公答书曰:"逆旅惯例随欠随结,随结随欠。君第一次结账历五十年,第二次结账当更在五十年以后耳。"妙语解颐。

86. 公答王仁安先生诗有"且试吾家议事车"之句。自注:"予驾车之马老而跛行绝迟。每与张伯苓共载，途虽不长，而言谈得以从容尽意。伯苓戏呼为'议事车'。"又有《咏车》诗曰："昔人安步当乘车，今我车行比步徐。宜载闲游无事客，可能看字密行书。御夸东野危机伏，韦佩西门躁性除。人笑驽骀赞骐骥，焉知祸福定何如。"虽小节可征公之学养。

87. 林墨青庚申立存社，月课诗文，吴子通、王纬斋、李琴湘递膺冠军。公顾而乐之，乃于次岁倡为城南诗社。声应气求，先后入社者颇众，今且逾百人矣。戊辰，与华璧臣、高肜皆、赵幼梅诸君子立崇化学会。首假公宅为讲学之所。"崇化"云者，盖取汉诏"崇乡党之化，以厉贤才"之意。科目分义理、训诂、掌故三门，延江苏名儒章式之主讲席。迄今五岁，成绩斐然，造就之宏，论者谓吴挚父莲池书院不能专美于前也。己巳公殁，学会同人公祭文曰："学贵因时，尤贵稽古。呜呼我公，用心最苦。古者云何，义理训诂，为国之粹，为人之谱。宝书重译，覃及西土。安得自诬，沦于朽腐。翚翚我公，凛焉四顾。于《易》取兑，于礼取醲。相辅相成，别开学府。作育海滨，庶几邹鲁。有堂洞明，縶公之宇，万卷美富，亦公所具。坐听诵弦，忘寒与暑，莞尔而笑，此中翘楚。吴郡有学，高平创举，教始乡人，公仪其矩。"读此如见公之苦心。

88. 城南社集恒为诗钟之戏。公所作如《"重·易"一唱》曰："重山复水非无路，易俗移风要有人。"《"平·世"四唱》曰："天下之平资大化，吾人于世不虚生。"窥豹一斑，从知抱负。

89. 公好为雅谑。同社胡秀漳丈年七十，赵幼梅年六十，公设酒为寿，座中有谓胡、赵气粹貌腴不类六七十岁人者。公曰："《论语》盖有之矣，'方六七十，如五六十。'"又一日，林墨青与公同乘车出门。墨青戏曰："'有女同车'，今之谓矣。"公曰："曷不云有车同女？"

90. 苑玥嗣君谓，公于丁卯亲拟家训八则：（一）全家均习早起；（二）妇女宜少应酬；（三）夜不出门；（四）消遣之事宜分损益；（五）少年人宜注重礼节；（六）少年人宜振刷精神；（七）勿妄用钱；（八）周恤亲友。

91. 公论礼，谓宜斟酌古今。鉴于近世丧礼多悖古制，因亲拟八则以诏子侄：（一）人死登报纸告丧，不必致讣；（二）孝子不必作哀启，如作哀启，但述病状；（三）不嚫经，不树幡竿，不糊冥器，不焚纸钱；（四）乐但用鼓；（五）首七日辰刻发引，即日安葬；（六）发引前一日开吊；（七）开吊款客不设酒、不茹荤；（八）通知亲友不受一切仪物，如以诗文联语相唁者，可书于素纸。

92. 蟫香馆岁有梨花之宴。甲子春，公赋诗曰："谁遣梨花替海棠。"自注："四十年前先兄于枣香室前种海棠五株。每岁清明、谷雨前绚烂夺目，近十年来先后萎谢。而儿辈后种之梨花则年年盛开也。"

93. 戊辰冬，天津五纲总被逮。有谓出自某之告密者。公电某曰："五纲总被逮，全纲震动，银行界尤为恐慌。报纸宣传谓由吾弟发难，如其然也，能转圜否？如非然也，能代疏解否？吾乡凋弊极矣。李氏破产，市面已甚动摇。私盐普销，纲商悉入绝地，万不宜再兴大狱也。"恺悌慈祥之意，溢于言表。公既伤国政迄经改革，迄未纳入正轨，民生凋敝，人权毫无保障，悁然忧之，寻得疾以至易箦。

94. 公殁于己巳二月初五日。先是正月间，城南同社以公年七十，方谋诗为寿。公乃作避寿辞曰："寿言之体，有文无实。言苦者药，言甘者疾。使人谀我，人我两失。便活百年，不作生日。"其时公已病矣。正月二十一日病小差,复预作自挽诗。同社咸以为戏言,不图遂成诗谶也。李琴湘挽公联曰:"避寿文有寓言,将谓死年作生日;自挽诗难奉和,惟余老泪答哀吟。"

蟫香馆别记终。

跋

《蟫香馆别记》都九十四则。中岳侍严先生杖履将及十年,凡所亲接者咸笔之于书,不足则请益于王仁安、赵幼梅、陈小庄、李琴湘诸老辈,辞取达意,事皆征实,盖以先生德业之隆,虽一言一行之微,每有使后人思慕而不能自已者。孟子谓:"闻伯夷之风者,顽夫廉,懦夫有立志;闻柳下惠之风者,鄙夫宽,薄夫敦。"先生其庶几矣。刘云孙、张玉裁、任瑾存、张果侯、俞品三、王斗瞻、戴韫辉、黄立夫之数君子者,于斯记之成亦各有所臂助。用志其名,以明不敢掠美云。癸酉二月,绍兴陈中岳。

诰授光禄大夫学部左侍郎严公行状[①]

高凌雯

曾祖讳汝汉,诰赠光禄大夫。曾祖妣武,诰赠一品夫人。

祖讳道尊,诰赠光禄大夫。祖妣王,诰赠一品夫人。

本生祖讳家瑞,赠光禄大夫。本生祖妣陈,贴赠一品夫人。

考讳克宽,候选员外郎,诰授奉直大夫,诰赠光禄大夫。妣陈、

---

① 据天津图书馆藏抄本整理。

继妣王俱诰封宜人,诰赠一品夫人。

公讳修,字范孙,姓严氏。先世自慈溪迁天津,五传至仁波公,是为公父。修德行仁,凡乡里义举无不与,岁饥办赈,以私财给公费,恒数千金不惜,远近称善士。公生而俊拔多慧。八岁与兄同塾,兄为试帖,构思未就,公若有得,师觉而问之,具以对。师喜,自此遂为诗。年十四,补郡庠生,十八,食廪饩。光绪壬午,举于乡,翌年,成进士,改庶吉士。散馆,授编修,充国史馆协修,会典馆详校官。公在翰林有声,顾谦约无竞进意。定例科场入帘者,戚族回避,不得与试。公虽考差,每会试前必请假,先自避之。

甲午大考翰詹,列二等。是年,简贵州学政。行部所至,勉士子读书,有熟于经者,使背诵,能无误者,优奖之。发题避纤仄,使得尽言以觇胸臆。随方施教,如课生徒,就省城学古书院,选高材生四十人,住斋肄业。广购书籍,恣其探讨。刊印前贤所著《先正读书诀》《輶轩语》《书目答问》,分饷远近,使识门径,辅训告所未及。黔人相庆,以为得贤宗师。减供张,禁需索,其有不足,分俸益之,薄己厚人,差旋而家举债。公在任,尝援照先朝召试博学鸿词例,有请设经济特科之奏,朝议允之。海内明达方谓帖括之学不足以济时,此科既开,庶有得人之望,而掌院学士徐公桐独恶之。徐公,公座师也,至拒其通谒。

假归,里居二年,值义和拳之乱,公谓民智未开,不学故也。逮事甫平,国家新制未颁,公已筹设小学一区以为倡。不数年间,兼营并举,庠校如林矣。公有家塾,后扩为南开中学及大学者,其时已由英文馆改为敬业中学,生徒济济,称极盛焉。故学堂之设,天津实开其先。

总督项城袁公冀推行一省也,以公总理直隶学务处。未几,学部立,公先以捐资兴学,赏给五品卿衔。至是,诏以候补三品京堂,署右侍郎,不赴。尚书荣公庆使使敦促,至长跪乃允。旋真除,转左。在部四年,事多创举,人以公办学有验,建白宜无不从,公乃退然,不专不懦,有所咨而后言,必待议而后行,凡百设施,什九出公意而不见其迹。自来居高位者,于庶政揽其要而已,公则兼理其繁,恒日晡方辍。人谓严公贰部,勤劳甚于司官。岁戊申,袁公以外务部尚书、军机大臣被黜,公素知其智略,缓急有足恃,奏请仍留原部,疏入不报。己酉,请假赴原籍慈溪扫墓;翌年,奏请开缺。

宣统辛亥,袁公再起,总理内阁,以朝旨召为度支大臣。公在官时,无日不思去位,初为学部,语人曰:"吾书生,无政治才,行当避贤路耳。"天怀谈定,不以利禄为荣久矣,遂力辞之。复派充南北议和大臣,国变后,征为参政院参政。两次推为教育总长,终不一就。

公仁厚有容,无疾言遽色,尤谨内行。父病疽,废书侍左右,燀汤熨药,历半载弗衰。父殁,事兄能曲顺其意。家故多善举,率旧而行,不以困阻。庚子城陷,公居西偏,避难来依者,朋戚援引,累百余口,一例视之,饮食无稍阙,即疾病死亡,无稍厌。交友以诚,视人皆胜己,有善不去口,不逆不亿,以为天下无恶人,即有过,亦可以忠言进。在籍,闻袁氏筹安会起,急入都力争,家人惶骇,恐有祸,公固坦然,以为友道应尔也。积书充栋,天津图书馆立,捐五万卷实其中,而家尚藏千六百余种之多。从政余闲,或行途旅邸,未尝释卷,而匡坐诵读可知。为学好博览,多识前言往行,而不骛著作。读经必究训诂,读史不遗表志,凡前代名家专集与宋元明儒学案,罔不寓目,而《近思录》诵尤勤。其律身大旨曰主敬,曰强制,曰有恒。所为日记,时有警惕语,盖惰既废事,慢亦败德,二者终身戒之,惟恐不力也。自科学兴,畴人之术为有用,公少与同里陈璋游,即治此学。及督学时,复延师使书院诸生习演,尝亲课之,而己亦从习英国文字。喜读新书,慕东西各国政教,生平尝三游日本,一游欧,一游美。所至揽其山川,友其士大夫,得识彼邦文物声名之所在,志怡神旷,跋涉忘劳,盖其最后之游,年且六十矣。以民国十八年三月十五日终于里第。实生于咸丰庚申三月十二日,春秋七十。生前封奏不留稿,戒家人勿刻集,友人辑其诗得八百余首,厘为三卷,题曰《严范孙先生古近体诗存稿》。

夫人李氏,同县咸丰乙卯举人、安肃训导秉璋公女。子智崇,荫生,民政部主事,日本公使馆秘书,前卒。智怡,日本东京高等工业学校毕业生,河北省委员,教育厅长。智庸,绩学能文,未冠卒。智锺,日本东京帝国大学医科毕业生,卫生署司长。智开,日本东京美术学校毕业生,北京艺术专门学校校长。孙仁绪、仁叶、仁荫、仁泽、仁赓、仁远、仁颖、仁华、仁驹、仁覃、仁缁。曾孙三人。女:长适同县卜燕昌子肇新,次适同县华世奎子泽宣,次适沔阳卢靖子南生,一未字。孙女十人。曾孙女二人。

公没十二年,传志尚阙,智锺、智开举以相属。凌雯不学且老,无复能为词,顾以忝附门墙,又尝备官学部,义不容视公一生志行久而就湮,不自忖量,即素所见知者,证以公自为年谱,撰次以存大略。其为词也,质固有之,谀则未敢,立言君子,倘有择焉。辛巳,门人高凌雯谨状。

清故光禄大夫学部左侍郎严公墓碑①

卢 弼

　　有清光宣之际,海内学士大夫论兴学者,莫不交口称诵天津严范孙先生。先生之终于里第也,士辍于学,农辍于野,商贾辍于肆,相与咨嗟悼叹。举殡之日,莘莘学子盈轨填衢,不期而执绋会葬者数千人。呜呼! 先生之盛德,感人深矣。先生贤子孙,虑世泽之失坠,属为表墓之文。弼忝列门墙,重以婚姻,流寓珂乡,饫闻遗爱,曷敢以不文辞。谨诠次先生政事学行荦荦大端,以告来者。

　　先生讳修,字范孙,姓严氏。先世由慈溪迁天津。曾祖讳汝汉,祖讳道尊,本生祖讳家瑞,考讳克宽,均诰赠光禄大夫。曾祖妣武,祖妣王,本生祖妣陈,继妣王,均诰赠一品夫人。先生年十四,补郡庠生。十八,食廪饩。光绪壬午,举于乡。癸未,成进士,改庶吉士,散馆授编修。甲午,大考翰詹列二等,简授贵州学政。黔省地处偏陬,民贫土瘠,苗蛮杂居,学风质朴,闳通淹雅之俦,恒不多觏。先生行部所至,以通经致用,励行敦品,训勉士林。随方施教,如课生徒。官而兼师,谆谆不倦。选高材生肄业省城学古书院。广购经籍,开启径涂,筚路蓝缕,功莫大焉。凡所经画,具见先生《使黔日记》中。爱才之殷,与求才之渴,即所以救国家于危亡。襟怀利济,后乐先忧,已权舆于斯矣。至若减供张,禁需索,分廉俸,差旋而举债者,犹其末节也。

---

① 录自卢弼撰《慎园文选》,南开大学图书馆藏,1958 年油印本。

甲午战败，创巨痛深。帖括之学，固陋闭塞，不足以应世变之穷。先生援先朝召试鸿博成例，奏请设经济特科，网罗天下英俊，共解倒悬。谋国之忠，丹忱如见。虽开罪座师，绝其通谒，弗顾也。先生学政任满，奏请回籍扫墓。逾年，庚子拳乱，先生念愚氓召衅，原于无知，乃锐意兴学，颛以启钥民智为己任。由小学以至南开中学、大学，由天津一邑推及于直隶全省，其始皆由严氏家塾而扩充之，浸假而风靡于全国，咸引为模范师资，而先生遂以兴学名天下。直隶总督项城袁公，延先生总理直隶学务处。学部初创，诏以三品京堂，署右侍郎，旋转左侍郎。京朝旧例，尚、侍第总要政，部务悉委曹掾。先生任职四年，事无巨细，劳瘁不辞，勤敏过于司官。要之，先生兴学之念，在朝在野无殊也。

斯时袁公任外部尚书罢归，先生奏请留任，疏入不报。论者以项城末路蹉跌，谓先生为失先几之见，不知宋王安石当未秉政之时，司马、欧阳、韩、富诸公交相延誉，后此之新旧龃龉，非诸贤所料也。庚子之役，首都糜烂，山东密迩畿辅，举足重轻，项城揳柱其间，不可谓无干济之略。环顾当时，亲贵权要类皆畏葸庸懦者流，先生为国惜才，欲其共济艰难，后此之潜移国柄，亦非先生所及料也。

国变而后，蒲轮安车，屡征不应，万石千钟，却视弗顾。严陵高节，今古相望，可以识先生之微尚矣。说者又谓先生洁身而退，即宜远嫌高蹈，奚事与当局周旋？不知筹安会起，力沮成议，为大局弭乱源，为故人尽忠告，公义私情，二者兼得，贤者之用心，固可大白于天下后世也。

先生内行谨饬，事亲事兄，极孝极弟，推财让产，人无间言。仰承先志，踵成善举，邻里乡党，睦姻任恤。京津烽火，乱兵相约不入严翰林胡同。黄巾避郑公之乡,今乃于先生见之。非德化及人,能如是乎?

先生好学深思,老而弥笃,藏书数万卷,悉归文馆。天津图书馆编目,注"严捐"二字者,皆蟫香馆旧藏也。先生又念各校师生竞趋物质之学,国学日就沦湮,乃筹设崇化学会,礼聘名儒主讲,造成多士。复于城南,联吟雅集。津沽地滨渤海,本鱼盐货殖之区,先生乃欲以诗书礼乐彬彬之习,易俗移风。仁民爱物之闳愿,不得不被于天下,就吾心之所安,力之所能逮者,黾勉曲折以赴之,亦士君子不得志于时者之所为也。呜呼,可慨也已。

先生生于清咸丰庚申三月十二日,卒于民国十八年三月十五日,享年七十。夫人李氏,同县咸丰乙卯举人、安肃训导秉璋公女。夫人治家有贤声,布衣疏食,勤俭节约,悉蠲施与,后先生十六年卒,享年八十有五。合葬于天津西郊小稍直口。子智崇,荫生,民政部主事,前卒。智怡,河北省委员、教育厅长。智锺,卫生司司长。智开,北京艺术学校校长。孙仁绪、仁叶、仁荫、仁泽、仁赓、仁远、仁颖、仁华、仁驹、仁覃、仁绲。曾孙三人。女长适卞肇新,次适华泽宣,次适弼侄南生,一未字。孙女十人,曾孙女二人。

先生雅娴音律,工书善画,文人韵事,靡不精能,算术方言,亦能通晓。佳话流传,不可殚述。生平著述,有蟫香馆诗文集、书牍、日记、《黔轺杂著》、广雅诗注。先生尝周游寰宇,所至民俗政教,博访周谘。晚岁与弼伯兄木斋,同游西湖,每致慨于殁世之名。伯兄常谓曩与先生同谒项城,力陈科举之弊,非罢废不足以言兴学。项城毅然约江、楚二督入奏。数百年锢蔽民智之举,一旦廓清,最为愉快。伯兄兴学育才之念,出处进退之迹,大致与先生相若,殆所谓志同而道合者欤?弼往居旧都,时辱奖誉,比来津门,先生已归道山。自渐学行无似，握管述先生懿行，未能道其万一。然先生道义风节，昭垂天壤。固不必藉区区文字之彰显以传诸不朽也。

铭曰：

五河尾闾，经络汇通。山川灵淑，贤哲毓钟。渊源远溯，富春是宗。髫龄泮水，卓异凡童。春秋联捷，金殿从容。黔山万里，黄华青骢。菁莪棫朴，收贮囊中。一官归去，坐啸清风。特科闿起，俊彦登庸。巍巍学府，创始童蒙。私塾发轫，文轨来同。忧劳王事，尽瘁鞠躬。琳琅万卷，文馆溢充。博施济众，绳继裘弓。适莫胥化，新旧兼融。梯航海国，远徂西东。采风觇俗，吟卷诗筒。方言肄习，雅度谦冲。美疢药石，救我盲聋。不随不激，温良俭恭。屋漏无愧，门内雍雍。潜移默化，德高道隆。仁人遗泽，沾被无穷。青松桃李，永护幽宫。

天津严范孙先生别传[①]

王斗瞻

天津严范孙先生生逢多难，先知先觉，洞烛机先。其位跻卿贰，因德予位，藉以化民，非报恩私室，躐登显仕者。忠贞所寄，在国在民。其行有异逸民，其心则非贰臣。熙熙然超乎尘俗之表，高瞻远瞩，始终尽力于教化，昭然正义，为生民立命，为天地立心。和易谦虚，而非尽人所能知，亦不欲人尽知之也。蟫香馆诗文、书牍，足以垂示天下国人。

---

① 录自《大公报》1946 年 9 月 5 日、6 日，原文分上下两期连载。

当甲午难起，光绪二〇年，公元一八九四。先生年三十五，简贵州学政。身膺扶持文教之责，揆诸圣贤立教之意，破其固陋，启其振奋，观风拟题有"辨志"曰："学有夙暮，境有难易，质有敏钝，性情有偏嗜，不必尽同，顾志趣何如耳？七略、四库，愿治何书？文苑、儒林，愿居何等？畅所欲言，无有逊避。""明师"曰："汉儒解经雅重家法，宋贤讲学各衍宗传。师道之重久矣，乡曲谀闻，皋比相嬗，不足以言授受也。抗希古人不为僭，曾文正《圣哲画像记》之类也；觐举时贤不为私，顾亭林明师之恉也。诸生亦有夙所宗仰者乎？试上下其议论，勿空言，勿耳食。""评文"曰："文章流别自古已分，沿及今日体制逾杂。然究之，不过曰骈文、曰散文，包慎伯论之矣；不过曰言有物、言有序，方望溪论之矣。至其浅深同异之故，亦非深造者不能道也。诸生肆力有日，愿试评之。""匡时"曰："多诵而不知其说，晁错讥之；知古而不知今，王充笑之。读书将以致用也，方今时事急须才矣。诸生有熟于经世之学者，军国富强之策、民物利病之原，各举所知以相讨论。范文正作秀才时便以天下为己任，愿诸生效之。"使读《近思录》为切己之体察。使明"行己有耻"，师顾炎武之立身。观民设教，如课生徒，就贵阳学古书院，选高才生四十人，住斋肄业，广购书籍，恣其探讨。亲课演算，兼习洋文。举三十二字，以告诸生曰："义理之学，孔孟程朱。词章之学，班马韩苏。经济之学，中西并受，中其十一，而西十九。"尝论"万劫而不可磨灭者，惟义理耳。洋货虽极流通，布帛菽粟之利，不能废也。西学虽极明备，孔孟程朱之道，不能畔也。义理之学愈深，西学之用愈实，孔孟程朱之道愈明，泰西之法，愈见其可行。"答陶仲明书，仲公乃孟和之尊人。刊《先正读书诀》《輶轩语》《书目答问》，分饷远近，辅文告所未及。扶持之功，有过乎文翁之化蜀。

丁酉请设经济特科,光绪二三年,公元一八九七。奏折有曰:"为今之计,非有旷世非常之特举,不能奔走乎群材。非有家喻户晓之新章,不能作兴乎士气……目前所需,则尤以通今为切要。或周知天下郡国利病,或熟谙中外交涉事宜,或算学、译学擅绝专门,或格致、制造能创新法,或堪游历之选,或工测绘之长,统立经济之专名,以别旧时之科举。标准一立,趋向自专,庶高材绝艺悉入彀中,得一人即获一人之用。去取无限额数……考试仍凭保送……保送宜严责成……录用无拘资格……赴试宜筹公费……"胪列陈述"本育才兴学之意,为穷变通久之谋"。此先生教划,从西南而遍朝野。《黔轺杂著》《使黔日记》可复案也。

目睹西南美利,曰"矿"与"农"。譬之人家,祖遗藏镪,子孙惮于发掘。尝言养民之法,使无惰民,兴利之源,使无弃地,每有尸祖未能代谋之叹。复陶公书。国计民生,着眼于五十年前,殆非先知先觉者欤?

差旋里居,遭庚子之难。光绪二六年,公元一九〇〇。觉夫民智未开,不学故也。思化之也,则以小学为重。学堂之设,天津实开其先,不数年间,通都名邑,靡然向风。迨学部立,乃以清望收归,诏署侍郎,不赴。尚书使使敦促,至长跪乃允。事多创举,勤劳甚于司官。见年谱、行状。在部仅逾四年,己酉即乞休归里,宣统元年。不赴征召。足迹遍国中,出游欧美及日本,揽其山川,友其士大夫,得识彼邦文物声名之所在。故其施教也,独具寰宇之卓识,非一隅之见,新旧之私,存乎其中。康庄伟论,友朋净言,时见于书牍。

辛亥以后,宣统三年,公元一九一一。有谓先生隐居高蹈者,则论:"巢许之洗耳,殊无足取,假使在位,溺职无疑。盖不能皋夔,始不得不巢许,既巢许矣,奚洗耳为? 人处其劳,己处其逸,既适懒散之性,复攘高洁之名,此所不屑为也。"有论国治者则谓:"广收人才,定人心,孤敌助,无蹈殴鱼殴爵之失也。国之亡不亡,视乎政治之进退,人才之消长。"答张仲仁书。是故殷殷以造育英才,始终不倦。先生有家塾,扩为南开中学及大学,教化行于南渝,今随国都,分置四方,桃李满天下。此先生之化从北而南,由南而化及举国,与先生使黔先后辉映者也。

甲子以还,民国一三,公元一九二四。倡兴国学,发扬固有文化,以阐民族精神,体察部类,以义理、训诂、掌故为切要。取汉诏"崇乡党之化,以厉贤才"语意,创设崇化学会,敦请长洲宿儒章公式之,讲授经史,开课于先生之宅第,坐听弦诵。甫及二载,遽尔作古。遵初议迁会于明伦堂。学者比于邹鲁,诸生执乎俎豆。丁丑变作,几至澌灭。今泯梦既靖,将据部章,筹设崇化国学专科学校,于发挥民族精神中,融会贯通,期窥东方文化之全貌,而为建设新文化之基础,蔚成讲学风气,关系中国之命运,而先生知觉,则在二十年前。学贵因时,用心最苦,《蟫香馆日记》可为明证。先生忠贞正义,立命立心,大而化之,孰有逾乎此者乎?

先生既殁,十有六载,墓木已拱,追怀遗泽,历久弥挚。窃念传其人,惟有光大其事业,邦国贤达,或有闻风兴起者乎!

教育家严修小传①

沃邱仲子

严修字范孙,天津人,清丙戌进士,授编修。甲午简任贵州学政,屡上疏请废制艺,复薪开经济特科,定天算舆地诸艺学岁举法。德宗嘉之。戊戌政变,乞休去。辛丑至日本考察学务归国。袁世凯延主直隶学务,其时北洋大学及诸专门学皆所经始。以绩晋五品卿衔。复私立中小各学,称南开学校。已学部成立,以世凯援引,超授学部右侍郎。宣统初,乞病退。仍主持顺直教育。辛亥,世凯组织内阁,授学部大臣,不起,为议和北代表之一。入民国,曾被推为财政总长,亦辞弗出。袁氏促之力,乃藉赴欧美各国考察以避之。既还,伏处乡郡,不入京师。袁氏诸子若克定、克文皆其弟子。世凯亦视为畏友。其组织天津自治,修赞助力为多,以淡于荣利,故屡辞(簪)〔暂〕缓,然亦未尝自标高尚。居今之世,犹艾丛之芝兰矣。

---

① 录自沃邱仲子著《现代名人小传》,中国书店 1988 年影印崇文书局 1918 年版。按,据严修 1920 年 11 月日记,可知他曾读过本书,并在 11 月 9 日日记中写道:"看《名人小传》,著者署沃邱仲子,不著姓名。就本书考之,其人系湘绮弟子,故书以湘绮冠首,又其人年约五十左右,曾游滇蜀秦陇及东三省,近时似客沪上也。书中失考之处甚多,其多否少可,颇近湘绮之《湘军志》也。"

严 修 传①

邢兰田

严修,字范孙,河北天津人。清光绪八年领乡荐,时年二十三。翌年癸未成进士,授翰林院编修。光绪二十年,督学贵州,课士有声。尝上书请废制艺,开经济特科,岁举士。德宗嘉之。然忤大学士徐桐意。桐固修座师也,竟以之屏诸门墙外。戊戌政变,遂乞休。修本寒峻,既归里,仅制钱五十千文,构一书舍,集生徒讲肆其间。时方奖励兴学,修陈诸当道,开办学堂,当自乡里蒙学始,乃改其书社为小学,以开风气,甚著绩誉。袁世凯督直隶,深相引重。光绪二十八年,派赴日本考察。归国后,使主直隶学务。北洋大学及诸专门学校,皆所经始。而修私立中学,称南开,后扩为大学,亦肇基于此。光绪三十年,以经术湛深,通达时事,奏保赏五品卿衔。旋充学校司总办,于直隶教育事宜,多所擘画。光绪三十一年冬,置学部,任荣庆尚书、熙英左侍郎,诏修赏三品京堂,署右侍郎。其能得此峻擢者,朝廷虽孚物望,而世凯实论荐之。在部勤敏笃实,为当时卿贰人表。旋真除,并迁左侍郎。光绪三十四年,两宫继殂,载沣以摄政王监国,夺世凯军机大臣、外务部尚书职,而斥逐之。朝士震怖,无敢言者,独修抗疏争。世凯行,修送之车站,意殊惓惓。旋引疾去。仍主顺直学务,不复出。创南开大学,得其陶铸者尤多。鼎革之岁,清室起用世凯,授政柄,使组内阁。世凯援修

---

① 录自国民政府国史馆编辑《国史馆馆刊》第2卷第1期(1949年1月出版)。

为度支大臣,坚辞不就。南北议和,列修为代表之一。嗣世凯以大总统当国,屡征修。初授参政院参政,又强以教育总长,皆不应。乃藉赴欧美考察以避之。既还,伏处乡郡,不入京关,以教育事业终其身。

民国十八年二月卒,年七十。遗命不发讣,不受赙。天津学界开会追悼,同里陈宝泉述其苦心兴学经由,与会士子有痛哭失声者。遗著《蕈香馆使黔日记》八册,《古近体诗存稿》四卷。其诗清微淡远,似韦应物。晚年以办学余暇,辄预城南诗社,同社皆耆艾。修巾服萧然,婆娑水木间,吟啸悠闲,淡于荣利,亦不为矫激愤嫉之言,时论以此高之。

附录四:著作序跋

《严先生遗著》附识①

前此登载严先生遗著均系零金碎玉，未经凑成篇幅，易于散失。从本期报起，亦仿照范老哀词之例，整页登载，以便装订保存，如阅报者达到三千家，敝经理情愿将以前所登遗著重新汇印，整页随报奉送，不索分文，以答知者，而酬雅意，谨豫声明。记者附识。

《景印蟫香馆手札》序②

赵元礼

前清光绪十一年乙酉正月，予十八岁，始于三河盐店馆与严公范孙晤面。其时公年二十六岁，故公赠予诗有"论交君是丈人行，论齿君输八岁强"之句。予时习举子业，公则以庶吉士来三河，预备来年考试留馆之课程，同居几一年焉。先君梅岩公与公令祖宇香先生为患难交，故公之尊人称先君为叔。予与公三世交谊，欣戚与共，非他人之比。公待予笃厚，亦非他人之比。三年前，公病殁之夜，予泣涕大书"感恩知己"四字，张诸灵次。盖字字从肺腑中流出也。此册所存函札，自乙酉十月公由三河赴北京起，至乙未七月贵州学使任内止，忽忽十一年。函中论修身、论为学以及家庭亲友间琐事，无不委曲详尽如对面谈，而悱恻缠绵之意，亦复轩豁呈露。当其时，固寻常

---

① 录自《严先生遗著》。
② 录自《景印蟫香馆手札》（1932 年石印本）。该书为影印严修致赵元礼书信集。

视之,今则试一披读,不谓之至文不可也!函中所列之"锡三",为通州李君鸿钧,"莘耕"为天津魏君裕礼,"竹轩"为天津陈君恩藻,三君早经物故。初,公字予曰"幼梅",竹轩为撰别号曰"体仁",予又自署"伯讷",故来函随意写之,实则予一人也。公子智怡拟付石印,藉延手泽,为叙其概略如此。乙未至戊辰三十余年,公致予函又不下数百通,暇当点检而排比之,以存吾两人老而弥笃之友谊,想尤为智怡所深许也。中华民国二十一年壬申六月,赵元礼记。

《严范孙先生遗墨》跋①

赵元礼

　　范孙先生手立城南诗社始于辛酉之春,诵洛以壬戌冬入社,年少工诗,每一篇出,同社争为击节。先生尤激赏之,谓似龚定庵。予与王仁安则谓其似故友王寅皆。盖寅皆固酷慕定庵为人者,正与先生之言不谋而合也。诵洛不徒擅文字,且贞固干事,历宰剧县,均著政声。戊辰春,绍兴孙俶仁来主直隶省政,有人觞之,约先生及予陪宴。先生酒次语孙曰:"公同乡肃宁陈令,以诗人兼循吏之选,公其识之?"孙唯唯。席散,予私质先生,与孙素未稔,似未免言之稍骤。先生谓:"人才难得,吾为地方求贤有司,非以徇朋友之私,且吾足迹鲜诣官府,失此不言,吾心不安也。"其年秋,诵洛奉檄去三河。三河故为先生儿时游钓之所,予弱冠时复与先生同读书其地,闻之怡然。蟫香馆中排日饯别,且谓将来天苟与以腰脚之

---

　　① 录自《严范孙先生遗墨》(1942年石印本)。该书为影印严修致陈中兵(诵洛)书信集。

健，当重游三河。孰知来春先生竟以老疾仙逝矣。诵洛师事先生，知遇之感久而弥笃，挽诗凄恻，不忍卒读。近且辑其轶事，勒为一书，并以所存先生遗墨装潢成册，嘱予题词。爰略述梗概如此。后幅有论王慎颐一函。慎颐三河人，为先生故人之子。诵洛宰三河时，其地绅民有将为慎颐谋县内一局政，函先生以介诵洛者。先生以慎颐无从政才，婉词复之。君子爱人以德，更可见前辈风裁云。壬申十二月，幼梅赵元礼跋于谁肯庐。

《严范孙先生古近体诗存稿》序[①]

王守恂

赵幼梅来书云："范孙诗经诵洛竭三四月之力搜集编校，近始印竣，题曰存稿，备将来刻集时采用，盍为一言弁诸卷首？"守恂乃谨为之词曰：

昔杨万里序范石湖之诗："曰公之诗非能工也，不能不工耳。公风神英迈，意气倾倒，拔新领异之谈，登峰造极之理，萧然如晋宋间人物，他人戛戛吃吃而不能出诸口者，公曦呻嚏欠之间，猝然谈笑而道之。"守恂与范孙相交最久，相知最深，平生诣力于典章之沿革，政治之设施，经训之纯疵，词章之异同，笔札之工拙，及夫义理之浅深，人伦之鉴别，莫不融会贯通，蕴蓄涵容，从不轻发议论，适有感触，偶然发露片言，析疑洞彻原本，时人莫测其渊深也。即以诗论，从来不以诗自命，有时友朋酬酢，藉以相娱，抑或春夏良辰，

---

① 录自《严范孙先生古近体诗存稿》（1933 年铅印本）。

形诸吟赏,大都自抒胸臆,不假安排,诚如杨万里所谓"猝然谈笑而道之",非若羁穷酸寒无聊不平之音也。守恂援杨万里之言评而论之曰:"范孙之诗非能工也,不能不工耳。"吾党其以我为知言乎?

抑守恂又有言者。一日与范孙闲谈,范孙笑而问曰:"今人尚新体诗,曾见有工新体者谓我诗颇与新体近之,是何说也?"守恂笑而答之:"此无他,公之诗情真、理真、事真,不牵强、不假借、不模糊、不涂饰,如道家常,质地光明,精神爽朗,能造此境,又何新旧之殊与古今之异?"相与一笑而罢。今序此稿,连缀及之,世之有志学诗者即吾言而引伸之,可以为学者之鹄,然则范孙之诗格亦可以论而定之矣。癸酉春月,王守恂撰。

《严范孙先生古近体诗存稿》序[①]

赵元礼

范孙先生道德文章,人伦师表,不以诗名,亦不藉诗以传也。尝自谦谓不能诗。予曾见其手写诗稿选撼綮严,诏其子孙藏之家塾,不宜刊行。予与先生三世至交,觌面之始,则在光绪乙酉正月,其时予在三河,习举子业。先生甫入词林,亦来此避嚣也。厥后离合悲愉,积之四十余年,万语千言叙述殆不能尽,间或抒之以诗。先生之诗不多作,亦不尚宗派,而天怀淡定,纯任自然,温柔敦厚之旨每流露于不觉。读之如对古德,如聆古乐,使人矜平躁释,盖非

---

① 录自《严范孙先生古近体诗存稿》(1933年铅印本)。

寻常雕章琢句者之可几也。今距先生之殁，忽已五年，亲故之思慕先生者不稍衰歇。群焉集款，谋刊先生之诗，并广为搜罗，共得八百余首。绍兴陈君诵洛竭三四月之力躬任编校之役，风窗雪案，予亦从事赞勷。计由甲申至辛亥为第一卷，壬子至己巳为第二卷，国外杂诗为第三卷，暂以活字版付刊，不曰诗集，而曰存稿，所以备异日辅轩之采也。犹忆先生督学贵州时寄予一诗，有曰："使君乘一障，恢然有余刃。区区文藻间，安足限豪杰。"厚相期许，其意甚殷。予则德业无成，颓然已老，睠怀高义，弥不禁愧汗之滂滂矣。癸酉五月，幼梅赵元礼。

《严范孙先生手札》跋①

陈宝泉

严先生生平大事既略见泉所辑《严先生事略》矣，此册手札则皆先生寄泉一人者。先生之品学博大精深，所交游亦最广，故凡从先生游者，无不有书札往还，泉所存者特沧海之一粟耳。然而，道德学问及教育、政治之理想已略见一斑。尤奇者，先生之相识或有谓先生政惟求旧，不主张天津改县为市者，试观先生驻欧时寄泉数书，有谓："欲社会之进步，非讲求市政不可。市政良则社会良，而国始有富强之望。"反覆言天津改市之利益，凡数百言。其议实发于十五年前，何与言者相反也！去岁南行，晤胡子晋先生于南京。胡君云，严先生为温和之革命家，断不可认为逸老一流。诚哉，其

---

① 录自《严范孙先生手札》（北平文化学社1930石印本）。该书为影印严修致陈宝泉书信集。

知言也！泉幼年受先生知遇，老而无成，愧吾师友。每一展此册，恍若见先生雍容谈笑于吾前焉。遗训昭然，永矢弗谖矣！中华民国十九年五月六日，筱庄陈宝泉敬跋。

《严范孙先生注广雅堂诗手稿》跋①

严智怡

　　是集乃民国八、九年，先公家居时所手注。一时流览有得辄记眉端，未曾排比。尝托陈丈筱庄持稿示高丈阆仙，高丈微以"详于典故，略于本事"为言，先公亦深韪之。第以时过境迁，搜采事实，颇非易易，藏之箧衍，尚待增补，固未为定稿也。智怡深惧先公手泽之湮没，拟请章式之、华璧臣两丈代为纂订，俾成完书，顾原稿遗墨既欲珍存，仅此一本亦不足供诸家之参阅，乃先将手稿付之影印，盖即以此作草本并代写官也。卷中目录及匋斋年丈序文，皆原本所无，乃文襄族人张皋言所写录，属为增入者。其眉间单双圈，为文襄亲自加墨选录之作，亦皋言所云。校印既竣，敬记缘起如此。中华民国十九年七月，男智怡谨识。

---

　　① 录自《严范孙先生注广雅堂诗手稿》（1930 影印本）。《广雅堂诗》为张之洞诗集，严修晚年曾为之作注。严修去世后，其子严智怡将注文手稿影印成书。

《蟫香馆诗钟》序①

王守恂

人有为世羡慕者，得其片纸零缣莫不珍惜什藏，流风遗韵传世者不厌其繁且琐也。范孙先生喜宾客，嗜风雅，尝在天津公园图书馆与同人雅集。席间以诗钟为戏，备短笺，人有脱稿，据案书之。虽短章小简，兴会所至往往天趣凑泊，有非寻常楮墨可与同观。时杨西侯与馆事，宴罢散去，所写稿每代收检。西侯慕范孙先生之为人，并及其诗若字。年移事往，纸墨如新，公务之暇，集在几案。借观者多，思付诸印，与同好者欣赏，问序于余。余持论向以诗钟为诗中别派，即其佳者，亦运故实、逞巧思而已。今西侯惓惓于此，意不在诗钟，而在中心倾慕之人也。自范孙先生故后，摹印手札屡屡见之，余若编诸记录，一言一行莫不欲表而出之，真不厌其烦且琐，有能传其人者无不求厌诸心而铭诸骨，是岂人之所易得哉！余老病余生，行即淹逝，文字荒蹇，更何待言？与西侯有文字之契，不忍重违其意，爰拉杂书之。僅质不文，见者谅我可耳。癸酉，七十老人王守恂拜撰。

---

① 录自《蟫香馆诗钟》（1933 年石印本）。

《蟬香馆诗钟》序①

吴寿贤

　　城南诗社始于民国十年辛酉季春,为严公范孙、冯公俊甫、王公仁安、赵公幼梅、李公琴湘、王公伟斋及范老介弟台孙与鄙人等所创设。时台孙方长河北省立图书馆事,每有燕集恒假馆中南楼。每期所作诗钟及其他诗文即托馆员杨西侯君整理而刊印之,按月分送同人。当时鄙人所存自十年春至十五年冬之稿积厚盈尺,均存于津浦路局。讵是冬路局失慎,付之一炬,于是吾社创始时之文字结晶品荡然无存。鄙人虽于十三四年间主办《泰晤士报》时曾择尤选录,付之特刊,然亦仅窥一斑,非全豹也。今杨君以其所存范老诗钟原稿影印以公诸世,鄙人展读一过,觉当日范老兴酣落笔,手泽如新,而一堂笑语之情形犹宛然在目也。呜呼!范老道德文章千古不朽,彼诗钟者特其余事耳。然区区十四字,亦未尝不足以见道德文章之一端也。譬之河海水也,潢汙行潦亦水也,水一而已,所异者河海与潢汙行潦之名耳。吾于范老之诗钟亦云。嗟乎!哲人云亡,吾社安仰!吾不忍重到城南社,尤不忍重读城南诗钟也。质之杨君,其亦以为然耶?中华民国二十二年闰五月,南海子通吴寿贤序于析津之励清室。

---

① 录自《蟬香馆诗钟》(1933年石印本)。

《蟫香馆诗钟》序①

邓庆澜

范孙先生道德文章士夫钦仰,斗山之望,无间遐迩,固无俟一人一事之表扬称道也。况诗钟为一时游戏之作,虽精美绝伦,亦无足增重于先生,夫人知之。今杨子西侯以所藏诗钟原稿付之影印,公诸同好,岂不以高若泰山,不让土壤,渊如大海,不择细流。先生固不必以诗钟见,然即诗钟一端足征先生事无巨细必出精心以为之,益见高深之量为不可及也。余追随先生有年,春风夏雨,沾匄良多。先生既没,对于先生轶事不能有所记载,藉以表彰万一,滋愧深已。是编印成,杨子嘱为序,谨书数语,以志仰止。邓庆澜谨序。

《蟫香馆诗钟》跋②

陈宝泉

清末诗钟盛于湘鄂,张文襄公北来时提倡最力,盖亦因年高政冗,聊藉此为消遣之具而已。天津城南诗社为严范孙侍郎所倡设,亦间采当时流行之诗钟作为定课。予时官北京,偶到津与会,亦得参与其盛。记某次临予出题,予写《"碗"与"海参"某唱》,题较难,范公微笑曰:"新学台下马观风,类出难题以试士,君殆取此意乎?"

---

① 录自《蟫香馆诗钟》(1933 年石印本)。
② 录自《蟫香馆诗钟》(1933 年石印本)。

言犹在耳,公转瞬已作古人。今杨君搜集公之遗墨,以广流传,并嘱予题识。予随公奔走数十年,今更得附骥于公遗集之后,匪特与有荣施,抑且如亲謦欬已。中华民国二十二年菊月,陈宝泉敬识。

《蟫香馆诗钟》跋[①]

杨传勋

民国十年,天津耆儒严范孙先生归自美国,一时名宿如徐友梅、冯俊甫、王仁安、赵幼梅、孟定生、陈筱庄、吴子通诸君欢迎醵饮于河北省立图书馆。酒酣发兴,作为诗歌,此城南诗社所由起也。时勋佐理馆务,得供记录之役。诸君佳作美不胜收,独于严先生所为诗钟尤珍爱之,虽片纸只字,未尝弃掷,因存得百余联。今先生往矣,士林多搜集先生诗文付刊,以资传诵。勋亦拟将诗钟原稿以玻璃版影印,用广其传。非但宝其词句之工,即先生随意之书法亦饶有浑厚凝重之气,非人之所能及也。中华民国二十二年十月,天津杨传勋西侯甫谨识。

《蟫香馆使黔日记》序[②]

徐世昌

范孙侍郎殁已六年矣。其子印行其《使黔日记》,属为题识。

---

① 录自《蟫香馆诗钟》(1933 年石印本)。
② 录自《蟫香馆使黔日记》(1935 年石印本)。

余兄弟与范孙同乡里，同膺乡举，又与余同官京朝，以道义相切劘数十年，交谊至笃。昔年视学贵州，事事必与余商榷前后，又时有书牍往还。其之官也，不携眷属，惟偕至交尹月坡孝廉往。振兴文教，培植人才，竭尽心力。清俸所余，皆出以济其用。清风满袖，飘然而归。濒行，黔人颂其联语有"二百年无此文宗"之句。其德泽入人之深，可想见矣！乙亥八月，水竹邨人识。

《蕈香馆使黔日记》序①

赵元礼

呜呼！范孙先生没世今逾六年矣。属在亲交，其思慕先生之情，六年如一日，觉先生之精神笑貌，若临其上而质其旁也。然则先生固不死也。先生殁后，其诗集、其手札已陆续刊印，人争宝之，而其数十年之日记久藏之家，予屡促哲嗣持约付印，以资纪念。经章式之先生督检，计分四期：曰翰苑时期，曰督学贵州时期，曰侍郎时期，曰退老时期。持约谋之同人，拟先印督学时之所记。工未葳，而持约又死，深可恸也！今季约、季聪继乃兄之志，幸竟其工，出以示予。觉先生居心之诚悃，莅事之廉勤，从政之暇，不忘其修省与研诵，胥于所记见之。而不施伐劳苦、不臧否人物，则尤见其德量焉。予安敢赞一词哉？先生往矣！读其日记，如遇之于车尘马足、风檐寸晷之间，而其时之接笑语、通翰札之师友亲族子侄，就予所知，今亦死亡太半。人事有代谢，往来成古今。予为此序，不

---

① 录自《蕈香馆使黔日记》(1935年石印本)。

自知其感怆之何从也。共和二十四年乙亥中伏,天津赵元礼。

《严范孙先生自定年谱　年谱补》序[①]

金　钺

严范孙先生于光绪丁酉视学贵州时,以请设经济特科之奏闻于天下。至庚子后,鉴于当世急务首重兴学,因在籍倡办学堂,不数年,通都名邑靡然乡风。迨学部既立,乃以清望攸归,遂膺侍郎之命。然谦退不遑,固未尝有竞进意,在官仅逾四年,即乞假还里。嗣虽简授度支大臣,及国变后累征,皆坚辞弗就。惟殷殷于造育英才,始终不倦,其所成就者大矣!先生历年事迹俱详所为日记中,其《自定年谱》一卷,殆始《史》之有年表,《鉴》之有目录,只撮举纲要,而一生出处已昭然若揭,每关大事,往往洞烛几先至。若平素以正义自持,其于友道尤异乎因炎凉以趋避之者,于此悉可考见也。原著至五十九岁而止,距没时尚阙十一年。高君彤皆近据日记所载,依其体例补之。哲嗣季约爰亟汇录付梓,以衍其传。倘异日更将日记全书刊印流布,固知必为宇内人士所争欲快读者矣。癸未仲春,金钺拜题。

---

① 录自《严范孙先生自定年谱　年谱补》(1943 年天津严氏刊本)。